FREUD:
THE MAKING OF AN ILLUSION

Frederick Crews

弗洛伊德：幻象的制造

［美］弗雷德里克·克鲁斯 著

赖小婵 译

上海人民出版社

西格蒙德·弗洛伊德，约 1890 年

献给挚友与弗洛伊德学者：
立下至高准绳的马尔科姆·麦克米伦
顶住审查的哈恩·伊斯拉埃尔斯
为真理而生的艾伦·埃斯特森

无论人类的学识能有多么广博，无论他们自视能有多么客观公正：最终带走的无他，唯有他们自己的传记。

——弗里德里希·尼采，《人性的，太人性的》

要是你信了，那就不是谎言。

——乔治·科斯坦扎，《宋飞正传》

目 录

目 录

目录

目 录

资料出处说明

　　就认识了解弗洛伊德前精神分析发展脉络及其本人大体性格而言，最富于启迪的文献便是他和玛尔塔·贝尔奈斯在 1882 年到 1886 年间的《鸿雁书简》，即订婚期间的信札往来。1982 年安娜·弗洛伊德去世后，这些信件被赠予美国国会图书馆的弗洛伊德档案馆，根据她立下的条款，安藏馆内不见诸世人直至 2000 年为止。这一做法并不罕见。弗洛伊德档案最初的掌管人库尔特·艾斯勒为确保其他文件在数十载间始终触不可及，将解密期限延长至 2113 年之遥。

　　不过，《鸿雁书简》中的若干信件，至少在一定程度上，早已为爱好阅读的公众所熟知。恩斯特·弗洛伊德在其 1960 年版的他父亲的信札选集里发表了其中 97 封信，欧内斯特·琼斯在他权威的传记中引述或者引用了逾 200 封信。听上去似乎数目甚众，但弗洛伊德和玛尔塔订婚期间互通的信件留存下来的多达 1539 封；那些与他的传奇故事不尽相符的信件直到近来依然未得以发表或者编纂的情况想来也就不足为奇了。

　　然而，最近《鸿雁书简》全部信札的德语文本都已经可以在国会图书馆的网站上获取。此外，完整的《鸿雁书简》在一支由严谨认真的德语编辑组成的团队的孜孜努力下，已经逐步开始付梓，分为五卷出版。待到这场慢工细活的盛举完成之际，弗洛伊德的学术成就必将发生革命性剧变。自本书撰写以来，已有三卷书信集面世，信札整理已经推进至 1884 年 9 月。我查阅了这些文本以及紧随其后的全面详尽的注解，对此甚是感激。经协助，我翻译了那些尚未用英语出版的信件。

由于国会图书馆的文本存在错误，为了慎重起见，任何对于早年弗洛伊德的新的研究或许应该推延至权威可靠的全五卷本问世后方可开展。然而对于八十四岁高龄的我来说，同样慎重起见而需要置之在前的却另有考量。我必须讲述我所了解的弗洛伊德，但愿某些在所难免的错误和疏漏不至于严重得否定了我的推论。

在业已出版的译自德语的资料上，例如詹姆斯·斯特雷奇编纂的弗洛伊德心理学作品全集标准版，我偶尔会更青睐于进行直译，特别是在意义上会发生本质区别的地方。每一处这样的变化在引文中都有所标示。分段也都整合成为一些较长的段落。

最后，读者或许会好奇为什么在接下来的章节中，通常提到医生时总是用他，而病人总是她。代词问题总是令人大伤脑筋，这样生硬的解决方案承认但并不赞同那段历史时期的一个现实：在弗洛伊德早年执业期间，几乎所有提供心理治疗和催眠的人都是男性，而向他们求诊的客户多数都是女性。

文献标题缩写

CP   Sigmund Freud, *Cocaine Papers*. Ed. Robert Byck. New York: Stonehill, 1974.

FF   *The Complete Letters of Sigmund Freud to Wilhelm Fliess, 1887–1904*. Trans. and ed. Jeffrey Moussaieff Masson. Cambridge, MA: Belknap of Harvard U., 1985.

FMB   Sigmund Freud and Martha Bernays, *Die Brautbriefe*. 5 vols. (projected). Eds. Gerhard Fichtner, Ilse Grubrich-Simitis, and Albrecht Hirschmüller. Frankfurt: S. Fischer, 2011–.

FS   Sigmund Freud, *The Letters of Sigmund Freud to Eduard Silberstein: 1871–1881*. Ed. Walter Boehlich. Trans. Arnold J. Pomerans. Cambridge, MA: Belknap of Harvard U., 1990.

J   Ernest Jones, *The Life and Work of Sigmund Freud*. 3 vols. New York: Basic, 1953–57.

L   *Letters of Sigmund Freud*. Ed. Ernst L. Freud. Trans. Tania and James Stern. [1960.] New York: Dover, 1992.

SE   *The Standard Edition of the Complete Psychological Works of Sigmund Freud*. 24 vols. Trans. James Strachey, with Anna Freud, Alix Strachey, and Alan Tyson. London: Hogarth, 1953–1974.

SK   Sigmund Freud, *Schriften über Kokain*. Ed. Albrecht Hirschmüller. Frankfurt: Fischer Taschenbuch, 1996.

序　言

　　在历史人物中，以学者和评论家加诸其身上的关注度而言，西格蒙德·弗洛伊德与莎士比亚和拿撒勒的耶稣并驾齐驱。有别于他们的是，他身后留下了数以千计展现他从青春时代一直到八十三岁去世为止所行所思的文件记录。尽管那些记录多数受制于追随者出自财务上和情感上的动机要将他理想化而设下的冗长的限制条款，不过如今那样的封锁已经至少部分失效了。今后将会浮现出更多的内情揭秘，但也不太会改变近来关于弗洛伊德的极为负责的研究中所呈现的弗洛伊德的品行和信念的大致样貌。

　　同样，对于弗洛伊德与医学、哲学、政治和文化各方思潮之间错综复杂的关系，抑或是他本身对于后来思潮的影响[1]，无疑也不会再有多少新知。我们知道他受益于各种各样长期持久的潮流，这些潮流影响了他自身的思考，后来在 20 世纪加速发展：对科学实证主义的强烈反对；易卜生式的对资产阶级虚伪的不满；尼采式的"黑暗浪漫主义"潮流，颂扬基督教教义将之等同于罪恶的酒神元素；波希米亚前卫风潮的崛起，醉心于反对正统派的感受和性放纵；与日俱增的城市化和社会流动性，随之而来的对父权权威的摒弃；神学信仰的日渐销蚀，使得心理治疗得以接替宗教在传统上的某些作用，给予不幸者以指引和慰藉。第一次世界大战的灾难实质上喻示了弗洛伊德以本能为中心的悲观哲学终究盖过了更为开朗乐观的心理模式，至少在知识分子当中即是如此。

　　倘若弗洛伊德的生涯及其影响都已经为大家所熟知了解，那何必再出一本长篇巨传呢？鉴于弗洛伊德的科学声誉在过去四十五年来已经每况愈下[2]，这个问题显得尤为一语中的。举例而言，1997 年，关于认知和情绪方面的规范学术作品的文末参考附录共计 1314 篇文章，其中只有一篇出自弗洛伊德[3]。1999 年，在美国心理学一流刊物中一项全面的引用研究报告声称，"精神分析研究在过去数十年来差不多已经被主流科学的心理学忽略"[4]。这一情况进入 21 世纪后也未见转机。正如另一位怀抱同情的观察者在 2010 年指出的，"由于缺乏以经验观察为依据的支撑加上依赖的是过时的生物学，精神分析及其治疗主张的科学地位已经遭到严重损害"[5]。这样一来，我们对于日渐遭到弃绝的领域背过身去或许是仁慈之举。

不过，即便剥去他自命科学的矫饰，弗洛伊德也注定依然是之于我们最有影响力的 20 世纪贤哲。实际上，去掉了那些矫饰，他在文化上的影响反而变成愈加引人入胜的奇观。尽管熟悉他著作的同辈人已经认识到他的体系之中的缺陷[6]，后来的知识分子都被他自我展示出的那副勇往直前、锲而不舍、富于演绎推理的才智、深具悲剧性的洞察力和治愈能力的孤身奋斗探险者的面貌迷得如痴如醉。还可以从那一段遮云蔽日的执迷——我自己五十年前也幼稚无知地投身其中——吸取到更多的教训。精神分析运动自身亦庄亦谐的历史，显示了当一门缺乏任何客观方法来裁定内部判断差异的伪科学成为一项波及全世界的事业而其边界又不可避免地松散了与创始中心的关系并且生成新的教义的漩涡时会发生什么样的状况，为此所敲响的警钟非常具有教育意义[7]。

然而，我在本书中最主要的兴趣关乎弗洛伊德其人——更确切地说，是关乎于他的唯一一个的疑问：一位勤奋好学、雄心勃勃、富于哲思的年轻人，经受过一批杰出研究者严格的归纳法优越论训练，也渴望得到他们的垂青，究竟是如何以及为何失去对他天马行空直觉的正确判断能力，抹掉他的错误记录，创建起超越国界的个人崇拜？从他籍籍无名、沉浮挣扎的那段岁月的记载中，可以看出他受到相互间剧烈碰撞的冲动的影响：他的责任感，他对于颜面扫地和长久陷于贫困的恐惧，他对于名誉的渴望，他最初屈身迎合顺应外界的心甘情愿，他对于他有段时间在表面上俯首帖耳的学院权威的厌恶。正如我们在本书中将要看到的，那些因素之间的平衡在发生于1884—1900年若干至关重要的经历的影响下产生了偏倚，而那些经历对于精神分析的重要性一直以来几乎全然遭到忽视。

或许看来也怪，这一部分的真实内情从未得到详尽记叙。不过缺乏关注向来并非问题之所在。恰恰相反，关于弗洛伊德生平的研究一直以来都由精神分析的虔诚信徒把持，作为既得利益者，他们要维持那划时代惊世发现的传奇永续不灭。几乎所有弗洛伊德的卫道士，都注意替他沿用一套心照不宣的托词使他逍遥于他自己所主张的不带偏见的评价之外，他们采用的是保护性的话术：将异乎寻常的敏锐特质归功于大师本人，让他总是占尽不确定的有利一面，而一旦有确凿证据证明他的不合逻辑之处和道德上的堕落实在无可躲避时，又归咎于是他潜意识的兀自运作。

通过夸大弗洛伊德在各方面的能力，这种弗洛伊德狂热崇拜已经成功掩盖了他职业生涯中最核心的戏剧性场面。他的性情和自我概念要求他不惜一切代价沽名钓誉。他的辩护者们告诉我们，正如弗洛伊德本人所宣称的那样，代价是来自伪善世界的荒谬反对。然而，正如我们接下来将要看到的，代价其实更高：那完全就是他作为科学家和心理学家的诚实正直的品质。

尽管许多读者期待的是一本关于弗洛伊德的情理兼顾的书，希望通过权衡比较某些来之不易的贡献和某些错误或僭越以彰显客观性，但这样预先决定的不偏不倚的立场使得弗洛伊德比起他原本的模样还要令人费解。例如我们一直被晓之以弗洛伊德不理会科学谨慎以待的每一个元素，被晓之以他在心理学知识上取得了根本性的突破[8]。那么，他究竟是怎么做到的？没人答得上来；徒劳未果的解释都空空然变成了"天才"这个毫无用处的概念。我建议，简单问一问在每个关键时刻关于他生平的证据都告诉了我们什么，这样会更好。如此一来，倘若我们失去了一位昔日的英雄，或许我们会得到其人一以贯之的写照。

然而，几乎所有读者都想看到一项下文并不会作出的让步。他们认为不管弗洛伊德有何缺点，他毕竟创建了我们具有移情作用的心理治疗这一传统，他们会断定本书有失公允，竟拒绝承认他最温和无害而且经久不衰的成就。更糟糕的是，他们会认定作者不相信心理治疗本身。不过，我会一一指出的是，弗洛伊德不仅在一对一的心理治疗上有其前人和对手，而且他在对待每一位病人独特状况的敏感度方面也没能达到他们的标准。至于我对心理治疗的看法，我认为假如摒弃那种简而化之的阐释，那么心理治疗在某种程度上还是可能有所裨益的。

尽管如此，认为他们的学科如今已经"超越弗洛伊德"的分析师们在我写下的篇章中将找不到任何慰藉。无论近来有何改进，精神分析依然是弗朗克·乔菲讥称的证言科学[9]。也就是说，为支撑其论点而提供的证明几乎完全由认定弗洛伊德和其他人都真实可信的保证所构成。大量第一人称的文献资料详细描述了据分析师个人声称是从他们的病人那里获悉的信息，这些文献可以选择性地用于证明这样或那样的信条。但从整体来看，同样的文献形同无物，因为趣闻轶事证实的某一种论点并不比相反论点来得牢靠。

当然，铁杆信徒想必会对本书嗤之以鼻，认为这无非又是鞭笞弗洛伊德的进一步举动。每每凭借一己孤勇获得惊世发现的精神分析传奇遭到挑战之际，都会引发"鞭笞弗洛伊德"这个观念。将某人称作"弗洛伊德鞭笞者"，马上就罩住弗洛伊德的理论免于受到质疑，转移了焦点，正如弗洛伊德本人经常为之的那样，把焦点从客观问题转移到所谓的批评家的扭曲心理上。和弗洛伊德狂热崇拜的其他方面一样，对"弗洛伊德鞭笞"的指控最终应该撤下。然而，达成该目标的最佳方式，便是展示弗洛伊德所作所为的真实记录，并根据经双方同意而确定的判断标准就此进行权衡和评估。

第一部

· ·

羽翼未丰的西格蒙德

· ·

雄心不受约束之人总有一天要离群索居，成为一个怪咖，这对于科学和他自身的发展都可谓损失。

——弗洛伊德，给格奥尔格·格罗德克的信 [*]

---

[*] 6/5/1917；L，第 317 页。

第一章

身份夹缝

1. 前途与负累

1873 年，十七岁的西格蒙德——原名施洛莫·西吉斯蒙德——在维也纳大学入学，此时他身上背负着迫切需要他来养家糊口的一大家子人对他的极高期望。他的父亲卡拉蒙·雅各布原先是摩拉维亚弗莱堡的一名羊毛批发商人，破产后在德国莱比锡找了一年营生，结果也是不见起色。

自从 1860 年迁移到维也纳以后，雅各布放弃积极谋求工作已然久矣。弗洛伊德一家主要依靠远近亲戚的好善乐施来度日，资助他们的人包括雅各布第一段婚姻所生的两个儿子，他们此前移民到了英国，在曼彻斯特开店经营，俨然小有所成。

假如西吉斯蒙德是雅各布·弗洛伊德和阿马莉·弗洛伊德唯一的孩子，那么他们的前景还能稍显光明一些，但这桩婚姻带来的儿女成群着实令人苦恼。尽管雅各布年届四十，已经有过一次甚至可能是两次婚姻，可到他娶了阿马莉以后，西吉斯蒙德的出生看来不过是一连串八个孩子中打头的那一个。他的五个手足都是妹妹，不大可能找到中产阶级工作出路或者嫁给有钱人改善状况。雅各布在经济上帮不上子女们什么忙，就跟他儿子后来拿他来比拟的狄更斯笔下的"米考伯先生"差不多。

弗洛伊德的童年烙下了一些插曲的印记，据他后来评价，这些事件造成了严重的精神创伤。他在弗莱堡的捷克奶妈——在阿马莉一次又一次孕产期间这位奶妈实际上替代了母亲这一角色——突然因盗窃遭到解雇并且入狱。若干年后，西吉斯蒙德惶惶于一个可怕的念头，认为他对头一个降生的弟弟尤利乌斯心怀的恶意不知怎么就害死了还在襁褓之中的弟弟——尤利乌斯出生于西吉斯蒙德十七个月大的时候，又在六个月后夭折。他从弗莱堡搬到莱比锡再到维也纳利奥波德城区一个下等阶层的犹太聚居地，在那人满为患、疾病肆虐又穷困潦倒的地方长大显然是一场长之又长的磨难。

有一件特别的事情尤其扎眼，成为他无穷无尽的羞愧感的源头。1865 年，西吉斯蒙德的叔叔约瑟夫因伪造卢布被判入狱服刑十年；有凭有据的怀疑认定西吉斯蒙德在曼彻斯特的同父异母的哥哥们也卷入了这场欺诈丑闻（毕竟伪钞就制造于英国）。维也纳的报纸大肆报道警方精心布局捉拿犹太伪币制造犯约瑟夫·弗洛伊德，此时西吉斯蒙德才九岁。从孩提时到后来长大成人，或许他都不曾彻底地从那种羞愧中恢复过来。

性格随和的雅各布以西吉斯蒙德为傲，悉心承担了对他的启蒙教育，包括指引他认识了解犹太教。雅各布年年期待诵读逾越节《出埃及记》的故事，两度赠送给儿子一本希伯来语—德语版"萨缪尔森圣经"*——两次送的都是同一本，第二次是因为成年的西格蒙德在宗教信念上有所倒退，这次他在书上题写有一组传统的圣言篇章[1]。不过雅各布对神学不以为然。他欣然接受的是哈斯卡拉运动，该运动致力于让欧洲犹太人摆脱文化上的孤立状态，与此同时又以不刻板、不神秘、合乎伦理的精神面貌推动圣经研究[2]。他儿子那本圣经的编写内容从摩西和大卫的史诗故事引申出了道义上的寓意，本身就是哈斯卡拉运动人文主义的体现。

作为犹太人具有何等意义，对这一问题的非教条的理念，在弗洛伊

---

* Samuelson Bible，有误，经查为 Philippsohn Bible，即"菲利普松圣经"，编译者为德国拉比路德维希·菲利普松（Ludwig Philippsohn，1811—1889）。——译者注

德青少年时的宗教研习中得到了进一步增强——他就读的为升入大学作准备的施佩尔（利奥波德城区公立）文理中学要求学生进行宗教研习。在与后来一直同他保持友谊的萨缪尔·哈默施拉格一起参与的课外活动中，他学会将犹太教在伦理道德方面的思想融入开明的社会价值观念。同样也是从哈默施拉格这里，他开始重视另一古代传统中的英雄谱系，那就是希腊和罗马的古典文学。

孩提时，西吉斯蒙德极其崇拜他的父亲，把他和圣经里最尊贵高尚的希伯来人联系在一起。随着他自己卓越不凡的梦想扎下根来，幻灭却开始了。领悟到父母可以在家庭人口规模方面采取办法进行选择，又不无苦恼地发现自己被要求照料五个妹妹和最小的弟弟，这个男孩逐渐对不断生儿育女却没能照顾好子女的父亲感到窝火。

此外，当雅各布试图让他了解早前在弗莱堡作为犹太人有多不容易、坦陈自己面对基督教徒的欺侮霸凌并未奋起反击时，西吉斯蒙德大为震惊。听闻如此般"不英勇"的举动之后，西吉斯蒙德便幻想自己是汉尼拔——这位迦太基闪族将军的父亲曾让他立誓"向罗马人复仇"（隐喻的是奥地利的罗马天主教徒[3]），借此进行心理补偿。随着西吉斯蒙德开始意识到他们家的卑微境地，他不仅设想自己是汉尼拔，还是威震四方的亚历山大、恺撒和拿破仑等不一而足，这样的白日梦长年不断。

与此同时，他更为切合实际的雄心壮志在他不信教的母亲阿马莉的影响下膨胀了起来，阿马莉毫不掩饰对长子的偏爱，不惜忽视他的弟弟妹妹。她听信一个算命人的预言和老妇人的迷信说法，坚称他注定前途无量。西吉斯蒙德看来已经把预言都听进去了，心安理得地接受他在家里的种种特权优待。不过因为阿马莉又生了七个孩子，而且在西吉斯蒙德不到两岁时因悼念尤利乌斯而终日避不见人，母亲给他一种将他遗弃了的永久感觉。

虽然各有不同，但弗洛伊德的父母使得这位最终成为"家庭罗曼史"理论家的人物认为他们配不上他与生俱来的崇高，有碍于他社会地位的上升。和其他数以千计受益于弗朗茨·约瑟夫皇帝放宽反犹限令的人一样，他们都从加利西亚移民至此，加利西亚地区包括如今的波兰和乌克兰部分区域，阿马莉童年时还在更东边的敖德萨生活过几年。她意志坚强，充满活力，但举止夸张，"缺乏风度而且毫无章法"，作为母亲她有着排山倒海的情感力量，和东欧的根基联系之紧密，简直令她这位人往高处走的儿子感到不快[4]。相比之下雅各布较为沉默寡言，但闷声不响得过了头；他听任失败而无所作为，这始终提醒着西吉斯蒙德，假如他在职业生涯成功的爬梯上稍一失足，就会跌落得有多深。

雅各布·弗洛伊德和阿马莉·弗洛伊德虽然个性之迥异远甚于年龄的差距，却在一个重要观点上意见完全一致：寄家庭境遇好转的最大希望于西吉斯蒙德学业有成。他很早就爱读书，学起希腊语、拉丁语和历史都驾轻就熟，在家受教育到九岁后就读于利奥波德城区多种族文理中学，在班上几乎年年都是学业之星，这下他父母都感到十分振奋。只要西吉斯蒙德继续走在这一条获奖之路上，他想必能赢得有影响力的大学教授的资助。可以预见到体面高薪的事业机遇就在前方，领域不在少数，从法律和医学到经商、银行业、高等教育和行政部门等等。

弗洛伊德的父母对于他的聪明才智没有错看。在创立并引领一项国际性的运动以前，他会成为一位熟练的解剖学家，拥有极负盛名的研究职位，是儿童神经病学家、家庭医生和科学作者。然而，那些成就和荣誉无一能够满足他彰显不凡的欲望，也无法给他带来除了内心一时的安宁之外更多的东西。他已经倾向于认为自己由于出身寒微以及家境贫困而落了下风，后来又逐渐产生一种孤立感，怀疑他人的动机，仓皇认定唯有某种惊世突破或者意外收获才能使他实现梦想。

2. 容身之处

那种感觉获得认可的路径越发狭窄的最重要因素，是反犹主义在心理上产生的重负。弗洛伊德自己在他的自传评述中回忆起那种负担，强调为了坚持推进他的职业生涯，他须得做出态度上的调整。有趣的是，他对于我们后续将会感兴趣的一个话题却只字不提：偏见在精神分析塑造过程中的作用。

弗洛伊德最终的学说将扭转反犹主义者占上风的局面——"对价值观念的重新评价"使得基督教在精神和性激情之间的截然划分丧失了权威。但是弗洛伊德若要承认动因，就得暴露精神分析的所谓"科学"其实是观念的产物，这一点他根本无法做到。因此，反犹主义在他的回忆中只不过被描述成是他发现心理学普遍法则之路上有待越过的障碍。从弗洛伊德的记述中，我们怎么也看不出他终生都对基督徒心存怨恨，也想不到——我们将会发现——反犹主义的作用力影响到了他自己对犹太同胞的看法。

弗洛伊德在 1925 年的《自传研究》中回溯过去，坚称他同偏见的斗争已然完全占据了他的整个青春期。"其他男生当中的那种反犹主义情绪"，他写到他在学校最后那几年，"提醒我必须站稳坚定的立场……反犹主义运动对于我们情感生活影响的重要性与日俱增，有助于牢记那早年岁月的想法和感受。"[5] 不过翻翻记录就看得出，直到他约莫十九岁，开始念医学院了，他都没有料到会因为他的种族地位而吃亏。

我们不能质疑弗洛伊德确实遭遇了《自传研究》中所描述的某些侮慢。即便在他毕业时，犹太人在施佩尔文理中学的学生中所占据的比例高达 73%，这样的多数地位面对怠慢行径也无法构成安全保障。弗洛伊德就读期间，犹太人入学数量从 68 人增加到 300 人，增长之快速，恰使认为"他们的学校"已经落入异族之手的基督教青年日渐产生敌意[6]。不过，处于青少年时期的弗洛伊德并未将偏见视作他发展前进的真实威胁。有利的社会政治气氛鼓舞着他，让他相信只要好好"日耳曼化"，他的机遇就几乎不可限量。这并不是说他早年对于歌德、席勒和海涅的喜爱是装出来的。恰恰相反，他在保持他作为犹太人的身份和变成文化上的德意志人之间并不觉得有任何冲突之处。

弗洛伊德打一开始就有志于"日耳曼化"，这一点从他早年决定改名字一事上最能窥见一斑。在 1869 年或者 1870 年，不晚于十四岁的时候，他开始用西格蒙德而不是施洛莫·西吉斯蒙德的名字登记注册他的学校课程，他早年的信件也显示他在签名中尝试着用起了新名字，直到最终确定采用新名字[7]。相当一部分包袱在那时放下了，"施洛莫"这个名字是为了纪念弗洛伊德的祖父，意为"所罗门"。"西吉斯蒙德"则是他父母对 16 世纪保护犹太人免遭沙俄大屠杀的波兰君主所表达的敬意。但很快这个名字就像后来的"海曼"一样，变成反犹段子中代表一般犹太人的指称了[8]。相形之下，"西格蒙德"会让人想起《尼伯龙根之歌》中的古代斯堪的纳维亚英雄西格蒙德，这部作品作为泛日耳曼情绪的号召因素在当初可谓盛行一时；瓦格纳的《女武神》(1870) 又有力地推进了这一联想。

尽管弗洛伊德没有试图被当作基督徒，不过作为改头换面的西格蒙德，他在宣告他和其他所有人一样，急切想变得具有德国文化气息。他有个气宇轩昂的榜样可以效仿。他最早的密友——一位犹太同伴，同时也是在利奥波德城区文理中学时断时续的同学——是海因里希·布劳恩，此人后来在社会民主党政治和新闻领域崭露头角，甚至还在德国议会中短暂任过职。布劳恩温文尔雅，充满感召力，是大胆的反叛者，他鼓励弗洛伊德在学校课程之外，补充阅读进步的英国历史学家威廉·爱德华·哈特波尔·莱基和亨利·托马斯·巴克尔以及德国怀疑论者兼基督徒路德维希·费尔巴哈和大卫·弗里德里希·施特劳斯所著的那些隐隐具有颠覆性的书籍[9]。

布劳恩向弗洛伊德袒露他要努力获得法律学位然后成为激进派政治家的人生规划。弗洛伊德深受他傲然气派的影响，于是决定自己也要沿着同样的道路前进。尽管他很快就在重新考虑这一念头之后选择了医学生涯，但这一迹象有力地证明两位年轻的犹太人能够看似合情合理地想象他们成为社会党领袖，在更广阔的社会中自由行事，完成犹太人和基督徒双方都赞许的改革。

关于种族界限的跨越，更令人印象深刻的例子发生在后来成为布劳恩妹夫的维克托·阿德勒身上，弗洛伊德是在维也纳大学认识（并且嫉妒加之讨厌）他的。阿德勒私底下是个内科医生，他认为他的政治组织工作和在议会的倡议自然而然地发端于他对那些遭受阶级压迫的病人们的关切。作为奥地利第一个社会民主党派的创始人，阿德勒后来还设法在这片贵族的幻想依然受到迁就纵容的土地上就全体成年人的投票权制定法律。等到第一次世界大战尾声整个帝国崩溃时，正是即将不久于人世的阿德勒"领导了和平有序的革命，将哈布斯堡王朝统治最后的繁文缛节消除得一干二净"[10]。

无论是阿德勒还是布劳恩，当时都没有明显感觉到受反犹主义的掣肘。弗洛伊德自己在他中学期间显然也没有感觉受到迫害，正如可以从两组现存不完整的通信中推断出的那样：有几封他写给的是在弗莱堡的小伙伴埃米尔·弗卢斯，十六岁那年他到出生地做客时重新联系上的弗卢斯；另外一组信数量颇多，大都是他在十五岁到二十五岁期间用错误频出的自学来的西班牙语写就，寄给的对象是他十几岁时最亲密的朋友兼"私学"知己爱德华·西尔伯施泰因。弗卢斯和西尔伯施泰因都是犹太人，西尔伯施泰因在文理中学比他小一届，所经历的当地氛围和弗洛伊德并无二致。弗洛伊德这两组信均偶有提及犹太人的种族性，但都没有一丝受到虐待的迹象。

在这些顽皮戏谑的文件中，我们看到一个好读书、横加打趣、爱说教的青少年，他对于学业生涯和前途规划显得颇为乐观。他在文学和哲学上的取向已经日耳曼化了。他经常听上去仿佛在重复老师们在课上发表的看法和见解。不过也有迹象显示出年轻人特有的对于老一辈浮夸风格的挖苦。犹太教、基督教和奥匈帝国的习俗都受到一视同仁的讽刺，弦外之音是有远见的年轻人在这个摩登时代再也不能受到宗教或者"爱国"妄语的烦扰了。

据弗洛伊德的《自传研究》说，在他十七岁接受高等教育一开始，就碰到了反犹主义的隔阂，可怕程度远超中学生偶尔的嘲笑：

> 1873年，我进入大学，不久就体验到了某些实打实的失望之感。尤其是我发现人们期望我认识到自己低人一等、认识到自己实属外族，只因为我是犹太人。我绝对不会这么做，门都没有。我从来都看不出为什么我应该为我的血统或者按照人们开始说起的我的"种族"而感到羞愧。我不受公众待见，我忍了，没什么好懊丧的；因为在我看来，尽管这样被拒之在外，但积极进取的劳动者必然能

在人文校园里寻求到一点立足之地［ein Plätzchen］。然而，大学里这些最初的印象所产生的影响，后来看来不容小觑；因为我年纪轻轻就被迫要对身处对立面的命运习以为常，饱尝置身于"紧抱成团的多数人"打压之下的滋味。由此算是在一定程度上打下了能够独立进行判断的基础［eine gewisse Unabhängigkeit］[11]。

这一慷慨激昂的段落与真实状况只有拐弯抹角的关系。首先说来，弗洛伊德真的在维也纳大学五年求学期间有那么茕茕孑立、遭到鄙视吗？尽管在 1880 年，犹太人只占维也纳人口的 10.1%，却已经在维也纳大学的学生中占比 21%，1873 年入学的他们当中大多数人看起来在那里如鱼得水。即便是民族主义兄弟会也还没有转而反对像弗洛伊德这样日耳曼化的认为教育应和宗教分离的世俗主义者。尽管他对饮酒和决斗并无兴趣，但他告诉西尔伯施泰因说在他入学以后头两年都可以加入这样的组织[12]。

出自弗洛伊德之手的其他信件也显示，他乐得离开中学并且沉浸在视野更为开阔的阅读书单之中。正如他入学一年后写给西尔伯施泰因的信中所说的那样，他将他持续前行的青年时代视为一段纯粹自我发展的时期，无须考虑赚钱也无须在意他人的评判和要求[13]。"简直是前所未有，"他在一年后说道，"我以前从来没有陶醉在那般愉快的感觉当中过，或许可以称为是学术之乐，那大半源自意识到人接近了科学以纯粹之势迸发并且可以久久甘之如饴的源头。"[14]

倘若弗洛伊德一进入大学就遭到排斥，他肯定想尽快结束这场折磨，然而他却徜徉在五花八门、兼收并蓄的课程当中。同样也看不出他被剥夺了活跃的社交生活。虽说他根本不爱广交朋友，私底下还是只和犹太人交往，但他也认识数量众多的基督徒。他上学以后最开始的一项行动就是加入一个名为"维也纳德语学生读书会"的颇有影响力的俱乐部，犹太人和基督徒在这个读书会里交往自如[15]。值得注意的是，该俱乐部的使命是推进奥地利的日耳曼文化运动，希望最终看到帝国的西半边摆脱斯拉夫匈牙利人的那另外半边并且完全并入德国。

在读书会占据主流的思想倾向是天真的乌托邦。认识弗洛伊德的犹太医学专业学生所罗门·埃尔曼回忆起俱乐部时说，"我们抛弃了我们的父辈侍奉的祭坛，把我们自己献给——和不同教派的同辈不无相像——据说是全新的圣坛，因为我们被晓之以如今应该崇拜一个全新的典范，那是仁慈的典范，认为四海之内皆兄弟"[16]。埃尔曼的言辞表明俱乐部内犹太人和基督徒之间的亲密关系，不管在实施过程中显得多么别扭，却是俱乐部颁布的指导原则。

弗洛伊德一直都是俱乐部成员，直到1878年亲斯拉夫的帝国当局将其解散，此时犹太人和基督徒之间的紧张关系已经公开化[17]。到那时弗洛伊德就明白了泛日耳曼民族主义已经具有明确的反犹性质，读书会无法给他庇护。但在早些年，维克托·阿德勒、海因里希·布劳恩和弗洛伊德自己都感觉积极参与俱乐部活动的做法受到充分的欢迎。实际上，阿德勒是俱乐部的领导干事之一，直到俱乐部解散。在弗洛伊德跟西尔伯施泰因谈到读书会当时探讨的议题时，他写起信来并不像是遭到两面效忠怀疑的对象，而是完全平起平坐的参与者。

那么我们可以看出，弗洛伊德的《自传研究》至少在两个方面歪曲了他在大学里的经历。他并没有一进大学就被要求感觉低人一等，他也没有被排除在基督徒的日常社交接触之外。恰恰相反，他在读书会里主动出击，乐得和读书会全体成员打成一片，吸收内化了读书会的部分价值观念。当反犹主义最终在俱乐部内部爆发时，他甚至都没有请辞引退。总体说来，比起我们从他自诩为勇敢面对命运的弃儿的那些叙述中可以推测出的情况而言，他渴望受到接纳的程度要来得更为强烈。

3．态度的调整

早在弗洛伊德感受到反犹主义向他逼近之前，他听凭反犹主义影响自己的看法。他注意到可以辨认得出的"东部"犹太人已经是嘲弄的对象。他本身作为加利西亚人的儿子，可能已经被怀疑是不够纯粹的维也纳人。他想出人头地的内在目标便使得他自己回避出身。因此，每当他遇见令他觉得在外表和举止上"过于犹太化"的犹太人时，他总是心烦意乱。

举例而言，早在1872年，十六岁的弗洛伊德告诉埃米尔·弗卢斯，他在火车上遇到的一家人有多叫人反感：

> 现在，这个犹太人讲起话来就跟我以前听到的成千上万人讲的一样，甚至就是弗莱堡那里的调调。他那张脸看起来很眼熟——非常典型的长相。那个男孩也一样，他在跟他父亲谈论着宗教的话题。他脱胎于命运待时机成熟时便要造就骗子的那种模具：油头滑面，满口谎言，在认定他是个人才的亲戚们满怀爱意的抚养下长大，但不择手段，品行不端……我见过太多这样不三不四的人［Gesindel］。从他们谈话过程中，我得知犹太女人和家人来自梅济日奇：适合这种歪才的垃圾堆[18]。

这样的毒舌中伤远远不止一次。1875年，十九岁的弗洛伊德写信给西尔伯施泰因谈到一个新认识的人，说这人"毋庸置疑的聪明，但不幸是个波兰犹太人"[19]。1878年二十二岁时，他告诉西尔伯施泰因他在一场晚宴上被一个粗鲁的犹太人——"grobber Jüd"——的举动吓坏了[20]。二十七岁那年，他跟未婚妻讲述到一场葬礼，把在葬礼上发言的一个人形容作表现出"野蛮残酷的犹太人的激情"的狂热之徒[21]。此外，二十九岁时，他告诉未婚妻他在柏林的一场社交聚会上看到"有几分讨厌的犹太脸"而心生不快[22]。同年他形容一个相识的人是"典型的贼眉鼠眼的小犹太人"[23]。这样看来，年轻的弗洛伊德对于反犹主义的主要反应似乎并非抗议其有害的刻板印象，而是希望反犹主义不要加之于他身上。

弗洛伊德的策略——培养日耳曼文化的风格并坚持对立区分好与坏的犹太人特质——要奏效完全取决于基督徒是否愿意遵照同样的区分方式。然而1873年5月，在弗洛伊德初入大学上课的前几个月，一场股市暴跌开启了转而变得强硬并且无可逆转的公众气氛。随暴跌而至的是整整十年的艰难时世，基督徒工匠发现他们的机会受限，他们的工资减少——不管怎样，他们就推断始作俑者是犹太劳工和小贩。由此而产生的失望情绪，再加上对那些徇私舞弊、把自由主义搞得声名扫地的金融资本家的怨恨，足以让国定天主教教会从来没有否认过的对于一个种族的妖魔化得到全面复苏。这下，鼓动反犹头一遭让蛊惑民心的政客用来行之有效地壮大党派队伍，左右选举。

在弗洛伊德学医期间有件事情很能说明问题，显示了他究竟是怎么样从读书会那种温厚细致的亲如兄弟的心态被推到如此般种族间难以弥合的裂痕之感，最让人一蹶不振的是这一状况完全出乎他的意料，打得他措手不及。1875 年的维也纳大学医学院，弗洛伊德最终在这里安下心来，集中全力完成学位规定要求，此时医学院遭受了一场不祥的震动。校内多数的教授和学生认为，在开放招生政策之下，学业上准备不足的东部犹太人的比例变得失当。在一份针对这一状况的厚如书本的报告中，著名的外科医生兼教授特奥多尔·比尔罗特提议就匈牙利和加利西亚犹太人的入学人数设下录取的最高限额。

但是他并没有止步于此。尽管比尔罗特有许多杰出的同仁都是犹太人，他却含沙射影地中伤他们所有人。他坚称，犹太人构成单一的国家，和波斯或者法国一样迥然有别，犹太国民永远也无法理解浪漫主义的日耳曼思潮。在一次激情澎湃之下，他宣称"纯粹的日耳曼和纯粹的犹太血液"永远都交融不到一起 [24]。游行和犹太学生同日耳曼民族主义学生之间的暴力冲突紧随而来。

比尔罗特后来会对他煽动性的言论悔不当初，并且完全摒弃了反犹主义。不难想象，1877—1878 年弗洛伊德跟着比尔罗特学习三个学期的外科课程时，他们之间的关系想必是剑拔弩张 [25]。从 70 年代中期开始，在医学院和弗洛伊德即将前去实习的大学附属医院里，相互间的怀疑猜忌影响了所有跨越种族的交往。

奥地利国内犹太人和基督徒之间的关系在 19 世纪 80 年代变得更加阴霾重重。柏林的欧根·杜林教授在 1881 年那份恶意叵测的宣传小册子《作为种族、道德和文化问题的犹太人问题》不啻在维也纳反犹情绪的火种上划了一根火柴。翌年，日耳曼民族主义者运动——原本最早期的支持者中有许多是犹太人——分裂出了奥地利改革联盟，其纲领包括取消犹太人的公民权利。这十年同样也见证了基督教社会党的崛起，其煽风点火的党魁卡尔·卢埃格尔鼓吹剥夺犹太人在公务机关的职位，禁止犹太人从事专业工作。1897 年 4 月 8 日，卢埃格尔将获得批准成为维也纳的市长，在接下来十三年中始终担任这一公职。到了 90 年代，把犹太人当作单一种族群体公然进行嘲弄——说他们漂泊不定、贪得无厌、见风使舵、面目可憎、病态百出——这一情况在新闻舆论中变得司空见惯 [26]。

　　然而，实际上直到 1938 年纳粹实行德奥合并，也就是把奥地利并入德国之后，对犹太人的仇恨才变成整个国家的官方态度。在此之前，正如弗洛伊德所认识的那样，"优越阶层"的奥地利基督徒尽管冥顽不灵，却还往往对那些行为同他们自己相似的犹太人维持着虚伪的礼貌客套。后者备受压力，需在外在各个方面都循规蹈矩，他们有充分的理由想当然认为自己在工作场合中的同事和上级的微笑远非善意。他们知道理当有之的晋升可能就会没来由地遭拒，然后被基督徒官员能力不足的表亲或者甥侄取而代之。假如一个犹太人恰好容易因为忧心忡忡而胡思乱想，这个盛行走后门和虚与委蛇的社会肯定就会成为诱因。

　　诚然，和爱德华·西尔伯施泰因通信的那位总是积极乐观、自鸣得意的朋友在 19 世纪 80 年代敏感多疑的弗洛伊德身上已经几乎辨认不出来了。没错，这个人身上背负着与他订婚和职业生涯相关的新问题。但在二十多岁时，弗洛伊德似乎在别人对待他的动机上产生了一种病态的不信任感。害怕因为他的"种族"而遭到断然拒绝，面对将他的未来拿捏在股掌之间的当局，他会尽量（不全然成功）表现出异乎寻常的谦卑和圆融，然后他又会因为他们如此置他于失去尊严的磨难之中而愈加鄙视他们*。

---

*　正如满腹牢骚的弗洛伊德后来在 1938 年告诉雅各布·迈特利斯的那样，基督徒中"基本上所有人都是反犹主义者"（耶路沙尔米 1991 年引用，第 54 页）。

　　弗洛伊德从来不会试图否认他的血统，也从不怀疑有教养的犹太人不管在道德上还是智力上都比任何阶层的基督徒更胜一筹。不过他的阶级意识也愈发强烈，而且后来一直都是如此。维也纳浓厚的反犹主义扼杀了他残存的所有对于不论是犹太人还是基督徒的普罗大众的同情之心，使得他希望和那些生活富足、追求成功因而不受呵责的犹太人建立起更加密切的关系。

　　这一有选择性的靠近某些社会阶层的做法，可以从弗洛伊德在卡尔·卢埃格尔确认成为维也纳市长五个月后便加入圣约之子会（B'nai B'rith）一事中窥见一斑。彼时的圣约之子会是由最富裕、最具有服务观念的犹太人组成的兄弟会，圣约之子会在当地的分会成立于 1895 年，旨在追求改革进步的目标而不必依靠广义上的奥地利政府机构[27]。在精神分析运动占据弗洛伊德的全部时间之前，他一直是分会中最为活跃、最为投入的成员之一，也始终在分会的花名册上，直到 1938 年他飞往伦敦为止。值得注意的是，他将《梦的解析》前几章读给他的分会弟兄们听而不是给大学里的听众，他依靠他们获得鼓励，即便他的观点在他们听来很奇特。

　　然而，随着弗洛伊德和世俗的热心慈善的犹太人之间的联结日渐紧密，他对犹太宗教外在形式各个方面的反感也在日渐强化。为了避免举行遵照犹太教仪式的婚礼，他甚至有一阵子考虑索性宣称自己是个基督教信徒算了。他的新娘，汉堡一位颇有名望的拉比的虔诚的孙女，会遭到责备，因为在他家里竟容不得宗教仪式。他会在父亲合乎宗教仪式的葬礼上迟到，至于他母亲的葬礼则完全忽略不去。他的儿子们不会经受犹太教割礼，据说他的孩子们住在家里那些年没有一个曾经进过犹太教堂。圣诞节时，他们会聚集在传统的德国圣诞树下，按照基督徒的习惯交换礼物[28]。在弗洛伊德生命的尾声，在种族大屠杀前夕，他会出版《摩西与一神教》，书中坚称这位希伯来人的首领和导师——正如每一个读者所注意到的，一个"弗洛伊德的人物"——并不是犹太人，而是埃及王子，死于他试图开导教化的蒙昧无知的偶像崇拜者之手[29]。

　　弗洛伊德对犹太教的唾弃有几分是在直截了当地表达他不相信超自

然的说辞。不过其他那些和他一样秉持无神论的维也纳专业人士多数还都装装样子以示遵从老一辈依然奉行的习俗。正如我们所记得的那样，弗洛伊德曾接受过完全不强调神学重要性的父亲兼启蒙者亲力亲为的犹太传统教育。他如此决绝地反对犹太教，表达了下定决心要切断与利奥波德城及其乖乖默认低人一等的文化之间的所有联系。后来，弗洛伊德志在用精神分析来解释和取代一切宗教；但若非正统的习俗和仪式诱发了反犹主义的嘲弄，他可能无法达成这样宏大的事业。

　　不管他自己怎么看待，就我们所知，弗洛伊德并没有因为种族偏见而被剥夺任何一个职业发展的机会[30]。恰恰相反，反犹主义是他生命中的一个重要因素，因为降临在他身上时正是他准备此生投身医学之际，它放大了他的自我怀疑，扭曲了他对待基督徒同仁的态度，激起了他对于基督徒自鸣得意的恒久愤怒。这造成的一个结果便是本质上鼓吹革命的模式，以反对基督教为象征，但表面上很体面而且不限定于哪个宗教派别。维克托·阿德勒、海因里希·布劳恩和弗洛伊德过去的友邻特奥多尔·赫茨尔的公共改革相形之下会让他觉得相对浅薄，与此同时又容易引发不必要的麻烦。

　　就家庭关系和传统构成精神力量源泉这一点而言，很不幸，弗洛伊德获得成功的冲动使得他要同他的出身进行一番较量。这主要得归咎于困扰他青年时代的种族仇恨，造成了格格不入的影响。然而，我已经提到过了，他的不安全感也有着更早的根源。正如我们即将看到的，在爱与工作——Liebe und Arbeit——领域中的某些挑战会加剧弗洛伊德身上原本一直存在的紧张倾向。正是那些倾向及其带来的后果，再加上他更为年少天真的岁月时就立下的宏大抱负，引导他提出关于精神本质的惊人主张。

第二章

勉强应付

1. 某些局限

按照关于弗洛伊德职业生涯的权威版本的说法，对科学探索的一种强烈使命感引导着他，从对于微乎其微的海洋生物在生理学方面的兴趣起步，经由对低等脊椎动物神经元的组织学研究，到人类脑干的构造的研究，再到人类神经系统疾病的大脑病理学，最终——在他从让-马丁·夏尔科那里获悉临床观察比单纯的解剖更能产出丰硕的研究成果以后——走到了对于神经官能症的成功治疗。据说，通过这样的方式，他一步一个脚印，从他的病人的言谈中推导出了正常的与不正常的动机法则。沿着这条通往精神分析的道路，这位聪颖过人的年轻医师摇身一变，成为一个在好些领域内都有着深远影响的人物，所涉范围从进化生物学和儿童神经病学到大脑病理学和精神病药理学。

依照这一传奇的说法，早在19世纪80年代，弗洛伊德已经在着手解决关键的问题，决定性地推进达尔文的理论范式，而且几乎没有错失1891年海因里希·冯·瓦尔代尔-哈尔茨和圣地亚哥·拉蒙·卡哈尔为此获得荣誉的神经元理论的完整发展进程。据说在学术旅途中的每一站，他都执掌较之前一站更为艰难、更为重大的领域，有时都到了极其重要的突破口的边缘，却因为他永不停息的心灵才智总是渴求新的挑战，反倒又游移前往更加复杂的难题去了。

尽管（故事接着往下说）弗洛伊德发现自己最终能够用严格确切的心理学术语来描述他关于潜意识的这一重大发现，但是他在解剖方面受到的长期训练对他产生了积极作用，告诫他心理活动同样也是大脑的活动，解读的科学依然是一门科学，对于拿出经受得住严苛标准检验的证明责无旁贷。因此，信奉弗洛伊德学说的神经病学家马克·索尔姆斯认为"如今精神分析作为内科学伟大的临床传统中最后的一大边缘地带立足于世"，他把弗洛伊德前精神分析时期的著作描述成一脉相承，并且水到渠成地指向他在心理学上的突破 [1]。

这些说法在很大程度上都属于吹捧之辞，然而，又的确指涉了一系列实实在在的成就。1877—1900 年，弗洛伊德发表了六部题材广泛的专著、四十篇论文和大量评论。在诸如《论失语症》(1891)、与人合作完成的《儿童单侧脑麻痹症的临床研究》(1891) 以及《小儿脑麻痹症》(1897) 等著作中，他出色地概括论述并评价神经系统方面现有的理论范畴。这些五花八门的著作和论文放到一起，奠定了同行对他专业上认可的基础，包括他在 1885 年被任命为维也纳大学的无薪讲师 (Privatdozent)，同年又获得游学资助奖金，以及从 1886 年一直到 1895 年在马克斯·卡索维茨的第一公立儿童病院担任享有盛名的无薪职位。受到更进一步尊重的迹象接踵而至，包括他在若干学术刊物的编委会担任编委，被选为一部重大医学百科全书中关于儿童麻痹症方面的撰稿主笔，以及 1902 年获得特命教授的头衔。

然而，按照最为客观的说法来看，弗洛伊德前精神分析的作品对于现代任何学科的发展无一起到关键作用。例如，尽管戈登·谢泼德在其关于神经元理论的专著中把整整一章专门留给了他，但谢泼德推断弗洛伊德的论文理应和其他大量论文归到一起去 [2]。在约瑟夫·D. 罗宾逊关于突触传导是如何得到认知的权威性研究中，弗洛伊德的名字压根没有被提及 [3]。此外，他早年的记录特别不连贯，显得虎头蛇尾。他从一项自成一体的任务跳到另一项，在广为接受的知识总量上添砖加瓦，驾轻就熟地批判他人得出的不成熟的结论，却从未关键性地检验他自己的任何假说。

即便是索尔姆斯这样认定弗洛伊德为科学家的最主要的拥护者，也不得不承认他看起来最具曙光的论文通常都在几近得出看似就在一步开外的重要结论时戛然止步。举例而言，弗洛伊德揭示了鳗鱼的"间性"，"但没有认识到他的发现意义多么重大"[4]。另外，他确定了神经元的一些特性却因为"语焉不详且有所保留"而未能更进一步[5]。

弗洛伊德不得不逐步克服鲜见于医学家身上的一些缺陷。数字和方程式提不起他的兴趣，他在写论文过程中经常搞错细节或者自相矛盾。"给严格精准的测量束缚住了手脚，"欧内斯特·琼斯评论道，"并非他的天性。"[6]诚如弗洛伊德自己会告诉他的密友威廉·弗利斯的那样，"你知道我没有一丁点儿数学天分，记不住任何数字和大小尺寸"[7]。因此，他觉得必须把数据排除在他几乎所有的专业性和趣味性的文章之外。

在弗洛伊德的科学论文中，图表和览表近乎不存在，这或许可以视作无关紧要的细枝末节，倘若不是反映了他性情中的一个基本缺陷：犯懒而不愿意收集足够多的证据来确保一项已知的发现并非反常现象或者步骤疏忽所造成的结果。弗洛伊德无非就是用显微镜观察分析尸体组织而已——那些组织中任何一个都能代表无数相同的其他组织，只要如此，那么这一缺陷可能不会引起注意。虽说在大多数领域内，要想确立规律，大量的样本不可或缺。但作为心理学家，弗洛伊德一贯无视这一必要条件。恰恰相反，他会依靠从若干案例甚至是唯独关乎他自己的单一案例中得出的未经检验的想法，进行广泛的归纳和推论。

2. 缺乏火花

弗洛伊德早年的履历虽说可圈可点，却看不出伟大之处的苗头，因此需要对他以革新者面目示人的原本资质进行重新评价。且让我们从他理论发展的起点开始。他被认为本是具有科学天赋的年轻人，对于自然的好奇心一步步引领着他前进，最终直面复杂难解的人类心理并与之交锋，可现存的文献几乎无可证实这样的假定。诚然，他喜欢在林中散步，采摘罕见的花儿带回家[8]。但他中学时写的信却显示出他在青少年时期的兴趣取向都一边倒地在文学、历史和哲学方面。更确切地说，他早年的志向之一曾是成为诗人或者小说家[9]。

根据弗洛伊德自己的评述，正是十七岁时经历的一场文学体验首度激发了他对科学的兴趣。一首朗朗上口的诗《论自然》——一篇恰巧被错当作出自歌德之手的散文诗，让他感到深受启发[10]。原文是一首赞歌，歌颂生机勃勃的世界多么丰富多彩，充满创造力，而个中奥秘据说再任人怎么窥探也永远都无从知晓。尽管诗人在神秘莫测的力量面前所发出的欢呼开启了维也纳人有条不紊的严谨研究可谓是不无偶然，但它确实引起了弗洛伊德内心的共鸣。数十载后，他会断言每个机体都充满"生"与"死"的本能——那是19世纪早期自然哲学（Natur Philosophie）这一生机论传统中的神秘力量。

自然哲学，为黑格尔、费希特和谢林等人所捍卫，主要由对自然世界的结构和生机能量的浪漫主义思辨构成。它提供了一种设想将各门科学统一到一起的形而上学层面的方案。然而，实际上这一未经考验的假设并不接受依照严格的唯物主义原则而进行的试验，因此对于像赫尔曼·冯·亥姆霍兹和弗洛伊德最初的导师恩斯特·冯·布吕克而言实在是完全无法接受。当弗洛伊德不满于经验主义范式的严谨缜密时，他就不免要创造他自己的自然哲学的变体了。

和弗洛伊德传奇的其他构成要素一样，这则关乎《论自然》的故事夸大了他早期的自主权和成竹在胸。单单因为或者说主要因为这么一篇文学作品，就使得他做出读哪个学位课程大纲的选择，简直难以置信。他已经明白他缺乏像海因里希·布劳恩和维克托·阿德勒那样当政治家的性情；而商业领域——他父亲原本希望能对他有所吸引因而送他到曼彻斯特当企业主的同父异母的哥哥们那里进行毕业旅行，也已经被种种丑闻玷污了，其中包括他叔叔、伪币制造犯约瑟夫颜面扫地，并且身陷囹圄。相形之下，从世俗的境地看来，专注于医学就显得合情合理，不管他自己是否有特别的天赋甚至是否感兴趣。

十七岁的弗洛伊德并非对科学研究满腔热忱，这一点从他向爱德华·西尔伯施泰因发表的言论中可以显见，那是在他听完《论自然》朗诵会、做出攻读医学学位的抉择之后，他宣称他打算大学头一年用来念哲学系和"纯粹人文学科，和我后来的领域毫不相关"[11]。当他真的登记选修一些科学课程时，他漠然写道，他"感觉差强人意，因为我把时间都那样用掉了，其实本可以更好一些，但也绝不算最糟糕的状况。我指的是在科学方面的功课，尽管并不是合适的类型"[12]。他发现动物组织的分析确实非常适合他，这时候他考虑争取获得哲学和动物学联合博士学位——这一教学计划会使得他必须从医学院转到哲学系去[13]。

的确，哲学是弗洛伊德在研究的最初阶段真正爱好的知识领域。他在十八九岁时心目中的英雄是路德维希·费尔巴哈，"在所有哲学家中，我最尊崇和仰慕这个人"[14]。到1841年，费尔巴哈已经详尽阐述了弗洛伊德后来在《幻觉的未来》(1927)中阐发的论点：犹太教神学和基督教神学中假设的上帝只不过是人类需求和恐惧的投射。他正是作为费尔巴哈的拥趸，提出了有利于激发思考的质疑，由此对天主教哲学家弗朗兹·布伦塔诺特别有好感，布伦塔诺在大学的课程以及私下的交谈都让他觉得比任何科学报告或者实验操练更有吸引力。

布伦塔诺也是自成体系的心理学家，他坚称心理学严加改革之后可能会开始具有足够的缜密性而作为真正的自然科学被大家所接受，弗洛伊德肯定对此印象深刻。不过布伦塔诺关于心理的概念不包括潜意识心理现象的可能性，几乎不可能指引弗洛伊德走向精神分析道路[15]。当弗洛伊德决定探索精神的地下世界时，他也不会听从布伦塔诺关于实证说明的严厉告诫。

在弗洛伊德按部就班向创建一门新学科迈进的传奇中，他在科学上和医学上的导师总的说来都灰头土脸地收场。"作为一个反叛者，"他的朋友兼临终医生马克斯·舒尔写道，

> 弗洛伊德对于维也纳大学医学院的"保守派"不屑一顾……他们被授予荣誉头衔，要么是因为当了系部主任，要么是因为某些特殊成就而引起关注，或者只不过是到了一定岁数又"认识说得上话、帮

得上忙的人"[16]。

这些人大概都是后来显得太过因循守旧而认识不到精神分析优点的老古董。弗洛伊德一派一直认为他们是狭隘的实证主义拥护者，无法满足初露头角的革命者。

实际上，弗洛伊德就读的是全世界最先进的医学院——欧洲其他地方和北美的访学医生都前来朝圣——他也早就对这里的伟大传统肃然起敬[*]。医学院的名人——病理学的罗基坦斯基，生理学的布吕克，精神病学的迈内特，解剖学的许特尔，眼科学的阿尔特和耶格，耳鼻喉科学的施勒特、格鲁伯和波利策，外科学的比尔罗特，皮肤病学的黑布拉，内科学的诺特纳格尔和班贝格，妇科和产科学的赫罗巴克——都在维也纳闻名遐迩，因为他们在各自专长的领域都占据世界顶尖位置。他们最聪颖的学生都会成为下一代优秀的创新者。

在医学还在从希波克拉底和盖伦的枯燥格言中逐渐浮现的年代，一切疾病都被归咎于体液失调或者"生气"，维也纳为对症诊疗和病因学（生病的原因）确立了典范。没错，大学苦于基础设施老化、过度拥挤和不卫生的状况（助长了感染的蔓延），但是这里的精神面貌昂扬向上，因为大家都满腔热忱，探索追求新手段、新技术以及器质缺陷和病症之间的新关联。对人类机体（活体和解剖皆有）的观察须得一丝不苟；如此般进行观察的结果得成为在相互对立的假说中作何选择的决定性因素；对生物学现象的解释只可诉诸化学和物理学上普遍得到公认的定律，而不是察觉不到的想象中的能量。

如果认为弗洛伊德在科学和医学上的导师们都缺乏广泛的好奇心，那就大错特错了。举例而言，赫尔曼·诺特纳格尔在闲暇时从事古典文学研究；特奥多尔·比尔罗特是一位成就斐然的音乐家，和勃拉姆斯私交甚

---

[*]　欧内斯特·琼斯讲过弗洛伊德"还是维也纳大学的一名年轻学生时……曾在带有拱廊的庭院下漫步，仔细查看过去那些鼎鼎有名的教授的胸像……他当时就幻想着……看见将来自己的胸像在那里"（J, 2: 14）。

笃；生理学家恩斯特·弗莱施尔·冯·马克索博览群书，还自学了梵语，翻译但丁的作品只为自得其乐。父辈和祖辈都是画家的恩斯特·布吕克本身也是个画家，他写了三部艺术方面的学术著作，在弗洛伊德于他手下效力的那段时期，他还写了若干就人文主义问题大体上该如何解决的论文。

弗洛伊德的前辈们也没有在他们对于科学和文化的兴趣之间硬是划下泾渭分明的界限。布吕克的第一助手西格蒙德·埃克斯纳有志于确定人类可能在多大程度的生理学层面上去运用智力、道德品行和自由意志。弗洛伊德在大学里的另一位关键的导师特奥多尔·迈内特是画家和戏剧批评家之子，他沉湎于参照基于假设的结构对大脑内部更高层次的技能作出纯理论性的解释。尽管那些努力大多收效不佳，但究其原因却并非因为过于迂腐守旧，而是过于大胆冒险。

那么，问题并不在于维也纳的医学教授是否配得上弗洛伊德，而是为什么他害怕修读他们所教的大部分课程，而且发现那些课程难以通过。主要原因是他不管是在教育背景还是个人意向上都准备欠佳。他所接受的中学教育乃为成长或者说是为培养有教养的绅士而作准备，学习的是大量的希腊语、拉丁语、历史和文学经典。他很快便发现对达尔文主义抱有的哲学上的兴趣代替不了科学方面的天赋。"我迫不得已，"他多年后坦陈，"在我念大学的第一年期间，发现我天赋的特质和局限性让我在许多科学分科中都处处碰壁成不了事，那可是我年少时一腔热血才挤进头去的领域啊。"[17]

在维也纳大学，获取医学博士学位通常需要学习五年，紧随其后的是博士生考核，换言之是三年的综合资格能力测试。弗洛伊德的道路更是曲折。他用了六年时间来达到课程要求，在此之后他不顾家人需要他获得经济独立的状况，又把博士生考核推迟了两年时间。直到1881年他才鼓起勇气参加那些考试，最终确实通过了，但成绩并不突出。

3. 身不由己

尽管弗洛伊德接受的是19世纪70年代世界上所能提供的最好的医

学教育，但医生的实际生活却令他颇为反感。他从来未曾发现自己具有悬壶济世的那么一丁点天赋。熟识他的欧内斯特·琼斯指出他有一种跃然于表的"对行医的厌恶之情"[18]，弗洛伊德自己对于不愿意治病救人这一点也向来是直言不讳。"不管是那个时候，"他写道，"还是我后来的人生当中，我确实都没觉得自己对于当医师的职业生涯有什么特别的偏好。"[19]据他回忆，他从来没有感到过那种为救死扶伤的事业躬身效力的渴望[20]。机能失常的身体令他深感不适而且情绪消沉，他希望见得越少越好。他妹妹安娜某一天也曾透露说他见不得血[21]。直到1927年的晚年了，他还承认他"从未真正当过严格意义上的医生"[22]。

到了他二十多岁时，弗洛伊德愿意将任何教学大纲都纳入考虑，只要他能够掌握而又不必进行活体解剖动物或者应付实实在在的病人。这项要求在使用显微镜观察分析制作好的动物学样本上正好得到了满足，那是不久前进行现代化建设的比较解剖学研究所开展的一项活动，担任研究所主管的是时年四十一岁的杰出教授卡尔·克劳斯。对他人阐明的步骤上手很快而又执行得孜孜不倦，弗洛伊德脱颖而出，1876年两次被派往克劳斯在的里雅斯特的动物学实验站，导师交给他的任务是尝试确认先前一位研究者关于鳗鱼生殖腺辨识度的假说。

研究结果是弗洛伊德的第一篇科研论文，还算过得去，尽管没有定论，文章之所以引起关注主要是因为作者年仅二十一岁，具有一种与众不同的腔调，精神分析师兼历史学家西格弗里德·贝恩菲尔德作为最早探究弗洛伊德见习期阶段的研究者会将其描述成"总是胸有成竹——有时候甚至有点趾高气扬的"[23]。那种对于按指派完成的项目不合时宜的腔调已经说明弗洛伊德的雄心壮志和能力局限之间存在一股张力。贝恩菲尔德察觉到一丝迹象，那便是这位研究新手——"一心反叛和竞争"，而且生活在"一种令人苦恼的充满挫败、怀疑和比较的氛围中"[24]。他讨厌相对而言算是年轻的克劳斯施加给他的影响，决意表现出超乎他实际水准的独立性。

显然，弗洛伊德更深切渴望的是一位让他可以青出于蓝而又不会心生妒忌、非得咄咄逼人较个高低的导师。这样的人物便是恩斯特·布吕克，医学院教员中最受敬重并且活跃在一线的教授，从 19 世纪 40 年代起一直到他 1892 年去世为止都是杰出的生理学家。弗洛伊德按照一般预料的情况不过就是报名修读至少一个学期布吕克的课程，在他的生理学研究所的实验室打打转。然而 1876 年一遇上这位了不起的老师，弗洛伊德再也没有什么炽热的念想，只求待在他的左右并赢得他的首肯。

在六年时间里，虽有过短暂的中断，但弗洛伊德一直留在这个灰暗破败、没有自来水也没有煤气供应的研究所里，一开始作为从事研究的学生，然后是无薪酬的"示教讲师"或者助教，受托备好布吕克和二把手西格蒙德·埃克斯纳、三把手恩斯特·弗莱施尔·冯·马克索上课用的标本和幻灯片。1876—1882 年，弗洛伊德的主要目标是争取排上队继任两个助理职位中的某一个，一旦位置空出来的话。

弗莱施尔和埃克斯纳都是家境优渥的教授，不需要依靠研究所的微薄收入。弗洛伊德的压力就大多了。他渴望的职位只会付给他极少的薪酬，而且是他唯一的收入来源。他的显微镜研究尽管值得称道，但大多是在指派好的任务的驱动下进行，而埃克斯纳和弗莱施尔从事的则是探索性的工作。因此，他将来被任命为生理学教授的机会看来微乎其微。至于接替布吕克的主管职位就更是遥不可及了。埃克斯纳作为继任队伍上的排头兵，确实也得到了主管一职，并且到 1917 年为止一直担任该职位，那时候精神分析家弗洛伊德都六十一岁了。

不过这位我们已经有所认识了解的年轻人与其说是在寻求一门职业，不如说是在躲避另一门职业，那就是行医。他跟随布吕克的六年时间可以视作是在拖延履职，这段时期他不仅渴望得到认可，同时还渴望那难以摆脱的敌意得以缓解——随着反犹主义的意识进一步加剧——他感觉面对同辈中比他更受优待、更有荣光的人时颇能察觉到那种敌意。布吕克做人做事客观公允，有板有眼指令清晰地下达下属应付得过来的任务，再加上同为犹太人的弗莱施尔热情友好而且乐关怀备至，这些因素为弗洛伊德孕育了鼓励的环境，他在惊诧地发现自己只能勉强通过科学课程之后，发觉在的里雅斯特的现场调查使得他完全能够应对布吕克的技术要求。依靠赠礼和贷款，他想必能心满意足地在生理学研究所里再待上好些年。

　　弗洛伊德在 1881 年获得医学学位，这并未给他的规划带来别的选择——他甚至连规划都没有。然而，1882 年 6 月 16 日，他的生活发生了决定性的转折。那一天他与同是维也纳人的玛尔塔·贝尔奈斯秘密订婚。两个人都很清贫；都想成家生儿育女；但对于让小家就那么一贫如洗的想法，他俩谁都不敢苟同。当时他们根本无法结婚，因为眼见不到西格蒙德的工作能有持续稳定和相当数目的收入。直到布吕克把弗洛伊德拉到一边，跟他指出了这一显而易见的推论：他必须离开研究所，下定决心成为私人医师，作为轮班的住院医师进入维也纳综合医院，尝试各种诊疗领域直至找到能从事的那个领域。一个月后他接受了这一磨难。

4. 巡回轮诊

　　和许多其他攻读学位者一样，弗洛伊德一个病人也没有治疗过就获得了医学博士学位。这下，从 1882 年到 1885 年，他会看过数百个病人，主要是在医院的外科、内科、心理科、神经科和皮肤科各个科室，在眼科和鼻喉科也有短暂接触。主管这些分支科室的资深医师包括比尔罗特、诺特纳格尔、迈内特和弗朗茨·肖尔兹，他们都是鼎鼎有名的以解剖研究为根基的执业医师。他们将先进手段传给热切的住院医师和访问者，神经科医师肖尔兹除外，他已经落后他的领域。

　　然而，弗洛伊德只不过是要经由这些环节，成为熟练的医师。他在医院外科科室的那两个月期间比尔罗特显然在外度假，他很确定自己天生不是拿解剖刀的料。在综合医科诺特纳格尔手下，他又想起了对病人的厌恶感。他在皮肤科和鼻喉科的那段工作期限也使得他感到毫无启发，他无法操作使用鼻喉科的器具，伴随他终生的笨拙怎么都藏不住。在迈内特和肖尔兹这两位主攻治疗我们现在称为心理疾病患者的医师的手下，他总算保住了士气，无非就是重操他原本熟练掌握的研究活动，即独自用显微镜进行生理组织切片的分析。

除了弗洛伊德和迈内特都喜欢待的实验室之外，医院的精神病治疗区其实就和临时集中围栏差不多，病人大多平均住上个十一天便被转到维也纳郊外的下奥地利州精神病院[25]。少数一些病人，如果表现出与迈内特当时进行的生理学研究有特定关联的症状，就会给留下来，其他人则当即出院。在诸如弗洛伊德这样的年轻医师的帮助下，迈内特会作出粗略的诊断，程度只够说明病人应该留下来还是转移走。只有病人去世之后，他或她才会引起主管的全部注意。对取出的脑组织进行验尸分析可以让他将损伤与病症联系起来，由此剔出导致机能偏离预期的切片。

1883 年 5—9 月在迈内特的科室期间，弗洛伊德从事问诊记录工作并参与对病例的快速诊疗。研究弗洛伊德为迈内特作何诊断而准备的案例小结的阿尔布雷希特·希尔施米勒发现，那些内容往往敷衍了事，满是疏忽造成的错误。他指出弗洛伊德该时期的现存信件透露出一种可怕的对精神疾病患者的无动于衷[26]。希尔施米勒察觉不到弗洛伊德身上有一丁点对精神病治疗因素内在深入的了解——即便手头的案例是极具吸引力的感应性精神病时也不例外，那可是当时引起众多研究的病症[27]。

1884 年 1 月—1885 年 2 月，共计十四个月时间里，作为肖尔兹的"神经系统疾病"科里的一员，弗洛伊德完成了他的住院实习，"神经系统疾病"这一适用于所有情况的通用名称包含了一些病因未定的疾病。他看不上肖尔兹，抱怨主管过于节俭以及对病区管理不卫生，由此引发了肖尔兹的敌意。因为这样的缘故，也或者另有其因，肖尔兹认为弗洛伊德惹人讨厌，最终要求他转到别的科室去。不过就我们所知的而言，二者并未在治疗原则上发生过争执。弗洛伊德尚未有挑战盛行的"治疗虚无主义"的趋向，该观点认为病情要么无法治愈要么自我设限，进行干预往往会造成伤害。

5．无心之举

考虑到弗洛伊德对肖尔兹深恶痛绝，加之对神经科病房里的病人显然缺乏关切，他居然在那里待了一年多之久，而且决定自己要专攻这一领域，这样的情况或许看来颇为反常。但他之所以做出如此选择，可以从他离开迈内特的精神病诊疗后不久引起他注意的一个机会上发掘个中究竟。1883 年 9 月，纳坦·魏瑟，弗洛伊德的朋友同时也是肖尔兹的助手，由于不久前婚姻遭遇瓦解而心灰意冷，自缢身亡。告别人世时魏瑟已经是维也纳大学的神经病理学讲师——这一职位弗洛伊德将会在 1885 年 9 月升任 *。

魏瑟去世后，弗洛伊德去找过他睿智的忘年交、同时也资助过他的约瑟夫·布罗伊尔，请教职业发展的问题。正如我们后来会看到的，布罗伊尔自己在生理学上累积了杰出的成就，但却选择当家庭医生作为谋生之道。他建议弗洛伊德积累发展神经病理学方面的成就，与此同时继续在全科医学上进行训练。这样他便可以接收治疗表现出几乎任何疾病的本地病人，同时他又可以在一个专长领域内赢得声誉——这一领域，我们注意到，布罗伊尔知道会是个金矿，多亏了维也纳犹太社区顶层那些饱受慢性焦虑折磨而又富有得惊人的太太们数量多之又多。后来，在一场私底下的交谈中，赫尔曼·诺特纳格尔支持弗洛伊德的明智做法，即一边成为神经病理学方面的私人专家，一边申请接任魏瑟留下的大学医学院空缺职位[28]。

弗洛伊德决心已定，又适应变化。他很快就熟悉了德语、英语和法语现有的神经病理学方面的文献资料。不过他这么快就通晓并且要凭借一己之力成为神经病理学专家需要做一番解释。等到他获得任命成为大学讲师时，他除了书评之外，只发表了一篇在主题上可以归为神经学方面的文章，那是对脑出血的个案研究[29]。他究竟是如何说服老教授们和医院科室的领导自己是神经病理学家的呢？

一部分原因在于神经病理学作为相对崭新的领域，正在挣扎度过一场围绕着梅毒的认同危机，梅毒是彼时研究得最热火朝天也最富于争议的疾病，其发病全过程牵涉到瘫痪和精神错乱的这一事实，使得意图

---

* 弗洛伊德实际任职时间是在他 1886 年 4 月从巴黎回来以后；他直到当年 10 月才开始授课。

在神经病理学和精神病学之间划下清晰界限的尝试更加混乱不堪了。此外，神经病理学家在如何称呼神经衰弱状态上也产生了分歧，有些症状看似和癫痫有共同之处。在 19 世纪 80 年代，谁是真正的神经病理学家谁又不是真正的神经病理学家，还真不好说。

再者，诸如布吕克、埃克斯纳、弗莱施尔和迈内特这样的权威都抱着赞许的心态在关注着弗洛伊德的职业生涯。他们相信他可以在一门经验不足但与他们自己的学科相隔不远的学科中表现出色。尽管静态的、描述性的神经解剖学——他真正的专长领域——并非神经病理学，但对于在辨识和治疗神经疾病中取得进展则是必要的基础。不过，让他的前辈们印象深刻的，并不是弗洛伊德在严格意义上的神经学方面尚不完备的作品，而是他一贯的认真、他在科学主题方面全部的发表作品记录以及他接触过的神经病理学和类似神经病理学的案例工作，一开始是在迈内特手下，后来又到了综合医院梅毒病房的赫尔曼·冯·蔡斯尔手下，最后长时间在肖尔兹名义上的指导下。

然而，弗洛伊德自己明白他不够格成为一流的神经病理学家。症结在于他反感神经生理学，那是他可以熟练使用显微镜观察组织切片的神经系统的研究。正如西格弗里德·贝恩菲尔德斩钉截铁地所陈，弗洛伊德身上"缺失从事生理学工作的能力"[30]。没有对生理学的深刻了解，反常的情况便无法以独到的方式阐述清楚。

早在 1878 年还是本科生时，弗洛伊德已经和维也纳普通和实验病理学研究所往来共事了六个月时间，在那里赫赫有名的萨洛蒙·施特里克手下，他努力进行一项和囊腺（相对于管腺）活动相关的受指定完成的项目。没人能比施特里克更适合向弗洛伊德介绍积极的生理学工作；用琼斯的话来说，施特里克"被视为将病理学从一门解剖学方面的学科改造成一门试验性的生理学方面的学科"[31]。根据施特里克公开朗读的报告，弗洛伊德的努力是彻头彻尾的失败。实际上，施特里克自己不得不给这个项目收尾[32]。而如今到了 1884 年，明白一位优秀的神经学研究者按照预期也得是一位生理学家，弗洛伊德回到施特里克的研究所进行第二次同时也是更为迫切的尝试。过了几个月时间，正如贝恩菲尔德所言，他"一事无成"[33]。

　　数十载后，弗洛伊德在提到跟随施特里克遭受的再次失败时依然十分敏感。他抱怨他在布吕克的生理研究所里受到指派的工作"太过限制在组织学上"（组织分析），使得他毫无准备[34]。但在所有非组织学的探索研究都超出他知识范围的事实面前，这个托辞实在站不住脚。他在布吕克实验室的六年时间里，不管是布吕克，还是埃克斯纳或者弗莱施尔，他们都没有过度投入在显微镜上。其实是弗洛伊德希望延续他在克劳斯手下时尝到的成功滋味，他自己不愿意或是不能够拓宽他在毫无生气的组织之外的科学视野。

　　在 1883 年 5 月到 1885 年夏天这段时期任凭他自由出入使用的迈内特的实验室里，弗洛伊德继续从事这类标本的研究。在申请讲师职位的陈述中，他清楚表明他希望一直专注于神经解剖学。之后不久，当他离开前去师从以临床诊断为导向的让-马丁·夏尔科时，他期望再度把研究时间用于眯眼看显微镜。即便是在转而信奉夏尔科的心理学纲领后，他也会理所当然地继续写关于大脑解剖的论文。他之所以这样做是因为他长于此道——眼下看来，别的也都不在行。

　　鉴于在规划之外的领域起步得晚了，弗洛伊德在神经学上按照当时的理解来看可谓是积累了斐然的成绩。不过他继续寻找其他成名的途径，他在 1885 年满腔热忱从病理学解剖跳脱到对夏尔科从事的催眠和歇斯底里症研究，我们对此不应该感到惊奇。最后他会感觉到一种科学思想路线完全占据了个人和整体的关心问题，那才真正令他兴奋不已。

第三章

弃他人于不顾

1. 延迟的幸福

在 1882 年 4 月认识玛尔塔·贝尔奈斯之前，弗洛伊德对年轻女性素来没有好感，显然是把她们视作他自我提升道路上的潜在障碍。十七岁时他曾对埃米尔·弗卢斯评论说，"我们的前辈们多么英明，将少之又少的自然科学知识加至女性的头脑里（相较于获得智慧，女性生来为的是更好的事物，我想我们在这一点上所见略同）！"[1] 最好的办法，在他看来，便是彻底避免与女性交往。他训斥爱德华·西尔伯施泰因跟人家打情骂俏，警告说女人随随便便就会给引诱了，全因她们没有一丁半点"与生俱来的道德标准"以及她们在教化上写在骨子里的"对于人生的严肃任务无能为力"[2]。他宣称，一个诚实正派的人，应该戒绝向女人献殷勤，她们"阴晴不定，领会不到她们自己轻如鸿毛，天然……有着爱慕虚荣的倾向"[3]。

年轻的弗洛伊德自己绝无变成引诱者的危险。尽管他十六岁时写给西尔伯施泰因和弗卢斯的信里讲了许多对弗卢斯十三岁的妹妹吉塞拉情窦初开的爱意，但那些段落主要反映出他对于与异性交往心怀恐惧。吉塞拉从来不曾知晓他这一段温吞水般的迷恋之情。等到弗洛伊德克服了——又或者是为了克服——这场迷恋，他寄给西尔伯施泰因一首戏仿的"喜歌"（新婚颂曲），荒唐怪诞的诗行间充满对于那位平凡姑娘的性别歧视，原本在他的幻想中得到美化的姑娘这下被重新塑造成了鱼龙这样丑陋的河中怪物[4]。

诚如许多评论家所言，弗洛伊德青少年时期那种对于弗卢斯一家的浮想联翩，与其说是因为吉塞拉楚楚动人，不如说是因为他想入非非希望吉塞拉那博览群书、心平气和、做派现代的母亲来取代他自己粗鲁无礼的母亲。弗洛伊德自己告诉过西尔伯施泰因，他已经"把对那母亲的敬重转移到对女儿的友谊上了"[5]。那或许是现存的有关原始精神分析思考的最早例证，不过同样也是将来在他的心理表演疗法中他难以察觉和接受女性除了预先分派的角色之外另有作用的预兆。

弗洛伊德为他未来的妻子坠入情网——他会这样声称，替他立传的作者们也是这样重复再三——就只因他那匆匆一瞥，看见她坐在他父母公寓的餐桌边，一边削着苹果，一边和他的妹妹们聊天。然而玛尔塔并没有美丽得令人惊艳，弗洛伊德自己就认为她不如她的妹妹明娜来得有魅力，小玛尔塔四岁的明娜在那段时期也和弗洛伊德家的妹妹们打成一片。尽管玛尔塔在她与弗洛伊德的大量婚前通信中会展现出她具有值得赞美的脾气、性格和才智的种种迹象，但他肯定难以从她削苹果那一幕场景中发现这些优点。

一见钟情的故事已然令人着迷，当我们意识到他们携手相伴而其中一方乃至双方竟完全不去考虑物质上的获益，这时候故事就更是加倍迷人了。玛尔塔的父亲于 1879 年猝然离世，加上双方都手头拮据而陷入绝境，导致他们的订婚时间又延长了四年多，日子过得捉襟见肘而且忧心忡忡，特别是弗洛伊德这一方。不过玛尔塔·贝尔奈斯拥有一笔弗洛伊德或许会觉得吸引人的财富：贝尔奈斯这个姓氏本身的声望。

弗洛伊德在选择妻子问题上的一个"决定性的因素"，他在 1908 年写给他女儿玛蒂尔达的信中会说起，是他"找到一个备受尊敬的姓氏"[6]。倘若说在他从门口看到玛尔塔之前对她的家庭一无所知，那简直难以置信。她的妹妹明娜看来已经在先前两个月订婚了，对象是他当时最好的朋友伊格纳茨·舍恩堡。此外，西格蒙德和玛尔塔的哥哥埃利算得上肝胆相照。他肯定已经注意到他们的祖父曾是汉堡的首席拉比，还是海因里希·海涅的亲友，再者，他们有两位叔叔（其中一位已经过世）都是颇有名望的学者。

甚至早在认识玛尔塔以前，当时弗洛伊德或许就已经拿定主意他是时候娶个高于他父母社会阶层的姑娘了。不过也不要高得太多，因为他认为他经济拮据，笨手笨脚的，相貌丑陋（他这么觉得）而且前途不甚光明，加上还有种族因素，这种种不利条件让他绝无可能以婚姻为跳板越过阶级的藩篱。家道中落的贝尔奈斯一家勉强应付得了生活开支，对于像弗洛伊德这样有着相当多不利条件、所谓的才能又尚未经受考验的人而言已经够好的了。弗洛伊德常为自己身高才五尺七寸*而觉得难为情，但比起他的准未婚妻还是高出了好几英寸，这也是个推波助澜的因素。

至于他渴望加入的家庭这一方，在意社会差别和得体外表的是埃米琳·贝尔奈斯而不是她讲求实际、心直口快而且喜欢玩乐的女儿。埃米琳的丈夫贝尔曼生前违背她的意愿，在玛尔塔八岁那年举家迁到维也纳。即使没有了压箱底的财富，丧偶的埃米琳这下也希望她的两个女儿能依靠婚姻回到他们在汉堡郊外的小镇温斯别克生活时曾经安享过的那种舒适境况。自己身为正统家庭的一家之主，埃米琳希望她的女儿们选择尊重犹太信仰和仪式的夫婿。她已经试图为玛尔塔安排这样的婚姻，然而玛尔塔勇敢地拒不接受，希望出于爱情而非财富或社会地位去结婚。

倘若弗洛伊德——无所事事的破产者之子兼重罪犯的侄子——坚信他可以让一位贝尔奈斯家的小姐答应他的求婚，那必然是因为他推断出埃米琳声称的优越地位并非如她所想的那样牢靠。她已故的丈夫曾因诈骗而入狱服刑，试图在维也纳重新开始的努力也不怎么见效。他去世后，一家人只能靠着玛尔塔的叔叔米夏埃尔赠送的礼物和她那顶替父亲担任经济学家秘书的哥哥赚取的微薄收入才免于举债度日。埃利自己很快也会在1883年10月迎娶弗洛伊德的长妹安娜，这证明了两个家庭的登对。而说话尖刻、有独立见解的明娜，在1886年她的未婚夫因肺结

---

* 此处为英制单位，五尺七寸约合一百七十厘米。

核而病故后，将不得不接受"侍伴"这样降了身份的角色。

经过若干次悄然进行的散步和交谈之后，1882 年 6 月，已经深怀好感的玛尔塔同意嫁给西格蒙德，这下两人面临着一大障碍。难以想象埃米琳想到要将长女托付给一个出身于说不上体面的家庭、一文不名而且不信神的实验室助教时高兴得起来。尽管小两口在偷偷摸摸瞒着"妈妈"六个月后终于还是向她袒露了他们的打算，但那只是在埃利·贝尔奈斯宣布他与弗洛伊德的妹妹安娜订婚之后，他们才这么做。

西格蒙德已经不喜欢虔诚敬神、盛气凌人的埃米琳·贝尔奈斯。秘密订婚一年后，埃米琳强迫她两个已经订婚的女儿跟她一起搬回温斯别克，那里距离维也纳需要旅资不菲的两天车程，这下他们之间的关系进一步恶化，西格蒙德的反感已然变成了暴怒。不过他和资产阶级的观点完全一致，而那一观念正是导致埃米琳对他有所保留的因素——没有钱的婚姻万万不可。因此他不得不忍受失望的痛苦一延再延，在跨度长达近四年半的订婚期间，他只去过温斯别克四次。

2．一个神经质的案例

当弗洛伊德和玛尔塔分隔两地时，他俩书信往来之频繁，简直让任何勤于写信的作家都为之汗颜。那些长篇大论的书信（不考虑玛尔塔的），欧内斯特·琼斯写道，让我们如当局者一般感受到

> 一种强烈而又复杂的激情，全部情绪在其中给轮番唤起，从狂喜的顶点到绝望的深渊，每一层级的幸福和痛苦都能深切体会到。可以慎之又慎地说，除了对于挖掘弗洛伊德的个性具有特殊的重要性以外，这些信件对于世界伟大的爱情文学也将有不可小觑的贡献。行文风格有时候让人联想到歌德，但那种感觉之微妙细腻、温柔之用情至深、用词之精准、语汇之多样、典故之丰富，尤其是信中展现出的思想的独特性、深刻性和崇高性，都是弗洛伊德自成一派的[7]。

要是安娜·弗洛伊德短暂交由琼斯处置的那些信件只字不删、全文发表，让所有读者而不仅仅是少数弗洛伊德学说的信奉者来细细品读并且进行评论的话，那该会是多么轰动的大事。然而，迄今为止，公众只看到过为数不多的弗洛伊德订婚期间的书信选篇，由他的后人编纂得有板有眼，旨在塑造"其人形象"[8]——而所谓形象，就是一往情深的未婚夫，尽管有时候心绪不佳，但在爱情的力量的引领下逐渐更好地控制住了自己。

完整的档案资料会使得一些不那么褒奖有加的结论也给推断出来——那是琼斯自己也认为有必要承认的结论，增强了他的公信度，却让安娜·弗洛伊德感到不安。正如他私底下沮丧地向西格弗里德·贝恩菲尔德评论的那样，"玛尔塔跃然纸上可谓是贤良淑德，而弗洛伊德却显得非常神经质！"[9]琼斯看得出订婚的状态诱发了弗洛伊德身上定然是长久以来都一直存在的幼稚病；他的一些奇怪行为——琼斯注意到了却轻描淡写地一掠而过——在延迟的漫漫婚约后期都发作出来了。

弗洛伊德的《鸿雁书简》一直流露出他自己本性中的敏感，和他有时候在户外生活中所展现出的那种不知疲倦、充满活力的状态大相径庭。他在信里经常抱怨生理上和心理上不适，以此博取玛尔塔的同情。生理上的疾病从失眠、消化不良、严重头疼、流鼻涕到坐骨神经痛、"风湿病"痛和喉咙憋闷不一而足。更严重的病痛包括伤寒发热和轻微发作的天花，都算是挨过去了，然而现存信件所传递出的最终印象是弗洛伊德的多数症状都和他的焦虑息息相关、密不可分。尽管无法估摸疑病症究竟在多大程度上造成了他的悲惨境地，但我们可以肯定的是，他经常讲到痛苦、眩晕和不适传递出了他有意为之的额外讯息：她的伴侣可能会是病人更甚于情人。

至于弗洛伊德的心理健康，他总沉浸在孤独和绝望的感觉中，此前他大概是被玛尔塔从中拯救了出来。不过那样的拯救需要常续常新。"冻结在冰封的海上一座孤零零的岛屿之中动弹不得，"1886年1月他从巴黎写信给她，"那就是你心爱的人现在的情形。除了每隔一天，也不知怎的，来自温斯别克的信如暖流般涌来，所经之处，坚冰融化。"[10] 此前那个月，他警告说，"我的健康状况、我的精神状态和我的工作意向全都牵系于再次见到你的希望之上；要是见不到你了，天知道我有多快就又要再度'崩溃'"[11]。1885 年 12 月之前的某个时刻，弗洛伊德大概经历了至少一次精神崩溃。*

"许多伤口比你以为的要来得深，现在已经愈合了"，1884 年弗洛伊德告诉玛尔塔。不过那些伤口似乎很可能在他遭遇新情况的压力之下又恶化了[12]。"有时候，"他订下婚约十六个月后透露道，"我产生了类似沮丧和怯懦汹汹来袭的感觉，但绝不能让你，我亲爱的贤淑的未婚妻，来跟着分担。"[13] 三个月后他报告说，"我一天接一天——一天过去了一天又来这样子，就像是反反复复的病——整个人的情绪莫名其妙就懈怠了，往往轻易就被激怒"[14]。1884 年 8 月他承认他"在过去十四个月中只过了三四天开心舒坦的日子，那都是小有所成的时候……对于一个年纪尚轻却从未年轻过的人而言，那未免太少了"[15]。

问题出在哪里呢？照弗洛伊德自己看来，他的遗传远非最好的，这在当时盛行的以犹太人近亲繁殖为主要佐证的种族退化理论影响下，更是蒙上了一层阴影。正如他告诉玛尔塔的那样，他认为他的几代大家庭注定受"不可小觑的'神经病理学之苦'"——他在布雷斯劳的嫡堂表亲们尤其是例证。四个人当中有两个已经精神失常，还有一个有脑积水而且是弱智。不过弗洛伊德倒是能够补充一句，虽然算不上百分之百的拍胸脯保证，他的核心家庭里唯一的毛病是他自己还有他妹妹罗莎的"神经衰弱"[16]。

占据主流的观点是将神经衰弱的症状——主要是抑郁倦怠、普遍的焦虑和颤抖、超敏感性、头痛、失眠以及消化问题——都归因于工作过度。然而，弗洛伊德会大张旗鼓地反驳这样的判断，坚称这样的综合征

---

* 或许弗洛伊德指的是 1875 年一次持续了几个星期的不祥的失控状态，主要特点是失眠、情绪起伏波动以及如同他告诉西尔伯施泰因的那种"四肢先前给紧紧粘在了一起然后现在又一次四散开来"的感觉。

是手淫带来的直接后果。对于他早年的传记作者而言，这几乎不言而喻地说明他在漫长的订婚期间一直都在手淫，而且他自己为此深感愧疚。单身汉对于他自己的习惯三缄其口，琼斯在 1952 年私下写信给贝恩菲尔德说"无疑是神经质的"。然而，他还补充说那样的主题在传记中作为结论并不合适——在他意图写就的这种传记中可不行[17]。

手淫本身难以解释弗洛伊德常体会到的那种深受焦虑和空虚其害的感觉。抑郁倾向在他性格中可谓根深蒂固。不过他确实相信他那个年代危言耸听的关于"自慰"之种种罪恶的医学传说；他后来会强调，这一习惯最严重的一大后果，是婚前惯于手淫的人将会在婚后"有失雄风"[18]。尽管他会证明自己能够交媾，但我们会看到他遭遇机能障碍，而且这一问题让他饱受困扰。回顾看来，不管是手淫还是《鸿雁书简》里他那些甜得发腻的情话——"小公主""我的无价之宝""美丽的心上人""天使般的姑娘""我甜美的小妇人"——都无法让他安心相信在即将到来的婚姻生活中丈夫应尽的义务将会是一桩乐事。

3．塑造完美的妻子

弗洛伊德已经遇到了一个他有朝一日会认定所有男人都普遍存在的问题：从童年早期一直延续到成年，他始终无法将女性的性爱同母性的纯洁和奉献调和到一起。他的新娘在到来时应该白璧无瑕、温良恭顺、对性事一无所知，但是对于他所希望的在蜜月之后仍然兴致不减的欲望也要予以回应。不过她同样还被寄托这样的期待，要她仿佛是对待备受宠溺的儿子一般悉心照料他。在弗洛伊德看来，那样的角色是女人最高的天职召唤。正如他在 1933 年将写下的，"即便是婚姻也不见得安稳牢靠，除非妻子成功地把丈夫也变成了她的孩子，像母亲一样对待他"[19]。

用同样幼稚的路数，弗洛伊德郁郁寡欢地提醒他的未婚妻，说他们理想中的幸福无法持久，因为"危险的对手很快就出现：家务和育儿"[20]。他害怕玛尔塔作为妻子每天要做的那些家务事，不论膝下有无儿女，都将抢走她对他的全部关注。更糟的是，一想到她将在他和他们的子女本身之间分摊她的感情，他就痛苦不堪，如同过去他那七个弟弟妹妹的到来就分流了"金发西吉"原本独享阿马莉·弗洛伊德的母爱。

由于弗洛伊德一心想保护他的未婚妻，让她对性事一无所知，一直以来都想当然地认为她必定是对于色情深恶痛绝的典型代表，他后来还会把厌恶色情认定为是处女普遍的心态，然而，《鸿雁书简》向我们展现了一个迥然不同的玛尔塔——她卖弄风情，在向弗洛伊德托付终身之后还听任自己被别的男人亲吻，而且对于燃起心上人的欲望一事也是乐在其中。举例而言，在一封信中，她详细描述了一场梦境，梦里他俩执手相看，然后"还有别的举动，但我不说出来是什么"[21]。请注意，这一充满情欲的挑逗出现在他们秘密订婚之后还不到两个星期的时候。

没有抱怨他当前的病恙和将来会遭到的忽视的时候，这位愁肠百结的未婚夫就教导他的心上人如何成为一个百依百顺的伴侣。他毫不含糊地指出她必须改变她的一些癖性，而且改变得越快越好。结果恰恰是玛尔塔最值得赞赏的品质——浑然天成的率真和自然、信任他人的天性、不受阶级偏见影响、对家庭及其价值观念的一片忠心赤诚——在他看来却需要加以改进。因此他斥责她在公开场合提拉袜子；倘若别的男子同行，便不允许她去滑冰；还要求她和一位婚前怀孕的好友断绝关系；他立誓要破除她每一点一滴正统派的信仰，把她变成没有宗教信仰的同道中人。

玛尔塔最亟待接受再教育的部分，在弗洛伊德看来，是她对自己家庭的过于言听计从这一问题。他在1882年原本渴望那种名门望族的范儿，但玛尔塔的大家族的显赫地位又使得他担心她和贝尔奈斯家其他那些人可能会看不起他，认为他是个暴发户。作为家庭文化几乎不超乎于希伯来《圣经》和《塔木德》的加利西亚人的儿子，他很快就怀疑出身名门的德国北部望族会抱有那种他自己私底下也有的偏见。* 然后他会

---

* 整体而言，德国北部犹太人是塞法迪犹太人，倾向于正统派；加利西亚犹太人是阿什肯纳兹系，其中迁往西方的人更易受到哈斯卡拉改革运动的影响。弗洛伊德对于玛尔塔虔诚信仰的攻击可以在这样的背景下加以理解。——译者注

不断试图根除他的未婚妻和新娘身上一切"贝尔奈斯"的印迹。"从今开始，"他用一种佯作轻快的指令告诫她，"你只不过是你们家的客人，就像是我典当出去的宝石，我一有钱就会赎回来［auslösen］。"[22]

同样，尽管他在《鸿雁书简》里那些段落写得甜蜜肉麻，但西格蒙德却想让玛尔塔牢记她自己并无任何特别之处。例如订婚不过九周时间，她就被告知她的长相泯然于众人，并不起眼[23]（相反，通过强调她持重的美德，西格蒙德显然是试图阻拦她和别的男人调情说笑）。有时候他高高在上地取笑她缺乏处世经验，无法在他的工作中和他并肩协作。当她试着帮助他完成一项翻译项目后，他写道，"我高兴得不得了，看着我的小妇人笨手笨脚的"[24]。

西格蒙德历数玛尔塔的种种缺陷，为他这样做而开脱的借口是他偶尔也会在自己身上采取同样的做法。诚如1883年11月10日他所写的，"由于我狂热于各种各样压抑着不能暴露出来的邪魔，它们要么在内心轰隆乱作一团，要么就发泄到你，亲爱的你身上"[25]。他承认的恶习是坏脾气，一种仇恨的倾向——"我无法顶住无声的暴行不发作出来"——"专横的性情"让"小姑娘［也就是玛尔塔］害怕"，造成的结果什么都有，除了无法"使［他］自己顺从于"其他任何人[26]。然而，坦陈了这样的特性之后，弗洛伊德并不打算在婚姻中控制住这些毛病。"你看我多么霸道"，订婚才不过一个月，他就如此警告道[27]。玛尔塔该理解那种专制做派会一直持续下去。

小两口的订婚完全没有一丁点浪漫的心心相印情谊的阶段，玛尔塔的新主人就已经开始立下种种规矩。她从一开始就被告知说她承载着这样的期待，要满足他的需求、料理他的家务事以及执行他在各方面事务的决定。他用来称呼她的那些玩偶之家般的昵称只不过进一步强化了这样的信息——他心爱的姑娘只可为他而活，不能发挥个人意志。至于赢取优势的"女性"手段，他宣称那完全无法容许。"我会让你尽情管理［家庭］"，他下达命令，"而你回报给我的，将是你亲密无间的爱，是你跃身跳脱于所有那些见之于女人身上因而遭到鄙视的缺陷。"[28]

尽管弗洛伊德重复的是他那个时代所谓分离领域的观念，他之所以这样做，是因为他注意到了当时开始引起严肃关注的更为开明自由的观点。他自己在 1880 年甚至还将约翰·斯图尔特·密尔的一本著作译成德语，虽说是为了获取稿酬而完成的翻译任务，但作品中包含的一篇《论女性的从属地位》是当时那个世纪中关于性别平等方面最鼓舞人心的请求[29]。他在文中见识到了慷慨激昂的论证，反对那种让欧洲男性免于在学术上、职业上和政治上与同样占据半边天的女性展开竞争的不公正的态度和习俗。

按照弗洛伊德的思路，密尔的立场简直是瞎胡闹。"举例来说，"他大惑不解地向玛尔塔汇报说，作者"谈到女性受压迫时，用的类比是黑人所受的压迫。任何一个姑娘，只要给了为了赢得她的爱而愿意大胆冒险的男子吻过自己的纤纤细手，哪怕她没有选举权和法定权利，也都能纠正密尔的这个观念"[30]。他还补充说，

> 使女性和男人一样卷入为了生存的挣扎奋斗当中，这个想法也是相当不切实际。我应该把我娇弱的心爱姑娘看作是对手吗？我们相遇的结果只会是我告诉她我爱她，我愿意尽一切努力让她用不着陷入竞争，畅通无阻地到我家里来安安静静过日子，就像我十七个月前那样……
>
> 不，在这方面我和老一辈站在一起……女性的身份不能外乎于此：年轻时是颇受爱慕的恋人，成年后是深受钟爱的妻子[31]。

弗洛伊德并没有问他的未婚妻是否赞同他那些观点。她表达相左的观点也不作数——当然了，除非是表明她还没有甘心于她命中注定的角色的迹象。如同欧内斯特·琼斯以异乎寻常的无畏精神所评述的，弗洛伊德坚持的是不折不扣地"完全认同支持他自身、他的主张、他的感受和他的目的。她实际上并不属于他，除非他能感知到他在她身上的'烙印'"[32]。而且还是那样，感情关系"必须相当完美；容许不得一点点玷污。有时候看来好像他的目标是融合而非结合"[33]。

对于从事心理治疗职业而言，这种改造另一类人格的热忱看来并不

太有前景，因为该领域依靠的是对他人特性的共情。众所周知，弗洛伊德始终对女人感到困惑不解，但又会以生物学上的劣势导致女人全都幼稚善妒而且爱耍花招的这一教条来掩盖他的无知。这样伤人的教条并非源自临床发现，而是源自这位理论家早在有志于专攻心理领域之前就已经显露出的偏见和恐惧。

4．大发雷霆

我们这才刚刚开始看到弗洛伊德需要费多大的劲才能冷静看待他人。举例而言，尽管他的神经性困乏频频发作，但他在一个方面表现出了具有相当毁灭性能量的破坏力。从订婚后的头几周开始，他时断时续地受制于一种强烈的妒忌心和背叛感。

弗洛伊德憎恨的头号对象是他未来的岳母，她对待他的谨慎态度情有可原，但他却误认为那是不可调和的敌意。更让他怒不可遏的是，他的岳母依然对女儿们施以相当程度的影响，因此他要求姐妹俩务必把控好，切不可站在她那一边来反对他。假如玛尔塔有意非得把母亲的要求置于他的要求之前，那么"你就是我的敌人；如果我们不跨过这道障碍，那我们就要完蛋。有她没我，有我没她，你别无选择。如果你对我的爱意不足以为我抛弃你的家庭，那你必将失去我，毁掉我的生活，你自己从家庭中也得不到什么"[34]。

另外两个"敌人"是小提琴师兼作曲家马克斯·迈尔，玛尔塔的远房表亲，以及弗里茨·瓦勒，西格蒙德的艺术家朋友。玛尔塔现在把这两位先前的追求者都看作是好心好意的朋友，但弗洛伊德觉得受到他们的威胁；就他所知，瓦勒依然爱着玛尔塔。西格蒙德命令他的未婚妻不许再以名字直呼迈尔，也不许和瓦勒再有什么往来。一想到瓦勒，他写道，"我就不能自已，要是我有能力毁灭整个世界，包括我们自己，让一切全都重新开始就好了……我会毫不犹豫地那么做"[35]。三年后他一想到瓦勒还是痛苦得锥心刺骨。

然后还有玛尔塔善于交际、热爱冒险的哥哥埃利，他对弗洛伊德抱有最真诚友好的感情。在订婚之前他俩关系非常好，弗洛伊德在好几件事情上都对他甚为感激。埃利恢复了贝尔奈斯一家财务收支上过得去的表象；对于玛尔塔拒不步入权宜婚姻的做法，他曾经仗义挺身支持；到了 1883 年他会再次显示他超越粗俗的物质主义的本色，迎娶弗洛伊德一分钱嫁妆都没有的妹妹安娜。然而，在订婚后区区两个星期，弗洛伊德就向玛尔塔宣称说埃利从此以后变成他"最危险的对手"[36]。

不久，弗洛伊德声称埃利已经变得令他"忍无可忍"[37]。他不厌其烦地寻衅，和这位不知所以的朋友争吵——例如坚称说埃利粗暴对待他最小的弟弟亚历山大[38]。他有两年时间拒不同他所鄙夷的这位朋友说话，也不参加他自己的妹妹嫁给他的婚礼。在订婚期即将接近尾声的那几个月，他对埃利的愤怒达到了实属偏执的程度而且火气久久不消。*

1886 年为了应付夏天的开销，弗洛伊德备感屈辱地向玛尔塔借了一百德国马克，玛尔塔几乎是勉为其难地拿出这些钱来。然而，他知道她还有其他资金——和她妹妹明娜一样——交由埃利托管用于投资。1886 年 5 月的第三个星期，弗洛伊德着了魔似的要把玛尔塔那部分钱弄到手，他需要那笔钱主要是为了给他们的公寓买家具；他开始要求她，继而敦促她叫埃利交出那笔钱。

就此财务问题，站在为弗洛伊德辩护的立场上看，必须说埃利生财计划的成绩实在不怎么样；他有赌徒之心，也有赌博的过往。至于他对待妹妹们的钱是否更加小心谨慎可就不得而知。** 当归还钱款的要求提出以后，他声称——听起来也是言之有理——提及的这部分款项并非流动资金，不损失相当代价的本金的话，无法变成现钱。不过埃利的犹豫

---

* 这一时期有部分书信的证据已经遭到销毁。弗洛伊德的订婚期间的书信似乎直到 1886 年 9 月 13 日他结婚那天前不久才又继续下去。琼斯读过这些信，并在此基础上作出了部分推论，简要引用过其中三封信，日期分别是当年 5 月 13 日、6 月 5 日和 6 月 6 日。然而恩斯特·弗洛伊德在 1960 年声称"在订婚期最后四个月期间弗洛伊德写给玛尔塔的信不幸没有保存"（L，第 7n 页）。那些遗失的信件究竟透露出什么内情？琼斯吊人胃口地写道要从那些信中大段复制"行不通的理由可不止一个"（J，1：120）。

** 伊丽莎白·卢迪奈斯库断言埃利当时正遭到之前和他生过一个孩子的情妇的勒索，但没有进行归因分析（卢迪奈斯库 2016，第 37 页）。

举动让弗洛伊德确信他已经侵吞了玛尔塔和明娜的储备金，他命令玛尔塔提出立即全额归还被挪用钱款的要求。

1886 年 5 月 20 日—6 月 17 日，弗洛伊德至少提出九次要求，让玛尔塔把她的钱从埃利那里拿回来。到了 6 月 17 日，她已经拖延太久了，弗洛伊德整个人开始失控。6 月 18 日他让她向埃利转达威胁的话：她的未婚夫准备向这个"盗贼"的上司报告其侵吞钱财一事，要搞得他的收入给扣发了。然而玛尔塔并不打算这么严苛无情地对待埃利。相反，她又拼拼凑凑拿出五十马克寄给西格蒙德，试图以此安抚他——这一权宜之计只会让他更是感到没面子，自己竟在财务上依靠女人，依靠贝尔奈斯家的人。这下他开始痛骂说"那么文雅体面"而且有着汉堡渊源的上流社会资质的温斯别克家庭，讨厌起他来当他是波兰乡巴佬[39]。

等埃利明白过来问题在于家具，因而提出保证会购得西格蒙德和玛尔塔要是不拿回投资钱款就可能无法分期付款买下的物件时，弗洛伊德再度受到了刺激。6 月 20 日西格蒙德勒令玛尔塔拒绝这一提议，依据是这样一个"无赖"仅仅通过口头保证完全没用。不过因为这下已经恼怒的玛尔塔并没有立刻回信，于是弗洛伊德亲手处理此事，直接写信给埃利——而埃利无疑对弗洛伊德这种末日心态已经有所警觉，立即寄来了全部欠款。弗洛伊德并未心怀感激，在 6 月 22 日的书信中他一心复仇般地为自己击败刚给他提供方便的"懦夫"的这场胜利而欢呼。

当玛尔塔意外收到另一个亲戚赠予的嫁妆，使得拖延已久的婚礼终于可以提上议程时，弗洛伊德简直无法得到安抚。因为赠礼出自贝尔奈斯家族的渊源，这份礼物只让他想到自己的贫穷和依赖性。几千金币突然平添到了他的银行账户上，但假如不是他自己挣来的钱，这只会让他备感屈辱。

手里有了埃利偿还的欠款，加上盘算好了借用家具而不是贷款购买家具，弗洛伊德认为终于可以有把握结婚了。但玛尔塔却不愿意听从他的指令和她哥哥断绝关系，这样一来他又怒不可遏。扬言铁了心再也不和这个已经切实有效地配合他的最后通牒行事的大舅子兼妹夫有任何往来后，弗洛伊德把他的怒火转移到他"未来言听计从的妻子"[40]身上，她还没意识到她的"首要职责"便是"充满爱意，绝不反抗"[41]。

弗洛伊德在埃利一事上的举动使得埃米琳·贝尔奈斯在一封以示责备的信中把他比作是一个以为乱挥拳头就能随心所欲的"被宠坏的孩子"[42]。他一封信接一封信地痛斥玛尔塔对他不忠，直言不讳地表达她是否值得迎娶的疑虑：

> 我非得到你的承诺不可，你再也不借钱给他，再也不跟他一起投资，否则我们就真的玩完[43]。
>
> 假如我接受了［你最近那封信中的说法］，那只能得出一个结论：你已经在我和埃利之间做出了选择，我们不必为我们要在一起的事情发愁了[44]。
>
> 倘若在几天之前，有人告诉我说你我会因为我们意见不一、不信任彼此的爱而就不结婚了，我准会一笑置之。然而我们这下还真就给说中了。我看不到出路，因为我无法妥协让步[45]。
>
> 一个体贴的姑娘对所有人都考虑周到，唯独不考虑她的未婚夫[46]。
>
> 你曾是我的一切，但作为埃利的妹妹你如今对我而言毫无用处[47]。

在别的事情上，弗洛伊德的确承认他难以取悦，但他坚信责任完全在玛尔塔身上："假如我最近已经变得让人忍无可忍，那你扪心自问是什么导致我这样的。"[48]在他怒火中烧的想象中，贝尔奈斯一家，包括他的未婚妻，就是一个统一的方阵，与他无可指责的善意对着干。此外，幻想着他在温斯别克是多么受到鄙视，他阴郁地沉思着，"乐于去当高尚殉道者的人经常发现这样的机会比比皆是"[49]。

对于这位未来将从事人类普遍天性研究的学生而言，最凶险的是弗洛伊德认为玛尔塔违抗他的要求这一表现已经显示出她自己受到非理性冲动的摆布，而他自己则完全不受非理性冲动的摆布。"假如她爱归爱，却如此表现，"他以第三人称临床观察对象来指代她断言道，"那么她性格中必然有什么样的缺陷呢？”[50] 在他妒火中烧中，他发自内心认为他非常客观地看待她，“全无痛苦”[51]。“我的判断，”他告诉她，“每一次到最后看来都是正确的。”[52]

随着弗洛伊德情绪上的暴风骤雨最终开始逐渐平息下来，他准备和玛尔塔握手言和，但前提是要她无条件投降。她的存款如今都转移到了他手里，他让她知道如果她表现像样得当的话，新建小家庭的资金会有一部分划归她今后舒适生活之用。不必担心，他宽慰她：“我的小鸟总能找到笼子和方糖。”[53]

1886 年 9 月 13 日，西格蒙德和玛尔塔终于得以在维也纳举行民事仪式婚礼，一天后又在汉堡举办了宗教仪式的婚礼。然而，到那时候，玛尔塔必然已经意识到她丈夫会要求她得不断迁就他，永远也不会成为她的朋友。她被他三不五时的怒火逼得惊慌失措还遭到恶意曲解，她曾求他给予哪怕是“稍微一点尊重”；但她永远也得不到。[54] 琼斯所渲染的他们的婚姻中未说出的故事，大概是弗洛伊德如何全然泯灭了她原本活泼、热切、准备携手冒险的个性。

第二部

· ·

最初的诱惑

· ·

我久久地想着你以及可卡因，想了个够以后，我思来想去的总是钱。

——弗洛伊德写给玛尔塔·贝尔奈斯，

1884 年 12 月 6 日 [*]

---

[*] FMB, 3: 401.

第四章

行善的法术

1. 一尝成名滋味

弗洛伊德职业生涯的一个重大转折发生在 1884 年，他的订婚期刚过半的时候。当时他一门心思都是怎么努力获得足够多的钱，好和玛尔塔·贝尔奈斯安定下来共同生活。他认为，除非他能够利用科学或医学方面的创新，否则不会有大笔款项进账。但能有什么创新呢？弗洛伊德还只是神经学的新手；他能熟练操作的实验室研究无非是传统科学，做得再好也注定是用于改进别人的理论；而且各方面条件都在推动着他走向循规蹈矩、按部就班的生活。

最重要的是，弗洛伊德对自己的能力缺乏基本信心。他在自怜自艾的信件中思忖再三，倘若他有探索发现的天赋，那么名誉和财富对他而言早就如探囊取物一般了。可事实恰恰相反，他感觉到他的雄心壮志和实际才能之间那种内在的不平衡性令人担忧。"很长一段时间以来，"他写道，"我已经明白我不是天才……我甚至都算不上多有才华；我整体的工作能力可能源于我的性格特质，也源于没有太凸显的知识方面的短板。"[1]

弗洛伊德认为，如果发家致富和赢得科学声誉这些目标能够通过单一的一个行动路径，一箭双雕地实现，那就再好不过了。然而，因为金钱的考量置之在前，所以他不太可能纯粹因为项目在知识方面的吸引力而就选择对其进行研究。正如待到玛尔塔和他团结一心之后他在一封信中向她断言的那样，无论何去何从，始终遵循他科学研究的倾向而走，"这事儿不会发生；……我打算让科学为我所用，而不是听任自己为科学所用"[2]。他的目标，就像他在别处所阐述的，是得到认可，不仅是来自同辈的认可，还要来自"能够给予高额回报的公众"的认可。[3] 推动科学的发展进步纵然有过却也甚少出自这样的动机。

然而，弗洛伊德的困境却有一个可能行得通的出路。他的导师们教导过他，说解剖学和生理学上的收获不仅有赖于更高分辨率显微镜的研发，也有赖于染色样本置于玻片下观察技术上的改进，这样一来神经、肌肉和静脉的种种结构能更清楚地显现出来。尽管这种改进只不过是手段上的进步，而非实质性的发现，但整个医学科学界都将受惠于优质染色剂的发明者。

这确实是弗洛伊德力所能及的一项潜在的重要成就，多年的耕耘已经为他做好了充分准备。早在 1877 年他担任布吕克的实验室助教时，他曾尝试改进彼时广为接受的染色方法；他在 1879 年发表了一则简短的评论，宣布了这项成就。他的主张似乎有生理学研究所内取得的良好结果作保，他混合硝酸、水和甘油的做法有助于神经生理组织切片的配制，便于以"轻巧而又卓有保障的方式"[4] 进行更为清晰的观察——我们可能会注意到，这套说辞透出一丝明显的推广技巧。虽说不知出于何种原因，弗洛伊德的配方引起的关注似乎并没有超出研究所的范围之外[5]。

1883 年秋天，弗洛伊德此时用上迈内特的实验设施而不是布吕克的实验室了，他又重回着手设计更好的染色方法的这一任务。这次的想法是在配方中使用氯化金溶液，其应用可以比过去更清晰地分离出髓鞘（神经鞘）。到 1884 年 2 月，弗洛伊德确信他已经获得成功。他在步骤说明中规定了各种成分的精确定量，并详细说明该如何处理这些成分。现在他对于他所做的这项创新势必引发关注已经胸有成竹。他向《解剖与生理学杂志》提交了一份完整的陈述报告，并向《中央医学杂志》和英文期刊《大脑》提交了两篇相同的篇幅较短的论文[6]。

在氯化金主题相关论文发表之前的几个月里，弗洛伊德在《鸿雁书简》中表现出的情绪在兴高采烈和忧心忡忡之间来回波动。他的技法行之有效地制作出了一些令人印象深刻的玻片，在向约瑟夫·布罗伊尔以及弗洛伊德在生理学研究所原先的同事们展示时得到一片喝彩[7]。倘若这些成果之美能有年复一年在各个实验室的可信度和一致结果来与之相得益彰，那么弗洛伊德在学界脱颖而出就是板上钉钉的事了。然而，写给玛尔塔的几封信表明，他已经注意到始终存在不一致的结果，没有任何信件表明困难已经得以克服[8]。

　　还在追踪不可靠性的原因时，本着科学上的谨慎态度，论文发表理应暂缓。弗洛伊德确实花了几个月的时间来改善他的配方。然而问题都摆在那儿尚未得以解决，他还是选择将论文提交发表，一厢情愿地希望没有人会注意到他未能解决的问题。

　　虽然弗洛伊德提出的方案近乎理想，但其原创性和价值都被多数评论家夸大了。他并非尝试研发基于氯化金的髓鞘染色剂的第一人，而是在 1872 年约瑟夫·冯·格拉赫和 1876 年保罗·弗莱西格之后，实际上排名第三。而较之卡尔·魏格特最为成功的几种染色玻片，他们三位的方法后来全都被遗忘了，魏格特也是在 1884 年与弗洛伊德同年推出染色方法。1888 年该领域的一篇评论尖刻地将弗洛伊德的方案归于无用[9]。1897 年，在为申请教授职位而提交的参考书目中加以注释时，他不得不承认他久已遭到弃绝的创新方法已被证明"未见得比其他的金染方法更可靠"——也就是说这一方法失败了[10]。

　　那么，在此之中给人留下深刻印象的是弗洛伊德 1884 年的这些论文都以其粗暴武断的宣传而违背了科学惯例。"用别的金染方法，"较长的那篇论文吹嘘说，"不明原因的失败会引起组织学家的抱怨，而本方法则能够避免这种情况……实验者肯定能获得长长的一系列相同颜色制剂的切片。"在《大脑》发表的论文中，弗洛伊德更是强调："这种方法永远不会失败（不像所有［其他］用氯化金染色的方法那样）。"[11]

　　弗洛伊德在这些句子中表现出的那种虚张声势实属不祥，而且过于轻率。我们在此已经注意到，在他所提出的科学主张的内在价值尚未经受考验时，他就有一头扎进去大肆鼓吹的架势。在这方面，我们可以回想起西格弗里德·贝恩菲尔德就他的第一篇科学论文的调性给出的评论，"总是胸有成竹——有时候甚至有点趾高气扬的"。看来他自打一开始，就有自吹自擂的倾向。

2. 灵丹妙药

弗洛伊德在 1884 年 4 月 21 日的《鸿雁书简》中透露，他已经在做准备把希望寄于别处：

> 我现在满脑子都是一个项目，感觉挺有希望的，想跟你具体讲讲……这是一项治疗性的试验。我一直在读关于可卡因的文献，那是古柯叶中的一种有效成分，一些印第安部落咀嚼古柯叶是为了使自己变得强大起来，以应对艰难困苦和过度劳累。有个德国人已经在士兵身上进行了这种治疗措施的试验，并且报告说可以产生令人称奇的力量和作用。现在我想亲自弄点这东西，理由显而易见，可以在心脏病，然后是心神疲惫，特别是在吗啡戒断后的痛苦症状等这些病例上开展试验[12]。

抱着有所克制的希望，一段为期三年的漫漫探索之路由此开启，这将使彼时二十八岁的弗洛伊德因其对该生物碱（植物萃取物结晶）的热忱倡导和广泛宣传而引起关注，而其实用性和可怕的风险将在世界范围内引发激烈争论*。

---

* 总体而言，因涉及可卡因而对弗洛伊德传奇造成的不利影响都得到了有效控制，要么是匆匆一笔带过——参见例如盖伊 1989；马卡里 2008；菲利普斯 2014；卢迪奈斯库 2016，要么是夸大他就该主题发表的论文的学术价值。1974 年，罗伯特·拜克与对此警惕提防的安娜·弗洛伊德合作，翻译并收集了弗洛伊德关于可卡因的论文和一些相关文献，最终汇编成一份实用手册，但是在编辑上最终顺从了安娜的孝道。"弗洛伊德关于可卡因的所有论文，"拜克与其说是直言不讳、不如说是谦恭有礼地宣称，"纵览述评可谓彻底全面，进行的生理学和心理学实验都准确无误，并且在已然成为现代精神药理学主要问题的若干思考上几乎都具有先见之明。"（CP，第 xxvi 页）最近，阿尔布雷希特·希尔施米勒已经提供了一个文本可靠的德语版（SK）——然而，对文本的评论一直都在努力使弗洛伊德免于受到批评。

弗洛伊德信中所提到的德国医师特奥多尔·阿申勃兰特是巴伐利亚炮兵部队的军医，他购得位于达姆施塔特的默克制药公司生产的一些可卡因，欧洲唯一一家成功提炼出性质相对稳定、化学纯度高而且有效力的这一药物的公司便是默克制药。阿申勃兰特的论文叙述了在1883年的秋季军事演习中，六名筋疲力尽或患病或二者兼而有之的士兵在饮用可卡因溶液后，如何表现出非凡的体能且没有遭受副作用之苦。

到了写信给玛尔塔的时候，弗洛伊德已经受到底特律杂志《治疗学报》过刊上部分文章的进一步鼓舞。那些文章中最有影响力的是1880年 W.H. 本特利医生提交的论文，他在文中报告说，几年来他已经用"古柯"——更确切地说是古柯属或者古柯碱，缓解了从消化不良到肺结核等多种病症[13]。尤其是他声称的一项内容，必然使弗洛伊德感到振奋不已，个中缘由在日后会一清二楚——本特利坚称，通过使用美国制药公司派德药厂提供的可卡因，他已经多次成功抑制了吗啡和酒精依赖症而又不造成新的成瘾问题。

本特利向他的医学同行们提出的建议简单粗暴。在设定的一段时间内，当患者渴望吗啡或威士忌时，就给他或她一口可卡因溶液，如此反复。等到原本的渴望念想不再复发时——换言之，当可卡因造成的飘飘欲仙感已经让人忘掉了对其他任何东西的渴望——这时候医生就知道他已经到了正确的处方剂量：服用的药水液体量的总和。之后，本特利会把饱和溶液的使用剂量从零点五磅到三磅不等的这些成瘾患者赶回家，坐等他们来信报告治疗效果如何，而非留在他们的病床边观察。

显然，弗洛伊德没有觉得这样的治疗流程当中有任何令人担忧之处。《治疗学报》中不下十六篇文章都宣称可卡因既安全又有效，这无疑让他感到放心。实际上《治疗学报》远非合法的医学期刊，而是位于底特律的派德药厂这家制药公司的内部刊物，弗洛伊德对此要么是没注意，要么是不在乎。登记在册的编辑甚至就是该公司的老板乔治·S. 戴维斯。但弗洛伊德细细品读的证词与他对可卡因的积极想法不谋而合，对他来说证据已经够了。

弗洛伊德确实注意到美国关于可卡因治疗的专业文献，哪怕是在

《治疗学报》中，都早在他自己就该主题进行引介之前四年就已经停止了。1880 年之后，正如他在他那四篇可卡因论文的头一篇中所评论的那样，

> 关于成功治疗的信息越发少见了：究竟是因为该治疗已经被确立为公认的治疗方法，还是因为遭到弃绝，我并不清楚。从最近美国报纸上的药商广告来看，我会得出结论认为情况是前者[14]。

由此看来，对于寻求突破的弗洛伊德而言，美国医学界最近令人费解的沉默不如制药业继续力推其产品的行为来得有说服力。

正如弗洛伊德告诉未婚妻的那样，安第斯土著通过咀嚼古柯叶来振作精神、奋勇劳作的这一传统已经是人尽皆知。然而，生物碱可卡因却是印加人及其后代所不知道的。它的效力要迅速得多，而且较之提取出它的古柯叶而言药性更强，有些效果明显不一样。此外，饮用溶液会导致起作用的化学成分在器官中聚集得比简单咀嚼古柯叶——或者更确切地说，比起把古柯叶含在腮帮子里等着汁液慢慢渗出——更迅猛。

然而，在评判弗洛伊德关于可卡因的看法时，很重要的一点是要防止以源自现代可卡因泛滥成灾的观念来妄下不合时代背景的论断。在 19 世纪最后那几十年，没有任何法令禁止甚或管理在奥地利或其他地方销售或消费可卡因，而像强效纯可卡因快克和精炼可卡因这样极其高纯的可卡因在当时都还没出现。在美国，低度可卡因被添加到苏打水、雪茄和香烟中，作为普通补充药剂进行消费，并且用于缓解花粉热、鼻窦炎乃至长牙引起的不适。与此同时，马里亚尼酒，自 19 世纪 60 年代以来风行世界的一种含有可卡因的葡萄酒，在进入新世纪的最初几年仍在国际上见诸消费。其拥趸包括麦金利总统、俄国沙皇亚历山大二世和维多利亚女王，更有教皇利奥十三世的宣传代言加持，据说他不管去哪儿都把马里亚尼酒装在小扁酒瓶里随身携带[15]。

马里亚尼酒由法国化学家安杰洛·马里亚尼配制，做法是将古柯叶浸泡在葡萄酒中，味道十分苦涩，因此必须注意保持在很低的浓度。事

实上，马里亚尼的办法是选择他的库存中最不苦的古柯叶，而最不苦的古柯叶中含有的可卡因最少。这种酒确实会让人变嗨，原因在于——1990 年之前没有人知道——酒精和可卡因在一起生成了另一种有效力的麻醉剂古柯乙烯。但是再多的马里亚尼酒或其他含古柯的产品可能也不会导致可卡因成瘾。结果，广大公众对可卡因造成的社会问题后知后觉。许多医生仍然对这种药物沾沾自喜，因为他们也是马里亚尼酒的狂热爱好者。

然而，弗洛伊德自己对可卡因风险的低估却非源自他对药物效力的无知，而是源于他自身对其兴致高涨的引介。以彼时最精纯的形状出现的可卡因本身立刻开始扭曲他的判断。虽然几乎身无分文，但他已经从默克公司购买了 1 克昂贵的生物碱。在 1884 年 4 月 30 日——沃尔普吉斯之夜，民间传说中大家认为的猎巫以及与魔鬼交易之夜——他品尝了可卡因粉末并服用了他的第一口 0.05 克的溶液，对于它的情绪提升能力啧啧称奇。从那天晚上起，他会将这种药物视作是世上最珍贵、最能恢复体力的物质。

在歌德笔下《浮士德》中的沃尔普吉斯之夜，梅菲斯特为主人公提供了一种神奇的灵丹妙药，赋予他性和知识双重的高超能力。《浮士德》当时已经成了弗洛伊德最喜欢的严肃文学作品，而且后来也始终如此。浮士德博士不惜出卖他的灵魂来摆脱道德约束而其他凡夫俗子几乎无从体验的这一人物形象，将成为他后来的自我概念的核心要素，作为反基督教科学的创始人，他可以冲破禁忌的界限。

在透露新的研究兴趣后不到一个月，弗洛伊德就已经确定"魔法药方"（魔法）将最终使得他获得世俗意义上的成功[16]。他继续亲自服用这种药物，而且在其作用下感觉信心倍增。与此同时，他开始给他的未婚妻、他的妹妹们和信赖的同事们寄去少量药剂，连带着奉上的是他对药剂的种种裨益的夸口赞誉，那些同事想来会被他怂恿向病人开此处方用以缓解各种病症[17]。

弗洛伊德的热情无限高涨。1884 年 5 月 9 日致玛尔塔的一封信中，他兴奋不已地详叙了他在医院工作之外是如何用可卡因来消除患者因黏液阻塞而带来的痛苦。他还发现可卡因在治疗抑郁和消化不良上"大获成功"的迹象。"如果一切顺利的话，"他宣布，"我要就此写一篇文章，希望它能够在治疗学上赢得一席之地，和吗啡平起平坐，取代吗啡。"要是这样的话，"我们就根本用不着担心是否能够留在维也纳，我们很快就能拥有彼此"[18]。

3．速成权威

在完成医院内的工作职责、重拾可能冠以他名字的医学上的其他创新研究之余，弗洛伊德借宣传倡导可卡因来沽名钓誉。鉴于他在1884年4月以前显然对可卡因尚属一无所知，他如此迅速就能表现出权威的姿态，说来令人感到意外。根据《鸿雁书简》里的另一封信，在提及他刚刚因阅读阿申勃兰特和本特利的论文从而得知可卡因之后区区两个月，他就完成了看似面面俱到的论文《论古柯》[19]。到了7月1日，这篇论文已经出现在《综合治疗总刊》上[20]。文章长达二十五页，共有七十八个脚注，引用好几种语言的文献资料，文中详叙了弗洛伊德自己持乐观态度的观察，同时也以懂行的架势谈及了该药物的历史、用途和显而易见但无关紧要的局限性各个方面。

对此文章最早予以评论的现代学者西格弗里德·贝恩菲尔德和欧内斯特·琼斯都竭力在精神分析和可卡因这一尖锐的话题之间拉开最大距离。因此他们表现出对《论古柯》一文相当大程度的反感。然而，从20世纪70年代开始，弗洛伊德学说的信奉者把这篇文章推到早期杰作的地位。埃伯哈德·哈斯称赞弗洛伊德"对文献的细致研究"；阿尔布雷希特·希尔施米勒认为他对文献的总结绝顶"出色"；而罗伯特·拜克称这篇文章"一如最初发表时那样切合当今的现状"[21]。

然而，为了恢复这篇论文的声誉，歌功颂德的那些人已经对相当多的证据打了折扣进行处理。例如，希尔施米勒本人指出，弗洛伊德在业余进行阅读的时间不足两周；他忽视源自法国和南美的大量文章，包括一篇长篇专论和一篇开创性的论文；而且他没有劳神费心去阅读就讨论起广为流传的公开文献。事实上，尽管希尔施米勒赞扬了《论古柯》中总结的文章数量之多，但他承认弗洛伊德看似权威的参考文献大多抄自1883年美国陆军军医处图书馆的目录索引。

在收集拼凑那两周期间浏览阅读的收获时，弗洛伊德处于一种亢奋状态，这导致文中出现大量不准确之处。他错误地抄写了军医处的参考书目，误写了名字、日期、头衔和出版地。他的参考资料的格式不一致，导致至少有五种说法来指明同一家期刊，也就是声名不佳的《治疗学报》。甚至他说的可卡因的化学配方也不准确；当他在第二篇论文中对此进行"纠正"时，他又一次弄错了。如此般的粗心大意导致他偏离了在之前发表的那些文章中一直保持的固有标准，这一点着实发人深省。当然，可卡因本身正在影响弗洛伊德对仓促写就的文章进行编辑的意愿和能力。

《论古柯》中有多处暗示作者对可卡因及其药效有着长久而又颇具远见卓识的了解。"一次又一次"（zu wiederholten Malen），弗洛伊德写道，仿佛是在回顾多年的用药经验，他用可卡因缓解了同事的胃病问题[22]。从他对可卡因治疗方案的支持来看——治疗消化不良、抑郁症、心脏病和"所有同组织退化相关的疾病"*——可以推断出他也有用可卡因治疗患者的丰富经验。在谈及该药物在个人方面如何影响他时，弗洛伊德评论说，"我已经观察到可卡因在其他人身上起到同样生理作用的迹象，他们大都是我这个年龄的人"[23]。每个年龄段（有无消化系统的问题）有多少人，可供他在两个月内进行研究而与此同时他还要履行在医院的工作职责？说这些被试者"大都"是他的同龄人，意味被试人数多得不可思议，意味着研究跨度给夸大了。

在弗洛伊德的满腔热忱之中，他尤其受到欧洲最早的古柯研究者保罗·曼泰加扎的报告吸引，曼泰加扎非常活跃，是意大利神经学家、人

---

* CP，第67页；SK，第73页。在弗洛伊德那个年代，梅毒都用汞来医治，而汞对神经系统的毁灭性影响当时还不为人所知。在推荐一位医师关于可卡因增强病人对汞的耐受度的报告时，弗洛伊德建议用可卡因作为辅药，这样在同等给定的剂量下，汞这一重金属吸收得更多（CP，第69页；SK，第76—77页）。

类学家和性改革家。"我已经进行过实验，并就古柯对健康人体的影响在自己和他人身上展开研究。"弗洛伊德写道，"我的发现和曼泰加扎所描述的古柯叶的作用在根本上如出一辙。"[24] 在几页过后，他作出了这一保证："曼泰加扎详尽无遗的医学案例史给我留下的印象是完全可信的。"[25] 那些说法完全不负责任。弗洛伊德的"实验"和"发现"都不存在。事实上，自从他开始阅读《论古柯》中引用的文献到彼时还不到两周。

从更根本上来说，弗洛伊德混淆了"古柯叶的影响"和可卡因本身——曼泰加扎 1858 年在秘鲁兴奋啃食的古柯叶子，还要再过三年时间可卡因才从中化学分离出来。弗洛伊德论文的标题——不是有时被引用的《论可卡因》，而是《论古柯》——助长了同样的混淆，在正文中却从未得到纠正。这种错误表述之严重，就像是他通过引用葡萄的数据来判断葡萄酒消费的生理机能一样，或者就像他把大麻制剂和大麻混为一谈。

弗洛伊德确实看似对曼泰加扎的《论古柯的医学保健价值兼论其他神经刺激食饮》（1859）有着第一手的了解。倘若如此，他对曼泰加扎做出的那些评述的严肃性的信心并没有受到如下段落的动摇，这段话回忆的是嚼着古柯飘飘欲仙的感觉，客气说来，那并不是传统秘鲁人的典型经验：

> 我嗤笑那些迫不得已生活在这片泪谷中的可怜人，而我却乘着两片古柯叶的翅膀，飞过 77438 个世界的空间，那些世界可谓一个更比一个光辉灿烂。
>
> 　　过了一个小时，我心平气和地写下这些话，拿笔的那只手稳稳当当："上帝不公，因为他让人无法维持古柯的药效长达终生。我宁愿有古柯而就活十年，也不愿没有古柯白白活上 1000000……（在此我插入一行零）个世纪。"[26]

曼泰加扎令人晕头转向的报告中，有多少内容是他服用浓缩古柯叶汁液导致的，又有多少内容是他那种难以遏制的充斥于他有关人种志和性保健的作品中的生存之乐而导致的，我们无从知晓。我们能确定的就是弗洛伊德在古柯的议题上全力支持曼泰加扎——表现在他自己也沉溺于可卡因的魔力之中。

不过，作为一名医生，弗洛伊德最感到振奋的是《治疗学报》过刊中已经讲了许多个吗啡瘾治疗成功的案例*。《论古柯》给人传递了这么一种印象，在美国此类治愈案例司空见惯。弗洛伊德写道，古柯（意为可卡因）似乎"对吗啡具有直接的对抗作用"[27]。再者，它很可能不会在机体内聚积，因此"不会像长期使用吗啡那样对身体造成普遍伤害"[28]。这么一来，患者就没必要住院治疗了；整个疗程可以在数日之内大功告成，只有点微不足道的并发症[29]。弗洛伊德回忆说，他个人"有机会观察到"这样令人高兴的结果[30]。

弗洛伊德并没有完全封锁可卡因在册记录中的黑暗面而对此绝口不提。然而，他仅仅透露了有关毒性和治疗失败的报告，这样就可以认为出现的问题大半不该由可卡因来背黑锅[31]。在大多数失败的案例中，他暗示，配制不充分或者纯度不够想必是罪魁祸首。同样疗效显著的结果根据推测应该是因为使用了至少是默克公司（通篇错拼为"Merk"）生产的等级更高的产品——品质可靠，具有"古柯叶的全部或者至少基本的精华"[32]。因此对于任何疗效欠佳的可卡因治疗进行纠偏的办法在于可卡因本身，现在的可卡因比以前的药效更强，而且去除了杂质。弗洛伊德向读者保证，任何暂时经受的毒性很可能都会随着反复用药而逐渐减少[33]。

尽管关于可卡因的文献资料每每提出疑虑之处都让弗洛伊德觉得不可采信，但他对于其亮点倒并未持类似的保留意见。只要给出的是积极的评价，事实和传言一概不加以批判地都给传递了出去。古柯（意为可

---

* 主要拜过度药物治疗所赐，吗啡依赖成瘾是 19 世纪后期最常见的瘾症。和其他麻醉剂一样，愈演愈烈的渴望会导致心搏停止、昏迷和死亡。尽管有些瘾君子成功地控制住了用量，但因此带来的挣扎却痛苦不堪而且无休无止。

卡因）比酒精更有效，弗洛伊德写道，但"危害性更小"，因为即使反复的剂量"也不会产生进一步使用古柯的成瘾欲望"[34]。的确，他声称更为典型的反应是对再三使用古柯感到厌恶，他已经在他自己身上做过试验证实这一论断了[35]。他坚持用误导性的不合乎逻辑的推论声称，古柯（现在光指叶子）在其故乡南美对健康、营养、平和心态以及社会凝聚力都有诸多裨益。那么，根据弗洛伊德的判断，没有理由不在欧洲所运用的医疗手段中添加可卡因并尽快扩大其应用量。

4．自我治疗

弗洛伊德在《论古柯》一文中写道，"剂量在 0.05 克到 0.1 克之间的古柯在心理上产生的作用"，

> 包括心旷神怡、持续感到心满意足，这和一个健康人正常的愉悦感没有区别……人感觉到自我控制得以增强，觉得更有活力，更能投入工作；不服用古柯的情况则是，要是人在工作时，他会想念酒精、茶或者咖啡带来的那种对精神力量的提高。而用古柯的话人就完全正常，很快会发现根本难以相信是在什么药物作用之下才这样[36]。

这个段落中所谓的"人"——在可卡因作用下提神醒脑，从而获得"健康人正常的愉悦感"——显然是该说法的作者，间接地透露出他在缺少可卡因的时候就觉得自己没那么能够自我控制，没那么富有成效。

在 1953 年安娜·弗洛伊德试图禁止其发表的一篇文章中，西格弗里德·贝恩菲尔德承认弗洛伊德在早年对可卡因的需求。* 这种药物，贝恩菲尔德写道，"是一种近乎完美的疗法，成功解决了他神经衰弱的

---

* 《精神分析国际期刊》的编辑将贝恩菲尔德的打字稿寄给安娜·弗洛伊德之后，她恳求贝恩菲尔德不要发表，她还请欧内斯特·琼斯去向期刊说情。贝恩菲尔德的文章在那时候遭到拒稿，但在别处得以发表。见斯坦纳 2000、2013。

发作……可卡因完全把［他的］情绪和能力从抑郁状态提升到了一个更为正常的水平"[37]。欧内斯特·琼斯毫无疑问征求过贝恩菲尔德的看法，在他所写的传记中提出了基本相同的观点。"可卡因提升了活力，"他写道，

> 只有活力在先前已经降低了的情况下才会如此；一个真正正常的人不需要刺激。弗洛伊德并不处于后者这种幸运的境地。多年来，他遭受周期性的抑郁、疲劳或冷漠以及神经质症状之苦，后来表现为焦虑症发作的症状，直到最后才被他自己的分析消除掉[38]。

贝恩菲尔德、琼斯和弗洛伊德本人所作的这些陈述对我们的研究而言蕴含着重要意义。如果弗洛伊德需要可卡因才能达到"正常"状态，而他在这种状态下又觉得能够提出自己的想法，那由此可以推断他的作品一般都受到了可卡因的影响。此外，那些作品当中包含了他对精神分析理论进行初次阐述的文本。原来，正如我们将要看到的那样，也如战后精神分析理事会试图避免让我们意识到的那样，所谓的弗洛伊德可卡因事件几乎延伸到了 20 世纪之初。

根据琼斯的传记叙述，19 世纪 80 年代中期，弗洛伊德只是"有时候"非常适度地以 0.01 克的剂量服用可卡因[39]。然而，《鸿雁书简》向我们展示了他为应对情绪低落、胃部不适、头痛、嗜睡、精疲力竭、神经痛和坐骨神经痛，非常频繁地诉诸这一药物。"在我上一次严重抑郁时，"他于 1884 年 6 月 2 日对玛尔塔透露，"我再次服用了古柯［原文如此］，一点点用量下去我就精神振奋，效果极佳。我这会儿正忙着为这个灵丹妙药收集大唱赞歌的文献呢。"[40] 在 1885 年 5 月 17 日，他写到此前一天他服用了可卡因来治疗本周内第三次发作的偏头痛。这是他治疗偏头痛的标准秘方。既然这样，光一个毛病显然就在七天内占了三次可卡因的剂量。

至于通常情况下弗洛伊德一次摄取的剂量，1884 年 10 月写给他未婚妻的一封信谈及他在动物身上进行一种密切相关的生物碱的试验，信

中表明琼斯说的数字至少低估了十倍。"今天我们用它杀死了第一只兔子，"弗洛伊德写道，"剂量为 0.1 克，同我自己通常的可卡因用量一样。"[41] 这一数量也在 1885 年 6 月他的一封信中有所披露，他告诉玛尔塔如何将他装在一个小瓶中的半克可卡因大致均分成几份。他指导她将其分为八份小剂量或者五份较大的剂量——每份在 0.0625 克到 0.1 克之间。我们看到，最高的剂量与弗洛伊德自己"通常"的用量相当[42]。但是假如他认为反复被他指责身体不够强健的娇弱的心上人一次可以安全无虞地吸收 0.1 克可卡因的话，那么看来很可能他觉得他自己能应付得了更大的剂量。

我们从他写的信中得知，每当预见到会有在公众场合出现尴尬局面的威胁时，弗洛伊德就用可卡因来给自己壮胆。例如，就在他参加晋升为无薪讲师的口试之前，他"弄到了相当数量的可卡因，服用之后我立即变了个人"[43]。神经疲劳也需要用可卡因来治疗。"我不会累的，"弗洛伊德在准备乘坐长途火车去看望他的未婚妻时告诉她，"因为我会在古柯的助力下出行，这样可以压一压我严重的不耐烦。"[44] 人们开始感到好奇的不是他用药的频率了，而是他是否隔上几天才没找个借口这么做。

弗洛伊德无所顾忌地频频服用可卡因的这一事实，可以通过以下故事来说明，那是他逐步向他的未婚妻叙述的故事。1885 年 5 月，他仍然因患过轻微的天花而感到身体虚弱，却还是决定乘坐火车前往附近的塞默灵山脉进行艰苦的徒步旅行。玛尔塔无须担心他的虚弱状况，他向她保证："灵丹妙药可卡因会让我什么疲劳都没了。"[45] 他带上了整整 1 克药物，或者说是他常用剂量的十倍。

虽然我们不知道弗洛伊德精力充沛地在阳光、雨水和冰雹中爬上爬下两天之后还剩下多少补给，但他的储备量很能说明问题。看来很可能每当他觉得自己的体能水平下降时，就停下来用一点可卡因。如果这是他的惯常做法，那么他在这一时期之所以幸免于对可卡因的严重依赖，看来只是因为他采取的是相对安全的摄取稀释溶液的方法。不过我们再也没有必要好奇这位"神经衰弱"的年轻医生怎么能做到像阿申勃兰特的士兵那样不知疲倦地徒步旅行了。

对于这位未来的性神经症起源理论家来说，最重要的一点，是可卡因给弗洛伊德留下会激发性欲的深刻印象。早在《论古柯》中他就描述过，根据曼泰加扎的说法，秘鲁印第安人会"在他享受女人的时候"加大他的古柯咀嚼量[46]。在文章行将结束时，他更是明确地写道：

> 南美土著所描绘的爱情女神手里拿有古柯叶，他们毫不怀疑古柯对生殖器的刺激作用。曼泰加扎证实，嚼食古柯的人一直到老年都还保持着很强的性能力；他甚至还记述了使用古柯恢复性能力和消除性功能衰退的案例……
>
> 　在我给予古柯［原文如此］的人中，有三人报告说产生了强烈的性兴奋，他们毫不犹豫地都归因于古柯。一位长时间感到倦怠的年轻作家在经过古柯治疗后又重拾了工作状态，但由于对他产生了这一不受欢迎的副作用，他放弃了用药[47]。

按照推测，弗洛伊德分发"古柯"时压根没有考虑过改善接受者的性生活。他暗示，与未开化的印加人不同，奥地利男人宁愿压制性欲。那么，我们应该相信，三个案例中意料之外的性唤醒对于当事人来说颇为讨厌，而且第四个感到"兴奋"的受害者为此苦恼得再也没有服用过这种药物。不必多言，《论古柯》一文对于可卡因在作者自身的性节制中所起到的作用始终保持缄默。

然而，正如我们从《鸿雁书简》中看到的那样，对于弗洛伊德来说，在可卡因的种种效应之中，没有任何作用能重要得过催情。对于处在半隐居状态的弗洛伊德——好比年事渐高但仍然心怀渴望的浮士德——而言，对年轻处女施加性权力的可能性是一种诱惑，禁欲苦修的求知也无法与之匹敌。诚然，弗洛伊德也没有指望行使这一权力，直到他的新婚之夜。他用可卡因只不过是为了克服他不愿面对手足无措的玛尔塔听凭他摆布的心态，尽管这就是他的不安全感所在。

《鸿雁书简》中若干信件惊人清楚地说明了这种作用。例如在此前提到过的那次徒步旅行出发前，弗洛伊德听任自己想入非非，幻想未来和他的妻子在同一地区游览，这一幻想很能揭露他内心的想法。"你会给喂食［gefüttert］可卡因，"他写道，"而且每每停下休息时必须当场给我一个吻。"[48] 在一封可能在其魔力下写就的信中，可卡因被想象成是支配顺从的爱人的手段，爱人那种预料之中的讨喜的抗拒会在药物的力量下逐渐融化。

他初次吸食药物后不到一个月，再度写信给据说憔悴不堪的玛尔塔时，这位通常都很一本正经但眼下春心荡漾的未婚夫自陈如下："等我到来的时候，小公主，你可遭殃了。我会狠狠地把你吻个通红，把你喂得胖乎乎的。要是你淘气了，你会见识到谁更强壮，是一个不吃不喝的温柔小姑娘，还是一个体内有可卡因的狂野大家伙。"[49] 弗洛伊德的语气又一次充满戏谑，这一回他的话题显然只是玛尔塔恢复健康的事；不过他也是在宣称他打算用可卡因来增强性欲。在此，他想象在化学药物作用下产生性欲的自我并不是亲爱之人的深情伴侣，而是一个可以随心所欲的强壮伴侣，在瓦解少女的被动别扭中纵情享乐。

欧内斯特·琼斯明白，对于弗洛伊德来说，可卡因在性方面的意义是首要的。心神不定的未婚夫已经听任春药控制了他的大脑，琼斯对此痛惜不已。"抑郁症，"他写道，

> 像其他任何神经质的表现一样，让人感觉精力和男子气概都低落不已；而可卡因恢复了精力和雄风……为了展现男子气概，享受与心爱之人结合的幸福，［弗洛伊德］抛弃了关于大脑解剖学的严肃"科学"研究这条笔直而又狭窄的道路，走上了一条秘密的捷径：这条道路将给他带来的是痛苦而非成功[50]。

琼斯提到的"痛苦"指的是弗洛伊德很快就会因为替危险药物摇旗呐喊而陷入麻烦的境地。琼斯想让我们相信，弗洛伊德由此受到的应有惩罚最终是塞翁失马，因为过后他一清醒就会恢复客观心态，而正是这一心态带领他走向精神分析。不过弗洛伊德并没有恢复到那种状态；他

会在一定程度上对自己的性欲困境进行反思，由此不断编造他的理论。正如琼斯了然于胸的，在可卡因比以往任何时候都更加专横地推动他的思考过程的这一时期，他肯定会这样做。

　　在推介可卡因之前，弗洛伊德对神经精神病理学几乎没有兴趣。观念上的改变势在必行，之后他开创的受压抑的科学才得以展望，哪怕是遥遥在望。这种变化若不是在用上了可卡因来提高使用者的自我专注、性欲、色情幻想乃至触及更深层次的经验领域的 1884 年开始的，那是在何时？《鸿雁书简》中有证据表明，在订婚期的最后两年里，弗洛伊德身上犹在起作用的诸如一本正经、说教和对于权威的顺从等这些特质开始面临与之相反的气质潮流。随着这样的发展态势，我们将会看到，认为可卡因既可以消除他的紧张情绪也可以将他从对待凡事百依百顺的人的暴政中解放出来的这种感觉在冉冉升起 [51]。

第五章

患难之交

1. "你完全用不着妒忌"

在西格蒙德·弗洛伊德一生所有的人际交往之中，论其本质和重要性，最鲜为人知的当属他与恩斯特·弗莱施尔·冯·马克索的关系*。在知识方面，正如我们后面将要看到的，弗莱施尔带领他进入极其重要的领域；在感情方面，则引发了他心中爱慕而又意欲与之竞争的激流，而这样澎湃的情感要再度激起则将等到19世纪90年代弗洛伊德最珍视、最有影响的朋友威廉·弗利斯。不过弗莱施尔在弗洛伊德与可卡因的传奇故事中也扮演了重要角色。未作删减的《鸿雁书简》最终让我们得以估量可卡因在弗洛伊德与弗莱施尔交往过程中的影响。要这么做就相当于要重新讨论遭到忽视、众人缄口不言的这一问题，即该药物是否是弗洛伊德走上精神分析之路的至关重要的决定性因素。

我们已经提到过弗莱施尔是恩斯特·布吕克生理学研究所的两大助手之一。但他同样是一位杰出的科学家和学者。在19世纪70年代，弗莱施尔年纪轻轻就已经在神经和肌肉的电生理学方面做出了开创性的研究，并凭借发明用于精确测量电刺激的优良装置，从根本上更进一步发

---

* 有些评论家将名字表述作"恩斯特·冯·弗莱施尔–马克索"，但"恩斯特·弗莱施尔·冯·马克索"出现在他的遗作《文集》(1893) 的扉页上，该书由他弟弟奥托编辑。这两种名字的写法在弗洛伊德笔下都能找到。

展了他的学科。后来，他将注意力转向大脑研究，他是第一位指出视觉和听觉的刺激在大脑皮层产生电活动的研究者。在 19 世纪 80 年代，他将眼科学纳入其精通的学科范围，开发了一系列广为应用的仪器，并且在视神经和视网膜之间关系的研究中做出了重要发现。1875—1877 年，弗洛伊德在维也纳大学医学院选修了他的四门课程。到了 1880 年，三十四岁的弗莱施尔已经是一名正教授了。

没几个相识的人能给弗洛伊德留下更深刻的印象了。在 1876 年进入布吕克的研究所之前，弗洛伊德没有遇到过任何能让他佩服得五体投地的医生或者科学家。据他在《自传研究》后期的修订本中回忆，在布吕克的实验室，他发现了"我能够尊重并视之为楷模的人：伟大的布吕克本人及其助手西格蒙德·埃克斯纳和恩斯特·弗莱施尔·冯·马克索"[1]。然而，埃克斯纳的自命不凡让弗洛伊德受不了，时年六十岁的严厉的布吕克则令人生畏。三十岁的弗莱施尔在各方面都更平易近人：朴实无华，乐于助人，善于表达，什么都爱钻研一番，对他的科学研究工作充满热情并且他的这种热情能感染所有人。

当弗洛伊德从弗莱施尔课堂上的学生转而变为他生理研究所的下属时，他发现他既是朋友，又是保护者，还是合作者。他们朝夕相处，直到弗洛伊德于 1882 年离开研究所前往综合医院，但他与弗莱施尔之间的关系只会更加密切。弗洛伊德和弗莱施尔都是具有哲学气质的犹太人，受过科学实证主义的训练，但又培养了广泛的人文兴趣。他俩都经历了漫长的订婚期。两个人都感受到来自父母高度期许的压力，（虽然原因各不相同）都不得不与绝望进行抗争。

弗洛伊德对弗莱施尔感激涕零，后者在他获得医学学位和升任无薪讲师时都担任考官。弗莱施尔替他向能够左右当权者的特奥多尔·迈内特和赫尔曼·诺特纳格尔进行游说。当弗洛伊德低落消沉，考虑从综合医院辞职因而丧失当上讲师的一切希望时，正是弗莱施尔好说歹说跟他谈心，才让他从中走了出来。弗莱施尔带他参加维也纳的电气展览，解释最新的发展情况，并向这个新手介绍了他在医学上全面基础知识的优势。当弗洛伊德为伦敦的期刊《大脑》撰写关于他的氯化金方法的简要说明时，实际上完成提交流程的是弗莱施尔。

向他伸出的援手也包括经济上的资助。在维也纳的"小圈子"——热衷于关注艺术和科学的那些富裕的犹太专业人士中，大家认为一切有前途的职业都不应该因财力不足而受阻[2]。大家自愿为诸如年轻的弗洛伊德这样聪明、勤奋、贫困的有志之士慷慨解囊。因此，来自弗莱施尔、约瑟夫·帕内特和约瑟夫·布罗伊尔的"贷款"——大多数都免息，使弗洛伊德在寻求建立职业生涯的若干年间得以维持生计。

当弗洛伊德为他无法前往温斯别克看望他的未婚妻而表达沮丧之情时，弗莱施尔乐意为他提供路费。他还引导患者和私人学生去找弗洛伊德，并且给他昂贵的设备供他进行自主电子研究之用。1885年，正是弗莱施尔将弗洛伊德送到维也纳郊区诊所开展夏季工作。弗莱施尔给的钱款作为弗洛伊德游学奖学金之外的补充，让他在巴黎度过了1885年至1886年秋冬的学习生活。

然而，对弗洛伊德而言最重要的是弗莱施尔的个人魅力。讲堂上的他肤色黝黑，仪表堂堂，善于社交，轻而易举就有出色表现，在弗洛伊德心中唤起了一种混杂了爱慕、敬畏和自我怀疑可否与之竞争的复杂感情。"他是个出类拔萃的人，"西格蒙德订婚后不久写信给玛尔塔，

> 禀性和教育在他身上都结出了硕果。富有，所有体育运动都在行，精神抖擞的眉目间烙着天才的印记，英俊，敏感，样样才艺都有天赋，对大多数事情都能够作出有独到见解的判断，他一向是我的楷模，我对此并不满足，直到我们成为了朋友，我可以对他的能力和长处感到由衷的喜悦[3]。

然而，弗洛伊德的仰慕之情中还夹杂着另外两种感受：嫉妒和怜悯。第一种感受源于职业上的竞争。1876—1882年，正如我们所看到的，弗洛伊德渴望取代弗莱施尔或埃克斯纳成为布吕克的助手；而在这两个人中，弗莱施尔的任期看来有可能因为疾病和毒瘾而提前结束。随着事态的发展，弗莱施尔继续留下来而弗洛伊德被劝退辞职。弗洛伊德离开

布吕克的研究所后经历的痛苦激起了他对弗莱施尔挥之不去的怨恨，认为弗莱施尔占着他渴望的职位不走。后来在分析以生理研究所为背景的有关他这位已经故去的朋友的一场梦境时（"他未曾活到"），弗洛伊德承认曾心怀希望他死去的念头——甚至在弗莱施尔实际死亡后很久，他也还是这样[4]。

至于怜悯，那是弗莱施尔完全应得的，再怎么同情他也不为过。1871 年他给伟大的病理学家卡尔·冯·罗基坦斯基担任助手期间，一场可怕的事故永远地改变了他的生活。时年二十四岁的他在一场尸检中右手拇指遭受一种可能致命的感染，由此对拇指进行了部分截肢，导致他无法再参与尸体解剖。但随之而来的神经瘤（受损神经末梢上的肿瘤）每每试图对其进行治疗——却越发生长得让人痛苦不堪。注射吗啡是弗莱施尔手中唯一可行的方法，可以充分缓解他遭受的疼痛，使他在没有认知缺陷的状态下得以继续工作。他成了瘾君子；因为看不到出路，他告诉弗洛伊德他希望自杀算了。

弗莱施尔的悲惨处境让弗洛伊德和他走得更近，但弗莱施尔本人深陷苦难又忙于研究工作，因此仍然多少有些疏离淡漠。1883 年 10 月 25 日，弗洛伊德向未婚妻透露：

> 玛蒂，你对弗莱施尔的看法有部分很在理。我们之间的关系根本不是真正的友谊；他没有成为像布罗伊尔那样的朋友。他身边总是有一道沟壑，一种不可接近的光环，我们在一起的时候，他总是满脑子他自己的事情而无暇靠近我。但我由衷钦佩他、爱他，以一种知识分子的激情，如果你允许我用这样的说法。他的不复存在将会让我深受触动，就如同古代希腊人会因一座著名圣殿的毁灭而深受触动。我爱他，不怎么像是爱一个人，而是爱一件出自造化之手的宝贵作品。你完全用不着妒忌[5]。

在让玛尔塔不必担心的时候，弗洛伊德无意中透露出一种意识，即注意到了他自己的感情现在已经尴尬地产生分裂。而推得再远一些看，如果只能说得上是隐隐约约的想法，也暗示着他认为这种尴尬只能通过他这位想自杀的朋友"不复存在"来解决，他在这里过早地写下了悼词。

"弗洛伊德的性别构成，"欧内斯特·琼斯承认，"并非百分之百的男性化。"[6]从他一生回顾来看，可以注意到这一事实在早年的那些蛛丝马迹。我们记得西吉斯蒙德最初迷恋的人是他干劲十足的同学海因里希·布劳恩。当布劳恩再次出现在维也纳大学，然后一脚踢开弗洛伊德而选择维克托·阿德勒作为他最好的朋友时，弗洛伊德很受伤，深感痛苦。相形之下，曾受他警告不要和女人交往的爱德华·西尔伯施泰因多年来一直是他密不可分的伙伴和知己。而现在，在19世纪80年代初，另一场对男性的依恋——这次是一厢情愿——为他起到了类似的作用。

从这个角度看，1882年6月27日写给玛尔塔的一封信中有段话似乎别有深意：

> 然后我环顾他的房间，想起这位胜我一筹的朋友，我想到他会怎么对待像玛尔塔这样的姑娘，他会为这个漂亮姑娘提供什么样的场景，玛尔塔又会怎样……欣赏阿尔卑斯山、威尼斯的航道、罗马圣彼得大教堂的壮丽景色；分享心爱之人的认可和影响，她将从中获得多少快乐，比起我先前躲躲藏藏、近乎无助的九年悲惨岁月，这个人替代我的九年时间，将意味着她生命中无与伦比的多少幸福岁月。我不由得心如刀绞地兀自想象，每年在慕尼黑待上两个月并且经常和那里的上流社会交往的他，该是多么轻而易举，就能在玛尔塔叔叔的家里遇上她。我开始想玛尔塔会跟他有多般配。然后我突然就从白日梦中抽离开来了；我很清楚，我无法放弃所爱之人，哪怕和我在一起对她来说不是那么理想的归宿……难道我就不能拥有一回比我配得上的要来得更好的东西吗？玛尔塔仍然是我的[7]。

在此，在他与这两个他梦寐以求的人交往之初，弗洛伊德在内心站到一边，还把他俩配成一对。他只能时断时续地慢慢获得信心，认为他自己能够得到并且保住玛尔塔的爱。与此同时，段落结尾他对弗莱施尔的俯首帖耳又消除得太过唐突，无法令人信服，说明在理性激情之外另有隐情。

弗洛伊德渴望与弗莱施尔更加亲密，也是希望与他更加平起平坐，这样他就不会再觉得活在他之前这位老师优越品质和成就的阴影下。"现在我比他有了一个优势"，西格蒙德在玛尔塔接受了他的求婚后不久写道，那时弗莱施尔自己结婚的希望已经破灭 [8]。到 1884 年春天，弗莱施尔深受吗啡的奴役，这使他在弗洛伊德眼里显得更是脆弱。然而，这下弗洛伊德看到了一个机会，可以让他讨好他的"楷模"，消除他们之间的隔阂，这场交易将把弗莱施尔从毒瘾中解救出来，并为他自己赢得极高的声望。

2. 医生与病患

1884 年 4 月 21 日弗洛伊德告诉未婚妻，在读到关于可卡因具有提升忍耐力的功效后，他已经订购了一定数量的可卡因存货，这时他还补充说他打算"在心脏病，然后是心神疲惫，特别是在吗啡戒断后的痛苦症状（例如像弗莱施尔的状况）等这些病例上开展试验" [9]。弗洛伊德想帮弗莱施尔戒除吗啡的那种急切之情并非发现医疗新手段并进行过试验的研究者的那种心态。其实，他对于可卡因题材的文献进行浏览略读，有如《论古柯》中反映的，不会早于 1884 年 6 月 5 日——因此那是在他已经开始治疗弗莱施尔整整一个月之后 [10]。他能找到的唯一的治疗建议都是些旨在宣传促销的轶闻，哪怕是毫无价值的《治疗学报》都早就不再提及了。

然而，就像 19 世纪 80 年代他的所有医疗同行一样，弗洛伊德注意到要戒除吗啡毒瘾，哪怕是在专家手中进行治疗、条件再怎么理想，也都充满艰难险阻。正如他在 1884 年 5 月 9 日写给玛尔塔的信中所说，

你应该知道，一个人如果习惯服用大剂量吗啡，突然停用的话，会

经受六到八天的极大痛苦：呕吐、腹泻、阵阵发冷和发汗、难以忍受的精神抑郁，最重要的是持续渴望吗啡。患者的意志再怎么也都薄弱得很，他们抗拒不了念想，所以他们一次又一次中断戒毒治疗。基于这一原因，治疗仅在收容所进行[11]。

弗洛伊德想必已经意识到，采用未经检验的治疗措施，遇上的常见挑战和危险将会大得无法估量。然而，他似乎从来没有想过让弗莱施尔住院治疗。他也没有解决他的治疗方案所引起的那些显然需要谨慎以待的问题。在制定出一项颇具争议的戒毒方案之前，医生应该采取哪些防范措施，例如在动物身上进行研究试验以及编制长期的病例史？使用哪些办法，如果存在所谓办法的话，才会既安全又有效？在能够笃定说出可卡因和吗啡是真正的拮抗剂之前，需要做多少次病例随访？

此外，在弗莱施尔的戒毒过程中，可卡因预计起到什么作用呢？正如弗洛伊德在《论古柯》中承认的那样，可卡因不是一种催眠剂，而是刺激整个神经系统的兴奋剂[12]。它确实可以减轻疼痛并产生短暂的愉悦感，但正是出于这个原因，它可以诱使受试者相信他对另一种药物的需求正在得到消除而不是暂时被压制住。作为弗莱施尔治疗进展的观察者，弗洛伊德会采用什么方法来区分毒瘾戒除和一时的陶醉呢？

没有彻头彻尾地想清楚，弗洛伊德就想象弗莱施尔总归会摆脱吗啡，摆脱在短暂治疗过程中终将耗尽的定量的可卡因。但他也讲不清楚往后弗莱施尔应该如何应对神经瘤引发的持续疼痛。弗洛伊德的方案摆明了将使得"痊愈的"弗莱施尔与他最初使用吗啡缓解疼痛之前的情况差不多一样痛苦。这下弗莱施尔手头有注射器，又新好上可卡因这一口，在注射间歇期处于禁绝吗啡而导致的焦躁和焦虑状态，为了缓解这种状态而选择的药物恐怕是更大剂量的可卡因。

就在初次提及他注意到可卡因之后两周，弗洛伊德向弗莱施尔提出了可以立刻展开治疗的想法。他在向玛尔塔描述此次登门拜访的信中没有提及具体的治疗方案。相反，这封信侧重于说他打算通过戒毒的过程帮助这位深受困扰的朋友。"那时我和弗莱施尔在一起，"他在 5 月 7 日

写道，显然指的是同一天，

> 在那里，我再度深切感受到了让我心生悲伤的痛苦。我向他推荐了
> 可卡因，他像溺水之人一样急忙抓住了这个想法。我会经常去找
> 他，帮他整理书和用于展示的玻片等。这真是无比的痛苦[13]。

在获得弗莱施尔首肯的那一天，弗洛伊德想必就交付了他的第一份
治疗配制药，如果不是整批药物的话。结果——就弗洛伊德而言完全是
正面的——他在5月9日向玛尔塔宣布：

> 初战告捷，和我一起欢庆吧。毕竟，可卡因产生了一些疗效。非常
> 好的疗效。想象一下——正如我所推测的那样，可以治疗吗啡戒断
> 以及随之引发的可怕症状，再说让我高兴的是，我观察的第一位病
> 患不是别人，而是弗莱施尔。他已经三天没有服用吗啡了，但用了
> 替代吗啡的可卡因，精神状态很好。他现在希望他能够用这种方法
> 度过吗啡戒除的整个周期，到时候我俩都会欢天喜地。
> ……现在，弗莱施尔博士处于幸福的最佳状态之中，只要他的疼痛
> 不来捣鬼。他完全没有惯常的病症和对吗啡的念想，唯一出现的戒
> 除吗啡的指征是打寒战和轻微的腹泻。他大为惊讶，满心感激。我
> 非常高兴。
> ……如果最后结果好的话，我会就此写篇文章，我推测这种药物会
> 在治疗中赢得一席之地，和吗啡相随相伴乃至取而代之[14]。

这封欢欣鼓舞的信并非完全不见弗洛伊德心存不安的迹象。到那个
时候，弗莱施尔也只完成了弗洛伊德为他设定的挑战的一部分：

> 我仍然害怕一件事：当［戒毒症状］通常持续八天的状况过后会怎
> 么样？等他停止服用可卡因时，又会渴望吗啡吗，还是就一直都不
> 念想了，就好像他已经度过了常规的戒绝期？我希望是后者，但我

真挺担心的 [15]。

显然，那时候需要多警惕一段时间，同时还要推迟公开宣布成功。《论古柯》于 6 月 28 日左右完稿，即原定的可卡因治疗终结后的六个星期。从那篇文章我们可以推断，弗莱施尔的好运在整个治疗期间及治疗结束以后持续存在：

> 我有机会观察一名男子以使用可卡因的方式而骤然戒除吗啡的全过程。在早前一次戒毒过程中，他备受严重的戒毒症状的折磨。这一次，在可卡因的药效续存期间，他的反应就在可承受范围之内，特别是全无抑郁和恶心之苦。回忆他戒除［吗啡］下来唯一永久性的症状是寒战和腹泻。［在他治疗期间］患者完全不用卧床，身体功能一切正常。治疗早期，他每天服用 0.3 克氯化可卡因；十天之后，他就可以完全不用了 [16]。

我们在此可能也连带注意到了，弗洛伊德的姿态似乎有点出人意料——他并不愿以他所讲述的奇迹居功自傲，叙述中的这一奇迹并非由他在仅仅几周之前一手炮制，而只不过是在时间不明确的情形下经他"观察"到而已。他不仅保护弗莱施尔的姓名不被披露出去，而且也在让自己与病例脱离干系，免得万一以后有什么责任。不过，他现在所说的成功做法简直石破天惊。在时间上暗示治疗过程距写文章的时刻相隔已久——否则弗洛伊德怎么知道哪些症状是"永久性的"（permanenten）？——这是其最具信心的特征。

弗洛伊德在这段话中那种捉摸不定——《论古柯》一文的核心主题对该药物的疗效作出最令人难忘的断言——证明存在隐隐的意识，即仅仅过了六周就声称治愈并不合适。然而，当我们进一步参考 1884 年 5 月和 6 月的《鸿雁书简》、试图将他公开发表的断言同他向未婚妻透露的内容进行相互印证时，他对时间上的模糊处理就显得没那么重要了。要是相信《论古柯》的说法，弗莱施尔度过了戒除吗啡的十天时间，同时每天摄入 0.3 克溶解的可卡因，此后他完全不再需要吗啡和可卡因，只是作为治疗"永久性的"副作用，会感到寒战和腹泻。不过那些信件却讲了一个完全不同的故事。

3．并发症

1884 年 5 月 12 日，星期一的晚上，当预计的治疗方案快要完成一半，也就是弗洛伊德盛邀玛尔塔"和我一起欢庆"之后三天，他坐下来告诉她令人沮丧的最新状况：

> 弗莱施尔的情形非常惨，我根本没法欢庆可卡因取得的成功。他继续服用，可卡因也继续保护他，免得他处在依赖吗啡的悲惨状态中。但他在周五到周六以及周六到周日这两晚都遭受了极为可怕的病痛，导致他躺在那里仿佛不省人事，一直到周日上午 11 点。到了下午，在可卡因的药效作用下，他还挺好的。周一一早我想去看望他，但我敲门他没有应答。两个小时后也还是一样。最后奥博斯泰纳、埃克斯纳和我齐心协力一起上，从仆人那里拿了钥匙，然后进他屋里去了。他躺在那儿，无动于衷，也没有回答我们的问题。直到服用过一些古柯后，他才缓过神来，告诉我们他遭受了可怕的病痛。这些病痛发作非常折磨人的灵魂；在那种状态下，他只能要么发疯，要么自杀。我不知道他是否在这些疼痛发作时服用了吗啡。他对此予以否认，但人不应该相信瘾君子，哪怕他是恩斯特·弗莱施尔也不能信 [17]。

我们在此得知，与《论古柯》相互矛盾的是，弗洛伊德的疗法已经摧毁了他的病人；分发给他服用的常规定量的可卡因至少有两次（5 月 11 日和 12 日）通过紧急增加剂量进行额外补充，得这么做才能把弗莱施尔从近乎昏迷中唤醒；弗洛伊德对于弗莱施尔是否已经复吸吗啡无从知晓；因此，原先计划的实验结果已经受到影响，没有任何信度可言。

但我们也知道了比所有这些事实更令人不安的情况。尽管弗洛伊德意识到弗莱施尔现在"只能要么发疯要么自杀",但他仍然说什么他所谓的"可卡因获得的成功",这实在让人无法理解。

于情于理,我们可能认为弗洛伊德理应对他考虑不周的举措致使他的朋友陷入危险境地一事感到自责痛悔。然而,这样的假定恐怕是低估了他那可怕的冷漠和自我关注,许多旁观者,包括他最忠诚的一些门徒,后来经过若干情境都对此在他身上有所察觉。以下几行轻松愉快的话就说在 5 月 12 日讲述弗莱施尔遭罪情形之前:

> 关于可卡因——形势喜人。我已经获得了它在治疗胃痛方面的药效情况的部分经验,虽说不足以发表论文或者说服其他人,但对我来说足够了。我用它治疗了阿尔伯特·H. 的一场宿醉,治好了我压力太大和晚餐后的不适;我已经看到患者胃部因压力出现的刺激感受在服用小剂量药物后就消失了;我对可卡因有着很高的期待。我还没有经历真正呕吐或心脏功能不全的病例,当然,也翘首等待着。我非常忙碌。我告诉了贝特尔海姆,也劝他尝试一下;我已经带着永远都是那么铁哥们的布罗伊尔去买了 4 克,让他回头在病人身上试试……亲爱的,你的胃情况怎么样? 一旦我了解到关于 ［可卡因］药效的更多详情,我再决定是否该寄给你一点。我相信这是一种神奇的物质[18]。

这段话中冷酷无情的劲头与接下来的一则叙述非常吻合,那是 5 月 14 日讲到弗莱施尔的状况以及弗洛伊德自己职业提升的最新成就:

> 所以昨天我做了演讲。尽管没怎么准备,但我说得很好,没有一点磕磕绊绊,我把这次表现归功于事先服用的可卡因。我讲述了我在大脑解剖学上的发现,都是些很艰深的内容,听众肯定不懂,但重要的是给他们留下的印象是我懂……好家伙一大群人来听:比尔罗特、诺特纳格尔、布罗伊尔、弗莱施尔,还有其他所有人……弗莱

施尔说他已经六天没有服用吗啡了，情况相对还不错，但他看起来怪可怕的，说话时一脸疲惫，还睡不着觉。他之前睡得也很糟糕。总体来说，可卡因在他身上一直胜券在握，但他由于其他方面，情况很差[19]。

在诸如此类的段落中，我们观察到他在态度上有所调整，这将贯穿弗洛伊德与弗莱施尔后续的所有交往。他同情他的朋友，也为他遭受的痛苦而感到悲伤——然而，他不承担任何责任。他的医学判断能力完全押在可卡因这项赌注上，他似乎无法扪心自问，是否正是他提供的这种药物才导致了弗莱施尔身陷可怜的境地。假如可卡因对弗洛伊德有益，那对弗莱施尔也一定有益。

弗洛伊德确实注意到，要不是处在可卡因带来的迷醉之中，戒绝吗啡的弗利施尔遭受的痛苦已经变得忍无可忍。弗莱施尔的外科医生，赫赫有名的特奥多尔·比尔罗特，此前曾在他越来越小的残存的拇指指根上多次下刀，但也徒劳无功。不过，现在比尔罗特认为他可能凭借一种新的办法——对外露的神经进行电刺激，以期取得较好的疗效。只是这种办法究竟能在多大程度上控制疼痛还不得而知。然而，从弗洛伊德占据的优势来看，这种治疗不可能很快实现。"我还让［布罗伊尔］求比尔罗特了，"弗洛伊德在 5 月 12 日写道，"尽快执行他想到的新手术，原因在于，否则他——弗莱施尔——在这一次次疼痛发作中不知道到哪一次就整个人崩溃了。"[20]

比尔罗特将在陆军外科医生卡尔·贝特尔海姆博士的协助下操刀。说来也巧，贝特尔海姆曾轻易地听取了弗洛伊德为可卡因鼓吹吆喝的介绍，也经他说服亲自尝试过这种药物。此外，根据弗洛伊德的建议，他已经开始向患者分发药物。这些情况都关乎弗莱施尔在手术过程中和手术后如何缓解疼痛的问题。比尔罗特打算使用吗啡——因此，我们看到，他实际上终止了吗啡戒断的实验。然而，受弗洛伊德的启发，贝特尔海姆希望可卡因也派上用场，大概是打算通过注射的方式。事实上，从 5 月 24 日的《鸿雁书简》可以看出，可卡因被选为弗莱施尔的主要止痛药，而吗啡则在一边预备好了必要时补上。

正是深感内疚的贝特尔海姆博士在 5 月 20 日告诉弗洛伊德，前一天电杀神经瘤手术进行的情况。正如弗洛伊德告诉玛尔塔的，

> 贝特尔海姆刚和我在一起，他告诉我弗莱施尔在昨天的手术后情况非常糟糕，而且他没看到可卡因有什么作用。然而，他没有遇到决定性的案例，也没有给予足量［可卡因］。当然，我必须亲自继续观察[21]。

所以弗莱施尔这下比以往任何时候情况都更糟，对弗洛伊德而言原因显而易见：可卡因用量不足，否则手术大有希望。弗洛伊德认为，信念不够坚定的贝特尔海姆没有权利对可卡因作出一刀切的否定判断，因为他用得太抠门了，才达不到弗洛伊德引导他期待的优异效果。

弗莱施尔在手术后难以忍受的痛苦使得贝特尔海姆对偏好可卡因的观点产生怀疑，并将主动权交还给了传统主义者比尔罗特，比尔罗特慈悲为怀，一次又一次地为弗莱施尔提供皮下注射针和吗啡。弗洛伊德在 5 月 23 日接下来的一封信中表达了他对这一短视举措的失望之情：

> 弗莱施尔的病情如下：他在周一接受手术，在比尔罗特敦促下服用了大量吗啡，手术后疼痛最为严重，不知道给注射了多少次吗啡。在此之前，他用可卡因情况都好得很。所以可卡因完全经受住了考验。一旦伤口愈合，他将再次从吗啡中解脱出来[22]。

正如弗洛伊德所承认的那样，弗莱施尔的戒毒计划现在已经要从头再来。但首先弗莱施尔从来没有完全戒掉过吗啡。更确切地说，他尝试过，但没能通过给自己服用人类迄今生产的最易上瘾的药物来治疗吗啡成瘾。因此，弗洛伊德的方案的最终效应是将弗莱施尔变成了双重的瘾君子。

4．执迷不悟

在弗莱施尔开始使用可卡因之后的几个月间，弗洛伊德有过多次机会观察他朋友对该药物的摄入，这一过程持续而且逐步使人衰弱。1884年7月12日，他告诉玛尔塔，为了消除他自己的痛苦情绪，他曾向弗莱施尔要"一点他经常服用的古柯"[23]。同年10月5日他讲到弗莱施尔从默克公司订购的可卡因数量之大，竟使得该公司对他兴趣的性质表示好奇。弗洛伊德这下可以肯定，他之前拒不接受可能产生可卡因依赖的观念是错误的。显然，他有必要向世人撤回的不仅仅是那一错误看法，还有他那已经站稳脚跟的治疗方法。

可这样的否定永远不会到来。1885年初，弗洛伊德以单行本小册子的形式重新发表了《论古柯》，文章稍有修改，"附录"部分包含三个编号项目[24]。其中两项与他在弗莱施尔身上获得的经验直接相关：

2．关于古柯对吗啡成瘾病例的影响

里希特（潘科夫）最近已经证实可卡因在吗啡瓦解病例中的有效性，他也赞成上述文本当中所表达的观点，即可卡因与吗啡的效用之间存在拮抗关系。

3．关于可卡因的内服用法

目前许多作者似乎都存在不合理的担忧，认为可卡因的内服用法会产生不良影响，因此在此强调即使皮下注射——例如我成功用其治疗长期坐骨神经痛——也是完全无害的，这话绝不是多余的。对人类而言要达到毒性的剂量得非常高，似乎并不存在致命的剂量[25]。

弗洛伊德固执己见。由于他在原先那篇《论古柯》中的吹嘘，其他医生已经开始将可卡因用于吗啡戒断，他已经开始整理持肯定态度的报告，忽略怀疑论者的警告。后者包括弗莱施尔的医生约瑟夫·布罗伊尔，弗洛伊德在这一时期通常会听从于布罗伊尔的学问。看到弗莱施尔在接受弗洛伊德主张的可卡因治疗之后的情形，布罗伊尔不赞同弗洛伊德写的《论古柯》，并且对可卡因没说过一句好话[26]。深受药物影响的弗洛伊德无视布罗伊尔考虑周全的判断，作为一个胆小的骑墙派，由此迈出了最终蔑视他先前导师的第一步。

至于弗洛伊德自己声称的"可卡因和吗啡的药效之间的对立关系"，他在弗莱施尔治疗的头三天起实际上没有看到这样的迹象。如果他密切关注摆在他眼前的证据，那么弗莱施尔显然已经堕落成这两种药物的长期使用者的这一现实会让他深感困扰。然而，他想要的并不是更高的准确性或负责任的态度，而是赢得胜利，为此目的，他忍不住要引用一位只信任在《论古柯》中所读到的内容的作者*。

我们从弗洛伊德的附录3中看到，到1885年1月，围绕可卡因的舆论气氛已经开始变得阴霾重重。"许多作者"，弗洛伊德表示，他们对这种药物抱有忧虑。但他草率地认为批评者的恐惧"没有根据"（unberechtigt）。他向当医生的读者们保证，实际上没有一点可卡因会伤害他们的患者，更别说杀死他们，原先文章中并未提及的皮下注射现在被称为"完全无害"。

从1885年2月开始，弗洛伊德在《鸿雁书简》中凡是提及弗莱施尔都清楚地表明他朋友的双重毒瘾现在已经不可逆转。因此，难以想象，在得出注射可卡因会对健康构成严重风险的结论之前，他还需要什么进一步的证据。然而，在1885年3月的第三天、后在第五天，他发表了非常乐观的演讲——《论可卡因的普遍药效》，概括了《论古柯》以及我们稍后将要细究的生理实验料**。前后两次演讲内容大同小异，重申了他之前关于弗莱施尔案例的看法。

弗洛伊德的讲座分别面向生理学俱乐部和精神病学会而作，两个组

---

* 里希特博士，弗洛伊德在附录2中引用的作者，坚称不仅"可卡因完全消除吗啡的影响"，而且"反之亦然"（Hadlich 1885，第21页）。也就是说他持这样的观点，吗啡是戒绝可卡因上瘾的极好办法，不会产生任何症状。弗洛伊德虽引用里希特却只字不提这一说法。

** 弗洛伊德不光演讲了两次；同一文章他也发表了两次，一次在1885年4月，到8月又发表了一次（弗洛伊德1885c，1885d）。

织的成员都熟识弗莱施尔本人，而且早就了解他对吗啡的依赖。没有人会怀疑弗洛伊德所述被试者的身份。弗莱施尔本人可能坐在观众之中，听着他自己的病例被错误描述，弗洛伊德也无法事先排除这样的意外情况。弗洛伊德想必认为他说的就是实话。然而，倘若如此，他被蒙蔽到这个分上，也只能通过他自己在可卡因影响下已经扭曲判断来解释了。

然而，弗洛伊德演讲的关键核心是对其他医生的忠告。"根据我所收集的关于可卡因药效的经验来看，"他断言，

> 我会毫不犹豫地建议，在类似［弗莱施尔］这样的戒毒治疗中，每次皮下注射 0.03—0.05 克剂量的可卡因，无需担心剂量会累积。有几次，我甚至看到可卡因迅速消除了使用相当大剂量的吗啡后出现的不耐受的表现，好像它具有抵抗吗啡的特定能力 [27]。

因此，弗洛伊德敦促他的同事们在他们的注射器里装满可卡因，着手拯救吗啡瘾君子的任务，正如他"在若干时刻"做过（或许只是观察过）的那样。这样的时刻不止一次吗？弗洛伊德提到了他的"经验"，用的是复数形式，欧内斯特·琼斯也倾向于相信他 [28]。但《鸿雁书简》中没有出现进一步的案例。那么，除了弗莱施尔的案例外，弗洛伊德对当时开始蔓延的破坏性极大的可卡因瘟疫的贡献，或许不是通过进一步的治疗，而是通过肆意宣传扩散的建议 *。

---

* 阿尔布雷希特·希尔施米勒抱着说明弗洛伊德的建议在当时情有可原的想法，指出可卡因在整个 19 世纪 80 年代继续被用于治疗吗啡戒断（SK，第 33 页）。然而，事实并不证明弗洛伊德没有责任，反而证明了他的危险影响范围广泛。

第六章

失之交臂

1. 医学上的里程碑

要解释弗洛伊德 1884 年《论古柯》一文所引起的反响，就不能不提到文本自身之外的事态发展。毕竟，文章作者只是一个二十八岁的实习医师，先前对于兴奋剂不具备任何用药经验，更别提相关研究的履历了。药理学本来就是他黯淡无光的医学博士学位资格考试中最薄弱的一环[1]。此外，正如他的文集呈现出来的那样，他在可卡因研究分支中的撰文难以称得上先驱。自打富于求知精神的欧洲人开始了解古柯及其化合盐的科学性质以来，已经过去了四分之一个世纪，而大洋彼岸的派德药厂从 1875 年起就一直在积极推广其产品"古柯万灵药"。既然如此，读者何必关注像弗洛伊德这样的新手发表的观点呢？

《论古柯》在问世后的头三个月几乎没有引起什么波澜，那时弗洛伊德对于认定可卡因终将会成为推进他职业生涯的捷径逐渐失去信心。光他这一篇文章，无论如何也无法即刻引发可卡因的使用风潮。药物本身在整个欧洲非常稀缺，售价极其高昂，还被普遍嗤为毫无用处。在默克公司生产制造诸如吗啡和奎宁这样的药用生物碱的经营中，可卡因是后来才出现的。默克公司把可卡因的产量维持在极低的水平上，仅仅是心存侥幸：万一能发现点什么实际的药效，高昂的价格表明该药在欧洲销售时几乎没有竞争对手。的确，市场需求是如此之少，弗洛伊德自己并不过分的采购量连同弗莱施尔的订购竟引起了默克公司的关注，使得该公司意识到用户的兴趣可能在增强。

若非弗洛伊德无明确打算去落实却在无心之中最终促成的另一个新情况，这段短暂的繁荣恐怕也要终结。他的一位同事，年轻的医师卡尔·柯勒在1884年秋使得可卡因轰动一时，由此引发了一系列事件，带来的影响时至今日在全世界依然能感受得到。

柯勒的突破——证明可卡因溶液能让角膜和结膜失去知觉，因而使得在意识清醒的病人身上做无痛的眼部手术成为可能——是医学史上的一件大事，开启了局部麻醉的时代。这则激动人心的新闻的一个次要的影响，是将《论古柯》从湮没无名中拯救了出来。柯勒大方承认他之所以注意到可卡因都是因为弗洛伊德，弗氏在谈话间提到过可卡因，《论古柯》最后总结的段落也暗示该药物或许可以作为麻醉剂派上用场。因此在随后的三年中，多数读者都以为弗洛伊德肯定是全欧洲在该药物领域的杰出权威。

柯勒早在19世纪80年代就和弗洛伊德相识了，他们当时都是大学医学院的学生。他是个颇具天赋的研究者和医师，研究和实践的能力都很出众。在二十二岁和二十四岁这样的年纪他就崭露头角，发表了两篇开创性的论文，对原先令人困惑的鸡蛋胚胎中出现的中胚囊（中间那层胚）进行了解释。论文经由分析推理而非观察得出结论，广受赞誉，多次印刷，在标准教科书中获得认可。但两年后，1884年春夏弗洛伊德向二十六岁的柯勒介绍起可卡因时，柯勒也还只是维也纳综合医院眼科学部的低级助理。

不论是柯勒还是弗洛伊德，都不是最早想到可卡因可能用作麻醉剂的研究者。1861年第一个分离出可卡因分子结构并进行研究的化学家阿尔贝特·尼曼在当时就立刻发现了它使人失去知觉的药效。1865年法国医生夏尔·福韦尔用可卡因酊作为喉咙手术的麻醉剂，取得了一定的成功。1868年秘鲁外科医生托马斯·莫雷尼奥·伊·马伊斯注意到可卡因在实验室青蛙身上的麻醉作用，呼吁展开进一步研究[2]。"这一物质的局部效用非常显著"，莫雷尼奥写道。"可以用作局部麻醉剂吗？"[3]1880年有两个法国人，S. 库帕尔和 F. 博尔德罗注意到局部使用的可卡因能消除动物身上的角膜反射[4]。不过由于可用的药品往往纯度不够，水准参差不齐，化学性质不活跃，那些研究者都无法复制他们的积极成果。正是自身品质提升后的可卡因才在 1884 年让柯勒的试验效果来得更好。

听部门领导卡尔·费迪南德·冯·阿尔特喟叹没有用于眼睛的麻醉剂后，柯勒花了几年时间试图进行研制。他通过动物实验以寻求实现这一目标，相继用氯醛、溴化物、吗啡和冰点以下的温度进行试验，但都毫无结果。他几乎都已经快忘了那些努力，结果 1884 年在机缘巧合下有了意外发现。"有一次，"他写道，

> 我另一个同事恩格尔博士，从他的袖珍折刀刀尖上和我分食了一点儿［可卡因］并说："那真叫人舌头一麻呐。"我说："是啊，大家凡是吃过的全都注意到了。"那一刻我灵光一闪，原来我前些年来苦苦寻找的局部麻醉剂其实就在口袋里揣着。我径直到实验室去，问助手要了一只试验用的小白鼠，从我身上的皮夹子里拿出可卡因粉末来制成溶液，注入它眼睛里去。[5]

这个说法在 1919 年也得到当时在场的助手约瑟夫·格特内的证实。在格特内的协助下，已经十分笃定的柯勒很快在青蛙（不是字面上说的小白鼠）、兔子和狗的眼睛上做麻醉，结果相当激动人心。随后很快，

> 我们将溶液滴到彼此抬起来的眼皮底下。然后我们在面前放一面镜子，手里拿一根针，试着用针头去触碰角膜。我们喜出望外，几乎异口同声地让自己放宽心，"我什么都感觉不到"。……局部麻醉剂就这么发现了。[6]

只剩下必要的一步：1884 年 8 月 11 日柯勒在可卡因助力下成功进行了一场白内障手术。对这一成就的报告——由柯勒写成文章但不是由他演讲，因为他没有差旅经费也无法请假离开综合医院——提交给了 9

月15日在海德堡召开的一场国际会议。接踵而来的是世界范围内对此突破的普遍认可，证实并拓展柯勒所作结论的试验层出不穷，可卡因麻醉不光迅速推介到了眼科，还有任何需要进行手术的黏膜部位——妇科、直肠科、泌尿科和耳鼻喉科。

此外，胆识过人的美国医生威廉·霍尔斯特德很快成功报告说皮下注射可卡因能在许多其他类型的手术中舒缓神经，包括牙科手术。通过证明可卡因让神经降支连同神经一道失去知觉，霍尔斯特德开创了"区域"麻醉，其发展的登峰造极之作是詹姆斯·伦纳德·科宁于1885年拓展的全脊髓阻滞[7]。直到20世纪初，可卡因才最终被诸如利多卡因和普鲁卡因（奴佛卡因）这样更安全的生物碱取代。与此同时，可卡因的生产剧增，相互竞争迫使价格下降，消遣的用途虽一开始并不引人注目，却已逐步开始取代医学用途，由此带来了深远的社会影响，无论弗洛伊德还是柯勒或者任何人全都始料未及。

2．屈居配角

在《论古柯》中，除了当二传手讲讲可卡因有可能作为麻醉剂的猜测之类的老一套外，弗洛伊德在可卡因麻醉的发展历程中并无任何积极建树。他发表于1885年1月31日的第二篇关于可卡因的论文开篇第一段，把柯勒对可卡因的留意视作自己的功劳，同时也承认柯勒是唯一一个想到将可卡因用于眼睛手术的人：

> 为了使古柯植物及其生物碱可卡因引起医生的关注，我在海特勒博士主编的《治疗学报》7月号上发表了一篇关于该主题的研究论文，研究基于包括报告在内的文献综述和我自己对长期以来遭到忽视的这一药物进行实验的回顾。可以说这番努力的成果产出快得出乎意料，而且大获成功。虽然L.柯尼希施泰因博士在我建议下，着手测试了可卡因在缓解疼痛和控制病理性眼病分泌物方面的作用，但我在本院的同事卡尔·柯勒博士，完全无关于我的个人建

议，天赐灵感，通过可卡因诱导角膜和结膜的完全麻醉和镇痛，其让黏膜失去知觉的这一作用早已为人所知。[8]

正如我们所看到的，在承认柯勒走在前头之际，弗洛伊德在这段叙述中还提到了另一个人物，他和柯勒的共同朋友利奥波德·柯尼希施泰因。他是一位年岁较长的眼科医生，那年夏末秋初，他在弗洛伊德的建议下，进行了自己的可卡因实验。弗洛伊德在 9 月离开维也纳前往温斯别克之前，曾敦促他测试药物在缓解沙眼和虹膜炎等眼部疾病方面的效果。作为镇痛药——而非麻醉药使用的这项探索失败了，因为柯尼希施泰因，抑或是一个犯错的药剂师，使用的是一种刺激眼睛而不是舒缓眼睛的溶剂。

要发现可卡因的麻醉作用，柯尼希施泰因本身具备能击败柯勒的知识和技能。若非他最初在弗洛伊德指导下去研究了缓解眼部疼痛的非手术手段，他完全可能做到。到 1884 年 9 月中旬，当柯尼希施泰因总算用可卡因进行有效麻醉时，柯勒的胜利已经宣告有两周之久了。然而，柯尼希施泰因无法接受自己败北的明摆事实，他告诉他的好朋友弗洛伊德，他并不打算就那么在柯勒的光芒背后黯然失色。毕竟，他分析说他碰巧发现了柯勒忽略的一些重要的可卡因效用。

弗洛伊德知道柯尼希施泰因在孰先孰后的问题上无法胜出，但他也觉得自己在柯氏正进行的研究中有一杯羹可分。他写信给玛尔塔，说柯尼希施泰因已经"真发现了点东西"[9]。因此，他并没有简单建议柯尼希施泰因就这么算了。相反，弗洛伊德在争执双方之间进行调停，让他们达成一致意见，在 1884 年 10 月 17 日召开的维也纳医生协会的一场会议中各自宣读论文。

然而，令弗洛伊德感到沮丧的是，柯尼希施泰因的论文对于柯勒的开创性成就只字不提，这着实违反了科学礼仪。随后弗洛伊德再次进行巧妙斡旋，他致信柯勒，"我很震惊，K 发表的论文中完全没有提到你的名字；鉴于我在其他方面对他的了解，我不知道对此如何解释；但我希望你暂且不要采取任何措施，让我先跟他谈谈再说，在那之后，你再布个局让他可以收回那些话"[10]。

弗洛伊德的斡旋极其成功，柯勒和柯尼希施泰因总算恢复了他们先前的同僚关系。事实上，弗洛伊德的父亲经柯勒检查后，于1885年4月成功接受了青光眼手术，柯勒执掌可卡因麻醉剂，柯尼希施泰因操刀，弗洛伊德参加了手术的全过程。他们三个宣扬可卡因的欧洲人在此结成同盟，这一切都拜弗洛伊德那套运用及时的外交手腕所赐，在弗洛伊德睚眦必报的晚年再不见类似的圆融。柯勒和柯尼希施泰因欣然接受他担任调停者的角色，这大可说明他当时颇具职业客观性的美名。

柯勒在1884年9月的公开声明中承认他的影响，弗洛伊德对此感到很高兴；当时他别无期待。这对他在医学界的地位是个推动因素，他深信随着可卡因革命以新颖的表现形式传遍西方医学界，他还会有更多的推进力量。然而，随着时间流逝，弗洛伊德变得焦躁而恼怒。10月他向玛尔塔抱怨说，"古柯的确给我带来了不少荣誉，但我们没有从中得到太多，或者说还不够多"[11]。同月，他告诉他的小姨子明娜"［功劳］最大的一杯羹已经给其他人得了去"[12]。10月17日，听到柯勒和柯尼希施泰因宣读了他们的论文，弗洛伊德估算柯勒只给了他5%的功劳；而柯尼希施泰因表示感激的赞美无法消除弗洛伊德认为自己没有着手开展这项工作因而大错特错的想法。他原本可以比柯尼希施泰因做得更好，他向玛尔塔吹嘘，只要他没有"被各方人士的怀疑给误导了"，他肯定会成功[13]。到1884年12月，随着柯勒的公开宣言继续引发"世界各地的巨大轰动"[14]，弗洛伊德仍然名气有限，但柯勒的声誉之广让他感到置身热闹之外，分外孤独。"自打我发表文章以来已经过去很久了"，他感叹道。[15]

医学文献中的若干迹象使得弗洛伊德预计下一个医学前沿将是皮下注射可卡因，柯尼希施泰因在他的敦促下，已经于10月开始了实验（恩斯特·弗莱施尔明摆的以此方式进行自我药疗的情况并没有引起弗洛伊德的警觉）。然而，当他试图以注射可卡因来治疗神经痛时，却一无所获。他似乎只是用他的皮下注射针进行探测，希望这种神奇的药物可以揭示更多奇迹。他关于可卡因的进一步应用的想法——其中包括缓解晕船、坐骨神经痛和糖尿病等症状——也都不见效。

弗洛伊德逐渐明白过来，柯勒的成就是那种曾让他梦寐以求的世界级历史性的进步。与此同时，随着柯勒声名远扬，各地的医生都急于扩大他的成果适用范围，弗洛伊德对可卡因的普遍倡议不再有什么作用。此外，可卡因过量的致命事故让医生们吸取教训，对弗洛伊德这样对药效宣传得神乎其神的情况保持警惕。他1885年3月抱此心态所作的讲座激起了听众的强烈反对。他大为震惊，告诉玛尔塔说从此他将在公众面前减少与该药物的关联。[16] 这个决心坚持不了多久，但它准确地反映了弗洛伊德当时的信念，即柯勒的当之无愧的声誉已经使得他自己相形见绌，并且已经排除了他继续引起人们对可卡因关注的必要性。

3．一时的朋友

1884年9月那个月当中发生了许多事，弗洛伊德一直在温斯别克陪伴玛尔塔·贝尔奈斯。在那之后写给她的第一封信中，他透露了柯勒惊人发现的消息，尽管并未不厌其烦地明确讲出他的名字[17]。然而，柯勒很快就成为信中一个熟悉的身影，说起他来总是好消息。柯勒和弗洛伊德的声誉仍然密切交织在一起，弗洛伊德对那个"为可卡因带来如此名气，近来又成为我亲密朋友的人"感到很满意[18]。

提到这份情谊的信中还讲了一个激动人心的故事，故事中相关的前后若干事件使得整个综合医院陷入一片混乱。在特奥多尔·比尔罗特的门诊部，面对一个助理的反犹辱骂，柯勒痛打对方的脸以示回击。在应战生平第一次也是唯一一次的决斗中，柯勒决定性地凭剑术而赢，让所有人叹服。弗洛伊德大大地松了一口气，写信给未婚妻，"最终结果挺好的，小女人。我们的朋友毫发无损，他的对手则有好生两处刀伤。我们［犹太人］都发自肺腑地感到高兴，这一天值得我们骄傲。我们要给柯勒一份礼物，永远纪念他的这场胜利"[19]。

柯勒关于麻醉的宣言使他和弗洛伊德如今比起他们的大学时代走得更近了，而今1885年1月6日的这场决斗看来又确保了他们团结一致。正如弗洛伊德在十二个月后以可疑的圆滑辞令写给他的那样，"自从我第一次认识到你是值得交往的人以来到现在差不多已有一年了。因为伟大的发现总是由伟大的发现者开启的"[20]。他告诉玛尔塔，柯勒是名副其实的马加比，是解放犹太人的英雄[21]。他完成了弗洛伊德只能在脑袋里幻想一番的壮举：为了他民族的荣誉，不惜一切进行冒险，无论实际上取得的胜利是多么转瞬即逝。

在决斗之后，弗洛伊德给这位英雄寄去了这封信：

亲爱的朋友：

没赶上和你一起度过那天晚上真是遗憾。这几天强烈的兴奋之情过后，我觉得有必要向两个最亲爱的人，也就是布罗伊尔和他的妻子，倾诉衷肠。你可能猜得到我们都谈论些什么，布罗伊尔作何评论。如果你愿意接受我的提议，允许我用亲密的"你"作为对你的称呼*，借此表达我诚挚的友谊、情投意合和乐于相助，我将感到非常高兴。我希望似乎威胁到你现在生活的那片阴影很快就消失，希望你永远像过去几周时日那样，恩泽人类，让友人以你为傲。

你的西格蒙·弗洛伊德[22]

此处提到的"阴影"指的是来自非犹太人的惩罚，现在任谁都能预料到，这必然会永远摧毁柯勒在综合医院和执掌管理医院的大学中的晋升机会。事实上，仅仅几个月后，这位靠边站的研究人员会开始一场漫长的艰难历程，先后辗转德国、荷兰和法国的多个城市，直到最后终于在纽约籍籍无名地落下脚来。

弗洛伊德对柯勒所处的困境表示同情，若不是他控制住了好斗的冲动，这可能就是他自己面临的困境。他写信给玛尔塔，说柯勒占据了"我相当一部分的愁苦哀思"[23]。那个给他带来人气关注并且维护他民族荣誉的人正在被赶出维也纳，而弗洛伊德本人则继续在腐败的体制中

---

* 德语中一般用"您"相称，但在经历一段时间后，相互都有好感会改称"你"。——译者注

施展拳脚，设法晋升并到巴黎去访学。作为一个担心因裙带关系和种族主义偏见而屈居下风的见习医师，他不会就一个犹太同胞遭受的不公正待遇提出抗议。然而，他可以向柯勒表示谨慎的支持，他跟玛尔塔说柯勒是他的"秘密病人"[24]。

弗洛伊德后续写给流落在外的柯勒的那些信件显示出他不仅关注柯勒寻求庇护和就业的情况，还关心他的身体和精神状态。1886 年元旦弗洛伊德自巴黎写信给柯勒，回忆说他们在维也纳分别时，他起初已经"放弃"了他垂头丧气的朋友，因为柯勒当时给他留下了"可怜巴巴的印象"[25]。然而，最终柯勒重拾力量和决心，这下弗洛伊德又含糊其词地总结道，"我真觉得你是循环往复"——或者正如我们现在所说的那样，躁狂与抑郁状态交替[26]。

当弗洛伊德计划于 1885 年秋天前往巴黎顺路看望玛尔塔时，他希望柯勒能够在途中上车陪伴他几个小时。[27] 由于西格蒙德和玛尔塔在一起的时候不会通信，我们可能永远都无法知晓他们是否重聚。然而，弗洛伊德这一提议表明分别一年多之后柯勒对他而言仍然至关重要。

不过，很快弗洛伊德和柯勒之间的书信往来开始减少，1887 年之后他们再也没有见过面。柯勒的女儿霍滕斯·柯勒·贝克尔认为原因在于 1895 年"一场言辞激烈的书信往来"，双方争执的是"荒谬地凭空想象弗洛伊德的一位女眷遭到轻侮，她曾接受我父母的主动帮助和招待"[28]。此前弗洛伊德有过指责埃利·贝尔奈斯严重侮辱他弟弟亚历山大的先例，这次突然爆发的怒火发生在他对原先那些不知所措的朋友，尤其是性情温和的布罗伊尔最充满敌意的时期。不过柯勒愿意打消这短暂的不愉快，如果不是弗洛伊德的话。柯勒终于在 1926 年重访维也纳，他试图打电话联系弗洛伊德，却发现他没空。

4. 说辞演变

弗洛伊德在利奥波德·柯尼希施泰因就孰先孰后的问题上发起不正当挑战时为柯勒进行坚定不移的辩护，加上他与柯勒在 19 世纪 90 年代亲如兄弟的关系，这些都表明他认为在可卡因麻醉方面他和柯勒从来不曾是竞争对手。正如他后来在 1899 年的《梦的解析》中所写的那样：

> 回想起来，我确实曾写过一篇关于植物的专论性质的文章，即关于古柯植物的论文，这引起了卡尔·柯勒对可卡因麻醉特性的关注。我本人已经在发表的论文中指出了该生物碱的这一用途，但我并未对此彻底深入探索。[29]

事情都过去十五年了，弗洛伊德到这时候仍然有意表示他在 1884 年是因为怠惰才错失了奖赏，给柯勒捡了便宜。最后这次承认还算是延续了他对柯勒和柯尼希施泰因值得赞许的行为记录。

若不是弗洛伊德易于受到嫉妒和自我膨胀的影响，那么对于他在局部麻醉故事中所扮演的角色就无可多言了。但是这则故事，或者更确切地说是他的党徒重新塑造的故事，却一直延续到 20 世纪 30 年代乃至更往后，而且进行了好一番添枝加叶[30]。后来的弗洛伊德不仅对柯勒创新之简明可靠心生炉意，他还意识到，如果精神分析的创始人先前已经证明自己是柯勒这种类型的发现者，那么精神分析会更令人信服。多年来，在跟其他分析师私下交流讲述时，弗洛伊德重新排布过往事件的时间，暗示他本人曾向柯勒指出可卡因让人失去知觉这一关键性质；暗示他的发现几乎就抢在柯勒之前；甚至说他实际上已经自行发现了可卡因麻醉法，但遭遇不道德的竞争对手欺名盗世。

弗洛伊德在精神分析界为人们所记住的关于可卡因的一个说法，是出现在他 1925 年《自传研究》中的以下回忆：

> 我可以在此稍微回顾并解释一下为什么说我没能在年轻时就出名，这得怪我未婚妻。我在主业之外有一项顺带研究的兴趣，不过这兴趣也挺浓厚的，使得我在 1884 年从默克公司购得一些当时还鲜为人知的生物碱可卡因，并且开始研究其生理上的作用。正当我处于这项工作的研究中时，恰好有个机会可以去探望我的未婚妻，我

跟她已经分别了两年之久。我对可卡因的研究便匆匆收尾，在针对该主题的专论中满足于预示可卡因的进一步应用很快就会被发现。不过，我向我的朋友眼科医生柯尼希施泰因建议，他应该去研究可卡因的麻醉性能在眼睛疾病中能派上多大用途。等我休完假回来以后，我发现不是他，而是我曾与之谈过可卡因的另一位朋友卡尔·柯勒（现在人在纽约），已经在动物的眼睛上做了决定性的实验，并在海德堡眼科大会上展示了成果。因此，柯勒理所当然被视为是可卡因局部麻醉的发现者，可卡因在小手术中已经至关重要；研究虽说中断，但我对未婚妻并没有任何怨恨。[31]

弗洛伊德的这番叙述明白承认，在将可卡因用于局部麻醉方面柯勒居功至伟。然而，柯勒的女儿从后来事态的发展中意识到

从这段话的语气中，可以了解到某些东西，不是推断自［弗洛伊德］在可卡因麻醉发现之初时的感受，当时他仍然期望能用可卡因达到其他更重大的结果，而是出自几年之后他的感受，这时候他那些希望都不存在了，只有可卡因在外科手术中的价值丝毫未减。[32]

面对柯勒独享从可卡因中赢得长盛不衰的荣誉这一令人沮丧的事实，弗洛伊德佯作一副愉快的模样，他暗示若不是这两个因素，他本人就会成为发现者：他委托柯尼希施泰因去探究所托非人以及时机不巧的温斯别克之旅。

许多评论家仔细研究过上文这段话，他们大多是精神分析师，试图确定弗洛伊德在多大程度上责怪玛尔塔·贝尔奈斯害得他功亏一篑。正如人们经常指出的，这段话带有戏谑而模棱两可的一面。弗洛伊德是否认定全都怪柯尼希施泰因未能执行他的建议（可能实际上从未有过）去探索可卡因在麻醉方面的潜力？弗洛伊德在此是不是承认自己因为给爱情冲昏了头而听任自己心有旁骛？他是否只是羞怯地取笑那些早就过去

了的事件，因为最终看来其实都无关紧要——所以他可能在暗示——相形之下他自己那些伟大的科学洞见早已让他超越柯勒中规中矩的轨道之外了？又或者他对表面上得到他赦免的玛尔塔其实还是满心"拒不承认的"愤恨？

这段话包含着更多的不确定性。例如，弗洛伊德称他围绕可卡因进行的研究无关紧要（abseitig）而又深入（tiefgehend），这样说是几近矛盾的修辞法。然而，两个形容词都不可或缺，只有这样才能开脱他的失败。只有深切的兴趣才能使他达到柯勒的掌握程度，但同样的兴趣比起其他方面的考量又必须显得无关紧要，否则他肯定不会被要跟他的未婚妻约会这么微不足道的因素妨碍。

弗洛伊德声明中对事实进行的种种歪曲表明，这里头的利害关系远不止于表面所见。西格蒙德和玛尔塔并非分别两年，其实也就一年；他前往温斯别克并不是最后一刻才安排的，而是已经事先计划了好几个月；外出看望无疑没有打断所谓几近抢在柯勒之前的研究[33]。他给人留下的印象是他在忙于研究可卡因的"生理作用"时突然给召唤到了温斯别克，他描述当时一边忙着为 9 月的旅行打包行李而一边匆匆在 6 月《论古柯》文中添加上关于麻醉的预测，说得好像他对可卡因在麻醉上用途的研究给打断了；并且虚假地声称他已经叫柯尼希施泰因注意可卡因特有的麻醉效果，通过这种种举措，弗洛伊德不仅谎报了时间线，而且谎报了他在 1884 年夏天投身可卡因相关研究的性质和持续性——所有这一切都旨在追溯性地给那段时期添上类似柯勒那种目的性明确的色彩，而实际上那时的他对可卡因的研究兴趣可谓漫无边际而且一知半解*。

---

*　在《自传研究》第一版中，弗洛伊德写过他并不因为"我当时的疏忽"（mein damaliges Versäumnis）而责怪玛尔塔，也就是说问题在于他自己的疏忽或过失。斯特雷奇和琼斯倾向选用的词组——"当时的干扰"（die damalige Störung）——可以追溯到 1935 年，当时斯特雷奇正在筹备弗洛伊德回忆录的英文版第二版（SE，20：15n）。在指责自己有所疏忽十一年之后，弗洛伊德改变了他的原话，暗示说 1884 年妖妇引诱他偏离了重要的研究工作。

为了看清弗洛伊德事后暗示他几乎抢在柯勒之前一步的这一说法是多么多此一举，我们只须回想一下，后者通过实施眼科手术已经稳坐先行者之位。在综合医院，弗洛伊德拒绝接受外科培养训练的提议，因为他当时告诉玛尔塔，他根本做不到（weil ich da nichts kann）[34]。他对于眼部疾病也不熟悉。直到 1885 年 3 月，柯勒宣布成功六个月后，弗洛伊德才在医院的眼科部门进行了短暂的实习，学习如何操作检眼镜、进行视野测试和验光配镜等基础知识[35]。之后他仍然没能确诊他父亲症状明显的青光眼——他错误地向忧心忡忡的患者保证，病情没什么要紧[36]。

此外，正如我们所知，弗洛伊德厌恶可触及的疾病，而且看到血会恶心呕吐。他尽可能避免任何类型的切割——最不想做的，我们可以肯定，就是在眼睛上动刀。西格弗里德·贝恩菲尔德在谈到弗洛伊德对眼睛手术方面的神经质时，没由来地将其归咎于阉割焦虑[37]。这种解读毫无根据，但是贝恩菲尔德认为，情绪上的厌恶是弗洛伊德 1884 年未能抢占先机而使主动权落入柯勒手中的一个因素。

5．颠倒黑白

弗洛伊德第一部传记的作者弗里茨·维特尔斯在他这位曾经的传主身上注意到一个倾向，那便是他对于 1884 年麻醉剂方面的失败耿耿于怀，对于这一倾向维特尔斯并未加以美化修饰而是如实呈现[38]。大为光火的弗洛伊德要求他撤回言论，看来弗氏是已经早就忘记了无足轻重的柯勒事件[39]。不过维特尔斯曾是 1907—1910 年弗洛伊德核心圈子的成员之一，经常听他无所顾忌地讲起此事，他 1924 年所写的关于弗洛伊德性格其他方面的一切内容——同样也遭到了严辞否认——听起来都很真实可信。

另一个追随者汉斯·萨克斯记得一次具体日期不详的讲座，弗洛伊德在讲座中回忆 1884 年的种种大事。以下大概就是弗洛伊德的原话，正如萨克斯抄写的那样：

"我还在综合医院当个年轻的实习医师时，朋友们当中有个人似乎一门心思要寻找眼科治疗的新方法。不管大家讨论起什么医学问题，他的念头和问题都奔着一个方向：这能用到眼睛上吗？——因此他这种偏执搞得有时候有点招人烦。然后有一天，我和一帮同事站在院子里，其中就有这个人，这时候另一个实习医师路过我们身边，一副疼痛难忍的样子。[在此弗洛伊德说起了疼痛的具体部位，但我已经不记得这个细节。]我告诉他：'我觉得我可以帮你。'大家全都到我的房间，我在那儿用了几滴药水，他的疼痛就立马消失了。我跟朋友们解释说这种药萃取自南美一种植物——古柯，似乎在缓解疼痛方面具有强大效力，我准备就此发表论文谈一谈。对眼睛永远都感兴趣的这人名叫柯勒，他一言不发，但几个月后我得知他已经开始用可卡因对眼睛手术进行了革新，使得手术轻而易举，而在此之前完全不可能。"[40]

这段转述的信息很可能确实有点根据。1884年5月，在收集他有关可卡因的第一篇论文素材过程中，弗洛伊德一边还向所有他认识的抱怨有消化系统病症的人分发此药物，然后记录药效情况，结果往往都是积极有效的[41]。当1934年他自己讲述起萨克斯说的那则故事的一个版本时，他具体说到他同事是感觉肠胃不适。或许当时卡尔·柯勒确实目睹了这样的诊疗。然而，引起疑问的是弗洛伊德作出的暗示，如萨克斯描述的那样，认为这是柯勒重大发现的萌芽时刻。

萨克斯的叙述本意不在批判，却表明专长精神分析的弗洛伊德这一方抱有明显的恶意。故事一方面为弗洛伊德大唱赞歌，另一方面却贬低了"一门心思"又"招人烦"的柯勒，他倒成了一个弱化的角色，连名字都几乎不值一提。一切都在暗示，这个次要的人物，利用大公无私的弗洛伊德无偿提出的见解来沽名钓誉，而弗洛伊德自己再正常不过了，不会陷入那种"偏狂"。至于柯勒当时"一言不发"的古怪细节，则是不怀好意地暗指如同伊阿古一般的柯勒可能已经在耍阴谋，"几个月后"

窃取本该属于弗洛伊德的荣誉。

其实，到了1910年，弗洛伊德已经深信他自己是可卡因麻醉真正的发现者。那一年他怒气冲冲地向病人艾伯特·赫斯特再三坚称这一观点[42]。后来，库尔特·艾斯勒"写信给琼斯说到关于可卡因插曲听起来跟［对赫斯特说的］类似的版本，那是他从弗洛伊德的追随者保罗·费德恩那里听来的"[43]。除了弗洛伊德自己之外，还能有谁会告诉费德恩他抢在柯勒之前这种不为人知的事情呢？

早在赫斯特的回忆引发一阵研究兴趣风潮之前，精神分析界内部的人已经从弗洛伊德这里捕捉到信号，认为1884年柯勒对待他的行径极其卑鄙。可卡因麻醉的故事中只容得下一个主角，而这个主角得是弗洛伊德。这个人曾经一度认为自己对他"亲爱的朋友"柯勒——如他在1884年之后的信中反复称呼的那样——心存愧疚而感激不尽，曾经仰慕柯勒为高尚的犹太骑士，现在却只把他看作是个讨厌鬼。每当年老的弗洛伊德不再需要曾经于他而言至关重要之人的时候，随之而来的必然是助手接二连三地就冒犯者的性格以及／或者心理健康展开攻击。

1934年这一年出现了好些业内同行纪念受到不公正对待而默默无闻的柯勒完成重大发现五十周年的颂词。其中有一篇出自维也纳眼科学家约瑟夫·梅勒尔的热情洋溢的演讲辞，起先发表于《维也纳临床周刊》上并引起了弗洛伊德的注意，后来又成书出版[44]。1934年11月8日，弗洛伊德写信给梅勒尔，感谢文章中提到1884年他自己所起的作用，但又对其不合宜过度关注柯勒而表示抗议。他责备梅勒尔对柯勒性格的积极描述大错特错：

> K.柯勒年纪比我小一点，当时是——很可能现在也依然是——病态的个性，自我折磨还爱跟人吵架，大家普遍都不喜欢他，因为他好争辩举止又总是咄咄逼人……柯勒的病态天性有着肌体的根源，他自己也很清楚。他没有否认他家族中遗传的梅毒，他对此也非常难过。在他持续性的神经官能疾病发作期间，他选择了我作为他的知己[45]。

弗洛伊德那时候又接着讲了一个版本的故事，后来给汉斯·萨克斯记住了，细节上略有变化，故事中年轻睿智的可卡因专家把一个疼痛难忍的同事带到他的房间，一起上楼去的还有其他人，包括柯勒在内，他对胃痛的诊治可谓立竿见影。在梅勒尔的版本中，弗洛伊德更进一步"回忆起"有一次他让柯勒尝了尝可卡因并且跟他提到可卡因让人失去知觉的特性[46]。这下故事变成了鬼鬼祟祟的柯勒确实从弗洛伊德的重大机密中得到滋养，但没能及时消化，直到几个月后才搞定。

弗洛伊德写给梅勒尔的充满恶意的信至少为两个核心圈子的精神分析家所知，他们塑造了他在战后这些年的现代形象。西格弗里德·贝恩菲尔德和欧内斯特·琼斯都认为，不管弗洛伊德改写的麻醉故事中那些种种难以置信的因素，传到他们这里，柯勒的声誉就是被判处了死刑。贝恩菲尔德1953年关于弗洛伊德的可卡因非凡经历的文章确立了正确的路线：柯勒一开始就曾试图暗中破坏弗洛伊德的贡献，后来那些年更是越发变本加厉，恶意篡改事情发生的先后顺序，使得一切看起来好像他不曾受到《论古柯》的影响*。

1953年琼斯也做出了同样的控诉，还补充说在同柯尼希施泰因争执孰先孰后一事时，柯勒"没有回报弗洛伊德的仗义之举"[47]。技巧娴熟的琼斯用不得人心的躺椅精神分析，把他的言论攻击加到（已经在1944年去世的）柯勒头上。按照琼斯的说法，1884年柯勒已经显露出"他个性中的某些病态……在医院的那段日子，弗洛伊德私底下为他治疗过神经系统疾病；他们所说的'负移情效应'经常持续出现"[48]。

到了20世纪70年代，在弗洛伊德学说圈内广为接受的观点是柯勒这个无赖抢走了弗洛伊德的一项荣誉，后者宽宏大量，而且忙于更重要的工作，无暇为自己主张。剩下来的唯一一个问题便是，为什么弗洛伊

---

* 贝恩菲尔德对于他这番控诉的依据没有任何文献的引用；列于他书目中的柯勒发表的四篇文章无论如何都不能作为证明。尽管柯勒年老时确实搞不清日期了，但他一向毫不含糊地宣称他很感激弗洛伊德向他推介可卡因。

德作为一个天才竟疏忽大意，没有在终点线上击败步伐蹒跚的柯勒。"为什么弗洛伊德没有利用好6月完成论文后到9月他出发前的这段时间？"艾斯勒问道。"为什么他拖延再三，然后又在出发前不久把整个试验任务托付给了他的朋友［柯尼希施泰因］？"[49]

弗洛伊德的捍卫者把答案归结于命中注定：

> 奇怪的是，倘若是弗洛伊德做出了这个划时代的发现，那么很可能会将他后来的发展带入一个完全不同的方向。过早暴得大名，而且是依赖偶然撞上的受之有愧的成功而得到世界级的声誉——或许已经成为他毁灭的原因，就像很可能发生在柯勒身上的那样。[50]

这是毫不掩饰的目的论。按照艾斯勒的说法，尽管弗洛伊德天赋异禀，却命中注定要错失一场早年的胜利，这样他才能得以成就更伟大的事业。这就是理想化的传记，通常形式上都还比较委婉，但这下登峰造极了，在很大程度上掩盖了这个人身上庸常的动机、判断的错误和有限的科研能力，其实他只不过是嫌麻烦而没有弄清楚可卡因是否能作为外科手术的有效助力。

第七章

专家鉴定

1. 咨询医师

1884 年秋，随着卡尔·柯勒的声名流传愈广，弗洛伊德感觉被抛之在后而越发恼火。不过这一情况即将发生变化，尽管看似波澜不惊。早先在 5 月，几乎可以肯定是应弗莱施尔的要求，默克公司受理了一份来自生理学研究所的购买 10 克可卡因的订单[1]。根据 10 月 5 日的《鸿雁书简》的说法，这下默克已经"注意到［弗莱施尔的］消耗量之大"并来信过问原因；弗莱施尔在回信中提到了弗洛伊德和《论古柯》一文。

在弗莱施尔的建议下，弗洛伊德向默克公司寄去了一封介绍信和一份论文副本。"我希望这么一来，"他写信给玛尔塔说，"在厂商的产品目录上，我的名字会继续和古柯联系在一起。"[2] 由于没能对该药物有任何新发现，弗洛伊德此时希冀得以在制药公司的销售手册上被援引为可卡因的力挺者。

写信给弗莱施尔的人很可能是伊曼纽尔·默克，年事已高的默克公司老板。他肯定想当然地认为从备受尊重的生理学研究所发来的这一大笔药物订单势必与某个科研项目有关——必然不是什么个人的可卡因嗜好。弗莱施尔的回信没有留存下来，但我们从后续事件当中可以推断，他没有纠正来信人以为他在对药物特性进行科研的误解。恰恰是抓住了那样的联想，使得他推荐对方直接联系他学识渊博的同事弗洛伊德博士。

　　为了赢得默克的信任，盛名在外的弗莱施尔只须忍住不对别人透露他对可卡因的依赖。至于弗洛伊德，我们可以肯定的是，他告诉了默克他在这一时期不厌其烦频频宣称的内容：他已经观察到欧洲第一个通过可卡因戒除吗啡上瘾的案例。当然他不会吐露案例讨论的瘾君子本就是弗莱施尔，也不会泄密说病人如今两种药物其实哪一个都摆脱不了。在默克眼里，弗洛伊德和弗莱施尔是一支客观研究药物治疗特性的团队，默克公司一直低估了这一药物，直到柯勒宣布实现突破后情况才有所改变。如果该团队独立完成对药物疗效的重大发现，默克希望成为得知消息的第一人。

　　显然，弗莱施尔和弗洛伊德起初并没有以研究团队的面貌示人。但是立足于达姆施塔特的默克公司已经把他俩框在一起了。如果要弗莱施尔不暴露瘾君子的身份，他必须把自己伪装成可卡因研究者，而弗洛伊德必须掩护弗莱施尔，不让默克得知他就是那个匿名的病人。

　　默克认为他们这套说辞真实可信，于是迅速发布了一则"公告"兜售可卡因的种种应用。公告青睐有加地提到弗洛伊德对该药物的研究，并且直指其名说弗莱施尔是他的合作专家之一[3]。因此弗洛伊德和弗莱施尔，一位赫赫有名的大学教授，一位雄心勃勃的精神病学家，都听任他们的名字被征用到一场销售宣传运动中去。更严重的是，因为默克的公告在医学刊物中广为印刷，两位医师无形中都在为虎作伥欺骗他人称药物安全无虞，而其实该药物已经导致弗莱施尔出现上瘾的初步症状了。

　　《可卡因及其化合盐》一文由伊曼纽尔·默克亲自写就并署以真实姓名。文章以德语和英语两种版本面世，视发行地而定[4]。简短精悍的文献确实谈及卡尔·柯勒在眼科手术上的进步，就在一个月前这一进展已经在海德堡公之于众了。然而，默克在文中大多直接援引《论古柯》中的案例以及弗洛伊德和弗莱施尔个人关于戒除吗啡的主张：

　　　　在过去几个月间，维也纳大学教授 E.v. 弗莱施尔博士和维也纳综合医院医生西格蒙德·弗洛伊德博士都孜孜不倦地忙于此事。特别是前者，已经确定皮下注射可卡因，对于戒除吗啡，哪怕是突如其来地戒除吗啡，都是极具价值的佐剂。单凭这一事实，就应该让可卡因在医生的治疗宝典中立于长盛不衰之地[5]。

弗莱施尔的名字和可卡因注射联系在了一起，在此处别具深远意义。看来弗莱施尔已经从口服可卡因转变成皮下注射吸收了，变化时间不会晚于 1884 年 5 月 19 日，即比尔罗特为他动手术的那一天。现在他热衷于这种更为极端的手段。至于弗洛伊德，尽管他能清楚看出弗莱施尔持续性注射两种成瘾药物并不见得证实是戒除了吗啡，却对《论古柯》一文进行了修改，以便和弗莱施尔对于皮下注射的偏好达成一致。全然不知内情的伊曼纽尔·默克这下向医学界宣传起了危害不浅的建议：

在循序渐进或长期持久的戒毒情况下，予以日渐减少剂量的吗啡，逐渐增加可卡因的剂量。如果是采用彻底或突然的方式戒断的话，一旦感觉渴求吗啡，就注射 0.1 克剂量的可卡因。运用这种方法就大可不必囿于医疗机构之内。弗洛伊德博士和其他人一起看到过这样的病例，经过十天的可卡因治疗（每天三次皮下注射 0.1 克）后就进入积极康复的阶段，他认为吗啡与可卡因之间存在直接的拮抗作用[6]。

人们可能以为弗洛伊德和弗莱施尔在默克的公告发表后，会意识到他们的计谋已经有损于他们在医学上的诚信度，会打定主意不再自我标榜为主张以注射可卡因方式戒除吗啡的专家。恰恰相反，他们似乎对于这一伪装更加坚定不移了。他们在这件事上的所作所为和他们的性格大不相符，需要一个特殊的理由来解释：他们共有的个人用药行为显然削弱了在社会和专业传统方面的顾虑。

1884 年 11 月，默克的小册子出版后不久，一则题为《可卡因》的简短评论出现在费城的杂志《医学新闻》上[7]。文章作者身份不明，只是登记为"我们的特派记者从维也纳发回"，直到后来精神分析师兼弗洛伊德学者亚历山大·格林施泰因指出，弗洛伊德此前曾经在同一刊物发表过论文，用的名称也完全一样[8]。关于弗洛伊德对此文章负有责任的进一步证据，可以从评论文章自身令人耳熟能详的内容中找到。在匿名掩盖之下，弗洛伊德告诉美国医生们关于可卡因的新发现，包括：

> 关于这一引人关注的药物，维也纳那边已经积累有一定的经验。弗莱舍教授［原文如此］及其同事已经见证了可卡因在"吗啡戒断"过程中所发挥的极佳疗效。多年来惯用大剂量吗啡的人能够禁受住停用该生物碱而全然不受通常众所周知的随之而来的折磨。甚至在吗啡并非逐渐戒除而是突然停用的案例中，可卡因也表现出绝佳效果[9]。

此处"弗莱舍"可能是美国印刷工对于"弗莱施尔"的排印错误。然而，倘若如此，弗洛伊德这篇短小的文章蕴含着巨大的谎言。历史上弗莱施尔的确是医学教授，但他并没有组织开展吗啡戒除实验，也没有一定数量的学术同仁协助他开展这项实验。

只是，作为文章作者和可卡因研究者，弗洛伊德为什么选择在这一叙述中绝口不谈自己，其原因可以有种种解释。然而，他的遮遮掩掩并非没有先例。在《论古柯》中，他已经将弗莱施尔的案例说成只不过是他观察到的而非他策划的例证。就此看来，对于弗莱施尔治疗方案的长效结果，他是在两面都下注以坐稳不倒翁。考虑到《医学新闻》上这篇文章具有恶作剧色彩，哈恩·伊斯拉埃尔斯言之有理地认为它可能是由弗洛伊德和弗莱施尔联手编造的[10]。即便不是他们联手编造的，他们必然也从弗洛伊德欺骗美国人，使得他们对于曾有过一项子虚乌有的研究项目信以为真的这出恶作剧当中得到内心上的某种满足。

还有一项严重违背医疗道德规范的行为。这么一个结果可疑的案例经由歪曲叙述并夸大成多个成功的案例，从而为治疗方案提供了错误的佐证，倘若晓以正确的信息，许多美国医生就会避免采用这样的方案。我们不必诧异，在这种情况下，弗洛伊德拒绝在报告上签署他的名字，因为如果随后的治疗方法出了岔子，或者"弗莱舍教授及其同事"的研究团队被曝纯属虚构，这份报告可就对他不利了。

弗洛伊德和弗莱施尔另有一桩欺骗行径。在 1884 年 12 月号的《圣路易斯医学和外科杂志》上，出现了弗洛伊德一篇名为《古柯》的署名文章。虽然文章大体上是对《论古柯》的缩写，但还是补充道：

> 维也纳的弗莱施尔教授证实，可卡因的氯化物以皮下注射的方式在吗啡瘾治疗上居功甚伟（0.05—0.15 克溶解于水）；逐渐戒除吗啡需要逐步增加可卡因，但突然戒除的话需要皮下注射 0.1 克可卡因。可以完全不必上戒毒所去；通过每日注射三次 0.1 克可卡因，十天之内能实现彻底的治愈。吗啡和可卡因之间显然存在直接的抗拮性[11]。

在弗洛伊德和弗莱施尔想象之外的世界，积极有效的研究发现以及弗洛伊德在此规定的推荐剂量范围本应通过广泛的试验和试错方能得出。他们给人留下的印象是弗莱施尔已经积累了大量的实践经验，他从中收集并分析了包括关于所陈述疗程、即时结果和随访的丰富资料，最终普遍观察到可卡因可靠地阻断了对吗啡的欲念。这一印象又因无须住院治疗的有力结论而得到进一步强化。这就是弗洛伊德关于可卡因最有害的陈述，同时也是他对于他自信心的证据根基最厚颜无耻的谎言。若没有沉湎于可卡因的弗莱施尔的首肯，他几乎不可能如此严重地伪造记录，而在这样招摇撞骗的文章发表后，他仍然与他保持着良好的关系。

2. 待沽的研究

虽然弗洛伊德一向高度重视生理学理论和实验，但在冒险涉足针对组织结构的解剖学分析之外的领域之际，他对自己的实验室工作并不觉得得心应手。然而，1884 年秋天，生平仅此一次，他策划并展开了生理学实验——测试可卡因及其某一同类物对人体组织造成的影响。可以肯定的是，在这里他并没有做成任何真正挑战他聪明才智的事情，也没有验证什么具有原创性的假说。不过至少他在超越当年早些时候发表的《论古柯》那种随意性主观臆断的报道。现在他得出的结果，号称属于客观、评价中立的研究，将从不同编号背景上游移的仪表指针中收集得出。

这又是默克公司敦促弗洛伊德采取的行动。默克父子手头只有少量可卡因，但如果市场有需要的话，他们比任何竞争对手更为蓄势待发，预备投入扩大生产。既然该药物的进一步医学应用正在逐步得以发现，公司开始探索古柯其他衍生物的潜在用途。

这些化学药品中最有希望的是爱冈宁，一种天然存在于古柯叶中的生物碱，但也是由可卡因本身的代谢所产生的。默克公司的当家人能够分离出爱冈宁，不过他们对其摄入时的药效却一无所知。他们没有试图去干涉他们以为弗莱施尔在布吕克的生理学研究所中正在进行的可卡因重要研究，而是转向显然是他搭档的弗洛伊德去寻求专业帮助。

可以理解的是，弗洛伊德对于他是否具备承接这份任务的资质并没有把握。因为有别于可卡因，爱冈宁从未用于动物身上以评估其毒性，他知道他不得不为此进行动物实验；但不知是出于神经质还是经验不足抑或两者兼而有之，他似乎惧怕这一任务。另一方面，弗莱施尔想来应该知道如何进行实验，弗洛伊德只有在确保他同意参与这项任务后才接受了默克的委托。

默克的提议到来的时机很好，此刻的弗洛伊德较之往常任何时候都要容易听进他人的倡议。1884 年 10 月 7 日，他兴奋不已地写信给玛尔塔·贝尔奈斯，讲起他最近的头脑风暴，很快就透露说具体是关于通过注射可卡因来治疗糖尿病的设想。有人可能会认为，为达成此目标而进行的必要研究会占用他接下去好一段时间。然而仅仅在四天之后，他就抱怨说"除了一点小事之外，我的大工程已经让我深感失望了"[12]。但他随之又立即披露了默克的提议。他对此欣然接受，并且已经确保得到弗莱施尔的协助。至于他最近的失望感受，他似乎通过默然应允他碰到的新提议来实现情感上的补偿。

10 月 18 日，弗洛伊德告诉玛尔塔，从默克公司发来的一批 100 克装的爱冈宁已经在途。他认为这些就是该公司此类化学药品的全部供应量——他感觉颇为心宽，他指出由于他对爱冈宁的独家垄断，可以避免其他人抢夺他的优先权。这下可好，如果关于爱冈宁有什么引人关注的药效有待发现的话，他觉得自己怎么说还算是一位真正的研究员。

话说回来，对于任务本身而言，弗洛伊德并没有做好准备全身心投入。在同一封信中，他告诉玛尔塔，他预计接下来的半年将有六个项目够他忙活的："爱冈宁，如果它有任何用途的话"；大脑解剖；撰写一例业已完结的治疗过程；关于手头一起病例的论文；生理电研究；用弗莱施尔研发的一种具体名称不详的新仪器进行实验。另外还有一项任务是在课外教授医学课程赚取外快，这个活计也会很快就与爱冈宁研究竞相占用他的时间。

与爱冈宁研究相关的第一项任务是确定其危险程度。为此，弗洛伊德和弗莱施尔弄来了青蛙、一只兔子和一条狗，每一个动物显然都需要服用逐次增加剂量的药物，然后观察其对神经系统的影响乃至死亡。然而奇怪的是，弗洛伊德甚至一天等不得让那些结果开始逐渐积累。10 月 20 日晚，就在动物实验开始前几个小时，他自己吃下了一点"微粒"的爱冈宁，看看会在他身上产生什么效果 [13]。要是这一药物毒性极大的话，他这种轻率的做法可能会立即断送他的性命。事实相反，除了对爱冈宁本身的反胃之外，他没有注意到有任何作用。

弗洛伊德和弗莱施尔确实自 10 月 21 日开始向他们的实验室动物注射爱冈宁，在 26 日他们的确用 0.1 克药物杀死了一只兔子。然而，第二天，弗洛伊德跟玛尔塔抱怨说，弗莱施尔看来是个不守时又不靠谱的合作者。尽管弗莱施尔保证说会表现得更好，但他身患疾病、药物依赖加上竞相占用他时间的其他项目以及对爱冈宁明显缺乏兴趣这种种因素综合到一起，很快就使得他退出了爱冈宁研究项目。到那时候，弗洛伊德已经收集到一只死兔和一些表现出痉挛、躁动、瘫痪和其他毒性迹象的青蛙[14]。但由于他还没有获取足够的信息，或者由于没能平心静气地独立进行动物研究，研究便没有再进一步推进。

弗洛伊德转而在自己身上测试爱冈宁的药效。11月2日，他服用了一份剂量，来确定它是否会像可卡因那样抑制他的饥饿感并且消除恼怒情绪；结果两种症状都未见得改善。弗洛伊德对待这项研究采取的半吊子态度从他同一天在《鸿雁书简》中表现出来的一句玩笑话可以窥见一斑："人不该在针对一种新型毒药展开实验的过程中给他亲爱的小宝贝写信，对吧？"正如他在次日提到的那样，他当晚经历了一场栩栩如生的梦境。鉴于这些梦在精神分析理论形成过程中所起的作用，这件事情给人留下深刻印象。

弗洛伊德对于爱冈宁的好奇心在这一时刻有了短暂的提升。但到了11月6日，他告诉玛尔塔，"你的猜测是对的；爱冈宁就是垃圾，不幸的是它害得我没法实现许多还不确定的伟大发现"。虽然他扬言要继续他的调查研究，但据他说他坚持下去的唯一理由是他对默克公司还背负有义务。正是出于这种心猿意马的态度，他开始测量爱冈宁对人体肌肉力量和反应时间的影响。

3．愚蠢的构思

弗洛伊德交给默克的有关爱冈宁的报告没有留存下来，不过我们能从他随后写的一篇文章当中推断出报告大致是什么情形。由于他装配的用于检测爱冈宁的仪器仍然在他手上，他觉得也可以用之于可卡因。他做完可卡因试验所得出的结果为他发表于1885年1月探讨可卡因的下一篇论文《可卡因效用新知》奠定下了基础[15]。文章之所以至关重要，关键倒不在于有何发现，而在于它使人得以了解弗洛伊德在设计和开展有意义的研究方面能力如何。

西格弗里德·贝恩菲尔德和欧内斯特·琼斯都认为弗洛伊德的《新知》是一篇草率之作。贝恩菲尔德称试验"设计粗陋而且毫无章法，报告有失精准"[16]，琼斯痛惜"论据细节记录得乱七八糟，难以和其他人的观察数据产生关联"[17]。然而后来那些弗洛伊德学说的信奉者时有声称《新知》记录了一项伟大的发现，理应作为心理生理学的开山之作而得到认可。不过在这件事上贝恩菲尔德和琼斯的论断完全正确。

弗洛伊德的《新知》背后的推动力显然来自默克委托的爱冈宁项目。不过论文自身当中可见的那些自传性言论感觉更有所企图，而文中既没有提到默克也没有提到爱冈宁。弗洛伊德把自己描述成一个研究可卡因的专家，遵照他自己的研究计划大步向前走。他写道，《论古柯》成功地启发了柯勒和柯尼希施泰因各自的发现，眼下又指引他从生理学角度对可卡因的主体反应和治疗效果进行补充研究。"作为对古柯［原文如此］作用进行标明的手段，通过可测定量变化……，我决定对若干肌肉群的运动力量和生理反应时间进行检测。"[18]

为了开展试验，弗洛伊德配备了三种粗陋的工具。其中两个是肌力计：弹簧金属夹子，紧紧握住时，会使得指针在显示施加多大力量的刻度尺上游移。他有一个单手的型号和一个分量更重、更为精准的双手型号，但后者用了四天下来，他就不得不弃之不用，因为磨得手上起泡[19]。于是较轻便的那个设备，因为在他另外这只手（右手）上收放自如，就给派上了用场。

为了测量反应时间，弗洛伊德采用神经应答计，即能发出声响的震动金属条。正如他的论文解释的那样，受试者一听到声响就应该止住它的震动；这时候一支自动笔会记录在百分之一秒的间隔当中发生了多少次震动。弗洛伊德的总体方案是检测可卡因的摄入是如何影响如肌力计和神经应答计所分别记录下来的力量和反应时间。

弗洛伊德用那些工具做出的数据成果极其不严格。问题肇始于他选择的这组受试者——他自己。显然，假如一个人想了解人的力量和反应时间是如何被一种药物影响的，那么他必须从不同人群中抽取受试者，将个人特有的发现平均之于无形。但是弗洛伊德决意要扮演所有角色：实验者、实验对象、数据收集者、结果评估者和面向科学界的报告者。

到了1884年最后那个星期，是时候起草他的论文了，这时候弗洛伊德想必意识到就他没能测验别人一事，他最好说上几句。这是他所写的内容：

> 我反反复复在自己身上进行或者是［在我身上］进行过这两组实
> 验。我意识到这样的自我研究有其缺点，原因在于开展实验的人，
> 在同一件事上要声称两种可信度。但出于外部的原因［aus äußeren
> Gründen］，我不得不继续这样推进，而且我所调配的那些个体都
> ［不像我那样］表现出对可卡因的固定反应。然而，研究结果也都
> 得到我对其他人测试的肯定，多数都是同事[20]。

这套说辞的古怪之处可谓接二连三。弗洛伊德似乎在说，首先，某种障碍导致他无法找到参与实验的志愿者；其次，毕竟他原本可以争取到一些此前他给予可卡因的人；但再者，他们对于药物的主体反应前后不一；第四，他因此别无选择，自己成为唯一的受试者；不过第五，结果一切看来都是皆大欢喜，因为又有一组受试者，"多数都是同事"，完全肯定了他的结论。踌躇满志的生理学家因而在区区几行字间宣称，他既在他者身上又并未在他者身上进行试验，他们既能够又未能和他自己的反应相一致。

在弗洛伊德这乱作一团的重重自相矛盾之中，我们可以看到这么一个前提，该前提显示了他对于实验科学的基本曲解。说是在调查研究事先无从知晓的物种特征，但他却早就认定研究结果必须基于对可卡因的共同偏好而显示出一定的规律性。然而由于他的一些熟人对这种药物反应不佳，他发现为了消除存在变数的可能性，自己不得不研究自己的反应而别无他人佐证。因此，他暗示，在试验方法上以防万一，他索性让自己成为唯一的受试者。尽管如此，在撰写报告的当下，他理解一些读者可能会极力要求"两种可信度"——单独对一个受试者进行研究的普遍有效性以及指派该受试者对所获数据进行评估的做法——但他本人声称实验安排中未见得有任何不妥。

弗洛伊德的论文提出了几个看法：可卡因在吞服之后确实增强了力量和反应时间，前者比后者更为明显；尤其是受试者一开始处于或多或

少的抑郁状态时效果最为显著；因此，这样的疗效究其原因可能不在于药物对神经或肌肉的直接作用，而在于其消除低落情绪的功效；抛开其他因素不谈，无论是否服用可卡因，同一个体的力量幅度也会因时日不同而明显有别；表面规律的力量波动会与一天中的时间相关联，从清晨的力量最低点，到自上午直至整个白天的持续的高峰，然后在晚上缓慢而稳定地减少。弗洛伊德指出，这种模式看来与智人身上众所周知的日常体温曲线相符。

这些结论无一看似不合情理，关于肌肉力量在日间起伏变化的观点已经给一些弗洛伊德学说的信奉者紧抓不放，视之为一项重大突破。然而，倘若弗洛伊德也是这么认为，那我们必然要想想为什么，作为一个从不羞于声称自己先人一步的人，他却没有夸耀自己这一成就。相反，他始终疏于将《新知》列入他的著作，似乎认为这篇文章有碍于他的声誉。正如他在1936年的一封信中袒露，这篇论文"绝不应该发表"[21]。

的确，从方法论的角度来看，《新知》可能是有史以来见诸纸墨的最粗枝大叶的一大研究。除了已经提到的缺陷之外，再想想：

弗洛伊德对于他使用的可卡因剂量毫无控制，从0.1克到"稍多一点可卡因"到"少许剂量不确定的可卡因"等等，不一而足。

他的试验间隔从五分钟到将近三个小时不等。

他从未明确陈述他进行过多少场试验。

他在实验过程中变换不同类型的测力计，却没有考虑到它们的不同属性，而且他忽视了双手之间的力量差异。

他没能权衡自我暗示对于他在服用可卡因之后产生更大压力的影响。

在测试时日效应和可卡因效应时，他忽略了将它们彼此单独抽离。他言之无物地指出，力量的日间变化"与可卡因本身的作用不甚相干"[22]。

他表格中的"备注"栏有时会记录他的情绪，有时记录他的精力状态或疲惫状态，有时是他在尝试发力之前的活动，有时根本什么都没有。

正如在拙劣的研究中常见的那样，弗洛伊德的若干结论或许碰巧是正确的。但那些结论并非由所呈现的数据证明得出，因此对于后续研究者而言毫无用处。我们能做出的最宽容大度的推测是，可卡因搅乱了弗洛伊德的论文写作以及研究行为。

4．证据

1885 年 3 月，如我们所知，弗洛伊德两度向同事作了关于可卡因的演讲，反复重申他宣称的已经将弗莱施尔从吗啡依赖中解救出来的不实说法。第二次演讲比第一次表现得更好，弗洛伊德跟玛尔塔讲述说，听众中有那么两位，他们分别代表一份著名期刊和一份报纸，已经前来询问他有关该主题进一步发表的情况 [23]。如此般的诉求足以改变他的计划了。由于对手头那几个项目中的任何一个都缺乏坚定不移的全情投入，他已跃跃欲试愿为任何能够向他承诺曝光度以及／抑或付以酬劳的人效力；而可卡因正是赢得此类邀约的唯一主题。

写给玛尔塔的一张落款日期为 1885 年 4 月 11 日的明信片告诉我们关于类似这种机会的另一则消息。"金钱，"弗洛伊德写道，

> 在商界的地平线上又明朗可见了。有家美国公司即将把可卡因引入市场，要我为他们的产品给予鉴定意见；或者更确切地说，要我检测他们的产品是否不亚于默克公司的产品并将结果公之于众。我将为此获得 50—70 弗罗林，当然这份酬劳完全不受调查研究结果的影响。这真的完全不能算工作，而是一种乐趣，我这是生平第一次因为自己的权威性而获得报酬。

此处谈及的公司不是别家，正是派德药厂，其旗下汇集荒唐离奇报道的底特律《治疗学报》早在一年前曾让弗洛伊德兴奋得昏了头脑。这

下派德药厂希望推他出来作为品牌质量的专家证人。

阿尔布雷希特·希尔施米勒再现了这一提议背后的情形[24]。派德药厂一直在销售一种可卡因的"液体萃取物"，由于价格高昂再加上品质不可靠，哪怕在美国境内它也都无法与默克在质量控制上胜出一筹的产品展开竞争。不过派德药厂近来萌生了一个想法，要从根本上改变生产方式。他们决定在玻利维亚的采集地点先直接提取可卡因原料，然后再运到美国本土的总部进行精炼，而不是将完整的古柯叶海运到数千英里之外而眼睁睁看着古柯叶在运输过程中不可避免地腐化变质。伴随这番努力尝试而来的是几场戏剧性的灾难，但这种方法在1885年的某个时候开始证明确实行得通、划得来，而且翌年默克公司也采用了同样的做法。

弄清派德药厂出产的可卡因在弗洛伊德应邀为其背书时是否已经在质量上赢得优势，这一点将大有用处。我们确实知晓，在1885年晚些时候发行的派德公司两份目录手册都积极地推广各种相关产品，不仅包括可卡因本身和一种皮下注射可卡因的器械，还包括可卡因葡萄酒、可卡因香烟和雪茄以及一种适合呼吸摄入的衍生产品。这些都是用于休闲消费的产品，如果仅考虑可卡因成分，其功效将由弗洛伊德博士事先给予证明。

为什么偏偏选中弗洛伊德呢？正如希尔施米勒所说，如果是美国代言人的话，在派德药厂和默克公司之间青睐于派德药厂，可能会被怀疑是本土保护的沙文主义使然。因此，需要一名欧洲人——这个人须得已经注意到可卡因的积极效用，并且对其药效进行过看似严肃的研究。唯有弗洛伊德符合这些特定的要求。那么，选择他存在一个显而易见的风险，那就是远在维也纳的这位年轻医生可能会把他的任务太当回事，到头来发现默克的可卡因品牌在两相比较之下倒真是胜出一筹。

弗洛伊德报告中公开发表的一段文字节选让我们得以推测出他让派德药厂期待着至少在五个方面有所发现。两项最简单的试验便是评估不同品牌的口味对比和让人感觉愉悦的潜力。第三，正如早先弗洛伊德研究爱冈宁时的做法，他将通过测量每种物质在实验室动物体内产生痉挛和麻痹的能力来测定其药效。第四，与他的《新知》中测试可卡因的方法一样，他会比较对于人体力量的效用。最后，出于对卡尔·柯勒的默然首肯，他将测定这些药物在眼球麻醉上是否同样适用。倘若这都是真心诚意打算要付诸实践的话，那么试验计划可谓内容相当充实。

1885 年 4 月 25 日，弗洛伊德告诉他的未婚妻，他刚收到一些"优质"可卡因。这么一来，我们可以推断，味觉和愉悦感的试验是当即就展开了，而且他发现派德药厂出品的可卡因很对口味。他补充说，他还下单预订了用于试验的兔子。我们只能猜测试验兔子过了多长时间才到。但是在 4 月 27 日，同新品可卡因仅仅接触了两天时间，弗洛伊德就向玛尔塔转述说派德药厂的可卡因在所有方面都完全能够与默克的产品相媲美——其中一个方面想必是它对小动物的毒性。

关于他采用了哪些方法最终形成这一综合判断，弗洛伊德没有给出一星半点的信息；整个说法就那么区区一句话。无法相信他已经收到了那些试验动物，让它们经由了与他原本无法独立完成的爱冈宁检测试验同样的那一套流程，展开测力计试验并加以分析，确信派德药厂的产品和默克公司的产品一样完全可以麻醉眼球。他只不过说了结果让他感到高兴，因为这下他能"更加确定会收到 70 个弗罗林"。

弗洛伊德对美国产的可卡因的认可，以一种最终看来既备受争议又神秘莫测的方式派上了用场。1885 年 8 月 9 日的《维也纳医学报》刊登了一篇题为《论不同的可卡因制剂及其作用》的文章。这篇文章特载了一张插页，上面明白无虞地刊登了弗洛伊德的名字；插页内容是从他交给派德药厂的褒奖有加的报告中转载而来的。然而，表面上这篇文章本身却是他人撰写的。

这篇文章，发表于一份受人尊敬的医学周报，即便放在今天看来也令人瞠目结舌。这显而易见是一则替派德药厂宣传推广的广告，还相应地对默克公司展开卑劣攻击。在这篇号称客观的论文中，"派德"一词出现了十三次之多。派德药厂的药物据称纯度更高、更易溶解、性质更稳定、气味和色泽更怡人，而且比默克公司以及另一家竞争对手——位于德累斯顿的吉哈大药厂——出产的药物都来得售价低廉。显然，默克公司是真正的攻击目标。作者声称，默克出产的可卡因不可靠到不得不暂停了生产，因此产品都无可购买。

实际上，美国产的可卡因的药效一直以来都非常低下而且很不稳定，以至于 1884 年，有一家制造商施贵宝在公开致歉后暂停了生产，直到 1885 年可卡因原料供应有所改善后才恢复生产。与之形成对比的是，派德药厂在不中断销售宣传攻势的情况下升级了产品。至于默克公司，它家可卡因的品质之优良，在 1884 年就足以支撑证明柯勒的发现，并随之而研发了许多衍生产品，默克公司没有理由停止制造或借此推脱寻找借口[25]。《维也纳医学报》的文章显得充满恶意，因为它错误地声称默克公司的可卡因根本买不到。

情理之中，伊曼纽尔·默克毫不犹豫地对这一番以独立报道的名义向他公司大肆攻击的行径发出抗议。他在随后出版的同一期刊上发表了一封公开信，——驳斥了该文章关于默克出产的可卡因的所有错误陈述，并强烈谴责编辑们在显而易见的商业广告诉求面前不顾廉耻地出卖版面[26]。但这篇令人不快的文章的作者——某个名为"古特."（Gutt.）的人，其出现在文末的名字显然是缩写——并没有就此提出任何反驳。他攻击默克公司的任务早已完成。

"古特."是何许人也？且不提别人，这个名字可以如罗伯特·拜克在 1974 年所推测的那样指维也纳的编辑赫尔曼·古特马赫，又或者是阿尔布雷希特·希尔施米勒更倾向于认为的当地医生兼作家汉斯·古特。但两种指认都经不起推敲。赫尔曼·古特马赫所编辑的是一家与《维也纳医学报》形成竞争的杂志《维也纳临床周刊》。为什么他要给竞争对手的刊物写文章，而又为什么他的名字要在刊登时使用缩写形式？至于汉斯·古特，他的名字后面无需使用那个点符。此外，就我们迄今所知，古特和古特马赫都对可卡因毫无兴趣，遑论推荐起某个品牌而不推荐另一品牌。整个维也纳唯独一个人在这场差异评价中存在利害关系——不是别人，就是弗洛伊德博士，他对派德药厂产品的高度评价在文章特载的插页中再度上演，给人留下一个恐怕是经过精心算计的印象，即"古特."另有其人，而非他自己*。

推断"古特."确实就是弗洛伊德有着若干充分的理由。作者显得对《论古柯》一文相当熟悉，他扼要重述了文章的结构，完全赞同文章的判断，并且援引文章最末关于未来在麻醉方面得以应用的语句，认为非常具有预见性。他还引用弗洛伊德在别处发表的关于可卡因增强肌肉力量"确定无疑"的严谨研究成果。除了弗洛伊德，还有谁能在他那篇心浮气躁的《新知》中发现所谓的严谨？

此外，"古特."慨然将"慧眼重识古柯植物之人"弗洛伊德——以其可卡因研究缔结出"累累硕果"——同柯尼希施泰因医生和柯勒医生相提并论。（完全没有举例说明弗洛伊德关于可卡因在科研或治疗方面具有哪些确凿可靠的成就，因为实际上无一存在。）作者甚至声称柯勒和柯尼希施泰因的研究是在弗洛伊德的敦促下进行的（auf Veranlassung Dr. Freuds），这话只有一半可信。除了特载的那张插页之外，弗洛伊德的名字被提到七次之多，而名气远大得多的柯勒却只有两次。因此"古特."这篇文章不仅为派德药厂的可卡因鸣锣开道，也为弗洛伊德博士的权威性摇旗呐喊。

拜克和希尔施米勒都承认认为弗洛伊德是这篇见利忘义文章的始作俑者的观点一度为学界所接受——这种假设看起来比以往任何时候都更加可信，既然我们都已经能在解禁的《鸿雁书简》中读到弗洛伊德同意"宣传"他亲派德药厂的评价了。这篇文章读起来似乎不折不扣坐实了那一指控。尽管在拜克和希尔施米勒眼中，案件已经了结；他们一个推出他的"古特"，另一个推出他的"古特马赫"，都固执己见得不容商榷。显然，对于这几个作者而言，弗洛伊德在这种情形之下竟屈服于欺骗和自我推销简直不可思议。不过，我们在本章前面早就看到，他在此前一年已经做出了几起类似的欺骗行径。

---

* "古特."一词假如真是弗洛伊德杜撰，可能暗示是鉴定专家（Gutachter），亦即给予专家意见之人。弗洛伊德写给派德药厂的报告恰恰就是一份鉴定意见（Gutachten），他在给玛尔塔·贝尔奈斯的信中就是用这个词来形容他接受的任务。

无论"古特."背后的真相究竟是什么，《论不同的可卡因制剂及其作用》都表达了对弗洛伊德原先的恩主默克公司的诋毁，采用的方式将自恃客观的幻象放大到无以复加，同时又保护弗洛伊德不暴露出他为派德药厂当托的真实面目。文中引用的"弗洛伊德博士"获得的实验结果以不加藻饰、看似中性的语言进行表达，而同样这位弗洛伊德博士的狂热崇拜者——无从追踪而又无可惩罚的"古特."，则赤裸裸地大肆中伤默克公司的声誉。

弗洛伊德在生理学研究上的三次机遇——他的爱冈宁研究，他在可卡因对力量和反应时间影响方面的测试以及他对派德药厂可卡因的评估——都呈现出相同的模式。意义不甚大的研究任务，与他接受的科学和医学训练毫不相干，都在缺乏属于他自己的富有成效的项目的情况之下承接下来。他因准备不足连相对简单的工作都无法进行，草率应付了之，毫无动力纠正偏见。

事实上，还远不止如此。弗洛伊德作出的一些规定，例如排除掉尚未和他一样对可卡因产生积极反应的受试者，都旨在确保能得出令人满意的结果。他关注的不是在逻辑层面穷尽研究探索，而是装模作样，同时偷工减料走捷径。最令人遗憾的是，有证据表明，他为了使用广告文案而不惜售卖伪造的测试结果，并以假名字发表文章对自己的学识和研究给予高度评价。倘若如此，那么我们打交道的是一个与标准传记中所描绘的形象截然不同的人。

第八章

劫后余生

1. 金钱与同情

讲述有关弗洛伊德同恩斯特·弗莱施尔彼此关系的事实真相之际，人们往往会认为弗洛伊德是个反社会者。在弗洛伊德提议他服用可卡因以前，弗莱施尔尽管一直遭受病痛之苦，却是一位杰出的科学家，博学多才、见多识广。后来，他逐渐变成弗洛伊德所谓的"无望之人"而且"怪癖多多"[1]，陷入久病期间出现失眠、幻觉、茶饭不思、性格变化、身体销蚀等种种状况，最终于 1891 年去世。弗洛伊德对这一转变负有重大责任，但他在弗莱施尔在世时拒不承认，反倒说他开具的可卡因药方对于治疗弗莱施尔的吗啡上瘾已经证明成效显著。

不过 19 世纪 80 年代的弗洛伊德绝非反社会者。恰恰相反，他是个自信不足而又壮志有余的年轻人，被一步步引导到一个他缺乏天赋也没有强烈兴趣的专业，他迫切希望抓住手头的一切机会出人头地。他很可能觉得在弗莱施尔这起案例中承认负有责任将会使他一辈子声名扫地，断了他行医营生的道路，尽失学术前途，由此毫无机会与玛尔塔·贝尔奈斯安定下来生活。他对弗莱施尔的困境远非无动于衷。他只是无法承认弗莱施尔的双重药瘾，这个问题确实已经足够严重，但除此之外，他对于这位受尽病痛折磨的朋友满怀同情。

然而，在弗莱施尔开始使用可卡因之后的一年里，弗洛伊德对他的真切关怀却还有另一种更自私的念头不合时宜地紧随左右：想把富裕的弗莱施尔手头的一些钱用于满足他自己的迫切需求。弗莱施尔能支配的钱财超乎他的用度所需，而弗洛伊德连去看望未婚妻的火车票都几乎付不起，至于存出足够的钱好定下结婚的日子则更是希望渺茫。他已经定期向弗莱施尔"借钱"了。1885年6月在他得知获得游学奖学金可以前去追随让-马丁·夏尔科深造之际，他对于财务问题的焦虑感越发严重。如果他微薄的奖学金没有私人赞助额外补充的话，他将无法在巴黎待满求学周期。

在告诉玛尔塔他设法从弗莱施尔那里榨取钱财（pumpen）时，弗洛伊德听上去可能显得冷酷无情，满肚子阴谋诡计。不过我们也可以看到，在他的朋友身体状况急转直下期间，他其实为自己要求人家提供接济而感到窘迫。他向一个病入膏肓的人借钱——而此人照他估算，还能走动甚至活命的时间只剩下区区几个月了[2]。他清楚接近日渐衰弱的弗莱施尔并问他要钱是个棘手的难题。弗莱施尔经常有同事和其他人陪伴身边，他们的存在将有碍任何此类行动。此外，他可能哪天就因镇静剂使用过量或者过于躁狂而无法沟通。但有时可以试着努力一把，弗洛伊德一直在寻求合适的机会。

1885年3月4日，他向玛尔塔透露，他盘算着向弗莱施尔再借些钱："我多多少少在考虑这几个月再指望一下可怜的弗莱施尔，他现在钱多得很。"《鸿雁书简》表明这个计划已成功实施了，尽管不无挫折。看到弗莱施尔很少独自一人待着，弗洛伊德显然是亲手递了张纸条求他解囊相助，对此他得到了鼓舞人心的答复。"我收到了弗莱施尔封好口的信，"他在3月12日写信告诉玛尔塔，"然后我就去找他，他悄悄把钱塞给我了；周围总是有很多人在。"

但仅仅三个星期后，弗洛伊德就在设法谋求再借一次钱，这一回徒劳无功：

我今天和弗莱施尔在一起，但是从他那里拿不到任何东西（konnte aber nichts von ihm kriegen），因为列支敦士登亲王、赫罗巴克和奥博斯泰纳都在，然后有位法国教授也偕妻前来，最后我只好走了。这个可怜的人——他都八十六个小时没睡着了，而且一天里晕倒了六次。他已经十一个星期没出房间了[3]。

然而，最有意思的是 1885 年 3 月 10 日的一封信，写于弗洛伊德告诉玛尔塔他打算借钱之后不到一周的时候。恩斯特·弗洛伊德在经过拣选的《家书》中部分重现了相关段落。根据该卷的翻译：

> 昨天我写信给弗莱施尔，但没有要求回信，因为动笔对他来说实在是太难了。到星期五或星期六，等我用光了钱的时候，我会去看望他。我不知道他是否会借给我点什么……[4]

虽然从恩斯特·弗洛伊德的通信集锦中推断不出什么关于弗莱施尔的往来情况，但我们在此确实感知到一种有意让公众了解弗洛伊德 1885 年时一直希望至少借到一笔钱的态度。不过结尾的省略内容让人感到好奇。在《鸿雁书简》的修补之下，我们发现了被略去的这句话："要是［他确实把钱借给我了］，那等我们需要考虑还钱给他的时候，他可能不在了。"（Wenn, so dürfte er nicht mehr da sein, zur Zeit, da wir an's Zahlen denken dürfen.）

在隐瞒弗洛伊德的言谈这一点上，他担纲编辑的儿子遵守的是弗洛伊德学说话语体系那套默然不宣的规则。弗洛伊德有关无须还钱给死者的言论这一类素材绝不能落入可信任核心圈子之外的任何人手中。当然，遭到删减的那番考量已经都给相关人员看过了，不仅有恩斯特·弗洛伊德，他妹妹安娜和欧内斯特·琼斯，西格弗里德·贝恩菲尔德，还有库尔特·艾斯勒，他们谁都不曾对此进行过公开评论。

然而，在 20 世纪 50 年代，琼斯就已经建立起一套模式，引导外界避开关于未偿还借款的整个议题。"弗洛伊德向［弗莱施尔］借过几次钱，"琼斯写道，"当他出发前往巴黎时，弗莱施尔跟他说如果有需要一定要写信告诉他。他在他能收到还款之前就去世了。"[5] 实际上，琼斯一清二楚的是，弗莱施尔逝于 1891 年 10 月，那时弗洛伊德都从巴黎回来有五年半了，他早就和玛尔塔建起了住所，而且拥有一批富裕的客户。不过怕万一债务从来都没还上过，琼斯觉得暗示债权人早早出局比较明智。

实际上，弗洛伊德针对弗莱施尔不久于人世的状况进行过精心周密的算计，这种事情有多骇人听闻呢？身处他那样的境地，谁能避免这种想法浮现到脑海中呢？如果此中有丑事不可外扬，那并不在于弗洛伊德对玛尔塔直言不讳，而在于他追随者和继承人身上的那种怯懦，他们似乎担心如果领袖稍有看似利己谋私的情形，精神分析的大厦可能就会倾塌。

假如弗洛伊德学派那帮人没有让弗洛伊德对于弗莱施尔深陷困境所负的责任吓到那个分上，他们就能从他对朋友长久持续的关心之中发现许多令人钦佩的地方。例如，《鸿雁书简》表明，在 1885 年夏天，当弗洛伊德期待着开展上几个月针对多发性神经炎的个人研究时，一旦弗莱施尔有求于他，他仍然愿意放弃一切，整段时间在弗莱施尔位于萨尔茨堡附近圣吉尔根的夏季住宅照顾他[6]。弗洛伊德会得到弗莱施尔家支付的酬劳，这固然是他考虑的其中一个因素。"我会从中得到些钱，"他思索着，"但主要的缘由在于我并没有损失任何东西［即收入］，能为这样一个遭受不幸的好友做点好事。"[7]

虽说在算盘的另一头，弗洛伊德意识到他的脾性不适合照料患者，抽搐、焦虑以及其他不稳定的种种行为都需要予以全天候的关注。他写道，这份工作"困难得吓人"[8]。但他准备做出牺牲——"以报答"，他写道，"我从弗莱施尔那里学到的那么多东西"。不过，经过好一番犹豫之后，弗莱施尔解决问题的出路是挑选了他的一个兄弟在夏季照料他。

弗莱施尔事件对于弗洛伊德的传奇发起了严峻挑战，但这件事反映的局限之处既无关乎贪婪，也无关乎忘恩负义，更不包括对朋友的痛苦无动于衷。相反，透露出的负面信息是弗洛伊德在医学研究上心浮气躁而又能力不足，他在声誉受到威胁时无法清晰地思考，对于科研成果往往做出虚假的公开表述。

2．相互依赖

哪怕是弗莱施尔的医生约瑟夫·布罗伊尔，都不比弗洛伊德更适合研究他的用药问题。我们知道，当时布罗伊尔强烈反对使用可卡因，弗莱施尔可能对他养成的新习惯保持缄默。但弗洛伊德却是个可卡因同好。他长久以来一直寻求与弗莱施尔的亲密关系正是通过他们对这种药物的共同偏好而得以实现，弗洛伊德自豪地跟玛尔塔称之为"肝胆相照"[9]。

幸亏他多次前去看望弗莱施尔，有时候从傍晚一直待到第二天早上，也幸亏他几乎不曾间断的《鸿雁书简》，弗洛伊德给我们留下了弗莱施尔在这十四个月中身心状况的大量记录。毁灭过程不是直线发展的，心灵和身体也并非以同样的速度衰退。弗洛伊德反复提到弗莱施尔聪慧不减，甚至还有新的科研项目（尽管在 1884 年 11 月之后所谓的科研项目就不再有所耳闻）。不过，近来变得喋喋不休、容易兴奋上头的弗莱施尔实际上能多么富于创见恐怕颇值得怀疑——因为他的这位听众似乎有时也会状态不对。

其一结果是，听到弗莱施尔疯狂的独白——滔滔不绝地从一个晦涩难懂的话题跳跃到另一个话题，这时弗洛伊德感到欣喜若狂。正如他在 1885 年 5 月 21 日告诉玛尔塔的那样，"我在他身边完全心醉神迷。"那是在 6 月弗莱施尔病情最重的危险期之前不久；但即使在此之后，弗洛伊德仍然津津乐道于"与弗莱施尔密切交往的那种美妙的吸引力[zauberischen Reiz]，思想的火花四溅"[10]。

弗洛伊德讲述他陪伴弗莱施尔而激动不已的信件对于了解 1884—1885 年发生的变化具有重要意义，当时弗洛伊德聚焦在玛尔塔·贝尔奈斯身上的世俗抱负与最终衍生为精神分析的反叛冒险精神产生了冲突。"每一次，"他在 1885 年 5 月 21 日写道，"我都扪心自问，我这辈子是否还会经历什么荡魂摄魄又欢欣鼓舞的事情，能比得上与弗莱施尔度过的这些夜晚。"5 月 26 日，又一次彻夜长谈而返之后，他写到"如此之多的见解，提升了智识，澄清了观念，发人深思"。他还煞有介事地加了一句，"当然了，这片由才智和不幸构成的不凡仙境［Feenreich］在很大程度上使得我与周遭环境格格不入［mich … entfremden］；在医院里，我比以往任何时候都要感觉浑身不自在"[11]。在布吕克的科学流派中，没有任何所谓仙境的栖身之处。但我们可没忘记，弗洛伊德视可卡因为一种神奇的物质；而现在他的朋友——那无所畏惧的心灵有容乃大，衬托得维也纳和那里严肃持重的一众教授看似乏味得无可救药——向他展示了有如梅菲斯特在浮士德面前炫示诱惑的魔法。

弗洛伊德之所以执意相信弗莱施尔的思维才智仍然丝毫无损还有别的缘由。他喜欢弗莱施尔其人，不愿面对原先那个弗莱施尔正渐渐从他身边悄然陨落的迹象。只要他还能继续赞赏弗莱施尔的出众才华，他就能把他自己介入治疗产生的灾难性后果这笔账往后拖延。但是坦率承认弗莱施尔的焦虑和绝望显然具有重要意义。1884 年 10 月 15 日，玛尔塔就被告知他的"精神状态"已经恶化，而在 11 月 8 日他据说是"痛苦不堪"。

关于弗莱施尔对兴奋剂可卡因和催眠剂吗啡都依赖成瘾的一个同样明显无虞的迹象是他在失眠和嗜睡之间循环往复。早在 1884 年 5 月 25日，也就是弗莱施尔开始使用可卡因三周后，弗洛伊德形容他整个白天都在睡觉而整个晚上都睡不着。其他时候，当弗洛伊德陪伴照顾他一直到第二天早上时，会发生突然间话语滔滔不绝和接连几个小时不省人事交替出现的情形[12]。无一医生，尤其是自视为可卡因在欧洲土地上的大使的这一位，会没能将这些现象与药物中毒联系起来。

然而，弗洛伊德在他这段时期的《鸿雁书简》里几乎没有在同一上下文中提到可卡因和弗莱施尔的健康状况。原因不可能在于弗洛伊德这一方不愿告诉玛尔塔有关可卡因的事。为了改善她的身体健康和情绪状态，他给她寄去了几小包可卡因，同时他也继续记录可卡因在自己身上的神奇药效。1884 年 7 月 12 日，由于请假离开医院去看望玛尔塔的申请遭到驳回，他怒气冲冲，便服用了一些从弗莱施尔那里借来的可卡因好让自己平静下来[13]。1885 年 5 月 17 日，他转述说他服用一份可卡因之后偏头痛就药到病除了——尽管也害得他停不下工作，后来也睡不着觉。5 月 21 日，在同他捉摸不定的朋友又一起度过了一个痛苦不堪的夜晚之后，他写信说拜他早上服用的那一点可卡因所赐，他既不觉得精疲力竭，也没有情绪消沉。

弗洛伊德生动地记述了弗莱施尔身体的衰败，他遭受的痛苦，以及他坠入的狭隘的空虚[14]。然而，在 1884 年 5 月至 1885 年 5 月间，《鸿雁书简》表明他完全不愿意将这些变化归咎于可卡因。到当时为止，弗洛伊德确实没有直面事实：1885 年 5 月 21 日，他向玛尔塔吹嘘说："从弗莱施尔已经在可卡因上花了 1800 马克这一事实，你可以看到我用可卡因在多大程度上改变了世界。那相当于我们好大一笔财产啊，没错吧？"5 月 30 日，也就是弗莱施尔彻底崩溃之前几天，弗洛伊德说借给了他半克可卡因；他答应等出借的可卡因给还回来以后，会如数寄给玛尔塔。

然而，弗洛伊德有意视而不见的做法，可能是在几个月前，也就是1885 年 1 月 7 日就已达到登峰造极的程度。当时他已经开始进行一项私人医学试验，试图通过给患者注射可卡因来治疗坐骨神经痛和面神经疼痛。倘若这些项目结出硕果，他幻想着，"钱财就会向我源源飞来"。我们对他治疗的神经痛患者的人数及其治疗细节一无所知。然而，1 月 6日，西格蒙德告诉玛尔塔，虽然工作进展顺利，但病例太少。一天后，他仍然充满希望；这下，弗莱施尔的名字被意味深长地提到了：

> 我的实验攻克目标有个特别的名字：被称为神经痛，面部疼痛。
> ［我不知道］是否会成功治愈它……我对此感到非常兴奋，因为如
> 果成功了，公众的关注度将在一段时间内得到保证，我们就能生活
> ［在一起］了。我们将拥有我们梦寐以求的一切，而且或许甚至能
> 帮到弗莱施尔。

或许甚至能帮到弗莱施尔。一些学者认为这个计划实际上已经执行了，弗莱施尔在 1885 年的急剧衰弱是弗洛伊德给他进行皮下注射可卡因的直接后果[15]。不过那么说其实不公平；弗莱施尔早就已经自行从

口服可卡因转换成皮下注射的方式。真正令人震惊之处在于，1885 年 1
月，弗洛伊德已有过种种机会注意到一种严重的可卡因使用习惯造成的
破坏力，而他却非常不合逻辑地打算通过注射可卡因的方式来帮助一个
已经采取皮下注射的可卡因瘾君子。

无论如何，显然弗莱施尔在 1885 年上半年病情越来越重，人越来
越疯狂，尽管弗洛伊德依然没有明确承认问题究竟是什么。1885 年 3 月
10 日，弗洛伊德估计他的朋友活不了多久了，在 3 月 16 日，他描述说
弗莱施尔在过去的五十二小时内一直处于失眠状态而且"在慢慢垮掉"。
弗莱施尔要衰弱到什么程度，弗洛伊德才会承认可卡因在他的困境中起
到的作用？

当弗洛伊德最终总算提到吗啡和可卡因时，那是在 5 月 21 日的一
封信中，在弗莱施尔以一个精神错乱的荒唐之夜招待他后，他谈起二者
是置之于一种治疗而非诊断的语境下。弗洛伊德写道，弗莱施尔的精彩
谈话被"筋疲力尽的状态打断［但］在吗啡和可卡因作用下又持续了下
去"。因此，弗洛伊德远远没有将弗莱施尔的不知所云归咎于这两种药
物，反而认为二者可以抵御他的疲劳。

1885 年 6 月 5 日的一封信讲述了新的可怕景象但又未能解决其
根源：

> 晚上九点半，我去弗莱施尔家，发现他那副样子——布吕克和希恩
> 克也在——我赶紧去叫布罗伊尔。后来我当然留在那里过夜，这是
> 我经历过的最可怕的夜晚，已经为此情绪相当消沉了。

到 1885 年 6 月 8 日，弗莱施尔进入可卡因病情中就我们所知最危
急的阶段，不仅失眠、焦虑、胡话不断，而且浑身抽搐，产生虫子爬满
他全身皮肤的幻觉。到了这个份上，弗洛伊德终于承认，痛苦的根源在
于可卡因。然而，问题不是可卡因本身，而是可卡因过量——"他使用
了可怕的剂量，这极大地伤害了他"。弗洛伊德区分了这种鲁莽用药和
玛尔塔本身对于他最近邮寄给她的可卡因的谨慎使用："我很高兴你如

此喜欢可卡因；你不会像他那样上瘾。"

　　恩斯特·弗洛伊德把这一整段文字从他出版的这封信当中直接删除而没有用省略号以示删节[16]。因此读者无从获得一个重要的洞见。早在1885 年，弗洛伊德就开始认定瘾君子除了自己之外不能怪罪于任何人。正如他煞有介事地向玛尔塔评论的那样，"神经质的人真是太可怕了！任谁那样我都无法原谅；神经质是心灵贬值的开始；在那种状态下，身心的一切天赋都被搞得一文不名。好吧，我们不是那样的，也不想变成那样"[17]。

　　6 月中旬，一个重要的转折点到来了。由于弗莱施尔的无助感越来越严重，布罗伊尔这下命令他的病人必须彻底戒除可卡因，他征集了一小支由医生朋友组成的队伍展开全天候的监护，而与此同时弗莱施尔忍受了戒毒过程的种种折磨。弗洛伊德 6 月 14 日的一封信披露了他在弗莱施尔床边轮值的情形：

　　　　然后我和弗莱施尔一起度过那一晚。我想我还没告诉过你，由于持续大量使用可卡因，他最终患上了一种震颤性谵妄，就像酒精谵妄一样。不过现在已经消除了；他不再服用可卡因，但非常痛苦，每晚都会痉挛接连发作。今晚也是如此。他后来还算可以忍受，可我睡着了，直到早上六点半醒来，赶往德布灵去教课。

　　在这个节骨眼上，我们不禁好奇弗莱施尔是否能够完成可卡因的戒除，也想知道弗洛伊德在目睹了他的朋友努力摆脱他本人强加到他身上的那种药物之后又作何行动。6 月 26 日的一封信谈到了这两个问题：

　　　　由于痛苦已经变得无法忍受，弗莱施尔一直在夜间备受因抽搐发作而晕厥过去的折磨，在此期间不该留他一个人待着。最要命的是，他要么睡不着，要么睡得非常不规律；总体来说，他做什么事情都毫无节制，不管是工作、吃不吃饭，还是服药、白天时间的分配等等，无不如此。他向来特有的一系列怪癖现在是变得越来越张牙舞爪了。

由于我给了他可卡因，他已经能够压制住昏迷时间，更好地控制他自己，但是他服用了如此大量的药物（三个月内在可卡因上花费高达 1800 马克，大约一天 1 克），最终他饱受慢性中毒之苦，根本无法入睡，到最后连续几个晚上患上谵妄症，就像酗酒者那样。

病情发作最严重的是我恰好来看望他的那一晚，我叫来布罗伊尔，然后和他一起度过那一晚。自打那以后，布罗伊尔一直对他施加影响，还勒令他保证弃绝可卡因；从那以后他的一举一动真的更像个人样了。他只是比较虚弱，睡眠又差又不规律，每个晚上都要发作。在他不睡觉的夜晚，布罗伊尔和埃克斯纳轮流陪着他熬夜。

弗洛伊德认为他早在十一个月之前就实现了轻松快速戒除吗啡法，与之形成鲜明对比的是，弗莱施尔这下接受的是传统的、受到严密监督的戒毒方案。但弗洛伊德一如既往的稀里糊涂。在刚才引用的段落中，他为自己借由可卡因帮助了弗莱施尔而感到欣喜，声称通过搞定完全归咎于吗啡的症状，他能够"更好地控制自己"。

3. 余波

从写于气氛紧张、大事不断的 1885 年 6 月之后的《鸿雁书简》当中，可以看出有关弗莱施尔的点滴观感。两次会面尤其令人难忘。7 月31 日，去往圣吉尔根的弗莱施尔带着伤感离开了弗洛伊德，弗洛伊德在次日告诉玛尔塔此事：

> 昨天我跟弗莱施尔道别。我很快就不得不起身告辞，因为偏头痛犯了；他想让我多待一会儿……我们答应给对方写信，寄到圣吉尔根再寄到维也纳这样书信往来，他反复再三说的那句"如果有需要一定要写信来"肯定没有听错。我想，我还会再见到他吗？他和舍恩堡以及另一位朋友柯勒（研究可卡因的那个）总让我想起来就常怀

悲伤[18]。

弗莱施尔只不过将离开一个月。但弗洛伊德本人将于 8 月底前往温斯别克和巴黎，就在弗莱施尔计划返回之前，而且弗洛伊德要到第二年春天才回到维也纳。到那时候弗莱施尔可能已经不在人世。然而，事实上，他又撑过了六年艰难岁月。

等弗洛伊德在 1886 年 4 月初从巴黎回来，他在生理学研究所找到了弗莱施尔。这次重聚既亲切温暖又令人震惊。在他们天各一方的八个月间，弗莱施尔销蚀得厉害：

> 房间里，我看见两个背影。宽厚魁梧的那个背影是埃克斯纳；另一
> 个背影狭窄纤瘦，裤子包在细腿上显得松松垮垮，一头乱发——那
> 是弗莱施尔。久别后重聚了。弗莱施尔看起来痛苦不堪，简直像是
> 行尸走肉。他因为某种原因要下楼去，很可能要去注射，我答应马
> 上跟着他下去[19]。

弗洛伊德待在巴黎期间，弗莱施尔没有回复他请求给予又一笔借款的信。这下他把责任都归咎于他当时遭受的病痛。"我必须告诉你，"弗洛伊德写信给他的未婚妻说，

> 弗莱施尔已经就他没有寄出钱而再三道歉。他说当然他只不过是忘
> 了，就跟他现在做什么事情都一个样，而且他立即表示一切都听凭
> 我处理。我当然拒绝了。他看起来很悲惨，据说不断产生幻觉，并
> 且很可能无法让他再留在社会中了[20]。

《鸿雁书简》中其余所有提到弗莱施尔之处讲的几乎都是 1886 年 5 月弗洛伊德到他住的公寓去看望他的事情。情况颇为类似于前一年春夏的遭遇，弗洛伊德通常会一整夜照看他的朋友，一会儿为他经受的痛苦而害怕不已，一会儿惊叹于他依然活跃的才识。弗洛伊德在 5 月 5 日写

道："我经常去弗莱施尔家，我仍然觉得他有着强大的内心。""尽管有各种各样的怪癖，"他在三天后宣称，"在精神上，他仍然是一个巨人。"但弗莱施尔又失眠了，焦虑症发作起来非常严重，弗洛伊德不得不安抚他一直到早上七点。

1886 年 5 月 30 日之后，弗莱施尔从现存的《鸿雁书简》中消失了，随着西格蒙德和玛尔塔的 9 月婚礼的临近，《鸿雁书简》本身的往来频次也在逐渐下降。我看到过的最后一则相关条目如下：

> 昨天晚上我和弗莱施尔在一起。当然，我都他捱过了一场汹涌来袭的焦虑。除此之外，他都挺好的，他告诉我一大堆关于［瑞士作家］戈特弗里德·凯勒的故事，他俩是好朋友[21]。

一如开始时那样，纪实描述两人之间友谊的部分如此般告终，在弗洛伊德这一方，对于弗莱施尔的惨状悲伤不已而又对他的广博知识和胜友如云极为尊重的两种感情混杂在一起。即便今日，阅读这一行行文字，我们自己想必也会同弗洛伊德一道惊叹于弗莱施尔在经受如此巨大的损耗之后身上虽然看不见摸不着但依然始终存在的精神活力。

从这天起直至 1891 年弗莱施尔去世，有关他的健康状况和精神状态的信息寥寥无几。弗洛伊德在 1934 年向约瑟夫·梅勒尔谈及弗莱施尔时的那番自私自利的言论不可采信："轻轻松松戒除吗啡后，他成了可卡因瘾君子，而不再是吗啡瘾君子，产生了不良的心理障碍，后来他又恢复到早先那种药性温和的毒瘾上来时我们都很高兴。"[22] 尽管如此，我们可以肯定的是，弗莱施尔的发展轨迹一路下行。曾经回报过他的热切关注的那一大群友人，无论男女，必然也大为减少。约瑟夫·布罗伊尔在写于弗莱施尔去世后不久的一封信里，提到了"这样一位才华横溢的人物的不幸毁灭"。同样这封信中，回忆起相对快乐的年代，提到"过去和现在的恩斯特判若两人"[23]。

布罗伊尔的信回顾了弗莱施尔最后那段日子，提到另一项并发症。"除了他遭受的种种痛苦，"他沉思道，"恩斯特不那么不快乐的唯一时

光，是当他因氯醛而稀里糊涂又疯疯癫癫的时候，他完全丧失了对一切
事物以及他自己的判断力"[24]。此处提到的是镇静性的水合氯醛，当时
被广泛开进处方而不知其危害。布罗伊尔和弗洛伊德都在治疗患有神经
紧张或失眠的病人中大量地使用。弗莱施尔可能对吗啡产生了耐受性转
而使用氯醛，同时又不戒掉对可卡因的依赖，这样做比单独使用任何一
种药物都更容易成瘾。

弗莱施尔长久遭受的磨难确实让弗洛伊德对于自己把朋友引上使
用可卡因的道路而感到战战兢兢，在《梦的解析》中他终于能够几乎是
直截了当地这么说道："早在 1885 年，我曾是第一个推荐使用可卡因的
人，而这一建议给我带来了严重的指摘。这种药物的滥用加速了我一位
亲爱的朋友的死亡。"* 即便在此，我们观察到，弗洛伊德也依然在躲避
他积极推动弗莱施尔使用可卡因进行治疗的责任。读者会据此推断是弗
莱施尔擅自为之，他自己误入歧途滥用药物而不是谨遵弗洛伊德的建议
明智用药。

多年以后，弗洛伊德向玛丽·波拿巴祖露，说他一生中只吻过一
次女人的手——站在弗莱施尔临终病榻前他母亲的那只手[25]。我们可以
猜测，在他如此般正式致以哀悼的姿态背后，想必有着不小的痛苦和悔
恨。尽管如此，可以肯定地说，在随后几年中弗莱施尔之于弗洛伊德的
重要性并没能让他光明磊落地感到内疚，站出来赎罪。

考虑如下雄辩的事实。1938 年弗洛伊德的心理咨询室在进行照片拍
摄时，只见杂乱的办公室里有一幅照片就挂在那张著名的躺椅上方：那
是英俊的弗莱施尔在他年富力强时的肖像。无法想象，如果主要意味着
指责的话，这个生性好斗、常年自我开脱的弗洛伊德会留着这个图片，
让其几十年来都盯着他。随着时间的流逝，他想必已经以纯粹的喜爱和
感激之情来想起弗莱施尔。

---

* SE, 4: 111. 弗洛伊德在此处对于《论古柯》的日期记载晚了一年。这说明他可能一
   直在考虑他什么时间开始宣扬皮下注射可卡因——和弗莱施尔案例后果的联系更为
   密切。

第九章

出局，受到追究

1. 第一声警报

1885 年 7 月，弗洛伊德察觉到了一丝麻烦，两年后这麻烦会将他所倡导的可卡因疗法带入颜面尽失的结局，令他在余生中为之追悔莫及。那个月，他得知有篇刚在一份面向神经学家的学报上发表的文章对于他推荐的将可卡因注射用于吗啡戒断表示反对[1]。文章作者阿尔布雷希特·埃伦迈尔不仅仅是一位持相反意见的医生，他还是科布伦茨附近一家公共机构的主任，该机构致力于治疗神经紊乱和打破成瘾，尤其是吗啡成瘾，而他作为这一课题的主要专家已经小有名气。

不同于只观察过一起病例而且对其灾难性后果始终遮遮掩掩的弗洛伊德，埃伦迈尔拥有十余载相关经验。通过反复试验，他得出了在他看来最安全、最人道的吗啡戒断法。在戒毒者受到监督的条件下，通过六至十二天内逐渐减少吗啡给药量的方式，能最大限度地减轻剥夺用药后的痛苦，同时又防止情况发生倒退。他 1887 年出版的关于这一主题的著作《吗啡成瘾及其治疗》成为权威文献，接连出了几个版本和译本。作为医学经典之作[2]，它近期以删节简版重印面世。

埃伦迈尔 1885 年的这篇文章并没有解决可卡因致瘾的问题。相反，它只是指出使用可卡因来对抗吗啡并无效果，没有再进一步挖掘。作者喟叹，弗洛伊德仅凭表象就对美国有关这种治疗方法的疑窦丛生的故事信以为真。尽管弗洛伊德引用的那些文章在 1880 年之后就基本上偃旗息鼓了，但他已经将这种近乎沉默归结于很可能是专业领域达成了支持该疗法的共识。据埃伦迈尔观察，更有可能的情形是，证词之所以消失是因为该方案本身被发现毫无价值[3]。令他大惑不解的是，弗洛伊德博士竟能以漫不经心的自满情绪来谈论美国案例的漏洞之处，然后还毫无顾忌地继续向前冲。

埃伦迈尔接下来探讨的是弗洛伊德在《论古柯》中详叙过的弗莱施尔的匿名案例。弗洛伊德的报告中无一内容能使他的批评者信服可卡因能够作为吗啡拮抗剂。就算弗洛伊德的描述真实可信，它引发的问题也多过于答案。患者持续不断的腹泻和寒战同他声称的已恢复到"正常运作"（leistungsfähig）状态的说法并不相符，遑论还有其他异常状况。

埃伦迈尔也关注了《论古柯》中讨论的第二个可卡因治疗方案。弗洛伊德曾援引另一名医生报告的一起女性患者的案例，她偶尔会接受医生安排，用吗啡来治疗偏头痛。治疗虽然有效，但每次注射过后不出几小时患者都会出现吗啡戒断的典型症状。尝试使用可卡因之后，她和她的医生发现尽管可卡因对治疗偏头痛无效，但似乎确实可以缓解吗啡戒断的痛苦。根据这些实际情况，弗洛伊德推断该病例表明可卡因可以用来帮助患者摆脱吗啡成瘾——其实这一推论与该起病例的相关性为零，因为患者对吗啡没有强烈的渴望，仅仅将其当作治疗头痛的药偶尔用之[4]。

埃伦迈尔表示，在该起病例和弗莱施尔的病例中，可卡因的作用就像吗啡本身一样。换言之，它暂时平息了突然剥夺吗啡而产生的不良反应。正如埃伦迈尔淡然地评论的那样，这就是每次吗啡瘾君子注射吗啡时都会发生的状况。他写道，如果说吗啡是吗啡的拮抗剂属于无稽之谈，那么在此基础上，将可卡因赋予同样的作用同属无稽之谈。弗洛伊德无非只是建立了两种药物之间偶然的相似性。

埃伦迈尔本身的研究方法更为条理清晰。作为寻求改善疗法的诊所负责人，他本人已经尝试过弗洛伊德建议的方法，在病人的皮下注射可卡因。实际上，他已经如此般操作了 236 次，每一批从 0.005 克到 0.06

克之间不等的给予定量可卡因的注射次数全都逐一进行详细记录。这其中有 232 次记录的患者是吗啡成瘾者。因此，埃伦迈尔拥有广泛的相关数据，其误差幅度微乎其微，而其累积效力与弗洛伊德声称的截然相反。

埃伦迈尔发现，大量注射可卡因产生的生理效应令人不适：脉搏急速跳动，动脉收缩，出汗，血压和体温升高，在药物浓度最高时还会出现焦虑和头晕的症状[5]。愉悦感也引起了注意，但往往只持续十到十五分钟。最重要的是，原本预期的戒除吗啡的情况完全没有出现。可卡因"对躁动和失眠不起作用，甚至对食欲不振和腹泻都没有药效"[6]。

因此，这是弗洛伊德面临的一项艰巨挑战，何况这挑战的发起者还是一家主要的权威戒毒机构。它扎根于大量证明数据，这些数据取自变量控制科学、记录有条不紊的实验，并已发表在一份备受尊重的期刊上，对于弗洛伊德的神经学家同行而言这份期刊绝对是必读的内容。弗洛伊德在他的职业生涯中第一次遇到白纸黑字质疑他在科学和医学上的判断的严峻挑战。倘若埃伦迈尔的评论无法辩驳，那么弗洛伊德这下迫于医学伦理，就必须正式公开放弃他对医生同僚们的草率建议。现实中他又是如何回应的呢？

1885 年 7 月 9 日，在弗莱施尔遭遇最严重的危机一个月之后，弗洛伊德写信给未婚妻，对于事态的新发展，他有这番话要说：

> 埃伦迈尔博士，一家神经学期刊的编辑，发表了一篇长文，其目的只有一个：大肆嘲笑我关于使用可卡因以治疗吗啡成瘾的建议。然而，他的手段相当拙劣——无非进行曲解，一味反对，尤其是发表的评论在结构布局上简直一塌糊涂，纯粹就是为了反驳我的论点。我当然不会予以回应。话说回来，这倒也是件好事，人们开始逐渐了解到，推荐使用可卡因治疗吗啡成瘾问题的人正是在下。他们永远都无法从确立我地位的文章中推断出这样的事实——因为那些文章当中没有提及我的名字。所以说，人总有感激敌人的时候。

欧内斯特·琼斯想必在此处发现了某种同他笔下描述的那位一向沉着冷静的弗洛伊德不尽相符的痕迹，他小心翼翼地掩饰了这封信死守防御、赌气要性的成分。琼斯作势再现了"弗洛伊德所做的评论"的全部内容，却故意略去表明埃伦迈尔已经伤及弗洛伊德自尊的句子[7]。由于他丝毫没有透露埃伦迈尔评论文章的内容，读者落得只当这篇文章没有什么实质内容，以为心平气和、宽容大度的弗洛伊德觉得它引人发噱甚至有点讨喜。

2. 麻烦不断

在卡尔·柯勒的重大发现以及弗洛伊德不遗余力宣传鼓吹的文章的双重鼓励下，一些医生开始将可卡因视为灵丹妙药。诚如史蒂文·B.卡希评述，该药被吹捧为"可以治疗几乎一切你所能想到的疾病，从前列腺肥大到女性色情狂，到哮喘、晕船，再到痔疮和花粉症等等"[8]。说到能治疗女性色情狂，尤其具有讽刺意味；连对性事提防谨慎的弗洛伊德也曾谈到可卡因能够增强欲望、放松压抑，他还打趣告诫玛尔塔要谨防像他自己遭遇到的情况那样的后果。大概主要鉴于可卡因具有催情的特性，公众对其兴趣从严格用于医疗转向寻求刺激。

直到世纪之交，休闲消遣使用可卡因的潜在危害仍未得到充分重视。然而，彼时艺术家、知识分子和医学圈子之外的其他公众，在经历了诸如派德药厂这样的公司将可卡因嗅剂作为治疗哮喘和花粉热的药物极力开展的营销之后，对可卡因已经不陌生，他们早就发现纯粹经由鼻腔吸入的可卡因较之吞咽服下的药物溶液会更快、更强烈地到达神经中枢。不过在1885年，也就是埃伦迈尔发表论文和弗莱施尔遭遇精神崩溃的那一年，已经有人谈到产生严重危害的病情案例。

起初，比起在监督之下实施医疗过程中发生事故的报告，关于成瘾的报告远远要来得少。倘若没有频繁进行皮下注射，其实很难成瘾，除了医生、牙医和药剂师能自行处理之外，少有其他人能做到。相形之下，数以百计的患者要么是在尝试短暂戒断吗啡期间接受了少量可卡因注射，要么是在做眼睛、喉咙、鼻子、耳朵、牙龈、生殖器或直肠手术前接受了一次性的局部麻醉。正是后面这种类型的应用最先引起了世人对可卡因种种潜在危险的注意。人们发现，被黏膜吸收的过量单次药剂会直接进入血液，引发休克、抽搐，或致命的心脏病发作或中风。

到 1885 年底，事情已经一清二楚，埃伦迈尔指责的可卡因达不到用于吗啡戒断的预期目的倒算是其造成的种种麻烦中最无足轻重的了。除手术失误外，医疗卫生工作者中若干上报的成瘾病例已经足以引起须防范毒瘾的普遍警惕。这下大家对可卡因作出了正确的推断，它比吗啡更容易上瘾，带来的后果更具破坏性。包括弗莱施尔在内的许多吗啡瘾君子，在染上可卡因毒瘾之前，尚能将他们对吗啡的瘾癖融入颇富成效的日常生活之中，而一旦对可卡因上瘾之后，看来全都耗尽生命，身心俱毁。

19 世纪 80 年代可卡因成瘾的案例时至今日最知名的当属与大胆无畏的美国外科医生息息相关。威廉·霍尔斯特德受柯勒的启发，证实了使用可卡因进行神经阻滞麻醉的优点 [9]。不幸的是，他把可卡因注射到身体各个部位的试验使得他的多位助手和他自己都染上了毒瘾。到 1886 年，他每天注射的可卡因高达令人咋舌的两克之多，很快他的性格发生了剧烈的变化，几乎和弗莱施尔一模一样。霍尔斯特德在精神病院中两度尝试戒毒治疗，贸然采用皮下注射吗啡的手段来减轻可卡因戒除时的症状，其结果只能使他像弗莱施尔一样成为双重瘾君子。

尽管霍尔斯特德染上毒瘾一事终其一生没有外人知晓，但其他一些医生中引人注目的成瘾案例确实在 1885 年乃至不久之后见于天日。了解实际情况后观点动向开始发生转变。1885 年 11 月，《纽约医学报》上一篇社论指出，可卡因使用者已经产生了永不满足的欲求，"变得紧张、颤抖、失眠、没有胃口，最后落得陷入神经衰弱的可悲境地" [10]。1887 年，同一报刊宣称 "无一医疗技术堪比可卡因，竟在短短时间之内就招致如此多的受害者" [11]。

在大西洋两岸，医生群体当中的可卡因成瘾案例最常见的是对吗啡上瘾进行自我治疗而导致，这一情况并没有逃过批评者的眼睛。因此，有时怨恨之情直冲弗洛伊德而去，认定他是这一错误疗法的主要支持者，想来也是情有可原。1885 年一则典型的警告出自路易斯·勒温，勒温已是赫赫有名的德国药物学家，他后来的《迷幻药》一书（1924 年）关注影响精神状态的药物和植物，将成为全世界范围内大家最常参考的文献。勒温点名批评弗洛伊德，对于驱使吗啡瘾君子用可卡因取代原本选择的药物予以否定；他还补充说，更有可能产生的后果是旋即受役于这两种药物[12]。

1886 年 5 月，埃伦迈尔以一篇行文更坚定、更势不可挡、堪称简洁明快的文章又回过头来向可卡因疗法发起攻势，这时弗洛伊德必然已经感到窘迫不安。在他 1885 年的那篇文章中，埃伦迈尔摆出证据，说明可卡因这一手段无法解决吗啡惯用的问题。到了翌年，他自己的经历已经告诉他，这个论据虽然没错，却没有命中最亟须阐述的论点。他这下知道了，可卡因是世界上最危险的毒品。

这第二篇文章很快就出名了，而且名气一直犹在，因为文章特别讲到了有史以来凡是谈及可卡因时最常被引用的两句话。埃伦迈尔写道，拜其毁灭性威力所赐，可卡因成瘾在短短时间内已经成为"人类的第三大祸害"，仅次于酒精和吗啡成瘾[13]。套用一句俗话来说，他声称，通过可卡因来治疗吗啡瘾的想法简直就是"用魔鬼来驱逐撒旦"[14]。

埃伦迈尔回忆说，在此前十个星期中，他注意到十三起可卡因成瘾的病例，这些病例要么是他自己治疗的病人，要么是他作为顾问被唤去征询意见。决定性的原因往往都是为实现吗啡戒断而进行的皮下注射。这些注射没能达到预期目的，导致一些医生加大剂量并更加频繁地注射可卡因，因此带来了灾难性后果。埃伦迈尔写道，在这种情况下患者

> 想主动从可卡因之中全身而退，但已经不可能了。有机体中若缺乏了可卡因，会使人觉得有种种难受而又可憎的感觉，使得他一时半会儿完全无能为力。他需要可卡因身体才能运转，他渴望可卡因——他对可卡因上瘾了[15]。

既然埃伦迈尔和大量可卡因依赖案例打过交道，已经相当熟悉情况，他能够在临床上区分得出上瘾的症状和戒毒过程中欲求不满的症状。他写道，仍可随时获取药物的可卡因瘾君子不难识别，他会体重下降、失眠，如同行尸走肉一般，还有其他各种各样的失调紊乱。但在尝试戒毒过程中，他还会遭受心脏和呼吸系统紊乱、昏厥和严重抑郁等病症折磨。假如他确实经由进程缓慢、孤立隔离的戒毒方案得到了成功治愈，他也还是意志消沉得很。而一旦药物又伸手可得，即便进行再严密谨慎的监督，原本的治疗也会马上因病人毒瘾复发而搁浅停滞。

埃伦迈尔不可能知晓他所描述的受害者就包括恩斯特·弗莱施尔在内，既有他上瘾的状态，也有他在 1885 年夏天试图进行戒毒的可怕景象。但是弗洛伊德对此心知肚明，他必然思量过，还有多久弗莱施尔公开曝光的情况就将最终导致他自身名誉扫地。

3. 毫不留情

弗洛伊德关于可卡因的最终陈述与埃伦迈尔 1886 年那篇文章在出版日期上相隔十四个月之久。弗氏的陈述是 1887 年《维也纳医学周刊》征集的十八篇文章中的一篇，周刊编辑希望让医生们及时了解可卡因用作局部麻醉剂的最新进展[16]。此时感觉无路可退的弗洛伊德无视期刊指定的议题，避而不谈种种针对可卡因的指控；唯独他一人谈论吗啡戒断和可卡因成瘾问题。

谈及埃伦迈尔的第二篇文章时，几乎所有说法都认为他那句"人类的第三大祸害"是怪罪于弗洛伊德个人带来了具有全球意义的危害。大家普遍认可的说法是，埃伦迈尔向弗洛伊德发起挑战，使得后者别无选择，只能付诸文字为自己辩护。因此，弗洛伊德关于可卡因的最后这份公开陈述被视作是对打在未来精神分析师身上意欲让他身败名裂的指控罪名而作出的理所应当的反驳。然而弗洛伊德在这第二篇文章中并未被提及；埃伦迈尔也没有以任何方式影射他。

弗洛伊德 1887 年的文章题为《论可卡因成瘾和可卡因恐惧，兼论

W.A. 哈蒙德的演讲》[17]。标题的前半部分听起来如同战斗口号。了解埃伦迈尔 1886 年文章《论可卡因成瘾：初步信息》的读者毫无疑问能看出弗洛伊德充满敌意的影射。在德语中，埃伦迈尔的标题是 "Über Cocainsucht：Vorläufige Mitteilung"，弗洛伊德的标题包含 über Cocaïnsucht und Cocaïnfurcht。"对可卡因的恐惧"，即埃伦迈尔的恐惧，被冠以和 "可卡因成瘾" 同等的句法分量，仿佛二者具有可以相提并论的重要性。

弗洛伊德以往的文章都没有任何行文上的华彩，更别提语中带刺的锋芒了。即便拿自己的经验作为借鉴时，他原先也是以一种中立的知识载体的面目示人。然而，这下读者见识到了他尖酸刻薄的一面。这让我们先行一步窥见弗洛伊德这个自命不凡的攻击者形象，此人自诩一概客观，同时又指责他的对手之所以意见相左是因为心态有缺陷。

在 1887 年 7 月之前，弗洛伊德反复重申并且更加充分地阐述了他对可卡因的看法，没有向持不同意见者做出一丁点让步，反而始终嗤之为误导误传。他的 "论述" 如今仍以同样毫不妥协、自吹自擂的精神面貌开场：

> 卡尔·柯勒将可卡因的麻醉特性应用于治疗疾病以及促进医术进步，这一做法固然堪称精彩，但因为这款新药对于医治内科疾病和神经紊乱同样发挥了显著作用，一时更是大放异彩。然而，后来这一系列对于可卡因的应用当中有一种，我认为可以归功于我的《论古柯》一文……引起了医生的普遍关注。我指的是可卡因能够有效对抗吗啡渴念以及治疗期间出现的令人担忧的戒断症状。正如在美国发表的报道（在底特律《治疗学报》中）所述，我引起了人们对可卡因的这一特性的关注，与此同时我报告了欧洲大陆第一例用可卡因完成吗啡戒断的让人惊喜的治疗过程 [18]。

我们从开篇这段文字可以推断，弗洛伊德的双脚仍然牢牢锚定在他1884 年立足的地方。他一如既往地为他从《治疗学报》中获取灵感而满心自豪。尽管自打他目睹弗莱施尔在可卡因作用下发生震颤性谵妄已经过去两年有余，但他再度宣称他 1884 年 5 月进行的治疗大获全胜。

弗洛伊德知道，并非人人都对可卡因疗法失去了信心。弗洛伊德没有扪心自问他那些坚守不退的同伴们是否应该承认他们也犯了错，反而看准机会号召他们来助他一臂之力，对埃伦迈尔的看法发起猛烈批评。也许他可以让埃伦迈尔——而不是他自己——看起来像是鲁莽行事的那一方：

> 现在随之而来的是埃伦迈尔（在他 1885 年的《核心篇章》中）提出的一个截然相反的观点，他基于大量的试验，否认可卡因在吗啡治疗中具有任何效用，还因为可卡因对血管神经有影响，便给它贴上危险物质的标签。然而，埃伦迈尔的研究结果建立在一个拙劣的实验错误之上，奥博斯泰纳、斯米特和兰克等人当即揭示了该错误。埃伦迈尔并非根据我推荐的剂量（若干分克）[经口腔]口服给药，而是以皮下注射的方式给予最小剂量，而长期无效的剂量会由此产生短暂的毒性作用。反驳他的那些作者已经完全证实了我原先的陈述[19]。

不论就何种主题而言，这是弗洛伊德迄今为止公开发表的最厚颜无耻的一段文字。可以肯定的是，该段落展现了一位辩者难以捉摸的狡猾之处：弗洛伊德选择反驳埃伦迈尔两篇相关文章中的第一篇，即只提到短暂毒性的那篇文章。通过指责埃伦迈尔的可卡因用药量太少，他掩盖了埃伦迈尔在更具重要性的第二篇文章中探讨用药过量存在何等风险的事实。这一策略使得弗洛伊德在后面几个段落之后虚情假意地发出警告以免造成更长久的伤害，仿佛是他自己发现了这个问题。

然而，最让人瞠目结舌的是，弗洛伊德宣称他从未建议医生通过口服之外的任何方式予以可卡因用药。他不是在 1885 年 2 月对《论古柯》一文的补充中提倡过"完全无害"的可卡因注射，并且此后不久，还告诉两批听众和两群读者"[注射]剂量的累积没有什么好担心的"吗？弗洛伊德会在后来许多情境下试图掩盖他的记录，但就全然歪曲他自己发表的陈述、赌一把他的读者无法记住他写过的内容而言，这段反埃伦迈尔的文字堪称无可匹敌。他在近来区区一年当中，就否认了不下五次包括口头和出版在内的他提出过的主张。

面对弗洛伊德在 1887 年完全颠倒了他 1885 年说过的话这种情况，再加上注意到 1885 年这篇文章被排除在他后来的所有简历之外，弗洛伊德的拥趸们都选择相信他"压抑"了曾写过早先这篇论文的一切记忆。西格弗里德·贝恩菲尔德称这个遗漏为动作倒错或失言笔误[20]。根据贝恩菲尔德的说法，这一防御机制强大而又持久，使得弗洛伊德又是在无意识的情况下丢弃或烧毁了这两篇文章的全部印本。欧内斯特·琼斯全方位支持"机警的贝恩菲尔德"，从"无意识决意"转变关于注射的看法到导致 1885 年这篇论文文本在弗洛伊德的丛书和书目中不复存在的"无意识压抑"概莫如此 *。

不过弗洛伊德并没有忘记他可是曾经支持过皮下注射可卡因的。他故意颠倒是非，说他曾在一篇乃至多篇出版物中对这样的做法表示反对而埃伦迈尔竟然对此视而不见。他没有引用那些出版物，因为它们压根不存在；他也没有引用他 1885 年的讲座／文章，因为它倒确实存在而且罪责难逃。

弗洛伊德 1887 年的辩解搬出了"奥博斯泰纳、斯米特和兰克等人"来支持他对埃伦迈尔的严厉批评，他指称埃伦迈尔用皮下注射方式给予剂量不足而又产生毒性的可卡因实在愚不可及。但其实弗洛伊德利用的这些作者都只是采用了他自己在《论古柯》中主张的方法。他们谁都没有批评过埃伦迈尔；实际上，斯米特和兰克还赞扬了他[21]。再说，到 1886 年，正如弗洛伊德从熟人那里得知的那样，奥博斯泰纳对于作为治疗药物的可卡因已经充满警惕[22]。因此，弗洛伊德布局的所谓"反埃伦迈尔"权威专家是一出无所顾忌的欺骗行径。

---

* J，1：96. 即便是素来谨慎的希尔施米勒也认可这一牵强附会的观点，丝毫没有考虑别的假说就直接引用了贝恩菲尔德的"令人钦佩的研究"（SK，第 24 页）。

4. 怪罪于病患

在"论述"中，弗洛伊德要把损害降到最低，就需要或多或少承认像弗莱施尔这样的可怕案例确实有之——这类报道现在多不胜数而且趋于一致，根本无法一笔勾销——然而同时又要躲避他因鼓吹引人误入歧途的治疗方案而酿成这类悲剧的责任。正如我们已经看到的，他的策略其一就是否认他曾经推荐过可卡因注射的做法；其二则更加微妙：弗洛伊德将重复埃伦迈尔关于皮下注射疗法会增加双重成瘾发生率的观察结果，却只字不提埃伦迈尔就此现象深表痛惜的那篇文章，反而当作他自己的独立发现呈现出来。

在这样做的过程中，弗洛伊德再一次极力宣告可卡因并不具有特殊的风险：

> 然而，由于其他方面［而非可卡因自身有任何问题］，可卡因对于吗啡瘾君子已经失去了价值。病人自己开始弄到这种药物，并且像他们用惯吗啡一样滥用起了可卡因。可卡因原本应该作为吗啡的替代品服用，但想必在瘾君子看来药劲相当不够，因为大多数吗啡瘾君子很快就达到皮下注射1克的巨大用药剂量。事实证明，以这种方式使用的可卡因比起吗啡对健康更有害。身心的销蚀并非积日累久，我们看到身体和道德都发生急剧的恶化，出现像酒精性谵妄一般的幻觉状态，慢性的被迫害狂热，根据我们的经验，其特点是产生皮肤中有小动物的幻觉，渴望可卡因而不是吗啡——这些都是试图用魔鬼来驱逐撒旦的悲惨结果 *。

此处弗洛伊德不外乎是换一种表述在重复埃伦迈尔的第二篇论文，

---

* CP，第172页；SK，第125页。在这段话中"根据我们的经验"（nach unseren Ehrfahrungen）这一短语包含复数代词，但显然是指弗洛伊德自己临床上遇到的在对可卡因上瘾后前来找他问诊的病人。但就我们目前所知，除了眼睁睁看着弗莱施尔垮掉而无所作为外，弗洛伊德没有可用的这类记录。

甚至盗用"魔鬼"那句话，就仿佛是他自己刚想到的那样。然而，他在此具体描述的所有特征，也是在准确无误地形容弗莱施尔。在这个方面突出的细节便是典型的上瘾者每天摄入 1 克可卡因——这个数字正是弗洛伊德在 1885 年 6 月向他的未婚妻提到过的最近几个月来弗莱施尔的平均消耗量。我们大概会好奇，弗洛伊德的读者会对他作何结论，倘若他们得知他提到的对可卡因着了魔而堕落的原型恰恰经历了本文前面三段他吹嘘过的"欧洲大陆第一例用可卡因完成吗啡戒断的令人惊喜的治疗过程"？

弗洛伊德写道，埃伦迈尔指责可卡因酿成苦果，其实主要该怪罪于行为失控的吗啡瘾君子——像弗莱施尔这样的人，他原本可以说出来——是他们给了可卡因本不应有的恶名：

> 我不禁要把我的观点说个明明白白，好消除对所谓的人类第三大祸害的恐惧，埃伦迈尔就是这么可悲地说起可卡因。所有关于可卡因成瘾和由此造成状况恶化的报告都归结于吗啡瘾君子，这些人已经被一个恶魔毁掉了，而且由于意志力减弱又需要刺激，他们会滥用实际上也已经滥用了他们能够得到的任何兴奋剂。根据我们的经验［bei uns］来看，除此之外，可卡因没有造成任何人受害*。

为了故意惹恼对手，弗洛伊德甚至在"成瘾"这个词上加了引号；在他文章后面的部分，他谈到"所谓的可卡因成瘾"（die sogenannte Cocainsucht），仿佛实际上并不存在这样的事情 23。此外，他歪曲埃伦迈尔的说法，把可卡因而不是可卡因成瘾称作"人类的第三大祸害"。就

---

* CP，第 173 页；SK，第 126 页；发现的强调内容。贝恩菲尔德和琼斯都照着弗洛伊德有样学样，将弗莱施尔的状况全都归咎于弗莱施尔自己。贝恩菲尔德宣称可卡因"是不太可靠的帮手而弗莱施尔意志软弱……"（贝恩菲尔德 1953，第 610 页）。现代弗洛伊德学说信奉者于尔根·冯·沙伊特（1973）和埃伯哈德·哈斯（1983）都采用同样的说法。在哈斯"出色的研究"中（希尔施米勒，SK，第 31 页），弗莱施尔大拇指根的抽痛被重构为身心失调的"自我阉割"。

这样，他将对手描绘成过度保守的样子——当然，他那一家门的历史学家也都忠诚地沿袭这套说辞[24]。

弗洛伊德现在的策略是承认存在可卡因依赖性，但将这种现象仅限于吗啡瘾君子身上。然而在弗洛伊德撰写他这篇文章时，已经有一些并非吗啡瘾君子的可卡因成瘾者为人所知了。再者，即使一个非吗啡瘾君子的可卡因成瘾者也都还没有得到确认，但是在用于医疗的可卡因仍然属于新鲜事物并且可卡因消遣使用尚处于萌芽阶段时，他就断言不可能出现这样的情况，再怎么样也还是太说不过去而且不负责任了。

弗洛伊德一心想为他最青睐的药物辩护，这使得他在"论述"中又插入另一则关于可卡因的证词，那是他写过的最后一则：

> 我和长期持续使用可卡因的非吗啡瘾君子打过大量交道，我本人也服用这种药物长达数月而没有感知或经历任何类似于吗啡上瘾或者渴望继续使用可卡因的特殊情况。恰恰相反，倒是出现过对这一药物的反胃，这种反应比我想的来得更频繁，还导致了我减少药物的使用[25]。

正如他之前做过的那样，弗洛伊德在此处声称可卡因令人感觉相当不舒服而导致在用药上会自我限制——这个说法在《鸿雁书简》中他自己对这一"神奇的物质"的溢美之词面前不攻自破。

我们认为，弗洛伊德口服可卡因长达数年而非他声称的数月；他的判断力，特别是在关乎可卡因本身时，似乎已经被这一习惯削弱了。从这个意义上来说，他表现出对这种药物在心理上成瘾的迹象。但他在生理上并没有上瘾。他为达到特定的目的而摄入可卡因——治疗头痛，战胜怯场和自卑感，感觉更有性魅力——那么他显然不是每次都接连几天服用。此外，他只是偶尔饮用稀释的可卡因，药性因代谢分解而进一步弱化，这样做不会让他或其他任何人变成瘾君子。因此，他自述的例子不能说明问题。

弗洛伊德"论述"的最后五段概述了"著名的外国权威人士"

W.A. 哈蒙德医生的讲话。哈蒙德在内战期间原本是一位年轻的具有革新意识的美国军医处长（尽管他受到军事法庭审判并被开革），后来成为神经和精神病学教授，他认为可卡因不会比咖啡或茶更容易让人上瘾。弗洛伊德欣然引用了这一观点，却完全没有指出哈蒙德在纽约神经学学会的同僚们对此一直争论激烈 [26]。

　　弗洛伊德 1887 年的文章写于对可卡因在医疗上用途的看法从乐观转向警告的时候——也就是说，从弗洛伊德先前陈述的看法到埃伦迈尔最近的观点。这种觉醒并非要求医生各让一步、折中处理；近期发现的危害亟须得到关注并对药物的局限性展开新的评估。弗洛伊德的文章旨在占据上风而非寻求真相，作势重新反思的同时却在很大程度上阻挠了这一进程。

　　在后来的岁月，弗洛伊德发现他的文章令人尴尬，因此尽其所能地掩盖过去。弗洛伊德的门徒们已经如释重负地接受了这一心照不宣的切割摒弃；和弗洛伊德本人一样，他们乐得将"错误"连同"可卡因事件"其余的不幸一笔勾销。然而，我反复探讨关于可卡因的这一收官定论，就是要向大家展示尽管个中确有事实和判断上的错误，但没有什么是无意中造成的，更不用说"无意识"了。整个事件就是在主动回避，充满恶意，欺世罔俗。

第三部

∙∙

盲　从

∙∙

　　对大多数人来说，很难想象，在神经病理学某些领域拥有丰富经验、一派精明能干的科学家却没有资质在别的问题上担纲权威被援引观点；尊重巨擘，特别是对知识界巨擘高山仰止，固然是人性中一大优秀品质。但首先应该尊重的是事实。

——弗洛伊德，评奥古斯特·
福雷尔的《催眠术研究》，1889 年 *

---

* SE，1: 92-93.

第十章

法国的靠山

1. 十字路口

在弗洛伊德一生各个转折点当中，对于精神分析的创建而言，没有哪个转折点能比他 1885 年 6 月获得来自教育部那份微薄的游学奖学金更为关键。这笔资助把他带往巴黎以及位于那里的萨尔佩特里耶尔医院，从 1885 年 10 月起一直到 1886 年 2 月，他拜入彼时世界上最赫赫有名的神经学家让-马丁·夏尔科门下，并全然为他的推论演绎和个性魅力折服。"毫无疑问，在巴黎追随夏尔科的那段经历，"欧内斯特·琼斯写道，"激发了弗洛伊德对癔症的兴趣，继而又拓展到对总体上的精神病理学的兴趣，由此为［他］发展精神分析……铺平了道路。"[1]

这亦是弗洛伊德自己的看法[2]。实际上，尽管夏尔科的声誉在他 1893 年去世后旋即一落千丈而且自此以后再未完全恢复，但弗洛伊德一向坚持认为，夏尔科学派对癔症的处理方法为他自己创建的那套心理体系提供了扎实稳固的科学基础。在追随者眼中，他是夏尔科名正言顺的继承人。因此，弗洛伊德对这位法国人在 19 世纪医学中的实际地位进行相当程度的歪曲之后，夏尔科竟逐渐担纲起这样的角色——按照历史学家托比·盖尔芬德不无讽刺的说法——有如施洗约翰之于弗洛伊德这

位基督 [*]。

预计更有门路的助理医师（Sekundararzt）才有望获得游学奖学金，弗洛伊德原本已经打算在 1885 年 8 月辞去在综合医院的实习，次月与玛尔塔·贝尔奈斯一起待在温斯别克，然后就在维也纳开始自力更生行医，心里设下的目标只不过是等足够富裕了就结婚，仅此而已。奖学金的到来抹掉了这一工作计划，使得他内心的希望再度升腾起来。正如他 6 月 20 日写给玛尔塔的信中所说，虽然夸张可笑，但那份喜悦之情可谓货真价实，

> 哦，这该多么妙不可言啊！我会带着钱过来，待上好一阵子，还要给你捎来漂亮的礼物，接着我就到巴黎去，成为了不起的学者，头上顶着巨大的光环回到维也纳，再之后我们很快就会结婚，我将医治好所有无法治愈的神经方面的病例 [3]。

读到这样荒唐的文字令人心生不安。我们已经知道弗洛伊德之后两年会感觉多么走投无路，届时他将不得不通过连篇谎言和修辞伎俩来从他因倡导可卡因而遭到的谴责中脱身。1885 年 7 月弗莱施尔可怕的身心崩溃和埃伦迈尔写的第一篇论战文章再加上弗洛伊德自己被指名道姓定为罪魁祸首，这种种因素已经让他陷于困境。诚如有位学者就逃往巴黎一事进行深入思考后指出的："这下是他出去避避风头的好时机。" [4]

然而，即便如此，弗洛伊德对于他的危险处境依旧浑然不觉。风暴在即，他已经遭遇过演讲时下面听众群情哗然的这一征兆，却不知悔改。此后不久，他在巴黎乃至在柏林还在继续给人服用号称万能药的可卡因 [5]。都到 1886 年春天了，他有时候还为自己被视为药物权威专家而志得意满 [6]。

---

[*] 盖尔芬德 1989，第 293 页。例如，阿斯蒂·胡思威特认为夏尔科值得尊崇，是因为"卓越的精神分析创建者"就这么认为（胡思威特 2011，第 7 页）。按照胡思威特的说法，夏尔科"不曾为精神分析开山拓土"（第 62 页）。同样见罗宾逊 1993，24—35 页；米卡勒 2008，第 251 页；马卡里 2008，第 18 页。

弗洛伊德在 1885 年夏天感觉前途一片光明，确实有其充分的理由。在大学医学院进行全面游说之后，他知道他提交的升任神经病理学无薪讲师的申请即将获得通过。那么，这是又一记漂亮的举动。"因为游学奖学金以及与此同时获批的讲师职位，我在同事——也就是那些犹太同事——当中引起了广泛关注，"弗洛伊德在 7 月 1 日告诉玛尔塔，"我当然像是个民族英雄了。"弗洛伊德记忆犹新的另一个"民族英雄"是卡尔·柯勒，他曾与一个偏执狂决斗并获胜，但也因此遭到排挤。相比之下，弗洛伊德看到了前方的康庄大道。他在学术上的新头衔，他的奖学金奖项，再加上他即将与大名鼎鼎的夏尔科搭上关系，这一切应该会在他回国后赋予他亟须的优势，让他吸引到上流阶层的患者，为他和玛尔塔的生计提供保障。

弗洛伊德之所以赢得这两场胜利，有部分原因是他对那套他已经开始反感的标准表现出一派顺从的样子。包括他自己所在的医学院在内的日耳曼医学院都盛行实证主义，没有给主观原因留以任何余地。日耳曼人一反前一代模糊不清的浪漫主义自然哲学论而行之，他们教条地决意将心灵事件简化归为大脑事件，仿佛动机和情感变化都不值一提。因此，重点强调死后大脑分析——一种归类区分疾病的好方法，但这种方法也将情绪烦恼拒之门外。在日耳曼精神科医生对患者的思想心灵确有兴趣的时候，他们几乎完全仅限于关注精神失常问题，精神失常虽然无望治愈，但恐怕可以证实同脑组织的变化具有相关性。

弗洛伊德已经清楚在他为晋升造势的两场活动中，自己履历上究竟哪些部分需要着重强调。在 1 月提交他申请无薪讲师的证明材料时，除了流传相对较广的报告《论古柯》之外，他已经将他所有论及可卡因的文章悉数删去。重点反而放在他探讨组织学的论文上，包括他最近因教职唾手可得而开始从事的人脑解剖学研究[7]。他还承诺说倘若获得教职任命，他只讲授神经系统疾病方面的课程，特别侧重于大脑病理学这部分内容。这正是诸位医学教授，尤其是布吕克、诺特纳格尔和迈内特想听的话。但这是否代表了弗洛伊德在 1885 年研究兴趣的真实状态呢？

针对他在奖学金申请时的自述部分，也可以提出同样的问题。在那种情境下须得圆融至极，如果不称之为口是心非的话。到 80 年代中期，让-马丁·夏尔科这个人物在维也纳圈子中已经备受争议——根据大多数人的看法，他在发现领域业已创造了辉煌履历，但之后却踏出了致命的错误一步。他把注意力从大脑和神经系统上可论证的损伤转移到一种连其真实性都存在争议的疾病——癔症。更让实证主义者震惊的是，他让*思想*可以是一种致病因素的看法有了一席之地。

站在日耳曼人的立场看来，最糟糕的莫过于夏尔科选择借由催眠术的手段来研究癔症。这种做法依然因其与长久以来声名狼藉的催眠术（或者"动物磁流说"）伪科学相关而阴云笼罩，在法国大革命之前，催眠术这一治疗风尚简直横扫欧洲。弗朗茨·安东·梅斯梅尔和他同样信奉"磁流说"的伙伴们采用仪式和催眠命令让接受他们治疗的患者体内存储的磁流"重归平衡"，使之与想象中的整个宇宙的磁极达到和谐统一。更骇人听闻的是，他们在易受影响的女性身上引发性高潮，有时还加以利用满足一己私欲。两组科学委员会对此发布了令人震惊的报告，这种做法一时给压制了下去，但到了 19 世纪初卷土重来并且甚嚣尘上 [8]。而莽撞的夏尔科这下改造起了近代的催眠术，用之于心理学实验。

既然如此，弗洛伊德知道，他不会被派往巴黎去师从夏尔科专门研究癔症和催眠术。他字斟句酌，强调他在神经解剖学方面的背景，并且只是恳请得到机会去充分挖掘利用"萨尔佩特里耶尔诊所提供的在神经疾病方面的丰富素材" [9]。夏尔科当时把癔症归入神经疾病的范畴，但弗洛伊德在申请书中对此只字不提。奖学金委员会确信这个踌躇满志、在其显微研究中业已展现出对于无端猜测十分反感的年轻人，将好好利用萨尔佩特里耶尔医院的设施，并且仅限于进行受损大脑的死后研究。

然而，有种种理由相信，弗洛伊德之所以选择巴黎，是因为夏尔科那离经叛道的研究兴趣。催眠术已经把他给迷住了。早在 1880 年，他就已经表示他感兴趣并且可能现场观看过一场成为热门话题的表演，带来这场表演的是演艺界信奉"磁流说"的巡回演出者卡尔·汉森，其专长是催眠而后羞辱那些骂他是骗子的寻衅闹事者（或者他们其实是同伙？）[10]。约瑟夫·布罗伊尔，弗洛伊德最信任的导师，完全倾倒于汉森的表演，正如我们将要看到的那样，在与他的门生进行广泛讨论的一起案例中，他自己也采用了催眠术。同样重要的是，当地一位催眠术的行家里手，在其无忧无虑的日子里，曾经凭借"让人们和动物悄然入睡"以娱乐一众知识精英，这人不是别人，正是弗洛伊德挚爱的弗莱施尔。

此外，催眠术在维也纳也还有其他的捍卫者。莫里茨·本尼迪克特，一位特立独行的神经病学家和电疗专家，夏尔科的老朋友，是神经病症催眠治疗法的早期拥护者。1885 年 7 月，他告诉弗洛伊德同法国大师合作可以有何期许[11]。还有另一位催眠实践者是海因里希·奥博斯泰纳，弗洛伊德前往温斯别克和巴黎前不久曾在其位于维也纳的诊所短暂供职过[12]。1885 年 6 月 23 日，弗洛伊德写信告诉玛尔塔，奥博斯泰纳向他展示了"在一位女性医护人员身上非常成功的若干催眠实验"，他还加了一句，"你知道，在巴黎，人们非常关注癔症、催眠术，以及诸如此类的事情"。

弗洛伊德确实期望在萨尔佩特里耶尔着手进行脑组织分析；他的奖学金申请并没有歪曲陈述他的计划。然而，他的情绪则是另一回事。弗莱施尔再加上可卡因使得他无法忍受传统的观念；他害怕陷入家庭医生那种繁琐的庸常生活之中；而且他已经迷上了夏尔科的传奇形象，这个医学帝国的统治者据说是全欧洲举足轻重的人物。

2. "神经官能症领域的拿破仑"

作为马车工匠之子，夏尔科在医学、社会、政治和艺术圈子里摸爬滚打，奋力迈向财富、国际威望和权力的高峰，最终成为第三共和国初期最名噪一时的白手起家的大人物。他在医学领域的发现使得他名满天下。他为人们对于痛风、关节炎、风湿病、癫痫、脑出血、肌肉萎缩、失语症以及其他疾病的认知做出了极其重要的贡献，同时也推进了关于大脑、脊髓和周围神经的知识。此外，在他求知探索的早年阶段，他对肺病和肾病都有研究论述；他也被视作老年医学的创始人之一。

为表彰这等成就，夏尔科在 1872 年被任命为巴黎医学院唯一的病理解剖学教授。1882 年，他获得世界上首个在神经系统疾病领域的教授职位。入选法国国家科学院的这一最高荣誉是在 1883 年，那是弗洛伊德访学之前两年的事。九卷本的夏尔科全集（原本计划出到十五卷之多，但在他去世后终止）有另外四卷临床报告、案例病史和反思加以补充 [13]。

在职业生涯的每一个阶段，夏尔科都致力于缩减必须归类划入神经官能症的疾病的数量。将这一术语译为"神经症"恐怕有误（虽然这一做法相当常见），似乎这么一来便与更易致残的精神病区别开来了。夏尔科沿袭他所崇拜的精神病学改革者菲利普·皮内尔的做法，用神经官能症专门来指那些病理尚未确定的神经系统疾病（无论其严重程度如何），例如肌张力障碍和帕金森病 [14]。举例而言，他将神经官能症病人形容作"一个松松散散互不相干的群体"，这时候他心里秉持的就是这一观念 [15]。假设有一种疾病，一旦夏尔科或者其他人在可观察到的症状和招致机能障碍的损伤之间定下了存在相关性的结论，那么这种疾病就不再属于神经官能症 [16]。

夏尔科在疾病分析上的成就是通过他所谓的"解剖学—临床"方法获得的，与之形成对比的是日耳曼的"解剖学—病理学"方法。二者并非迥然相反，因为都采用了尸检分析。然而，尽管这样的显微研究对于解剖学病理学家而言至关重要，夏尔科却遵循伟大的勒内·拉埃内克的先例，也基于对活生生的患者的广泛观察，拟出了症状模型。他一丝不苟地收集汇总种种症状，因此他能够详细分析每一例病症在随后发现的病变与其发展过程当中的特征之间的相关性。例如，通过这种方法，他得以证明帕金森病和多发性硬化症是独立存在的实体。

夏尔科注意到许多病人患有不止一种疾病，因此没有哪个人能让你有把握假定此人就体现某种特定的综合征。他要多方面核对观察病人的病史，直到出现最纯粹的单一疾病模型，那么该模型就构成了解剖学—临床方法在临床上的这个侧面。这种方法并非万无一失，但成功的例子不胜枚举，由此吸引了外行公众以及其他医生，使得信奉本国至上的第三共和国政府引以为豪，将夏尔科连同他的朋友路易·巴斯德一起捧为名家。

夏尔科取得的成就，在很大程度上是发生地的性质使然，那是世界上最大的医疗机构。萨尔佩特里耶尔医院建筑群由巴黎东部约四十五座建筑组成，由于远离市中心偏安一隅，起先在 1634 年用作硝石（火药）仓库，后来经历了一系列改造。与其说它是医院，不如说是收容所，一度收容过多达五千名女学徒、退休人员、囚犯、残疾人和疯子。1849 年，它收归政府管辖，并重新创建为专收贫病老弱和精神残疾妇女的收容所。1852 年夏尔科初次接受那里的实习岗位时，这座阴郁沉闷的城中之城的主要功能是让那些女人远离巴黎街头。到 19 世纪 60 年代初，里头精神失常的人约有一千五百名是妇女，而另外差不多有三千名妇女被安置在独立的单元内，后面这个群体患有各种慢性疾病，但与此同时她们也烧菜做饭、洗衣打扫、种植花木，服务于这座被某位观察者诗意地描述为"痛苦凡尔赛宫"的收容所[17]。

其他医生在象征性地待上几年之后，都希望升职离开这个与世隔绝、死气沉沉的监护机构。与之相反，从 1862 年直至 1893 年，医院的"高级医师"夏尔科意志坚定又泰然自若地将"这个人类痛苦的大卖场"（他的原话）变成了"在效用上无出其右的理论和临床指导的场所"[18]。到他去世时，萨尔佩特里耶尔医院虽然在护理水平方面仍然不足以担纲典范，但早已成为世界神经病理学的非正式总部。

夏尔科的强项在于他集勤奋、自律、观察入微、思维清晰、方法理性、执行有决断力和意志力于一身，这使得他能够指挥管理大约二十名医生的研究工作——其中包括后来出名的约瑟夫·巴宾斯基、皮埃尔·马里、乔治·日勒·德·拉·图雷特、阿尔弗雷德·比奈、保罗·里歇尔，夏尔·里谢，D.-M·布尔热维、阿尔贝·皮特尔和菲尔让斯·雷蒙德。夏尔科在世时，这些富有才干的医生在他统领的医院病房内如他的耳目一般行事。他们习惯成自然，将写好的论文初稿提交给他审查，然后才在他创立和掌控的若干期刊之一上发表。"萨尔佩特里耶尔学派"的成员都背负着支持夏尔科想法的期许；假如他们照办了，那么他们在学术和行政晋升的道路上就畅通无阻。

夏尔科的追随者称他为"神经官能症领域的拿破仑"，他们并没有牵强附会地进行类比。他不仅看起来像个粗壮敦实的波拿巴家族成员；这种联想是他自己一手建立的，特别是他在肖像照中把手藏在大衣底下的姿势*，有张肖像印出来后他还签上名送给了弗洛伊德。在萨尔佩特里耶尔医院范围内，他拥有绝对的统治地位。当他向观众或读者提出问题时，心里已经准备好答案并且以斩钉截铁之势告诉对方[19]。虽然他声称欢迎对话，但众所周知，他会目露凶光以阻止不同意见[20]。

在夏尔科的掌舵之下，萨尔佩特里耶尔医院尽管不改破旧和过度拥挤的面貌，但成为了极其现代化的教育中心，通过运用多媒体手段，多管齐下引导医学界和一般公众的看法。夏尔科和他的手下用体现他观点的无数文章填满他们的出版物。他们毫不吝惜地大量使用新出现的摄影媒介，投放电子幻灯片来说明讲座主题，传播看起来比任何论点都更具说服力的图像。

医院在其首脑的敦促下除了增加门诊诊所之外，还增建了实验室、咨询室、一个摄影中心、一座博物馆以及一座礼堂，来自世界各地的游客可以在礼堂听他的讲座，讲座长达两个小时但不失引人入胜。通过这一切努力，夏尔科充分发挥外交大师的手腕，确保同国外医生、政府官员、新闻记者以及任何终将对他有所帮助的人建立亲善关系。夏尔科安排在周五下午进行的讲座更为正式，其说服力和针对性之强，阐释说明之贴切，助理们只须稍加编辑便可以出版，而他自己也不浪费分毫时间，埋头向前推进理论研究。甚至他每周二早上相对即兴发挥的谈话——始于 1882 年的著名的《星期二课程》——也都清晰易懂，可以轻松整理成文。

如斯这般便是这位伟大人物的影响，而他在 19 世纪 70 年代末却决定依照他在类风湿性关节炎和多发性硬化症上的做法来对付癔症，借此为他的王冠再添一颗宝石：不是治愈这种疾病，而是建立其典型症状和

---

* 油画中的拿破仑经常以藏手礼姿势示人。——译者注

病变过程的模型，然后将这些知识与从尸体解剖中获得的信息进行比对。如果他得偿所愿成功做到了，癔症虽然可能不见得比过去更容易应付，但它可以在看得见摸得着的人类器质疾病中占得一席之地。

3. 以科学方法待之的癔症

没有任何病痛能比癔症更需要得到审慎的认识。早在 17 世纪，英国医生托马斯·西德纳姆便指出，林林总总归入癔症名下的各种病症只有一个共通的特征。他声称，癔症变化多端，呈现出相对而言较为稳定的那些疾病的症状。实际上，癔症往往酷似患者之前所察所知的那些疾病。然而，这意味着所有症状放到一起反而造成信息虽然丰富却无从诊断入手的尴尬局面。正如持怀疑态度的精神病学家夏尔·拉塞格不无讽刺地指出的那样，癔症已被搞成"医学上的废纸篓"[21]。

就理论上而言，癔症可以显示出以下表现形式的若干种：感觉过敏（过度敏感），麻醉（感觉丧失），或者半身麻木（身体一侧感觉丧失）；挛缩；强直性昏厥（在特定位置和状态下肌肉僵住）；运动障碍；无精打采、无动于衷和与之相反的情绪爆发；局部瘫痪；剧烈疼痛；心悸；抽搐和颤抖；持续咳嗽；打嗝；抽泣；严重的头痛；呛住或窒息的感觉；僵硬；斑化出血和水疱；流鼻血；昏厥；单眼或双眼功能性失明；意志缺失（意志软弱）；无法用母语说话，或者根本不说话；厌食；恶心呕吐；假怀孕；腹泻；便秘；长时间睡眠；各种类型的分泌物过多；遗忘自我意识而感觉"心不在焉"，包括神游状态和多重人格的离奇现象。

至于假定在这样的多变性背后存在单一的医学现象是否有意义，争论仍在继续。现在每个人都承认，癔症，假如它当真存在的话，并非建立在多发性硬化症的神经学模型之上，遑论基于结核病或艾滋病的病菌或病毒模型了。问题在于说到底它是否有资格作为一种实实在在的疾病——不仅仅是一种反常行为的类型，而且是大脑功能障碍的疾病，造成若干种意识上并不希望有的症状。

在夏尔科那个时代以及此前两个世纪，医生群体中的主流观点认为癔症是典型的"女性疾病"[22]。关于这个话题的理论充斥着厌女症的色彩 *。有些报告认为，女性生理和气质天生具有歇斯底里的倾向。大多数医生还认为，抗拒女性在家庭之中"自然而然"的角色会使她们生病。因此，女权运动经常被反对者说成"歇斯底里"，在世纪之交已经罕见的这种严重反映到身体上的心理疾病随着第一次世界大战后"新女性"的到来而销声匿迹，这些现象也就绝非偶然了。

我们将会看到夏尔科并没有超越厌恶女性的偏见。然而，作为发蒙启蔽之人，他认为自己已经把所有普遍的迷信观念都置之一边了。认为癔症是一种妇科疾病的观念仍然被用于证明他公开谴责的那些荒唐的外科手术事出有因[23]。然而，同样对怀疑主义的坚守又使他不愿意宣称这种疾病纯属子虚乌有。作为激进的现世主义者，他乐于在癫痫症和癔症之中，寻找诸如狂喜、附体、圣痕、信仰疗法和驱魔等等教会惯用的神迹在医学上的释因。

1858 年，神经病学几乎还不存在，法国精神病学几乎仅仅聚焦于精神病患者或者说彻底的精神错乱者身上，早在此时夏尔科就表示对癔症抱有研究兴趣了[24]。他注意到法国的公立医院中收留了大量的半疯之人——用我们最近的说法就是"神经官能症患者"。将其中大多数人归类于患有癔症、因弱遗传性而易于生病，那就意味着将为一门新的学科——无论是精神病学还是神经病学，抢得巨大的知识领域。雄心勃勃的夏尔科想必已经盘算过，如果他抢得神经病学的先机，就可以胜者为王。他也不可能没有注意到另一家巴黎慈善医院在 19 世纪 70 年代初已经关注起癔症了[25]。就在那时，他自己开始筹划把这种疾病纳入萨尔佩特里耶尔医院系统性的研究范畴之中[26]。

1872 年，他所在的医院有一间病房因年久失修而关闭，因此大约

---

* 正如玛莎·诺埃尔·埃文斯指出的，"将行动、控制和理性同男性联系在一起使得对癔症的研究变成了同女性对象难解之谜展开的一场虚幻的搏斗……对癔症在认识论上的掌握与男性对于女性不羁的控制并存，而且往往融合在一起"（埃文斯 1991，第 3 页）。

一百五十名神志正常的癫痫患者和"癔症患者"转移到夏尔科的直接管辖之下，这些病人此前不得不零零星星同精神病患者混住在一起，从那以后，他们就给彼此安置在一块儿——这个安排对他们来说算是比较幸运了，但事实证明，这也是病情诊断困难重重的潜在根源。还有一项重要的进展是 1881 年开设了一间门诊诊所，这使得主事者能够获得数以千计额外的病例的信息。

到了 1878 年，夏尔科全身心投入解决癔症谜团的工作。他于 1882年获得的崇高教职承载着这样一份期许，希望他可以一统研究兴趣并收集新素材——说来也巧，他称为癔症患者的那些在萨尔佩特里耶尔医院里的住院病人就摆在他眼前。他们相对而言算是长寿，给他"解剖学—临床"方法中的"解剖学"那半部分造成了麻烦，却为在他所谓的"活体病理学博物馆"中进行长时间观察提供了绝佳机会[27]。

对夏尔科来说，确认癔症表现的真实性是一项棘手的任务，患者就像一方面进行癫痫放电而另一方面又有意识地加以掩饰一样。但他希望患有癫痫等无法治愈的神经疾病的患者会出现一些能够说明问题的迹象，使得他们与癔症患者区别开来：他们的生理缺陷日渐严重、整体健康状况恶化、症状不受暗示影响或者麻醉剂也起不到放松作用、面对病痛产生挫败感或绝望感，和许多癔症患者的快意淡漠形成鲜明对比[28]。还存在一个问题，那就是癔症很容易假装。夏尔科有信心通过其他测试——有些诸如突然针刺在认定失去知觉的肢体上那样简单——从而可靠地区分真正的癔症症状和装出来的症状。

夏尔科的目标是将杂乱无章的一大堆癔症症状厘清条理。他把其中一些症状降级为次要状态，声称在留存的那些症状中发现了一种强烈的连贯模式，他认为这种模式毫无例外都表明是癔症。他提出的标志性概念叫大发作癔症，更常被称为重癔症，据说是典型发作的"癔症性癫痫"发展进程的特点*。按照夏尔科的说法，起先会有一个"癫痫样症状

---

* 夏尔科后来懊悔使用这一说法，因为这个说法似乎暗示癔症是癫痫的子集；他发现自己不得不再三强调两种疾病并无关联（夏尔科 1894，第 253 页）。

的"阶段，出现做鬼脸和痉挛的姿势；然后是大肆动作，或称杂技般扭曲，例如背部如"小丑"般拱起；再者是激情态度，或称演绎出个人幻觉的场景；最后是"终极谵妄"，或称对不愉快回忆的忧郁哀叹。

在实践中，夏尔科发现在已知的病情发作中可能缺少一个或多个阶段，但这种可变性并没有减少他对其模型正确性的信心，该模式只要有其中一部分表现即可。虽然他用小发作癔症和普通发作癔症的概念完成了整体构想，但那些五花八门的症状并没有引起他的兴趣。那些次要的模式缺乏他作为建章立制者所寻求的规律性，并且似乎不像重癔症的特征那样易受控制操纵的影响[29]。于是，在其辉煌的职业生涯的后期，夏尔科在重癔症这一疾病的真实性上赌上了他来之不易的美名。

夏尔科最有影响力的概念是心理创伤性癔症，在应用于男性身上时尤甚。1884年——在弗洛伊德1885年秋到来之前不久，萨尔佩特里耶尔医院收治了几名男性病患，他们似乎已经从人身体所受到的惊吓冲击中康复过来了，但后来又出现了肢体瘫痪。若是在其职业生涯的早期阶段，夏尔科会认为男性的"癔症"障碍可以用脑损伤的延迟效应来解释，那是他们在经受冲击期间招致的。英国和德国的医学权威在1884年谈及他们称为"铁路脊髓震荡症"的事故后的病情时说的正是这种话。

但最终发表了六十一起男性癔症案例记录并且有更多病例的夏尔科到了这个时候，在寻求癔症和脑损伤之间的联系时却遭到了挫败。他有一段时间借助于概念上的"功能性"或"动态"病变来应对，认为病变可能是化学上的病变，会影响到神经和肌肉，而不会留下尸检能够发现的迹象。不过，这个假设虽然满足了理论上的需求，却是一条死胡同，因为凭借可行的测试手段它既充当不了证据也充当不了反证。倘若他不屈从于"铁路脊髓震荡症"那一派观念，那么留给夏尔科的唯一办法是假设一种导致症状的心理机制，该机制在创伤后即刻开始运作，但到后来才结束。

夏尔科已经敏锐地指出，癔症引发的瘫痪通常影响整个肢体，仿佛演绎出一种念头（"我无法挪动我的手臂"），而不是只包含从既定的受伤点往下的神经和肌肉部分。于是他开始指出他治疗观察到许多男性患者的残疾，即便之前有身体上的影响，本质上确实是思想方面的，并且源于他们受伤的想法。如他所说，癔症引发的瘫痪取决于想象力但并非想象中虚构的 [30]。

为了证实并展示这个真相，夏尔科觉得有必要使用催眠术。不同于在其他欧洲研究中心那些对催眠术不以为然的同事，由于詹姆斯·布雷德、鲁道夫·海登海因和约翰·切尔马等人的努力，他确信催眠术已经最终摆脱了其不光彩的起源并表现出其作为科学的长处。他自己的助手夏尔·里谢有关催眠的论文令人印象深刻，使得褒贬的天平开始朝他倾斜。作为一名医学史学者，他知道，无论其逻辑缺陷如何，施催眠术者都描述了与重癔症极其相似的阶段性发作的情形 [31]。这些阶段原先指的并不是自发的癔症发作，而是指施以催眠术那套程序而产生的效果；但既然夏尔科和许多其他观察家都认为只有癔症患者能被催眠，继而发展变成他所定义的癔症也就不可避免了。

夏尔科的论证方法是催眠那些尚未患有瘫痪或强制性昏厥的病人；进行指挥控制，让他们一觉醒来觉得自己某一肢体无法动弹；然后指出由此产生的暂时症状与在遭受身体或精神打击后一段时间内而患上残疾的病人那种长期丧失能力的症状难以区分。因此，暂时性损害了催眠对象的这种人为强加的暗示看似完全能够对应那种在创伤发生之后以及其直接后果结束后造成创伤受害者受损的自我暗示。此外，夏尔科还观察到，不仅癔症的原动力层面，而且其分离性特征——显然违反事实的看法、恍惚的状态、健忘、认同扭曲——都可以在深度催眠中密切匹配上。

不久之后，夏尔科将深催眠称作一种自有其存在根据的疾病，尽管这种病需要通过受试者配合催眠者才能激活。虽然只是零星存在而且备受情境影响，但是受到深度催眠的神经官能症患者据说其基本特征和重癔症一样。的确，正如夏尔科所设想的那样，这两种存在大体上是重叠的。二者都包括强直性昏厥和幻觉，而歇斯底里的"精神恍惚状"又与催眠下的"嗜睡"相符合。

根据夏尔科判断，自我暗示可以"创造出一组连贯的相关念头，如寄生虫一般自行塞进头脑，始终自绝于其他一切而又能够公然将自己转化为相应引起运动的现象"[32]。总体而言，他从癔症症状中推断出的"如寄生虫一般的"念头都很简单，不外乎"我的腿受伤了；我恐怕是走不了路了"。有时候他所引用的例子会增添更为复杂的解读。一位病人在一场猎狐活动中误射杀了一位朋友的狗，此后他的右臂和右腿都动弹不得，后来连话都说不了。我们不难理解，这样一个例子对于后来的受虐狂理论家，对于惩罚性超我和内疚的躯体化来说是多么合适。

夏尔科从催眠术的"活体实验"中汲取的影响可谓深远。他假设突发性创伤会导致紧急的大脑改变或继发病情，和被催眠相似的高度暗示性与之息息相关。在这样的状态下，创伤受害者不仅担心丧失身体能力，而且把这种心态都落实到行动上，无意中预演了即将发生的瘫痪或挛缩或半身麻木。此外，注意到实际上的衰弱可能会延迟数天甚至数周才发生，夏尔科将这一时间差解读为症状形成过程仍在"孵化"或正在经历"心理阐述"的证明。

他还观察到，症状会攫住一个毫发无损而只是给侥幸脱险的情境吓到了或者经历过情感挫折的人。事件与其明显的后果之间这样不成比例，迫使我们这位理论家不断扩大他允许纳入严格意义上的心理考量因素的范畴。最终，尽管他认为遗传性退化是所有神经官能症的根本原因，尽管他试图将心理学简化为"大脑皮层的理性生理学"[33]，但他还是承认"癔症绝对是一种精神疾病"[34]。这样的让步，无论多么勉强，都吸引着弗洛伊德对症状的心理因素进行理论化而不加质疑或者妥协。

关于夏尔科的假设和做法大有待言之处；我们也将看到，心存怀疑的他的那些同时代人确实也说了更多，而他们并非清一色都反对催眠术这一做法。恰恰相反，正是对催眠术的用途和局限性都加以恰当的评估后，才使得夏尔科最聪明的批评者注意到他的推理错在哪里。19世纪80年代最杰出的心理学才俊们轻而易举就发现夏尔科出错的地方。弗洛伊德会不会是其中一员？

第十一章

曲　解

1. 困惑地带

　　弗洛伊德以及后来其精神分析运动的追随者翻来覆去讲述的故事说，夏尔科凭借他对神经官能症深入研究的那份缜密理性，出色地把癔症带入了实验科学的范围之内。然而，这个故事站不住脚。夏尔科并没有征服癔症；是癔症征服了他。神经官能症领域的拿破仑不仅没能解释癔症症状如何产生，他研究的症状倒是被他调查研究的方式给诱导了。他看似新颖的研究方法不是科学上的进步，而是回归到催眠术的一场灾难性倒退。他热衷于引导患者的行为，使之合乎他的要求，由此违反了医疗规范并造成了一整套曲解。

　　或许为时晚矣，但这就是夏尔科的同时代人和萨尔佩特里耶尔医院自身内部的继承者一致达成的看法。在 1893 年夏尔科突然去世时，他们以及其他人都已经知道他关于癔症的观念纯属主观臆断而且自说自证。他一与世长辞，他那些因为需要迎合其错误观念而心生愤懑的副手大多赶紧声称他们一直都持怀疑态度。于是，重癔症的现象便以惊人的速度烟消云散，如同普洛斯彼罗的入云楼阁一般 *。到了 1906 年，皮埃尔·雅内，唯一一位依然对其早年指导表示感恩的萨尔佩特里耶尔医

---

* 典出莎士比亚的《暴风雨》。——译者注

院的老将，也不得不承认"如今再也没有人像夏尔科那样来描述癔症发作了"[1]。1911 年接任夏尔科的学术席位之际，在独夫统治下数十年来一直等待时机的朱尔-约瑟夫·德热里纳宣称："现在看来已经确定无疑了……［重癔症］所刻画的危象只不过是训练和模仿罢了。"[2]

　　长久以来，悬而未决的疑问一直在不断积累。夏尔科怎么能断言这种经催眠得来的知识没有受到不良影响，与此同时他又可以随心所欲让一个被催眠的受试者相信任何东西？为什么夏尔科打响品牌的癔症在萨尔佩特里耶尔医院之外少之又少，而只出现在经他教诲学成者当家主事的地盘？思维敏捷如后来痛斥萨尔佩特里耶尔医院的癔症手术就是一场骗局的巴宾斯基和比奈这样的科学家，尽管一时još胆怯，但他们肯定早就想知道他们的病人究竟在何时何地患上了这种接二连三出现的重癔症症状，让夏尔科认定他们得的是癔症。

　　因为夏尔科以衰退理论的视角来看待一切癔症，所以他关于患者的报告通常都固着于他们的血统出身、道德上的堕落以及他们来到他这家医院之前医治方面的波折变化。然而，就他赋予特定意义的这一病名，他却无从阐释那些渐次发展的病情在严重发作之前的病史。病人通常因患有一两种病痛而托付于他治疗，这些病痛可能应该也可能不应该被视作癔症，例如手臂瘫痪或易于抽搐之类；但很快——至少在住院文献里予以记述的案例中确实如此，病情就发展成完整的预期中的模式。哪怕没有任何一方存心欺骗，经由抱有偏见者之手而频繁接受催眠术也会引起希冀出现的症状并压制其他症状。

　　举例而言，想一想被称为"皮"（皮诺）的瓦工学徒，皮诺于 1885 年 3 月住进了萨尔佩特里耶尔医院，那是弗洛伊德到来前七个月的时候。1884 年一场失足坠落事故导致他短暂失去意识之后，他的左臂逐渐派不上用场，到夏尔科第一次见他时，其左臂已经完全瘫痪。这是他入院时唯一表现出来的症状。然而，区区四天之后，皮诺就被发现他身上有至少四个导致癔症区——若干解剖位点，过度的兴奋仿佛都聚集在这些点上，研究者一施加压力便能立即触发先兆，随后病情就发作。更令人满意的是，经工作人员对新发现的区域"再稍微持续"施以压力后，皮诺表现出夏尔科所谓的"绝对典型的"发作情况，这是他援引为表现出重癔症所有特征的众多例证中的第一个[3]。

同样，1875 年，一位名叫"奥古斯蒂娜"的病人（路易丝·奥古斯蒂娜·格莱兹）因患有"右臂感觉麻痹和严重癔症发作，继而右下腹部疼痛"而来到萨尔佩特里耶尔[4]。在她这一起病例中，严重癔症究竟是什么意思，我们不得而知。我们只知道她在医院的催眠实验期间开始出现持续性的腿部瘫痪——这可能表明这一研究方法再度引发了症状。奥古斯蒂娜的病情发作迅速呈现出夏尔科学派的独特形式，并且在频率上发展迅猛。

按照夏尔科的对手的说法，萨尔佩特里耶尔癔症是一种文化癔症，出院病人很快就不再易于患上重癔症的这一事实便是对该观点的最有力佐证[5]。一则广为讨论的案例是夏尔科最经常拿来演示的布兰奇（出生时名为玛丽）·维特曼的情况。维特曼被转移到另一家名为主宫医院的机构，接受另一位催眠师朱尔·雅内（皮埃尔的弟弟）的医治。经过几个月治疗，维特曼看来不再患有癔症了——直到她后来再度进入萨尔佩特里耶尔医院并且又开始被用于夏尔科的公开演示。在此间歇，她身上出现了一种更加平静的人格——据雅内说，维特曼声称在模仿重癔症发作时故意暂时收敛起了这种平静的人格[6]。

显然，夏尔科的病人们有什么病得很重；否则他们不会又被遣回作为最后一张底牌的这家医院。不过他们的"癔症"似乎是习得的行为，在萨尔佩特里耶尔医院围墙内就变得具有规律性。正如我此前已经提到过的，夏尔科在 1872 年接手了一间病房，其中有大量经诊断神志正常的病人，他们当中有些人被归类为癔症患者，另一些则被归为癫痫症患者。多年以后，在 1925 年，他原先的追随者皮埃尔·马里因理想幻灭而心灰意冷，对于夏尔科接手之后发生了什么情况作出了一番说得通的描述。他写道，年轻的癔症患者近距离观察了和他们同住的病人，"因为他们易于模仿别人……他们在癔症发作时重复了真正的癫痫发作在每一个阶段的状态。"[7]假如马里没说错，那"癔症性癫痫"就是这样诞生的，后来那名字的后半截给拿掉了，但剩下的半截却更发人深省。

不过夏尔科说的"癔症患者"是否一开始患的就是癔症呢？抑或他们大多是患有某种相对温和的癫痫症，只是这些类型的癫痫症在夏尔科那个年代的医学上尚未得以确认？由于缺乏脑电图这样的技术手段，当时大多数医生不得不依赖于肉眼可见的行为上的症状，都只把完全丧失意识的癫痫大发作病情诊断为癫痫。然而，在伦敦，约翰·休林斯·杰克逊已经确定了有癫痫样症状受损的中间形式，正是这样的受损导致了剧烈的情绪变化、记忆断片和妄想，但没有造成痉挛[8]。

现代观察者认为，萨尔佩特里耶尔医院的"癔症患者"中许多人实际上患的是梅毒或者其他一些要待到数十载后才确诊的病症：颞叶癫痫和额叶癫痫，其症状表现与夏尔科认为的癔症的大部分特征相吻合[9]。我们现在知道颞叶癫痫患者在无意识的刺激之下能"学会"脑神经元放电（局限性癫痫发作）*。或者，夏尔科的一些病人可能已经表现出心因性非癫痫性发作的症状——这种病即使在今天，假如不借助影像脑电图，也无法同真正的癫痫症区分开来**。无论哪种解释，患者的病理表现可都是在他们原本应该接受治疗的环境中培养出来并且扎下根的。

至于夏尔科为扩大癔症范畴而引为例证的那些遭遇碰撞事故、战斗或摔倒而受伤的男性病人，在他们出现"过度"衰弱的情形之前，尚有那么几天或几周总体情况还都过得去，这让夏尔科认为如果没有恐惧和幻想额外加以影响的话，就不可能存在这一段相安无事的间隔期。然而，如今我们知道，脑震荡受伤及其引发的内出血、凝血、缺氧和低血糖能逐渐造成夏尔科口中癔症的症状[10]。

弗洛伊德认为，夏尔科对男性癔症的假设是他最大胆、最打破禁锢的举动；时至今日，部分弗洛伊德学说的信奉者依然秉持同样的观点。

---

* 正如阿瑟·F.赫斯特多年前研究弹震症患者时所指出的，在医生带有暗示性的问询下，神经受损的患者可能极易出现新的症状（赫斯特1920，第6—7页，第30—31页）。

** 见博德等人2009年的合著。奥古斯蒂娜在萨尔佩特里耶尔医院的病史从这个角度来看尤其明显。病人自童年起就患有惊厥，可能就是不折不扣的癫痫患者。但鉴于她住在萨尔佩特里耶尔医院到最后完全不再发作了，这一点看来更像是心因性非癫痫性发作。

但早在 1859 年保罗·布里凯就已经强调过男性癔症的存在了。夏尔科在为男性癔症争取空间的行动过程中表现出种种偏见，这些偏见有损女性尊严而又歪曲了他对这一疾病特征的认识了解。一旦一些男性案例引起他的注意，癔症在他看来就已经派生变成一种不那么令人烦恼、更加坚忍自持的形式。

夏尔科的男性癔症患者被描述为身强体壮、讲求实际的劳动者，他们遭遇了严重的身体创伤，但哪怕是处在他们标志性的情绪激动姿态中他们也依然保持着几分淡漠。这些在工作场所免疫受损和遭遇不幸的受害者意志消沉，寡言少语，他们只给自己制造麻烦。在夏尔科的描述中，男性癔症患者无不——"症状之持久、之顽固实在惊人"[11]——明确表达了对男性这一更强有力性别的病患的重视。

萨尔佩特里耶尔医院中的女性患者尽管几十年来受尽剥削压榨和虐待，但她们在夏尔科看来却装腔作势，充满欺骗性，在许多病例记载上，他就这样信口断言，其实无非是他受不了她们本已脆弱的女性气质，除此之外其他什么状况都没有。他写道，"看到［患癔症的］女性为达到欺骗目的，使出的种种手段、表现出的洞察力和毅力都堪称惊人，有时简直让人心生钦佩"[12]。按照为之恼怒的夏尔科的说法，"一骗起医生来"，她们的花言巧语最厉害了[13]。就算她们没有装模作样，但据说女性在症状表现上也是反复无常。他告诉同事，某位女病人所患的癔症"基本上天生就非常易变而且不稳定，因为其性别决定了往往就有这毛病"[14]。

依夏尔科看，最常见的致癔症区是卵巢——他称之为"基本区"[15]。当下腹部受到拳头捶打或者受到医院最臭名昭著的装置——"卵巢压缩"器械挤压时，萨尔佩特里耶尔医院的女性癔症患者会发生抽搐或强直性昏厥。接触其他疑似致癔症区时，虽然不那么频繁发生抽搐或强直性昏厥，但也成效显著；不过灾难的源头还是在躯体下部。

至于将女性器官与癔症病理学联系起来的任何理论，萨尔佩特里耶尔医院的男性患者似乎都对其构成了活生生的反驳例证。然而，夏尔科预期至少有一些男性会有类似的结果，因为他在"患有癔症"的女性身体中发现了极度敏感的点位。"在几名男性患者身上，"正如马克·米卡勒所说，"他发现通过对腹股沟施加压力，可以引发癔症发作的情况。他治疗的男性癔症患者中有七位，或者说 11% 的男性患者，在精索沿线附近、阴囊皮肤或睾丸上也都表现出这些极度敏感的点位。" [16]

在一份关于萨尔佩特里耶尔医院所认知的癔症的全面陈述中，夏尔科的助手保罗·里歇尔坚称每一位住院的癔症患者身上都存在一个感觉过敏的卵巢区 [17]。然而，他提供的所有案例清一色都是女性；女性的病理模型影响了在男性患者身上发现的情况。因此，当皮诺此呼彼应地产生四个致癔症区时，其中一个便被发现位于睾丸上方，但其他三个位于近乎充满女性色彩的位置：一个出现在"左侧乳房下方"，两个被发现"在髂骨区域各有一个" [18]——倘若皮诺是女性，夏尔科准会按压触摸检查的卵巢部位 *。

夏尔科和他的助手们怎么会相信诸如男性身上有近似于卵巢的区域这样的荒唐事？答案在于他们首要的调查研究手段催眠术最适合将操作者的想法传达给受试者。当然，这种交流究其本质是娱乐和治疗性质的催眠术，发出的是直接命令；但是当研究对象在催眠状态下受到询问时，他们通常会注意到催眠师无意间"流露出的"心中期望的信号，并且他们往往都渴望去迎合对方。因此，在对患者进行催眠试验时，萨尔佩特里耶尔医院考虑的任何假设肯定都会得到佐证。

2. 萨尔佩特里耶尔医院的荒唐事

由于采用了催眠术这种谬误做法，为促进医学科学的稳当实践而不遗余力的萨尔佩特里耶尔医院便受到不少广为流传的错误观念的荼

---

* 这显然是迎合了我们这个时代女性主义者的情绪，马克·米卡勒为夏尔科对患有癔症的男性身体进行去男性化而喝彩。"在两性终极的平等上"，他写道，夏尔科"甚至将卵巢这一最能构成男女差别的女性器官所受到的癔症之苦直接怪罪于男性"，由此造成了这位伟大的神经病学家在"医学史上的严重背离"（米卡勒 2008，第 160 页）。然而，措辞委婉一些来说，这种背离对于后世几代医生而言并没有什么用处。

毒，其中最主要的便是被称为比尔克的金属反应检查法和金属疗法的这一机械论风尚[19]。维克多·让-马里·比尔克重拾梅斯梅尔的旧路，向持怀疑态度的世人宣称，他能够创造三项彼此关连的奇迹。凭借观察患者对某些金属的反应，他可以诊断出究竟是何种综合征；通过在患者皮肤上按压金属或磁石，他可以恢复感觉麻木患者四肢的知觉；以同样的方式，他可以将患者失去知觉的部位从身体左侧转移到右侧，反之亦然[20]。据称，无需心理互动便能产生如此般惊人效果。

1877—1878年，以夏尔科为首的委员会负责对比尔克这一套非正统科学的可靠性进行评估[21]。委员会最后提交的报告不加批判地对比尔克的做法表示赞成。夏尔科没有自问比尔克在多大程度上可能是自欺欺人，而是重复了他的实验——不幸的是，也包括了无意中呈现让受试者记住并服从的线索。夏尔科写道，在偏侧感觉缺失的癔症患者身上，"神经液——请原谅用这样的表达方式——并没有将自己运送到身体一侧，直到它在某种程度上放弃了身体另一侧之后方才如此"[22]。萨尔佩特里耶尔医院的学术泰斗已经越发接近于催眠术怪人的路数了，他诉诸的是自己那套"神经液"可再分配的理论，而不是大家普遍认识的情况。

比尔克的做法一通过似是而非的验证，就改头换面应用到萨尔佩特里耶尔医院对癔症的研究探索上[23]。在整个19世纪80年代，夏尔科鼓励巴宾斯基、比奈和夏尔·费雷投入对感觉传递的金属性、磁性和电性各方面以及神经病症的研究。值得注意的是，当1887年比奈和费雷选择《动物磁流说》作为他们夏尔科学派催眠术指南的标题时，夏尔科并没有表示反对[24]。

比奈和费雷的著作旨在表明，在磁石等"感觉刺激物"的作用下，症状不仅可以从受试者身体一侧移到另一侧，而且可以从一个受试者身上移到另一个受试者身上[25]。在夏尔科轻率冒进的弟子朱尔·贝尔纳·吕伊斯的著作中，这种趋势程度之荒诞，堪比斯威夫特笔下的讽刺故事：他坚持认为患者的病态思维和整个精神错乱的性格可以给吸收到铁质头冠中去，而当头冠放到第二个受试者头上的时候，其有害内容就自行载入他的脑海[26]。然而，即使是这样的愚蠢言论，也不如巴宾斯基来得出格，巴宾斯基照他自己判断，已经成功将癔症从一个女人身上转移到了猪身上——就像马太福音第八章第28—34节所记述的耶稣将恶魔驱入猪群的那场神迹[27]。

萨尔佩特里耶尔医院甚至尝试过制造自己的圣痕。医院工作人员认为"皮肤划纹症"或者所谓癔症患者的皮肤具有这么一种性能，可以如神迹石板一般保留刻写笔留下的文字和图像。这群医学艺术家会用诸如"撒旦""恶魔般"或者"精神分裂症"等这类粗鲁的记号在胸部、背部和四肢上进行标记，有时候还会在他们的作品上署名并注明日期。至少有那么一次，萨尔佩特里耶尔医院的一位病人在字母划痕凸起不久之后便被指示出现流血症状，依令所述他确实这么做了[28]。

鉴于夏尔科早年名副其实的赫赫功绩，他竟然听任萨尔佩特里耶尔医院成为催眠透视和心灵感应的实验场所，这一点着实最叫人大跌眼镜[29]。梅斯梅尔的追随者将超出科学可知范围的天赋归于某些处于梦游中而精神恍惚的受试者身上，而布兰奇·维特曼便被视为这样一位先知。夏尔科认为维特曼在被催眠以后可以通过心灵感应进行交流，并玩出看似不可能达成的纸牌把戏。尽管他没有声称她接触到了鬼神世界，但将萨尔佩特里耶尔医院的医学与招魂术区分开来的分界线，已经细得岌岌可危。

多亏比利时博学家约瑟夫·德尔伯夫所写的一本有趣的小书，我们才知道在弗洛伊德前来访学期间，夏尔科的医院里都在进行些什么异想天开的试验。德尔伯夫是当时欧洲一位在众多领域内都颇有建树的知识分子——拥有物理学和数学博士学位，（在二十九岁时）写出了精彩绝伦的对欧几里得几何学的批判，既是光学专家，又是希腊和拉丁哲学教授，还是科学哲学家。在《萨尔佩特里耶尔一游》（1886年）中，他讲述了他在1885年最后那一周所目睹的情形。在对住院者能力的测验中作壁上观乃至参与其中之后，德尔伯夫当即明白了夏尔科学派这群人完全是在自欺欺人。德尔伯夫有着无穷无尽的好奇心，典型表现就是他在揭穿萨尔佩特里耶尔医院这一派催眠术的真面目之后，自己也成了催眠治疗师，并且大受欢迎 30。

对于夏尔科手下的工作人员，德尔伯夫首先注意到的问题就是他们对待实验对象就像是对待机器人或尸体。他们当着实验对象的面无所顾忌地聊起他们的情况，径直戳碰他们以演示癔症的反应。德尔伯夫不带任何感情色彩地评价夏尔·费雷"摆布起［布兰奇·维特曼］就像是在弹奏钢琴"31。萨尔佩特里耶尔医院的研究者当着他们实验对象的面，讨论他们预期看到的疗效，仿佛这些信息压根不可能影响到受试者后续的行为。德尔伯夫不禁好奇，究竟是谁在操纵谁呢。他用一种俏皮戏谑的矛盾修辞法，把夏尔科的一个受试者称为"聪明无比的人体模型。"32夏尔科学派这一帮人在他们面前看到的只是一个玩偶；而德尔伯夫看到的则是一个有心捉摸医生的要求从而据此调整自己行为的女人。

德尔伯夫反问，癔症患者的头顶上果真有个可以引发"睡眠"的特定部位吗 33？也就在萨尔佩特里耶尔医院才有这么一回事！德尔伯夫这位外来的访客同样也无法相信，导致布兰奇·维特曼将她的右侧"强直性昏厥"与她的左侧"昏睡"相互对调的，是磁石而非显而易见的提示信号 34。即便布兰奇随着磁石的靠近相当配合地交叉手臂和腿脚，继而在漫画式的欢乐和悲伤表情之间来回切换，测试者也依然深信不疑。

德尔伯夫觉得没必要直言不讳地予以评判，无论是对维特曼那个把戏，还是对所谓三人婚姻的另一个场景——这一场景表明萨尔佩特里耶尔医院对那套陈腐乏味的夸张言行情有独钟。实验者

让一个经催眠入睡的姑娘相信她有两个丈夫，一个在她左边，另一个在她右边，她对两个丈夫都忠贞不贰。费雷先生和我就扮演她的两个丈夫。作为丈夫，我俩都可以抚摸属于各自的那半边；她显然是欢愉地接受了我们的爱抚。但是，我俩任谁试图越界到另一方的那半边都会吃苦头。我一试，就吃了一记响亮的耳光；费雷先生吃的那一记耳光下手还算稍微轻那么一点点 35。

这就是研究小组的愚蠢作为，要知道该研究小组曾经引领世界在神经学领域取得过重大发现。

圆融老道的德尔伯夫明白，他对于方法论的批评在萨尔佩特里耶尔医院想必不受欢迎。他认为，如果夏尔科学派这一帮人是真心诚意地想测定磁石的功效，那么他们只需要仿效 1784 年法国皇家委员会，测试假装的磁力在辅以提示的情况下，是否会产生与使用真磁石相左的结果。如果没有产生相左结果，那就证明无心的提示才是要害关键；但那恰恰是夏尔科的助手们希望阻止的结果 *。

3. 独角戏

关于癔症的全部传说中，没有哪个印记能比安德烈·布鲁耶 1887 年的巨幅画作《萨尔佩特里耶尔医院的一堂临床课》更引人注目。这幅画以逼真写实的笔触，描绘了这样的场景：夏尔科在会诊室里为一群声名显赫的医生授课，而与此同时，他的一个下属（此人是巴宾斯基）一把撑住性感妖娆的布兰奇·维特曼，她正是在夏尔科催眠之下出现大发作征兆而晕厥了过去。在巴黎观众眼中，这幅画是民族自豪感的源泉，画面聚焦在权威感十足的夏尔科身上，他正沉着冷静地从"活生生的试验中"汲取经验。对于那些被描绘成旁观者的医生们而言，这幅画是展现法国神经学前卫名流的讨喜之作（画中也包括行业之外的一些名人）。而对于后来将布鲁耶画作的平板印刷品挂到心理咨询室墙上的西格蒙德·弗洛伊德来说，画中的场景让他想到自己和这位早就与潜意识的恶魔展开过搏斗的伟大老师可谓一脉相承。

然而，如今我们在这幅画中看到的恐怕不是一场实验，而是一出经过精心排练的戏。布鲁耶再现的夏尔科的听众——那二十七名身穿深色

---

* 德尔伯夫的影响可在《暗示在癔症和催眠若干现象中的作用》中窥见一斑，阿曼德·许克尔 1888 年的这本小册子是对萨尔佩特里耶尔科学最有力的批评之一。许克尔列举了大量巧妙实验的构思和结果，证明夏尔科学派这一帮人未能防止无心之下暗示造成的影响。

西装的男人，专注沉浸于他们深信不疑的夏尔科的那番成就之中——让我们了解到在萨尔佩特里耶尔，唯有夏尔科的看法才是举足轻重的。在此还可以看出何为正统权威的另一个重要线索。在侃侃而谈为众人授课的大师身边的一面墙上，挂着一幅出自保罗·里歇尔之手的大幅炭笔画，上面描绘的是一名女性患者扭曲的模样，这是夏尔科学派这帮人认为病情发作第二阶段出现的大肆动作的其中一种，也就是弧形动作，一种"小丑般"的僵硬姿势，头和脚都用力顶着地板，支撑住拱起的背部，显得颇为怪诞。能道出个中一二的是，这幅画就位于夏尔科这位接受催眠治疗的病人在"每况愈下"之前抬头不见低头见的地方。无论是否必要，萨尔佩特里耶尔医院的病房里放有许多类似的插画，提醒着人们重癔症看起来是什么情形。

夏尔科的批评者都非常清楚，若非彼此配合默契的共谋，布鲁耶画中所描绘的事件绝无可能发生。他们知道，首先病房内的工作人员正竞相向他们的领导献上能够作为例证依次呈现出重癔症发作全部四个阶段的受试者。至于病人，他们当中谁表现可靠出色，谁就因配合试验而被悄悄塞了钱，有些时候他们还被提拔担任工作人员的助手，这使得他们成为癔症患者的优秀典范，甚至还能欺压虐待他们原本同病相怜的病友。如果他们渴望获得这样的特权，渴望获得殊荣在一本装帧豪华、行销全世界、吸引众多读者的年度书籍《萨尔佩特里耶尔医院摄影肖像》中露脸，那么他们是深受鼓励去形成并完善必要的古怪姿态[36]。

著名舞蹈家简·阿夫里尔（珍妮·博东）曾作为病人在萨尔佩特里耶尔医院待过十八个月，在她的回忆录中，我们得知医院的女性癔症患者合力假装"过度扭曲"，欺骗前来查房的医生，借此"吸引注意力并获得明星般的地位"[37]。即使她们如瑞士神经学家保罗·迪布瓦所言，都在充当夏尔科的"牵线木偶"和"马戏团里的马"，但这些女人也都在误导夏尔科，还在背后嘲笑他[38]。如果他的手下意识到这是场游戏——他们中有些人肯定意识到了——他们也无法鼓起勇气去纠正他们这位自我陶醉的领导的错误观念。

夏尔科不参与病房的直接诊察，而是仰赖对癔症特征的视觉记录，起初是凭借他的下属保罗·里歇尔绘制的素描，后来则依靠据称是自然拍摄的照片。他声称，他对于这些证据的客观性绝对信任。但同样正如人们通过翻阅《萨尔佩特里耶尔医院摄影肖像》可以看到的那样，记录者和病人都知道对于他们抱有何等期望[39]。在许多情况下，这些照片显而易见都是摆出来的。其实，以当时的摄影技术状况，那些表情准保都是对着相机摆出来保持不动拍摄的。

特别有嫌疑的是对应著名的文学场景和体现夏尔科热衷探讨的话题的那些画面：重癔症的各个阶段与宗教狂热形式之间的对应关系，包括魔怔中邪、极乐幻觉、欣喜若狂、重温钉死于十字架。抱定这种矫揉造作态度的住院女演员们的形象让夏尔科更加深信不疑，认为这些阶段"放之四海、放之古今、放之万民而皆准"[40]。但这实际上体现的是萨尔佩特里耶尔医院等级森严的团队合作，患者、护士、实习医生、摄影师、插图画家和助理医生全都在迎合"主人"的偏好。

每个星期，夏尔科都会为同事和学生举办一场非正式的周二示范课，观察门诊病人（而非像维特曼这样的常客）的状况并公开分析推断尚未得以确定的诊断。正是这些《星期二课堂》引起了他的崇拜者的由衷惊叹，夏尔科在这当中冒着可能在公共场合犯错或者完全无法得出任何结论的风险。不过周二的授课人其实并不像外在表现的那样脱口而出、信手拈来。当天那八个或十个作为样本的患者通常都是夏尔科事先和副手们在确定样本时由夏尔科亲自选好的[41]。印象之中大师运用在全然陌生人身上的观察和分析能力只不过是印象而已——其实是舞台效果，全拜深藏不露的合作所赐。

相比之下，夏尔科的周五讲座就是集体歌舞表演了。他大胆决定邀请非医疗背景的公众前来，齐聚在医院四百座的礼堂，通过幻灯片、脚灯、聚光灯和遮光百叶窗一系列手段的戏剧性烘托，他的演讲效果得以大大加强[42]。所有走在潮流尖端的巴黎人以及文学精英（左拉、莫泊桑、都德和米尔博等）都聚集前来观看患者怎么被催眠，又怎么只消一个手势或触摸就发生痉挛。甚至伟大的莎拉·伯恩哈特也参加了这样的活动，目的在于完善她在舞台上对癔症状态的模仿。

在通常情况下，伯恩哈特和其他旁观者受到的款待是一场完整的重癔症发作景象，由夏尔科可靠的住院病人中的某一位经深度催眠后演绎。之后，第二个指令会让"沉睡者"恢复到她之前的清醒状态，她可能完全不记得刚刚结束的那些扭曲和咆哮状态。既然已经完成教学目的，病人便被护送回到病房，而聚集一堂的访客确信他们已经目睹了疾病发作的样子，惊叹夏尔科对于撬动心灵秘密杠杆的本领掌握之精深。

当夏尔科讲述症状性震颤时，他会推出三到四名女性病人来介绍，他的助手在病人的帽子上贴好了顶端是羽毛的杆子，由此形成最大程度的震颤效果，显得十分荒唐。关于患者的低微背景、怪癖特点和不端行为等私密的事实会被一一列举详述，而这时候她们还得面带愧色地站在呆望着她们的观众面前[43]。这是不顾及他人的残忍暴行。正如德尔伯夫在 1889 年愤慨不已地评论的那样，治疗固然有益于癔症患者，但如果出于"公开示范和课程"的目的而被维持在残疾状态，这样的治疗则无益[44]。

4．病人抑或受害者？

夏尔科的盛名为他带来了富裕的私人客户，向他寻医问药的包括百万富翁、俄国亲王、西班牙王后和巴西皇帝。他愿意到府邸或宫廷出诊，不管具体是在欧洲什么地方。无需多言，权贵显要们对于他认为癔症是由遗传性退化引起的观点无从知晓。他的疗法主要由以下几种方式构成：将他们同与之存在瓜葛纠缠的家庭成员分开，指定种种常规措施，拿他的赫赫声名出来作为创造奇迹的手段，仿佛只要他出面鼓励一下就可以消除疾病。凭借那些产生安慰剂效果的办法——这说明他对"癔症"的实际理解判断比他对外正式宣布的要来得精明，他经常获得令人满意的治疗结果，哪怕疗效可能只是昙花一现。

然而，他医院里的病人只有在他们担纲夏尔科的癔症示范案例时才可能获得他的关注。萨尔佩特里耶尔医院的确有一间里面遍地是稀奇古怪的治疗装置的大厅，无论治疗多么不见效，医院的癔症患者都定期从他们的病房被一起带过来，绑到这些奇特的设备上。但夏尔科可不仅仅是对他们的治疗进展漠不关心而已。因为他一心关注的是研究和展示，所以不管出于什么原因，只要症状消失了，他就会非常恼火。

例如，一位病人瘫痪的手根据安排要进行电疗，这时候夏尔科却下令推迟治疗，因为用他自己的话说"任何此类尝试都可能导致行动恢复，瘫痪得以治愈，而他［夏尔科］希望观众亲眼见证可能出现的任何状况"[45]。或者，又拿皮诺的例子来看，当皮诺瘫痪的手臂开始"提早"恢复活动性能时，夏尔科对"这种完全适合进行研究的单一性麻痹"的消退表示惋惜[46]。于是他对病人撒了谎，让他相信其实并没有治愈。"不幸的是，"夏尔科写道，他因此造成的新出现的瘫痪"持续不超过二十四小时"；又一次发作之后就永远消失了[47]。这下"主人——他经常被这么称呼，毫不掩饰对这一结果的恼怒之情。

夏尔科对他医院病人的安康漠不关心，乃至当一些病人没了症状并受雇作为"病房女佣"来处理琐事时，他还继续给她们催眠并且进行刺激，使之遭受强直性昏厥发作供他的医生们研究。不出所料，有些才刚刚受雇参加工作的病人便旧病复发，回到早先住院病人的状态。其中之一是曝光率很高的奥古斯蒂娜，其症状在 1879 年莫名其妙地减轻了。因为不再是病人了，她被雇为病房女佣。然而，医生们对她不再出现强直性昏厥、挛缩和幻觉感到不满，他们又通过催眠开始诱导这些病症。不久，她再次自行出现了症状——但精神错乱病情加剧的迹象明显[48]。

对待病人的那种冷酷无情并不仅限于那些被选中参加展示的人。夏尔科教唆一些女病人暗中监视其他病人并向他报告假装症状的情况。"我在那里有最出色的警察，"他写到两名这样的密探，"就是让女人来管理女人，你注意到了，一旦女人掺和到任何秘密计划中，少有能成事的。"[49]

同样，任何病人，在没有事先通知的任何时刻，都可能被针戳以测试是否伪装失去知觉或者接受诸如前文讲过的"皮肤划纹症"这类让人尊严扫地的试验。更耗时费力的是，病人在镜头前排成一排时，《摄影肖像》的工作人员试图通过操纵电击来拍摄记录强直性昏厥。有幅著名的照片展示六名神志不清的女人，在她们被隔壁房间的敲锣声吓到后的那一刻，她们的手臂僵硬地向后张开。如果那是真实的反应，那么病人得的是癫痫，但夏尔科却认为这个反应证明她们得的是癔症 [50]。

夏尔科及其工作人员也相当重视观察和测量分泌物，认为分泌物可能有助于了解癔症隐秘莫测的内部运作。这个项目主要聚焦于各种体液，特别是从处于病理性嗜睡或僵硬状态下的病人身上渗出的阴道分泌物。因此，强行脱衣、撑开阴道和收集用于分析的样本在病房内是司空见惯的事 [51]。《摄影肖像》对于观察到的情形也二话不说就予以报道，例如接受过大量拍摄的奥古斯蒂娜有着"硕大的乳房、多毛的腋窝和耻区" [52]。

既然一心在腰部以下寻找癔症的象形符号，萨尔佩特里耶尔医院的研究者对于病人发声表达的内容的重视程度也就相应较低。因此，当病人们抱怨早先的性侵犯和情感折磨想必更加剧了他们的病情时，夏尔科对他们的怨言充耳不闻。"你们可以看到癔症患者都怎么尖叫的，"他在一次周二研讨会上说，"有人可能会说这是无事生非乱吵闹。" [53]

在萨尔佩特里耶尔医院保持优势和诱发希望出现的行为的所有方法之中，最普遍的做法就是使用药物。病人给服用乙醚、氯仿、戊酸乙酯、吗啡以及 / 或者硝酸戊酯以便开始或停止癔症发作，并且检验所谓的瘫痪和挛缩在肌肉强制放松的情况下是否还会持续存在。奥古斯蒂娜接受了上述每一种药物，她和布兰奇·维特曼都对乙醚严重上瘾。[54] 夏尔科的助手 D.-M. 布尔热维发现奥古斯蒂娜在接受乙醚时沉迷于性幻想后，特别热衷在她身上诱发这种状态，然后坚持让她写出她的幻想。奥古斯蒂娜不愿这样做，但她对药物的渴望还是战胜了她的顾忌。

病房内每天都在使用药物，这一手段要么换来服从，要么确保行为有序。那些畏畏缩缩不肯继续在讲堂上演绎病情的病人有望通过强行给药而使其乖乖顺从。药物成瘾的病人依赖于当权者给她的下一次注射，不太可能拒绝合作，遑论煽动她的病友造反了。

在夏尔科的萨尔佩特里耶尔医院，当一切都顺利开展的时候，这里不怎么像一家医院，倒更像是宣传中心和灭绝人性的试验场所。但一旦受试者犹豫不决了，他们发现自己就像是身陷独裁者设置的监狱的重罪犯一样惨遭毒手。名义上治疗性的淋浴、沐浴和"感应电疗"这下成了打击报复的手段，让不合作的受试者经受长时间的寒冷或加大的电量。必要时，卵巢压缩器作为惩戒的工具，也加大一倍力度。萨尔佩特里耶尔医院有自己的"地牢"——精神病房，在一场未遂的逃跑事件后，受到紧身衣束缚的奥古斯蒂娜被抬进其中一间牢房，然后还被戴上手铐给拴到墙上。到1880年拉到同伙并伪装成男性访客从而成功逃离此地为止，奥古斯蒂娜一直处于近乎精神错乱者的毫无尊严的状态，皮内尔曾经在同一家医院看到过那种情形。

然后是"塞莉纳"，她的病情发作一般是通过压迫卵巢而引发的：

> 然而，当病情持续发作时，为了平息她的过度亢奋的性行为，医生就烧灼她的子宫颈。这项手术对患者来说更加痛苦，因为她还患有阴道痉挛……，烧灼了四次……他们用乙醚来给她作治疗，结果她对乙醚上了瘾。[55]

烧灼她的子宫颈和使用乙醚让她失去意识，就像是将奥古斯蒂娜拴到墙上一样，想必给她那些察言观色的姐妹们上了一课：要以正确的方式发作癔症！

夏尔科的萨尔佩特里耶尔医院确实已经成为一座庞大的实验室，不是为了对癔症展开研究，而是无意中展现出当自高自大、野心、等级权威和不受限制的权力以"科学名义"被加诸无助的不幸人群头上时，一切都会出错。一周的参观时间对于德尔伯夫而言已经足以看透这项事业之愚蠢、凌虐。他在此地逗留的时间与弗洛伊德有重叠，而弗洛伊德还将在场四个多月之久。现在让我们来看看弗洛伊德——据说是最有创见、最具敏锐观察力的心理学家——对于同样的证据作何反应。

第十二章

疗以情感

1. 初入师门

1885 年 10 月 13 日，弗洛伊德来到巴黎，在拉丁区一家旅馆住下，预计将在这座城市待上三个月。事后看来，除在温斯别克度过圣诞季之外，他在巴黎一直住到了 1886 年 2 月 28 日——即便到那个时候他也没有直接回家，而是在柏林与若干儿科神经病学家又一起度过了两周。在 4 月 4 日回到维也纳之前，他还去看望了他的未婚妻。

早先在维也纳的时候，身处大学，身处附属大学的医院，身处团结紧密、相互关心的犹太社区——包括他那穷困潦倒但总是相亲相爱包容支持的家庭在内，弗洛伊德感觉相对轻松舒适。然而，置身巴黎，他只是一个人生地不熟的外来客，身上一无所有，除了莫里茨·本尼迪克特写的一封介绍信——贝内迪克特是个"相当疯狂的人"，据他在《鸿雁书简》1885 年 7 月 1 日的一封信中透露，"在我们国内极其不受欢迎"。弗洛伊德将用他到此地之前不久才开始学习的一门语言来努力求得认可——说起这门语言，正如他在巴黎待了六个多星期后写给他未来的小姨子明娜·贝尔奈斯的信中所言，他连"面包"这个词都发音不准，没法让别人听懂他想表达的意思[1]。"我心是日耳曼乡下心，"他在同一封信中也承认，"没有来到这里与我作伴。"[2]

在巴黎，弗洛伊德头痛和消化不良的老毛病因他感觉自己默默无闻、孤立无助以及"懒惰"而加剧，所谓"懒惰"是他对因抑郁消沉而丧失意志力的说法。他 10 月 31 日写给玛尔塔的汇报很有代表性：

> 今天我又还是没全好起来。倒不是连续性的恶心；而是在午饭后感到头晕得难受，脑子过热，整个人昏昏欲睡而又烦躁得很。与此同时呢，我老觉得肚子很饿，得拼命克制自己别吃下两三倍之多的食物，就像我讲过的，现在这情形跟我在维也纳的时候很不一样，以前是一整天下来都非常疲倦，而且没有什么特别的肠胃症状。

对于这种病痛折磨加剧的情况，弗洛伊德自己给出的解释是，问题源自他追求职业成功的驱动力受阻——在巴黎这个生机勃勃却又拒人千里的地方，他的这一挫折似乎更是被放大了。他觉得要是一心出人头地的压力再持续更长时间的话，那么他的整体健康状况乃至他安顿下来生活的能力都会面临风险。他思考再三得出的治疗方法又是索性放弃一切科学抱负、听任自己泯然众人算了。因此，他在巴黎最初阶段的基调就是自暴自弃、全无信心，感觉是还没有做出任何努力就直接给压垮了。

那种感觉主要聚焦在两个点上，夏尔科和城市本身。二者在弗洛伊德的想象中都高不可攀且无所不能，无需给他那黯淡乏味的外来人的自我留出用武之地。这样说来，他并不急于前往萨尔佩特里耶尔医院呈上他粗浅的资历证明想想也是在情理之中了。他到巴黎的第一个星期大部分时间倒是不辞长路四处游走，频频出入博物馆和剧院，一边又为自己孤苦伶仃而闷闷不乐——"一句德语也听不到，见不到熟悉的面孔，没有人开玩笑，一整天下来没有一丝关爱的迹象。"[3] 他站在熙熙攘攘的街道上却无人相识，这想必让他预先尝到了被冷眼相待的滋味，他认为在萨尔佩特里耶尔那样庞然的治疗机构中等待他的就是冷遇。

因此，对这个孤独的异乡人来说，用大量的可卡因来抚慰自己也是自然而然的事，可卡因似乎从来不曾青黄不接过。到 1886 年 2 月底他离开巴黎之前，这一药物都将起到重要作用，使他在社交活动中能够泰然自若。在他访学之初，作为他唯一能够依靠的慰藉，可卡因想必深受他喜爱。他旅居巴黎期间的《鸿雁书简》经常提及他使用可卡因的情况，他信中说起的许多想法、所作所为和情绪起伏也都证明了可卡因对他的影响。

举例而言，正是在巴黎，弗洛伊德经历了他第一次为人所知的幻觉体验。在《日常生活的精神病理学》（1901 年）中，他试图使自己远离"唯灵论"，做出下文这番惊人的披露：

> 我独自在国外城市生活的那段日子里——当时我还年轻——我经常听到一个清清楚楚而又充满爱意的声音突然之间叫唤起我的名字；于是我记下这一幻觉出现的确切时刻，写信回去急切询问家人那个时刻都发生了什么事。什么都没发生[4]。

我们看到，弗洛伊德在巴黎"经常"经历幻听；他没有当即认识到幻听并不真实，而必须写信"急切询问"好确认玛尔塔没有在六百英里之外对他说话。幻觉是可卡因中毒的常见结果。

然而，即便可卡因也挡不住弗洛伊德就是铁了心认定法国人全都冷酷、傲慢而且老奸巨猾。不过，巴黎一点点化解了这位心存芥蒂的批评者的敌意。以其非凡的古迹、恢宏的纪念碑和多彩的面貌，他无法指望能在当中烙下自己印记的这座城市本身就是他所见过的最让人无法忘怀的事物。克吕尼博物馆的中世纪和罗马废墟，以及卢浮宫的亚述和埃及遗迹有助于他铭记关于往昔在考古学上的概念。为了提高法语水平，他到狭窄而又闷热的法兰西喜剧院和圣马丁门剧院观看简直要叫人偏头痛发作的戏剧，阅读维克多·雨果的《巴黎圣母院》并且多次参观巴黎圣母院和卢浮宫，他很快就开始觉得自己不再那么像是个晕头转向的异乡人，而更像是一个为开阔眼界前来观光的知识分子。

巴黎也开了弗洛伊德的眼，让他看到他依然觉得恐惧的生活另一面：狂放浪荡的行为。在 19 世纪 80 年代中期，这座城市在国际上的象征符号还不是埃菲尔铁塔，而是女神游乐厅，无拘无束坦然对待身体及其需求是这里最众所周知的特色。不难想象，散步的时候天天见到那些轻佻面孔和摇摆臀部来来去去，弗洛伊德内心的躁动想必是更加强烈。花钱买春在巴黎既不犯法又唾手可得。弗洛伊德显然在晚年时告诉过玛丽·波拿巴，他并非以处子之身步入婚姻*。或许，在二十九岁那年，关于男女之事他确实学到了一二，从此开始赶上他这一辈的其他欧洲男子了。

2. 敬之畏之

1885 年 10 月 19 日，弗洛伊德终于足以鼓起勇气，走进萨尔佩特里耶尔医院。不过，毫无疑问，他实在是太紧张了，竟把贝内迪克特的介绍证明落在旅馆忘记随身带上。那天夏尔科在医院当班，但弗洛伊德觉得还是推迟到次日再上前自我介绍比较可取。等他真的上前自我介绍的时候，他担心受敷衍被草草打发的不安情绪立刻就给打消了。他发现，只需贝内迪克特的那封信，夏尔科便欣然接受他作为正规的访问学者，享有该有的惯常优待。

弗洛伊德向未婚妻初次描述起夏尔科是这么一则令人回味的小插曲：

> 十点钟，夏尔科先生来了，五十八岁的大个子，戴着高顶大礼帽，一双黑眼睛目光温和得出奇（或者更确切地说，一只眼睛看过来的目光温和得出奇；另一只眼睛则没有表情，向内斜视），长头发一缕缕别在耳朵后面，胡子刮得干干净净，五官分明表情丰富，嘴唇完全向前凸出——简而言之，看起来像个见多识广的牧师，你可以在他身上发现机敏睿智和对美好生活的感恩**。

---

* 多年来，抄写或概述波拿巴日记的打字稿一直由纽约精神分析师弗兰克·哈特曼持有，他在 1980 年 11 月 20 日向彼得·斯韦尔斯展示了其中部分内容。据斯韦尔斯回忆，哈特曼认为该日记提到过弗洛伊德承认失去处子之身一事。

** 10/21/85；L，第 175 页。在弗洛伊德《家书》1960 年的译本中，他似乎把矮个子的夏尔科看成身材"高大"——这一奇怪之处被视为俄狄浦斯式敬畏。但是有疑问的只是 großer 这个词，就是"大块头"的意思。当时夏尔科已经发福，弗洛伊德很可能指的是他的腰围而不是身高。

第十二章　疗以情感

　　弗洛伊德在奥地利的学医生涯已经让他想当然认为所有学识渊博的导师都自带严厉的权威气势。那么可以设想，当他发现夏尔科在其下属和其他人面前一派轻松自在、温文尔雅，带有几分幽默，并且乐于帮助大家，这时候他肯定吃惊不小。"总之，"他在他们初次见面之后写道，"整体氛围无拘无束，大家都平等相待。夏尔科滔滔不绝地脱口说出无数高见，提出了许多问题，还总是不失礼貌地纠正我蹩脚的法语。"[5]给众人看到的这种开明坦率本身就是权力的表现——统治者能够做到热诚友好地待人，那是因为没有人胆敢反驳他——弗洛伊德当时没有想到这一点，后来也还是依然没有想到。

　　在一个月后的《鸿雁书简》中，我们发现弗洛伊德彻底被夏尔科的自我陈述及其科学理论迷住了。这下他时刻准备着捍卫夏尔科，对抗所有质疑者。然而，有趣的是，这一新的效忠只会增强他自己的失败主义情绪。夏尔科非凡的成就已经让他看到不拼尽全力则徒劳无功：

　　夏尔科是当今最伟大的医生之一，这位才华出众而又精明强干的人，简直把我的所有信仰和意志撕碎了一地。听过他的多场讲座之后，离开时的我就像离开巴黎圣母院时那样，对于完美又有了全新的感受。但他实在是打击到我了；当我离开他时，我已经毫无欲望着手去做自己那些愚蠢的工作；到现在我已经犯懒了三天而毫无自责……我不敢说播下这颗种子是否会结果，但我确信没有其他人曾对我产生类似的影响……回到家时，我感到无可奈何，只能对自己说：重大问题都是由五十岁到七十岁的人去解决的；对于我们这些年轻人而言要对付的也就是生活本身罢了[6]。

　　为什么弗洛伊德会如此意志消沉？他告诉玛尔塔的原因实在是前言不搭后语。如果除了五十岁到七十岁的人之外，没有人能够解决重大问题——这个假设已经够荒谬的了——那一定是因为那些成功人士在他们没比弗洛伊德年长多少的时候就全身心投入探索的领域，并且几十年如一日坚持不懈。显而易见的道理应该是他现在开始就静下心来努力奋斗，希望随着时间积累成为能和夏尔科相匹敌的人，或者至少是和其并肩作战的优秀同事。

不过我们没有忘记，弗洛伊德是个急功近利的人。奇怪的是，他似乎觉得他一心渴望的目标已经是另一个人坐拥的江山了。他没有仿效夏尔科的热忱奉献，而是倾向于退居一旁，成为一个想入非非的夏尔科学派的信徒——或者更确切地说，成为夏尔科的贴身助手，尽可能接近这位伟人，仔细倾听他的每一句话，希望引起他的注意。

既然弗洛伊德完全了解夏尔科在心理研究方面的兴趣，他对神经解剖学项目就不大提得起劲了——关于死亡儿童患病脑组织的显微镜研究——夏尔科的助手根据领导要求热忱帮助访学者的指示，已经在医院的病理学实验室里为他安排了这一研究项目。没错，不出几个月他就完全放弃了这项工作。他在 12 月 3 日的信中跟玛尔塔解释这一决定时，列举了至少七个放弃的理由，从胃肠黏膜炎和空间不足到"平静有利于健康"和"在萨尔佩特里耶尔医院附近没法吃午餐"等等不一而足。不便之处倒是不假，但弗洛伊德的轻言放弃，与夏尔科在早年更加艰难困苦的环境中依然坚持不懈迥然有异，这显示出二者在性情上的天差地别。

弗洛伊德有个迫切愿望，那就是要引起夏尔科对他的好感。一想到他注定在"主人"眼中始终是那么无足轻重，一切就再糟糕不过了。"总体上来说我的幸福真是微乎其微，"他在 1885 年 11 月 12 日写道，

> 我非常害怕做任何事情，对于一切小小的障碍都心存不满。我想现在我已经过了最糟糕的阶段，但这一整个月全都白白浪费了，假如我想完成项目的话，就必须好好利用接下来的两个月时间。法国人仍然非常傲慢，难以接近，我不再喜欢夏尔科了。他从来没对我或者任何别的外国人说过一个字，人在这儿感觉处处逼仄而又孤立隔绝。

　　听到他这一番哀怨哭诉，玛尔塔颇为吃惊，她头脑冷静地提醒她的未婚夫，他能赢得这样一段空余时间到外国首都去提升自我可是一件幸事。受到训斥后，他在 11 月 17 日的信中试图学着泰然处之。"夏尔科是一个非同寻常的人，"他不情不愿地进行反思，"不管他有没有跟我说话。"

　　两天后，弗洛伊德总算振作精神，他终于告诉夏尔科他有意向参与的一个临床项目——与皮埃尔·马里共同合作的项目计划，马里曾是夏尔科的诊所主管，或者说主要助手，当时他受委托负责安排访问学者的膳宿事宜。我们从较早时的一封信中可以得知，实际上是马里先向弗洛伊德提出了这个想法[7]。虽然我们不清楚具体的细节，但马里打算给弗洛伊德一个机会，让他从事的解剖学研究能够和对萨尔佩特里耶尔医院癔症患者的观察有所联系[8]。夏尔科当即批准了这一举措。在此可以认为，弗洛伊德就是在那一刻开始他从神经病学向临床心理学的转变。

　　然而，弗洛伊德害怕即将到来的任务。"处在我这样沮丧和郁郁寡欢的状态下，"他在 11 月 12 日写道，"我断定这项新工作会拖累我，把我留在这儿待上更长的时间，会让我陷入更心神不定、更紧张焦虑的状态。"一个星期后他报告说，"看起来马里似乎想退出项目，所以我不知道我能不能完成任务"[9]。不知出于何种原因，夏尔科极有影响力的这个副手改变了主意，不与这位新人合作了。

　　怀揣作为神经组织学家前来访学的证明信抵达巴黎后，弗洛伊德获得了朝这个研究方向深入探索的途径，但他却躲开了。而后他声称效忠夏尔科关于癔症的观念以后，他又得到了第二次机会；但这个机会只不过加剧了他的焦虑感，而且提议很快就给撤回了。看起来这个新手在其职业生涯的路途上没有任何进展，没有必要再进一步迁就他。这对于夏尔科来说几乎无关紧要，他接收所有来访学的医生，与此同时又埋首于自己繁忙的日程，从来都不让自己分心。

　　然而，对于弗洛伊德来说，清算的这一天来了。11 月 28 日星期六这天，他写信给玛尔塔：

上周吹的那场东南风，或者我壮志不再，我在此弃绝了一篇出版的文章，我决定放弃与我职业生涯相关的一切以赢得你的芳心，这些才可能解释得通为什么我从星期一开始天天下午都待在家里——阅读维克多·雨果的《巴黎圣母院》或者翻阅档案资料——而对此心里没有一丝愧疚。我早就知道我这辈子不能完全耗在神经学上，但只有在这里——为什么在这里，在巴黎的一片混乱之中，我不知道——我才看了个清楚，为了亲爱的姑娘，我可以将神经学彻底放弃。不过，我对于一切并不太担忧；有朝一日，当我们并肩坐在一起时，眼下这一刻将唤起我美好的回忆。

弗洛伊德写这封报告信，已经是在他每天下午把自己关在旅馆房间里而没有回萨尔佩特里耶尔医院之后将近一个星期的时候了。他阴郁孤僻的行为向来幼稚得很，他的思维逻辑也是如此，这下他从失败的痛苦念头中躲避开去，转到有关婚姻的安逸念头上了。他当然早已赢得他"亲爱的姑娘"执手相许，但现在他却无端想象为确保她此情不变他唯有放弃一切职业志向。玛尔塔并没有向他下达过这样的最后通牒；相反，她很有可能讨厌意志薄弱的丈夫，一个大男人竟认为必须在她的爱和富有意义的工作之间做出选择。弗洛伊德病态的否认——"心里没有一丝愧疚""并不太担忧"——表明他在对抗自我谴责的斗争中注定落败。

他提及的"档案资料"涉及另一个很能说明问题的事情。他原本打算花五法郎买一本夏尔科的回忆录，结果反倒莫名其妙地听任自己斥资八十法郎，买了一整套萨尔佩特里耶尔团队 1880 年以来的论文合集，且可以持续订阅后续发表的论文[10]。玛尔塔表示对这一铺张浪费之举感到震惊，12 月 1 日弗洛伊德尴尬地同意她的看法：

我自个儿也给支出费用吓了一跳……要是我在这里有别的东西能填满时间，就不会买［档案资料］了。然而，我已从组织学和实验工作中退出来了——或者说我马上就不得不退出了——出于这个原因，我想用那套文献来补偿自己。

　　弗洛伊德对他自己"心理上有趣的错误"感到困惑不解[11]。他花费了原先计划十六倍钱的那个时候是否受到了可卡因的影响？还是正如他暗示的那样，是不是因为他未能参与任何项目而感到沮丧，脑子一时糊涂了[12]？这两种可能性并不相互矛盾，可以兼而有之。

　　无论如何，弗洛伊德已经决定这段时间静下来好好读书而不是着手做事。"我下午都在家里坐着，"他报告说，"读读书，也让兴奋的大脑休息休息。"[13]雨果的文章读起来没有夏尔科的令人紧张。"最近，"弗洛伊德写道，"我发现比起神经学，自己更喜欢老维克多·雨果的《巴黎圣母院》。"[14]至于职业前景，"照顾好自己，这样才不至于没法行动起来，同时放弃一切雄心勃勃的项目，我这个心意是一点儿都不减"[15]。

　　弗洛伊德说"不至于没法行动起来"是要作何打算呢？他可能是指当私人医生行医度日要求没那么高，用不着再为了成名而苦心寻求医学上的重大发现。他可能在想，把手伸进医药包去掏出标准秘方要比用理论折磨自己来得轻松。其次，他可能脑海里想到了他作为正常的丈夫要有能力行丈夫之事，不要因神经系统受到过度刺激而失去能力。

　　第二个用意有助于解释为什么他让自己在神经学和玛尔塔之间做选择。在这方面非常典型的是1886年4月29日的一封信，弗洛伊德在信中抱怨有一次他常犯的头痛减轻后出现了情绪持续低落和身体一直虚弱的状况，之后又告诉他的未婚妻，"我担心你将得到的是一个不中用的男人——或者［也许］你根本都不要他"。他在此担心的当然不仅仅是他养家糊口方面的能力限制。

　　当弗洛伊德写他放弃"雄心勃勃的项目"时，并不是说不管什么项目他统统放弃。在巴黎期间，他会修改先前搁置的论文，构思新的论文。当他知道他在萨尔佩特里耶尔医院一无所获时，这样忙前忙后让他觉得至少忙有所成。例如，他和在维也纳时就认识的李韦里金·达克谢维奇——这位颇有造诣的俄国神经学家当时也同在医院访学，一起构思完成了一篇关于大脑解剖学的论文并于 1886 年发表。该论文陈述了两人在来巴黎之前分别独立获得的研究判断。

弗洛伊德放弃实验室研究后，他马上又开始写起了一本关于神经病理学的教科书，虽说该书始终都未能完稿[16]。鉴于他经验有限，这个项目似乎不切实际。后来他对玛尔塔谈及这本书的相关评论表明，写教科书只是他用来对抗越发强烈的徒劳感的一种手段罢了。

这种感觉在 12 月初达到了顶点，当时弗洛伊德已经决定缩短他的访学时间，尽快离开巴黎。他敢肯定他会想念这座了不起的城市，如今他非常喜爱这座城市，他再也不会每每想到巴黎就耿耿于他在萨尔佩特里耶尔医院的不走运；他会想念夏尔科，在他眼中夏尔科依然是神一般的存在。但是在专业训练和成就方面，他觉得自己一败涂地。未婚妻为他加油鼓气的信只能暂时让他稍微乐观一些。就在这一刻，1885 年12 月 14 日，他对玛尔塔黯然垂思，"谁知道我再过多久就要又一次崩溃了"。

弗洛伊德的计划原本是在圣诞节前就离开巴黎，假日期间去看望玛尔塔，然后返回维也纳，他巴黎的这段经历没有任何实质性内容可以拿出来显摆。但是他在巴黎久别重逢的老熟人贾科莫·里凯蒂——一位年长他二十四岁、出生于塞尔维亚的犹太医生，敦促他 1 月回到巴黎继续追随夏尔科；里凯蒂的劝告奏效了。然而，这次之所以改变计划，并不是因为弗洛伊德现在可以设想自己终究会成为一心研究癔症的科学工作者。恰恰相反，他找到了一种博得夏尔科欢心的有效方法，而里凯蒂帮他看清了局势，坚持到 2 月，他便可以巩固优势，夏尔科的支持也就指日可待了。

3. 译出名堂

"今天我冒出来一个愚蠢的念头，"1885 年 12 月 9 日，动辄陷入绝望情绪的弗洛伊德写信给未婚妻时一反常态：

夏尔科的《课程》第三卷还没被翻译；如果我求得他的许可，把书
翻译过来怎么样？要是译书的许可还没授予前两卷的译者就好了！
情况恐怕大抵如此，我最好还是打消这个念头吧。我且去问问看是
不是真的无能为力了。

此处提到的书将在 1887 年以法语版面世，那是弗洛伊德翻译成德
语一年之后的事了，该书并不是夏尔科的《星期二课程》，而是他《关
于神经系统疾病的课程》的第三卷也是最后一卷[17]。

译者这一角色对于弗洛伊德而言并不是什么新鲜事；我们记得 1880
年他曾将约翰·斯图尔特·密尔的若干文章翻译成德文。这一次，他更
关心的是获得足够的报酬。后续部分信件显示，他与出版商就稿酬问题
发生过争执，他还计算稿酬够不够让他把婚期提早一些。然而，在这件
事情上，显然有一些动机还是压倒了一切：攀上大人物的名字来打响自
己的名气，赢得夏尔科对他的信心，让他心目中的英雄在他们行将分别
的时刻到来后依然能长存不忘。

弗洛伊德将法语译成德语的语言资质不怎么显而易见。自打他生
平头一遭沉浸到法语这门语言中以来只不过才五个月时间。在 1885 年
10 月和 11 月目睹莎拉·伯恩哈特和其他人舞台上的风采时，他只能大
致弄清楚他们都在宣称些什么理念。不过一旦有需要，弗洛伊德总是学
得很快，他在巴黎期间一直阅读维克多·雨果和夏尔科本人写的法语散
文。再说，夏尔科不管是讲授课程还是写作，其语言风格都相对朴实无
华，对于神经学家同行而言内容并不算晦涩难懂。

鉴于 1885 年 12 月弗洛伊德进退两难而又意志消沉的状况，他这
一"愚蠢的念头"对于振奋精神的重要性恐怕再怎么着都不算夸张。这
个机会实在太重要了，可不能跟夏尔科随意聊一聊就贸然提出，尤其
是弗洛伊德的法语还说得那么磕磕巴巴、发音不准。需要好好施展一番
手腕。他立刻草拟了一封信，争取让他的朋友里凯蒂一家来进行修改
润色。

两天后，他可以汇报说，"里凯蒂夫人修改了那封信，深信恭

维行之有效的里凯蒂先生又在字里行间点缀上一些对夏尔科的溢美之词"[18]。

那封信以如此般浮夸风格开篇：

> 您的演讲至今两月犹余音绕梁，您的妙手回春让人心悦诚服，我不由想毛遂自荐，将您的《课程》第三卷翻译成德语，倘若您想有位译者而且您也同意采用我译作的话[19]。

夏尔科在三天后对此正式表示首肯，他想必感觉很幸运，能够得到这么一位翻译，其法语书面表达竟有如此优美文笔实属始料未及。

到了将近四十年后，当弗洛伊德开始撰写他的《自传研究》时，与这封信相关的种种细节在他眼中已经变成完全不同的模样。对于巴黎访学岁月起初的阶段，他在那几页回忆中声称，他在萨尔佩特里耶尔医院默默无闻，也未能获准参加员工活动。但"有一天我听说，"他写道，

> 夏尔科表达了遗憾之情，说自从战争开打以来，翻译他课程讲稿的德语译者就此杳无音信；他接着又说，如果有人愿意接手将他的新一卷课程翻译成德语的话，他会满心欢喜。我写信给他，主动提出说我愿意来翻译……夏尔科接受了我的提议，我被纳入了他的朋友圈，从那时候起我全面参与了诊所的所有活动[20]。

这故事很动听，但不管在实质上还是细节上都不符合真实情况。首先，弗洛伊德在向夏尔科进行自我介绍之后，就已经得到了供他原本计划的解剖学项目使用的实验室空间。夏尔科亲自写信给一位从事学术研究的同事，为这项研究任务要来患病的大脑样本。弗洛伊德获准随时都能进入夏尔科的病房，跟着他四处转悠，与工作人员自由交往。后来，正如我们所知，夏尔科已经批准弗洛伊德与他新任的副手皮埃尔·马里单独合作开展另一项研究——这对于年轻的访学者而言是不同寻常的优待。弗洛伊德说他在成为夏尔科的译者之前一直被忽视，这一论点掩盖

了这么一个事实，即他已经在人家为他慷慨创造条件的研究项目中两度失败，整个人垂头丧气而又心烦意乱，就等着提早离开巴黎。

在1885年底和1886年初那几个月，按部就班的翻译工作非常适合让弗洛伊德的心态重归平静。到12月13日，从夏尔科那里得到积极答复之后那天，他都在勤奋工作[21]。次日他写信给玛尔塔说，（二十六篇）讲座稿中的第一篇翻译不日就能完成，准备交给作者细读。

到了12月16日，也就是想到夏尔科和他自己都很可能因此财运亨通的一周之后，弗洛伊德已经找好了特普利茨和多伊蒂克出版社，社长愿意在莱比锡和维也纳同步推出这本书。到1886年1月10日，他已经向身处维也纳的弗朗茨·多伊蒂克寄去了一段文章。5月，两篇讲座稿成文出现在《维也纳医疗周刊》上。1886年7月18日——弗洛伊德在译序中附加落款的日期——过后不久，该书就将出版问世。

新年期间等待着弗洛伊德的，是他的地位将发生不可思议的变化。情况并没有当即显现出来，因为夏尔科生病了，有两个星期没露面，这使得眼下经重新安排住进了吵闹的膳宿公寓的弗洛伊德承认，"只要夏尔科康复了我这下就心满意足"[22]。等夏尔科1月13日归来时，弗洛伊德急切寻求一切表示赞许的迹象，他相信他察觉到了一种前所未有的温情态度：

> 今天夏尔科又出现了，魅力丝毫不减，但看起来脸色苍白，过去几周下来他已经老了不少。他一看到我就朝我走来，握着我的手说了几句话，我觉得他说的是回不来了。我说很高兴您健健康康回来了！尽管我自认独立不羁，但也为他这一番关照感到自豪，因为他这个人我必须奉为上司，而且我也乐于将他奉为上司[23]。

我们或许会好奇，夏尔科在这场漫不经心的见面中究竟表现出多少关注度。不过他确实开始将弗洛伊德视为在扩展国际声誉方面能派得上用场的人。他们之间的关系会在1892年随着两卷本《星期二课程》的第一卷译本的问世而再度有所进展[24]。翻译、审核以及修改等一系列统筹安排工作将为两人保持书信往来奠定基础——尽管我们会发现，夏尔科这一方会越发急躁，因为他开始注意到弗洛伊德有他自己的战略计划并且不会被过去的效忠所动摇。

夏尔科在重返工作岗位后对弗洛伊德另眼相看，弗洛伊德因此感觉如沐春风，这成为后来寄自巴黎的那些家信的主题。作为夏尔科的译者意味着有权利私下向他请教问题，不仅可以在医院请教，还可以在他位于巴黎最时尚街区圣日耳曼大街 217 号的气派的联排别墅中请教。对于弗洛伊德而言，那座房子令人敬畏的程度简直不亚于巴黎圣母院，而获准得以进入其内部的圣殿——夏尔科的书房，那更是童话般的经历了。

弗洛伊德开始觉得自己是国王的宠臣：

> 这下我是夏尔科家里唯一一个外国人。今天，一些薄薄的独立选印本（英文）给送来了，他递给我一本，很快我便逮着机会给他留下一定的印象。他正谈起一个病人，其他人都在笑，我插了一句，"您在课上讲过这个案例"，还引用了他一些话。这么一来他似乎挺开心的，一个小时后他对助手说："你将和弗洛伊德先生一起做这个病例观察"，然后他转过来问我是否愿意与巴宾斯基先生一起"做病例观察"。我当然没有异议。这个案例在他［夏尔科］看来很有意思。在我看来未必如此，但我很可能不得不和那位助理一起合写一篇论文。不过这故事的重点在于他竟然注意到我了，而那个助手就好像变了个人[25]。

这段文字毫不遮掩地讲述了通过阿谀奉承的方式而获益的一次尝试，再次表明弗洛伊德在情感需求和科学决策之间倒向了情感需求。夏尔科的话对他来说就是金科玉律，他因此将"很可能不得不"与人合著一篇主题在他看来乏味无趣的论文。正如他清楚地指出的那样，"故事的重点"是夏尔科认可的迹象——同时也提升了他在助理眼中的地位。

此处谈到的那位助手可不是无名之辈。尽管约瑟夫·巴宾斯基比弗洛伊德小一岁，但他 1885 年关于多发性硬化症的医学论文就引起了广泛的赞誉，当时他作为夏尔科最器重的学生备受瞩目。他在弗洛伊德到来之后不久便接替皮埃尔·马里成为实习医生总长，并且一直担任这一职务到1887年。巴宾斯基在漫长一生中将成长为最令人高山仰止的临床神经学家之一，名下有超过两百篇论文和众多医学发现。他也会成为——至少在一段时间内，萨尔佩特里耶尔癔症学说最具影响力的支持者。

弗洛伊德1月27日的信继续写道：

> 我在上午十一点接手这个案例，当时夏尔科不在。我搞定了这个病例，而且惊讶地发现我其实可以与法国人沟通。观察的结论拖到下午四点才出来，助手邀请我（！！）与他还有医院其他医生到实习室共进午餐——当然，是应邀作为他们的客人去。大师一点头就有这样的结果！
>
> ……于是一整天都在萨尔佩特里耶尔医院度过……然后那个助手走了，他可能并不急于在研究中与我一争高低，我不像他是初学者，一刻钟之内我就都搞清楚了，还就此跟他做了交流。

有望与巴宾斯基这等水准的医生合作，估计这是弗洛伊德千载难逢的机会。但在这封信中流露出的却是不合时宜的幸灾乐祸。竞争对手不是简单被击败即可，而是必须一概不予以考虑。

正如弗洛伊德次日信中所写的那样，"征服夏尔科的行动正迅速取得进展"[26]。在这几周当中，他最大的乐趣似乎是感觉自己不仅仅是王者扈从人员中真正的一员，而且还被特别予以赞扬。因此2月9日一件看似微不足道的事情又让他激动不已。一位自命不凡的维也纳水疗家想见夏尔科，他到膳宿公寓来拜访弗洛伊德，他们一起去萨尔佩特里耶尔医院。这个人呢，弗洛伊德写道，

> 自认是了不起的神经病理学家。他以一副居高临下的架势做出种种评论，我只是默默听着，大步流星向前走，心想报应肯定马上就要

来了。他带着一封给夏尔科的介绍信，信里极尽溢美之词：他之所以来到这里就是为了见一见当今世上最伟大的医生。我不知道他期待受到什么样的接待。虽说我敢肯定事情会很有劲。的确，他一奉上介绍信，夏尔科只说了"乐意为您效劳，先生！"接着他又补充了一句，"您认识弗洛伊德先生吗？"听到这话他吃了一惊，而我低下头，暗自高兴[27]。

弗洛伊德那种不安全感和不良居心在此处已经非常明显，在后来更为人所知的许多事件中他都有典型的类似表现。然而，更有意思的是，这些特点扭曲了他的认知观念。用不着多熟悉法语也可以知道"您认识弗洛伊德先生吗？"几乎就和"乐意为您效劳"一样，都是不经思索脱口而出的表达。实际上，这句话如"很荣幸见到您"一样流于形式，弗洛伊德到最后才明白那只是一句空话。但夏尔科仅仅是把他的名字给说出口，在弗洛伊德听来就成了对外来闯入者的毁灭性谴责。

4. 近乎家人

自 11 月中旬以来一直与弗洛伊德相处甚欢的里凯蒂夫妇于 1 月 26 日离开巴黎，但贾科莫走之前无意中还为弗洛伊德赢得了一份邀约，到夏尔科位于圣日耳曼大街的豪宅去参加机不可失、千金难求的星期二晚会。夏尔科原本只是打算邀请里凯蒂，但当时里凯蒂就站在弗洛伊德边上。夏尔科与医生们打起交道向来都是礼数周到，于是他向弗洛伊德也发出同样的邀请。

鉴于弗洛伊德的法语口语问题，星期二的派对——他一共参加了三次，除此之外还有三次在夏尔科书房中举行的编辑工作小会——对他来说不啻一场折磨。然而，每一次晚会的邀请他都志在必得地牢牢把握住，请柬本身还寄往温斯别克作为珍贵的纪念品以资留念。西格蒙德在 2 月 1 日写道，三次晚会中最后那一场无疑乏味至极，因为他到场的新鲜劲儿已经过了，没有人对他感兴趣；但他仍然"欣然赴约，我可以在维也纳自豪地宣称我曾六次受邀到夏尔科家参加晚会"。

《鸿雁书简》显示，弗洛伊德从他日渐减少的资金中悄悄拨出钱来购买正式的晚礼服，请求玛尔塔给他寄来合适的领带，而且在每个星期二跨入那富丽堂皇的门槛之前都先用可卡因让心神安宁下来。他猜想，倘若没有这一药物刺激，他就没有胆识去和应邀到场的一众名流交谈。当然，对他而言，同诸如他认识的巴宾斯基、马里和日勒·德·拉·图雷特等那些已经被视为够格参加晚会的萨尔佩特里耶尔医院的员工聊天就要来得轻松。弗洛伊德对他们热情友好的迹象照单全收，但同时继续无端想象，他自己的地位尤其与众不同。可卡因肯定也有助于达到这一效果。

不止一位评论者提到过，弗洛伊德奉夏尔科为偶像并且声称与他的关系非同一般，他自视是继承夏尔科衣钵的正当传人。如此一部内心剧存活在一个已经成长到不再理想化亲生父亲的孩子的想象中，这将构成弗洛伊德 1908 年一篇名为《家庭罗曼史》文章的主题[28]。他详细阐述其中的模式，一个幻想着自己属于地位较高的替身家庭的男孩"离他今天所认识到的父亲而去，投向那种他在童年之初信仰崇拜的父亲"[29]。弗洛伊德声称，在经历过青春期进入成年以后，只有神经官能症患者才没能将这种正常的幻想抛在身后。

对于推崇精神分析的弗洛伊德而言，家庭罗曼史描述的是俄狄浦斯情结的派生物。然而，没有任何文字证据表明，弗洛伊德把自己想象成投向夏尔科夫人怀抱的竞争者。他对于她的财富诚然印象深刻，但对于"圆滚滚"且"看起来不那么雍容华贵"的她这个人本身却无动于衷[30]。但假如我们剥除家庭罗曼史的外衣直视其最本质的内核——也就是对于融入一个更显赫家庭的渴望，毫无疑问，弗洛伊德在 1886 年初就全身心沉浸在这样的幻想之中。

弗洛伊德和众多来到夏尔科豪宅作客的其他人一样，希望能凭借大师的垂青而飞黄腾达。然而，最能成事的办法便是加入夏尔科现实生活中的家庭；这正是弗洛伊德再怎么徒劳也依然想入非非的人生道路。夏尔科有两个孩子，一个十九岁的儿子和一个二十岁的女儿。他们两人都出现在弗洛伊德的幻想世界中——一个是他嗤之以鼻的争夺夏尔科青睐的对手，另一个则是比起《鸿雁书简》的那一端更加名副其实的公主。

弗洛伊德寄往温斯别克的信中每每提到夏尔科的儿子总是冷漠而不屑一顾，仿佛这个小他十岁的年轻人除了姓氏之外一无是处。至于他的名字，让-巴蒂斯特，弗洛伊德都提不起劲将它准确记住。但是娇小活泼的让娜·夏尔科引起了他的浓厚兴趣，他在缅怀她父亲的悼念文章中称她"极具天赋"[31]。"好，设想一下我还没有谈恋爱，正踏上人生冒险之旅，"他在《鸿雁书简》中故意打趣，

> 那就免不了要给迷得神魂颠倒，一个年轻姑娘具有钦佩之人的种种特征，那真是最危险的事情。然后人们会嘲笑我，把我扫地出门，于是［但是？］我会因一场美丽的冒险体验而内心更丰富。还是现在这样比较好——[32]。

在此，玛尔塔·贝尔奈斯——家道中落但还维持体面，性情质朴，依然忠于她信仰的宗教，父亲因欺诈而入狱后家里失去了顶梁柱——被告知她的未婚夫抱有追求一个家教良好的姑娘的念头，而且这姑娘的母亲素来锦衣玉食，父亲又是世上最令他崇拜的人。要告诉玛尔塔的潜台词几乎不可能再明白了：为了你，我牺牲了浪漫、富足和专业发展的优势。难怪弗洛伊德在收到来自温斯别克坚决据理力争的回信后听起来很是悔恨。

然而，弗洛伊德依恋的是夏尔科本人而非他的女儿。这位法国人与其说是他的老师，不如说是他的守护神——这位保护者庇佑他，而他又以实际行动表达他最深切的敬意：给长子起名为让·马丁·弗洛伊德。弗洛伊德援引莎士比亚的典故，收集古董，研究鬼神学，或者参观基督教历史上可怕事件的旧址，这些时候他不仅仅是在仿效夏尔科，他更是在调配构成他特性的各个部分。

1886 年 2 月 25 日，弗洛伊德在最后一次跟夏尔科告别时带上了他这位偶像的肖像照片，照片适合签上名装裱起来。他其实用不着如此大

费周章，夏尔科多的是这类用于赠送的照片。他客客气气签上大名的那张照片还附有范式铭文，将被镶入一个微型画架并安放在弗洛伊德咨询室的书桌上 [33]。为完成第一个办公室的软装，西格蒙德还会在 1886 年 4 月 7 日吩咐玛尔塔绣出一个匾牌，上面是这个老套的座右铭：

必须有所信

J. M. 夏尔科

不管夏尔科说的"信"究竟是何意，对弗洛伊德而言，这可能意味着相信他自己会成功，这成功或许命中注定，或许出于老师的缘故而至少给助推了一把。

5．一切就绪

尽管弗洛伊德旅居巴黎的日子因他与夏尔科的往来而显得颇具意义，但他也意识到他没能证明自己优于其他门生。他这种自卑感在 1886 年 2 月 2 日晚上尤为强烈，当时他准备赴夏尔科的豪宅参加一场令人诚惶诚恐的晚会。他写信告诉未婚妻，他刚刚服下意在为自己注入社交勇气的可卡因使他"相当健谈"（geschwätzig），讲起他生活中那些有碍轻松获胜的因素来就没完没了。一段已经部分引用过的文章是这么说的：

[我吃的苦头包括] 贫穷、为追求成功而长期挣扎、几乎无人赏识、过度敏感、紧张和忧虑……我觉得人们会注意到我身上有格格不入的地方，而真正的原因在于，我年轻时从未年轻过，现在我已经成年了却无法相应地成熟起来。有那么一段时间，我雄心万丈又对知识如饥似渴，我日复一日为自己感到苦恼，因为造化没有如她兴致盎然时慷慨恩赐于人的那样在我脸上烙下天才的印记。从那以后，我就知道我不是什么天才，也不明白我怎么会那么想成为天才。我

甚至都算不上多有才华[34]。

弗洛伊德这段坦陈之词充满伤感自怜，也只字未提任何他感兴趣的研究领域，然而，他却一反绝望的自我评价，设想最终有个成功美满的大结局。他写道，凭借他坚定的性格，又不存在明显的知识缺陷，再加上"天时地利人和"，他甚至可能"比［享有盛名的医生］诺特纳格尔获得更多的成就，我认为自己远胜过他，有可能企及夏尔科的高度"[35]。

但即便是可卡因——这段文字显而易见的灵感源泉，也无法让弗洛伊德相信自己能够单枪匹马成就伟大事业。不过这种药物诱发了他征服世界的旧幻想。那些轻视他、拦阻他的人如果认为他会继续卑躬屈膝、继续忍气吞声的话，可就会震惊不已了：

> 你知道布罗伊尔有一天晚上跟我说什么了吗？……他说他发现在我羞涩的外表下，隐藏着的是一个极其大胆无畏的人。我向来都这么认为，却始终不敢告诉任何人。我常常觉得自己继承了我们的祖先捍卫其圣殿而展现的全部反抗精神和所有激情，我乐意在某个伟大时刻舍弃我的生命[36]。

后来作为激进阵营的领袖一展尚武热情的弗洛伊德在此初次亮了相。然而，在1886年，英勇殉难是他能想象到的最高荣耀了。即便如此，他在巴黎的实际行为——他没能巧妙获取夏尔科的好感时便把自己关在旅馆房间里生闷气，距离所谓的勇敢可谓相差甚远。这位幻想要干一番大事业的空想家"始终不敢告诉任何人"他是多么"大胆无畏"。

如果说弗洛伊德在巴黎旅居岁月行将接近尾声时感觉到至少时不时充满活力的话，那不是因为他发现他可以走上治疗师或理论家的职业发展道路，而是因为他这下感觉自己是夏尔科本身的超然力量的载体。在1885年12月12日的《鸿雁书简》中已经暗示过占支配地位的男性力量吸纳了他。西格蒙德在信中告诉玛尔塔，他自以为近来在接近夏尔科的过程中表现出的勇气来自本身，其实源自夏尔科[37]。他写道，自愿归顺于一个人后，他就不再需要让自己服从于其他任何人[38]。正如两个月后西格蒙德告诉玛尔塔的，"夏尔科给我留下的弥足珍贵而又欣喜若狂的回忆，在某种程度上几乎就像我与你共度十天之后［我那种感觉］。仿佛我体验了极为美妙的东西，谁也无法从我身上夺走。和同事打交道时，我也觉得比以往任何时候都来得更自信、干练、经验丰富"[39]。

然而，弗洛伊德的专长是循规蹈矩，尤其与德尔伯夫不一样，他完全忽视了夏尔科那套做法的谬误。在萨尔佩特里耶尔医院，他从事的是一个无关紧要的服务项目，该项目结合四种因素共同产生可检查到的症状，四种因素分别是：住院病人的既往医疗情况；病房文化；接受灌输的医疗团队为强化夏尔科理论而抱有的期望；为配合试验软硬兼施，将期望扩展为诱因的做法。假如能头脑清晰地对这一情景加以分析，本可以推断出在强制环境下"知识生产"的一整套徒有其表的社会学。不过弗洛伊德在巴黎的批判性反思记录为零。

不管是到巴黎游学之前还是游学期间，弗洛伊德已经接触过大量针对夏尔科做法的尖锐批评。早在 1878 年，《柳叶刀》——弗洛伊德在获得游学奖学金之前也投过稿的一份优秀期刊——就有一篇未署名的重要评论，抨击了夏尔科对于金属疗法的不切实际的宣传，并补充说：

> 在我们看来，问题在于大家都被错误推论的陷阱给困住了，情况比夏尔科教授愿意承认的来得更严重、更数不胜数；我们认为同行将会暂缓判断，直到相较萨尔佩特里耶尔医院那些训练有素的病人所提供的情况而言更独立可靠的证据出现[40]。

到弗洛伊德抵达巴黎的时候，那些训练有素的病人已经酿成了国际丑闻。但对于夏尔科的持续贬低评价似乎对弗洛伊德毫无影响。他关注的不是就方法和结论作出判断，也不是倾听了解患者的故事，而是预防自己的自尊心崩溃。为此，他亲自向夏尔科寻求信心注入；而唯有相信他的偶像完美得无懈可击，这个方法才可能成功。

然而，这种对于借助而来的力量的渴望不利于未来的心理学生涯。

在数月时间里近距离观察夏尔科的弗洛伊德从来没有注意到夏尔科身上的那些特征：自大狂、戏班经理、终日逐利者、左右局势者、虐待者或心神不定的暴君，——其热情友好的表现是以永远不会有人反驳他的看法为前提。认为必须对这些明显特征视而不见的年轻人到后来还要进入更加难以接近的"无意识"领域，其研究资质恐怕很成问题。

一些对于夏尔科的冷漠举动深感震惊的作家简直无法相信弗洛伊德竟然那么尊敬他。在《奥古斯蒂娜（重癔症）》中——据说这是"关于癔症的新女权主义戏剧"中"最重要的剧目之一"——安娜·弗斯描绘了一个心生忧虑而又忿忿不平的年轻的弗洛伊德如何奋起反抗他那专横而又冷酷无情的东道主[41]。这个虚构出来的弗洛伊德已经具备了最初精神分析的好奇心和敏锐性，对于遭受虐待的奥古斯蒂娜深表同情。他一路逐渐成长为癔症研究领域的皮内尔，仁爱慈悲又富于开创性。

为了达到夸张效果而必须引发戏剧冲突时，使出什么手段都是正当的。然而，在这个例子当中，最牵强附会的自说自话不是"弗洛伊德博士"在 1880 年前后，也就是奥古斯蒂娜骗过羁押她的看守而成功逃跑的这个错误时间出现在萨尔佩特里耶尔医院，而是他对夏尔科冷酷无情行事的不满。法国人对癔症患者的统治实际上令弗洛伊德兴奋不已，还引起了他的嫉妒之情。因此，当他最后成功得到老师的欢心时，"我对夏尔科只有一句话要说"，他在 1886 年 2 月的一封信中扬扬得意，"我可以随心所欲对待病人"[42]。

作为局外人，弗洛伊德可能不怎么利用这项许可。然而，他品尝其中滋味，这表明他与夏尔科同心协力，都不把萨尔佩特里耶尔的住院病人完全当作人类看待。据我们所知，他一次也不曾考虑过，日复一日遭到羞辱的他们，其福祉是否受到保障。当时他也未必质疑夏尔科倚赖的催眠术——一个人的心灵压倒另一个人的心灵——是否是探究癔症根源的最好方法。只要弗洛伊德能够熟练掌握，这一做法将成为他自己选择用来探究的手段，结果与夏尔科的一样，不是取决于心理上的洞察，而取决于预先假定的暗示性透露。他正在给自己挖一个阐释的深坑——正如我们将看到的，他永远都无法爬出这个深坑。

第十三章

胜负难定

1. 向前辈挑战

等到 1886 年 2 月底离开巴黎的时候，弗洛伊德再怎么闭目塞听也已经知道，夏尔科和他最终的克星——来自首都以东一百七十五英里开外的南锡大学的伊波利特·伯恩海默——正在就催眠术和认知失真的问题展开激烈辩论。早在 1882 年，神经学家伯恩海默便已经转向催眠治疗，那是在他注意到曾为当地农民提供无偿治疗的乡村医生安布鲁瓦兹·奥古斯特·利埃博的成就之后。伯恩海默自己很快就凭催眠之下的心理暗示成功祛除病症从而远近闻名[*]。但也正因如此，他认识到催眠不能作为可靠的研究手段，而夏尔科并没有意识到这一点。伯恩海默的指导准则属于某种心理学上的测不准原理，那就是：人不能用一种一旦投入应用就会改变受试者的方法来揭示受试者的心理状态或历史。这个准则应用于催眠术尤其贴切，因为催眠术正好旨在让受试者顺从操作者的暗示。

必须承认，暗示这一关键术语包含相互冲突的两种意义，包括对受

---

[*] 参见，例如伯恩海默 1965，第 215—407 页。众所周知，催眠不仅会影响心理癖性，还会影响胃肠道、心血管和呼吸系统甚至皮肤。参见，例如保罗 1963；奥恩和丁格斯 1989；弗兰克和弗兰克 1991。

试者的信念及行为加以有意和无意的改变。夏尔科知道他在实验上"暗示"了这类变化（瘫痪、挛缩、幻觉），但他从未意识到他无意中"暗示出"（流露出）他希望受试者符合萨尔佩特里耶尔的期望。他忽视了后面这层意思，导致他将有意识的心理行为——屈从于他默认的期望——误认为能够证明受试者原先就易于患上大发作癔症。

谙于深刻反思的伯恩海默认识到，催眠术只是普遍现象中的一种特例，其中强大的一方可以将想法强加于较弱的一方。因此他也发现，如果没有考虑到暗示性，研究人员不免会无视他们对自己研究结果产生的影响。后来的心理学家采取实验控制，将潜意识的影响作为研究对象本身来对待，这时候他们就是以伯恩海默的态度来行事。因此，现代每一个学习虚假记忆如何形成的学生都要感谢伯恩海默，因为他曾提醒过，持续的压力会导致胆怯的受试者"回想起"从未发生过的场景。

伯恩海默在两本书中陈述了他的态度立场，这两本书出版于弗洛伊德旅居巴黎前后：1884 年简明扼要的《论催眠状态下和清醒状态下的暗示》以及 1886 年更详实也更出名的《论暗示及其治疗应用》[1]。夏尔科没有纡贵降尊去予以回应，但随着威胁越来越大，他祭出重器对准伯恩海默：乔治·日勒·德·拉·图雷特、约瑟夫·巴宾斯基、阿尔弗雷德·比奈和夏尔·费雷，他们从 1884 年到 1889 年间一直开足火力，在期刊和书中重申萨尔佩特里耶尔的正统观念，嘲笑所谓无意中的暗示其实是个空洞的概念。但到了 19 世纪 80 年代末，伯恩海默显然赢得了胜利。即使在 1885 年，论战各方都已经知道，唯有夏尔科的支持者能够驳倒那些认为他们每一项发现都受到暗示影响的指控，萨尔佩特里耶尔的管理才能继续下去。

即便是弗洛伊德，最终也不得不就伯恩海默的挑战发表意见——然而，那并非因为他意识到其重要性，而是因为他再也不能对有根有据的看法的大势所趋视而不见了。不过在 1886 年的冬末，他根本无法深入细想伯恩海默的论点。因此，当这下冒险要捍卫夏尔科的看法时，他得确保完全不把巴黎和南锡之间的论战纳入考虑。

弗洛伊德原本计划在柏林待上三个星期，然后再前往温斯别克和维也纳。随着实际情况的发展变化，他不得不将温斯别克的短暂看望之旅（3月26—29日）塞进柏林的居留时段内，他在柏林从3月1日一直住到4月3日。他1886年3月的《鸿雁书简》——这个月他和一群儿科神经科医生待在一起，为他即将在马克斯·卡索维茨的儿童疾病公共机构筹建中的神经科担任负责人而作相关准备——暴露出前所未见的好斗状态，围绕的中心是迎击一切反对者而为夏尔科辩护[*]。

弗洛伊德写道，事业有成的日耳曼医生们面对夏尔科的吸引力全都无动于衷。"说来奇怪，这里人人都认为夏尔科的诊所里多的是骗人鬼话，"3月6日的一封信说，"认为他在研究的东西无非是好奇心罢了。"弗洛伊德没有自问那些批评者是否多少有点道理，反而认定是他们落后于时代。如他在3月5日所评论的，"毫无疑问；反对夏尔科的人着实落伍。相形之下更让我看到此人真正的伟大之处"。他毫不气馁，代表他"亲爱的师尊长者"（meinem lieben alten Herrn）向一些德国人展开游说[2]，还觉得自己是在思想开明的年轻一代中争取皈依者[3]。

尽管弗洛伊德多少担心回到维也纳后自己整个人一副激进的夏尔科学派信徒的样子，但他干劲十足，义无反顾。"我彻底忘记了羞怯感"，他在3月18日写道。3月25日他说："对维也纳不怎么怀念，但也绝不会近乡情怯。"最终到了4月2日，他在柏林最后的那个全天，他以山雨欲来的好战口吻慷慨陈词，"我全都准备好了……'满腔豪情，深信必胜'——会牢牢记得那个胆小怯懦的时代已经结束"。事实的确如此。他旅居巴黎之前的怯懦如今被夏尔科、可卡因和巴黎本身给治愈了，取而代之的是一个认准死理的狂热分子，感觉自己背负着一份使命，要在维也纳创建起对他亲爱的大师的崇拜。

不过弗洛伊德先有若干情况要说明一下。尽管助学金微薄，但他确

---

[*]　卡索维茨的这个职位——虽是兼职又无报酬但受人尊重——是弗洛伊德还在巴黎时卡索维茨就试探性地向他提出来的。他将从1886年到1895年担任这一职位，收集宝贵的病例材料以期发表神经学方面的论著。然而，奇怪的是，他后来在创建心理学理论中完全没有用到这项证据，甚至还矢口否认他有任何和儿童患者直接打交道的经历。见例如SE，7：193n；9：214；20：39。

实是受到了资助，要在巴黎达成两个目标：其一是学习那里怎么开展神经学研究，其二是对死后的儿童患病大脑进行自主研究。从他维也纳同事的视角来看，他违背了这两项承诺，空手而归。因此，他重返岗位需要用心耍点手腕补救一番。

然而，弗洛伊德 1886 年 4 月 22 日提交给医学院的书面研修报告完全没有表现出一丁半点圆融老道 [4]。他在报告中说——原本的申请书中对此只字未提——他到萨尔佩特里耶尔访学的主要目的是权衡评估耳熟能详的关于近来夏尔科及其同僚没有辨别是非的能力且往往"夸大"他们关于癔症的草率发现的这一控诉 [5]。这正是弗洛伊德的一众上级基于充足的理由仍然秉持的观点，想必他们也很好奇，想了解他们这位获得助学金的访学者针对夏尔科提出的主张都进行了哪些有效性测试。但是因为不曾进行过此类测试，所以弗洛伊德绕开了这个问题。相反，他写到"伟人"的诚挚、魅力和开放姿态，好像这些特质就可以保证正确无误的科学结果。"如此般的人格魅力，"弗洛伊德宣称，"很快就让我只到这一家医院访学，而且只寻求一个人的指导。" [6]

弗洛伊德继而在报告中阐述了夏尔科最热衷的重癔症症状。他甚至还谈到了"致癔症点"，据说这是夏尔科在意外受伤的皮诺身上发现的 [7]。按照弗洛伊德的说法，多亏夏尔科的种种努力，"癔症已从神经官能症的一团混乱中跳脱出来，得以与其他具有相似表征的疾病相区别，拿得出一套症状学的内容，尽管涉及众多方面，但因此再也不可能怀疑其中自有章法可循" [8]。

这样言之凿凿地提出观点，却没有摆出一丁点证据来证明为什么"不可能"加以怀疑，必然会引起一些人的不满。弗洛伊德确实提到了他最近在柏林著名的慈善医院看望的那些同事尚未注意到他们的门诊病人身上有夏尔科学派信徒所说的癔症"圣痕" [9]。在谈及萨尔佩特里耶尔之外重癔症鲜见的众多评论者中，恐怕就只有他一个人没有意识到这种疾病的完整性因局限于那一环境而遭到怀疑。

弗洛伊德极为固执己见地支持夏尔科最不可思议的概念，即所谓"深催眠"神经官能症。将催眠术这种两相情愿的操作实践归类为一种疾病，想来怎么也说不通，但是夏尔科在信念驱使下到达了极端程度，认为只有癔症患者才能被催眠，这遭到伯恩海默和德尔伯夫的明确驳斥。对于夏尔科来说，深催眠与重癔症略有不同，但在某种程度上它本身就是一种症状。这两种神经官能症内涵外延之累赘并没有给弗洛伊德造成困扰，他将深催眠算作夏尔科最了不起的发现之一。"我惊讶地发现，"他写道，"事情就明明白白摆在人的眼前，不可能加以怀疑，但对于这些事情除非亲身经历否则就不相信，那也是够奇怪的。"[10]每位舞台上的魔术师都希望底下的观众全是像弗洛伊德这样的目击者。

完成了从学生到老师的转变，他对维也纳人的再教育运动才刚刚拉开序幕。1886 年 5 月，他曾两度做了（内容可能相同）以催眠术为主题的讲座，面向的是维也纳生理学俱乐部以及精神病学和神经学协会这样的学术机构[11]。然后，他又贸然打算在最著名的论坛上发表演讲——医师协会，协会那富丽堂皇的大理石演讲厅，那每场讲座都得有新颖论文和新发现证据的高要求，那当场不留情面予以批评的传统，使得比他身经百战的演讲者也都如履薄冰。但这可是脱胎换骨、藐视一切的弗洛伊德，心意已决后就一往直前。

这项活动起初定于 6 月 4 日举行，但随后推迟至 10 月 15 日，事实证明这是弗洛伊德一生的耻辱和分水岭。他的演讲文本没有留存下来，可能是遭遇了和他定期销毁的其他文件的同样命运。然而，西格弗里德·贝恩菲尔德和亨利·埃伦贝格尔结合大量的报纸报道，整理校勘了医师协会的会议记录，不仅修复还原了弗洛伊德的讲座内容，连讲座引发的评论也全都拼凑再现[12]。埃伦贝格尔绕过弗洛伊德自己后来关于此事充满误导性的评论，摆出的事实动摇了弗洛伊德传奇的一大支柱：人们认为是他遭到嘲笑然后又被那些过于保守而无法接受他的"创新观点"的老顽固们有意回避。

弗洛伊德的演讲题为"论男性癔症"，着重讨论的是他访学最后那几个月里萨尔佩特里耶尔研究人员全力以赴的一个单独案例。病人又是瓦工学徒皮诺[13]。意外摔倒导致失去意识整整三天之后，弗洛伊德叙述说，皮诺开始左侧失去知觉，听力和味觉受损——数周后产生神经紧张，到最后是让夏尔科感到满意的全套重癔症发作。此外，皮诺在其胸部和一个睾丸中出现了"致癔症区域"。然而，最终他似乎又逐渐恢复正常。

弗洛伊德显然有所疏忽，忘记提到这名患者种种符合夏尔科学说的特定症状只在萨尔佩特里耶尔医院、在与工作人员接触之后才出现。相反，他举例说患者父亲酗酒而妹妹神经质，将整个"癔症"归因于遗传性退化。在他看来，这起案例不仅证明了男性癔症，也证明了重癔症的最终诱因，完全就是夏尔科所说的那一套。

毫无疑问，弗洛伊德后来对他在讲座中强调致癔症区域和遗传性退化后悔不迭，这两种学说很快就过时了。倘若讲座发表出来，那将证明弗洛伊德在这段时期是在机械重复夏尔科的看法而非独立思考。但这里还有另一个麻烦之处——弗洛伊德或者他现代的信徒永远不愿去面对。皮诺在他到萨尔佩特里耶尔医院之前所经历的所有症状以及后续出现的若干症状，都与大脑损伤的渐次影响相符。

患者在听力和味觉上发生畸变，单侧失去知觉，在没有丧失意识的情况下"全身性发作"，这些情况清楚表明是局部癫痫发作。病例的时间线对于该诊断没有构成任何障碍。从脑外伤到此处提及的种种病痛发作之间可能相隔数年；不过，大脑内的愈合能产生弗洛伊德所指出的早期病情改善。

因此，皮诺的案例没有任何一个由头需要援引像癔症这样的心因性百搭牌。我们可以比较有把握地说患者的大脑右侧遭受了损伤，大脑右侧掌管的左侧运动功能因此控制不善，受伤的后遗症在几周时间内逐渐显现，而后又开始慢慢消退。尽管大脑的特定区域和诸如皮诺这样的症状之间的相关性在1886年尚未确立，但慎之又慎的诊断过程——夏尔科自己在19世纪70年代时原本遵循的流程——会给神经损伤一说留有存在的余地，与此同时等待更精密的检测仪器出现。然而由于夏尔科已经不再这样谨慎行事，弗洛伊德也认为没必要慎重待之。

在选择为男性癔症的存在而辩护时，弗洛伊德又犯了另一个错误。

世界上几乎没有任何理论家，包括那些在他演讲厅里的理论家，仍然认为癔症——如果果真存在的话——是女性特有的疾病。夏尔科在承认前辈功绩这一方面总是表现得高尚得体，他将男性癔症理论追溯到 17 世纪，并且坦率承认他的观点更直接源自保罗·布里凯 1859 年的《关于癔症的论述》[14]。但根据 K.科德尔·卡特对于证据最权威的纵览细查，日耳曼人"相较夏尔科似乎认为男性癔症很常见"[15]。弗洛伊德的一位听众，莫里茨·贝内迪克特——夏尔科的好朋友，每年总要会他一面，还为弗洛伊德写介绍信给夏尔科——自 1868 年以来始终直言不讳地主张男性癔症一说[16]。贝内迪克特听到夏尔科与他的相同立场这下居然被称为新颖理论想必会大吃一惊。

正如埃伦贝格尔所了解的那样，贝内迪克特并不是唯一一个认为弗洛伊德的论文可有可无的人。听众席上，神经学家莫里茨·罗森塔尔声称他早在十六年前发表的一篇文章中就谈到男性癔症是一个无可争议的事实，因此不值得就此讨论。马克西米利安·莱德斯多夫——弗洛伊德 1885 年曾在其疗养院短暂任过职——补充说，当躯体损伤后随之出现影响时，不可能把大脑器质损伤的因素排除在外不予以考虑。但是，最严厉的指责来自会议主席海因里希·冯·班贝格，他曾在评审委员会上放弃其他奖学金候选人而选择了弗洛伊德。班贝格评论道，"尽管我非常钦佩夏尔科，对这个主题也极有兴趣，但我无法在弗洛伊德博士的报告中发现任何新意，因为报告中所说的一切早已为人所知"[17]。这就是官方定论：弗洛伊德没有贡献任何原创性研究，白白浪费了他上司的时间。

2．二度尝试

弗洛伊德 10 月 15 日演讲收到的口头反馈中，最具建设性和重要性的看来是来自从 1883 年起就一直担任他实验室导师的特奥多尔·迈内特。和演讲厅里的其他人一样，迈内特尊重夏尔科的早期工作，但对于依靠催眠术产生相关证据的理论却忍无可忍。就他而言，重癔症无论是在男性身上还是女性身上，都是不可信的科学。在迈内特看来，皮诺无法在维也纳接受近距离复审再试验，这意味着弗洛伊德列举的唯一一个而且是间接得来的案例在区分夏尔科指称的心理创伤性癔症和所谓的"铁路脊髓震荡症"方面全无用处，后者通过参考机体损伤的指标完全可以解释得通。

迈内特在听众席上还说，他经常碰到一些案例，病例当中的癫痫性生理和心理症状类似夏尔科说的癔症，其实是由事故直接导致的。正如弗兰克·J.萨洛韦讲述的，"迈内特建议，看看这些案例是否有哪个表现出酷似弗洛伊德所描述的症状，想来会很有意思，他提出让弗洛伊德自主调用他诊室里适用的病例素材，以便准备更准确的论证"[18]。这是在不动声色地让弗洛伊德看到他忘记说明为什么必须援引癔症来解释皮诺遭受的种种症状。迈内特这下邀请弗洛伊德来仔细观察遭受意外的非癔症者的案例，确定他们的病痛是否与夏尔科列为创伤性癔症的患者的病痛迥然不同。如果弗洛伊德或其他什么人无法发现一以贯之的区别，那么夏尔科所说的癔症类别就必须断定为多余的。

然而，正如我们从他随后于次月发表的在医师协会第二次发言的文本中所知，弗洛伊德在问答环节结束后并非予以这样的认识理解[19]。他认为他遭到的挑战只是要得出"一些病例，其中癔症在躯体上的迹象——夏尔科用'癔症患者的圣痕'来描述这种神经官能症的特征——能够以明显的形式观察到"[20]。说来也是显而易见，在没有与纯粹器质性的病例进行详细比较的情况下，这些病例与迈内特在10月15日提出的反对意见毫无关系。但对于这一反对意见弗洛伊德是左耳进右耳出。他觉得如果维也纳的医生们能有机会看到他在萨尔佩特里耶尔见识的情形，他们也会对夏尔科的学术权威俯首称臣。

因此，弗洛伊德开始着手推进一项异想天开的工作，要找个符合夏尔科学说的男性癔症患者跟随他回到医师协会。在他管顾治疗之下没有这样的病人。然而，最终他还是从一位年轻的喉科学家那里成功借到了一位看起来很合适的候选人。这位虚弱男子无疑希望了解新的治疗方案，同意在1886年11月26日的协会会议上站出来，听凭弗洛伊德描述他的症状并刺激他身体各个部位加以说明。

　　弗洛伊德找来用作样本的这位病人是个二十九岁的雕刻工，他叫奥古斯特·P.，患有多种残疾障碍，其中最严重的是反复的抽搐发作和身体左侧明显的感觉迟钝。初看之下，说是意念造成了这些结果令人生疑。事实上，奥古斯特·P.经历过一次重大的身体冲击。"在他八岁那年，"弗洛伊德透露，"他不幸在街上被碾压而过……他病了几个月之久，在此期间，他经常饱受痉挛之苦……［那］持续了两年左右。"[21]

　　这起案例具有癫痫症性质的一面，虽然弗洛伊德没有用这样的说法，但病情在童年和成年时期其实都很突出。引用弗洛伊德的原话：

> 他现在的病可以追溯到差不多三年前……他的兄弟威胁要捅他刀子还拿刀追赶他。这让病人陷入难以言说的恐惧之中；他觉得脑袋里嗡嗡响的，好像要爆炸了；他急匆匆赶回家，却连自己究竟怎么回来的都说不出，径直倒在家门口地上不省人事。
>
> 后来报告说他遭遇了最强烈的病情发作……在接下去六个星期里，他备受剧烈的左侧头痛和颅内压之苦。他左半身的感觉似乎都变了[22]。

　　从这些经历到弗洛伊德的演讲之间相隔的三年时间里，奥古斯特·P.进而遭受了六次到九次严重发作[23]。这段病史强有力地让人联想到迈内特提出的大脑缺陷问题。然而，弗洛伊德对夏尔科忠心不二，他总结说这些发作想必都是意念性的。他断言道，奥古斯特·P.和皮诺的表现一样，具有很能说明问题的致癔症区，其中之一从"左侧精索"延伸到腹部区域，"在女性身上那里经常是出现'卵巢痛'的部位"[24]。

　　弗洛伊德大胆表示"希望能在短时间内使患者恢复到正常的刺激感受"，给这第二场演讲画上了句号[25]。然而，即便他此时除了安慰剂治疗外还有别的办法可以向这位客户提出，治愈身陷奥古斯特·P.这般境况中的人也近乎奇迹了。弗洛伊德夸下的海口听起来越发像是一场空：他前不久才经介绍认识的奥古斯特·P.首先就不是他的病人。

3. 怂然回首过去

1886 年秋天的弗洛伊德并没有以其医学专业方面的敏锐度、对原理的领悟掌握或者独立思考的能力而给任何人留下深刻的印象。不过，他仍然能够以尊重和坦率的态度对待那些资历较老的同事。如果说他向医师协会所作的关于男性癔症的两场演讲标志着他职业生涯的一个关键点，原因倒不是两场演讲对他的声誉造成了无可挽回的损害，相反，问题在于他因一味轻信夏尔科而遭到的斥责产生了一种孤立无援和受到迫害的感觉，不再像以前那样愿意与同事寻求共识。而那种疏远，虽然只是一种紧张的感觉而非真正的破裂，竟会在回忆中给放大为对正统的英勇抵抗。

以下是弗洛伊德在 1925 年的《自传研究》中就他 1886 年关于男性癔症的陈述所写的：

> 责任交付给了我，要我就师从夏尔科的所见所学向 [医师协会]（Gesellschaft der Aerzte）做一场报告。然而我收到的反响很差。诸如主席（班贝格医生）等权威人士声称我说的一切令人难以置信。迈内特提出质疑，要求我在维也纳找出一些与我所描述的情况相似的病例，带到协会面前展示。我试着这样去做；但我发现任何在系部有此类病例的高级医师都拒绝让我观察病人或者在他们身上下工夫。其中一位，一名外科医生老手，竟然脱口惊呼："但亲爱的先生，你怎么能胡说八道呢？ Hysteron [原文如此] 是指子宫。你说男人怎么会得癔症呐？"……最后，我在医院外偶然发现一位患有典型的偏侧痛觉缺失的男子，并向医师协会展示了该起案例。这一回我获得了掌声，但大家并没有进一步了解的兴趣。高层学术权威拒绝接受我的创新 [Neuigkeiten]，这一想法仍然没有动摇；而且因为我秉持男性癔症和暗示之下产生癔症性瘫痪的观点，我发现自己被迫成了反对派。我不久后就被拒于大脑解剖学实验室门外，接连几个学期无处可以讲课，只好脱离学术生活并不再参加学术社团。如

今距离我此前到访医师协会已经相隔整整二三十年之久了[26]。

这段话包含不少带有欺骗性的暗示和彻头彻尾的谎言：

- 弗洛伊德暗示他的第二批观众意兴阑珊地鼓了掌却没有展开讨论，这是因为德高望重的医生们已经打定主意不把他当一回事。但其实他们已经满足了他再次发言的请求，而之所以没有展开讨论，是因为这场会议上演讲者甚众，所有演讲都限时十分钟[27]。
- 没有证据表明弗洛伊德在结束他关于癔症的演讲后受到禁令限制，不能进入迈内特的神经解剖学实验室或者其他任何场所。
- 不管是在他的两次演讲之前、期间还是过后，弗洛伊德都不曾凭借暗示引发"癔症性瘫痪"，他的演讲也没有什么他所谓的"创新"。
- 弗洛伊德绝对没有在1886年"被迫成了反对派"。他非但没有脱离学术生活，反而就在那个时候开始作为无薪讲师正式履职。在1902年被授予特任教授头衔后，他还将继续开设课程，做专场讲座[28]。1924年，在撰文说自己已经于1886年脱离学术生活之前几个月，他如实告诉奥斯卡·普菲斯特，他到1918年为止一直都在维也纳大学（虽然是零零星星地）授课[29]。
- 至少到1904年为止，弗洛伊德一直活跃在若干医学社团当中[30]。至于他声称拒绝自己的医师协会，他在1887年申请提名成为协会的成员[31]。他当时成功入选协会的这一事实证明一切针对他有关男性癔症讲座的反对意见都是对事不对人。在20世纪20年代中期——他把自己描绘成受尽蔑视的边缘人的这一时期，他依然是协会成员。

　　无论是有意为之还是记忆失真，弗洛伊德1925年言之凿凿的有关他在1886年遭遇挫折的一切说法都不符合实际。然而，在这三十九年当中，也存在若干一以贯之的特点。在从巴黎回来的头几个月里，弗洛伊德处于一种偏执的心态之中。凡是拒绝萨尔佩特里耶尔发现的同事都是他的敌人，他料想他们会嘲笑他、拒绝他。当他们并没有这样做时，他仍然感觉遭到他们憎恨。到 1925 年，他编出了一个完整的故事，如果说这故事不符合事实的话，那至少符合他的感受。

早在 1888 年，弗洛伊德就已经选择了终生的敌人：特奥多尔·迈内特。因为迈内特对于他一味倒向夏尔科和催眠术公开表示反对，弗洛伊德认为他的前任导师是打算摧毁他的职业生涯。然而，在医师协会那场演讲的不愉快之后，迈内特不仅主动邀请他来听自己的神经解剖学课程，而且还为他提供了担任实验室助理的大好机会，假如弗洛伊德当时接受了这一提议，那么他就抢得有利位置，可以最终继承这位伟大精神病学家的教授职位。

在接下来的几年里，弗洛伊德一再发表文章嘲笑迈内特，说他厌恶催眠疗法，还认为他未能正确理解夏尔科。这一不和因素也被带进了弗洛伊德 1891 年出版的《论失语症》一书，该书有一部分内容针对迈内特关于大脑的概念展开了批判。次年迈内特去世时，弗洛伊德照例登门吊唁慰问遗孀，对方表示他可以从已故精神病学家的书房里挑选若干本书以资留念。他写信告诉朋友，"上周我遇到了人生在世难得一见的乐事：有机会从迈内特的书房里选择我中意的书——感觉就像野蛮人用敌人的头骨喝蜜酒"[32]。

弗洛伊德在《梦的解析》中又会恶毒一把，在书中他先是传播迈内特年轻时嗅吸氯仿过瘾作乐的流言蜚语，然后"回忆起"据说是在迈内特生命最后几天的一件小事：

> 我与他展开过一场激烈的纸上论战，争论的是关于男性癔症的议题，他否认男性癔症的存在。他得了不治之症后，我去看望他，询问起他的病情，这时候他比较详细地讲述了他的状况，最后说了这么一句话："你知道，我一直是男性癔症最明显的一个病例。"他由此承认了他长久以来所顽固争辩的问题，让我深感自豪，也让我惊讶不已[33]。

这段"回忆"听起来就站不住脚。首先，到了 1892 年，因为两人彼此间的嫌隙再加上弗洛伊德素来不喜欢与人正面交锋，他会在迈内特临终前去看望他这事情听起来至少颇为可疑。其次，1888 年受到弗洛伊德挑衅之后迈内特在所谓论战中参与的程度，无非就是表达了对于一名生理学出身的学生现在竟成了催眠术狂热者的失望之情。而且最能说明问题的是，迈内特从来不曾否认男性癔症的存在，更别提对此参与"激烈争论"了。实际上，他已经承认过他的诊室有过男性癔症案例。因此，认为他为时晚矣地向大获全胜的诋毁者承认他属于自己先前否认存在的那一类神经官能症，这实在是太荒谬了 *。

放大视野来看，历史一清二楚：是弗洛伊德先开始与迈内特形成对抗，并且是以猛烈抨击的方式，而非对夏尔科和催眠疗法展开合理辩护。三十多年都过去了，他依然充满敌意，怀恨在心。弗洛伊德在盲目地坚持萨尔佩特里耶尔教义的同时，对他原先的老师和恩人发起旷日持久的斗争，表现出他是一个处于反常激情之中的人。对于彼时刚刚起步、据称将致力于客观研究心灵的职业生涯而言，这并不是什么健康的迹象。

4．双面间谍

弗洛伊德开始私人执业行医后不久，便意识到他再也不能对伯恩海默的鹊起声名视而不见。1887 年末他终于阅读了后者的《论暗示》，第一反应是考虑将该书译成德语，这是他很典型的思路 [34]。他的提议被对

---

* 弗洛伊德后来的支持者已经注意到这则临终病榻故事有些可疑之处，但他们不敢说这是假的，否则他们就是在说弗洛伊德欺骗世人或者陷入幻觉而想入非非。有位评论者写道："无论其真实与否，实际上如此还是象征性的意义，这个事件都以见微知著的方式捕捉到一种极其吸引人的动态：实证主义科学的阳刚代言人在公开场合竭力压抑潜藏在他男性外表之下癔症的现实。"（米卡勒 2008，第 241 页）同样的这位作者后来评论道，"迈内特叱责男性癔症的概念，直到他私底下进行临终忏悔"（第 271 页）。

方接受了；到 1889 年 7 月他到南锡拜访伯恩海默时，德语版的《论暗示及其疗效》已经出版了 [35]。

1887 年，几乎所有相关各方都知道，心理学界这一座山容不下伯恩海默和夏尔科两头虎。然而，当弗洛伊德在 1888 年春天写下长长的一则关于癔症的百科全书中的词条时，他唯一一处提到伯恩海默的地方丝毫没有暗示存在冲突。他写道，"有朝一日，等到对于暗示的理解更深入渗透到整个医学界（伯恩海默—南锡），那么对于癔症症状予以直接的心理治疗将被认为是最好的办法" [36]。

在 1888 年初，弗洛伊德仍然认为伯恩海默的治疗重点与萨尔佩特里耶尔那些客观的研究结果完全吻合。那些研究结果中就包括弗洛伊德大唱赞歌的所谓发现，即认为癔症造成的挛缩可以"通过磁石实现转移"而得以消除 [37]。显然，他还没明白对于转移的驳斥正是伯恩海默抨击萨尔佩特里耶尔最甚之处。实际上，弗洛伊德在 1888 年没觉得在赞扬伯恩海默与重申夏尔科的教义之间有任何矛盾冲突，关于男性和女性身上的致癔症区、磁性"感觉引发物"甚至对于卵巢压缩器的使用，所有这些概念在南锡这一方视角下都是完全无法接受的事物 [38]。

因此，弗洛伊德尚未留心把握原作的论点，就匆匆立约翻译了《论暗示》，并且取得了实质性进展。然而，尽管为时已晚，但他最后确实也意识到了夏尔科对于他全面认可其竞争对手会深恶痛绝。其实，弗洛伊德在伯恩海默的问题上可能已经受到过夏尔科本人的警告 [39]。但那时候他突然灵光一闪，他所处的境地大可为他在巴黎敏感易怒的导师做出不同寻常的贡献。正如他在 1888 年 8 月 29 日写给威廉·弗利斯的那样，

> 至于《论暗示》一书，你知道这个故事的来龙去脉。我不情不愿地承担了这项工作，只是为了有所参与，毕竟这在未来若干年内对神经专家的实践有着深切的影响。我并不赞同伯恩海默的观点，在我看来失于片面，我已经尝试在序言中捍卫夏尔科的观点 [40]。

简而言之，弗洛伊德这下已经决定先下手为强，没等反对夏尔科学派观点的思想进入读者的头脑，就预防性地在伯恩海默自己的书的开篇几页中给伯恩海默的主张挖墙脚。这个计划一旦构思成型，便让弗洛伊德欲罢不能，他都等不及 1889 年初这本译作出版。在 1888 年 9 月一篇分上下部的文章中，他摘录了他写的序言，以便让世人知晓伯恩海默在催眠暗示方面的立场是错误的。

弗洛伊德在他这篇文章中对于译本序言唯一按下不表的只是开头两段毫无保留地赞扬伯恩海默工作成果的话。就序言来说，那两段话必不可少，因为如果没有开头两段，那《论暗示及其疗效》看起来就像纯粹搞破坏；同样这两段话在弗洛伊德的文章中则必须省略，好让伯恩海默在夏尔科旁边相形见绌。

弗洛伊德在序言和由此衍生的文章这两份文献中都总结了南锡 / 巴黎之争，双方争论的焦点在于催眠的本质。他写道，对于夏尔科学派的信徒来说，催眠是神经系统的一种独特状态，由此产生了深催眠现象；但对于伯恩海默而言，"所有催眠表现都是精神现象，是暗示的结果" [41]。因此：

> 假如暗示理论的支持者没错，那么在萨尔佩特里耶尔所做的一切观察就全都毫无价值了；实际上，它们成了观察中的谬误。癔症患者的催眠状态便不具自身独有的特性；可每个医生都可以随心所欲地在他催眠的病人身上引发任意症状。我们不应该从深催眠状态的研究中去了解癔症患者的神经系统为了应对某些干预而接二连三出现的应激性变化都有哪些；我们只应该了解夏尔科（以他自己无意识的方式）对他的受试者所暗示的意图——这与我们对催眠和癔症的理解都完全不相干 [42]。

事实上，弗洛伊德补充说，癔症诊断本身就已经受到伯恩海默论点的危害：

如果医生的暗示已经改变了癔症患者催眠之下的表现，那么很可能也已经扰乱了对于其他癔症症状的观察：它可能已经定下了适用于癔症发作、瘫痪、挛缩等问题的规则，这些规则在暗示下都只与神经官能症相关，因此一旦其他地方的其他医生给癔症患者做检查，这些规则就会失去其有效性[43]。

弗洛伊德也就这么一次总算在此准确把握了问题的焦点以及确定真相何在的重要性。一位真正的科学家若是看到这么一个可以解决重大医疗认识纷争的机会摆在眼前的话，恐怕就想权衡比较伯恩海默、德尔伯夫和其他人的实验，还可能着手进一步的试验，而这些试验可能破除也可能证实所谓的转移和深催眠。

然而，弗洛伊德既缺乏基本原理方法，也没能超然物外，而这些要求对于这项任务而言必不可少。相反，正如他后来每每在精神分析原则陷入麻烦时所做的那样，他改换成诉诸情感的语体风格，探问什么样的人会为暗示论证而得到抚慰。他的答案是那些无法面对真相的人："我相信，该观点是那些人喜闻乐见的——他们对于癔症现象自有其规律的事实往往视而不见——如今这种倾向在德国仍然占据主流。"[44]

在弗洛伊德的文章和序言中，再接下来便是一些虚张声势的言辞，对于留意他的精神分析著作的学生们来说想必耳熟能详："逐条证明癔症症状客观存在毫无困难。""尤其是转移……毫无疑问，这是一个千真万确的过程。""我们可以接受这样一种说法，即本质上〔癔症〕具有真实客观的性质，并非观察者暗示下的应变。"如果需要关于深催眠的进一步证明，弗洛伊德保证说萨尔佩特里耶尔会迅速拿出证明来[45]。单单这一说法就表明他对于确认偏见的风险浑然不觉。

在打定主意最好尽快与伯恩海默搭上关系而随后又与夏尔科一起故步自封拒不接受伯恩海默的观点之后，弗洛伊德这下经历了信念上的进一步滑坡。随着19世纪80年代行将结束，医学界的看法最终朝着有利于伯恩海默的方向逐渐平息了争端[46]。阿尔贝特·默尔、奥古斯特·福雷尔和阿尔贝特·冯·施伦克-诺青以及德尔伯夫那些具有影响力的著作显然让天平发生了倾斜。因此，弗洛伊德发现他对夏尔科的无条件辩护再也无法为继[47]。

与此同时，夏尔科的声誉也因其他的原因而崩塌。由于路易·巴斯德和罗伯特·科赫在确定特定微生物为病原体方面取得的惊人成就，夏尔科认为疾病聚集在"患神经病的家庭"里、每一种疾病都靠着一代又一代特定的"退化"人群而经久不衰的这一观点显得相当过时。弗洛伊德现在不得不忘掉像他在 1888 年关于癔症的百科全书词条这般的落后声明：

> 癔症状态的病因完全要在遗传方面寻求：癔症患者往往遗传使然，易受神经活动的干扰，他们的亲属中可见癫痫患者、精神病人、脊髓痨患者等等。我们也观察到癔症直接遗传，举例而言，在直系遗传的基础上男孩们出现（来自他们的母亲）的癔症病情。与遗传因素相比，所有其他因素都位列其次，是偶然发生的致病原因，其重要性在实践中通常都被高估了[*]。

这下弗洛伊德发现自己陷入了困境。如果他打算发表一篇文章对于夏尔科遭到驳倒的学说予以否认，那么他将不得不就他早先为什么相信该学说作出解释。唯一的原因是英雄崇拜。此外，读者会想要了解弗洛伊德自己客观记录的病例，这些病例能够证明他理所应当改变看法；但正如我们即将发现的，他的治疗记录一片空白。最重要的是，假如他贸然加入夏尔科抨击者的阵营，他将丧失他最为珍惜的职业生涯的优势：他受到最伟大的神经学家钦点的这种印象。

然而，弗洛伊德似乎已经意识到，可以通过和他施加于伯恩海默身上同样的办法将自己与夏尔科松绑：翻译这位学术权威的某本书，与此同时借由颠覆性的注释对其中一些原则加以质疑。有可能是弗洛伊德本

---

[*] SE, 1: 50. 请注意，尽管夏尔科和弗洛伊德都坚称男性癔症确有其事，但他们认为这一疾病只是从母亲这一方遗传而来。

人在 1891 年敦促夏尔科签约出版 1887—1888 年周二课程的德文版，彼时周二课程即将在法国修改出版[48]。不管怎样，他知道他之前《关于神经系统疾病的课程》的译介会使得由他来翻译新版《星期二课程》成为自然而然的选择。要是弗洛伊德的计划成功的话，夏尔科在整体上会显得颇有建树，但读者会从注释中发现，译者理应被视作那些独立思考的批评者中的一员。

　　密切注意他在文字策略中的手法，我们可以由此追溯弗洛伊德论及催眠理论时都是如何闪烁其词的。他 1889 年翻译的《论暗示》在序言和注释中对伯恩海默的一些判断表示质疑；但当他 1892 年将伯恩海默的另一部作品《催眠、暗示和心理疗法》译为德语时，他酌情让该文本清楚呈现本来的面貌[49]。到了 1896 年《论暗示》第二版译本出版时，他所有的批评几乎都从译本中删除得一干二净。但在他对夏尔科的处理上则可以看到与之相反的情形，夏尔科的时运和伯恩海默的发展方向正好相反。1886 年自诩为萨尔佩特里耶尔特使的弗洛伊德将夏尔科正式授课的内容译介到德语世界时加上了高唱赞歌的序言，并且经作者同意只加了若干态度友好的注释，标题稍作改变而已。但 1892—1894 年他给夏尔科《星期二课程》加上的恶意满满的注释表明他不再认为四面楚歌的宗师的言语是多么神圣不容更改了。

　　夏尔科星期二课程的德语版 *Poliklinische Vorträge* 于 1892—1894 年分五册出版[50]。根据他一手力捧一手打压的策略，弗洛伊德在序言中不吝溢美之词，对"伟大的发现者"和"圣人"大肆夸赞，说 1885 年至 1886 年间，当"伟大人物以其魅力让听众对神经病理学的兴趣和问题欲罢不能"时，他拜倒在其脚下"神魂颠倒"[51]。弗洛伊德暗示，尽管在视角上有一些加以区分的修正，但巨擘的著作这下得以改进，而推动改进的正是译者本人——熟识夏尔科，而且受到夏尔科的偏爱。至于接下去关键的脚注，弗洛伊德虚情假意地告诫说："我希望这些话语别让人以为好像是我想方设法要将自己的观点凌驾于我德高望重的老师的观点之上。"[52] 但这恰恰是他心里的念头。

　　正如我们将要看到的，到了 1892 年，弗洛伊德准备宣布，他和约瑟夫·布罗伊尔——而不是夏尔科或其他任何人——已经解开了癔症的最难解之谜，他们不日就将合著一本书向世人公布他们的发现。目前，他会用给夏尔科的《课程》做脚注来预告即将到来的揭秘行动。他宣称，"性生活异常"而非遗传性倾向构成了包括癔症在内的若干神经官能症的决定因素[53]。更进一步形成对抗的是，他断言夏尔科关于疾病的"神经病家族"的整个概念都是错误的[54]。

例如，夏尔科将梅毒纳入"关节炎"族群之中，使梅毒与其他两种综合征区别开来。这两种综合征在当时被普遍确认为同一种疾病的晚期阶段：精神病患者的脊髓痨（或者也叫运动性共济失调）和全身性瘫痪。弗洛伊德不仅站到批评者一边表示支持；他还宣称凭自己作为医生的经验证明夏尔科错了[55]。根据弗洛伊德的说法，他在实践中了解到，夏尔科所说的对于脊髓痨的"刺激因素"实际上引发了另一种疾病，即"神经衰弱脑脊髓炎"*。让夏尔科大跌眼镜的是，这位原先言听计从的维也纳精神疗法医生，没治疗过几个梅毒病例也从来不曾推测其病因，现在却将自己说成疾病分类的优秀专家。

夏尔科在1892年6月30日写给弗洛伊德的现存篇幅最长（也是倒数第二封）的信中宣泄了他的愤怒。他写道，"但凡思路稳妥清晰的人"，不可能荒谬至此，竟然把脊髓痨与梅毒联系起来。曾经满口外交辞令的萨尔佩特里耶尔之主这下可露出了他的利嘴尖牙。他讥讽道，关于关节炎类疾病的证据可以在弗洛伊德自身的家族中找到，即犹太家族[56]。夏尔科的意思是犹太人是退化的种族，几个世纪以来他们近亲繁殖，这么一来导致他们恰恰容易患有他宣称是天然类聚的那些疾病。

夏尔科去世前两个月写给弗洛伊德的最后一份短笺形式上表现出托比·盖尔芬德所说的"一定的冷静"[57]。他希望再也不要听到来自这个人或者关于这个人的消息——竟然利用他的信任以凸显自己，还和敌人站到一条战线上。不过弗洛伊德本人呢？在1892年越来越狭隘

---

* 所谓的脊髓紊乱、神经衰弱脑脊髓炎很快就被发现并不存在。见 Savill 1908，第128—131页。

偏执的氛围下，他是否会接受这样的非难，说他属于一个腐化堕落的"种族"？

5. 追根溯源

至少从就读于医学院时起，这个问题就已浮上弗洛伊德的心头，到了他在萨尔佩特里耶尔访学期间更是萦绕不去，当时夏尔科已经在详加阐述说犹太人天生容易感染疾病。自尊心遭受如此重重一击，无论弗洛伊德感到多么绝望，他当时还是忍气吞声承受了这份羞辱。在我们前面提到过的1886年2月10日的《鸿雁书简》中，他回顾审视了亲属和自己的病史记录，认为这一切都说明夏尔科的观点正确。

弗洛伊德翻译的夏尔科论述神经疾病的第一本书对于种族特征论之甚少。然而，《课程》直言不讳地再三详述犹太系谱乃至作者在门诊碰到的"流浪犹太人"的种种病例样本。夏尔科写道，存在一种独特的犹太人"流浪生活神经病"，这种病使得患者从一个国家迁移到另一个国家。

这一观点在一本题为《萨尔佩特里耶尔的流浪犹太人》的书中得到进一步阐发，该书出版时弗洛伊德为《课程》作注释的工作才刚刚过半。夏尔科不是此书的作者，但这本著作却是在他的监督下编写的。亨利·梅热，夏尔科的助手之一，在书中评论说人们发现在"以色列人"身上"极高的智力水平"与"精神异常"并存，他们罹患一种神经性疾病的比例高得离谱，即地理躁动[58]。正如弗洛伊德可能知道的那样，他自己的父亲，早年在摩拉维亚当羊毛商人时，被当局登记为加利西亚"流浪犹太人"[59]。西格蒙德清楚地意识到，是带有偏见的法律而不是"神经官能症"使得雅各布常年漂泊。

这下弗洛伊德可能跃跃欲试，想对夏尔科标榜的客观性展开一番彻底的批评，社会压迫的影响居然由此被"科学地"理解为受迫害群体身上天生的病理。然而，现存的文件完全看不到他考虑过踏出这么一步。如果他产生过这一想法，他必然发现这与他的雄心壮志相互冲突。抱怨反犹主义理论的犹太医生会给自己蒙上惹事局外人的臭名。相比之下，弗洛伊德完全按照夏尔科的模式，希望自己作为普救论者而为人所知。他仍然想让夏尔科的威望为他跻身非教派的科学界，成为其中的一员开路。

　　更具体地说，他想加入如夏尔科所作过的那样从催眠（或其他抑制—放松）方法中得出关于心理结构推论的心理学家群体。伯恩海默和德尔伯夫已经指出，这样的项目永远无法排除自欺欺人的因素，弗洛伊德迟之又迟地勉强承认他们的立场应当受到尊重。但是，如果他要步夏尔科原先手下的后尘，像他们在 19 世纪 90 年代所做的那样，那么承认萨尔佩特里耶尔医院对于癔症的研究是一场闹剧，就是在自捆手脚。

　　这些考量就是弗洛伊德 1893 年 9 月发表的悼念夏尔科的讣闻通篇看来都难于理解的原因。文章名义上是在缅怀称颂亡故的大师，但一眼可以看穿实际上是在宣扬弗洛伊德和布罗伊尔在癔症领域的初露锋芒——他们即将完成并修正夏尔科的著作。当然，弗洛伊德和夏尔科之间最后那一番唇枪舌剑只字未提。尽管如此，今日的我们还能听到争吵的回响。例如弗洛伊德写道，夏尔科"对于法国人比起其他民族远远来得更神经质的指责和癔症是一种民族性坏习惯的说法，十分敏感"[60]。他不可能提出这一论点而不回想起夏尔科认为犹太人是极其容易患上神经性疾病的民族的观点。

　　在弗洛伊德的理想化描述中，夏尔科振奋了整整这一类受到轻视的癔症患者，他们之前都被认为是装病逃避，直到这位伟大的人道主义者证明"癔症现象真实且客观存在"[61]。说得更具体些，夏尔科取得了如下"惊人发现"：重癔症的四个发展阶段；主要典型的状态；"所谓'致癔症区域'的位置和常见频次以及它们同发作的关系"；常见的男性癔症；拓宽了的如今可以认定为癔症的症状数量*。弗洛伊德甚至称赞夏尔科发现癔症"是退化的一种形态，'神经病群体'的一员"——尽管两页文章之后同样的观念又被说成"需要筛分和修改"[62]。

　　弗洛伊德把对夏尔科的最高赞誉留给夏尔科的试验方法，声称该方

---

* SE，3：21。正如我们已经看到的，夏尔科实际上试图通过将重癔症之外的一切症状都归为无关紧要来简化癔症。

法 "确保他头顶古往今来阐明癔症第一人的桂冠":

> 当他在研究创伤后出现的癔症性瘫痪时，他想到以人工方式再现那些他早先便留意的与机体瘫痪相区别开的瘫痪症状。为达到这一目标，他用癔症患者做试验，通过催眠使他们陷入梦游状态。他通过环环相扣的论证成功证明，这些瘫痪是主导患者头脑的想法在某种特殊天命时刻造成的结果。借此方式，癔症现象的发生机制第一次得到阐述 [63]。

不过这下弗洛伊德的时机已到，他借挑拨伯恩海默来离间夏尔科，以此表现出独立思考的样子：

> 当利埃博的学生伯恩海默着手在更全面的心理基础之上构建催眠理论并提出催眠的核心在于暗示时，对于癔症患者施以催眠的研究的限制、深催眠和浅催眠的区别、"深催眠"三个阶段的假说及其在躯体现象上的表征——所有这一切在夏尔科同时代人的评价中全都崩塌了 [64]。

那么弗洛伊德的策略——企图维持夏尔科的声誉并指出需要他来加以改进——就是要坚称伯恩海默的批评已经摧毁了深催眠，但重癔症则毫发无损。无需多言，那完全不合逻辑；如果无心的暗示使得萨尔佩特里耶尔研究有一部分不可取信的话，那么其余部分也没有资格得以采信了。弗洛伊德为了更迫切的目标——保护自己对于癔症的 "研究"，不惜牺牲说服力 *。

---

* 弗洛伊德还将继续不加批判地接受夏尔科通过有设计缺陷的实验而引发的现象。例如，在 1895 年《癔症研究》他写的这一部分中可以看到关于致癔症区的描述（参见例如，SE，2: 148-151）；他会告诉弗利斯他自己的躯干上有这么一个诱发痉挛的部位存在（3/13/85；FF，第 120 页）；在 1896 年 12 月，他依然在他诊治的病人身上发现夏尔科所谓的 "小丑" 姿态，或者叫作 "大肆动作"（12/17/96；FF，第 218 页）。

　　讣闻无需符合科学论文的预期标准。然而，在迄今为止考查过的所有弗洛伊德的理论陈述中，无论是关于催眠、癔症还是可卡因，我们都发现其中具有同样的凸显自我的特点。志不在解决问题，而在把弗洛伊德自己置于最有利的角度，无论是作为一个经验老到的探究者，一个公认的领导人的伙伴，一个针对该领导人的敏锐的批评者，还是将很快揭示一项重要事实的发现者。弗洛伊德为了在某方面成名而不断努力，在此过程中他看到自己落后于所在领域最有创造力、最严谨的思想家。他唯一的办法就是阿谀奉承、攀龙附凤，然后暗中挖他们的墙角，借此把自己变成我们走向明智方向的唯一向导。

第四部

· ·

俨然行医

· ·

　　同事们认为我对癔症的诊断太过草率，涉及的情况往往更加严重。

　　　　　　　　——弗洛伊德,《日常生活的精神病理学》*

---

* SE, 6: 166.

第十四章

江湖医生

1. 安顿下来

1886 年 4 月 25 日，弗洛伊德开始私人行医，他在报纸上的一则小广告中把自己描述成一位刚"完成六个月访学从巴黎归来"的神经学讲师[1]。他以这样不起眼的方式，担纲起一个持续了逾半个世纪之久的角色——作为所谓的治疗师、科学家和对于人类天性与命运充满智慧的评论者，他将引起全世界的关注。话说回来，我们不能认为甫一开始就可以察觉到预示这一结果的任何征兆。弗洛伊德在医疗行业中看不到一丁半点令人斗志昂扬或者哪怕前景可期的色彩；他怀疑自己的能力是否能够达到行医的最低要求；他对于收入压倒一切的关注阻碍了对于患者病因的反思。

在 1886 年春夏，弗洛伊德处于特别糟糕的状态，不利于职业生涯的开启。4 月 4 日回国以后不久，他就开始感觉焦虑不已而又沮丧万分。近来让他在柏林充满活力的心向夏尔科的那一腔热忱到了实证主义者统领思潮的维也纳却毫无用武之地。接下来这三个月的《鸿雁书简》表明，较之他四年半订婚期间的任何时期，这段时间他生理和心理疾病的发生概率变高了——主要是偏头痛、严重损害健康的抑郁情绪和暴怒发作。他在 4 月 29 日写道，"最让我困扰的是持续的疲惫感和头痛过后那种通体乏力"。

从现存的那段时期的信件中遍寻不见弗洛伊德较早时对房中之事的刺激幻想。以他当下的精神状态——"我是……什么都不喜欢,连着几个星期都没有高兴的样子,简而言之,我很不开心"——他对于玛尔塔的娇媚完全无动于衷[2]。如果他仍然决定避免对安排在 9 月 13 日的婚礼再作任何延期,那么部分原因是他觉得自己未老先衰,并且对于女人的需求和癖性不再那么适应。"人们能年轻多久,"他问未婚妻,"能健康多久,适应对方情况变化的那种灵活性又能保持多久?"[3]弗洛伊德在刚步入三十岁的时候写下了这番哀叹。

在 6 月 5 日的一封信中,他言简意赅地表达了他洞察到究竟是什么令他萎靡不振:"金钱,除了金钱别无他物,我亲爱的(Geld u.nichts als Geld,mein Liebchen)。"他还补充了一句:"你不费吹灰之力便可以相信这都是怎么改变了我的。"实际上,在 7 月获悉玛尔塔将得到一份意料之外的嫁妆前,弗洛伊德常担心他能否赚到足够的收入在维也纳撑起一个家庭。要是做不到的话,那他和他的新娘可能将不得不移民去往他最不喜欢的国家,也就是暴民统治下的美国(布罗伊尔建议,在这种情况下一定要带上餐巾,因为你可能会去当服务员)[4]。

弗洛伊德的金钱问题部分是他自己造成的。在巴黎,他挥霍了原本就很微薄的一些资源。他的赞助人帕内特和布罗伊尔显然已经起了疑心,一分钱也不再给他了[5];甚至连玛尔塔都怀疑她心爱的人正染上纨绔子弟的恶习。有趣的是,回到维也纳后,弗洛伊德刚开始还是感觉布罗伊尔和帕内特态度上有所保留,好像他们原本对于他的自律性的信心已经丧失了一部分[6]。

在维也纳一重新安顿下来,弗洛伊德就支取刚发放给他的余下那半部分奖学金来付住宿费,雇佣一名女仆,购买医疗设备,资助他的原生家庭,负担他母亲和姐姐休养旅行的费用。与此同时,他感到在道德上有义务拒绝显然形容枯槁得不成样子的恩斯特·弗莱施尔所提供的应急资助。这一点值得赞许,但这又让弗洛伊德心生忐忑,是不是得请求玛尔塔嫁给一个贫民。

不过节约开支并非弗洛伊德的本性。4 月,准备行医开业之际,他已经在市政厅路 7 号拿下布置考究、战略位置不错的住所，支付超乎他能力之外的租金。8 月，考虑到 9 月的婚礼一事，他承租了位于玛丽亚·特雷西亚大街 8 号一套更宽敞也更昂贵的套房。这里将是弗洛伊德的住所和行医之地，直到 1891 年全家搬往如今众所周知的柏格街 19 号那套房间达十七个之多的公寓。

此外还有种种其他烦恼，其中之一是弗洛伊德在 6 月底获悉，从 8 月 9 日至 9 月 10 日这段日子他将应召服预备兵役[7]。这段按规定服役的时间结果倒成了让他摆脱苦恼的愉快假期；如他写信给明娜·贝尔奈斯所言，他"在可卡因的帮助下"踏步前进[8]。然而，服兵役可能意味着治疗慢性病患者的收入都受到严重影响，甚至可能分文不得。西格蒙德未来的岳母由此得出合乎逻辑的结论，那就是他应该延迟婚期，至少推迟到年底再结婚。但她直觉很准，料到他不会让步。她责备他说，你的"坏脾气和失望情绪近乎病态"[9]。

在没有被头痛和糟糕情绪拖累得无法正常工作的时候，弗洛伊德开始为达成三项目标而寻求关照：吸引患者前来找他看病，确保获准就他已经精通的一些课题讲授秋季大学课程，获得权限查阅有助于他充实课程讲稿的患者病历和其他研究材料。除了开始执业行医，在医师集会上发表演讲，完成他对于夏尔科的相关翻译，在特奥多尔·迈内特的实验室工作，在卡索维茨学院正式运营前开始他的兼职事务之外，弗洛伊德还礼数周到地前去登门拜访掌控综合医院门诊病历资料的莫里茨·贝内迪克特、一旦乐意就能给他介绍过来大量病人的赫尔曼·诺特纳格尔、专长大脑解剖学的迈内特——假如弗洛伊德在大学讲授的课程和他的这一专长重合，那他就会很有风度地让到一边。

这类游说活动有些行之有效，简直超乎弗洛伊德的预期，有些则叫人失望。然而，所有这一切都令他反感。他不再觉得自己像是那个在奖学金和任命委员会成员面前低声下气、毕恭毕敬的下属。还需要再过些时日才能得到提携赞助，但一旦得到提携了，弗洛伊德就感到污浊。他在 4 月 15 日写道，"我开始大受欢迎，而我根本不喜欢这样"。

布罗伊尔和夏尔科都激发了弗洛伊德对癔症这一"神经系统"疾

病的兴趣，前者是通过私下讨论，后者则是通过在萨尔佩特里耶尔的示范论证。然而，处在财务困境之下，任何可能被吸引到他的诊室来寻医问药的病人他一概无法拒绝。因此，举例而言，有个领队介绍一位富有的俄国病人来找他看病，而他心甘情愿地付给这个领队初诊费用的百分之二十作为回扣[10]。俄国人究竟得了什么病并不重要；他家财万贯才是关键。

在他行医之初那几年，弗洛伊德总是非常在意病人的社会等级和经济状况。1886年6月1日，他抱怨说只有"无名小卒"（sehr kleine Leute）愿意来找他看病。6月13日，他又在苦恼，"我没有来自上层社会的新差事"。相反，他写道，他已经沦落到要和一些罗马尼亚犹太人打交道——他抱怨说这些人不但钱给得少，还讨价还价闹得很不愉快。7月，他欣喜地得知一位葡萄牙伯爵已经在被人送来接受治疗的途中了，但事实证明这等好事其实物极必反。正如他最后发现的那样，对于这样的贵族名流不付账单就一走了之，他还真没法抗议[11]。

布罗伊尔让这位新手认识到有义务去接收完全是用来做慈善的病例。医生只有通过如此般利他主义的举动，才能展现出一种关心社区的可信任度。但对于弗洛伊德来说，这种额外的烦心事几乎无法承受。更糟糕的是，他不得不接受一定数量占他便宜的病人，而他们本来能够支付得起看病费用。依照惯例，对于那些本身就是医生或者由朋友推荐过来看病的客户是不收费的——其中一人就是弗洛伊德在巴黎时的伙伴贾科莫·里凯蒂[12]。

面对病人对他所谓治疗能力的天真信任，弗洛伊德深感惊讶。"昨天，"他在1886年5月17日报告说，"一位私交很好、成天忙工作的同事也来到我的诊所，今天他的妻子在这里泪眼汪汪的，希望可以听到打消疑虑的话。我只好哈哈大笑！仿佛我掌握着生死大权！"然而，我们可以肯定的是，弗洛伊德的哈哈大笑只留给自己，并不外露。他开始分享夏尔科长期以来的信念，认为不应该让医生来击碎社会地位相当或者高于他的人的那些不合时宜的希望。

弗洛伊德只对玛尔塔·贝尔奈斯坦陈他的种种自我怀疑。"另一个问题是，"他写道，"作为一种职业，我是否会对此感到满意，我可以告诉你，这种谋生方式着实可悲，人得有足够的幽默感和精力才能不为他的无知、尴尬和无助感到烦躁和羞耻。"[13] 说到一般的医学知识，"大部分我都难以理解"，他承认，"每当弄清楚的时候，我都很开心"[14]。但理解的时候少之又少。"我还没有帮到任何病人。"他在 5 月 4 日写道。到 6 月 8 日，他开业行医了七个星期的时候，他总算可以祝贺自己有了一个进展顺利的病例——这个案例，大家即将看到，他完全误解了。

2. 传统观念

除了能给自己提高声誉的个别情况之外，弗洛伊德起初一再回避，不肯做医学实验；他希望为客户提供他的竞争对手也会给予的一切治疗方式。在 19 世纪 80 年代，最普遍使用的秘方仍然是电疗法，或施加 "伏打电流"（DC）、"感应电流"（AC）进行电击，人们认为这样可以缓解从神经衰弱和疑病症到神经痛、瘫痪、脊柱退化和精神失常的一切疾病。这种可以追溯到 18 世纪晚期的治疗方法在很大程度上其实无效，但它仍然得到了引领主流的医师们的认可，弗洛伊德毫不犹豫地将其运用到实践中去。

他这么做也是在遵循著名内科医生赫尔曼·诺特纳格尔对于他职业生涯的建议。1884 年弗洛伊德突然决定要成为一名神经学家时，诺特纳格尔就告诫他，如果他想转方向的话，那么他需要专攻电疗。弗洛伊德已经试图用电子仪器开展实验但未果[15]，也曾向前来访学的美国人讲授过 "电流和电诊断法"[16]。此外，在综合医院内，他已经开始尝试电疗，正如以下这一出自 1885 年 3 月 23 日《鸿雁书简》的段落所透露的："今天我试着电击一位陷入疯狂的 [meschuggenen] 病人，这家伙彻底昏了过去，瘫倒在地。那个情形相当不好过。我倒没有受到什么惊吓，但是电击给他留下的心理印象非常糟糕。"

到 1886 年 4 月 29 日，行医还不到一周时间之际，弗洛伊德设法借到了一台获得专利权的发电机，将电流引导到一名女病人身上，结果毫不见效。他没有就此却步，在用自己购买的机器替换掉借来的机器后，他继续开出处方进行电疗。由于接受电击的病人误以为弗洛伊德清楚如何实现痊愈，大多数人都日复一日回到诊所来接受进一步相同方式的治疗。

当我们想到 19 世纪的电疗时，可能会想象一股低压电流通过附着在接受电击者前臂上的电极而流动。但弗洛伊德接受威廉·海因里希·厄尔布 1882 年《电疗手册》的指示操作，手册针对不同的疾病详细说明了不同的方法；弗洛伊德说他严格依照这些指示进行电击 *。厄尔布坚持要求将电流输送到必要的位置。例如，为了防止女性尿失禁，他规定通过插入尿道的导线输送"耐受范围之内足够强的电流"，产生"稍微痛苦的感觉"；对于男性勃起功能障碍，阴茎乃至睾丸有时候将经受同样"耐受范围之内足够强的"电流 [17]。

从《鸿雁书简》中我们可以看出，弗洛伊德之所以喜欢电疗在于其相应延长的疗程。1886 年，他只是懊悔自己不能更频繁一些运用这一获利丰厚的疗程。"我的一位病人，"玛尔塔在 5 月 26 日听他说，"似乎仅仅治疗七次之后就完事儿了。这种情况经常发生，人必须知足，但这也说明实在是人算不如天算。"三天后，他报告了一个比较乐见其成的结果：他刚收到另一位病人支付的十八次治疗的费用，想来应该是接受电疗 [18]。正如他 1885 年在医院兼职期间论及一位患者时所写的那样，"我希望她多多接受电疗，这样你夏天待在这里时会更富有" [19]。

在 1925 年的《自传研究》中，弗洛伊德声称他"不久就认识到"厄尔布的电疗是毫无用处的安慰剂，因此他很快就"将［他的］器械束之高阁了" [20]。但具体究竟是在什么时候呢？欧内斯特·琼斯断言弗洛伊德在应用了二十个月之后就摒弃了发电机——也就是说，一直用到了 1887 年底。然而，可以肯定的是，他在 1888 年 2 月仍然在不加

---

* 厄尔布是莱比锡大学教授，著名的神经学家。他写这本畅销手册之前，已经在对于梅毒和若干销蚀肌肉的疾病的认知方面做出了主要贡献。然而，他竭力宣扬以电疗来治疗一系列疾病，似乎已经听任自己的判断受到他从售卖机器中获取的利润的腐蚀。

批判地实施电疗 *。已故的彼得·盖伊在他写的那部传记中就这一话题仅用了一句话，他提到弗洛伊德"在 19 世纪 90 年代早期"仍然电击病人 [21]。

在 1892 年 5 月一场面向维也纳医疗俱乐部的演讲中，弗洛伊德将电疗带入了讨论范围。他问道，在多次电疗就能解决神经痛病例时，为什么我们还要指望一场催眠 [22]。在私下治疗神经疾病六年之后，弗洛伊德是在此表示对于电疗的支持，然而据说几乎自 1886 年一开始他就发现电疗根本无济于事。他在 1925 年声称他在职业生涯开始不久就已经对厄尔布的治疗主张失去了信心，如果这说的是实话，那么他是知道内情还有意让病人上当受骗而与此同时肥了自己的荷包。不过谁主张谁举证的责任可以让他对电疗长期抱有懒得较真的信任，直到他的病人因公众争议而产生不满，对他而言这才成了问题。

我们可能会认为喜欢追根究底的弗洛伊德一旦开始吸引"患神经症"的病人来找他问诊，他就会急切希望与他们建立密切的关系，让他们说出受到创伤的经历。不过在早年，情况似乎并非如此。弗洛伊德对于"神经质"一般都是予以常规治疗：嘱咐病人转到疗养院或水疗中心去接受静养治疗。

静养这一疗法的权威专家，美国医生西拉斯·威尔·米切尔，把他的治疗方案定位面向神经紧张的女性，他认为，她们的不幸源于不合时宜地与男性展开竞争——弗洛伊德对此也抱有同感。正如伊莱恩·肖瓦尔特所说，自 1873 年以来，威尔·米切尔这套体系的特色包括，

> 采用隔离、按摩、静止不动和"过度喂养"的方式。在长达六周时间中，病人与亲友隔离开来，只能待在床上，不许起身、做针线活、读书、写字以及干任何需要动脑子的事情。丰富的饮食以牛奶

---

* 在那个月，诊断出一个病人患有"脑神经衰弱"后，弗洛伊德向弗利斯报告说病人在怀孕和旧病复发前曾"接受直流电疗法和水疗法的治疗，状况有稳步起色"（2/4/88；FF，第 18 页）。

为主，并且每日多餐，女病人预计会因此增重五十磅*。

弗洛伊德赞同威尔·米切尔的方案及其类似做法，将病人送到特定机构，这些机构因病人每天的入住而支付他一定费用[23]。然而，一旦离开了他的监督，这样的病人可能永远不会再回来找他看病，他对此又感到不快。正如他在《自传研究》中开诚布公的回忆，"在单次咨询后嘱咐病人去水疗，这会导致收入来源不足"[24]。他写道，因此他立即不再让病人转诊去水疗和按摩。

不过弗洛伊德的回忆又一次有误。正如欧内斯特·琼斯所承认的，他"在90年代初仍在使用那些……方法"[25]。在威尔·米切尔的治疗方案依然风行之时，他也不曾对其有效性表示过怀疑。例如，在1887年10月，我们发现他向姻亲报告说"几天前我让Z.女士接受了一种会导致发胖的治疗"[26]——这一迹象表明他还在坚持威尔·米切尔的理念，认为有损身心健康的女性知性削弱了生育能力，增加身体脂肪能够恢复这一能力[27]。

同年1月，弗洛伊德就威尔·米切尔的《脂肪、血液以及如何养脂造血》译本发表了一篇热情洋溢的评论，认为作者"通过一套结合了卧床、隔离、喂养、按摩和电疗的管理严格的做法，战胜了长久存在的严重的神经衰弱状态"[28]。他在1888年的文章《癔症》中重申了这一观点：

> 近年来，所谓威尔·米切尔的"静养疗法"……作为一种治疗癔症的方法已经在机构中赢得了很高的声誉，并且当之无愧……这种治疗巧妙地结合了"道德疗法"，对于癔症而言具有非凡价值，改善

---

* 肖瓦尔特1993，第297页。对于威尔·米切尔的禁闭静养疗法最经典的描绘是夏洛特·帕金斯·吉尔曼写于1889年、出版于1892年的著名自传体短篇小说《黄色墙纸》。曾因隔绝和感觉剥夺而一时精神失常的吉尔曼将她的短篇小说寄给威尔·米切尔本人，希望他最后能终止这一毁灭性的治疗建议。他这样做了，但没有告知也没有归功于吉尔曼。

了病人总体的营养状态……最佳方案是卧床静养四周到八周之后，运用水疗和体操训练，鼓励病人进行大量运动[29]。

到 1895 年《癔症研究》问世时，他行医差不多已经整整十年了，他将威尔·米切尔的方法与我们稍后将讨论的新做法结合了起来。正如他所说的那样，"我已经养成了将情感宣泄心理治疗与静养治疗相结合的习惯，后者如有需要可以扩大到类似威尔·米切尔的一整套治疗方案"[30]。

另一种治疗癔症的普遍疗法更加凶险。从 19 世纪 70 年代到 19 世纪尾声，被诊断为患有癔症的女性往往交由妇科医生处理，这些妇女接受了残酷的手术——子宫切除、卵巢切除、阴蒂切除和经尿道烧灼——预计这样就能消除不幸的根源[31]。夏尔科和布罗伊尔谴责这种残酷行径，弗洛伊德则拿不准这么做是否有效[32]。1888 年，他以模棱两可的审慎态度宣称，癔症患者"性领域异常"——生殖缺陷——的重要性"通常都被高估了"[33]。

不过事情到这里恐怕还没结束。在布罗伊尔之后，为年轻的弗洛伊德介绍最多病人前来问诊的是著名的妇科医生鲁道夫·赫罗巴克，弗洛伊德后来称之为"兴许是我们所有维也纳医生中最杰出的一位"；赫罗巴克恰好是对癔症实施外科手术疗法的主要支持者和最忙碌的执行者之一[34]。正如一位历史学家所指出的那样，赫罗巴克"极其积极地对患有神经症的女性进行'阉割'，几年来已经施行了一百四十六场手术"[35]。值得注意的是，介绍病人转诊的做法常常都是有来有往。如果赫罗巴克通过介绍病人来助推弗洛伊德勉强维持的行医事业，那么几乎可以肯定弗洛伊德也将一些女性"癔症患者"推荐给赫罗巴克治疗。

正因为如此，出自 1886 年《鸿雁书简》的两封信一前一后连起来读，这时候个中利害就不可匆匆掠过了。1886 年 5 月 13 日，弗洛伊德在行医之始，就提到一起有关一位神经质的美国医生和他"美丽而有趣"的妻子的案例中"情况有些棘手"，弗洛伊德打算就此咨询赫罗巴克[36]。十天后，他报告说同一位女子"昨天接受了手术"。看来是新手医生吞下他的疑虑，引导了至少一名不幸的女人去接受残忍的治疗，这样的推测在所难免。

仅仅是对于医学上的教条全盘接受不加以质疑，也会造成同样的结果。1894 年，布罗伊尔和弗洛伊德都未能成功治疗的一位病人——"妮娜·R."，被送往狂热的德国妇科医生阿尔弗雷德·黑加那里，准备草率地接受"阉割"了。通常看似谨小慎微的布罗伊尔发出了坚决抗议，列举这样草菅人命造成的种种身心伤害，并称女性"阉割"的"盛行"是"妇科学上的丑闻"[37]。然而，弗洛伊德尽管对黑加的观点不敢苟同，却似乎什么都没说[38]。妮娜·R.确实被遣送至黑加的诊所，在那里人们发现她患有肺结核后，她总算暂时逃过一劫。如果她确实留得了全须全尾，那并非因为她原来的医生——后来将自己描绘成具有不同凡响的道德勇气的人——挺身而出保护了她。

3. 临床尝试

假如一位医生急需钱财至此，竟不愿拒绝任何能够负担得起诊疗费的病人而照单全收，那么他可能造成的潜在破坏是相当大的。1886 年5 月，一位当地著名演员胡戈·蒂米希来找弗洛伊德问诊，主诉一只手腕功能障碍和 / 或疼痛，这时弗洛伊德犹豫着是否要介绍他转诊至一位能胜任治疗的整形外科医生那里。为什么不亲自尝试一下修复损伤呢？然而，他对解剖学的全面了解并没有外科手术方面的经验或灵巧度来匹配。在他参加过的各种实习中，没有哪一次激发了他的才智或者合乎于他的癖性，而最令他反感的便是外科实习。哪怕琼斯也不得不承认弗洛伊德"缺乏外科手术技巧"[39]。

在位于市政厅路 7 号的诊疗室那个无菌程度难以保证的环境中，神经脆弱而又急躁易怒的弗洛伊德拿起解剖刀，给胡戈·蒂米希的手腕开了刀。1886 年 5 月 15 日，他告诉玛尔塔说蒂米希写来一封让他备受打击的信，信中表达了对于手术没能成功的惊慌失措（Bestürzung）。弗洛伊德无颜以对，窘迫万分，退还了受伤的蒂米希早先大方奉上的诊疗费。

蒂米希这个事例告诉了我们一个关于弗洛伊德的重要细节：他在弗莱施尔事件中的治疗失当并非偶然。在两起事件中，他都出于无端希望能取得好疗效的动机而无视正常的预防措施，将患者的健康置于不必要的危险之中。尽管两场可耻的失败都令他感到羞愧，但都没有教他变得更小心谨慎。他在漫长的职业生涯中总是冲动行事，有时候甚至犯下致命的错误。

弗洛伊德和他那个时代的其他医生并无二致，一再依靠止痛药来治疗常见的焦虑和其他一些难治的顽症。正如琼斯所承认的那样，他最青睐的给药方式是皮下注射。琼斯言简意赅地评论说，从 1884 年开始，弗洛伊德就已经"出于各种目的在接下去十年内大量运用［皮下注射针］"[40]。

在 19 世纪 80 年代后期，弗洛伊德有别于大多数医生同行的地方在于他选择的灵丹妙药：可卡因。无论是弗莱施尔变得骨瘦如柴，还是这下出现在医疗报刊上的种种警告，都没能阻止他继续运用这一药物进行自我治疗，并在主诉各种疾病的病人身上尝试其药效。事实上，在返回维也纳开业行医之前，他已经在巴黎和柏林作为非正式的可卡因推广医生给人治病了。

1886 年 2 月 23 日，在离开巴黎之前不久，弗洛伊德被请去看望玛尔塔一个卧病不起的堂弟尤勒斯·贝尔奈斯，他高烧不退，喉咙严重发炎，在夜里说胡话，而且无法吞咽。弗洛伊德对尤勒斯没有好感，由于不得不为他免费治病还颇有一番怨言，对他来说，这些严重症状只不过表明是患上了"喉头炎"（Halscroup），对此他记不起来标准治疗方案具体应是什么了[41]。然而，不管怎样，决定让自己显得"胸有成竹"之后，他把手伸向可卡因存货，径直把这一药物往尤勒斯的喉咙上涂。他认为，尤勒斯很快就能吞下红酒和牛奶了，这说明他的诊断和药方都正确无误。

弗洛伊德又紧锣密鼓接连去看望了尤勒斯·贝尔奈斯三次，给他涂抹更多的可卡因，还用吗啡帮助他入睡（弗莱施尔的情况并没有让他停止混合使用这两种药）。确定病人保持饮食能力后，弗洛伊德向他保证完全已经药到病除了（dass alles vorüber sei）[42]。但尤勒斯依然身体不适，另一位医生推断他患的是白喉——这一诊断让弗洛伊德在 3 月 6 日发自柏林的一封信中为此争论得怒气冲冲。他告诉玛尔塔，这场病是喉咙感染，就是这么回事。一想到如今整个贝尔奈斯家族都和他意见相左，他就火冒三丈。"关于尤勒斯得了白喉的可怕故事中提到我了吗？"他在 3 月 9 日问道。"你都只字不提。我还在担心要听到'家里人'说我提供了错误的治疗方法。如你所知，我完全没给他治过什么病，他连白喉都没得。"

然而，弗洛伊德已经给尤勒斯治过了病，只不过徒劳无效而已，他的诊断显然也是错误的。但他不想再听到关于此事的任何消息。在为治疗尤勒斯的病例进行激烈辩护后不到两周的时间，他在柏林又往一位贵族朋友萨利·莱维松的喉咙上涂抹可卡因——其唯一症状只是咳嗽，他还颇伤脑筋地觉得药剂师准备的药物可能精纯度不够[43]。

次月弗洛伊德开张行医时，他期待用可卡因来治疗一系列疾病。在开业第一天，他告诉玛尔塔说他已经得以"帮助缓解"一位病人的胃痛状况[44]。两天后，他说另一位病人来找他，因为这人想起来此前曾被医生用可卡因治好了病。

1886 年 5 月初，宣布自己已经做好准备接受问诊之后两个星期，弗洛伊德接收了一位坐骨神经痛的病人。尽管他此前未能成功将可卡因直接注射到受疾病侵袭的部位，但他告诉自己这一次准能成。在为期十一天的时间里，这位新接收的病人每个工作日都出现在弗洛伊德的诊室，每次就诊估计就是再一次接受注射。这名男子显然变得一派欣快，想来也就不足为奇了。弗洛伊德也一样，他这样写道：

> 让布罗伊尔大为惊奇的是，坐骨神经痛的病人在日渐康复，实际上按计划病人将在 5 月 15 日结束治疗获准离开。正如布罗伊尔所言，这个人"大喜过望"而难以平静下来，他已经跟我说起他妻子手臂上一处久缠不去的疼痛，说起患有风湿病的各种人。既然我是用自

己开创的注射剂帮助他恢复了健康，我自然骄傲得很，而且我只希望不出任何问题，可以放我治好的第一位病人离开 [45]。

弗洛伊德如预期的那样，在 5 月 15 日宣布这名男子已经治愈——据我们所知，到那时，他恐怕不仅创造了一个着迷于可卡因疗法的狂热分子，而且还创造了一个瘾君子。我们可以确定的一件事是：可卡因不能治愈坐骨神经痛。不过弗洛伊德一如既往没想跟进此病例。作为他私人行医以来第一次成功的案例，在写进功劳簿以后，他就不再感兴趣了。他让自己避而不见任何令人不快的同副作用、成瘾或复发相关的意想不到之事，乐于继续提供吞服、涂抹或注射的可卡因，以应对形形色色能见药效的疾病。

然而，弗洛伊德在护理病人上最根本的缺陷并不在于他选择的可疑的药品，问题在于他没能作出正确的诊断。弗洛伊德总是发现病人患有他当下关注的任何疾病，对于这种倾向他又听之任之。从 1887 年到 90 年代，他的选择通常都是癔症。当病人随后被证明患有某种器质性疾病时，弗洛伊德仍然认为癔症是临床表现的一部分。

想一想《日常生活的精神病理学》（1901 年）中叙述的两起日期不详的案例。在第一个例子中，弗洛伊德接收了"一个遭遇情绪体验后无法正常行走的年轻人"：

> 当时我作出的诊断是癔症，随后我收下了病人，对他进行心理治疗。结果发现，尽管我下的诊断并非有误——事实就是如此，但也谈不上正确。病人的一大堆症状都跟癔症患者一样，而且那些症状在治疗过程中都迅速消失了。但是在这一切背后，现在残存的部分显露了出来，而我的疗法却鞭长莫及；这一残存部分只能用多发性硬化症来解释。在我之后看到病人的那些人很容易就能识别出是机体疾患。我几乎没有办法采取别的做法或者形成不同的判断，但给人留下的印象是犯下了一个严重错误；我跟他保证的治疗自然无法兑现 [46]。

这是弗洛伊德典型的"忏悔"的段落，在表示承认的过程之中又收回所说的话。说诊断既不正确也非有误的概念完全是一团浆糊。弗洛伊德声称的迅速消除了"一大堆"癔症症状值得怀疑，不仅是因为他从不曾掌握消除症状的有效办法，而且因为他的诊断站不住脚。诊断最初基于该男子行走困难的症状，后来他的多发性硬化症就完全解释了这一问题。弗洛伊德在欺骗自己的同时也误导了这名病人；即使在他被证明错误之后，他依然选择继续蒙蔽其中。

《精神病理学》的同一章包含另一个这样的说法，既难为情又怀有戒心，而且乱作一团。弗洛伊德写道，一个十四岁的女孩来找他，"无疑患有癔症，在我的治疗之下急遽好转"*：

> 在情况有了如此改善之后，孩子被父母从我这里接走了。她仍然诉苦说她腹部疼痛，这一直是她患癔症最主要的临床表现。两个月后，她死于腹腺肉瘤。癔症以肿瘤作为诱因，与此同时她又易于患上癔症，至于我，我的注意力给癔症吵吵嚷嚷却并不导致伤病的表现给牵扯住了，大概因此忽视了这一凶险的不治之症最初的迹象[47]。

我们可以由此推断，这女孩的"癔症"显得"吵吵嚷嚷"，是因为她在痛苦中尖声呼叫。即便她因癌症而迅速死亡了，也没能引发弗洛伊德去重新考虑他的诊断或他声称的就当下情况来看治疗相当成功的论断。其他任何医生——夏尔·包法利**也不例外，会自夸说已经干脆利落地"清除"了那些很快又再次出现的致命症状吗？[48]

因为罹患胃癌的女孩无论如何都会死去，弗洛伊德对于她的死亡无可指责（尽管对于她受的罪肯定不是无可指责）。然而，凭借强有效力的药品库，他忍不住开始过度治疗其他患者，浑然不觉药物毒性正在引

---

* 根据弗洛伊德写给弗利斯的信中所说，那女孩实际上是十三岁。见 6/12 和 6/18/00；FF，第 418 和 419 页。

** 夏尔·包法利医生为法国文豪福楼拜作品《包法利夫人》中的人物。——译者注

发本身的症状。就算最初的诊断没错，新的医源性疾病也会在弗洛伊德毫无警惕的情况下发生灾难性的进展。当然，那正是发生在弗莱施尔身上的状况，但他的案例绝非独有。

想想名叫"马蒂尔德·S."（施莱歇）的患者，她是维也纳知名画家的女儿，弗洛伊德在 1889 年初开始断断续续地为她治疗了两年半的时间[49]。马蒂尔德给弗洛伊德留下的印象是个拘谨、自责、想入非非的忧郁症患者和具有"循环失调"特点的失眠症患者，大致相当于后来所说的躁狂抑郁症或双相型障碍患者[50]。当时，弗洛伊德在用催眠术治疗神经性病例，在催眠状态下，平静昏睡的患者会被勒令摆脱那些症状；他在这起病例中又故技重施。然而，我们从他的回忆中得知，他催眠任何人都是困难重重；因此，马蒂尔德的催眠引导很可能是由一种或多种催眠药物促成的。

弗洛伊德认为对于马蒂尔德的治疗很成功，她起初也是这么认为的；但后来她逐渐出现了许多显然是躁狂性格的新症状——包括渴望与弗洛伊德本人发生性关系的淫秽表现。1889 年 10 月，她被送往维也纳一家精神病诊所，弗洛伊德在那里担任咨询医师。阿尔布雷希特·希尔施米勒继续讲述这个故事：

> 病人住院期间，使用了当时能用上的一切药物：吗啡、水合氯醛、缬草、溴化物、洋地黄苷、鸦片、东莨菪碱和双乙磺丙烷，那是前不久才发现的一种镇静剂。水合氯醛额外引发的极其严重的副作用危及病人的生命。不过她于 1890 年 5 月康复并离开诊所，但仍然患有忧郁症。

> 弗洛伊德继续治疗，开处方交替使用高剂量的水合氯醛和双乙磺丙烷，但显然没有进一步对她进行催眠。到了秋天，她表现出呕吐、腹痛和尿潴留的加重模式，尿液呈红色。9 月底病人死亡。不久之后，针对［双乙磺丙烷］的警告便发出了，人们认识到马蒂尔德的临床症状是由药物引起的严重肝卟啉症的表现。在一份简明扼要的报告中，弗洛伊德承担了他的治疗造成的致命后果的责任[51]。

简而言之，马蒂尔德·施莱歇死于过量使用一种相对较新的药物，其致命属性无论弗洛伊德或其他任何人都并不知道。但故事还不止于此。弗洛伊德已经开具或者没能撤回的处方是一个包括吗啡、水合氯醛、缬草、溴化物、洋地黄苷、鸦片、东莨菪碱和双乙磺丙烷在内的可怕的大杂烩：至少在她出院前，水合氯醛确实会危及生命的极其严重的副作用已经被注意到了。然而，当弗洛伊德继续对她治疗时，他还是让她回到"交替使用高剂量的水合氯醛和双乙磺丙烷"的老路上。在她临终呕吐、痉挛和尿液变红期间，他显然一直让她经受致命的治疗方案。就在 1890 年 9 月 24 日马蒂尔德去世几周后，一篇医学文章揭示双乙磺丙烷可导致卟啉症并摧毁病人的肝脏[52]。

弗洛伊德论及对施莱歇的治疗及其结果的报告简短而不带个人感情色彩，他在其中表示先前在试验（probeweise）基础上给予用药的双乙磺丙烷使她"深度麻醉"或者"失去知觉"（sehr betäubt）[53]。弗洛伊德显然乐于见到这一结果，他试图在治疗的下一阶段故技重施——尽管马蒂尔德的病情恶化已经表明服用双乙磺丙烷的最好结果是毫不见效，它可能还有害。

4．不可见人的秘密

尽管弗洛伊德承认他对施莱歇的治疗负有责任，但他的职业生涯中有许多事件他还是希望永远不见天日。没有哪个事件能比他年少时最好的朋友的第一任妻子保利娜·西尔伯施泰因的自杀更吊人胃口了。保利娜于 1891 年从罗马尼亚来到维也纳，找弗洛伊德治疗神经方面的病症。有说法认为，她在位于维也纳玛丽亚·特雷西亚大街上重建的"悔罪楼"*里租了个地方，弗洛伊德的公寓 / 办公室也在该楼中。1891 年 5 月

---

* "悔罪楼"得此名是因为原先所在地上的环形剧院发生过维也纳最骇人听闻的一场火灾，约六百名观众在 1881 年那场大火中丧生。

14 日，保利娜纵身跃过该建筑楼上某层的扶手栏杆，当场坠亡。

在弗洛伊德学说信奉者的圈子里，关于这个大家都几乎闭口不谈的悲剧，比较受到认可的版本是，弗洛伊德都还没来得及敲定第一场治疗的时间和她见面，患有重度抑郁症的保利娜就爬上楼梯跳了下去。例如，库尔特·艾斯勒坚持认为在保利娜跳楼时，西格蒙德和她完全不相识[54]。这就是瓦尔特·伯利希为弗洛伊德/西尔伯施泰因书信往来集所写的引言中希望我们得出的推论，他的引言显然是受到了艾斯勒的影响[55]。但我们有理由相信情况并非如此。

弗洛伊德在 1928 年深情地回忆起他这位已故的朋友，他致信爱德华所属的罗马尼亚圣约之子会说，他"曾经有机会关照［西尔伯施泰因的］第一任妻子"[56]。他恐怕不会这么说起一个在初次约诊之前就自杀的病人。同样具有说服力的是爱德华孙女的回忆，她拒绝接受艾斯勒坚称的弗洛伊德和保利娜没见过面的说法[57]。据这位后人说，她母亲和母亲的三个表兄弟都告诉过她，这个痛苦不堪的新娘"接受［爱德华的］朋友西格蒙德·弗洛伊德的治疗并不成功，从弗洛伊德公寓楼的一个窗口［原文如此］中纵身跃出"[58]。显然在西尔伯施泰因家族中口口相传的是保利娜之死同弗洛伊德的治疗有关。

我们不能自信十足地断言，在可怕的那一天，西尔伯施泰因夫人找弗洛伊德进行心理咨询之后便跳了楼。没有任何新闻报道或者警方报告中提及弗洛伊德，各家报纸的报道之间、媒体与警方的官方报告之间都存在矛盾之处[59]。警方报告宣称保利娜的跳楼点不是在弗洛伊德的公寓前面，而是在同一栋楼她自己的住处前面。她会纯粹为了接近弗洛伊德一点而大费周章地搬到那里，却在她第一次治疗之前就自寻短见吗？这不太可能，考虑到她的家人和弗洛伊德本人的回忆相互矛盾，就更不可能了。

保利娜·西尔伯施泰因的惨死想必令弗洛伊德极为不安。想象一下他不得不把这个消息告诉爱德华时该有多痛苦。他一定也意识到了，维也纳公众注意到他与这个不幸事件的关系（不管多么无辜），可能使他作为行医者已经蒙上阴影的声誉更一落千丈。

　　一心追求原型、后来对活人魂灵和亡灵进行理论化的弗洛伊德，无法将保利娜·西尔伯施泰因隔离在他的个人经历之外。他有一个妹妹和一个侄女 * 都名叫保利娜，他记得（或者以为他记得）那个侄女在他童年时期影响重大的一起事件中是个关键的角色——那是一起残酷对待女孩的事件[60]。后来当威廉·弗利斯在自己妹妹保利娜早逝后给女儿起了同一名字时，他表示欣喜[61]。但是另外的这个保利娜在弗洛伊德大量的自传出版物中消失了，没有留下一丝痕迹；她这个不幸人物也没有出现在我所看过的任何信件当中。这是于无声处听惊雷。

　　然而，就当是一个思想实验，且让我们假设西尔伯施泰因夫人在新婚中已经变得消沉沮丧，她跳楼自尽之前确实如约去找弗洛伊德问诊。那么，我们可能会好奇，他都能告诉她关于她丈夫的哪些事情，竟引发了恐惧和绝望之情。弗洛伊德十七岁时，曾告诫过爱德华别近女色。当十九岁的他和这位朋友因环境而分开时，他写道："我真心相信我们永远都摆脱不了彼此；……我们一路走来，爱的就是对方这个人。"

　　弗洛伊德是不是还觉得爱德华·西尔伯施泰因属于他，而保利娜取代了他的位置？倘若如此，再考虑到他通常对病人总是盛气凌人的样子，那么他听任嫉妒和恶意压倒他对脆弱的保利娜的职责也确实符合他的个性。不过，可能性当然和证据不是一回事。除非出现确凿的证据，否则我们永远不会知道为什么弗洛伊德的知心朋友的新娘要纵身越过阳台自尽。

---

* 　弗洛伊德的这个侄女是其同父异母兄长的孩子，仅比他小几个月。——译者注

第十五章

侍奉金鱼

1. 上流阶层的神经症患者

我们看到，开业行医头几个月里急于求成的弗洛伊德面对前来找他医治的任何病症，除了可卡因注射和各种各样有效力的安眠药之外，一直都在使用安慰剂疗法。这种权宜之计动用的方法，其无效性和 / 或危险性很快就广为人知，无法给他提供他一心渴望的稳定生活来源。不过他倒确实拥有一个关键优势——他在 1886 年那几场在其他方面都相当轻率莽撞的报告中对这一优势大肆传播，那便是他和夏尔科的关系。夏尔科虽然充满争议，却被世人普遍视作在研究神秘的癔症综合征方面首屈一指的专家。正如 1888 年 2 月 4 日弗洛伊德写给新结交的友人威廉·弗利斯的信中所言，"你知道我的业务量不怎么样，但拜夏尔科的名气所赐，最近多少还是有所增长"[1]。

弗洛伊德何其幸运，早就决定把自己塑造成神经学家。在心理学和神经学这两个相对崭新的领域之间抢夺地盘的战争中，精神病学家所谓的精神病和神经学家所谓的神经症（不要和夏尔科的神经官能症混为一谈）之间正在逐渐形成一条非正式的边界[2]。界限落在精神正常与不正常之间。精神病被视作无法治疗的大脑疾病，神经症患者仍保留着未受损或者只是轻微受损的对于现实的感知，应该原本就容易通过治疗得以处理——或许甚至能治愈。因此，凭良心说，神经学家可以欣然接受的不仅是患有癔症的病人，还可以是患有神经衰弱、抑郁症和与之对立的躁狂、恐惧症和强迫症的病人 *。

假如弗洛伊德不是犹太人，那么他在维也纳就接诊不到这样的病例。当时精神病学教授几乎都是非犹太人，他们仍然把癔症视为虚以掩饰或遗传腐化迹象，所以癔症就落到神经科医生手上——他们绝大多数是犹太人，以尊重的态度对待病情及患者[3]。正如罗伊·波特评论的那样，医生们向富人强调"问题在于神经崩溃、神经衰弱、胃虚弱、消化不良、失张力、脊柱炎症、偏头痛等等……可以预先阻止对于他们可敬的病人要么是半疯要么是假装的反社会者的种种猜疑"[4]。任何神经科医生都可以玩这种机巧圆融的把戏，但不去相信纯粹犹太人的特质是病人惹人厌的行为的根源，这一点只有犹太医生可以指望得上。

让弗洛伊德备受鼓舞的是，一些知道他曾旅居巴黎访学的维也纳医生开始向他付费咨询他们自己手头接诊的癔症病例。他的保护人兼顾问约瑟夫·布罗伊尔听他讲述过夏尔科的惊人成就而印象深刻，他跟妇科医生鲁道夫·赫罗巴克一样，为他介绍了一些转诊来看病的癔症患者。他俩都在他早期诊疗时担任非正式导师，以此抚慰不太放心的病人。其他的转介可能是出于医学院同舟共济、团结互助的精神，来自诸如莫里茨·贝内迪克特、赫尔曼·诺特纳格尔和理查德·冯·克拉夫特-埃宾等同事[5]。

还有一个为他提供病人的贵人——为数虽不多但对于提升弗洛伊德的声望至关重要——那就是夏尔科本人。无需赘言，布兰奇·维特曼和萨尔佩特里耶尔医院的住院病人并没有被送到维也纳去消除他们在萨尔佩特里耶尔当众演示以增进认识的症状。但我们已经看到，夏尔科在欧洲精英中采用了一种产生安慰剂效果的做法。弗洛伊德未来的患者至少有两位（安娜·冯·利本和埃莉泽·贡珀茨）已经在巴黎接受过夏尔科的治疗；夏尔科自然而然地告诉这些客户，他们可以将自己托付给他们

---

* 弗洛伊德又自相矛盾地倾向于把妄想症看作一种神经症；他有时候把神经症叫作"神经精神病"，这一点也派不上什么用场。

家乡的一位聪明年轻的神经学家，此人当时正在翻译他的部分著作。

　　然而，为最初艰难谋生的弗洛伊德做出决定成败一举的却是布罗伊尔。布罗伊尔是维也纳最受欢迎的私人内科医生，为几乎所有的犹太资产阶级上层家庭看病。事实上，他在"小圈子"里得到平等相待——那是由彼此通婚的百万富翁及其家族组成的紧密圈子，他们聚居在环城大道周围，赞助维也纳上流社会的明星并且与之密切交往。小圈子同样也欢迎像特奥多尔·迈内特、西格蒙德·埃克斯纳、恩斯特·弗莱施尔这样的杰出思想家以及哲学家弗朗兹·布伦塔诺，布伦塔诺实际上还通过联姻进入了贡珀茨家族。

　　尽管年轻的弗洛伊德也算为那些有头有脸的人物所知，但他并不热望在约瑟菲娜·冯·韦特海姆施泰因和她的妹妹索菲·冯·托代斯科主办的众星云集的沙龙中和他们交往。他希望通过布罗伊尔居中介绍，获得医学专长上的肯定，成为显贵之家的"神经医生"。正是在小圈子内部，可以找到最令人着迷的"癔症"和其他神经症的病例——这些病例需要长期的关注，而布罗伊尔，在我们稍后几章将回过头来细说的一个重大不幸事件之后，既没有时间也没有意向维持这种关注。我们会看到，弗洛伊德并没有像布罗伊尔那样，在浪费病人的时间和金钱问题上持保留意见。对于某些富裕病人要求的那种介入治疗，持续数月乃至数年仍达不到解决的程度，他却非常愿意为之效劳。

　　然而，具有讽刺意味的是，弗洛伊德打算利用他的导师夏尔科已经征服癔症的这一印象。首先，正如我们已经指出的，萨尔佩特里耶尔医院中的许多"癔症患者"可能是给误诊了的癫痫病人。其次，夏尔科从来没有试图治愈癔症，甚至连缓解的意向都不存在，他只是想证实——结果不无错误——这种病症是客观存在的事实以及引发病情的机制。再次，他通过催眠激发反复排练过的症状，这一主要演示手段其实毫无用处。第四，夏尔科学派所谓的癔症，其最终致病原因被认为是"遗传退化"，和现在被送来让弗洛伊德诊治的这些娇生惯养的上流社会人士的精神状态几乎毫无相似之处。

　　法国洗衣女工、妓女和无家可归者的瘫痪、挛缩和可憎的尖叫不仅展现了他们真正的痛苦，而且显示了他们在萨尔佩特里耶尔医院内和更广阔的世界中低人一等。然而，弗洛伊德将遇到的是能说会道的淑女绅士，他们认为众人理当迁就他们那些持续存在的怪癖和嫌恶。无可否认，他们来到弗洛伊德的诊所时往往原本就患有疾病，但是他将各种机体病症解释为精神性问题的这一倾向只会使情况变得更混乱，从而使巴黎与维也纳之间关于"癔症"的分歧进一步扩大。

倘若弗洛伊德受到了求知欲的激励，两派癔症之间的显著差异对他来说就具有启发性。他手头掌握着所有必要的证据，足以对这种根据社会环境和医生的先入之见而改变其特性的综合征的完整同一性提出质疑[6]。如此复杂的相对主义已经由具有独立见解的约瑟夫·德尔伯夫提出，将在 19 世纪 90 年代广泛传播，导致 20 世纪初癔症诊断几乎全体覆灭。

然而，弗洛伊德对于这一觉醒做出的贡献为零。如我们所见，他对造成重癔症幻想的种种模仿、贿赂和欺骗行为都视而不见。现在他一心想用他在法国镀过金的资质来招徕生意。为此，他要宣扬这种他自己并不相信的误解，即萨尔佩特里耶尔医院极好地培养了他，使得他具备能力来治疗本地士绅的精神疾病。

2．大把机会

人们常以为弗洛伊德尽管在理论上存在错误，但作为第一位认真对待病人精神上的痛苦、仔细聆听他们的故事并给予他们同情理解的心理学家，他值得称道。然而，正如汉娜·德克尔很久以前指出的那样，基于同理心的关心照顾在精神分析出现之前的那些年业已司空见惯[7]。弗洛伊德早期接诊的一些病人来自同事（例如布罗伊尔）的托付，这些同事已经表现出大量的关切。此外，弗洛伊德总是习惯于把现成的阐释体系套用到病人主诉的疾病上；因此，他对于病人力求自我理解的种种努力并不耐烦，无法感同身受。

在这一方面，弗洛伊德显然有别于同时代的来自伯尔尼的保罗·迪布瓦。迪布瓦教导他的病人如何改变习惯，以此应对他们当下面临的困难。他的"劝说疗法"将成为 20 世纪早期精神分析的重要对手，是今天蓬勃发展的认知治疗下每一个分支的鼻祖。劝说疗法在弗洛伊德学派浪潮中被雨打风吹去，这一事实必须视为精神保健史上的一个挫折。

无论如何，希波克拉底认为的每个人都应当得到尊重对待的这个观念从来都不是弗洛伊德观点的组成部分。大多数人在他看来都不值得一顾。"我发现人类总体上没什么'好'的，"他写信给奥斯卡·普菲斯特说，"照我的经验来看，他们大多数都是垃圾。"[8] 他对于癔症患者身上他所谓的"道德怯懦"从不宽容[9]。即便他欣赏某些患者的智力水准或不俗谈吐，他还是会瞧不起其他人，希望能完全避免与他们交往。正如他在《癔症研究》中所写的那样，"我无法想象，竟要让自己深入钻研那些在我看来粗鄙而惹人讨厌的癔症患者的心理机制"[10]。当最终前来找他求诊的病人多到看不完、能打发许多病人上别的诊所去看病时，这种态度只会越发固执。

正如弗洛伊德在萨尔佩特里耶尔医院和维也纳综合医院必然已经注意到的，世间可怜之人，其心理问题往往最为严重。但是，和后来被驱逐出他的运动队伍的一些于心不安的追随者不同，弗洛伊德对下层社会毫无同情。实际上，他鄙视起他们来可是一点都不含糊。回想起早年一个身无分文的老太太来问诊，他告诉他的病人兼门徒玛丽·波拿巴，"因为我须得清一清喉咙，我便往楼梯上吐了口唾沫，而不是像教养良好的人一样吐到手帕上。但这是在嗤之以鼻，蔑视那座破房子，蔑视当时找我看病的那些穷人"[11]。

那么，说来幸运，在弗洛伊德看来，受压迫者的贫困完全是咎由自取，这种贫困本身似乎是无法通过心理治疗来实现治愈的原因。如他在1913 年所解释的那样，对于分析师而言，

> 经验显示，毫无疑问，穷人一旦患上了神经症，要从他身上祛除这病就非常困难了。神经症在他争取生存的斗争中帮了个大忙；疾病给他带来的继发性获益太过重要了。这下他仗着神经症，要求得到世人的怜悯，要知道世人原本可没有因为他物质上的贫苦而给予他

任何怜悯，他现在可以心安理得地不必通过辛劳工作来与贫困作斗争了[12]。

弗洛伊德会在这个讽刺的段落前加上一段回忆作为开场白，他曾试图治疗不收费的病例，但当他意识到没有支付实实在在的账单，病人就没有动力认可他的权威或及时做出努力以求康复（从未真正关切）时，他就放弃了[13]。于是他不得不得出这样的结论：处在经济困难压制下的神经症患者在治疗上能见效果；因此他坦然认为有必要让精神分析对钱包造成负担才行。

回顾他早年行医的经历，弗洛伊德告诉波拿巴，他"当时治疗的都只是穷人，一个公主和王妃都没有！"[14]（波拿巴，拿破仑的曾侄孙女，是希腊和丹麦的王妃）这在 1886 年至 1887 年间大致属实。然而，此后，弗洛伊德就能够吸引到他所渴求的富裕客户。据估算，1886—1939年，他治疗的全部病人当中有四分之三是有钱人——与阿尔弗雷德·阿德勒的富有病人仅占比四分之一的例子形成对照[15]。

在发展扩大精神分析的过程中，对于弗洛伊德自身财富增长至关重要的客户包括：

- 埃莉泽·贡珀茨，铁路所有权拥有者之女。她嫁给了一位本身是银行家之子的知名学者。她的家族是维也纳最显赫的书香世家之一。
- 安娜·冯·利本（"采齐莉·M."），男爵出身，富甲一方，是银行家的女儿，与维也纳的其他大家族有姻亲关系。她嫁给了另一位银行家，后来这位银行家成为奥地利证券交易所的主席。
- 范妮·莫泽（"埃米·冯·N. 夫人"），瑞士和德国贵族之后。所嫁之人拥有一家手表厂、一条铁路和莱茵河上一座宏伟的城堡，她被视为中欧最富有的女人，也是世界上最富有的人之一。
- 伊洛纳·魏瑟（"伊丽莎白·冯·R."），在布达佩斯郊外的一个大庄园长大。她是一位富商兼投资家的女儿。

• 玛丽·冯·费斯特尔，银行世家的后人，嫁给一位著名外交官而
成为男爵夫人。像其他提到过的女性一样，她生活在上流社会，
常有仆人服侍。

所有这些病人都是在 19 世纪开始由弗洛伊德予以治疗，除了玛
丽·冯·费斯特尔之外，其他人都在他行医不久就开始找他看病。在接
下来的几年里，他会治疗这些有钱人，诸如艾伯特·赫斯特，其父曾
经担任过造纸厂的管理人员；伊达·鲍尔（"朵拉"），纺织巨头的女儿；
安娜·冯·维斯特，其父从公证人起步而后飞黄腾达越发富裕；恩斯
特·兰策（"鼠人"），其母经收养进入维也纳首屈一指的实业家族；维
克托·冯·德兹泰男爵，富有的银行家、实业家和铁路所有权拥有者之
子；谢尔盖·潘克伊夫（"狼人"），乌克兰大地主之子，其祖父是俄国
最富有的人之一；玛格丽特·琼卡（"女同性恋者"），其父是罗斯柴尔
德家族合伙人，同时也是奥匈帝国石油的主要进口商；埃尔弗里德·希
施菲尔德，此人娶了俄国富婆；还有卡尔·利伯曼，纽约莱茵金啤百万
家产的继承人。这些人有的因战争和革命销蚀或失去了家族财富，但是
在找弗洛伊德问诊的时候，他们全都极其富有。

精神分析史学一直有个心照不宣的目标，那就是做好防范，不让人
们意识到弗洛伊德一旦得以进入上流社会就眼见这么一条不仅通往体面
生活而且通往荣华富贵的道路。因此，欧内斯特·琼斯被逼无奈，只能
睁眼说瞎话，大剌剌地宣称弗洛伊德"对待金钱的态度似乎一向都特别
正常，不带什么感情色彩"，"从不拼命追求钱财本身"[16]。琼斯虚张声
势，说金钱对于这么一个谦逊质朴的人而言"毫无意义，他不为所动"，
埋头干他的苦差事，在无私研究的过程中偶然发现了潜意识[17]。不过琼
斯后来说漏了嘴，这个对钱财不感兴趣的人逃了税，在至少一个外国的
银行账户中隐藏了财产[18]。

弗洛伊德的"济贫院神经症"——按照彼得·德鲁克这个恰如其分
的称谓——不会因为经济富足而在病情上有任何减轻，他私下也承认他
的匮乏感具有强迫性的特质[19]。他在 1909 年致卡尔·荣格的一封信中

承认，金钱是"我最控制不住的一种情结，出于种种可以追溯到童年时期的原因"[20]。正如他向弗利斯吐露心声时说的那句让人难忘的话——被认为不够科学而不能收入他们通信的原始版本，"钱对我来说是笑气"[21]。

然而，对弗洛伊德而言，金钱本身不如它可能带来的社会地位重要。他为此大手大脚花起钱来没有半点迟疑。甚至在他执业行医总体上有保障之前，他就从维也纳一个时髦的地区搬到了另一个讲究的地区，然后又搬到第三个地方，在那套庞然蔓生的公寓里，他还会雇用一个厨师、一个女仆、一个女清洁工、一个家庭教师和一个保姆——直到明娜·贝尔奈斯担当了最后这个角色，而她本人就构成一笔相当大的长期开销。午饭都是丰盛大餐。观光旅行和到山区胜地去消夏都将成为预算中的常规项目。即使是收入不足的时候，弗洛伊德也要乘坐有两匹好马并驾齐驱的豪华马车出诊[22]。

与此同时，他又开始培养他后来称为仅次于烟草的第二癖好：收集"美不胜收的玩意儿"——主要是来自遥远和／或古老文化的小雕像[23]。他写道，它们的基本功能是"让我保持好心情"[24]。对着这类物品浮想沉思成了他最喜爱的仅次于吸烟的活动，让他联想起童年时期沉溺其中的关于神话和历史的幻想。

即使病人数量不足，这时弗洛伊德也无法放弃自己的奢侈享受，因此他必然认为维也纳富裕的神经症患者与其说是需要他在医疗上予以照顾的病人，不如说是能保障他生活方式的潜在机会。他对于病人可能达不到足够数量的忧虑到每年秋天往往最严重，这时暑假过去了，原本春天定期来看病的那些病人不一定会继续他们之前中断的治疗。因此，在1899年8月27日，弗洛伊德告诉弗利斯，才三个星期他就"又开始担心若干黑人是否会适时出现来满足狮子的胃口"[25]。典出一幅深受人们喜爱的漫画，画上一只狮子打着哈欠抱怨说，"都十二点钟了一个黑人也没有"[26]。

弗洛伊德所说的"黑人"究竟是什么意思，弗利斯无需多言相告；这一说法是属于他俩之间的私人代码。三个星期之后这位精神治疗医师显然运用了一个更具表现力的隐喻。"我一直在谈条件的一位病人，"他写道，"一条'金鱼'，刚刚通报她到了——我不知道是要拒之门外还是顺势接受。"[27]金鱼，不同于黑人，可谓不言自明。毫不奇怪，弗洛伊德在这个情况下压制了他心里的一切顾忌。一个星期后，他写道："那条金鱼……已经被抓住了。"[28]这便是玛丽·冯·费斯特尔男爵夫人，在1905年前后断定弗洛伊德只不过是一个"江湖医生"之前[29]，她比其他任何病人都更慷慨解囊，使得他的财富蹭蹭激增。

然而，如果金鱼急吼吼拿定主意要治疗立竿见影、收到成效，那么抓到这么一条堪称战利品的金鱼又有何用。这并不是说弗洛伊德不希望癔症消失；要是这样肯定早就已经让他一炮走红而且全世界人都会求着他看病。然而，实际上无论是他还是其他任何人，都没能找到根除神经症的办法，神经症在特定的病例中可能会也可能不会自发消失，但更可能从一种棘手的症状任意继续发展成另一种症状。

随着这一认识逐渐深入人心，弗洛伊德只好将就着帮助病人度过无穷无尽的突发状况。他几乎不可能不注意到，如此般排忧解难似乎是个回报丰厚的业务计划。因此，他在1890年8月1日向弗利斯所作声明的个中涵义也就解释了为什么他无法前去和柏林的朋友相聚。在取消会面的种种原因之中，首先提出的是这个理由："我最重要的客户［Hauptklientin］不巧正在经历某种神经性的危机，我要是不在的话可能会好起来。"[30]

这句话——当然逃不掉安娜·弗洛伊德锋利无情的剪刀——可能乍一看像是弗洛伊德的讽刺笑话。但出现这句话的段落毫无疑问表明他不是在开玩笑。这位病人是他的重要客户，因为她是他当时收入的主要来源。如果放任不管，她可能会完全靠自个儿战胜她的"危象"，这种情况绝对不行。不管她可能得到何种慰藉，弗洛伊德需要让自己成为唯一的手段，从而得以长期收取诊费。

3．力求得心应手

在弗洛伊德获得这种力量之前，他必须给人一种各个方面全能的印象。他局外人的身份使得这一任务难上加难。他的有钱客户已经被惯出了毛病，对待像他这样本身经验不足的提供服务的人一径横行霸道，他们已经认准了他们自己的医学理论——部分源于阅读和谈话，部分则来自原先医治过他们的专家。

在这方面堪称典型的是我们之前碰到过的"妮娜·R."。在接受布罗伊尔和弗洛伊德诊治以前，她曾针对理查德·冯·克拉夫特–埃宾对于她神经状况的看法提出质疑。那么，对弗洛伊德来说更是希望渺茫。他关于她的病例的正式评述着重提到，病人"相当高的智商"使得她能够对他的每一项治疗措施表示怀疑。"最后，"弗洛伊德写道，"她仍然是她自己的医生，在我们恪守她围绕自己建立起来的那一套礼俗、不扰乱她珍视的习惯的前提条件下，她赋予我们［他自己和布罗伊尔］安慰她、和气待她、倾听她抱怨的权利。"[31]

大人物们可以在白天或晚上甚至在弗洛伊德休假期间的任何时候召唤他，让他服从他们的要求[32]。如果他们有些人只是想自娱自乐、惹是生非、浪费丈夫的钱，他就得扮演他们指派给他的一切角色。在他们经由通婚而形成的家族关系网中，他们控制着一个小道消息网络，如果他稍有冒犯就可以马上把他清扫出局——例如，假如他粗鲁无礼地告诉病人说她的自我诊断是错误的。

在这样的情况下，年轻的弗洛伊德只能乞求那些把他当见习生和副手看待的客户点头应允，否则几乎没有什么自由来尝试新的治疗方法。因此在他看来，他的角色注定得保持反应灵敏，以安抚为主。"马车费用昂贵，"他在 1888 年对弗利斯悲叹道，"而出诊和说服人们该做什么、不做什么——这就是我的职业所在——占用了我应该用于工作的最佳时间。"[33]

然而，到了 1887 年底，在私人行医二十个月后，弗洛伊德琢磨采用一种潜在手段来消除烦扰他的那种阶级不平等。在此之前，由于效忠夏尔科而受到约束，他拒绝阅读伊波利特·伯恩海默举足轻重的《论暗示及其治疗应用》，该书详细介绍了由伯恩海默自己和他在南锡的前辈利埃博所做的催眠治疗的业绩。但那些记录完整详尽、成功消除个体的生理症状的案例，启发了其他医生——其中许多人都声名显赫——到南锡取经并观察利埃博和伯恩海默如何工作[*]。取经者本身在那时候也都已经成了催眠治疗师，这下纷纷报告他们自己取得的极佳收效[**]。尽管夏尔科嘲笑过凭借催眠术真切医治患者的粗俗想法，但这种做法已经大受欢迎，弗洛伊德不得不参与其中。

弗洛伊德在 1890 年一本畅销书他参与撰写的那一章中，惊叹于催眠术"赋予医生一种恐怕连教士或者奇迹创造者都不曾拥有过的影响力"[34]。他写道，受试者"在深度催眠的情况下，变得听话而且轻信到了几乎无止境的程度"[35]。他还会在 1892 年告诉来听他演讲的观众，催眠暗示迫使一个人的大脑在不加分析的情况下完全吸收另一个人大脑里的想法[36]。这看起来像是可以随心所欲对待那些原本目中无人的客户的理想方式。正如他在 1925 年回忆的，"说起运用催眠术还真有点积极的诱惑力。我头一次有了一种克服无助的感觉；拥有奇迹创造者的声誉那真是极为荣幸"[37]。

然而，我们在此碰到了一项重大的反常现象。根据弗洛伊德自己的记述，他对于让客户进入深度催眠状态无能为力。实际上，他发现促成任何程度的催眠都很难。正如他将在 1895 年承认的那样，

> 我很快就放弃了进行测试以显示催眠能到什么程度的做法，因为在相当一部分病例中，这种做法引发了病人的抵触并且动摇了他们对

---

[*] 来访者包括德国的阿尔贝特·默尔和阿尔贝特·冯·施伦克-诺青，瑞士的奥古斯特·福雷尔，比利时的约瑟夫·德尔伯夫，瑞典的奥托·韦特斯兰德，荷兰的 A. W. 范·兰特海姆，英国的 A. T. 迈尔斯、弗雷德里克·W.H. 迈尔斯、约翰·米尔恩·布拉姆韦尔、汉弗莱·罗尔斯顿、埃德蒙·格尼、查尔斯·劳埃德·塔克，美国的莫顿·普林斯、汉密尔顿·奥斯古德和 J. M. 鲍德温。

[**] 例如，在 1889 年福雷尔提到仅 1887 年一年之内，斯德哥尔摩的韦特斯兰德就通过催眠治愈了七百一十八例病症，只有十九例失败；阿姆斯特丹的兰特海姆在区区三个多月就治愈了一百七十八起病例中的一百六十二起；马赛的丰坦和塞加尔治愈了一百起病例而失败次数寥寥；他自己成功疗治了二百九十五起病例中的一百七十一起（福雷尔 1889，第 10—11 页）。

我的信任……此外，我很快就开始厌倦不停发出予以鼓励的话和下达命令，例如"你要睡觉了！……睡觉！"然后听到病人……跟我表示抗议："可是医生，我没睡着。"……我敢肯定其他许多从事精神治疗的医生能比我更有技巧地跳出这类困境[38]。

在弗洛伊德的困境中，这种有效治疗的拦路虎有部分要归结于他内在的不利条件。所有专家都一致认为，当受试者彼此观察到"陷入催眠状态"，就像在夏尔科和伯恩海默的机构中那样，催眠很容易就能完成。但就像弗洛伊德自己在1891年一篇题为《催眠术》的论文中所指出的那样，"社会阶层较高的病人"在有其他人在场的情况下不会容忍被催眠[39]。他本可以再补充一句，他们也不愿轻易服从新手医生的权威——正如一位患者的女儿所回忆的，这个"羞涩而又非常年轻"的医生，最近才从利奥波德城区那片不怎么受待见的区域里开始崭露头角[40]。

弗洛伊德的烦恼主要归咎于他自己过于敏感和缺乏自信。如果说他整体上不太适应行医，那么他就更加不适应展开催眠了。在《催眠术》一文中，他写道，哪怕催眠过程行之有效，比起其他医治方法，"医生和病人也都会早早就感到疲倦"。他写道，"在暗示有意为之的美好色彩和阴郁的真相之间"形成了鲜明的对比——事实是，没有取得任何重大进展[41]。

正如奥古斯特·福雷尔在1889年提出的那样，好的催眠师会面临许多挫折，但他会设法调整适应并且赢得产生抵触的受试者的信任；但是表现出焦虑、怀疑、沮丧或者害怕嘲弄的催眠师则无法取得成功[42]。过度敏感的弗洛伊德不幸具有所有这些不利条件。例如，即使他成功催眠了一名年轻病人，他也因为她的病情未能好转而感到非常恼火，因此当她"失去知觉"时，他朝她大喊大叫[43]。无法想象一个熟练的催眠师会以这样的方式发泄怒气。

那么当弗洛伊德提到他曾让一些病人进入催眠状态时，他是在说谎吗？不，有可靠的证据表明他有时会引发催眠状态或者是看似真实的催眠状态。但如果弗洛伊德的催眠能力如此糟糕的话，他怎么能催眠（或者自以为他在催眠）某些病人，从中寻找进入"潜意识"的深刻见解，并确保他们长期信守他的实践？

这个问题可以有几种可能的答案。一些病人是在接受许多别的治疗师的催眠之后才来找弗洛伊德问诊的。他们是天生的"分离"型病例，弗洛伊德或其他任何人（包括病人自己）都可以对其进行催眠。其他一些病人装着糊涂，想必是为了满足他或者继续展开他们觉得有吸引力或有趣的对话。弗洛伊德知道欺骗可能存在，但他并不在乎；无论如何治疗业务都要进行下去。最后，有些病人似乎已经接受心照不宣的默许打起了瞌睡——他也不介意这一结果。例如，1888 年 5 月 28 日，他写信给弗利斯，"眼下有一位处在催眠中的女士躺在我面前，因此可以安安静静地接着写信……催眠时间结束。我向你致以亲切的问候"[44]。

然而，即使是弗洛伊德那少数几个堪称模范的合作者——相当于萨尔佩特里耶尔那十几位女主角——或许看来也不好对付，若不是用上了他治疗宝库中的另一种武器：药物。我们记得，琼斯发现（但拒绝说明）弗洛伊德在他私人行医过程中大量使用皮下注射针。我们看到在一位经常被催眠的病人马蒂尔德·施莱歇身上，他积极使用了不少于八种镇静剂，每一种都可以放松她的抑制。

弗洛伊德尽管催眠技巧笨拙却能够从某些病人那里获得供述（无论是真是假），在研究弗洛伊德的学者中，只有彼得·斯韦尔斯指出，这种情况可能与药物效应存在联系[45]。正如斯韦尔斯指出的那样，1891 年阿尔贝特·冯·施伦克-诺青提到过"为了减少对于催眠的抗拒，有时需要施以麻醉剂"[46]。我们知道弗洛伊德使用药物来控制病人行为上的发作；但他难道不会也想要减弱他们的不情不愿，让他们放弃白天的知觉意识并倾吐秘密吗？

药物问题还有另一个方面引起了猜测。P. D. 邬斯宾斯基在 1914 年前后写道，麻醉剂不仅经常用于"降低对于催眠作用的抗拒"，而且也用于"加强催眠能力"[47]。邬斯宾斯基披露的信息打开了一扇窗户，让大家了解到弗洛伊德很可能将药物——包括他最喜欢的可卡因——用在作为催眠师的自己身上，也用在他的受试者身上，从而促进"悬浮注意"以及一个人的"潜意识"与另一个人的潜意识之间进行近乎超自然的对话。倘若如此，无怪乎他在分辨病人的记忆和幻想之间的区别上，或者分辨他们的"自由联想"和他自己的自由联想之间的区别上阻碍重重。

4. 束缚之绳

无论是否有精神药物这一额外因素，弗洛伊德早期对于催眠的依赖引发了令人担忧的问题，即他的病人——那些没有一走了之的人——在多大程度上可能已经把他们情绪上和智力上的独立性牺牲给了他。我们忘记了催眠术毁誉参半的历史，往往以为受催眠者的脆弱只是一时的事，"醒来"的命令一下达或无害的催眠任务一旦完成就好了。但弗洛伊德的同时代人，哪怕是对斯文加利 * 式让人活力尽失的故事无动于衷的那些人，都对潜在的药物滥用行为保持警惕。

例如，奥古斯特·福雷尔将夏尔科这位有天赋的催眠师比作拿破仑（弗洛伊德心目中的头等英雄人物），提醒要提防这位"磁流说"领导者将其他人特别是女性，变成臣服于他意志的奴仆[48]。而比奈和费雷这两位夏尔科学派临时的信徒尽管对于使患者在无意识中被摧残的杞忧不屑一顾，但他们也注意到，同一个人连续几天被催眠的话往往会在整个时期内都始终入迷。这些作者也都提醒要防范"选择性梦游症"，或者受试者对催眠师的迷恋[49]。

弗洛伊德本人无法反对。他坦率地指出，"如果各方面情况需要持续运用催眠，病人就会陷入接受催眠和依赖医生的习惯［，］而这绝不属于治疗的目的"[50]。他写道，存在这样的真实风险——病人"变得太过习惯于医生个人，失去她相对于他的独立性，甚至可能对他产生性

---

* 斯文加利是 1894 年出版的小说《特丽尔比》中的人物，他是一个可以通过催眠术控制女性的恐怖人物。——译者注

依赖"[51]。

然而，在实践中，弗洛伊德却忽视了这种风险，至少一直到1896年以前，他都在继续尝试催眠病人。实际上他每天都对其中一部分病人进行好几次催眠治疗，通常每次治疗都要耗时几个钟头[52]。起初他这么做并不是出于特定的治疗或研究目的，而是实施可以多年运用的常规催眠。他重复再三地致力于催眠的努力，无论是否造成了真实的催眠，往往都会导致病人对他本人的依恋。他在一手栽培他公开谴责的侮辱。

当我们想到弗洛伊德为他最初的精神分析构想收集证据时，往往把他想象成不苟言笑、埋首记笔记的倾听者，坐在仰卧着的病人的一定距离开外，注意避开身体和眼神接触，只是偶尔予以病人可能想要的温和暗示，好让病人能就她刚刚做出的特别有潜力可挖的话语发挥自由联想。正如我们稍后将要看到的那样，这是为应付公众的认识了解而理想化他所采取的种种更具强制性的举动。然而，在他从业的头几年，他甚至都没有佯装严肃和神秘的样子。相反，他的表现完全就像一个亲力亲为的治疗师，寻求得到对他本人的感官反应。

一方面，催眠本身就是在"任何紧身衣服［已经被］脱掉"之后，在没有灯光的房间内进行近距离的面对面交流[53]。在某些情况下，弗洛伊德会用手指轻抚，让病人垂下眼帘[54]。为了缓和情绪，他经常将电极连接到病人身体的各个部位并施以轻微电流[55]。因为"要予以暗示的话题内容……并不总是适合传达给与病人密切相关的其他人"，配偶或朋友都不能到场见证这些预备步骤或后续事件[56]。

此外，弗洛伊德常用的一个办法是按摩。为了在诱导催眠之前"舒缓和平息"，他建议"在五分钟到十分钟内用双手连续抚摸患者的脸部和身体"[57]。随后会更集中地推拿有症状的区域。正如弗洛伊德建议的那样，"一般而言，在催眠期间抚摸和按压身体有病痛的部位，对于口头暗示有着极大的助力"[58]。因为他仍然坚信夏尔科的致癔病区域一说，其中主要是下腹"卵巢"部位，人们开始明白为什么他的一些女病人匆忙逃之夭夭，而其他一些因丈夫投入情妇怀抱苦守空房的女病人则乐得一直来接受催眠[*]。

　　这些护理通常但不一定都发生在弗洛伊德的诊疗室。然而，正如我所提到过的，他一再随叫随到，匆匆赶往一位富有女士的住所，帮助她度过危急情况。桑多尔·费伦齐写于1932年的文章回忆起弗洛伊德在轻蔑地将所有癔症病人视为自欺欺人之前，"满腔热情、一门心思地投入帮助神经病患者（在癔症病情急转时如有必要会挨着病人在地上躺上好几个小时）"[59]。尽管很难想象一向注重礼节的弗洛伊德会这样躺倒去做出努力，但我们会看到费伦齐关于出自弗洛伊德之口的故事的回忆与同一时代的其他报道相符。

　　因此，无论弗洛伊德是否以该角度来看待自己，显然他都在鼓励未得到满足的女性将其置于情人替代者的角色。他又回到了梅斯梅尔的治疗方法，只是程度没那么严重——一个世纪之前，梅斯梅尔通过触摸女性全身和把她们的膝盖紧贴在自己膝盖内数小时而引发了性高潮般的抽搐[60]。又像梅斯梅尔一样，他在训练他的癔症患者产生进一步的发作，包括扭动、胡言乱语和发泄。后来写起"从疾病中取得继发性获益"的这个人，正在让自己成为病人获得这种收益的主要根源。

　　然而，这种表述问题的方式，忽视了弗洛伊德自己在临床角色中的感情投入。正如德尔伯夫所认识到的那样，长期的催眠影响是一个双向的过程[61]。用弗洛伊德后来的术语来说，这是反移情——他早年迟迟不愿面对的一种现象，因为无论是从个人角度还是从职业角度考虑，他都害怕陷入混乱的两性感情。通过对癔症的客观规律进行冷冰冰的纯理性阐述，他在回避一种情况——治疗师本人面对性诱惑的不堪一击——二十年后，当他的门徒费伦齐和荣格等人由于和病人酿成性丑闻而危及精神分析事业时，他将彻底明白他都在回避什么情况。

---

[*]　基于了解缺乏合格性伴侣的女性癔病患者因何得病的假设，维多利亚时期许多医生都以"按摩"为托词直接为她们自慰（斯塔尔和阿伦2011）。拘泥刻板的弗洛伊德可能避开那种做法，但也没那么清白坦荡。他在一场治疗过程中问起"埃米·冯·N."为什么这么不安，"她告诉我她担心她的例假又要来了，又要妨碍按摩治疗"（SE，2：67）。

当我们发现弗洛伊德早些时候声称他已经通过催眠消除了病人的症状时，应该牢记这一事实：他很少能够引发真正的催眠状态。但由于他催眠的尝试具有性暗示，他偶尔会成功使得一个女人陷入因轻信引起的依赖——催眠的批评者向来警告要提防产生这种依赖。这么一来，他对神经症的致病原因和治疗方法可能抱有的任何想法，无论多么转瞬即逝，其"临床证明"的舞台都已搭好了。

第十六章

现学现用

1．意识到存在潜意识

从 1889 年左右开始，弗洛伊德在处理他的治疗任务时，总是假设所有患有癔症的病人都已经故意忘记或压抑了令人不安的经历，这些经历其实依然不知不觉萦绕在他们的心头。他在《自传研究》中写道，这一猜想的可能性已经在他面前得到过论证了，那是当年 7 月，他在一位病人的陪伴下前去拜会了伊波利特·伯恩海默。"我旁观了伯恩海默在其医院收诊的病人身上所做的惊人实验，"他回忆说，"得到最深刻的印象便是可能存在强烈的心理过程，而这种过程仍然潜藏在人们的意识之中。"[1]

弗洛伊德认为，潜藏的精神动力过程应理论之需，很好地解释了伯恩海默在引发催眠后遗忘症方面的成功。在其固定流程中，受试者通常在催眠状态下接受命令，醒来时忘记自己已经接受了命令，然而她会机械地执行指令，但又忘记这么做过了。在弗洛伊德看来，此处有几项压抑的证明，表明内心可以分裂对立。

然而，这完全不是受到德尔伯夫影响的伯恩海默本人在 1889 年打算相信的。到那时，两人都注意到催眠后遗忘症的发生并不千篇一律，但只有在受试者受到明确的遗忘指令时才会如此。如果她受到记住的命令，那么她就会记住。不管是哪种情况，她都表现出德尔伯夫所谓的顺从，即根据催眠者的规则有意识地玩催眠这场游戏。事实上，伯恩海默此时已经确信，这种做法走向了穷途末路——用德尔伯夫著名的格言来说便是"没有催眠术这样的事物"——他很快就会转而采取直接唤醒的暗示以达到治疗功效，结果确实和以前一样不错[*]。

因为弗洛伊德本人是一位为生计挣扎的催眠治疗师，他阅读过文献，接受过指导，也已经尝试着向他的病人传达催眠命令，似乎难以相信他一直等到 1889 年才发现这种诱发的遗忘症的可信病例。然而，他希望在《自传研究》中传递的部分信息是伟大的伯恩海默把他当作受人尊重的同辈看待，因而单独为他演示了一次实验。此外，弗洛伊德还有意让读者从中推想，他是为伯恩海默的技巧深深折服的最初一批而不是最后一批访客之一，而且其他人都没能注意到催眠与潜意识心理之间的联系。

尽管弗洛伊德在策略上对伯恩海默表示了首肯，但他通常都把自己描述为孤身探索潜意识的先驱。对于相较他本人不那么英勇无畏的研究者而言——而这正好包括了每个人，潜意识的奥秘据说高深莫测。然而，为了接受这种表述，我们必须抹去关于他那个时代心理话语已知的大部分情况。

自从 1882 年夏尔科敢于将催眠状态引入有口皆碑的法国医学以来，一股反对实证主义的逆流已经开始在欧洲变得越发强大，它欣然接受所谓的超自然现象并重振自然哲学的某些方面——自然哲学是一门关于生机论能量流的"科学"，这种生机论能量流将个人的心灵深处与整个宇宙联系在一起。潜意识的心理活动在某些地区再次被视为合乎逻辑的探索对象。夏尔科在催眠术方面的顾问夏尔·里谢假设存在他所说的"潜意识自我"——正如两位学者所说的那样，心灵的这一部分"一直小心提防，形成推论，完成行动，所有这一切都是有意识的自我一无所知的"[2]。等到弗洛伊德形成他自己关于第二心智的理念时，意识则表现为

---

[*]　德尔伯夫 1891。德尔伯夫以这句话为标题的文章指出他怀疑的是作为一种在别的场景下都不见发生的生理状态，受催眠状态（不是催眠术）是否存在。同样见勒布朗 2000，第 89—91 页；博尔奇-雅各布森 2009，第 132 页。

汹涌海面上的泡沫。正如泰奥迪勒·里博在 1881 年所说的，意识只不过是"一扇狭窄的门，小小一部分［大脑活动］通过这扇门展现给我们"*。

在认为精神性神经症系令人担忧的思想活动或记忆所致的一众理论家中，弗洛伊德只不过是其中的一员。莱比锡神经学家保罗·J. 默比乌斯称癔症为一种"想象疾病"[3]，而他对于心灵是致病原因的强调和另一位更赫赫有名的莱比锡同事阿道夫·施特吕姆佩尔可谓英雄所见略同。在一场著名的报告和多场专家会议上，施特吕姆佩尔强调身体症状往往看来不是生理疾病引发的，而是"初级心理过程"引起的[4]。他和默比乌斯两个人都受到弗洛伊德充满警惕的密切注视，一旦弗洛伊德独创性的传奇把持了话语权，他俩便将从公众的记忆中消失。

在认为精神障碍可能存在性根源这一观点上，弗洛伊德也算是后来者。例如，早在 19 世纪 60 年代，他热衷争论的资深同事莫里茨·贝内迪克特就作过理论上的推测，认为癔症是回想起的不幸遭遇和适应不良造成的，尤其是性方面的不幸遭遇，在意识的门口之下持续影响患者的心灵。"力比多"这个术语出自贝内迪克特，远远早于弗洛伊德。在 19 世纪 90 年代初，贝内迪克特的治疗措施包括坚持查究有关性"致病秘密"的记忆[5]。

更普遍而言，1880 年之后的二十五年是性学的黄金时代，其主要人物——理查德·冯·克拉夫特·艾宾、阿尔贝特·默尔、伊万·布洛赫、阿尔贝特·冯·施伦克-诺青和哈夫洛克·埃利斯——对弗洛伊德产生了决定性、多方面的影响。在他的著作中，从同性恋、双性恋、施虐受虐狂和恋物癖到婴儿手淫、性前期的"子冲动"、性心理阶段甚至性厌恶的进化起源，这些论题无一不是早在他的阅读中先有所认识并在很大程度上受其塑造[6]。其中不少谢意在当时都得以热忱相报，但为了有利于临床经验上似是而非的诉求，所有这些感激之情最终却都遭到了

---

* 里博 1881，第 26—27 页。正如罗斯玛丽·桑德（2014）全面引证的那样，认为意识只包含一小部分思考以及付诸行动之前动机必然战胜相反动机的看法可以远远追溯到 17 世纪的莱布尼茨。

压制。精神分析潜意识的内容更是到了未得到正确评价的程度，成为弗洛伊德书架上探讨性学的大部头内容。

1889 年，也就是他造访南锡的那一年，世人见证了心理动力学前所未有的蓬勃发展。那个时候，用亨利·埃伦贝格尔的话来说，

> 德国的德索瓦和法国的埃里古试图归纳总结在潜意识心理上获得的知识。莫里茨·贝内迪克特发表了病例史述，阐述了他就白日梦的秘密活动和压抑的情绪（特别是与性相关的这一类）及其在癔症和神经症发病机理中起何作用的观察……医生不仅描述各种性偏离症状并进行分类，还研究了性紊乱对情绪和生理生活的潜伏影响[7]。

此外，探讨意识缺位情况下的心理活动是在巴黎召开的两场国际会议的共同主题，会议主要围绕催眠术和"生理心理学"，弗洛伊德当时满心期待前去参会（尽管他在伯恩海默和利埃博的陪同下到了那里，但他可能逃了大部分会议场次）[8]。典型的作品是马克斯·德索瓦题为《双重自我》（*Le double moi*）的论文[9]。德索瓦断言，我们所有人都拥有第二人格的潜在能力。"我们有意识的精神活动，"他强调说，"依赖于幻觉本质的基础，长期被遗忘的映像就存在于其中"；"下层意识的理论为神经和精神疾病的心理治疗开辟了一条新途径。"[10] 其他与会者包括德尔伯夫、巴宾斯基、伯恩海默、福雷尔、伊波利特·泰纳、埃米尔·涂尔干、威廉·詹姆斯和约翰·休林斯·杰克逊等名人，他们在一些问题上发生争执，但是两场会议中都没有人怀疑对于那些与更深层自我失去联系的患者进行心理治疗的效用。

催眠术会议的发言人之一是皮埃尔·雅内，他在三十岁时凭借备受推崇的长达四百九十三页的《心理自动症》一书已经成为心理学界的关注焦点。在弗洛伊德写下关于从被压抑的潜意识中寻回记忆的只字片语之前，雅内（在现代人听来）就已经显得相当"弗洛伊德"。想想他书中记载的案例之一，勒阿弗尔一个十九岁的孩子"玛丽"[11]。她患有的病症包括在月经期间出现抽搐和谵妄，其他时候偶尔出现幻觉，一只眼

睛功能性失明，一侧脸庞失去知觉。雅内声称，通过挖掘患者对惊心破胆事件的记忆，他找到了与每种症状相对应的创伤经历；然后他借催眠把糟糕的回忆修改了，这样一来每种症状就都消失了。

几乎与雅内的《心理自动症》在同一时间，德尔伯夫出版了《动物磁气》一书，描述了他自己在南锡的经验。在这部弗洛伊德肯定读过的作品中，德尔伯夫声称他通过催眠"抹去"创伤记忆从而治愈了一个患癔症的女病人。德尔伯夫写道，他对于该案例的观察

> 让我相信许多紧张状态或精神疾病自有作为根源的天然的暗示，这种暗示在这一特殊时刻生效……［鉴于我描述的病例］，人们便可以解释催眠师为治愈病人是如何发挥其作用的。他使受试者回到一种状态，在这个状态下，问题显露出自身面貌，他发声与之对抗，这下重获新生[12]。

因此，根据德尔伯夫的设想，记忆将会"重获新生"，以便一劳永逸地在催眠之中一笔勾销。

这种对于潜意识素材的唤起和消除很快就将成为弗洛伊德在19世纪90年代初诊治他手头的"癔症患者"时追求的目标。他会极力让每个被催眠的病人相信在她的症状背后存在可怕的场景，她无法再想象出这些场景，即使她尝试了。然而，在做出这番努力的时候，弗洛伊德不是在创新，而是在试图赶上最新的治疗潮流。和催眠本身一样，他永远无法与同时代人的成功相提并论。

2. 老师与学生

在对性和潜意识作理论推定方面，尽管弗洛伊德当初绝非先驱者，但到了1890年，他一直在从事一些挑战时下传统理念的研究。他认为随着性遭遇而形成的症状姗姗来迟，坚信仅仅通过留意病人的举动和不经意间言辞的特点就能发现这样的联系，赞成协同情绪释放的治疗方

法。正如我们将要看到的，也正如弗洛伊德所承认的，这些新见解中的最后一个源自约瑟夫·布罗伊尔。不过前两个坚定的主张从何而来始终不得而知，因此只能于事无补地归于"临床证明"的黑匣子。

然而，大多数弗洛伊德学派的信奉者并不知情的是，记录中的这个空洞在 1986 年被一项令人钦佩的独立学术成就——彼得·J. 斯韦尔斯的长文《弗洛伊德、他的老师以及精神分析的诞生》——填补上了。斯韦尔斯的直接目标是确定并刻画弗洛伊德早年诊治的一位匿名的病人——事实上，这位病人曾和弗洛伊德一起到南锡找伯恩海默会诊。不过历史学家在这个过程中发现的内情，恰恰是弗洛伊德在接下去五十年里固守的基本信念的源泉。

在与布罗伊尔合著的将于 1895 年刊行的《癔症研究》一书中，弗洛伊德撰写的几个段落都暗示，实际上有个病人为他提供了最多的信息量而且对此书本身有着主要影响，其案例他不能畅所欲言地予以明确陈述——他称之为"采齐莉·M. 夫人"。尽管他对于她的了解其实比他将予以详细叙述的另外四个女病人中的任何一个都来得深刻，但出于"个人考虑"无法使她正面示人。然而，弗洛伊德透露的内容足以表明她已经了解自己的癔症，而且使用的新颖术语让他深觉信服。他在私底下说得比较明确。他在 1897 年写信告诉威廉·弗利斯，如果你认识她的话，"你一刻也不会怀疑，只有这个女人才能成为我的老师（meine Lehrmeisterin）" [13]。

斯韦尔斯发现此人是富甲一方的男爵之女安娜·冯·利本，她和另一位男爵夫人范妮·莫泽（"埃米·冯·N. 夫人"）一道成为弗洛伊德早期最重要的病人。她是最重要的客户，他可不能让她"在他不在时好起来"。她丈夫支付的费用是弗洛伊德在 1887 年至 1893 年期间的主要经济基础，当时他不惜冒着破产的风险，一心要保持作为"上流社会医生"的体面仪表 *。即便如此，在这一情况下，她对于他钱包的裨益还是

---

* 只是弗洛伊德究竟何时开始给安娜·冯·利本治病的这个问题存在争议。克里斯托弗·特格尔（1994，第 129—132 页）认为是 1886 年，但他提供的详尽证据显得不够有力。

不如具有决定性作用的知识激励来得重要。

生来就是男爵之女的安娜·冯·托代斯科是银行家的女儿，自1871年起成为另一位银行家的妻子，安娜经由姻亲关系与小圈子里另外三大犹太家族联系在一起：贡珀茨家族、奥斯皮茨家族和韦特海姆施泰因家族。她大多数时间要么在一座宏伟的乡间别墅待着，要么在维也纳的豪华住宅度过，后者是她约莫十五岁时父母举家搬迁住进的家宅。那时安娜的母亲作为主人举办过多场星光熠熠的社交晚会，诸如勃拉姆斯、李斯特和约翰·施特劳斯等名流都到场过。1888年之后，几代同堂的利本家族放弃了这座豪宅，但住进了市中心的一整座公寓楼。

小圈子内聚集了不少有怪癖和神经疾病的人，包括需要收容住院的精神病患者。然而，论行为举止之别开生面、之奇特、之专横，没有人能够与安娜·冯·利本相提并论。她是个忧郁而又内省的诗人，是肖像画家，也是音乐家，她还在国际象棋方面颇有天赋，喜欢同时和两个人对决下棋。只要她一声令下，商店老板会在打烊后重新开门，好让她能够一次出手就阔绰地将货架清扫一空。她像浣熊一样喜欢在夜间活动。一位国际象棋专业棋手就驻扎在她卧室外，随时准备应战可能持续到黎明的即兴对弈。在年轻的胡戈·冯·霍夫曼斯塔尔*眼中，她"半疯了"[14]。

利本长期以来一直都相当肥胖。在她耳闻不及的地方，弗洛伊德粗鲁地表达他对于她体重的看法，说她是"巨人"（der Koloß）或者"庞然大物"[15]。当她住在位于维也纳以南欣特布吕尔的奢华的托代斯科乡间别墅时，她要求每天早上从城里及时给她送来羊排，以便让她吃上最喜欢的早餐，尽管她时不时也会把自己托付给减肥水疗浴场或者尝试全然由香槟和鱼子酱组成的餐饮进行节食。由于行走对她而言着实困难，所以她大部分醒着的时间都斜倚在一个卧榻上——人们猜测这不经意间给了她那位年轻医生以灵感启发而让其提出了躺椅疗法。

---

* 胡戈·冯·霍夫曼斯塔尔（Hugo von Hofmannsthal，1874—1929），奥地利小说家、剧作家、诗人、评论家。——译者注

安娜在其青春期已经患上了一种未具体指明的"女性疾病"，除此之外她很快又开始因其他疾病而体虚衰弱。根据弗洛伊德的说法，其中一种疾病可能在本质上属于器质性的：面部神经痛。不过，发现她的疼痛在明显的催眠状态下消退之后，他开始怀疑有心理因素作祟[16]。其他大大小小的问题让他觉得更清晰地指向了心理上的痛苦。安娜很容易因小事而心烦意乱；长期以来，她一直觉得遭到家庭成员的误解，因为他们认为她在装病。她易于悲观厌世，会陷入身体虚弱和头脑不清的状态，需要一位富于同情心的医生让她重振精神，恢复正常的意识。除了我们将讨论的一个特例问题之外，这些似乎已经是利本在弗洛伊德接手治疗她时患有的全部病症，他将其描述为"我最艰难而又最具有启发性的"一个病例[17]。

利本借由探究审视她的记忆而得到了些许慰藉。是她，而不是弗洛伊德，在这一过程中起到带头作用，这一点不仅表现在他对于她起到教学作用而表示谢意，而且体现在这一事实上，那就是在多年过分担心健康的影响作用下，她已经相信有创伤记忆这一回事，也相信想法会转化为症状。她是大大小小各种委屈怨愤的行家里手，并且在她的日记中积累了大量的库存，能轻而易举地将症状与记忆协调挂钩。因此，她将治疗师置于这么一条道路上，那就是从症状的迂回表达中"回溯读取"其背后所谓经历的本质。

不过这只是安娜·冯·利本教给她那言听计从的医生的经验之一。以下是其他经验：

- 致病的道德震撼。夏尔科认为他在萨尔佩特里耶尔那些下等阶层的病人都是傻瓜，他们会感到恐惧，但不会进行道德反思，甚至连羞耻感都没有。然而，利本和她这类人成长过程中接受的教育是要培养细微的感觉，澄澈的思想和正确的举止。利本认为，体面淑女的神经系统可能被冒犯了她们崇高典范的几乎一切事物扰乱——包括她们自己难以驾驭的欲望，弗洛伊德也接受了这一观点。安娜经由厌恶和自责形成的神经症病原模型在她那种精英环境中有一定程度的可能性。然而，弗洛伊德却声称这是人类心灵的普遍规则。

- 作为病原体的隐喻。象征理论已经隐含在躯体转换这一概念之中，但利本具有更激进的观念，显然她多年以来一直奉行这一观念。她认为，在紧张的时刻，某种修辞手法一旦浮现于脑海，心灵产生癔症的官能就可以从中形成一种症状。如此一来，精神神经症的症状便是字谜，通过猜测哪个隐喻正被模仿，病人或其医生可以将关于创伤事件的回忆放回到意识当中去。

- 《癔症研究》中包含了许多来自安娜／"采齐莉"和其他人的古怪案例。为什么采齐莉感觉脚后跟疼痛？不是因为她大大超重或者因为她可能患有足底筋膜炎，而是因为她曾经担心她可能与某些陌生人"站一块儿而觉得不自在"[18]。为什么她的脸颊会出现神经性疼痛？因为源自她丈夫的侮辱感觉"就像是一记耳光"[19]。弗洛伊德毫不犹豫地接受这种能言善辩的做法，这将使他赢得嫉妒科学的文人的喜爱；但他全然无视他在医学院学到的致病原因应如何归结的所有知识，倒是与中世纪最凭空幻想的诊断医师结成了同盟。

- 梦的解析。安娜最喜欢的舅舅特奥多尔·贡珀茨是一位研究梦以及梦在部落社会中的重要性的权威。无论他是否对她产生了影响，可以肯定的是，她记录下了她做的梦以及这些梦所谓的涵义。她有一则日记作品以"Traumesdeutung"为题，即释梦的意思，这早于弗洛伊德巨著的标题。虽然弗洛伊德已经对梦产生兴趣，但利本对于象征转化的偏好可能会影响到她自己对梦的看法，因而也影响了弗洛伊德对梦的看法。

- 性。从青春期开始，安娜就强烈地感觉到缺乏爱情上的满足。在她配合弗洛伊德进行治疗的整个过程中，她记有治疗日志，后来日记被她的一位女婿销毁，理由是"当中充满私密见不得人和有伤风化的内容，甚至可能是彻头彻尾的淫秽文字"[20]。她婚后的性生活不怎么样（尽管她生了五个孩子），也已经宣告结束，她丈夫公然养了一个情妇。对于弗洛伊德的理论发展具有重大影响的是，利本将她神经紧张的状态归咎于性挫折。此外，她认为某些行为可以理解为在暗中表达欲望。例如，她有一首诗表明女性吸烟是替代了被人亲吻。弗洛伊德作为这首诗的读者，当下接受的是关于性本能不但无法平息而且迂回诡诈的教导。

- 分层回忆。1907 年布罗伊尔写给福雷尔的一封信中透露，利本在弗洛伊德的激发下，一直在找回更早的记忆，直到她从普遍以为已经遗忘了的童年中汲取到素材。这使得布罗伊尔和弗洛伊德兴奋不已，也让弗洛伊德形成了他最具教条主义的一个思想：青春期或之后的创伤总会重新激活当初并未被视作威胁的更早时期的创伤。

- 自由联想。斯韦尔斯在引用 1921 年 A.A. 布里尔的一份声明时断言，弗洛伊德是在 1889 年和利本一起造访南锡之后、在对利本展开治疗会谈当中学会了他的自由联想技巧——通过这样的方式，病人受到鼓励，说出头脑中浮现的任何想法。有理由相信布里尔透露的这个信息是弗洛伊德传递给他的。可以肯定的是，弗洛伊德时隔多年的回忆容易出错；在利本的治疗结束两年后发表的《癔症研究》中没有提到自由联想。不过，我们可以推测，安娜凭她自己通过象征线索寻求因果关系的习惯，也在这方面影响了弗洛伊德。

我们可以看出为什么弗洛伊德对安娜·冯·利本如此心怀感激。与此同时，令人哑然的是，他创建的这门科学的核心原则竟可能源于这么一个数据库，而该数据库仅由一位病人对于她自己病史的思考组成。德尔伯夫警告说，当医生判定他们的第一位病人具有代表性，然后在所有其他病人身上都看出同样病情的迹象，这时候某个治疗学派就产生了 [21]。然而，德尔伯夫甚至没有想到，医生竟会在不加以批判性判断的情况下，全盘采纳病人自己基于直觉的想法，然后装作是他通过对其他大量案例进行客观研究而逐渐得出同样的结论。

3. 戏剧派

从零星分散在《癔症研究》中关于"采齐莉·M.夫人"的几个段落，很难看出弗洛伊德本来希望在对安娜·冯·利本的治疗上做出什么成就。然而，间接证据告诉我们，在治疗初期的某个节点上，他开始尝试德尔伯夫和雅内推荐的记忆消除法。1889 年 7 月在南锡逗留期间，他写信给小姨子明娜·贝尔奈斯，谈到如果她读一读爱德华·贝拉米 1880 年的小说《海登霍夫博士的方法》，就能理解他是以什么方法来为利本治疗的。在贝拉米小说的情节里，一名患有忧郁症和癔症的女性被一台电机治愈了——当她把注意力集中到那些创伤记忆上的时候，电机就会消除她的创伤记忆。弗洛伊德并没有这样的机器，但是他的催眠疗法显然就是奔着同样的目标而去，虽然手法笨拙到要向伯恩海默寻求指导进行补救 [22]。

然而，弗洛伊德从根本上消除症状的想法既不同于贝拉米的科幻小说概念，也不同于雅内和德尔伯夫的严肃建议。对于后两位作者而言，创伤性记忆是已知的癔症症状背后唯一的刺激因素。那么，抹去记忆就相当于溶解肾结石或栓塞；并不剩下什么更进一步的任务还有待完成。但对于弗洛伊德而言，癔症中的有害成分是恐慌驱使下的情绪，受过创伤的病人从未承认自己察觉到这种情绪。它构成了一种受到压抑的"影响量"，必须在治疗中给引导出来，重新附着到现在有意识的记忆中。

早前几年，在 1880 年至 1882 年间，弗洛伊德的老朋友兼知己约瑟夫·布罗伊尔曾在一位年轻的维也纳女人贝尔塔·帕彭海姆身上进行过这样的治疗。他俩开展起治疗来更像是合作伙伴，而不是医生和顺从的病人——实际上，采取主动的是帕彭海姆——双方制定了一套固定程序，让帕彭海姆体验过去的事件，而其中一些事件可能是致病原因；在治疗过程中，她遭受的痛苦似乎有所减少。

至少从 1882 年 10 月起，那是布罗伊尔不再积极介入这起病例后不久，他和弗洛伊德一直在断断续续讨论帕彭海姆的疗法 [23]。在 1886 年春天弗洛伊德从巴黎回来之后，他们之间的对话显然变得更加严肃认真。基于夏尔科的权威性，弗洛伊德已经接受了癔症形成源自创伤的解释，按照他从布罗伊尔那里了解到的情况，这种解释至少能在某种程度上与帕彭海姆的案例达成一致。布罗伊尔和弗洛伊德当时很可能各自都与夏尔科有书信往来，他们都在从夏尔科学派的角度重新审视帕彭海姆的癔症。

　　一旦弗洛伊德的行医范围从全科治疗开始缩小到仅限于精神神经病治疗，布罗伊尔治疗帕彭海姆的经历对他来说就显得更有吸引力了。这从他 1888 年的《癔症》一文中可以找到佐证，在这篇文章中，他一方面承认用传统治疗方法所产生的结果充满不确定性，一方面则言简意赅而神秘兮兮地支持另一种方法。他写道，催眠暗示

> 疗效更佳，倘若我们采用约瑟夫·布罗伊尔在维也纳首先实践的办法，将催眠状态下的病人带回疾病产生之前的心理世界，让他不得不正视相关疾病产生的心理原因。这种治疗方法虽新，但可以成功实现治愈，而其他方法都无法达到这样的效果 [24]。

　　奇怪的是，这一声明并未提及弗洛伊德后来所说的"布罗伊尔法"的独特之处。然而，1895 年《癔症研究》的读者将会了解到，布罗伊尔旨在宣泄或者排解造成痛苦的受阻感情，如此一来可改善症状，原因在于受唤醒而恢复的记忆已经和癔症形成时那种因过于害怕或羞愧而无法表达的感觉重新聚合到一起。对于早年的布罗伊尔和弗洛伊德而言，宣泄被当作一种在治疗上引发精神发泄的手段，一般来说，健康排解的感情甚至可能"消磨掉"难受的经历而不造成病理性的后果。

　　布罗伊尔的观念并非源于行医实践，而是来自一本学术著作，尽管该书在 1857 年首次出版时几乎没什么人关注，但到 1880 年第二版问世时却引起了轰动 [25]。无巧不成书，作者是将要嫁给弗洛伊德的玛尔塔的叔叔——古典学者雅各布·贝尔奈斯。这本专著谈论的是亚里士多德本人的净化理论，据说舞台悲剧的观众与那些情感的戏剧化呈现产生共

鸣，由此清除了怜悯和恐怖。贝尔奈斯的这本书在小圈子中风靡一时，而布罗伊尔和渴望知识的帕彭海姆都是小圈子里的人士。

贝尔奈斯对于亚里士多德《诗学》中一些晦涩难懂的诗句的诠释值得商榷[26]。富有争议的是他将这一理论从戏剧背景转变为治疗情境的尝试。更成问题的是那种认为"宣泄"真正解释了错综复杂的帕彭海姆案例中任何可见的好转的看法，我们很快将回过头来对此予以细致入微的探讨。不过可以肯定的是，布罗伊尔和帕彭海姆以为他们在遵照亚里士多德——暨——贝尔奈斯的处方。弗洛伊德关于在心理治疗中需要释放被压抑情绪的理论，可以追溯到的不是他自己或别人临床上的成功案例，而是 1880 年一段短暂的文化风尚。

不管起源是什么，我们必须要心中有数，从 19 世纪 80 年代末到 20 世纪初，弗洛伊德的理论假设使得他往往将病人的情绪激动视为压抑的创伤记忆被勉强拖到意识表面的征兆。因此，只要他能让病人心慌意乱，他就很满意；如果她的症状变得更多、更加严重，那就更好了。这与当时大众眼里的心理治疗的精神特质正好相反。但弗洛伊德不为所动，因为他认定临床冲突作为一种尝试，目的不在于缓和病人的现状，而在于将她体内的恶魔驱赶出来并制服它们。

因此，在弗洛伊德开始通过尝试催眠治疗安娜·冯·利本约莫一年之后的 1888 年秋天，她的症状发生恶化，这一切也就说得通了。她出现了他所说的"量大到惊人的癔症发作"，包括"幻觉、疼痛、痉挛[，]和长篇阔论"[27]。最后这一种表现可能是效仿情绪激动姿态，也就是萨尔佩特里耶尔式重癔病的第四个阶段也是最荒唐的阶段，安娜可能早就从弗洛伊德或夏尔科本人那里听到过相关情况——她至少去过一次巴黎，向被捧为名人的法国人求诊。

利本的案例也开始与十年前的帕彭海姆案例有了某种奇怪的相似之处。这两个女人互相认识，布罗伊尔是二者的家庭医生，正如我们将要看到的那样，弗洛伊德当时正敦促布罗伊尔将帕彭海姆案例里所谓的"宣泄疗法"打造成展示治疗效果的样板。在这种种情况下，利本要重现布罗伊尔早期病人症状所需的启示一应俱全。她也确实如此，和帕彭海姆相似的不仅有七零八落的独白，还有幻觉和母语失语症。

弗洛伊德和利本陷入了一场医源性的探戈，情况急转直下又柳暗花明，到了非同寻常的程度。他不可能反省他大概是她问题的部分原因，而不是她问题的解决方案。他甚至没能意识到一个关键事实的重要性，而他将无意中将其传递给《癔症研究》的读者。一旦他开始挖掘安娜的创伤记忆，"伴随而来的是最剧烈的痛苦，她曾有过的一切症状都重现了"；但是换另一位治疗师来询问时，"她会相当平静地把她自己的故事讲给他听"[28]。那么是弗洛伊德自己在推动安娜表演，他所谓引发出的处于压抑之下的可怕回忆在他不处于一旁暗示时就失去了情感带能。

4. 弗洛伊德医生的贮藏柜

利本这一案例的情况和结果并没有能够让人们有信心认为安娜的想法有说服力或者西格蒙德努力展开治疗有效果。对于前者，利本是一个恃宠而骄、肆意妄为、装腔作势的暴君，她的自我专注和自怜自哀都由她的财富支撑着。比起治疗，她更需要做一些有建设性的事情，毕竟治疗只能为她长期以来的夸张言行提供一个表演的舞台。弗洛伊德听任《癔症研究》的读者猜测推断，他五年来消除她症状的努力使得她的状态有所改善。他永远不会以白纸黑字的形式提及他所知道的情况：在他对她进行的旷日持久的治疗中断之后的某个时刻，她已经成为一个彻底神经质的病人并且一直处于这种状态，直到 1900 年她心脏病发作去世。

此外，利本的日常生活还有一种特别的习惯，会使得哪怕是精神分析师也怀疑她是否真的让弗洛伊德长驱直入抵达潜意识。她是瘾君子。年纪轻轻时她就开始使用吗啡，这下对吗啡产生了依赖。如此一来，几乎可以肯定的是，她的一些"癔症"症状——未经准备即兴表现出来的症状——都是渴望吗啡和缺乏吗啡的迹象。吗啡想必是她以下种种表现的主要决定因素：突然热情高涨又突然退却，白天嗜睡而夜晚失眠，说起话来滔滔不绝且玩起联想的游戏就一发不可收拾，陷入半昏迷状态，沉浸在幻想之中不能自拔，做的美梦和噩梦都不同寻常，神游回到真实或想象的童年场景而这些情景都反映到了弗洛伊德的精神动力学理论中。主要支配她对弗洛伊德的强迫性依赖的是吗啡而不是移情——弗洛伊德为她提供了每天必要的过瘾药量*。

从利本的继承人所作的评论当中，斯韦尔斯了解到，在接受弗洛伊德治疗期间，她的吗啡补给放在她维也纳公寓内一个上锁的柜子里。一位受到信赖的保姆 / 管家听命于弗洛伊德，控制她对吗啡的接触。但是，当狡猾的家庭教师赢得了安娜的欢心并争着占有那把宝贵的钥匙时，弗洛伊德就让家庭教师和那个对主人忠诚但败落下风的保姆彼此对抗。他就这样确保家庭指挥的转变不会削弱他的能力——在一定程度上对安娜的行为施加控制。

弗洛伊德将在《癔症研究》中讲述说他每天都要有一两次被召唤到"采齐莉"的住处，去处理解决她的痉挛和痛骂。"都成习惯了，"他写道，"我在她发作得最严重时被叫过去，引发催眠状态，唤起了创伤经历的再现，并通过人为手段加速发作结束。"[29] 最后这句话是对吗啡注射的委婉说法，我们可以肯定的是，这么做一向不辱使命，总能让瘾君子恢复安宁。

正如斯韦尔斯评论的，弗洛伊德在 1895 年不愿清楚解释他的"人为手段"想来也是可以理解的，因为他自己和一些读者对他积极鼓吹带来灾难性后果的可卡因以及 1891 年弗莱施尔的痛苦死亡都还记忆犹新。然而，科学问题应实事求是，他拒绝将吗啡带入对于利本案例的讨论则是不诚实的。哪怕他真是没注意到吗啡上瘾是她所有奇怪举止的共同点——什么医生，在亲自管理病人用药的五年过程中，竟会如此睁眼瞎？——那他也应该告知读者，癔症不是那种行为的唯一可能解释。

站在弗洛伊德的立场，可以争辩说，他之所以对安娜使用吗啡一事缄口不言是出于对安娜的关心。然而，真心诚意的保密应该是要求他完全避免对他这位引人注意的维也纳友邻的精神状态予以描述。弗洛

---

* 如果利本唯有在吗啡帮助下才能接受催眠"入睡"，那么她在催眠作用下神经痛得到缓解的这一情况就难以像弗洛伊德推测的那样是心身失调的迹象。

伊德保护的其实是他自己。在他 1888 年的《癔症》一文中，他曾警告过，患有癔症的神经系统"对于吗啡和水合氯醛等麻醉剂的反应确实反常"[30]。如果他毫不讳言利本吗啡上瘾的情况，大方坦诚相告，那么读者就能够认识到他曾经用吗啡来控制她。他们会意识到瘾君子的典型行为难以作为演绎推论精神神经症普遍特征的合适基础。

评判弗洛伊德对安娜·冯·利本的治疗的最佳人选是她的家人，包括她的孩子们，他们目睹了他在他们家来来往往。他们听到了她的尖叫声，瞥见她和治疗师在地毯上一同打滚，后者会通过念咒语和注射使得她俯首帖耳。孩子们害怕他，憎恨他，把他当作 der Zauberer，也就是巫师[31]。然而，五个孩子当中年龄稍微大一些的可能已经意识到，吗啡的配给而非巫术，才是成天上门的这位访客对母亲施加阴险控制的关键。

1893 年 11 月 27 日，弗洛伊德写信对弗利斯说他现在"没什么病人可治，情况罕见"，因为他"失去了"（verloren）那个病人，我们现在知道他说的那个人就是安娜[32]。"失去了"意味着这个病例是被拉走了。可能是利奥波德·冯·利本知道弗洛伊德在他妻子病情恶化的情况下还让她用吗啡，并且可能有充分的理由相信弗洛伊德正在加剧她病情的发作，于是下令说今后来自治疗师的账单一律不管。不过几个月前安娜本人就已经开始对弗洛伊德感到恼火。4 月 17 日，他写信告诉明娜·贝尔奈斯，他的病人"刚才处于一种无法忍受我的状态，因为怀疑我不是出于友谊而为她治病，而只是为了钱"[33]。这些便是关于弗洛伊德和他的"老师"分道扬镳的说法。

在对利本进行治疗的同一时期，弗洛伊德还有个夏尔科托付给他接手的病人埃莉泽·贡珀茨，她是利本的舅妈。事实上，埃莉泽是弗洛伊德最早诊治的病人之一，也是第一个属于小圈子的病人。她也一样，保持着一系列典型的那个时代上层阶级的癔症症状，病情逐渐恶化而非得到好转；但是因为她开始非常依恋弗洛伊德这个人，他才能够让她接受治疗达七年之久，然后过了一年又短暂地重启这段关系[34]。作为没能呈现任何技巧或理论上的创新的一场惨败，她的案例被排除在《癔症研究》之外。

弗洛伊德已经让贡珀茨家族感到失望，因为在 1888 年上半年，他对弗兰齐斯卡·冯·韦特海姆施泰因的治疗宣告失败。这位反复无常的病人是埃莉泽的丈夫即著名学者特奥多尔·贡珀茨的侄女，那年春夏，她遭受了彻底的神经性崩溃，此后弗洛伊德不得不将她交给理查德·冯·克拉夫特-埃宾治疗。后者把她安置在一家疗养院，她在接下去一整年都待在那里[35]。

贡珀茨（他也是安娜·冯·利本的舅舅）直截了当地把埃莉泽的落魄困境归咎于弗洛伊德。1893 年 1 月，当她在矿泉疗养地与弗洛伊德相隔两地时，特奥多尔给她写信：

> 我很高兴得知……你开始感觉好多了，唯一的遗憾就是你隔着大老远还在向弗洛伊德寻求诊疗建议……一向都只是听人倾吐心声和催眠——这么做我们都没看到过任何效果；我只能看到病情日益恶化。所有理智的人——在此布罗伊尔和弗洛伊德除外——都不断警告不要再继续这些现在看来不止是无用的实验[36]。

1893 年 4 月，贡珀茨再次告诫妻子，直接指责弗洛伊德是她神经状态恶化的元凶[37]。

考虑到贡珀茨和利本两个家族之间的关系，无可避免，不管是夏尔科还是布罗伊尔都阻止不了小圈子一致攻击弗洛伊德。说他当时被视为无能的治疗师恐怕是言之过轻了。更确切地说，他似乎遭到了严重鄙视，导致他的坏名声代代相传。都到 1982 年了，埃莉泽和特奥多尔的孙女还在告诉研究者，"在这个家里，大家绝口不谈弗洛伊德——提都不提"。1984 年，安娜的孙女在另一次采访中（用英语）脱口直说，"他这人一直都百无一用！"[38]

弗洛伊德在这一时期广泛遭到怀疑审视的情况也在阿瑟·库斯勒*

---

* 阿瑟·库斯勒（Arthur Koestler，1905—1983），匈牙利裔英籍作家，作品关注政治和哲学问题。——译者注

的母亲阿德勒·雅伊特勒斯的回忆中有所反映，她于 1890 年左右被送到年轻的神经学家那里，因为偶尔的抽搐导致她会不由自主地点头。弗洛伊德似乎当即判定抽搐是癔症性的，在这种情况下，可以追溯到性方面受到的冲击。在 1953 年一次接受库尔特·艾斯勒的访谈中，阿德勒描述了她从治疗中仓促退出的情形，那治疗使她感到有悖常情[*]。用迈克尔·斯科梅尔的话来说，

> 阿德勒并没有什么好印象。"弗洛伊德按摩我的脖子，问我愚蠢的问题。"大约五十年过后她向库斯勒抱怨。"我告诉过你，他是个令人作呕的家伙。"她告诉库尔特·艾斯勒……说她只是勉勉强强去找弗洛伊德看病（"如果你去找弗洛伊德医生看病，人们就当你是半疯了"），一看到他就不喜欢，主要是因为他那黑色的络腮胡子。她说，弗洛伊德一边按摩她的脖子还一边问她是否有心上人。她深感震惊，拒绝回答问题，极尽所能赶紧走了。弗洛伊德对性的兴趣"简直不像话而且非常古怪"，尽管她的女性朋友们都迫不及待地想知道她看病的经历，但阿德勒声称她的圈子里没有人把他当一回事[39]。

---

[*] 艾斯勒打算在长达近七十年的时间中将这一访谈连同采访阿瑟·库斯勒及其妻子的其他谈话隔绝于众，但为库斯勒作传的作者迈克尔·斯科梅尔不顾法律处罚的威胁，在库斯勒的书信文件中发现一份抄件并加以引用（斯科梅尔 2009）。

第十七章

应需而现的创伤

1. 牵得团团转

1892 年 6 月，弗洛伊德说服布罗伊尔与他一道宣布在对癔症的认知和治疗方面取得了突破，此时他仍然期待着在对安娜·冯·利本的治疗上获得一定的成功。尽管她在没有使用吗啡的情况下从来都不是容易摆布的催眠对象，尽管她的病情显然比四五年前弗洛伊德刚开始为她治疗时更糟糕，但这一对医生和病人的搭档必然都在想象着他们已经证明神经症的症状究竟如何产生而又怎样才能消除。当时弗洛伊德似乎希望自己即将成就一种"不经意间"的治疗方式——释放原始创伤记忆及其在潜意识中压迫性损害造成的分裂影响，借此可以根治疾病本身，而不仅仅是消除新近出现的外在症状。也许这种治疗方式的第一场胜利就将在对利本的治疗中实现。可惜事情并没有如愿发生。

弗洛伊德最委以理论方面重任的是"埃米·冯·N. 夫人"（范妮·莫泽）的案例，但实际上那却是最让他信誉扫地的一场失败。他与莫泽的医患关系只存在于两段时间，相隔一年的具体哪年五六月没有定论 *。这关系在双方看来信任度都不够，有时还公开对抗。面对弗洛伊德

---

* 究竟是 1889 年和 1890 年还是 1890 年和 1891 年？学者们在这一问题上一直存在争执。见例如安德森（1979）、斯韦尔斯（1986）、埃伦贝格尔（1993）和特格尔（1994）的研究。然而奥拉·安德森似乎找到了可靠证据表明弗洛伊德自述的时间表——1889 年 5—6 月和 1890 年 5—6 月——是正确的。不管怎样，莫泽的治疗和利本的治疗属于同一时期。

的治疗建议，莫泽向来都是敷衍了事。在这个案例中，诊疗安排宣告终结不是因丈夫愤怒而起，而是出于情绪化的病人准备另寻高明的自主决定。

但是弗洛伊德为什么要在《癔症研究》中辟出这么长的一段篇幅给"埃米·冯·N.夫人"呢？部分原因可能是莫泽栖身遥远他乡。弗洛伊德为她治疗期间，她只是前来维也纳就诊，而不是居住在这里。她住在苏黎世郊外的一座大城堡，隔着这么遥远的距离，她不太可能得知她的案例已经见诸书上，被拿来讨论了。因此，弗洛伊德谈起她的古怪行径来无拘无束，格外坦诚。更锦上添花的是，莫泽是为数不多的他能够随意催眠的病人之一——或者他是这么认为的。结果，她的案例成了他唯一拿得出来并写进书里的关于在催眠情况下看似确实已经成功寻回记忆的病例。

然而，即使在显而易见的表面上，埃米·冯·N.夫人的故事也不足以说明压抑记忆的存在或者恢复的记忆与实打实的治疗收益之间有所谓的相关性。从第一天开始，这起病例确实呈现出一系列症状，任何受过训练的观察者看到这些症状肯定就会假设病人患有器质性疾病。用弗洛伊德的话来说：

> 她时不时因痉挛而中断言语，造成结结巴巴的样子。她的手指始终紧紧握在一起，看上去一直都很不安……脸部和颈部肌肉常常不由自主抽搐似地动一动，这过程中脸部和颈部的肌肉，特别是右侧的胸骨—锁肋—乳突这里会明显突出。此外，她经常话说到一半时嘴里突然发出一种奇怪的"咔哒"声音而没法好好说话，那种声音没人学得来[1]。

此外，弗洛伊德补充说，每隔两三分钟病人就会扭曲五官，一脸惊恐，伸出手惊呼："不准动！——什么都别说！——别碰我！"[2]

这些行为让人想到图雷特氏综合征，这种疾病确认于1885年，也就是弗洛伊德到萨尔佩特里耶尔的那一年；我们记得，他和乔治·日勒·德·拉·图雷特本人相识。实际上，1886 年 2 月 9 日，在参加过夏尔科豪宅的晚会之后，图雷特将弗洛伊德带到了他的公寓，给了他一份可能是他描述新近分离出来的疾病的论文选印本*。然而，身为神经学家的弗洛伊德在他所作的病史描述中，却没有提到神经系统疾病的可能性。与对待安娜·冯·利本的神经痛一样，他的研究兴趣只在于把尽可能多的症状都归到癔症上。因此，不管是在了解具体病情还是在接受实际病情方面，他都没有向病人提供任何帮助。

我已经提到过，男爵夫人范妮·莫泽可能是欧洲中部最富有的女人[3]。范妮·路易丝·冯·祖尔策瓦特生于 1848 年，在家里十四个孩子中排行十三，父亲和祖父都是非常富足的商人。然而，她的惊人财富是在她二十三岁嫁给已丧妻的六十五岁大亨海因里希·莫泽后得到的，海因里希仅仅又活了四年，他的巨额财产全部留给了她。

但此后开始了范妮一生中最难熬的一段经历，也是永无止境的痛苦的来源。海因里希·莫泽第一段婚姻所生的被剥夺继承权的子女传出谣言，说范妮在丈夫修改完有利于她的遗嘱之后便将他毒死。随后进行了诉讼，尸体给挖掘了出来。虽然没有任何毒杀的迹象，但谋财害命的故事已经一发不可收拾。从那时起，不但范妮的姻亲们对她避之若浼，其他贵族对她也避之不及，她极尽铺张之事热情待客以求获得他们的友谊，却始终未果。

范妮在四年的婚姻生活中似乎是一位尽心事夫也颇受赞赏的妻子，因此她获得了全部遗产。但正如亨利·埃伦贝格尔所指出的那样，范妮因为无法赢得对她而言唯一重要的圈子的尊重而茕茕孑立，备受苦恼[4]。当弗洛伊德遇见她时，这位富孀已经耗费了大约十五年的时间，想方设法要重新获得她童年时在上流社会中享有的安全感和接纳感。

弗洛伊德认为那至少是造成"癔症"的部分心理社会基础。他在

---

* 见 2/10/86；L，第 208 页，帕彭海姆 1980，第 270 页。尽管图雷特的论文（日勒 1885）没有提及这一事实，但图雷特氏综合征的典型特点便是会出现缓和期。这可能给了弗洛伊德进一步的机会，让他在治疗方面投入的努力和莫泽不怎么发病的阶段之间作出错误的联系。

《癔症研究》中承认，他这位病人对于众人的恐惧源自"她在丈夫去世后所遭受的迫害"[5]。然而，问题是如何才能帮助她应对这个困境。

弗洛伊德似乎完全不知道什么治疗方法才能对他患有神经症的病人起到疗效。例如，在他嘱咐莫泽不要再害怕老鼠之后，他却提醒她"哈托大主教的故事"[6]。根据传说，上帝为了惩罚邪恶的大主教，安排一大群老鼠活活吃掉了他。当范妮在听他叙述后表现出"极度恐惧"的样子时，弗洛伊德是否感到惊讶？他以为他达成了什么成就？当时，他治疗神经症也已经有好几年时间了，但他似乎因为正巧脑子里冒出来了，就不假思索地把这个令人毛骨悚然、心惊肉跳的传说告诉了病人。

弗洛伊德一共花费了四个月的时间治疗莫泽，等到他在《癔症研究》中称其为"一位真正的贵妇""举手投足非常优雅""心态谦逊""性格完美无瑕"，这时候他已经至少与她的另外三位医生（布罗伊尔、福雷尔和韦特斯特兰德）交流过病例记录[7]。事实上，她在道德上的纯洁是他否认癔症是堕落标志的主要证据。当他改变他所作的诊断，宣称她是一个典型的据说他最近才分离出来的综合征患者时，又是因为"禁欲守贞的女人"容易患上这种疾病[8]。然而，范妮完全谈不上禁欲。奥拉·安德森和埃伦贝格尔在调查她的活动时发现，"她看来几乎一直都有情人和情欲关系，有时候是她问诊的矿泉疗养地的医生，或者是住在她家里的私人医生"[9]。

我们可以推断，范妮对腰板挺直梗脖子的弗洛伊德医生网开一面。她不仅没有引诱他，似乎还想方设法让他始终蒙在鼓里。虽然弗洛伊德每天两次按摩"她整个身体"，而且重点按摩她声称胃痛和"卵巢神经痛"的腹部区域，虽然他还每天催眠她两次，探索私密的内情，但只得到流于表面的内容[10]。莫泽的性生活在她家以及城堡周围已是走漏风声的秘密，但对于这位潜意识世界的亨利·斯坦利[*]而言，却依然一无所知。

---

[*] 亨利·斯坦利（Henry Stanley，1841—1904），出生在英国威尔士的记者和探险家，曾深入中非，以搜寻探险家利文斯通和发现刚果河闻名。——译者注

莫泽同她的医护人员的露水情缘表明了她这一案例中某种重要的因素，后来弗洛伊德亡羊补牢地记录了下来，但始终没能充分从理论上予以考量。也许早已意识到所患的是不治之症而不仅仅是"癔症"，范妮只是装装样子敷衍了事，表现得像个听话的病人。实际上，她可能故意颠覆这个角色。就像她生活中的其他一切挫折一样，医学似乎让她感到厌烦，而且让她觉得百无一用，但至少她可以撕去为她医治的这些人俨然行事客观又能够治病救人的那副装腔作势的模样。无论他们的衣服是否真的给剥除褪尽，她总是戏弄取笑他们，然后羞辱他们的职业自豪感。

"我惊讶地发现，"弗洛伊德写道，"天天到［范妮］家来的访客没有一个发现她病了，也没人知道我是她的医生。"[11] 此外，"在她情况最糟糕的时期，"

> 她仍然一直有能力担纲管理大规模产业的事务，始终关注孩子们的教育，与知识界的知名人士保持往来……样样都做得那么出色，足以把病情隐藏起来不为人所知[12]。

那么，弗洛伊德和莫泽，就像弗洛伊德和利本一样，联手变戏法般创造出了一系列似乎专属于他的症状和耍脾气。

范妮使诈伪装的迹象在弗洛伊德将于《癔症研究》中重现的关于治疗日程的每日概述中一目了然。与安娜·冯·利本和他大多数其他早期客户不同，她欣然接受了催眠术，似乎才第二次尝试就陷入了"完全的梦游（伴有遗忘）"，这情况简直可疑[13]。在一次这样的沉睡中，"她表示希望我把她从催眠状态中唤醒，我照办了"[14]。显然，她根本没有"睡着"。弗洛伊德对此浑然不觉，还补充说，"我还碰到了许多其他证据，足以证明她的意识在催眠状态下仍然对我的工作持批判态度"[15]。

按照弗洛伊德受利本启发而提出的压抑理论，导致症状的记忆隐匿在意识之外，需要治疗师的激发才能浮现出来。范妮不仅当即赞同她的焦虑源于早期创伤的看法，而且很快就开始大大方方进行海量展示：

我问起她为什么如此容易受到惊吓，她在回答中呈现的这一系列创伤的诱因显然说明她已做好准备，打算坦陈她的回忆。从我提出问题到她做出回答之间那短暂的间隔时间里，她不可能这么快就从童年的不同时期收集到这些经历……

……她说，总体而言，她经常想起这些经历，而且前些天才又想起来[16]。

所谓的"前些天"其实就是莫泽接受治疗的第一天。她一直在反复思考弗洛伊德传递给她的心理期望，决定在他的理论框架内重新解释她的整体人生，以此来配合他。想必在她看来，这似乎是一场毫无风险的实验，也是将她的新医生卷入她纷乱癖性的一种手段。她毫不费力地回想起那些并未遭到压抑的相关记忆，导致了一种丰富得无从选择的尴尬局面——但这并没有让弗洛伊德感到尴尬，他倒是非常高兴，能够得到如此之多的信息，足以证明他处于正确轨道*。

随着范妮的疗法逐渐形成固定模式，她发现在每天两次的按摩疗程时间里特别适合告诉弗洛伊德他想知道的内容。"按摩过程中，她的谈话也不见得就漫无目的，想到哪里就说到哪里，"他在笔记中说道，

相反，她的谈话对于自从我们上次交谈以来对她产生影响的记忆和新留下的印象有着相当完整的再现，而且这经常出乎意料地引发出致病的回忆——在没有外界要求的情况下，她自发说出隐情，卸下心里的包袱。就好像她采用了我的常规做法，显然无拘无束而并非刻意为之，充分利用我们的谈话作为对她催眠的补充[17]。

---

* 弗洛伊德在 1889 年治疗莫泽头三个星期的笔记清楚显示，他当时极力"抹去"范妮报流水账一般脱口说出的种种事件。正如马尔科姆·麦克米伦指出的，弗洛伊德描述他技巧的部分语言跟德尔伯夫在《动物磁气》中的用语差不多（麦克米伦 1979，第307 页）。

詹姆斯·斯特雷奇在一篇评论中写道，"这或许是后来所说的自由联想法最早出现的例子"[18]。倘若如此，该方法的致命缺陷就已经清楚可见了。病人接受指导，提供了依照弗洛伊德的理论所要求的"创伤"素材。他直到后来才明白过来，"我得以听到的内容无疑是她人生故事的删改版 [editio in usum delphini]"[19]。但他执意想象范妮透露的"删改过"的内容对其症状的致因和纠正都具有至关重要的影响。

在经历了一次心理问题复发、一场与弗洛伊德的争吵以及在疗养院住院治病之后，莫泽在第一次治疗后过了一年又回来找他治病，接受第二次为期八周的治疗。他当时认为治疗非常有效。在五年后的《癔症研究》中，他仍然在为良好的治疗结果而居功自傲。然而，所谓的病情改善很快就消失得无影无踪了——弗洛伊德认为，这都怪范妮对治疗师怀有的恶意："情况就是她故意为之，她破坏了我的治疗成果，迅速复发，重回我原先将她从中解救出来的状态。"[20]当莫泽病情好转时，仿佛一切都是弗洛伊德的功劳，说明他的理论是正确的；但当她再度恶化时，却是她捣的鬼，企图剥夺他的胜利果实。

弗洛伊德不情不愿地承认"她固有的秉性几乎没有变化"[21]。事实上，正如他所知道的那样，莫泽很快发现自己只能再次住院治疗，这一次住院是他作为咨询医生予以了许可。对于亲自治疗她一事，他已经一筹莫展，无计可施。我们不能说他害得病人的病情恶化了；隔着大老远的距离他能对她产生多大影响似乎也值得怀疑。然而，他把治疗她的方法作为范例拿来给其他医生参考，这一点值得注意；这表明，在写作出版《癔症研究》的这段时期，他对名望的渴求程度远远超出了他才具所能企及的程度。

正如弗洛伊德在《癔症研究》1924 年版的一个脚注中所评述的，他治疗"埃米夫人"的溃败只是她这一方众多搪塞推诿之举中的一个而已。据他在几年后遇见时也上了被击败的医生名单的一位同事（福雷尔）说，

她跟着他一起经历了同样的表现——也跟许多别的医生一起经历

过——和她找我治病时一模一样。她的病情已经变得很糟糕；然后出现了显著的恢复，以此回报他对她的催眠治疗，但之后却又突然与他争吵，离他而去，再度让病情恶化到极致。这是个"强迫重复"的真实例证[22]。

"同样的表现""回报""再度让病情恶化到极致""强迫重复"，这些语句写于《癔症研究》出版近三十年之后，暴露出年事渐高的弗洛伊德懊恼地认识到，其实当年莫泽把他耍得团团转。

然而，在1895年，他仍然宣称他通过催眠指令和重新激活创伤记忆而逐渐消除了她的一种症状。（无论是否施以催眠）如此进行回忆是治疗癔症的最佳武器，这一理念作为压抑和治疗性除抑的理论，将成为精神分析的立足之本。然而，弗洛伊德提出这一理念的唯一根据是他在消除局部症状上获得的短暂成功——这种成功可能是范妮纯粹为了自己消遣找乐而故意装给他看的，好让他继续在圈中团团转。

1889年7月19日，在和安娜·冯·利本一起前往南锡的途中，弗洛伊德在范妮·莫泽两年前购置的苏黎世郊外城堡的客人登记簿上签名登记约见。然而，在不久后的某个时刻，她在弗洛伊德的名字旁边贴上了一张小纸条。那是她提醒自己的惯用方式，"再也不要邀请这个人"*。

---

* 埃伦贝格尔1993，第282页。弗洛伊德在这起案例中的不称职表现还延伸到了他与范妮·莫泽的直接交往之外。她的长女（也名叫范妮）当时正值青春期尾声，桀骜不驯，弗洛伊德应邀给她做了心理状况的评估。他发现这姑娘具有"反常发展""病态性情"和"不可限度的野心及与之不相称的贫乏天资"（SE, 2: 77.83）。他预计她会得遗传妄想症，因为两边的家人都有"神经病的遗传"（ibid., 第83页）。

在《癔症研究》中，弗洛伊德忘了讲述后续发生的事情。由于他彻底消极否定的评估，年轻的范妮曾被幽禁在一家精神诊所。在洛桑获得中学毕业文凭后，她进入三所大学学习，最后凭一篇为《脊椎动物肺脏的比较发展》的论文获得博士学位。她作为动物学家投身工作，还写了一本著名的介绍水母的小册子（埃伦贝格尔1993，第283页）。后来她写了两卷本的专著，所涉题材为心理玄学，那是弗洛伊德最喜欢的题材之一，她甚至因为共同的兴趣还和他有书信往来，不知怎的，他并没有一开始就意识到"范妮·莫泽·霍佩"正是他曾觉得头脑迟钝、注定要发疯的那个人。

2. 急切寻求答案

回顾弗洛伊德1925年的《自传研究》和其他晚期的思考来看，他声称自己在治疗神经症时已经系统地经历了若干方法论阶段。他告诉读者，在每个时期，他都取得了良好的疗效并积累了有用的知识，但也遇到了需要克服的障碍。在有条不紊逐步推进的概念背后，弗洛伊德展现给大家看的是一个坚定的归纳法优越论者的形象，忙着对各种方法进行测试并根据呈现出来的效验程度来加以改进或弃绝。

那么，照理我们应该能够发现划分界限的关键时刻，弗洛伊德在这些时刻放弃了某种方法而采用另一种方法。我们也应该发现，每当他采用新方法时，他的成功率（如果绘制到图表上）都会相应地大幅上升。但是在实际记录中看不到任何这一类的内容。因为弗洛伊德驱逐了许多病人，至于其他那些病人，他在他们身上达到的疗效不外乎是临时缓解症状但继而旧病复发或者出现新的病情，他无法确定某种治疗方法是否比别的方法来得更好。他声称在早先某个明确的时刻放弃了某种方法，这种说法将无可避免地与他后来还在使用或者向同事推荐该方法的种种迹象相矛盾。

如果弗洛伊德果真发现了某一种方法出奇有效，那么他肯定会在同一时期的论文中不吝笔墨，承认在做出改变之前原本存在相对较差的效果，并提供数据来证实此后便有了显著改善。但这从来都不是他的套路。在每个阶段，他都以一位成功的治疗师的面目呈现在世人面前，他的种种想法因病人获益而得到证实。只是很久以后，站在声望显赫的高地上俯瞰他的职业生涯时，他才会声称在划时代的转折时刻，由于用上了新方法或新假设，挫折终于被成功取而代之。

在弗洛伊德1918年写给"埃米·冯·N."的女儿范妮·莫泽·霍佩的一封信中就勾勒了这样的谎言。信中弗洛伊德为自己搞砸了对她母亲的治疗而找理由，同时还大言不惭地表示，"正因为这起病例及其结果，我认识到，通过催眠进行治疗是一种既没有意义也没有价值的方法，我需要创造精神分析疗法"[23]。他说的"精神分析疗法"指的是自由联想法，治疗师听凭病人不加控制的想法引导双方协力找出导致压抑的记忆或其他无心插柳的重要素材。

不过，在"埃米"炒他鱿鱼之后，弗洛伊德其实花了大约四年时间，才完成方法上的转变，这种转变在这里竟给压缩成一个堪称典范的顿悟时刻。这种时间上的缩短在任何人相隔久远的记忆中的确都有可能发生。然而，更令人惊讶的是，弗洛伊德声称他当即弃之不用的这种方法恰恰是他在对老范妮的治疗一败涂地之后照样采用的疗法。

《自传研究》中还讲述了一个更众所周知的故事，这故事在精神分析诞生的传说中占据着最重要的位置。他写道，有一天，他催眠了"我最顺从听话的一位病人——为她催眠使我得以达成最不可思议的治疗结果"[24]。醒来后，这名女子一把搂住他的脖子令他简直窘迫得无所适从，她借此告诉他"催眠背后发挥作用的神秘元素的本质"[25]。催眠效果的原动力因此被揭示为赤裸裸的力比多，这一因素可能会破坏心理治疗的理性作用而构成威胁。"为了对其加以防范，或者说无论如何要与之隔离开来，"弗洛伊德已经决定，"有必要放弃催眠。"[26]

这番叙述在几个方面都非常典型：毫无事实根据地吹嘘"不可思议"的疗效成果，自称是懵懂无知的心灵而后勉勉强强地被性意识取而代之，暗示说弗洛伊德发现了此前无人料想到的情况。实际上，自18世纪80年代开启对于催眠术的驳斥以来，治疗所致的昏睡状态与情欲的脆弱性之间的关系一直是争议和辩论的主要内容。在弗洛伊德自己的那个时代，反对不知廉耻的催眠术的运动是他每天都为之恼火的特奥多尔·迈内特领导的 *。倘若弗洛伊德承认他已经认同他当时最憎恨的那个人的观点，这可就太不像是他的为人了。相反，他坚称，是与任何话语背景都毫不相干的单一事件，迫使他放弃了他曾在文章中讨论的病人乃至许多其他病人使用下来效果都非常好的一种方法。

---

* 如萨洛韦所说，"迈内特认为催眠引起的昏睡状态大都有着性方面的基础。催眠通过抑制受试者的上皮层活动而促进……不由自主地释放下皮层的性冲动"（萨洛韦1992，第44页；原文如是强调）。

虽然弗洛伊德确实从大约 1892 年开始（出于其他原因）在其他病人身上试验非催眠形式的询问，但认为一个拥抱就结束他催眠治疗的实践，这样的想法大错特错。值得注意的是，由于他缺乏技巧，直到 1896年，也就是他自己后来宣称他作为催眠治疗师的最后一年，他还在继续试图催眠一些病人*。而且至少直到 1919 年之前，他仍继续私下向同事们推荐催眠术[27]。这种行为无一反映出他据说"有一天"——也就是大约 1892 年——突然产生的厌恶情绪。

在写于 20 世纪的几篇文章中，弗洛伊德还会对催眠疗法提出进一步的反对意见。他写道，被催眠的病人可以"随心所欲让自己想到任何内容"而对于他的治疗毫无益处[28]。如果不知怎的确实产生了良好疗效，那么后来也肯定会遭到破坏前功尽弃，因为"导致症状形成的所有进程"依然没有改变[29]。催眠也过度依赖于催眠师和病人之间的积极关系[30]。此外，在催眠状态下，患者失去了对当下现实的接触[31]。最后，催眠状态会让人上瘾，"仿佛是一种麻醉剂"[32]。

在幕后，弗洛伊德及其事业永远都免不了要担心精神分析并不见得比催眠疗法好，可能更糟糕，因为精神分析需要花费更长时间、更多金钱，再者，尽管精神分析将许多病人转变为其世界观和使命的倡导者，却未能有的放矢地解决症状。弗洛伊德确实表达了关于催眠治疗的保留意见——说疗效只是暂时的，催眠促使人们躲进幻想世界，造成不健康的依赖——这些疑义将在一个世纪甚至更长时间内还治于精神分析本身。实际上，当我们听说现代分析持续时间长达数十年，主诉症状早就已经被医患双方遗忘时，想必会惊叹弗洛伊德对于催眠术使人上瘾的指责是多么慎之又慎。

当然，弗洛伊德放弃催眠术之时，精神分析就揭开序幕了，这种说法并非事实。尽管自由联想成为精神分析的方法论核心并且始终如一，

---

* 见 SE, 7: 260，在 1904 年的一场讲演中，弗洛伊德说他已经"差不多有八年时间"没有用过催眠疗法了。这一声明完全对应得上 10/7/06 写给荣格的信，弗洛伊德在信中提到他在十年前放弃了催眠术（弗洛伊德 / 荣格 1974，第 6 页）。

但我们不能忘记，还有个介于中间的阶段，弗洛伊德的"集中注意"法和不久之后采用的"压力"之下集中注意法。正如他后来解释的那样，

因此，当我第一次尝试［催眠术］没有导致梦游或在一定程度上牵涉显著生理变化的催眠状态时，我便佯装放弃了催眠，只要求"集中注意"；我命令病人躺下，从容闭上眼睛……通过这种方式，我可能只需稍微努力，即可获得在特定情况下达到的最深度的催眠状态[33]。

弗洛伊德不确定新的集中注意法是否能带来真正的记忆。但这时候（他这么声称）他回想起与自己有重要关联的记忆。1889 年 7 月，他在安娜·冯·利本的陪伴下造访南锡时，看过伯恩海默把手放到一个被唤醒的受试者额头上，从而引导她回忆起她催眠昏睡时忘掉一切的整段过程。"这个令人惊讶而具有启发性的实验，"弗洛伊德说，

成为我学习的榜样。我决定从这样的假设开始，即对于任何具有致病意味的事情，我的病人全都知晓，问题只是在于怎么迫使他们就此表达出来。因此，我向病人询问过一些问题，例如："你出现这种症状有多久了？"或"它的根源是什么？"，而我得到的回答是："我真的不知道。"……到了这时候，我就把手放到病人的额头上，或者两手捧住她的脑袋，然后说："在我的手施加给你的压力下，你会想起来的。等到我放松压力的那一刻，你会在你面前看到一些东西，或者某些东西会进入你的脑海。别让它溜走。这将是我们在寻找的东西。——好了，你看到什么了？或者发生了什么？"[34]

不过此处有个时间顺序上的反常现象。如果伯恩海默 1889 年在病人前额施压以强迫回忆的演示对弗洛伊德而言是"令人惊讶而具有启发性的"，他也没有通过催眠得到令人满意的疗效，那么他为什么要等到 1892 年才开始贯彻实践伯恩海默的既有经验呢？

马尔科姆·麦克米伦提供了一个似乎可信的解释。1892 年，阿尔弗雷德·比奈在一本题为《性格的改变》的书中转载了一段文字，里面讲述了伯恩海默将手放在一个女人的额头上并成功使她回忆起了在催眠状态下他都对她做了什么[35]。这段文字可能在弗洛伊德看来特别惹眼，因为伯恩海默对讲究礼数的女士为所欲为，掀起了她的裙子，还捏了她的大腿。她不情不愿、羞愧难当地回忆起这些僭越之举，这需要克服性方面的廉耻心——这一成就会和弗洛伊德 1892 年新强调的内容相互呼应，即对于充满情欲色彩的记忆的压抑和除抑。

尽管伯恩海默的"恢复的记忆"和弗洛伊德的概念之间只有微乎其微的关系，但"压力"的应用对弗洛伊德而言相当振奋。他会写道，这种方法"产生的效果正是我所需要的"；他补充道，"它总是指向分析应该遵循的道路，使我能够从头到尾完成所有这类分析，而无需用上梦游"[36]。因此，弗洛伊德产生了他所说的"对于我这个方法的绝对依赖"[37]。这方法虽说方便他得出结论，但有损于他的科学，从此他再也遇不到表明他处于错误的解释轨道上的迹象了。

从那时起，对于创伤记忆所提的要求，如果病人说"我真的不知道"作为回应，那么她的这种不配合行为就已经在弗洛伊德的理论中得到了解释。这体现了阻抗——一种精神上的反击力量，源于长期埋藏在记忆深处而病人声称想不起来的经历。通过继续重新施加压力，发掘出不适和烦恼，直到获得令人满意的结果，弗洛伊德可以收集进一步的伪证据，证明他正在与潜意识中的恶魔力量进行殊死搏斗。

到 1892 年，他应该部分归功于安娜·冯·利本、部分归功于诸如德索瓦和雅内等理论家的这一信念已成为他的教条。他丢掉保持中立进行研究的一切伪装，开始以控制方的姿态实践他的压力法。每位病人往往都明白，当弗洛伊德把手放在她额头上时，如果她真心想要康复，那么隐瞒她的性史细节就不是一个可以得到容许的选择。

面对那样的最后通牒，病人要么只能中断治疗，要么给出看似合理的回忆并伴以适当的痛苦迹象。弗洛伊德的目的是发掘符合他理论的压抑创伤，因而他支持病人出于他们可能有也可能没有忍受过的伤害而感到恐惧。通过这一方式，他帮助"癔症"长期存在——唯有医生还在教唆并奖励癔症痕迹的外在表现，癔症才可能作为一种疾病而存在。

3．站住脚

如果弗洛伊德所言的以施加压力的方法获得近乎完美的成功这一情况属实，那么应该不乏能够证明这样治疗的完整病历。但是他发表的案例中只有两个提及在额头施加压力的做法，都在 1895 年《癔症研究》中占据一定的段落，分别是"露西·R. 小姐"的故事和展现了弗洛伊德"对癔症的第一次全面分析"的关于"伊丽莎白·冯·R."更全面的叙述[38]。

"露西"来找弗洛伊德只为解决一个症状：嗅幻觉，特别是幻想闻到烧焦布丁的气味。因为这都是幻觉，弗洛伊德断言究其本质必然是癔症[39]。但他已经知道露西失去了一般的嗅觉，并且患有慢性化脓性鼻炎。此外，在历时九周的治疗过程中，另一名医生发现露西还患有筛骨骨疽[40]。弗洛伊德不可能知道这种疾病会引起脑部感染，也不知道颞叶癫痫的一种变种可能导致嗅幻觉[41]。不过，对于露西患有骨疽的发现照理应使他不再声称她是癔病患者。相反，他以他最近采用的施压方法来获取与嗅觉相关的记忆，从中提出了一个假设，即露西的癔症（一如既往）源于没有得到回应的爱——在这一病例中，单相思的对象是她的雇主。

患有两种器质性疾病且这两种病都与鼻子密切相关的病人，仅仅当即欣然同意弗洛伊德提出的假设，竟然就能够恢复嗅觉，对此我们完全有种种理由可以质疑。然而，病例记载显示，露西最后一次"创伤性记忆"涌现出来之后不久，她在弗洛伊德看来"仿佛变了样"[42]。四个月后与他不期而遇时，她让他放心，她依然是康复状态。这样的见面真有其事吗，露西当真把弗洛伊德视作了不起的治疗师吗？*

---

* 米克尔·博克-雅各布森引用大量显示出相似之处的比较，并提出假说，认为露西·R. 不是别人，正是弗洛伊德的小姨子明娜·贝尔奈斯（弗洛伊德 2015，第384—385 页）。倘若如此，那么病历就包含更进一步的欺骗了，从一开始就装作"露西"是个病人而非弗洛伊德家里的常客。

至于"伊丽莎白",我们现在知道此人是伊洛纳·魏瑟,二十四岁的富家女,一家人在她童年时便从布达佩斯搬到了维也纳。1892年秋,弗洛伊德被请上门——可能是出自布罗伊尔的要求——前来处理她行走方面的严重问题*。伊洛纳表现得很奇怪,走路时非常痛苦,一站起来很快就需要休息,哪怕只是站着不动都吃不消。

在那一时期,弗洛伊德仍然或多或少出于职责,觉得需要检查病人行动不便是否源于器质性问题,对于这起病例,他发现病人患有"筋痹",表现为"肌肉组织中有许多硬纤维"[43]。但是在布罗伊尔的带动下,他内心期待的从魏瑟身上发现的癔症也找到了。决定性的线索竟是她没有怎么太抱怨她遭受的痛苦!弗洛伊德写道,当然了,这就如夏尔科予以经典描述的癔症患者的泰然淡漠**。此外,除了"高兴的样子"可疑之外,伊洛纳似乎因为右腿被捏了而得到情欲享受,弗洛伊德又是遵照夏尔科的教义,毫不犹豫地认为那里是导致癔症的区域[44]。因此,魏瑟是个癔症患者。然而这个"智力和精神都正常"的病人没有表现出这一疾病在当时通常给描述的任何一种症状[45]。

伊洛纳真的对她遭受的痛苦无动于衷,就像弗洛伊德在《癔症研究》中那一页声称的那样吗?还是如他隔了两页之后承认的,她对此"予以充分重视",但不让这些痛苦把她击垮?[46]后面的这一种态度通常被称赞为坚忍。然而,在弗洛伊德看来,不发牢骚不抱怨的女人注意力"想必停留在别的方面了,痛苦只是附带的现象——可能是在思想和感情上,因此与之相关"[47]。这就是他规避"风湿性渗透"并直接投入对于伊洛纳记忆和隐喻的研究而需要的全部借口。

尽管魏瑟拒绝夸张表现她的痛苦,但她也不无愤慨地坦率直言她

---

* 克里斯托弗·特格尔(1994,第136页)断言弗洛伊德给出的治疗魏瑟的日期比实际时间晚了一年。然而,在相对特格尔更有力的证据摆出来之前,似乎还是采用《癔症研究》中的说法为好。

** 同上,第135页。然而,弗洛伊德在文本中四处可见自相矛盾的地方,他说伊洛纳遭受的痛苦不止"风湿病"让她遭的罪。但既然她对此话题少言寡语,他怎么能知道呢?

的生活状况并不令人满意。她已婚的姐姐已经去世；母亲接受了一场重大的眼科手术；她自己走路一瘸一拐而且困在家里，因为在父亲去世之前，她都肩负着照顾他的职责；她还错失了嫁给一个意中人的机会。以前她曾渴望接受音乐训练，与外部世界打交道；如今她痛恨留在她身边的每个人都认为她的最高目标应该是嫁人[48]。原始女权主义的情绪在她身上涌现出来了。

这些感受本身就让弗洛伊德觉得是癔症在病理学上的迹象。因为，正如我们已经看到的，他认为女性的抱负追求就事实本身而言是一种异常情况。现在，他暗示存在性别认同的问题，他写道，魏瑟"对于身为女孩非常不满"[49]。他断定，"她天性之独立，超出了女性的理想典范"[50]。但很明显，他的病人是一个心态健康的女人，她遭受了不幸、偏见和身体残疾，她的愤懑反应情有可原。

然而，为了演练并展示他的理论，弗洛伊德需要逐项证明病人的种种症状在一种特殊的癔症机制的支配下发生了恶化。在伊洛纳这起病例上，他面临的挑战是如何让自己也让其他人都相信，风湿病本身不知怎的已经暂缓其运作法则，由此为癔症的运作法则让路。按照他的理解，在癔症的运作法则之下，每种癔症症状必然由情绪上受到的冲击引起，有些症状也会通过模仿再现其相应的创伤。

为了解释伊洛纳腿脚不便的病因，弗洛伊德需要套出一些他可以附加象征联系的记忆。如果伊洛纳或弗洛伊德自己想起了某个看似具有可能性的主题联系，那就足以证明癔症的"转化"已经扩大了先前存在的痛苦。果不其然，甚至没等弗洛伊德在伊洛纳额头施加压力，她的病例就开始向他吐露秘密了。

例如，她右侧大腿上那一大片致癔症区域被解释为这样一个事实，那就是她患病的父亲常常在接受腿部包扎时就把腿搁在那里。弗洛伊德忍住没有添油加醋，但他的脑海里想到了性，我们可以想象他是怎么向伊洛纳施加压力，对这一日常场景的细节一问再问。她的左腿也有故事可说，只需稍加破解。弗洛伊德很快就弄清楚了，"痛苦感受的每一个新的心理决定因素都会附着到她腿部疼痛区域新的某个特定部位"[51]。

因此，四肢包含着一本由神经和肌肉写就的关于创伤的虚拟日记；在病人的配合下，弗洛伊德可以像译员一样将其解读出来。

至于象征，弗洛伊德差点提出魏瑟就像患有神经痛和足跟痛的安娜·冯·利本一样，可能因演绎出某些隐喻而染上了她的那些症状。不过他声称在常见表达中可以找到用作诊断的线索，这么一来倒也确实渐渐接近该主张：

> 病人描述完她的一系列经历后，抱怨说这些经历导致她"光是站着"就非常疼痛。在另一次叙述一系列经历时……她不厌其烦地重申说这些事情最让她痛苦的是……那种她无法"向前踏出一步"的感觉……我不禁想到，病人所做的无非只是对于她的痛苦念头寻求一种象征性的表达，而且她已经在痛苦加剧的过程中找到了[52]。

对弗洛伊德而言，为了建立这样的联系，魏瑟甚至不需要开口。他所需要的只是她在情绪紧张时处于走路、站立或卧躺状态的信息。奇怪的是，他认为这三项活动都是在锻炼腿部。因此，伊洛纳的几乎所有负面经历都可以视为与腿部有关，因此都有可能导致癔症。例如，弗洛伊德发现有件事值得注意，"她的父亲因心脏病发作给带回家时，她当时站在门边"[53]。她在门边除了站立还能有什么其他的姿势？

至于弗洛伊德解读的治疗效果，他希望读者们相信他在魏瑟身上已经取得了相当稳步的进展，只是偶尔会出现"自然而然的波动"——然而，他可以证明这些波动是"与当下某些事件有关所致"[54]。因此，她疼痛程度的减少和增加这下都可以视作由精神因素决定，而她的器质性疾病完全不予以考虑。但如果在治疗过程中她的痛苦不断"波动"，那么她不管状态是好是坏都与他的心理治疗措施没有什么显著的相关性。弗洛伊德对伊洛纳的治疗没有产生任何疗效，最后不出所料他承认道："她的痛苦显然没有消除；病情时不时复发，并且和之前一样严重。"[55]

在详细评述魏瑟的故事时，弗洛伊德已经认为她缺乏频繁的性高潮这一点就足以产生神经症。不过由于他是在和布罗伊尔合著的书中讨论她的案例——如我们即将看到的，对于性问题在癔症中起到的作用，布罗伊尔所持的观点较为温和——他决定不把这一点纳入聚焦范围。相反，他把对魏瑟的病理学描述控制在"爱情"这一小说中使用的层面上。她的浪漫追求被所谓拘谨的头脑意识给拒绝了，遭到了挫败，而这就是她生病的原因。

为了将她的不幸曲解为癔症，弗洛伊德需要抓住一个事件，这一事件可以作为致病的时刻，之前心理健康十足，之后则因神经症痛苦加剧。正是在治疗到这个关头时，弗洛伊德对自己诱导催眠状态的能力感到绝望，于是开始采用"压力法"，造成的效果让人印象深刻。"令人惊讶的是，"弗洛伊德报告说，"与特定主题相关的不同场景竟然严格依照时间顺序迅速出现了。仿佛她在阅读一本洋洋洒洒的图画书，一页页在她眼前逐次翻过去。"[56]

弗洛伊德应该对这种毫无抵触的合作产生怀疑才是。就像范妮·莫泽当即排山倒海的回忆一样，这与内心冲突和阻抗的理论几乎不相容。而且，魏瑟似乎也和莫泽一样对他掏心掏肺，知无不言，唯独不说他需要的最终心因性的那一幕场景。然而，通过加强施压，警告"但凡她有任何隐瞒，就永远摆脱不了她的痛苦"，坚称她确实记得她行动不便的问题根源，弗洛伊德终于如愿以偿。伊洛纳想起了两年前一件有用的事情。

在父亲生命的最后十八个月里，她没日没夜地照料病恹恹的父亲，甚至睡在他病榻边的一张床上，便于做到有求必应。这样一来，她出去和适合婚娶的单身汉打交道的机会就受到了极大的限制。据弗洛伊德说，即便如此，她认为有一位颇具魅力的与她家有往来的年轻朋友对她颇有好感。有一次，她想稍事放松休息而且希望能碰到这个潜在的追求者，便去参加了一个他预计也会到场的聚会。他确实在场，两个年轻人感受到一种前所未有的亲近之情。伊洛纳在外待的时间比她原定的长了，有望携手的情郎陪着她走到了家门口。但当她给父亲检查病情时，她发现他的肺水肿已经恶化了。伊洛纳因为只顾着自己出去玩的一时疏忽而责备自己，从此再也不曾把父亲丢在家不管。结果，接下来完全没有谈情说爱和修成正果 57。弗洛伊德在总结中说，"情欲的念头受到压抑而不敢与人交往，这种观念附带的影响又被用于强化或复苏与此同时或之前就已经出现的身体疼痛" 58。

弗洛伊德写道：当她照料父亲的时候，

> 她第一次出现了一种癔症症状——右侧大腿某个特定区域的疼痛。通过分析的方法，可以找到对于症状机制的充分阐释。这件事发生在这样一个时刻，围绕她要承担起照料患病父亲的责任的那一整套思想观念与她当时所感受到的情欲的成分产生了冲突。在认真进行自我责备的压力下，她选择了前者，这样一来癔症导致的疼痛就出现了 59。

然而，过了四页之后，弗洛伊德又承认了一个令人沮丧的情况，而浑然不觉自相矛盾。他写道，魏瑟的疼痛程度在所谓的"转换"时期完全没有增加。实际上，在接下来的两年内发生的任何疼痛，他都无法推断是否能给贴上癔症的标签。"基于分析得出的证据，"他写道，

> 我猜想病人在照料父亲时发生了第一次转换……但是从病人的讲述中，似乎在她照料父亲期间乃至在接下去的时间当中……她都没有任何疼痛，也不存在行动无力……病人在现实中的表现与她在分析中陈述的有所不同 60。

弗洛伊德在此好像几乎要承认"分析"有误了。如果"痛苦——转换的产物——在病人经历第一个阶段的印象时没有发生，但只是发生在事件后……当她在思想中再现这些印象时" 61，那么显然弗洛伊德对于她在第一个阶段思想的"重建"只能依靠推测，而这种推测这下必须被否定。但是不行：弗洛伊德更喜欢他的思考成果而非病例事实。于是，他指责伊洛纳自己以其行为给人留下一种印象，而又在"分析中"给人与之相反的印象——尽管实际上她强烈不同意后者。他突然发现了一条

灵活方便的新的心理学法则："转换可以源自新的影响，同样也可以源自回忆的影响。"[62]

因此，弗洛伊德保留了将相距甚远、看似无关的事件联系起来并坚称其中一个事件是另一个事件所致的这一权利。此外，身体的生理感觉（魏瑟在病床边的痛苦）可以视作已经归于受试者的潜意识，存储起来以供后来感知，而她当下则毫无知觉。因此，弗洛伊德这下声称经历本身不怎么显露在外，在这种情况下，不存在的迹象便不再是建立涉及它们之间偶然关系的障碍了。

4．起舞的伊洛纳

尽管纯属个人主观臆断，但通过讲述一个发生时没有留下任何痕迹、直到两年后才被"回想起来"的转换的故事，弗洛伊德似乎已经完成了他对于魏瑟患有癔症的解释。不过由于他的治疗仍然毫无结果，他觉得有必要再讲第二个故事作为第一个受挫的爱情故事的补充。不管是他的读者还是伊洛纳本人，都对他说的信息大吃一惊：她早就爱上了她姐夫，甚至在他丧偶之前，她就已经抱着嫁给他的这么一个在道德上令人反感的幻想，但是这桩婚姻有若干障碍无法逾越。魏瑟当时"在意识中压抑了她的情欲念头，将其全部影响转换为疼痛的生理感受"[63]。

这个浪漫故事的主题——一个因没有得到回报、很可能见不得人的爱而害自己患了病的女人——正是后来大家发现的弗洛伊德最喜闻乐见的主题。这证明了他的看法，即所有来自上层社会的异性恋女性，哪怕她们不顾及淑女身份声称渴望独立的时候，其实永远都还是想委身于某个优秀的绅士（在本能的层面上，她们会因此阻止有害的"兴奋"集结）。那么，伊洛纳钦佩她正直、有责任感的姐夫的这一事实想必就意味着她爱上了他。

有一天在上门诊治时，伊洛纳和弗洛伊德得知她姐夫来到她的住所并问候她，任何挥之不去的疑问都给打消了，我的病人随即站了起来，请求我们的治疗暂停一天……在此之前，她并没有疼痛，但发生这一干扰之后，她的面部表情和步态暴露了突如其来的严重疼痛。通过这件事我的怀疑进而加强了，我决心促成这一关键的解释[64]。

弗洛伊德在此简直愚不可及。魏瑟之前一直坐着不动，也不疼痛。出于她的社会阶层的得当礼数，她打算去迎接来客，免得让他久等，于是赶紧起身——弗洛伊德知道这个动作对她而言一向都很痛。但他完全没有考虑到这一基本情况，反而认为此事恰恰证明了他的导致癔症的假说。

倘若魏瑟已经爱上了她的姐夫，那么这一事实就会逐渐在她头脑意识中得以浮现。但她对此予以否认，并且她反对弗洛伊德自以为是地试图告知她自己是什么感受。然而，正如我们所看到的，病人的不同意见只会让弗洛伊德更加深信他是正确的。他实际上欣然接受伊洛纳"抗拒将毫不相干的心理群组与她意识的其他内容联系起来的尝试"[65]，因为他的压抑理论要求病人直面隐藏的真相，感觉受到威胁。

弗洛伊德急切希望及时圆满地结束魏瑟的病例诊治，便于他1893年夏天出去度假[66]。但是已经达成什么结果了吗？他想要这么认为：

她的病情再次得到改善，自从我们研究病因以来，她再也没有谈过她的疼痛。我们都感觉已经走到尾声了，尽管我告诉自己，她长久以来深埋的爱情还没有在心理上完全宣泄殆尽。我认为她已经治好病了，并向她指出，她的问题将继续自行解决，因为渠道已经疏通。对此她没有异议[67]。

"对此她没有异议。"这是要让读者得出结论，以为伊洛纳已经改变观点，接受了弗洛伊德对她的病例的看法。然而，弗洛伊德所做的一切是告诉我们她并没说的内容。鉴于即将发生的事件，我们可以猜测，如果她对于他的总结"没有异议"，那是因为她知道反对他没有任何好处。

第十七章　应需而现的创伤

在最后一场治疗结束后几个星期，弗洛伊德收到了"[魏瑟的]母亲一份绝望的信，"他违背专业保密精神，向她披露过关于姐夫的假设：

> 她告诉我，她第一次尝试与女儿讨论她的心事，小姑娘激烈反对，从那时起深受严重的疼痛折磨。因为出卖了她的秘密，她对我感到很愤慨。她完全无法接近，治疗完全失败了。现在能做什么？她问。伊丽莎白与我再也没有任何关系了[68]。

这就是弗洛伊德"对癔症的第一次全面分析"的结果：治疗零收益，病人永远感情疏远，她与母亲原本糟糕的关系进一步恶化。不过，两个月之后，弗洛伊德据说从一位同事那里听闻伊洛纳这下情况有了很大改善。在 1894 年的春天，他写道，他欣然看到他之前诊治的病人在舞会上身姿敏捷地跳舞——摆脱了癔症困扰，不亚于"变了样"的露西·R. 小姐。如此看来，说到底，这证明弗洛伊德"深信一切都会归于正常，我的心血没有白费"[69]。

应该弄清楚还有谁看到伊洛纳在舞厅翩然起舞为好。没听说过弗洛伊德经常参加这样的活动。此外，1894 年春天已是魏瑟结束治疗后将近一年的时间了。我们不知道她在此期间可能接受的任何生理或心理方面的治疗。但我们在此再次见证了弗洛伊德终其一生不变的习惯，那就是一旦他与病人分别了，说起后来有任何改善，无论时间相隔多么久远，都是他自己的功劳。

多年以后，伊洛纳·魏瑟步入了一桩令人满意的婚姻——然而，这并没有磨灭她的不满或者减轻她腿部的疼痛，一直到她 1944 年去世，她始终深受疼痛折磨。据她的家人说，她从来都没有病情缓解的时候。她女儿说，绝望的伊洛纳找过许多专家看病，他们将她的疾病诊断为风湿病、坐骨神经痛和神经炎等等不一而足[70]。然而，她没有忘记弗洛伊德。多年之后跟女儿谈起她 1892—1893 年接受的治疗时，她说弗洛伊德"只是他们给我派来的一个留胡子的年轻神经专科医生"。弗洛伊德试图"说服我，说我爱上了我的姐夫，但事实并非如此"[71]。

魏瑟的女儿在 1953 年 1 月同安娜·弗洛伊德会面时回忆起了这些话，在被存放进入弗洛伊德档案并当即被库尔特·艾斯勒设下五十年不见诸世人的禁令之前，彼得·盖伊阅读了安娜关于这次谈话的备忘录[72]。虽然盖伊引用了魏瑟的女儿关于留胡子的神经学家及其错误假说的话，但他只字不提文件中透露的另外的重要真相：伊洛纳终身行动不便。

相反，对于结果，盖伊提供的是一个弗洛伊德忠实追随者的记述。他没有提到弗洛伊德的压力法，他声称仅仅"畅所欲言"就已经为魏瑟和弗洛伊德带来了"极佳结果"。谈话"被证明是她治愈的关键"——治愈的证据是弗洛伊德看到他之前诊治过的病人翩然起舞[73]。盖伊补充说，"伊丽莎白·冯·R."的案例"表明［弗洛伊德］现在多么成体系地挖掘发展他的近距离观察的天赋"[74]。至于伊洛纳看轻弗洛伊德的评价，盖伊暗示她可能是无意识地压抑了弗洛伊德对她病例的正确解读。[75]然而，是盖伊"压抑"了伊洛纳从未得以治愈的不合时宜的证据。

第五部

· ·

崭露头角

· ·

弗洛伊德这个人偏好绝对而且单一的公式化表述：这是一种心理上的需求，依我看，会导致过于泛泛而论。

——约瑟夫·布罗伊尔写给奥古斯特·福雷尔的信，11/21/1907[*]

---

[*] 见克兰菲尔德1958，第320页的引用。

第十八章

时不我待

1. 雅内的威胁

因为安娜·冯·利本、范妮·莫泽和伊洛纳·魏瑟的案例都将在《癔症研究》（1895 年）中作为弗洛伊德治疗方法的示范例证得以展示，那我们必定会想当然认为在他早年治疗病人的经历中当属这三个案例最令人印象深刻。然而，正如我们所看到的那样，三起治疗无一不是在病人经历了或毫无起色或症状恶化的情况之后对头脑一根筋的医生感到恼火而遭到中止。特别值得注意的是，经过五年的密切交流之后，利本下结论说弗洛伊德一直以来总想着敛财发家。

我们可能以为，医者的忧虑会鞭策困境之中的弗洛伊德重新考虑他提出的假设和目标。然而，对于一个梦想成名成家而又看到声誉在加速躲避他一路苦苦求索的人来说，承认自己始终没有取得进展，这未免也太令人气馁了。他在催眠治疗方面失败了。此外，有别于他的是，杰出的心理学理论家都活跃在学界和 / 或医疗界，那里有数以百计的病人资源，可以不断和同行交流切磋。因此，他们能够收集大量案例病史，其中的积极成效和日常进展已得到中立观察者的证实。相比之下，弗洛伊德私人行医，且不说救助病人，就连保住客户都存在困难。他显然从这一可悲的困境中得出了结论，那就是要将自己包装成权威的发现者和医治者，再也没有比当下更好的时机了。

特别是还有个竞争对手似乎已经使弗洛伊德开启了紧急模式。这就是皮埃尔·雅内，正如我提到过的，他少年得志的《心理自动症》是1889年心理学界推崇备至的作品。弗洛伊德在那个世界中冉冉升起的希望在很大程度上取决于他有多大本事，能将自己塑造成经夏尔科钦点的名正言顺的继承者——对于夏尔科死后声望的一溃千里，他永远不会充分予以承认。然而，到1890年，令夏尔科肃然起敬的是雅内，而不是遥远的弗洛伊德；到1892年，他已经完全对弗洛伊德不屑一顾。

1885年弗洛伊德和雅内都在萨尔佩特里耶尔，之后两人很快就都利用自己与夏尔科的关系谋求发展。但是夏尔科在1892年不再对弗洛伊德抱有幻想，而另一边厢的《心理自动症》令他赞叹不已，使得他于1890年当即在萨尔佩特里耶尔内创建了一个病理心理学实验室，并邀请年轻的作者担任实验室主任。事实上，夏尔科自己在生平最后几年对于心理上的解释的理解接受能力完全要归功于雅内，他视之为癔症领域一言九鼎的专家。

这想必是雅内职业生涯中引发弗洛伊德嫉妒的主要一个方面，但绝不是唯一方面。不同于为了克服出身的障碍而被迫做出牺牲、从长计议、忍受痛苦羞辱的弗洛伊德，雅内生来受到种种优待，机会大把。他接受的是法国所能提供的最好教育。作为一名富裕律师的儿子，他能够就读于巴黎一所学校，该校培养了许多在科学、文学、政治领域卓有建树和在战争中立下赫赫战功的人物。然后，他考上了精英的巴黎高等师范学校，那里的学生一毕业就能够立即成为法国公立中学"教员"。他有个同班同学是日后的社会学家埃米尔·涂尔干，高他一届的还有未来的哲学家亨利·柏格森，他将与之保持理论方面的联系。

雅内早年的兴趣主要是哲学，但他不是玄学家。作为坚定的奥古斯特·孔德模式的实证主义者，他认为哲学必须建立在关于人类意识的可验证事实上。因为他意识到内省不能揭示这样的事实，于是他选择将他的信念投入观察和实验中。他年纪轻轻时就得出结论，如果想要了解正常的心理，那么病理状态就是最大有为的研究对象。他意识到，精神障碍会暴露出被自我（le moi）整合的功能所掩盖的变量。

受到夏尔科在 19 世纪 70 年代末转向癔症研究以及在 1882 年——雅内高中毕业那一年——突然重新发扬光大催眠术这两件事的启发，这位年轻人开始着手研究这两个主题。他设定的这一路径将他从自由的临床研究带到索邦大学并获得哲学博士学位，后到夏尔科在萨尔佩特里耶尔的实验室担任主任，1893 年获得医学学位，又有一段私人执业和在医院从事心理治疗的职业生涯。最后，从 1902 年一直到 1947 年去世，他始终担任法兰西学院的实验心理学和比较心理学的杰出教授。

在早期受夏尔科启发的年代，雅内也未能幸免萨尔佩特里耶尔风格的实验附带而来的谬论——将受试者在面对试验操控者的期待时的区区回应归结为超自然的天赋和多重人格 *。然而，即便是在他纠正这些错误之前，他对于治疗过程的描述留给世人的就是一个仁慈有爱、坚决果断而又足智多谋的医生形象，他已经与那些在各个方面都比弗洛伊德更贫困的病人们建立了移情。他自己以及其他人的案例构成了一个庞大的数据库，使得他从中汲取的大胆见解更具分量。他信心十足。由于没有经济上或心理上的需求非要以领导者自居不可，他寻求共识，把功劳归于他人，不无谨慎地允许有未解决的问题和他订立的规则之外的例外存在。

雅内关于心灵的概念取决于单纯的感觉和完全的知觉之间的区别，单纯的感觉只是在生理上有所反应但未必被感知到的感觉，而在理想状态下，知觉获得积极的认知并融入了个体的自我意识。他写道，健康人可以很快处理和调和相对大量的知觉，从而能够不断适应现实。但遗传缺陷再加上不幸经历会使一部分人没有多少综合能力。

---

* 雅内后来摒弃的部分早年观点却使得他在 20 世纪 80 年代重新流行起来，成为一项会让他本人深感震惊的运动的精神领袖：以治疗性催眠、药物和暗示的方式，再加上追寻其罪行并无独立证据得以觅求或发现的"作恶者"，唤醒原先没有想到的对于童年时貌似遭到性侵犯的"回忆"。

在理论心理学领域，有别于精神疗法，对雅内的高度评价兴起于 20 世纪 70 年代，而且势头不减。见例如希尔加德 1977；佩里和劳伦斯 1984；高尔德 1992；希尔斯特伦 2001。

根据雅内的说法，这些人可能要么变得歇斯底里，患有行为功能障碍，要么"神经衰弱"，患有强迫症、恐惧症或者无法做出决定、无法享受乐趣。不管是哪一种情况，雅内认为他们的精神生活的一部分将长期慢慢地从他们的自我"分解"，消耗他们的精力，使得他们精神涣散，极易受到暗示，并且产生症状。由于"意识领域的缩减"，他们"固执的念头"在改变面前无动于衷不受影响，除非这些念头能以某种方式说出来，在治疗中得到解决。

可想而知，这种疗法的性质引起了弗洛伊德的担忧。雅内使用催眠术，意在获得潜意识中的记忆和想法，据称这些记忆和想法引发了观念中和身体上的症状；他还声称通过唤醒和处理遭到排斥的素材而实现了有效治疗。这无疑正是受雅内等人影响的弗洛伊德不知不觉中试图在自己的病人身上进行实验的内容。虽然他只将重点放在性方面的病因上而有所偏离雅内的模型，但他难以说服有见识的读者，让他们相信他是通过自己的试验并检验错误而最终形成他的治疗理念。

1892 年直接引爆弗洛伊德忧虑的起因看来是雅内于 3 月 11 日、3 月 17 日和 4 月 1 日在萨尔佩特里耶尔发表的关于癔症麻木、遗忘症和故意暗示的三场引起广泛关注的讲座。这些演讲文本很快就发表在《神经病学档案》上，这份期刊的编辑当时还在等待着弗洛伊德承诺了很久却迟迟未交的一篇文章。在第一讲中，雅内阐述了他所说的"粗略的、极其常见的生理学"，它似乎决定了癔症症状的选择。他说，我们无意中形成的关于器官的想法可以使整个手臂、脚或眼睛罔顾神经结构，脱离整体而丧失能力。因此，雅内得出结论，癔症麻木必须确认为一种完全的心理失调——"人格疾病"，正如他在文中最后一句所说的那样 [1]。

雅内认为内心对于整个身体部件进行无意识控制的这一观点只是将夏尔科先前就同一议题的评论稍微往前推了一点。不过，这却令弗洛伊德茅塞顿开。在 1893 年 7 月他最终提交给《神经病学档案》的论文《器质性和癔症性运动瘫痪比较研究的若干要点》中，他写道，癔症"按照平常普遍的意义来看待器官" [2]。倘若如此，那么症状形成过程的起步点不太可能是夏尔科最初设想的大脑的器质性损伤；相反，很可能是"比方说对于手臂的概念或者说理念上的改变"[3]。

因此，对于弗洛伊德和雅内二位而言，癔症发病机理的动因是一种心理，这种心理可能在无意识中将其奇特观念强加于躯体，阻断整个手或肢体的感觉，从而压倒了实际的身体机能。看来心神可能会迫使人们以为正常的身体部位表现出病态的症状。这理由可以解释得通弗洛伊德对于病因学、诊断和治疗的象征解读法，尽管算不上完整的理由。但弗洛伊德只是在仿效雅内。不仅他使用的法语术语自我意识和潜意识联想来自比他年轻的竞争对手；他对癔症形成的整体讨论包含了雅内提出的知觉和思想的凝集和分裂。

这一番借用行径的重要性可以从弗洛伊德和其他人为隐瞒真相而竭尽所能的表现中得以衡量。无可否认，他 1893 年写给那份期刊的论文不得不承认雅内讲座文本的权威性，期刊的读者早前已敏锐注意到那些文本。"我自己只能完全赞同雅内先生在最近几期《神经病学档案》中提出的观点，"他写道[4]，"我支持雅内先生所说的癔症性瘫痪，就像处在麻醉之类的状态下那样，是对于器官和整个身体的日常且普遍的概念。"* 然而，在 1925 年的《自传研究》中，弗洛伊德却会说他 1893 年的论题早在 1886 年去找夏尔科谈一篇文章的想法时就已经构想好了：

> 我同这位了不起的人谈起了展开癔症性瘫痪和器质性瘫痪的比较研究的一项计划。我希望建立这么一个论点，即在癔症中［，］瘫痪和身体不同部位的麻痹根据其对于极限的普遍理念而不是根据解剖学的事实进行划分。他同意这一观点，但看得出他实际上并没有什么特别的兴趣去更深入研究神经症患者的心理[5]。

1925 年的弗洛伊德从这一表述中获得了三个优势。首先，他由来

---

* SE, 1：170. 弗洛伊德原本可以发现雅内的论点在《心理自动症》（雅内 1889，第 280 页）中有简明扼要的论述，但显然他忽略了。麦克米伦（1997，第 95 页）注意到瘫痪是癔症主要症状中唯一没有在雅内那三场讲演中涵盖到的类别。于是雅内的"残羹剩菜"可能就决定了弗洛伊德论文的范畴。

迟矣地让时年二十九岁那个羞怯而又毕恭毕敬的自己看起来显得比狭隘的夏尔科更敏锐、更自信、更好钻研。其次，他这下可以将他的心身失调观点回溯到 1886 年，从而确立了优先于任何竞争对手的架势——其中最重要的便是雅内——他们都在 80 年代末出现。第三，他可以陶醉于据说夏尔科承认他的想法——不管到底是什么想法——是正确的。实际上，夏尔科并不同意他的观点。在 1886 年 2 月 25 日的一封信中，弗洛伊德告诉未婚妻，"哪怕［夏尔科］不能接受那观点，他也不想反驳我"。

1886 年 3 月 15 日和 18 日以及 4 月 7 日的《鸿雁书简》；1887 年 12 月 28 日，1888 年 2 月 4 日、5 月 28 日和 8 月 29 日，1893 年 5 月 30 日、7 月 10 日和 7 月 24 日他写给威廉·弗利斯的信，都证明弗洛伊德因无法完成该项目而苦恼不已。经过七年的挫折之后，多亏雅内这个唯一的救星，他终于能够改进夏尔科学说的其中一个方面：瘫痪的形式可以取决于以象征方式表现的思想。但后来，在他翻译夏尔科的《星期二课程》的脚注中，弗洛伊德肆意妄为地坚称老师曾请他，可能是作为同辈研究者，去开展这项研究："我正要离开萨尔佩特里耶尔时，夏尔科建议我对器质性瘫痪和癔症性瘫痪进行比较研究。"* 雅内在故事中扮演的重要角色在 1925 年被略去不谈，让夏尔科和弗洛伊德变成具有同等专业水准的并肩投身科研工作的同僚。

每当后来的弗洛伊德以自吹自擂的态度重新编排他怎么一路走来的故事时，精神分析的当权派总认为接受修改过的故事才符合惯例。因此，欧内斯特·琼斯直截了当地宣称，《比较研究》一文在 1888 年 8 月就已经完稿。然而，"出于某种奇怪的原因，"推迟了五年多才发表[6]。由于弗洛伊德没有给出任何解释，只是闪烁其词地称是"偶然和个人原因"，琼斯认为最好不要再进一步深究。

作为将弗洛伊德 1893 年论文收录进入标准版文集的编辑，詹姆

---

* 夏尔科 1892—1894，第 268 页注释。实际上，弗洛伊德已经选择了更宽泛的论题，他肯定发现无法驾驭。见 SE, 1: 12。

斯·斯特雷奇意识到他不可能像琼斯那样漫不经心、敷衍了事。如果没有外在因素的显著影响，那么必须直接面对写作的日期。斯特雷奇竭尽所能避免与弗洛伊德或琼斯相互矛盾。他写道，似乎"论文早在这个时间就已经写了"——1886 年 4 月[7]。但是后来斯特雷奇又尴尬地提到了论文第四部分很久以后增加的内容，其中进行了相关的讨论，他承认文中的心理动力学元素无一是自一开始就在计划范围之内。

斯特雷奇还写道，"不无可能的是，当［弗洛伊德］完成论文的初稿时，他已经开始有一些隐约的念头，可以解释文中包含的涉及这些新想法的事实，他可能出于这个理由而一边更深入地钻研问题一边暂时阻止了论文的出版"[8]。用这样的方式，弗洛伊德花费七年的时间完成了一篇拾人牙慧的论文，这种事情竟成了以审慎态度调和创作骚动的迹象。

琼斯、斯特雷奇和弗洛伊德本人希望掩盖的更深切得益于雅内的情况，从一些引人注意的术语的相似性中可见一斑。雅内创造了这个术语，写到"下意识"（subconscient）思想在占据主导地位的自我意识之下继续产生影响*。弗洛伊德会在"潜意识"中找到相应的想法，那是心灵之中具体化的力量。在选择这一用词时，他有意避开雅内——但躲不了太多。再者，雅内称他的治疗方法为"精神上的分析"（analyse psychologique）。1894 年，弗洛伊德用法语写作时就用了这个词[9]。但不久之后，他声称已经发明了一种突破性的方法，使用的就是相同名称的缩短版。

弗洛伊德首次发表使用"精神分析"这一术语是在 1896 年一份法国期刊刊发的文章中[10]。他选择的用词是 psychoanalyse，中间有个"o"，不仅没必要，而且在法国人听来这词的发音很是粗鲁。鉴于整体背景，这个词的拼写尤为奇怪。弗洛伊德还没有为自己的疗法命名，而只是说

---

* 尽管雅内在 1888 年第一次使用"潜意识"这一术语，但这个概念到 1886 年已经包含在他的理论中了（勒布朗 2000，第 24—25 页）。同样见希尔施米勒 1989a，第 150 页，罗列了布罗伊尔和弗洛伊德从夏尔科和其他法语来源中借用的术语。

它构成了"一种精神分析的新方法"，其中精神分析指的是分析心灵的一般类别。那么，为什么用这么糟糕的法语呢？答案似乎是弗洛伊德已经在期待着将雅内的"精神上的分析"进行日耳曼化。同年晚些时候，由于其标志性的"o"这下已经永久固定，die Psychoanalyse 将作为一种新鲜事物出现，据说唯一的先驱是布罗伊尔，而不是雅内[11]。受到弗洛伊德这种偷窃行为以及后来侮辱的冒犯，素来温文尔雅的雅内最终会指责他这位难以战胜的对手抄袭了自己[12]。

2．借力创新

我们已经看到，弗洛伊德应对雅内威胁的一种方式，是把自己与坦率承认借用自竞争对手的观点联系在一起，然后在其他地方，又将这一观点追溯到更早的时期，将其据为己有。这种行为属于弗洛伊德的惯用手法：先借用权威的声望为自己谋私利，随后将他推到一边去，或者，如果可能的话，彻底踢出历史舞台。然而，如果他在治疗领域依然是个无名小卒，没有任何治愈病人的记录，导致他自己提出的关于神经疾病的致病原因和治疗方法成了无本之木、无水之源，那么这样的努力还是徒劳白费。

在 90 年代初期感觉受到这般挫败，弗洛伊德自己再次想到了布罗伊尔的"宣泄疗法"和 1880—1882 年该疗法应用在贝尔塔·帕彭海姆案例中取得的引人注目的疗效。我们注意到，他在 1888 年就已经声称布罗伊尔的治疗方法实现了"治愈"，而且不止一例。现在，如果他能够说服他的朋友相信在最近的案例中，他，弗洛伊德，业已使用同样的方法消除了症状，他俩因而拥有解决癔症的万能钥匙，那么情况又会怎么样？倘若如此，他们可以合作出版一本书，证明布罗伊尔先于雅内和其他人一步，同时还可以将弗洛伊德描述成新生代的布罗伊尔。弗洛伊德意识到，对雅内描述的癔症患者通常都是弱者、往往逆来顺受的情况进行辩驳，同样也可能削弱雅内的受欢迎程度。毕竟，弗洛伊德和布罗伊尔治疗的那些盛气凌人的维也纳贵妇可完全不一样。

弗洛伊德这下已经到了他职业生涯中最关键的时刻。鉴于他在小圈子中遭遇的失败——小圈子的成员日渐形成共识，认为他不值得信任，令人反感，他进一步得到富裕的"癔症患者"的前景堪称渺茫。然而，与有口皆碑的布罗伊尔合作出书，可以使他一夜之间从籍籍无名变得家喻户晓，不仅能让公众甚至还能使得一些同行相信他用"布罗伊尔疗法"取得了极佳效果。现在一切都取决于布罗伊尔了，到目前为止，我们只知道此人对弗洛伊德通常都予以鼎力支持和悉心指导。

拜精神分析在 20 世纪长期占据优势特别是弗洛伊德的自我神话之举所赐，布罗伊尔为人们所铭记，主要是作为一位家庭医生，他涉足精神疗法由来已久，激励了一个比他更不屈不挠的研究者。另一方面，试图把弗洛伊德拉下马而恢复布罗伊尔声誉的历史学家通常则是强调他的心理洞察力和同理心。因此，他们把布罗伊尔，而不是狂热过头的弗洛伊德，塑造成精神分析中一切宝贵要义的真正创始人。然而，正如我们将要看到的，布罗伊尔的成就和重要性不能因而局限于此。透过弗洛伊德狂热崇拜者之外的任何视角来看，他似乎在涉及科学成就的各个方面绽放的光芒都已经盖过了这位受他提携的后生。

布罗伊尔和弗洛伊德都在维也纳接受了博雅教育，也都背离了犹太信仰但并不试图否认他们的种族身份。在潜心投入医学研究之前，他俩都在维也纳大学哲学系深入探究文化方面的主题。两人都受到恩斯特·布吕克的影响，大家普遍认为他们第一次见面大约是在 1877 年，地点为布吕克的实验室 [13]。他们都分别在维也纳综合医院当过见习医生，然后在大学担任无薪讲师。在发现其他目标无法企及之后——布罗伊尔是评不上生理学教授，弗洛伊德则是在解剖学的研究生涯中受挫——他们都转向开业行医。

然而，不同于弗洛伊德，布罗伊尔可是为人类机体领域的知识做出了杰出贡献。1868 年，在他二十六岁时，他和导师埃瓦尔德·赫林进行了巧妙的实验，证明人体的呼吸由迷走神经控制。赫林—布罗伊尔反射这一重大发现据说也是"现代意义上第一个令人满意的对于生物学反馈的实验论证" [14]。1873—1875 年，通过在动物和人体身上进行试验，布罗伊尔证实了内耳迷路中半规管的作用，从而解开了头部在旋转或加速时如何保持平衡的谜团。

到他年过三十的时候，在没有自己专属实验室的情况下，布罗伊尔已经作为一名神经生理学家而声名大噪。在成为时不时要出诊的医生之后，他也继续进行基础研究。尽管他在 1885 年辞去了无薪讲师一职，但他与学术界的朋友们保持着密切的私交和学识交流，他们始终对他十分尊重，喜爱有加。他的研究一直持续到 1923 年，当时他以八十一岁高龄，提出了通过一项试验来判断两种对立理论的主张。

我们从阿尔布雷希特·希尔施米勒收集的文本中了解到的布罗伊尔与后来弗洛伊德所描绘的那个人物几乎判若两人。摘自写给有神论者弗朗茨·布伦塔诺的信件选段尤其令人印象深刻，他在信中捍卫并重新诠释自然选择，否认宗教应该立足于科学，主张"生机论"——他指的不是那种生命力量的存在，而是承认一切造物的目的性，其行为因此无法完全按照物理和化学定律来予以理解 15。正是在此处，在布罗伊尔将生命形式视作具有"利益"的自我调节机体的新达尔文主义观点中，我们发现了他对机械还原论持不同意见的最深刻的缘由，而我们将得知，弗洛伊德在 19 世纪 90 年代正转向机械还原论。

弗洛伊德可能早在 1888 年就已经展开了游说，以求得布罗伊尔的合作。然而，我们知道，当 1892 年春雅内在萨尔佩特里耶尔作了关于癔症的几场讲座后，他加大了活动力度。1925 年，他会说起雅内的因素最终对布罗伊尔起到了决定作用。"一开始他强烈表示反对，"弗洛伊德写道，"但最终他让步了，特别是因为在此期间，雅内的文章已经抢先一步探讨了他的部分成果，例如将癔症的症状追溯到病人生活中的事件，以及通过催眠的方式祛除苗头刚冒出来时的症状"*，当时布罗伊尔肯定是确信，只有发表一份联合宣言，随后加上修改完善的帕彭海姆案例以及弗洛伊德那里的进一步佐证的材料，才能给予他历史上应有的承

---

* SE，20：21. 苗头刚冒出来时意为"刚开始形成的时候"或者"刚有点苗头"。弗洛伊德的观点是雅内能在他把造成创伤的回忆带到病人意识层面时消除症状。

认。1893 年 1 月 1 日和 15 日，他们合写的论文《论癔症现象的心理机制：初步交流》在《神经学总刊》分两期发表。

尽管布罗伊尔有着诚实正直的美名，但《初步交流》一开篇就是故意误导人的自夸之词："一次偶然的观察，使得我们几年来为了发现诱因而调查研究了大量癔症的不同形式和症状。"[16] 读者都以为，两位医生组成的这个团队由来已久，一直在系统性地研究许多类型的癔症（这令人想起"可卡因研究人员"弗莱施尔医生和弗洛伊德医生的团队）。此外，他们所做的工作非常了不起。虽然他们的许多病人一开始没能回想起诱发病症的创伤，但在催眠状态下病人都不由自主地这样做了；每当通过恰当的"宣泄"释放出影响而达成成就时，"每个单独的癔症症状旋即永久消失"[17]。因此，布罗伊尔和弗洛伊德声称，他们"以最清晰、最有说服力的方式"分离出了癔症的发端机制[18]。

所有这一切都不符合实际。十多年前的帕彭海姆案例已经满足了布罗伊尔对"宣泄疗法"的兴趣。再说，他和弗洛伊德并没有对癔症进行任何有条不紊的研究，不管是共同研究还是分头各自研究。至于弗洛伊德摸索着将症状与受到压抑的记忆联系起来的尝试，也没有任何明确或令人信服的内容。在多数情况下，他根本连催眠都诱导不了。光这一点事实，如果他足够坦诚，能在《初步交流》中大方透露的话，就会使得他宣称的病人只在被催眠时才找回他们的创伤性记忆的说法荡然无效。

至少布罗伊尔和弗洛伊德没有坚持认为他们找到了治愈癔症的方法。他们还算谦虚，认为恢复宣泄情感的记忆能够在癔症发作的急性期自行结束后逐一消除症状。但是，较之利埃博、伯恩海默、福雷尔、韦特斯特兰德和其他许多人可以论证的成功治疗，他们的方法又有什么优势呢？如果那些治疗师都是在不依赖于布罗伊尔 / 弗洛伊德的观点或方法的情况下消除症状，那怎么能说这对维也纳搭档已经证明了他们独家的"癔症的心理机制"？

《初步交流》一文的目标不仅是要表明"宣泄"观点的正确性和有效性，而且还要表明他们比近来其他理论家特别是雅内在时间上早先一步。因此，提到雅内这个名字时，两位合作撰稿人只强调他的一个案例和他们自己的案例相似得出奇[19]。然而，对于熟悉情况的读者来说，布罗伊尔和弗洛伊德欠雅内的情分想必是显而易见。《初步交流》和随后出版的书中都不乏雅内创造的术语和概念，包括分离、心理上的痛苦、双重意识，自我催眠分心和恐惧在癔症形成过程中起到的作用，甚至是分裂人格理论的迹象。实际上，这篇导论性的文章看来很合雅内本人的心意，他把它当作"确认我们早期研究的最重要的文章"而欣然接受[20]。

尽管布罗伊尔和弗洛伊德小心操控以避开他们同时代的人，却切实利用了夏尔科这位大家长，以便为他们认为的催眠可以引出精神结构的原初认知这一论点提供先例。在区区几页文章之内，他们公开支持夏尔科提出的致癔症区域，他所谓的精神上的继发病情，他那句"催眠是一种人为的癔症"的名言，以及他所说的大发作的四个阶段[21]。他们甚至宣称他们的理论"起步于四个阶段中的第三阶段，即'情绪激动姿态'的阶段"[22]——萨尔佩特里耶尔戏剧表演最具有欺骗性的特色。

这种倒退姿态之所以可悲，不仅仅在于与一个灰头土脸的偶像扯上了关系。夏尔科垮台是因为尽管他原先作为神经学家行事严密，但他进行的癔症研究却未能在对病人施以催眠时考虑到无意间的和不为人所察的暗示的影响。然而，布罗伊尔和弗洛伊德提起暗示的议题草草了事，只足以表明他们对此的误解。至于通过寻回记忆而消除症状，他们写道，

> 貌似有理由认为，这里的问题在于无意间的暗示：病人希望通过这一疗法来缓解痛苦，而起到作用的正是这种期望，而不是口头言语。然而，情况并非如此。观察到的第一例这类情况可以追溯到1881年，也就是"先于暗示的"时代[23]。

换言之，布罗伊尔和弗洛伊德不可能影响他们的病人，因为他们的方法早在利埃博和伯恩海默宣扬"暗示性的"催眠疗法之前就被设计了。

如果两位作者相信他们在此所说的话，那么他们是到了1893年仍

然对两种相关暗示之间的基本区别一无所知：一种是伯恩海默有意为之的对于服从或好转的要求，另一种是无心之下透露给了对方一种看法的期望。这种混淆或者困惑使得弗洛伊德和布罗伊尔在《癔症研究》中描述他们的案例时没能想到他们恐怕将一厢情愿、配合和伪装掩饰误以为是治愈。

如果事情就是这样，那么这种浑然不觉在弗洛伊德的案例中比在布罗伊尔的案例中更难以解释。布罗伊尔并未与病人进行对话而实现他在生理学上的发现，作为医生，他已经回到了用标准处方解决"神经"问题。相反，弗洛伊德每天都沉浸在心理疗法的互动之中，两位著名的死对头关于暗示的论述他都翻译并编辑了，在这一议题上，他先是公开支持夏尔科，然后又力挺伯恩海默。在 1893 年晚些时候他所写的纪念夏尔科的讣告中，他承认伯恩海默关于暗示的批评对于萨尔佩特里耶尔的科学造成了沉重一击。然而，轮到他自己来概括他对病人的问询时，他和布罗伊尔却一挥手认为这一整个话题无关紧要。

具有讽刺意味的是，在布罗伊尔和弗洛伊德如此投入萨尔佩特里耶尔的轻率莽撞的认识论之际，他们的竞争对手雅内正在逐渐从这一困境之中解脱出来。得知"莱奥妮"——病人当中唯一一位呈现夏尔科提出的重癔症四阶段的人——被"施以催眠"和研究由来已久，雅内对无意中的暗示开始有所警惕[24]。从那时起，他坚决保证他只接待那些没有接受过其他研究者治疗的人，在每一起病例中，他都不自问病人怎么符合规定的模式，而是问自己病人的整体背景因素、人格特质和观察到的行为举止都是如何使这一病例绝无仅有。这下雅内已经纠正了他的路线，朝着更加一以贯之的经验主义迈进，这将成为他往后伟大职业生涯的重要特征。然而，布罗伊尔和弗洛伊德正扬帆驶入他们自己制造的风暴之中。

3. 对手过招

1892 年 6 月 28 日，弗洛伊德告诉当时已经成为他最亲密朋友的弗利斯，"布罗伊尔宣布了，他愿意和我联手出版我们详尽讨论的精神发泄理论以及我们一起讲述的关于癔症的其他笑话"[25]。笑话？弗洛伊德用的 Witze 这个贬义词缺乏严肃性——弗洛伊德／弗利斯通信集原先的编辑认为，基础宣告需要有一定的严肃性。他们默不吭声地将这个词改为"交流"（Mitteilungen）。在信件的英文版本中又有进一步的改进；这下弗洛伊德和布罗伊尔产出的既不是"玩笑"，也不是"交流"，而是"作品"[26]，暗示存在解决共同问题的研究项目。詹姆斯·斯特雷奇往标准版文集加入策划之后，在朝美化方向误译上简直拔得头筹；这下，"笑话"摇身一变竟成了"发现"[27]。弗洛伊德圣坛的守护者费尽心机处处防范，免得让我们了解到他在合作开始之前就已经对此嗤之以鼻。

尽管两人都对夏尔科敬重有加，而且声称彼此在理论上惺惺相惜、不谋而合，但《初步交流》的塑造者在双方提议纳入的几个关键点上存在分歧。在 1892 年，不那么容易对付的一方是布罗伊尔，他确实曾想着要帮助弗洛伊德成名，但不能以牺牲自己的信念为代价。布罗伊尔愿意支持但不全盘接受一些对弗洛伊德而言重要的想法，而其他想法则必须压住或省略掉。我们可以想象，在 1893 年 1 月首次亮相之前那几个月里，弗洛伊德对于布罗伊尔的种种最后通牒感到不满因而沮丧和愤怒与日俱增。

到 6 月 28 日，弗洛伊德可能已经意识到，为了与布罗伊尔合作著书，必须付出一定的自主权作为代价。然而，他是如此渴望实现这个难能可贵的目标，如此全神贯注地埋首起草他认为联合宣言中属于他自己的那一部分内容，以至于到了这个时候，他竟然还没能理解这么一个就算退出项目也毫无损失的人所能够行使的否决权。不过很快事情的真实状态就开始让他渐渐开悟了。

7 月 12 日，弗洛伊德向弗利斯抱怨说，"我的癔症在布罗伊尔手中变了样，给拓宽了，受到限制，在这过程中有部分已经消失了"[28]。尽管如此，他仍保持乐观态度，因为他以为他的写作可以不受布罗伊尔的修改："我们在合写这东西，各自负责自己将署名的几个章节，但仍然算得上意见一致。"[29]然而，五个月之后，意气相投、所见略同的感觉消失了，正如弗洛伊德在《初步交流》中创作署名章节的权利也消失了一样。在向弗利斯宣布文章即将发表时，他语带苦涩、意有所指地评论道，"这在与我尊敬的伙伴［Herr Compagnon］的交锋中付出了高昂代价"[30]。双方彼此间的尊重所剩无几。

《初步交流》关注的是癔症现象的单一"心理机制"，但这一标题掩盖了一场将继续贯穿于《癔症研究》的激烈争夺战。弗洛伊德已经倾向于将所有癔症视为动机产生紧张冲突的结果：对于可怕的经历或者道德上无法接受的想法，受试者在潜意识中予以积极压抑并将未宣泄的情感转化为躯体症状，借此来保护自己。但布罗伊尔更愿意认为这种疾病在心不在焉或在他选择称为的"催眠样状态"时会自动确立。

在《初步交流》中，布罗伊尔掌握着修改控制权，合著的二人必须看似协同一致，但布罗伊尔的观点总使得弗洛伊德的观点退居二线、黯然失色。对应弗洛伊德内心冲突力量概念的"压抑"一词，只被允许出现一次 *。让弗洛伊德恼火的是，布罗伊尔受雅内启发而提出的"催眠样状态"被明确宣布为"癔症的基础和先决条件"[31]。

在 1892 年下半年，弗洛伊德和布罗伊尔之间公开化的紧张关系持续加剧，直到 1895 年 5 月《癔症研究》出版。按照计划，在此期间布罗伊尔应该写出帕彭海姆案例，而弗洛伊德应该从实践中收集有效"宣泄"的进一步例证。《癔症研究》到时候将由《初步交流》作为序篇；第二章再细分为两位作者个人参与确认的病例；然后是布罗伊尔写的"理论"篇章；最后一章是弗洛伊德的结论，"癔症的精神疗法"。这个计划已经落实了，但其执行过程只会将布罗伊尔与弗洛伊德的观点分歧不无夸张地表现出来。

当布罗伊尔同意与弗洛伊德合作时，弗洛伊德已经遭到范妮·莫泽摒弃，而且尚未对伊洛纳·魏瑟展开同样徒劳无益的治疗。但他仍然在

---

* SE, 2: 20. 这是弗洛伊德在精神分析意义上最早提到的压抑。到《癔症分析》时，他交替使用压抑和防御。再往后，防御将指整个思想转换机制，而压抑只是其中的一种。

治疗安娜·冯·利本和埃莉泽·贡珀茨，他说起的让利本回想起创伤记忆的种种故事想必给布罗伊尔留下了深刻印象。然而到了 1895 年，布罗伊尔知道弗洛伊德已经在对利本和贡珀茨的治疗中告败；与此同时，没有好的案例出现。那么，弗洛伊德在《癔症研究》中如何举例说明神奇的宣泄疗法呢？

这个问题并没有让弗洛伊德伤脑筋，他只是在表面上全力以赴投入"宣泄疗法"。拉布罗伊尔入伙，出奇制胜地赢过雅内，制造出统一的布罗伊尔／弗洛伊德思想流派的表象，这些事情都已经搞定了。他没有治愈任何"癔症"的这一事实也无关紧要，因为手头现成的托辞数不胜数，例如顽疴痼疾难消，任何特定病例在诊断上都具有不确定性等。恰恰相反，1895 年弗洛伊德引以为豪的主要是这三件事：他新近采用了压力法，他认为每一种神经症源于与性相关的事件，以及他自以为具备将症状溯回到创伤根源的能力。

这些将是他"精神疗法"这一章节的主题，每个要点都暗中给布罗伊尔造成破坏。他认为，这些主题能够在范妮·莫泽（"埃米·冯·N."）、安娜·冯·利本（"采齐莉·M."）和伊洛纳·魏瑟（"伊丽莎白·冯·R."）的案例中得到极佳佐证，还有两项完全没有得到证实的案例也能说明这些主题，其中一个案例只在户外持续了一个小时（"卡塔琳娜"），另一个案例则是除了弗洛伊德之外谁都不认识的患者（"露西·R. 小姐"）*。

弗洛伊德和布罗伊尔有足够的自由和活动空间，可以在各自署名的章节中各行其道，他们彼此之间在有关癔症形成的模型问题上产生了冲突并为此展开了争论。布罗伊尔坚持催眠样模式，因为在他看来这与所有已知的癔症病例相符，包括那些断然无望恢复创伤性记忆的病例。他认为，如果关于癔症产生的某一种理论无法涵盖"独立于任何心理因素的纯粹的运动抽搐发作"，那么这种理论看来就不够合格[32]。此外，

---

* 正如我此前提到过的，弗洛伊德有充分理由认为的对他影响最大的利本案例并没有独立成篇。

今日人们所说的"高度诱导催眠性",在布罗伊尔看来正是诱发自我暗示——可能将想法转化为症状——的最大因素。倘若如此,那么对他而言,一个心不在焉、注意力涣散的心理,而不是在冲突中遭到撕扯的心理,最易患上癔症。

弗洛伊德不敢苟同。他承认,理论上存在"催眠样状态下的癔症",但他郑重表示他从未遇到过这种病例。他提出,"防御[压抑]癔症"可能是普遍的类型。倘若如此,"实际发生创伤的时刻……是[自我和想法之间的]那股互不相容的力量强加到自我之上的时候,而且自我在这个时候决定摒弃这一不相容的想法"[33]。

但这究竟作何解释呢?布罗伊尔不禁好奇。如果自我决定摒弃某个想法,那么这个想法就会被心理的一部分考虑再三并付诸实施。这样一来,谁能逃过对此思考呢?用布罗伊尔字斟句酌的话来说,"我们无法……理解某一个想法怎么能被蓄意压抑到意识之外"[34]。

"一个想法如何能强烈得足以激发一个活生生的行为举动……但与此同时却不足以被意识到"[35],对此布罗伊尔又希望得到一个清楚的解释。不过,假设我们都承认,想法通过单一的压抑之举就能给驱逐到潜意识之中,那心灵中持久的裂痕能归咎于这样一个并不过分的事件吗?在布罗伊尔看来,短短一瞬的事件与所谓的长期结果完全不可同日而语,只能假设是病人在初始催眠样状态后患上了慢性自我催眠症状,这样才能稍微说得通[36]。

布罗伊尔也不以为然地提到,弗洛伊德将人类的特质——兴趣、动机和策略——归结为心理中互不相干的部分。弗洛伊德写道,"致病的心理素材似乎是一种智力的属性,这种智力未必次于正常自我的智力"[37]。那么,心理是否包含两种冲突的思维能力呢?布罗伊尔对此表示怀疑,他警告说,"假如我们时时牢记,有意识和无意识的想法毕竟都源于同一个大脑,并且很可能源于同一个大脑皮质,那么我们就不会听任自己被修辞手法给欺骗了"[38]。

就布罗伊尔而言,他在解释对催眠样模型的偏好时,一向具有自省和暂定的特点。因此当弗洛伊德坚称癔症具有"单一因果关系"时,他

更是心生反感 [39]。他写道，"就像如今有时候做的那样（没有提到任何名字），把观念起源放在癔症的中心位置"太过草率 [40]。面对弗洛伊德的批评，他的自尊心受到了伤害，于是他又补充说，折衷主义"在我看来似乎没什么好羞愧的" [41]。

弗洛伊德对布罗伊尔最深切的怨恨与积郁都与在《癔症研究》中的一场争议有关：性在病因学上的作用。正如我们将在第二十二章中看到的那样，弗洛伊德开始认为所有的神经症而不仅仅是癔症，都基于某一种性紊乱之上。布罗伊尔极力抵制这一命题，倒不是因为他觉得这个观点惊世骇俗，而是因为这个观点把弗洛伊德对于排他性单一起因的偏爱带到了不可调和的全新高度。

比起他们在理论上的所有差异，他们在秉性上的不合更是根深蒂固。著名的科学实验探索者布罗伊尔意识到，对于自己的想法始终保持冷静、质疑的态度非常有必要 *。然而，弗洛伊德和弗利斯一道，不断夸大自己是多么有把握。他在最后一章中写道，他附带提及的十二个案例已经为他提供了确凿的"癔症的心理机制"。治疗中遇到的阻抗"无疑"是引起病人症状的那股相同的精神力量。其次，不相干的情况侵入病人联想，这种事情"从来不会发生"。当我们用压力法寻找创伤时，"我们绝对会发现"。这个办法"永远不会失败"；它"一贯都能达成目标"；在一个案例中，弗洛伊德对此的信心"证明非常合理" [42]。

因此，从不怀疑的弗洛伊德认为布罗伊尔的最大弱点是优柔寡断也就不足为奇了。他在 1896 年跟弗利斯嘲笑起布罗伊尔，说他"针对一项事实永远都认定有三项可能性" [43]。一位科学家指责另一位科学家的这一缺点真是奇怪了！对于相互对立的"事实的可能性"进行有条不紊的权衡，这正是布罗伊尔成为杰出的生理学家的原因。但弗洛伊德这下已经成为直觉的信徒，对于系统性地筛选剔除假说，遑论方法，就算是

---

* "我对你真是艳羡至极"，1895 年布罗伊尔写信给弗利斯说，"在我兴致最高昂的假期时，我多希望自己能像随便哪个工作日时候的你那样，对自己的想法有着十足把握。"（引用自希尔施米勒 1989a，第 319 页）

可取之处都再也无法领略了。如果布罗伊尔仍然不同意他的见解，那只可能是因为这个男人在秉性上就不适合冒险。

随着《癔症研究》即将出版，布罗伊尔在弗洛伊德看来俨然是个可鄙的人物。就像夏尔科最后对于欺骗了他的原先的门生怒不可遏一样，这种发生了改变的看法永远不会披露给公众。精神分析需要一套高贵的谱系：首先是夏尔科对催眠受试者的重要实验，然后是布罗伊尔在一场出奇成功的治疗中"发现了宣泄疗法"。弗洛伊德在布罗伊尔不情不愿的情况下成功说服了他，将贝尔塔·帕彭海姆变成了由于恢复受压抑的记忆而摆脱癔症困扰的不朽的"安娜·O."。现在我们且来看看布罗伊尔或弗洛伊德——或者就此而言，帕彭海姆本人——是否相信任何这样的治愈确实已经发生。

第十九章

开山骗局

1. 安娜·O.

1880—1882 年，布罗伊尔对于贝尔塔·帕彭海姆的治疗，将作为"安娜·O."这一著名案例，在弗洛伊德 20 世纪的系统辩护中被当作"精神分析疗法的基础"来展示于众[1]。实际上，比起自己声称的成功案例，弗洛伊德后来更经常援引的是安娜·O. 这一成功治愈的案例。他写道，"对神经症症状的认识最早是由约瑟夫·布罗伊尔从他的研究以及一例他成功治愈的……自此之后便广为人知的癔症案例中获得的"[2]。还有："布罗伊尔的确使得他那个患有癔症的病人康复了——也就是说，让她摆脱了种种症状困扰；他发现了一种方法，可以把包含症状观念的潜意识过程带到意识层面来，于是症状就消失了。"[3]

因为安娜·O. 在公开的精神分析的历史中占据如此显著的地位，所以弗洛伊德早期的种种方法在病例上不见任何疗效便成了一个不解之谜。为什么他对付"癔症"，一开始要采用电疗法、温泉水疗和威尔·米切尔[*]的繁琐方法，然后又用伯恩海默的暗示法，最后才采用行之有效的布罗伊尔配方？他甚至声称早在 1885 年至 1886 年时他就已经

---

[*] 魏尔·米切尔（Weir Mitchell，1829—1914），美国医生兼作家。专攻神经病学，也创作心理小说和历史传奇小说。——译者注

向夏尔科推荐过这方法了*。

然而，弗洛伊德学说本身随时准备把挫败转化为优势。例如，伊尔莎·格鲁比里希-西米蒂斯提出，弗洛伊德想必是压抑了他对于布罗伊尔的创新疗法的认识："他在数年间一直都将其置之一边的事实表明，他自己对布罗伊尔的研究结果有所抗拒。"[4] 照她这么一说我们应该相信，弗洛伊德在倾听布罗伊尔的叙述时感觉深受威胁，导致他的自我不准他回忆起来——除了告诉夏尔科这种疗法是多么重要的那个短暂片刻。因此，他在早期治疗实践中对"宣泄疗法"的忽视倒成了那些精神力量之强大的证据——年岁更长、底气更足的弗洛伊德会在自己的心灵中而后也在其他所有人心灵中揭开那些精神力量。

我们不应该在这样的纠葛之中束缚住自己的手脚，而应该研究帕彭海姆案例本身，既按照布罗伊尔在《癔症研究》中呈现出来的样子，也可以从同一时期的文件中拼凑出大致样貌。事实上，不仅有证据表明帕彭海姆是如何变得"歇斯底里"，实际上如何接受治疗，该疗法是否有效，还有证据表明布罗伊尔和弗洛伊德在接下来的几年中都如何看待这一案例。整个故事很复杂，需要耐心以待。不过，为什么弗洛伊德不愿意从一开始就力求取得类似的结果，没有一个勤奋的读者对此抱有疑问。

贝尔塔·帕彭海姆比弗洛伊德小三岁，是 1848 年成婚的一对有钱的犹太夫妇的四个孩子中的一个。她接受的家庭教育既得天独厚却又循规蹈矩。作为一名传统的女性，她沉浸在仪规礼节之中，从小就被要求为自己将来当个百依百顺的妻子做好准备。虽然她学了英语、法语、意大利语以及意第绪语和希伯来语，但作为一言一行都受到密切看管的年轻淑女，她的活动仅限于"骑马、散步、参加茶话会、去剧院看戏、听

---

* SE，20：19. 这个涉及夏尔科的故事难以置信，可能又是一例弗洛伊德惯用的早于实际时间的追溯。萨尔佩特里耶尔的每一位员工都知道，夏尔科当时对于伯恩海默这么一个突然冒出来的对手很是生气，他鄙弃催眠疗法。作为门生的弗洛伊德力求好好当个夏尔科学派的信徒，要向老师就该议题提出建议肯定会三思而后行。假如他胆敢这么做，他会不无自豪地跟未婚妻大谈特谈，但显然他并没有这样做。

音乐会，[以及]做做手工"[5]。

对于能说会道、充满想象力、才思敏捷且意志坚强的贝尔塔而言，那种玩偶之家式的生活简直令人气恼，而且她照样免不了会受到情绪波动起伏的影响。物极必反，她在核心家庭中处处受限的半监禁生活反倒放大了纠纷冲突和悲剧经历对她造成的影响。她的一个姐姐弗洛拉两岁时就夭折了。另一个姐姐亨丽埃特在十七岁时死于肺结核，当时贝尔塔才八岁。贝尔塔和她弟弟威廉一向合不来。因此，在青春期的关键年月里，她缺乏手足的陪伴和支持。

与此同时，贝尔塔父母的包办婚姻显然感情冷淡，双方都感到十分痛苦。因为她那位溺爱儿女的父亲更喜欢她的陪伴而不是妻子的陪伴，所以除了父亲以外，再没有别的什么人认可她的才华。但他也从她身边给夺走了。他身患重病——胸膜炎和胸膜脓肿，从1880年夏天到1881年4月他去世的这段时间，对于负责在夜间照料他直到后来受到禁令不得再照料下去的贝尔塔而言，意味着一段时不时感到焦虑、遭遇失眠和家庭关系加倍紧张的时期。

按照布罗伊尔的述评，贝尔塔·帕彭海姆的病情分为四个阶段，每一阶段都给她的医生带来了新的挑战：

第一阶段：1880年7月至当年12月10日。布罗伊尔于1880年11月底初次检查二十一岁的帕彭海姆时，除了身体虚弱和体重减轻之外，她的家人唯一知道的她的症状就是剧烈的咳嗽，对此他没有找到任何器质性的原因。他推断这是癔症的迹象，而他在贝尔塔身上观察到嗜眠与过度兴奋交替出现的情况又强化了这一诊断。后来，在催眠状态下，她会讲述起她还有家中任何人都不知道的其他症状。7月，在因咳嗽被赶出父亲西格蒙德的病房之前，据说她经历了一场可怕的幻觉，感觉仿佛有一条黑蛇即将咬到父亲，然后她的右臂就没法动弹了。幻觉一直反复出现，每当贝尔塔陷入梦游般"心不在焉"的状态时，瘫痪就会持续下去——布罗伊尔后来称之为"催眠样状态"。

第二阶段：帕彭海姆于1880年12月11日卧床，直到次年4月1日才起得来。正如布罗伊尔所述，很快接二连三地产生了头部左侧枕骨痛；会聚性斜视……；抱怨说房间四周的墙壁似乎坍塌下来了；……视力障碍……；颈前肌肉麻痹；右上肢以及……右下肢［之后］在左下肢，最后整个左臂的挛缩和麻木[6]。

在布罗伊尔看来，这些痛苦似乎是癔症的典型迹象。这些病痛在帕彭海姆这一案例中还伴随着心理上的表征，为此他进行了密切而又深感同情的观察。他注意到，贝尔塔表现出快速交替的"两种完全不同的意识状态"：

在其中一种状态下，她认得出周围的环境；她感到忧郁、焦虑，但相对正常。在另一种状态下，她产生了幻觉，而且"净捣乱"——也就是说，她满口脏话乱骂人，动辄朝人扔垫子，……从她的床上用品和内衣裤上扯下纽扣……她会诉苦说"丢失了"一些时间，会谈论她一连串思绪当中的空白……

……在她思路非常清晰的时刻，她会抱怨说她脑子里有深不见底的黑暗，无法思考，变得又眼瞎又耳聋，说有两个自己，一个是真实的，还有一个是邪恶的[7]。

终于能下床之后不久，帕彭海姆开始患上严重的失语症，到最后完全说不出话来。然而，正是在这个最差的状态下，布罗伊尔凭着直觉，尝试进行了一次干预治疗，结果给他留下了极其深刻的印象。他怀疑贝尔塔的沉默不语，是一种对于她遭受过的某种辱骂而作出的反应，于是他向她问起这个问题——当即消除了她的障碍，她告诉他，他推测得没错[8]。尽管她在语言上仍然遇到重重困难，不再说她的母语德语，转而主要用英语，但她让她的医生深信，只要深入追问某个"癔症"症状的原因，他就可能解除这一症状对她的控制（但是出于回答问题就可以暂停发作的伤残能有几分真实呢）。

第三阶段：始于1881年4月5日西格蒙德·帕彭海姆的死亡，并一直延续到当年 12 月。在一阵短暂的情绪麻木之后，贝尔塔新患上了言语和视觉扭曲，这下她只有在布罗伊尔给她喂饭的情况下才能进食。当他带来一位会诊医师时——我们现在知道那是克拉夫特-埃宾——她似乎都没有认识到他在场。但是，当这位同事测试帕彭海姆是不是在佯装病症而朝她脸上吹烟雾时，她经历了最剧烈的病情发作；等到几天以后布罗伊尔再次见到她时，她不断受到幻觉的严重折磨，处于最低落的情绪之中。

在前三个阶段，贝尔塔每天下午都会变得昏昏欲睡，然后在日落以后，进入一种更深的自我催眠状态，再之后到了夜晚则头脑清醒，经常兴奋得失眠。注意到她在下午"魂不守舍"时都嘟嘟囔囔讲些支离破碎的故事片段，布罗伊尔决定鼓励她采用宣泄情绪的方式。就这样，她成了山鲁佐德，通过讲述每日故事来加以一定程度的控制——如果她哪天漏掉了，那另一天就讲两个故事。那些故事都"悲伤而……非常迷人，颇有汉斯·安徒生不带图画的图画书的风格"[9]。虽然在她父亲去世后，那些故事被可怕的幻觉取代了，但通过讲故事而减轻心理负担的办法仍继续抚慰她。

"尽管她在夜里情绪高涨，"布罗伊尔评论说，"但她的精神状况在迅速恶化。出现了强烈的自杀冲动，这使得她看来不该继续住在三楼。"[10]1881 年 6 月 7 日，他违背她的意愿，把她送到"维也纳附近的一座乡间别墅"[11]（这里隶属于因策尔斯多夫的弗里斯和布雷斯劳尔疗养院）。病人再次对她的医生感到怒不可遏。可能是出于这一原因，也可能出于其他原因，她的幻觉、故意捣乱以及她半心半意的自杀尝试全都加重了。但随后她冷静了下来，在夜间服用水合氯醛以帮助进入睡眠。

在布罗伊尔能够见到帕彭海姆的日子里，两人很快就进入了一套固定程序，借此将她情绪变化中大多数不可预测的因素都消除了。"当时我常在晚上去看望她，"他回忆道，"我知道，这种时候我应该在她的催眠状态下找到她，然后把她从自打我上次看望她以来她所积累的全部的想象产物之中解救出来。"[12]之后，贝尔塔会一整天都感到很高兴，但随后她会越来越渴望她自己所说的"烟囱清扫"或"谈话疗法"。如果布罗伊尔在两次见面诊治之间隔得太久，她会拒绝说话，"直到她仔细抚摸我的双手确定我的身份"[13]。至于接连几天得不到慰藉后的糟糕夜晚，只有始终不离左右的水合氯醛能够避免她的焦虑变得无法忍受。

在入住"乡间别墅"期间，贝尔塔的生理症状开始消退，部分要归功于她对那里的住院医生"B. 医生"（赫尔曼·布雷斯劳尔）的敬重与日俱增 *。她也确实变得更加乐观开朗。在 1881 年秋，她获准回到维也纳，她母亲最近在那里更换了住所。布罗伊尔每天上门的看诊也恢复了，情况似乎都进展顺利。但在 12 月，"她的精神状况明显恶化"[14]。

第四阶段：开始于 1881 年圣诞节前后，当时出现了怪异的模式。帕彭海姆没那么具有迫切感的自我"像我们其他人一样，生活在 1881 年末到 1882 年初的冬天"，而她自我催眠下的那个自我似乎将心理日历翻回到了上一个冬天，此后发生的所有事情都忘得一干二净。正如对此目瞪口呆的布罗伊尔参考她母亲的私人日记而证实的那样，这个幽灵贝尔塔正在按照确切的顺序，重温此前一年同一天的各种事件[15]。这下他没有在一边等着她进入恍惚状态了；相反，他每天两次主动对她进行催眠。在早上那场催眠治疗中，他会因为无法解释的行为而感到困惑；但是他学会期待，在第二场催眠中当下的贝尔塔以为与过去的贝尔塔的幽灵进行交流时，相关的记忆会浮现出来。

在医生和病人之间这段长达十八个月的关系中，帕彭海姆会不时"谈好"一种症状，譬如像是无法喝一杯水，治疗办法就是回想起某个具有创伤性的时刻，当时同样的行为与厌恶或恐惧相关。然而，这下她突然发现了一种新的康复方法。她声明症状发生的每一个情况都必须回想起来，并且要完全按照倒退的顺序，直到最初的创伤出现[16]。

这项计划具有西西弗斯般的特征，从贝尔塔要求仅仅消除一类症状即暂时性耳聋的例子当中得到了很好的诠释。她和布罗伊尔确认这一病

---

* 布雷斯劳尔正是在弗洛伊德的病人马蒂尔德·施莱歇死于药物过量后，揭示双乙磺丙烷和卟啉症之间关系的医生。

症有七种亚型，从"当有人进来时没听见"到"在几个人说话时听不明白"[17]。每个亚型的每次发生都必须按照正确的顺序，从最近的情形到最初的情形，重新经历一遍，根据布罗伊尔计算，总共有 303 个事件。

帕彭海姆把好戏留到了最后：这个大结局虽然超出了一年期的规定，却通过在她父亲的床边唤起她那场关于黑蛇的幻觉，上演了一出更具高潮的相似景象。现在，她自己确定选取 6 月 7 日作为结束的日子——故意嘲弄以资纪念布罗伊尔送她进疗养院的事，她为此作足准备，重新布置她的房间，使之符合她父亲的房间在那个可怕夜晚的样子。在约定的时间，她为布罗伊尔重现了原本的幻觉——他在《研究》中他所负责的章节中是这么叙述的，她立即摆脱了残存的一切病态[18]。"在此之后，"他写道，"她离开维也纳，游历了一阵子；但还是过了相当一段时间以后她才完全恢复心神安宁。从那以后，她身体十分健康。"[19]

2. 安娜 2.0 版

布罗伊尔在《癔症研究》中关于安娜·O. 的那一章在很多方面的表现都令人叹服。他密切跟踪病人情况好转和恶化的曲折变化，生动展现了她的复杂性和变化无常；他阐明了那些显然致使她易于患病的压力；他指出对他而言要得出确切的诊断是多么困难；而且他毫不讳言，他的一些干预措施最终证明适得其反。

然而，这并不是说，《研究》的"案例 1"就令人信服地诠释了弗洛伊德和布罗伊尔在其 1893 年的序篇中提出又在 1895 年一字不差地复制的理论。哪怕是布罗伊尔也不愿把贝尔塔所谓的康复算作自己的功劳。布罗伊尔认为，帕彭海姆的病症系愤怒、沮丧和哀悼等情绪状态的刺激所致，换个新的环境便会自然消退。因此，当她病情好转时，他并不觉得应该归功于他的理论或方法。"至于'谈好'以后症状确实消失了，"他承认，"我不能拿这个来作为证据；暗示理论也可以很好地对此予以解释。"[20]

不可否认，布罗伊尔随后补充说，暗示的假说似乎不太可能成立，因为他一向觉得这名病人"完全真实也值得信任"[21]。然而，这是个毫无逻辑的论述。到头来世界上最真实也最值得信任的病人可能非常容易受到暗示，而说谎的人肯定没那么容易受到暗示。

安娜·O. 案例中只有一个阶段，即最后一个阶段，看起来包括了布罗伊尔 / 弗洛伊德理论意义上的记忆恢复。然而，贝尔塔·帕彭海姆在其他阶段同样有好转（也有挫折）。例如，请注意，她在因策尔斯多夫接受轻松柔和、"非宣泄"的照料时，病情就有所改善。再说，当贝尔塔显然一心沾沾自喜、自视创造了"谈话疗法"和"烟囱清扫"这两个名称时，她并没有回顾起任何记忆。当时她只是在编造童话故事，把故事讲给仅有的那一个听众。在第四阶段，她确实专注于回忆，病情改善很明显。但即便在那时，一些症状的消失与她治疗的推进也没有明显的相关性。

按照布罗伊尔的叙述，安娜·O. 案例有个特征似乎具有刺激性的影响，但他有意回避不作理论上的反思。在某种程度上，贝尔塔的症状，无论是怎么产生的，都针对他而发。在积极治疗的时期，她对他的感情仿佛决定了她是病情改善还是进入另一场混乱状态。因此，她一旦讲起充满想象力的故事而赢得了他的欣赏，她最早的病情好转就发生了。每当她因为他不在身边而心生怨恨时，都会病情恶化。

帕彭海姆的强迫性活动——诸如如果某天错过了另一天就必须讲述两个故事，只允许由布罗伊尔给她喂饭，当他离开太久以后还要"核对他的身份"——不仅表明他的存在对于她保持心平气和的状态必不可少，也说明在他对她的心血来潮之举稍有不配合时她就故意斥责他。她有两次出现了严重的代偿失调，那是对他重大背叛作出的反应：一是他让她接受克拉夫特-埃宾那套简单粗暴的测试，二是为防范她自杀把她关在"乡间别墅"严密看管。甚至她预测的在某个日子实现自我治愈，这当中也包含着固有的指责。实际上她对布罗伊尔说，"去年 6 月 7 日，你践踏了我的信任，像对待疯子一样对待我，还把我给绑架了，但今年 6 月 7 日，我会让你看看，只要我愿意，我就能康复"。

当遭到忽视、侮辱和轻视时，贝尔塔就让自己生病。然而，这下她发现一个温柔善良的医生可以给牵着鼻子来玩她主宰的游戏，而不是他自己的游戏。她的症状，无论根源是什么，都成了游戏的赌注，只有当布罗伊尔听任自己受她支配时，她才会报之以健康改善。但这不是求得治愈的方法，而是无休止地强人所难。

当布罗伊尔的病人突然改变规则，拿她每天"周年纪念"仪式的单调乏味来考验他的时候，他本来应该有所怀疑。如果帕彭海姆真的能够以这种有条不紊的方式安排完成她的治疗，那么她在既定的某一天献上的各种症状就不可能是真实的。如此一来，设计策划出这套表演仅仅是为了羞辱他吗？如其不然，白费情感的贝尔塔可能一直在欺骗她的医生和她自己，以为痛苦很快就会结束。不管是哪种阐释，在这个达到高潮的阶段，布罗伊尔似乎被他自己支持鼓励的策略给迷惑了，而他之所以支持这些策略，并非因为他指望它们能有治愈作用，而只是因为他已经把控制权交给了帕彭海姆。

一些持怀疑态度的观察者得出结论，认为贝尔塔的癔症完全是装的[22]。这一立场最敏锐的支持者是博克-雅各布森，他强调布罗伊尔被帕彭海姆一家请上门来只是为了治疗久咳。用博克-雅各布森的原话，医生"与其说发现病人得了'癔症'，不如说是他激发了癔症——向她展示他已经做好准备要玩'癔症'的游戏了。贝尔塔·帕彭海姆患有癔症的第一个症状出自布罗伊尔的诊断"。[23]

鉴于贝尔塔在布罗伊尔接手她这个病例之前据称遭受的种种症状，这个说法可能看起来过于夸张。然而，正如博克-雅各布森指出的，值得注意的是，她家没有人，包括清醒状态下的贝尔塔，留意到除了咳嗽之外的任何症状。她是很久以后，在催眠状态下，才说起有其他症状。

奇怪的是，第一个相信这个伪装论点的却是帕彭海姆本人。布罗伊尔写道，1882年夏她结束自己的病例治疗之后，当她遭受"一时的抑郁"折磨时，她"提到不少幼稚愚蠢的恐惧和自责的感受，其中有一种想法觉得她之前根本没有生病，整件事情从头到尾都是装的"[24]。但布罗伊尔回想起贝尔塔那些痛苦的扭曲、惧怕和惊恐的经历、经常吃不下或睡不着的情况，便拒绝接受这一供述。他在临床文献中曾读到过，当一个人格分裂的案例得以解决之后，原先的病人会难以相信自己竟对消除症状无能为力[25]。他认为，贝尔塔只是在这方面做出了典型的反应。

布罗伊尔坚持认为帕彭海姆的症状属实，他这么做可能只是为了避免受到嘲笑说他给骗了。然而，正如我们将见到的，从她后来的职业生涯来看，他对于她性格诚实正派的分析听上去是真实的。一个装腔作势的人不会因为欺骗别人而自责，也不会告诉她的医生在她假装痛苦时所体验到的那种奇怪的超脱感。贝尔塔不仅感受到自己疏离于病痛之外；她还告诉布罗伊尔，"一个目光炯炯而又沉着冷静的观察者坐了下来……就在她大脑一隅，旁观这一切疯狂的事情"[26]。她公开表示对这一现象充满好奇不解，这又是一个迹象，说明她并没有为了误导她的医生而制造出整套"癔症"。那么，她究竟是怎么回事呢？

3. 医生的两难

近来受到言有不实怀疑的不是贝尔塔，而是布罗伊尔本人，而促成这一状况的，是进行惊人研究的亨利·埃伦贝格尔[27]。他经过巧妙的演绎推断，认为帕彭海姆在 1882 年 6 月自行结束治疗之后，肯定被收入了瑞士克罗伊茨林根的贝尔维疗养院——一座豪华时髦的精神病院。埃伦贝格尔不远万里到了那里，发现一份略显凌乱的帕彭海姆病历记录，那是布罗伊尔为院长罗伯特·宾斯万格准备的，记录后还随附宾斯万格的助理医师劳普斯医生后来写的一份报告。埃伦贝格尔根据这份证据对安娜·O. 案例予以重新评估的文章于 1972 年发表。同年，受埃伦贝格尔的启发，阿尔布雷希特·希尔施米勒造访贝尔维，开始发现更多的文献——全都与帕彭海姆脆弱的健康状况有关，这些文献出自布罗伊尔、贝尔塔本人、她的母亲和一个表亲之手。

这些挖掘出来的案卷引发的问题多过能够解决的问题，但要说哪个问题是首要问题则毋庸置疑。如果 1893 年布罗伊尔／弗洛伊德的立场是接受他们宣泄疗法治疗的病人在催眠恢复记忆之后"每个单独的癔症症状旋即永久消失"，如果就像布罗伊尔在《研究》中所写的那样，安娜·O. 的全部症状都得以"通过在催眠状态下发声表达而永久消除"[28]，那么为什么据称已经治愈的帕彭海姆需要在她的病例结案之后五周就住进疗养院？

在大多数方面，布罗伊尔 1882 年那份重见天日的报告都证实了他发表的关于病史的叙述。然而，一个吊人胃口的例外之处在于，1882 年的报告中根本没有论及治疗的第四阶段。但是这一缺口已经得到了一定弥补：布罗伊尔在帕彭海姆住进贝尔维之前不久写给宾斯万格的两封信被发现了，此外还有布罗伊尔为了让工作人员对新来客有所准备而写的一份简短报告[29]。

布罗伊尔在 1882 年和 1895 年的用语有很大的重合，由此我们可以肯定，他在撰写《癔症研究》中的安娜·O.部分时参考了自己写给贝尔维的报告。两个文本之间存在的一些差异——例如布罗伊尔在 1882 年谈起贝尔塔沉浸在幻想中、她孩子气的"净捣乱"以及她对父亲用情至深的爱都更为坦率直言——可以归结为操作和体裁上的考量。尽管如此，在这种情况下，1895 年文本中的某些遗漏、歪曲和理论上的炫耀似乎是因为布罗伊尔竭力想将帕彭海姆案例与 1893 年的布罗伊尔／弗洛伊德信条联系起来。

例如，在最初的文章中，我们更清楚地看到布罗伊尔并不认为他的治疗方法与癔症的本质有关。他断言，帕彭海姆小姐的疾病的发展进程，就其最严重的生理症状而言，在 1880 年至 1881 年的冬天已经"过了巅峰"（seine Acme…überschritten），其心理表现也在 1881 年 6 月"到达了顶点"（ihren Höhepunkt…erreicht）[30]。布罗伊尔显然认为，这些发展变化与他的干预毫无关系。

同样，布罗伊尔／弗洛伊德理论的核心——感情宣泄，其重要性在 1882 年并未得到承认。宣泄这一名词没有被用上，而由此衍生的形容词也只出现了一次。帕彭海姆对她那些"心血来潮"和"突发奇想"行为的回忆显然平淡无奇，甚至她对于造成创伤的场景的重温也比我们预期的要来得风平浪静。马尔科姆·麦克米伦已经指出，布罗伊尔在《研究》版本中加上了诸如"带着种种厌恶的迹象""惊恐害怕得瑟瑟发抖"以及"把她忍住的怒气予以进一步掷地有声的表达之后"这样的语言来增强效果[31]。通过在行文中注入无端的感情色彩，布罗伊尔显然遂了他的合作者的心意。

现在不仅可以确定 1882 年 7 月 12 日—10 月 29 日贝尔塔在贝尔维住院治疗，而且能确定她还至少有三次——1883 年 7 月 30 日—1884 年 1 月 17 日（其间回维也纳休假了八天）、1885 年 3 月 4 日—7 月 2 日、1887 年 6 月 30 日—7 月 18 日——重返位于远郊的弗里斯和布雷斯劳尔疗养院，布罗伊尔曾于 1881 年 6 月将她放逐安置在附属于该疗养院的"乡间别墅"。在治疗结束后的五年时间内，加起来她总共有超过十三个月在住院[32]。每一次她被接纳入院的诊断都是"癔症"——尽管我们将会看到，这个名称很可能是对于一种不那么时髦的疾病的委婉说法。

现存的布罗伊尔和其他人所写的信件表明，他在 1882 年之后见过帕彭海姆，依然为她这个病例感到担心，而且肯定知道她各种复发的情况。对此知情的其他人就是玛尔塔·贝尔奈斯，在与西格蒙德·弗洛伊德结婚之前乃至结婚之后，她都算得上了解情况。她长期以来一直都与帕彭海姆保持着诚挚友好的关系。事实上，当玛尔塔的父亲于 1879 年去世时，西格蒙德·帕彭海姆被指定为她的法定监护人。贝尔塔是她的好友，她通过直接与其本人社交往来和彼此认识的熟人互通消息来了解她的近况。

从 1882 年开始一直到 1888 年贝尔塔搬到法兰克福为止的这段时间，这种密切关系势必使弗洛伊德有理由也有信息来源去了解她的实时变化。例如，1883 年 8 月 5 日，他向未婚妻转达了布罗伊尔刚刚告诉他的事情：

> 我猜想贝尔塔又进大恩策斯多夫的疗养院了。布罗伊尔不时谈起她，说他希望她死去也罢，免得这可怜的女人再受苦。他说她永远都好不起来，她彻底毁了*。

---

* FMB，2：103."大恩策斯多夫"是弗洛伊德误认的"因策尔斯多夫"，弗里斯和布雷斯劳尔疗养院的所在地。琼斯会在弗洛伊德的传记中重蹈其错误，因而不经意间为后来的研究平添了障碍。

1887 年 5 月 31 日，玛尔塔·弗洛伊德写信告诉母亲——用欧内斯特·琼斯的话说——贝尔塔"在夜晚降临的时候，仍然受到幻觉状态的折磨"[33]。

这些披露出来的内情与布罗伊尔在《癔症研究》中小心翼翼避而不谈形成的反差导致不少学者推断，此事之中真正的欺骗行为不是贝尔塔的疑病症，而是布罗伊尔和弗洛伊德大肆宣扬她完全康复。埃伦贝格尔开启了这一趋势，声称"著名的宣泄疗法的典范"既没有治愈也没有宣泄，而希尔施米勒随即跟风[34]。已故的约翰·福里斯特承认，布罗伊尔对帕彭海姆的治疗"在很大程度上是一场医疗灾难"[35]。不相信精神分析主张的人更是兴致勃勃地表达了同样的结论。博克-雅各布森写道，"所有这一切——现代精神治疗的整个事业——都发端自布罗伊尔这个不可思议的故事，几乎完美得难以置信。但事实并非如此"[36]。

但是要达成共识，认定《癔症研究》的耀眼明珠只是一个纸糊的假货，还面临若干重大障碍。正如布罗伊尔向最初认为帕彭海姆是在装病的宾斯万格坚称的那样，她最痛苦的生理症状不可能装得出来。布罗伊尔列举了"右臂挛缩持续一年半之久（右腿挛缩长达九个月），伴有持续性寒战和四肢严重水肿（麻木），不管是睡眠时还是下猛药用上 5 克氯醛时都松弛不下来"[37]。他本可以再补充一点，说发作也难以伪装。

另一个问题是布罗伊尔在长期职业生涯中始终保持正直笃实的美名。我们可以勉强承认，在来自弗洛伊德的压力下，加上他自己想要施展拳脚好好表现的念头，他封锁了一些会造成破坏的信息，顾及他的疗法的有效性而含糊其辞。但他是不是将惨败描绘为成功来故意欺骗读者，从而诱使治疗者采用他心知肚明其实无效的方法？布罗伊尔在他1907 年写给福雷尔的信中当然没有撒谎，他写到在安娜·O. 的案例上

> 我的优点基本在于我认识到一个碰巧让我研究的案例具有非同一般的启发性和科学重要性，在于我坚持不懈地对这一案例进行认真且准确的观察，在于我没有让任何先入为主的观点干扰对重要数据进

行的纯粹观察[38]。

　　因此，理查德·A. 斯库斯的《弗洛伊德与安娜·O.：重温精神分析的第一个案例》，一本出版于 2006 年的严密分析、详尽论述的书，至少一开始相当引人入胜。斯库斯写道，总体而言，布罗伊尔在《研究》中所写的章节"不能认为是严重的误导"[39]。他提醒我们，首先，布罗伊尔认为帕彭海姆的一些症状属于某种器质性疾病，这种疾病可能早在她得癔症之前就有，而且她癔症治愈以后这病也还在，而另外两种顽固不消的疾病——严重的面部神经痛和她可能接受过失败手术的牙齿问题——都与癔症无关。更有争议的是，斯库斯说布罗伊尔不会将错乱的想法或者心烦意乱的神志视为患有癔症。那些都排除掉之后，按照斯库斯的判断，大概布罗伊尔也是这么想的，帕彭海姆真正患有癔症的唯一迹象，是在 1882 年 7 月都消失无踪的那些生理症状。至于她后来几次入院疗养一段时间，斯库斯认为她只是去休养将息，以求从病症以及治疗的后遗症中实现康复。

　　然而，即便斯库斯也对布罗伊尔叙述中的一些晦涩难解和闪烁其词之处感到困惑；还远远不能肯定，说布罗伊尔认为躯体障碍是真正癔症的唯一表现。在帕彭海姆进入贝尔维之前他写的那份简短的报告中，他形容她"处在逐渐从非常严重的神经症和癔症性质的精神病康复起来的过程中"[40]。布罗伊尔这句话反映出他的看法，包括劳普斯医生和其他许多人也都同样认为，癔症确实包括扭曲的情感。"在她动机不明确的情绪波动中，"当贝尔塔在贝尔维住院临近尾声时，劳普斯写道，"病人表现出癔症的真实迹象。"[41]

　　无论是在 1882 年还是后来，布罗伊尔都不曾断言帕彭海姆的失语症、幻觉和"魂不守舍"都不是癔症性质的。倘若他这么想的话，他就不会大费周章声称在第四阶段记忆治疗期间这些心神不宁都彻底消失了。因此，饶有兴味的是，尽管频率和强度都有所降低，但这三种症状实际上全都持续到 1882 年以后。斯库斯只有妄加宣布这些症状不在癔症范围之内，才能断言到 1882 年 7 月"贝尔塔·帕彭海姆已经从她接受布罗伊尔治疗的癔症症状中卓有成效地康复了"[42]。

在与帕彭海姆相处的几千个小时里[43]，布罗伊尔一直迁就于她心血来潮的想法，力求不对那些她编造出来的故事、鸡毛蒜皮的抱怨和乏味的日常回忆感到厌倦。无休止的谈话对他而言已经变成一种考验，想必这也是他在 1881 年秋天试图（但未果）将他这位喋喋不休的病人送往瑞士的一大原因。正如他在 1907 年写信告诉福雷尔的那样，安娜·O.的漫长治疗使他认识到"一个'全科医生'[用的是英文单词] 不可能在没有完全停止他的活动和生活方式的情况下去治疗这种案例。我当时发誓我再也不要经受这样的磨难"[44]。

当他们最终分道扬镳时，帕彭海姆仍然是个负担。在为贝尔维的医疗团队准备的那份简短报告中，布罗伊尔提醒说她"有时候会变得非常没有安全感，反复无常——按照她的说法——'相当疯狂'"[45]。在他1882 年 6 月中旬写给宾斯万格的信中，他说她当时"患有轻微的癔症性质的精神错乱，……在上门诊视时她表现出相当奇怪的行为"[46]。轻微的癔症性质的精神错乱。用布罗伊尔本人的说法，在他和其他人进行了十八个月的治疗之后，那问题仍然有待解决。

4. 从治疗中康复

布罗伊尔描述了贝尔塔的痛苦但又将其归类于一种医生已经不再认真以待的疾病，这么一来他便在无意之中使得安娜·O.的案例受到大量相互对立的解释说明。正如我前文提到过的，一些观察者认为帕彭海姆从一开始就纯粹是在装病。其他人得出的结论是，她患有精神分裂症、颞叶癫痫、结核性脑膜炎、重度抑郁症或者只有精神分析才了解的这种或那种自我紊乱[47]。但是每一种"原诊断"的支持者都能轻而易举地在彼此的假说中挖出漏洞。

然而，帕彭海姆案例有一个方面，较之其他方面，似乎没那么容易被反常现象和知识缺口攻破。我指的是贝尔塔对水合氯醛和吗啡的药物反应。在她个人病史的若干危急关头，我们知道她服用了多少药物，间隔多长时间以及前前后后服药的整个阶段跨越多久。我们还有布罗伊尔和贝尔维疗养院的劳普斯医生在私底下直言不讳的报告，该报告论及她的药物依赖和为减少依赖所进行的尝试。当所有这些信息与她的症状以及那些药物并不陌生的效力显示出相关性时，可以得出一些结论，至少能在一定程度上避免掉入任意"远途诊断"的陷阱[48]。

贝尔塔·帕彭海姆的健康记录表现出许多古怪之处，综合到一起难以与装病的假说或各种器质性疾病的假说达成一致。从布罗伊尔与她接触之始，她就轮番出现几近正常的状态、狂躁欣快以及伴随着瘫痪和幻觉的无力绝望。她的神智似乎处于平衡之中，踉跄摇摆于她自己所谓的疯狂和清醒自我分析的理性以及对她那个阶层应有的礼貌的坚守之间（有例可证，如她写给宾斯万格的措辞客气、不带感情色彩的信，感谢他在贝尔维的悉心关照）[49]。但奇怪的是，贝尔塔的起伏波动是每天都发生的。她在下午时昏昏欲睡且"愁眉不展"，但到了晚上又过度兴奋，仿佛受到她大脑中对立的化学物质激增的影响。

这些状态与十年后安娜·冯·利本的状态几乎完全相同。正如彼得·斯韦尔斯在1986年评论的，这种共同之处可能多少归因于弗洛伊德对第二个安娜的影响以及她与第一个安娜相识[50]。但这也反映了在两个案例中弗洛伊德和布罗伊尔蓄意掩盖的一个问题：吗啡成瘾。

布罗伊尔在他公布的案例病史中略去该因素，这无法用他希望保护帕彭海姆免得蒙羞来解释。他的报告没怎么劳心费力隐瞒她的身份，他提到她牵涉其他药物时也没有半点犹豫，尽管只是顺便提一下。他写道，在因策尔斯多夫时，贝尔塔"晚上服用氯醛"来减轻焦虑，那是他自己"在早先时候"开给她的处方[51]。只是在读到他1882年的报告和劳普斯医生关于她在贝尔维住院的总结时，我们才得知氯醛的剂量已经高得惊人。在贝尔塔的案例中，氯醛依赖是治愈的主要障碍。或者更确切地说，伴随着吗啡成瘾，氯醛成瘾是她无法控制的那些症状的根源。

《癔症研究》中没有一点蛛丝马迹显示布罗伊尔一直让贝尔塔使用吗啡，起初那是为了缓解她一直患有的强烈的神经痛，后来是为了预防病情发作——病情发作本身很可能就是过度用药的结果。他不仅隐瞒案例这一方面的情况，还试图就此误导他的读者。提到贝尔塔 1881 年夏天在因策尔斯多夫的那段时间，他报告说他"已经能够避免使用麻醉剂"来应对她的症状[52]。他没有进一步多说一个字，借此虚假地暗示吗啡对他的病人来说从来不是问题。

实际上，在布罗伊尔的治疗下，帕彭海姆已成为双重瘾君子。在 1882 年夏天以及此后五年中，她最严重的问题并不是癔症，而是对于试图戒毒和戒毒失败的恐惧。在她住进贝尔维之前，她的医生们已经知情并制定了相应的计划。"第一项任务，"劳普斯医生回顾她在那里的数月光景时写道，"是为了让她戒掉吗啡成瘾。"[53]

不幸的是，多年来，这项任务一直未能完成。帕彭海姆自己在 1882 年 11 月写给宾斯万格的信中强忍痛苦地轻描淡写，"您会认识到，一直要时刻准备着注射器的生活并不是什么令人羡慕的状态"[54]。她的病情很快急剧恶化。证据可以从一封信中找到。弗洛伊德 1883 年 8 月 5 日的信转述了布罗伊尔的观点，即这下只有死亡才能结束"彻底毁了"的贝尔塔的痛苦。

显然，帕彭海姆当时处于比她接受布罗伊尔治疗期间的任何时候都更加岌岌可危的状态。同年 10 月 31 日，弗洛伊德告诉未婚妻来自布罗伊尔的消息，说她的朋友贝尔塔又到因策尔斯多夫住院疗养了，"在设法治疗她的病痛和吗啡中毒（ihre Schmerzen u. ihre Morphiumvergiftung los wird）"。因此弗洛伊德和布罗伊尔肯定都知晓吗啡成瘾一事。可有谁能够想象，当他们合计着让帕彭海姆成为宣泄疗法的首要证据时，却把此事给忘了？即便是琼斯，在掩盖毒瘾的整个话题时，也要简单提一句实情："然而，她病情改善，戒掉了吗啡。"[55]

帕彭海姆最终成功戒毒的事实解释了她的案例中最广泛的怪异之处。正如我们将要看到的，1880—1882 年那个忧烦焦虑、周期性失控的贝尔塔，1883 年那个"毁了"的贝尔塔以及 1887 年那个似乎大致有所好转但"在夜晚降临的时候，仍然受到幻觉状态的折磨"的贝尔塔变成了一个迥然不同的人：能干、坚决果断、情绪稳定、富有建设性和创造力，无所畏惧地献身社会正义事业。然而，这个贝尔塔不得不潜藏在令布罗伊尔极其恼怒的那个"癔症患者"中。等我们意识到1880—1882年她的行为是长期药物中毒所致的时候，这个谜团就烟消云散了。

帕彭海姆身上出现的每一种症状都被列为一种或两种药物的已知效应，这不可能是巧合。每天大剂量服用水合氯醛可能导致她的复视（两眼看一物体时感觉为两个物像）、斜视（内斜眼）、情绪骤变、行为好斗、心神不定和记忆力减退[56]。她的癫痫发作、瘫痪、失眠、头痛、视觉错觉和幻觉、激动、焦虑、言语障碍甚至她连水都无法吞咽都是试图戒掉同一种药物的我们耳熟能详的迹象。至于吗啡中毒，会产生欣快感，继而是激动、漠然、抑郁、社交功能受损、嗜睡以及记忆缺损和注意力不足。试图戒断吗啡未果可以解释贝尔塔出现的肌肉酸痛、恶心、失眠和抑郁。

然后，还有什么尚未予以解释的？只有某种看似有悖常情的行为：贝尔塔对她那位宽容大度的医生的顽皮捉弄。但在此我们可以回忆起恩斯特·弗莱施尔和弗洛伊德在可卡因影响下自甘堕落，欺骗美国医学期刊和默克公司。帕彭海姆的花招并未达到那种欺骗程度，但她的判断力受到了影响，她极其害怕遭到遗弃。她通过编造可以确保让布罗伊尔继续关心照料她的种种仪式和在困境中控制住局面的假象来坚守住正常的神志。

我所列出的药物作用在布罗伊尔的时代大家都是了如指掌，当时水合氯醛和吗啡是最常用也是最严重滥用的药物。如果1880—1882年布罗伊尔当真认为他是在治疗"癔症"而不是药物中毒和成瘾的话，那实在太出乎意料了。但在他治疗帕彭海姆多年以后，她依然表现出一些相同的临床特征（心神不定、幻觉、语言乖僻、对食物厌恶），同时明显在与戒毒的艰苦困难作斗争，这时候他还能一无所知，那的确难以置信。

在布罗伊尔开始进行治疗之前，帕彭海姆是否可能在1880年夏秋就已经自行服用氯醛和吗啡了呢？那时，作为在夜间照顾父亲的护理员，她想必能够获得药物，而吗啡和氯醛分别是对症他的疼痛和失眠的首选药物。她自己的失眠、她对于失去他的恐惧、她因一次辱骂而对他的愤怒（她曾向布罗伊尔透露过那次辱骂）、她对母亲和弟弟怀有的敌意，以及她在之前那个春天初次经受的神经痛，都构成了她求助于药物的动机。当布罗伊尔初次见到她时，她可能已经中毒而且走上成瘾道路了。

这种情况符合一个离奇但有据可查的事实。1880—1882年贝尔塔所需的有效剂量远远高于原本需要的量。为了治疗她的失眠，布罗伊尔很快将剂量增加到每晚5克，对于正常人来说这个剂量有致命的潜在危险。在贝尔维，出于同样的原因，她每天的吗啡剂量不得不从80毫克增加到100毫克。"当然了，"一位权威人士评论说，"这个剂量是给严重依赖这种药物的人，而且……没有人能在短短时间内耐药性达到这种程度。"[57]

此外，我们知道一个情况，当时贝尔塔的症状行为直接源自一次戒断药物的尝试。正如布罗伊尔写信告诉宾斯万格的那样，

> 十天前，病人连续四晚没有服用氯醛，立即饱受强烈焦虑的折磨。接着又出现谵妄兼颤抖的强烈迹象，虽说这与来自其他源头的焦虑状态混杂在一起，不容易单独抽离出来。无论如何，她在幻觉中看见小动物，听到声音，有点暴力倾向，……等等[58]。

这是一副戒毒过程之痛苦的经典画面——与布罗伊尔三年后将在弗莱施尔身上观察到的情况大为相同。

仍然存在一个看似不一致的事实，那就是帕彭海姆在面对布罗伊尔以及前后两个疗养院的布雷斯劳尔和宾斯万格时，她的状态因回应自己的积极情绪和消极情绪而上下波动。然而，如果她偶尔出于自我治疗用药，那么不难想象，在绝望的时刻，她会消耗额外的吗啡和 / 或氯醛，而在其他时候她会坚持逐渐减少药量的治疗方案，症状就变得没那么严重。例如，在因策尔斯多夫晃晃悠悠起步之后，从1881年夏开始，她的进步想必反映了一个精心设计的戒毒计划；正是这次成功的经历使得因策尔斯多夫成为她后布罗伊尔时期戒毒计划的顺理成章的选择。

　　但是，我们必须要提出一个问题。为什么布罗伊尔并没有竭尽全力拯救帕彭海姆于毒瘾，而是光听她喋喋不休的胡言乱语？他推测同样的问题必然浮现在宾斯万格的脑海中，并且他以明显的防御姿态来解决这个问题，也就不足为奇了：

　　她每天通过注射接受 0.08—0.1 克吗啡。我的病历记录将证明我在这件事上做得合情合理。我并没有在帮她打破这一成瘾，因为尽管她有良好的意愿，但是当我和她在一起时，我无力应对她狂躁焦虑的状态 [59]。

　　在此，我们看出到 1882 年 6 月，就像之于他的病人一样，吗啡几乎成为布罗伊尔的强制之举。在他的照看下经过十八个月后，除了使用药物进行麻醉之外，她无法通过其他任何方式得到控制。对于治疗她的失败，他深感痛悔。写到她在一年时间里每晚大剂量用药导致的氯醛成瘾，他说，"相当程度的责任显然在我" [60]。然而，一方面他希望贝尔塔"依靠她强大的意志戒掉毒瘾"，但他又羞愧地补充，"现在，我在阻止她这么做" [61]。

　　弗洛伊德曾不懈请求重新挖掘帕彭海姆案例并使其成为成功的新疗法的最重要案例。现在我们可以更好地理解为什么——根据弗洛伊德在1925 年的说法——布罗伊尔曾"强烈反对"这一点 [62]。唯一令人惊讶的是，布罗伊尔最终让步并听任"安娜·O."成为减轻癔症患者痛苦的强大新疗法的受益者而展现于世人面前。

　　在自己参与合著的书中纳入体面拿得出手的安娜·O. 报告，弗洛伊德由此获得了他作为癔症领域的专家被郑重对待所需的立足点。然而，不幸的是，即使经过彻底的修改和美化，这个案例似乎仍然与当时他对这种疾病在病因学上最坚定固守的观点——每一种癔症都源于受到压抑的对于性创伤的记忆——相矛盾。

　　然而，因为这样的困难而就此缄默不言可绝非弗洛伊德的天性。在他看来，安娜·O. 的案例现在是属于他的了。虽然在没有布罗伊尔同意的情况下，他几乎施展不了什么拳脚将主要故事"弗洛伊德化"，但他至少可以报复布罗伊尔和帕彭海姆，因为他们否认了他将他们的关系归咎于性的维度。一开始是试探性的，但是一旦布罗伊尔不再在场与他发生矛盾，弗洛伊德就会变本加厉重新塑造这一事件，直到这事符合他的需要。

第二十章

调整记录

1. 建设工作

尽管布罗伊尔在某种程度上已经遂了弗洛伊德的心意，让安娜·O. 的案例听起来"与情感宣泄密切相关"，但他就此止步，并未使之与弗洛伊德提出的每种神经症都基于性因素的学说完全达成一致。实际上，他在研究开篇的第一页，就已直言不讳地坚称，在他的病人身上"性因素未充分开发，令人难以置信"——他终其一生都一直坚持这样的看法[1]。正如他在1907年告诉奥古斯特·福雷尔的，"安娜·O. 的案例……证明一个相当严重的癔症病例可以发展、活跃并得到解决而完全没有性方面的基础"[2]。

只要这种印象没有遭到质疑反对，布罗伊尔的案例历史就将反过来对弗洛伊德的癔症病因学造成打击。弗洛伊德越是排他、固执地坚持性原因，就越深切地为这个难以对付的案例所困扰。他发现自己陷入了困境。一方面，他需要不断重申，安娜·O. 已经借由情感宣泄从癔症之中解脱出来了[3]。另一方面，倘若布罗伊尔完全没有掌握一丁点受到压抑的性创伤——安娜患神经症的根源——的迹象，这样的治愈怎么可能发生呢？

然而，当弗洛伊德年复一年忿忿地对于某个烦恼思前想后时，他通常会找到一种将其中和掉的方式，既让自己心满意足，又让他的追随者乐得释然，即便他们起初不得不掩盖一些疑虑。在安娜·O. 的性欲缺乏问题上，他逐渐找到了两种消除障碍的方法。其一是将布罗伊尔描述为这么一个人，其培养训练和性情都使得他难以识别性欲，哪怕是或者尤其是当性欲直接展示在他面前时。因此，据弗洛伊德的判断，布罗伊尔未能有意识地认识到安娜·O. 的问题具有性根源，遑论告诉我们病人的一些情况。这样一来，弗洛伊德就凭借自身实力使自己成为注定要创建精神分析评估的开山宗师。其二，弗洛伊德重述安娜·O. 的故事，以便赋予它一种耸人听闻的带有性欲色彩的结果。在这样做的过程中，他展现出他可以为了满足自己对成功的渴求，不惜给其他人的声誉造成多大伤害——在这个案例中，危及的是布罗伊尔和可能给外人辨认出来的贝尔塔·帕彭海姆的声誉。

与弗洛伊德不同，处事得体又心有恻隐的布罗伊尔完全不会打探病人的性行为并从中得到满足感。然而，他从不怀疑性欲是诱发神经官能疾病的重要因素，他在《癔症研究》中毫不含糊地说："或许值得再三重申，迄今为止性在诱发疾病方面看来是最重要、最有效的因素。"[4] 而且："性本能无疑是兴奋持续增加（以及由此引发的神经症）的最强有力的根源。"[5] 事实上，布罗伊尔用斜体字强调了他认为"出现在女性身上的严重神经症的根源大多在于房事"的信念[*]。现在我们可以看出为什么布罗伊尔认为帕彭海姆在性活动方面"未充分开发，令人难以置信"。他发现她在长达十八个月时间中的种种幻觉完全没有表现出任何性爱内容，这简直难以置信。

不过，弗洛伊德会在精神分析的虔诚信众中散布说布罗伊尔之所以无法接受安娜·O. 案例在性方面的全部真相是因为他生性优柔寡断。然后，这种说法成了接二连三的评论家没完没了地张口就来的符咒。欧内斯特·琼斯在他写的传记中建立了模型，指出"［布罗伊尔的］性格中

---

[*] SE，2: 246. 这是弗洛伊德所回忆的布罗伊尔在谈话中告诉他的情况——尽管弗洛伊德会在 1914 年他的《精神分析运动史》中佯称布罗伊尔有次一不留神谈到了这一看法，可在其他场合他都很虚伪地主张相反的意见（SE，14: 13）。

的弱点使得他很难对任何问题采取旗帜鲜明的立场"。琼斯还说，布罗伊尔受累于"一种吹毛求疵的挑剔劲儿，以致他总要找出一个突破口，展开一番批判，从而破坏了任何欣赏或赞美之词——与弗洛伊德率真和爽快的个性格格不入"[6]。詹姆斯·斯特雷奇在介绍《癔症研究》时也写道，布罗伊尔是"一个满腹疑虑、有所保留的人，总对他的结论没有把握……［并且］有点害怕自己的非凡发现"[7]。

斯特雷奇有意让他的读者推断出这样一个发现：帕彭海姆的癔症中的性成分。从表面上来看，案例历史似乎没有任何这样的迹象。但拜弗洛伊德拥有的那一套符号系统代码所赐，他已经改正了这一缺陷。弗洛伊德在 1914 年写道，"现在任何读过布罗伊尔案例病史之人，都会立即察觉其中的象征——蛇、僵硬、手臂瘫痪——考虑到这位年轻女子在患病父亲的床边的情况，很容易猜到对于她的症状的真实解释"*。

换言之，按照弗洛伊德的看法，当贝尔塔·帕彭海姆忧心忡忡地照顾她行将就木的父亲时，她在情绪上受到的搅扰，并非因为不日即将痛失至亲的悲剧，而是因为潜意识中想和病人乱伦的欲望。然而，这个骇人听闻的判断才只是一道开胃菜，就猜测臆断而言，弗洛伊德还有一场盛宴。虽然他在 1914 年只不过是加以暗示，但那时他已经围绕该案例写了一出新的剧本，把贝尔塔描述成对布罗伊尔本人一时燃起如火激情而为之痴狂——布罗伊尔据说又相应地因迂腐守旧产生恐慌而退缩。

根据弗洛伊德的重新解读，安娜·O.案例的真正关键在于移情，或者说是病人同那个替代了她父亲角色的治疗师之间的性关系。这个案例不言自明：贝尔塔想必爱上了布罗伊尔，而他只是在西格蒙德·帕彭海姆死后才得到贝尔塔这种不正常的依恋。然而，安娜·O.案例中最有

---

* SE，14: 11-12. 弗洛伊德显然是在与他的追随者马克斯·艾廷冈的多次谈话中发展了对安娜·O.精神状态的这番分析，艾廷冈在落款时间为 1909 年 10 月的一篇并未发表的论文中详述了这一论题（见斯库斯 2006，第 57—59 页）。然而，显而易见，率先行动的是弗洛伊德。正如他一个月后写信给荣格所言，"到目前为止，我已经把《研究》中的两个案例史提升到了我们现有知识的水平"（11/21/09，FJ，第 266—267 页）。

悖常情的特点这下看起来比以往任何时候都更令人大惑不解。倘若到了1914年"对移情的分析"已经取代了作为精神分析治疗必要条件的对于记忆的压抑，倘若布罗伊尔没有对贝尔塔的移情进行分析而是溜之大吉，那她怎么能给治愈了呢？

正如我们所看到的，弗洛伊德注意到帕彭海姆在脱离布罗伊尔的治疗后多年来一直感到身体不适。他也清楚她究竟是什么病：不是癔症，而是由布罗伊尔本人引发的吗啡成瘾。弗洛伊德认为没有必要声张这一信息来惊扰世界，但这下他想到案例的糟糕结果或许可以派上好用场。到目前为止，任何人都会被告知，布罗伊尔已经消除了安娜·O. 的癔症，但由于他缺乏弗洛伊德关于精神分析的知识和坚韧品质，他没能处理成功治疗本身造成的移情。

弗洛伊德在 1914 年概述了那一连串事件的新的版本，

> 布罗伊尔能够利用与病人之间极其强烈的暗示关系，这可以作为我们今天所说的"移情"的完整原型以供参考。现在我有充分的理由怀疑，在她的所有症状已经得到缓解之后，布罗伊尔想必已经从进一步的迹象中发现了这种移情的性动机，但他没注意到这种意想不到的现象的普遍性质，结果就好像面临一个"事与愿违的事件"，他突然停止了所有更进一步的研究。他从来没有对我就此多言多语，但他在不同时间告诉我的信息足以证明我对于所发生之事的还原再现是正确的。后来当我越发坚决地提出性欲在神经症的病因学中的重要性时，他第一个表现出了厌恶和拒绝的反应，这种反应到后来我已经见怪不怪，但在当时我尚未认识到那是我不可避免的命运 [8]。

在 1914 年的这个时刻，布罗伊尔完全可以站出来反驳任何有待证实的具体说法，所以弗洛伊德在公开发表的文章中故意含糊其辞。果真有过切实存在的"事与愿违的事件"，还是布罗伊尔只是"好像"（wie von）有"事与愿违的事件"并作出了反应？但到了 1925 年，布罗伊尔已是风中秉烛，这时候弗洛伊德就说得稍微明确些了：

> ［布罗伊尔］或许可以指着他自己的第一个病人——性因素表面看来怎么也和那个人的案例搭不上关系——驳得我哑口无言，或者至少让我感到尴尬。但他从来没有这样做过，我无法理解为什么会这样，直到我准确地解读了这个案例，从他所作的一些评论当中重新构建起他治疗该病例的结论。在情感宣泄看似已经完成之后，这姑娘突然产生了"移情之爱"的状态；他没有将此与她的疾病联系起来，因此落荒而逃[9]。

　　在此处和其他地方公开发表的评论中，弗洛伊德小心翼翼地讲定他所说的一连串事件只是假设的，是由布罗伊尔无意中透露的蛛丝马迹集合而成的"还原再现"。然而，与此同时，他又无凭无据地断言他"准确地"拼凑出了事实真相。但如果布罗伊尔从未放弃——哪怕是在私底下——自己的想法：性和安娜·O.案例怎么也搭不上关系，很难想象他到底对弗洛伊德做出了什么相反的"评论"。

　　此外，弗洛伊德声称的病人将她的俄狄浦斯情结之爱转移到布罗伊尔身上的情况始于她十八个月治疗行将结束之际，这在精神分析上完全说不通。那是弗洛伊德这一方采取的一种手段高明的策略，在他对同一案例前后自相矛盾的利用之间筑起了一道必要的障碍：之前是堪称典范的宣泄疗法，之后是应对性欲因素的一场失败。弗洛伊德声称在安娜·O.的症状当中发现了遭到忽视的性象征，特别是考虑到这一点，假定她已经消除癔症就是反常。但到了1925年，他再也没有提到这些象征符号了；关于性的整个话题这下给重新安放到治疗的收尾阶段。

　　与此同时，弗洛伊德不仅将他还原再现的情节元素透露给他维也纳圈子的原先成员，而且还透露给了荣格、瑞典精神病学家波尔·比耶勒和玛丽·波拿巴公主等[10]。在竞争激烈的精神分析界，诸如此类个别透露的内情全都被视若珍宝并不无得意地加以传播，往往还会再添油加醋一番。由于这些故事始终未见发表，布罗伊尔也就无从制止；但在精神分析家群体中，弗洛伊德贬损布罗伊尔并将他那个病人的病情进行性欲化处理的运动却一路畅行无阻。

1932 年，自打疲惫不堪的布罗伊尔将贝尔塔·帕彭海姆托付给宾斯万格医生和劳普斯医生已经过去了五十年，这时弗洛伊德又将详细讲述他关于那场转变的最新版本。不过他依然没有诉诸笔墨。相反，他给小说家兼传记作家斯蒂芬·茨威格写了一封信，声言茨威格——这个劲头十足的弗洛伊德学说的信奉者——向公众报告说安娜·O. 在布罗伊尔的催眠下承认她在父亲的病床边时体验到了不适当的感受，是弄错了。"布罗伊尔的病人身上真正发生的是，"弗洛伊德吐露，

> 后来，在我们关系破裂许久之后，我突然想起布罗伊尔曾有一次在另一个情境下告诉过我的事情，那是我们开始合作之前的事了，而他也从未再说起过，这下我总算能够推测是怎么回事。在她所有症状都给消除了的那天晚上，他被再次请到病人家里，发现她惊慌失措，而且腹痛得身体直扭动。当被问到怎么了的时候，她回答说："这下布罗伊尔医生的孩子快生出来了！"
>
> 　　就在这一时刻，他手里握着的是原本可以开启"母亲之所"的钥匙，但他却让它白白给丢掉了＊。他有着种种极高的才智天赋，但天性中没有一丝浮士德那种为了追求知识和权力不择手段的成分。他因秉持传统观念终究落荒而逃，将病人丢给同事去处理。之后的几个月，她在疗养院竭力恢复健康[11]。

如果我们把弗洛伊德的《自传研究》摊开放在边上，并一边阅读这篇文章，就会发现一些令人隐隐不安的前后不一致的说法。1925 年，弗洛伊德写道，他察觉到布罗伊尔的"一些评论"中的一种隐秘模式；但在 1932 年，出现这么一个布罗伊尔本人讲述的无法磨灭的生动故

＊ 在《浮士德》第二部中，梅菲斯特给浮士德一把钥匙，可以直通"母亲之所"——控制造物奥秘的不知其名的众神。

事，其中的亮点包括癔症患者臆想的怀孕、直接出自产生了幻觉的贝尔塔·帕彭海姆之口的引语以及心慌意乱的治疗师颜面尽失的退缩。

据称弗洛伊德是在与布罗伊尔合作开始之前就已听到这番讲述——也就是说，在 1892 年夏天之前——但他一直都没能想起来，直到"我们关系破裂许久之后"才突然回忆起来。可怜的弗洛伊德！在整个 19世纪 90 年代的前五年，他和布罗伊尔为安娜·O. 案例之中关于性的这一问题一而再再而三地争吵，但不知怎的，他就是没能回想起布罗伊尔那番毁灭自我的供述——他目睹了假想中分娩过程的痛苦，落荒而逃，丢下整个人都垮掉了的贝尔塔给收容入院。

1932 年这个版本表面看来就令人难以置信，我们无需拿来与随后公布的事实进行交叉比对。尽管如此，这个版本不出所料也都遭到那些事实的驳斥。布罗伊尔根本不是当即就将帕彭海姆移交给罗伯特·宾斯万格的机构，而是经过数月的洽谈之后才这么做。他写给宾斯万格的报告远不是让他注意病人臆想怀孕的问题，而是提醒说他会发现贝尔塔缺乏性欲得有点反常——这是个重要的证据，表明他后来对她不谙性事的描述是由衷之言。正如弗洛伊德早前正确无误地向未婚妻报告的那样，她"竭力恢复健康"一直都是与吗啡成瘾和试图戒断的灾难相关。

那么，在写给茨威格的信中，弗洛伊德要么是在撒谎，要么是在表达自己的错觉。一种可能性并不完全排除掉另一种可能性。虽然到了1932 年，弗洛伊德可能自己都已经相信他为制止安娜·O. 案例对精神分析造成威胁而编造的情形，但他的信接着又说了有关近来发生之事的明显谎言：

> 我深信我还原的当时的情况，于是在某个地方就此发表了文章。布罗伊尔最小的女儿（在上述治疗后不久出生，对于更深层次的关系而言不无意义！）阅读过我的报告，还向她父亲问起此事（在他去世前不久）。他证实了我讲述的版本，后来她告诉了我[12]。

如我们所记得的，弗洛伊德在收集那些无法联系上故而无法与之核实信息的人予以确认的宝贵事实方面很是个行家里手。目前这个例子堪比特奥多尔·迈内特临终前谦逊的认错——向他最鄙视的对手透露，大意是他一直以来都是个从未公开承认的"男性癔症患者"。此外，请注意，在手头这篇文章中，在弗洛伊德声称布罗伊尔告诉他关于臆想怀孕的说法后面的那个段落，他称同一事件是一次"还原"。倘若第一个说法是真的，那么就没有什么可以还原的。

弗洛伊德和多拉·布罗伊尔可能确实在她父亲去世后有过交流，他们可能讨论过围绕着布罗伊尔和他年轻迷人的病人乱打转的污言秽语——那个时候其他医生都对他们旷日持久的关系很不以为然。但多拉不可能在任何已发表问世的文献中读到有关该事件的信息。不管是弗洛伊德还是其他任何人都没有发表过关于臆想怀孕的故事 *。二十八年后，欧内斯特·琼斯明确陈述了弗洛伊德学说的其他信众此后都深信不疑并传承下去的那个传说，直到这时候这个故事才被公开检验。

正如哈恩·伊斯拉埃尔斯所指出的，弗洛伊德没有必要"还原再现"布罗伊尔终止对帕彭海姆治疗的原因[13]。在 1883 年 10 月 31 日写给玛尔塔·贝尔奈斯的一封信中——分别之后没多久——弗洛伊德透露说布罗伊尔"放弃对她的治疗是因为这威胁到他的婚姻幸福"。这封信接着说道：

> 他可怜的妻子无法容忍这一事实——他一门心思都放在一个他显然一谈起来就兴致盎然的女人身上。当然，她只是吃醋另一个女人对丈夫提出种种要求。她的妒意并没有以憎恨、折磨人的方式表现出来，而是以一种隐忍默认的方式表现出来。她病倒了，精神不振，直到他注意到这个情况并发现背后的原因。这自然足以使他从医治贝尔塔·帕彭海姆的纯粹关注中全身而退[14]。

---

* 在 1932 年另外一封写给英国植物学家阿瑟·坦斯利的信中，弗洛伊德点名说《自传研究》是多拉·布罗伊尔打探消息的来源（福雷斯特和卡梅伦 1999，第 930 页）。然而，安娜·O. 所谓的幻觉在该文本中并未被提及（SE，20：26）。

玛尔塔在 11 月 2 日回信说，她非常担心，对布罗伊尔夫人的妒意感同身受 [15]。

那时弗洛伊德一直都知道，安娜·O. 的案例有个关乎性的部分，但不是他后来声称的那一个。这个部分在于马蒂尔德·布罗伊尔对丈夫一直把时间和注意力都放在那个妩媚的妙龄女子身上而心生怨恨。专注于治疗病人的约瑟夫慢之又慢才注意到妻子的痛苦；但是一旦他注意到了，他就决定离开。

这些事实让我们了解到，布罗伊尔最初不愿意与弗洛伊德合作，弗洛伊德后来还耍了阴谋诡计。布罗伊尔不仅知道帕彭海姆的案例是一场医疗上的惨败，也知道他永远不能透露他抽身而退的原因。弗洛伊德意识到对于他可能选择就此事发表的任何看法，布罗伊尔都无法提出质疑。正如伊斯拉埃尔斯指出的，弗洛伊德想必曾向布罗伊尔承诺过，"马蒂尔德的因素"以及帕彭海姆的吗啡成瘾会一直是他们之间的秘密，绝不外传；很久以后，这个秘密就将被用于要挟勒索，使得弗洛伊德无所顾忌，胆敢提出所谓的布罗伊尔在性问题上向来态度怯懦的说法并大肆撒谎。

2. 抱团

弗洛伊德对于安娜·O. 案例骇人听闻的附加补遗使得战后精神分析的精英们陷入了进退两难的窘境。对已故创始人及其事业的竭力尽忠要求他们支持一个缺乏真实性的故事。我们现在知道，琼斯和斯特雷奇在确定共同立场之前为这个问题大伤脑筋 [16]。正如斯特雷奇私下承认的，弗洛伊德如何得出他的看法——仅仅是"还原再现"，语焉含糊的版本比起言之凿凿的版本要来得更可信。但这听起来并不见得更好，因此，两个人都一如既往地统筹协调他们的策略，决定禁止提到还原再现，哪怕是可能性都不能提起。琼斯撒了个小谎，说弗洛伊德在 1883 年 10 月 31 日写给玛尔塔·贝尔奈斯的一封信中对这些实际上纯属编造的事件予以过"确认"*。斯特雷奇在标准版文集对布罗伊尔的安娜·O. 一章所写的脚注里，满足于自欺欺人的陈述："欧内斯特·琼斯在他关于弗洛伊德的传记中讲述了整个故事"[17]。

琼斯描述的这个故事涉及移情和反移情，后者指的是所谓的布罗伊尔迷恋他年轻迷人的病人。琼斯写道，马蒂尔德·布罗伊尔身为妻子的醋意吓得她的丈夫向病情大有好转的安娜·O. 宣布治疗这下结束了：

> 但那天晚上，他又被请了回去，发现她处于极度兴奋的状态，显然病情和过去一样严重。在他看来一直以来都似乎是无性恋的病人⋯⋯，这下正处于臆想分娩的阵痛中⋯⋯可想而知，这是对于布罗伊尔的治疗予以回应而无形中发展出来的假孕的最终结果。虽然深感震惊，但他还是设法通过催眠让她平静了下来，然后自己一身冷汗赶紧逃之夭夭。第二天，他和他的妻子前往威尼斯去度第二次蜜月，结果怀上了一个女儿；在这不同寻常的情况下孕育出生的女孩将于近六十年之后在纽约自杀[18]。

这是关于布罗伊尔和帕彭海姆如何分离的典型说法，纯属捏造。总结一下：

- 尽管布罗伊尔起初被帕彭海姆的天赋和特性深深吸引，也很可能感觉到了最初的性吸引力，但她过度苛求的癖性以及对他时间和精力的无止境的索取使得她逐渐变成了他的负担，因此他想把这负担转移到其他医生身上去——尤其是因策尔斯多夫的布雷斯劳尔和克罗伊茨林根的宾斯万格。与此同时，他用吗啡让病人昏迷过去，这体现了他的沮丧；就像他窘迫地向宾斯万格解释的那样，如果不这样做，他就会"无力应对她狂躁焦虑的状态"。布

---

* J, 1: 225. 弗洛伊德的信只不过陈述说布罗伊尔夫人对丈夫出于本职工作需要密切关注贝尔塔而醋意大发，由此导致他终止了治疗（FMB, 2: 384-385）。

罗伊尔和帕彭海姆纠缠在一起，但看得出并没有情欲纠葛[19]。

- 贝尔塔选择了结束自己治疗的日期；她通过重现情境进行纪念的方式给案例画上——或者说试图画上——一个句号；然后她安排自己登记进入贝尔维住院，希望戒除毒瘾。按照琼斯的故事，这会引发布罗伊尔那种事关性方面的尴尬或恐慌，这正是我们预期出现的情况，但他没有如此而是继续关心她的健康，虽然相距甚远，但充满善意。

- "假孕"确实是一个幻象——是弗洛伊德要阴谋诡计羞辱他原先的朋友兼恩人造成的结果。

- 约瑟夫·布罗伊尔和马蒂尔德·布罗伊尔并没有匆匆启程前往威尼斯。实际上，他们根本没有去那里。布罗伊尔继续履行他的行医职责，然后这对夫妇去了维也纳附近的格蒙登，度过了他们一贯如常的暑假。

- 多拉·布罗伊尔出生于所谓的她母亲怀上她之日的三个月之前。她并非在纽约自杀，而是在维也纳即将被盖世太保抓住时服下了毒药。因此，琼斯暗示这些凭空想象的她出生时的"不同寻常的情况"在某种程度上预定了她的自杀，这真是天理难容。

在那些觉得不得不承认琼斯这出戏不靠谱的评论者中，大家批评的是琼斯对弗洛伊德提供给他的细节加以渲染。然而，琼斯鲜少自视有资格偏离弗洛伊德原本想让他说的话。除了他关于多拉·布罗伊尔死亡的错误信息之外，他讲述的一切都可能源于弗洛伊德。请注意，举例而言，弗洛伊德写给斯蒂芬·茨威格的信中已经暗示了婴儿多拉孕育于显然不恰当的时间。

当人们拿来琼斯的传记中相关部分幸存的草稿，和已经出版的文本放在一起对照参看，就可以看出，琼斯在竭力让他听来的口头故事与他刚有权限得以查阅的 1883 年的《鸿雁书简》相符[20]。他可以看得出，什么在威尼斯亲吻并重归和好的景象还最终生下一个女儿，全都没有任何事实依据。但他也意识到，弗洛伊德对布罗伊尔的诋毁对于精神分析的创建神话而言不可或缺，所以他为了进入角色将这故事塞进了他的文本。布罗伊尔那些还在世的亲属随后向琼斯证明，这个故事不仅与事实不符，而且堪称无耻，他们请他在自传第二版中将其删除，而他并没有这样做[21]。

如果琼斯当时准备否认主要的虚构之事，那么他还须得收回他传出去的第二个言之凿凿的事情：

> 大约十年后……布罗伊尔上门来请［弗洛伊德］去给一位癔症病人会诊。在见她之前，他先描述了一下她的症状，弗洛伊德指出那是臆想怀孕的典型结果。旧事重现的情况对于布罗伊尔而言实在无法承受。他一言不发，拿起帽子手杖就急忙出门走了[22]。

这第二个怀孕的故事可能只不过是第一个怀孕故事的变形版本*。

亨利·埃伦贝格尔在 1970 年质疑了这一假孕谎言，到 1972 年将其彻底驳倒[23]。这些都是重大发展。在埃伦贝格尔之前，弗洛伊德学派的信徒几乎没有理性客观的理由去怀疑弗洛伊德在这个问题上的说法；而之后，他们有了种种不带偏见的理由去这么做。但除了极少数例外，唯一承认这个故事崩塌的严重性的分析者是认为精神分析能够与弗洛伊德脱离干系的那些人。他们这类人可不多见。作为其中之一，玛丽安·托尔宾勇敢地评述说，"有关布罗伊尔和他的病人的故事是防御神话的一个例子，弗洛伊德第一个用于肯定自己，后来一代又一代的分析师用于肯定精神分析学这个不安的集体自我"[24]。

托尔宾没有夸大她的同事们那种将自己封闭在平行宇宙中的意愿。有位分析师，虽然引用了埃伦贝格尔的两篇重要文章，但在 1994 年断言安娜的幻觉"是弗洛伊德透露的……显然，这是布罗伊尔选择压抑

---

* 斯库斯 2006，第 109—110 页。在传记第一卷出版后，琼斯得知了弗洛伊德传播的另一个更稀奇古怪的传闻：马蒂尔德·布罗伊尔在帕彭海姆治疗结束之后曾试图自杀（博尔奇-雅各布森 1996，第 46—47、93—103 页）。琼斯知道这个最新的谎言缺乏任何证明根据，因此他在第二版中对此只字不提。

的事项之一"[25]。1999 年另一位分析师重申"布罗伊尔的治疗中……这种带有情欲色彩的心理表演疗法",认为这为弗洛伊德提供了"俄狄浦斯情结、自居作用、移情、反移情、强迫性重复和显露"的素材[26]。第三位分析师相信弗洛伊德对茨威格坦率承认的内容,他于 1987 年提出,除非帕彭海姆和布罗伊尔是情人,否则她不会经历臆想的怀孕;因此,他们就是情人[27]。"在我们这个时代"鼓吹精神分析的领头羊彼得·盖伊,尽管他比起任何非弗洛伊德学派的研究者享有更自由的权限得以接触到大量档案,却在 1988 年宣称,弗洛伊德在给茨威格的信中"透露"了事件的真实结果[28]。

　　所有人中,只剩下库尔特·艾斯勒就弗洛伊德对布罗伊尔的恶意表达了愤慨之情。在传播有关帕彭海姆案例的不实谣言时,弗洛伊德一直都"忘恩负义、轻率鲁莽、恶意中伤……就一个从未发生的事件而言之凿凿,弗洛伊德狠狠地打击了他的恩人的声誉,几乎把他变成了一个笑柄"[29]。

　　一点没错。但是,艾斯勒怎么会为这种行为感到惊讶呢?无端瞎说布罗伊尔和贝尔塔的闲话,正如他所声称的那样,并非"弗洛伊德一生中绝无仅有的一次事件"[30]。相反,秉持精神分析的弗洛伊德的标准做法是,一旦原先的合作伙伴对他的目标构成了障碍,他就往他们脸上抹黑。

3. 社会行动主义推本溯源

　　1953 年琼斯宣布安娜·O. 的身份时,《癔症研究》中描述的案例了结已有七十一年。然而,时隔贝尔塔·帕彭海姆本人去世不过十七年,她绝非无名之辈。事实上,德国政府为向她表示敬意,即将发行纪念邮票。琼斯将她同 1880—1882 年医生与病人那段亲密的相互关系联系起来,同论及案例的虚假声言联系起来,还透露说布罗伊尔和弗洛伊德在她患病的后一阶段称她"精神很不正常",他这么做不啻是在招致人们对于这样一位以其斐然成就而享有盛名的女性的"胡乱分析",而谈到她的成就他却只是一笔带过 [31]。这是件憾事，因为贝尔塔·帕彭海姆的职业生涯包含了重要教训，琼斯和其他精神分析师如果留意的话，原本可以从中受益。

贝尔塔吗啡成瘾的严重程度显然让她的母亲拉沙胆战心惊——她被琼斯无端形容说"有点管得太严"——情况至此，她不再反对贝尔塔追求独立、进行文学创作和从事可能有助于他人改变境遇的工作的种种抱负 [32]。1888 年这对母女搬到法兰克福时，二十九岁的贝尔塔埋头阅读女权主义的小册子，包括有关犹太人的议题，她觉得深受启发，看清了自己被剥夺的机会和被迫循规蹈矩的历历往事。沮丧和愤怒曾使得她以不成熟的方式表现自己，但既然她已经不受任何人的控制，她认为她可以过上自主选择的遵照行为准则的生活 [33]。

1899 年，帕彭海姆会翻译玛丽·沃斯通克拉夫特的《为女权辩护》。早些时候，对于她的成长而言甚至更具重大意义的是，她关注到近来才发现的一个事实——因为母亲这边沿袭下来的血脉关系，她是大名鼎鼎的格吕克尔·冯·哈默尔恩的后人，格吕克尔是 17 世纪德国一位虔诚信教的寡妇，后来成为一名成功的女商人，经营自己的工厂并出口货物。格吕克尔曾为教化她的众多孩子而写了本回忆录。贝尔塔将其从意第绪语翻译成德语并于 1910 年重新出版，这些文章不仅描绘了格吕克尔身处严重的反犹时代中的人生沉浮，还讲述了她家为了帮助那些从反犹骚乱 * 中逃离出来的一贫如洗的难民所做的慈善之举。贝尔塔曾经为像她母亲那样的包办婚姻而穿戴打扮作准备，但她不接受她正统派父母的宗教信仰。现在，她把自己改造成虔诚、无所畏惧、富有同情心的格吕克尔在现代的化身。

除了为儿童和成人写诗歌、戏剧和小说之外，帕彭海姆在法兰克福还做起了福利工作，并且倡导具有人道主义色彩、对社会负责、谨遵

---

* 反犹骚乱（Pogrom）是以屠杀或逼害犹太人为目标而发起的暴乱或骚乱，由群众自发或受到政府秘密支持，甚至有时由政府公开鼓吹煽动。该词源自沙俄时代的俄语，指历史上在东欧、中欧等地区针对阿什肯纳兹犹太人的同类事件，现泛指所有大规模针对族群（不限于犹太人）的暴力事件。——译者注

教规的犹太教，使得她那个时代那些自鸣得意、厌恶女性的拉比们纷纷相形见绌。她发现自己身上有一种罕见的能力，可以将魅力、才思、自律、道德热忱、口才和管理技能结合起来，她也不断加强这种能力的培养。1895 年，她成为法兰克福犹太女子孤儿院的院长，并担任这一职位达十二年之久。与此同时，她创办了缝纫学校、一家以图书馆和系列讲座为特色的女子俱乐部，而后又在全国犹太妇女协会担任第一任会长。到了 1900 年，她已是享誉整个德语世界的知名人士。

那一年，她出版了一本小册子《论加利西亚犹太人口的状况》，呼吁人们关注波兰犹太人聚居区居民的艰难处境，她是从她照顾的难民那里了解到的这些人。1903 年，她前往那一地区，亲眼看到可怜的犹太女孩们陷入一个国际性团伙的罗网之中，其幕后操纵者是富有的土耳其犹太人。她没有顾忌名声体面的问题，毫不犹豫地展开为受害者权益而抗争的事业，不仅谴责"白奴"现象，而且亲自收集这一现象在波兰、俄国、希腊、土耳其、埃及和耶路撒冷的第一手信息。为了拯救妓女和孤儿，她无惧挑战，直面危险和羞辱，将他们带回法兰克福郊外的一个城镇，并在那里为他们建立起一间收容所。她不仅保障那些幸存者在营养、医疗和教育方面的需求，还当起了他们温柔慈爱而在必要时也会严加管教的再生母亲。

历经第一次世界大战、毁灭性的通货膨胀、政治动荡以及随之而来死灰复燃的反犹主义，帕彭海姆始终都坚持运营她收容从良妓女和弃儿的家园。与此同时，她继续四处奔走，领导一个针对"白奴"现象的国际委员会，然后向国际联盟报告这一现象，借此展开论战，反对强迫卖淫。她为贫穷移民所付出的心力也使得她有机会前往英国和美国，在那里她被奉为上宾。1933 年希特勒上台掌权以后，她被迫将活动缩减到当地范围之内。但她从未退缩，哪怕在被盖世太保传唤审讯时，也不曾退缩。

在与癌症进行长期斗争之后，贝尔塔·帕彭海姆于 1936 年去世，一生都不曾失去她的谦逊、她的热忱、她的幽默感、她的伦理激情或者她激发出他人身上最佳潜力的高超本领。她曾经写过，教育是"以爱付诸行动，这种爱如此强烈，与一切错误和不可爱的事情势不两立"[34]。她去世后不久出版的她的祷文选集中出现了以下几句话："我也感谢寻找到打动我的话语的那个时刻，这样我又可以用那些话语去打动别人。感受到力量就是活着——而活着就要有心去尽责。"[35] 受到她追求公义的行事准则振奋的众人当中，就包括爱因斯坦和她的好朋友马丁·布伯*。

西格蒙德·弗洛伊德则不然。一方面，帕彭海姆似乎已经抽身退出了弗洛伊德一心追求、渴望加入成为其中一员的阶层。贝尔塔远行到加利西亚去声援那些受压迫的民众，而弗洛伊德一直急于抹去他自己的加利西亚出身。他希望尽可能拉开自己与城市贫民窟居民之间的距离，而贝尔塔在他看来简直莫名其妙，竟然认为那些人值得牵挂。

最重要的是，帕彭海姆明摆的独身生活，对弗洛伊德来说意味着她本身在生命过程中的固有角色给丧失了。正如他在 1916 年至 1917 年的《入门讲座》中所说，"在某种程度上［安娜·O.］仍然与生活隔绝；她保持健康，依然能干，却避开了女人生命正常的进程"[36]。言下之意是，如果当初布罗伊尔有足够勇气面对贝尔塔的性欲并对其在一个合适的女性角色中的表现予以鼓励，那么社会行动主义的一整个理想化的事业原本可以被避免。

在弗洛伊德 1932 年写给阿瑟·坦斯利的一封信中，这一观点得到了更充分的重申。他解释说，布罗伊尔的治疗导致了"带有缺陷的治愈"[37]。治愈主要在于加快步伐让安娜早日结束对父亲去世的过度哀痛。缺陷——布罗伊尔未能处理她的移情之爱——让她变得疯狂："在布罗伊尔逃之夭夭后，她再次陷入精神失常。"[38] 据弗洛伊德说，虽然病人最终恢复了理智，但她从此以后一直都没有发育成长。"如今她七十多岁了，"他告诉坦斯利，"从未结过婚，而且如布罗伊尔所说，没有过任何性关系，这话我记得很清楚。在压抑性欲的条件下，她才得以保持健康。"[39]

---

* 马丁·布伯（Martin Buber, 1878—1965），犹太哲学家、翻译家、教育家。——译者注

在 19 世纪 80 年代中期，弗洛伊德已经注意到帕彭海姆——他妻子的一个朋友，谈吐诙谐而充满活力，还到他家来做过客——在心理上完全正常，除了晚上会出现幻觉，而幻觉是吗啡中毒的结果而不是患有心理疾病的结果。也许在写信给坦斯利的时候他已经完全忘记这茬事。无论如何，没有人能够解释他怎么就确定自 1888 年以来在维也纳难得一见、总是未曾久留的帕彭海姆在七十三岁时仍然是处女之身。在写给坦斯利的信中，布罗伊尔的观点受到不寻常的援引，该观点并不见得比弗洛伊德的观点更贴近当下，而且在 1932 年，布罗伊尔已经作古七年了。对于帕彭海姆在法兰克福和其他地方生活的状况，弗洛伊德知道的最多也就和她著作的读者所了解的一样——如果他仔细阅读过的话。

到自己七十七岁那年，弗洛伊德仍然在重温关于性和神经症之间过时的较量，仍然在寻找可以证明行为中的精神分析机制的例子。那么，可以预见的是，他对于贝尔塔的职业唯一关注的就是其主题内容：拯救女性于向男性出卖色相的行当。彼得·斯韦尔斯有机会能够匆匆浏览玛丽·波拿巴在 1925 年以及之后跟着弗洛伊德进行分析而记录的日志摘要，他记得有一个段落提及贝尔塔在法兰克福的岁月。斯韦尔斯写道："弗洛伊德欣喜地告诉玛丽·波拿巴，安娜·O. 现在在做什么——经营一间女子收容所，发起反对卖淫的运动——关注的一切都是性！"[40]

弗洛伊德是一名研究心理发展的理论家，然而，正是这一身份使得他对帕彭海姆的居高临下姿态最具有深长意味。正如布罗伊尔在 1882 年认识到并告诉罗伯特·宾斯万格的那样，贝尔塔不仅极其聪慧，决心为自己进行分析推论，而且她还感受到与生俱来的"对他人的慷慨大度"和"非常强烈的同情心"。他明智地建议，最后这个性格特质是"她最早需要运用的动力"[41]。

因此，贝尔塔后来在法兰克福的活动说明，只要她不再受到家人以及他们传统期望的压制，这些具有创造力的习性就能够发挥所长。一旦她获得了这种自由，她就能变得沉稳恬静，而不会焦虑；变得坚强，而不会软弱无力；变得果断，而不会苛求；变得足智多谋，而不会顽固不化。但是，弗洛伊德无法想象她与生俱来的人格特质能用于积极的社会角色。他远远没有那种自然而然要去帮助不幸之人的念头——例如，作为医生去为病人做治疗的强烈愿望——因此他只能视之为一种逆转施暴狂*。

弗洛伊德学派的其他信徒需要的只不过是弗洛伊德和琼斯几句予以鼓励的言论，他们将对安娜·O.行善中的病态心理展开深刻的研究。由于这种活动被自动评判为防御未解决的内心冲突，弗洛伊德学派的论述忽视了帕彭海姆对于新能力的获取和运用。正如一位分析师所说，只有从"外部观点"看，帕彭海姆才"可以被视为'积极活跃而且做出大量贡献'"。从精神分析角度来看，"她只能被视作受到严重的心理强迫的驱使"[42]。同一位作者推测，因为父亲在她心里兼为"偶像和恶魔"，"安娜-贝尔塔从未融入她内在的自我，作为对于她内心那个愤怒的孩子的补偿，她反向形成的在社会生活方面的美德继续发挥了作用"[43]。因此，贝尔塔一腔热血纠正不公不义被认为是俄狄浦斯情结使然**。

然而，对于弗洛伊德学派的信徒而言，终极的父亲形象便是弗洛伊德本人，因此贝尔塔为人所知的对于他的理念的抵制必然在诊断上具有意义。一位分析师提出，她最初的性欲"在移情现象中遭到了践踏"，"后来又被弗洛伊德的理论吓得噤声了"[44]。在另一套表述中，

> 她自己生病了，借此脱身不再照料她的父亲西格蒙德·帕彭海姆。然后她在移情到她的心理治疗师布罗伊尔的过程中又遭遇挫折而倍感失望。在这些经历之后，她还没有做好充分准备，因此无法接受另一个西格蒙德（弗洛伊德）认为她身上出现了性冲突导致的种种影响……她没有在她出版的作品中攻击弗洛伊德，而是将她对弗洛

---

* 弗洛伊德在 1927 年写道，"我不记得童年时有过任何希望帮助受苦受难的人类的强烈愿望""我的施虐狂倾向并不强烈，因此没有必要就这一特定的衍生物展开论述"（SE，8：394）。

** 在一篇被普遍认为具有权威性的小说化传记中，有关帕彭海姆对性交易的反对被解释为一种"潜意识中希望遏制她自己狂放的性冲动，或者……希望防范她母亲与她父亲发生性行为"的方法（弗里曼 1972，第 233 页）。

伊德的指责转移到了贩卖女孩的"人贩子"身上[45]。

　　即便时至今日，安娜·O. 的案例也在不断被重提探讨，而且不都那么愚蠢了。一旦精神分析各个学派——沙利文派、霍尔奈派、埃里克森派、科胡特派、温尼科特派——开始对弗洛伊德还原论的消极性发起挑战，并寻求与社会心理达成一致，这时候他们每一派都从贝尔塔·帕彭海姆不同凡响的成长和成熟中汲取了经验。然而，这些学派没有哪一个出来解决那个最明显和最基本的问题。如果精神分析最初教导我们说帕彭海姆的一生是一场可悲的失败，如果精神分析采用完全相同的认知方法却得出截然相反的结论，那么精神分析到底教给我们什么了？

第二十一章

叙事的真相

1. 追查

正如我们所看到的，布罗伊尔竭尽全力重新系统阐述了他治疗贝尔塔·帕彭海姆遭遇的溃败，采用的说辞与弗洛伊德趋于一致。在弗洛伊德的默许下，他不仅从安娜·O. 的故事中删除了帕彭海姆的吗啡成瘾问题，让读者误以为她奇怪的行为和时好时坏的波动状态完全系癔症以及他就此采取的干预措施所致，他还在贝尔塔对于近期发生之事相对缺乏感情色彩的重现上画蛇添足地增加了"宣泄"或爆发性情绪的特性。不过他甫一这样做当即就后悔不已，毕竟他参与合著的主要愿望是要显示他和狂热分子弗洛伊德截然不同。

到了 1895 年，布罗伊尔很清楚弗洛伊德在 1892 年向他伸出橄榄枝时提出的主张已经完全落空。弗洛伊德到头看来是个笨手笨脚的催眠师。他表面上消除的症状已被其他症状给取代了；他把他引发病人产生的焦虑误当作原始创伤重新激活而造成的躁动；他从未成功地让病人借由必要的情绪宣泄来还原那些导致癔症的不幸经历。那么，他必然也无法证明，他提出的基于压抑的症状生成"机制"能够比包括布罗伊尔本人在内的其他理论家所提出的种种理论来得更有可信度。

尽管如此，20 世纪弗洛伊德学说的信徒们一重新审视在评价上受到薄待的《研究》，埃米、伊丽莎白和其他那些人的故事就被欣然纳入了经典行列，几乎没有因为存在反常之处而遭到异议。围绕弗洛伊德早年经历的那些回忆对于正面褒赏的传记而言极具重要性，由此压倒了对其证据信度或方法论效用的一切怀疑。即便弗洛伊德在 1924 年论及埃米故事的一个评注中指出，"如今读到这一案例史的分析师无一不会遗憾地付之一笑"[1]，笃信精神分析的读者也并不认为这一篇章已经过时。相反，他们欣赏弗洛伊德对他年轻时的自己的那种行峻言厉之举，十分珍视这个故事，将其当作弗洛伊德精通潜意识领域的征途中一个阶段的标志。

在这里，我们找到了弗洛伊德最终在阅读文章的公众中获得成功的关键。在 19 世纪 90 年代早期的某个时刻，他似乎悟出了一个道理，通过进入心灵世界展开一系列探险的方式，讲出属于他自己的故事。故事可以讲得引人入胜，讲得曲折离奇，使得读者都想借由他人的经历而参与其中。在案例史当中，主要给"治愈了"的其实是他自己的头脑——也就是对初看之下无法解释和难以治疗的症状的困惑。如果在某些情形下，他不得不承认他付诸治疗的努力遭到了挫败，那么他又会凭这种坦率的表现赢得信任。

弗洛伊德新的文学样式只有在其真正目的——对他个人进行美化——被貌似科学的基本原理掩盖起来时，才能发挥出他想达到的效果。他对这一前提的领会，在他叙写伊丽莎白·冯·R. 病史时半途插入的那一段说起他自己经历的诡谲评述中，可谓一览无遗：

> 我并非素来就是精神治疗师。和其他神经病理学家一样，我接受过局部诊断和电子预后的相关训练，我自己也觉得奇怪，我写的案例史读起来竟然跟小说［Novellen］似的，人家可能就要说了，缺乏科学的严肃性。我必须宽慰自己，经过反思，显然原因在于受试者的天性，而非我自己的任何偏好。事实上，局部诊断和电子反应在事关癔症的研究当中完全不顶用，然而关于心理活动过程的详细描述——例如我们习以为常的见诸富有想象力的作家笔下的那些描写，使我能够运用一些心理学的方法，至少获得某种关于癔症发展

过程的洞见[2]。

这段话反映了弗洛伊德式的一个拿手好戏，我们可以称之为不出风头的自夸，或者说故作矜持的惺惺作态，使作者显得比以往任何时候都更加优秀。在这里，他做足姿态，仿佛读者就此信任他，仿佛他严苛看待自己付出的努力。我们听到的信息是，哪怕对于不知所然的弗洛伊德而言，他写的案例史听起来也更像是小说而非科学报告。但他这表面上的坦率直言实则是一种狡猾的策略——这种策略有碍读者独立形成对于《研究》中叙事技巧的判断，将那些特征归结于从中不偏不倚地得出"洞见"的单纯"描述"而非"[弗洛伊德]自己的任何偏好"。实际上，弗洛伊德的每一则"小说"都将戏剧性的叙述置于理应权衡考虑他对案例的解释从而排除掉其他可能性的地方。

可能有人会提出异议表示，毕竟，在处理无可否认确已发生的那一连串事件时，弗洛伊德的案例史归因于病人的那种看法，任何人处于同样情境下也都很可能会得出。不过，暂且不谈弗洛伊德是否有时候会错误报道那些事件，他还原当事人彼时都在想些什么的这一说法完全不是真实的。他的理论要求展示陷入潜意识冲突之中的情况，这不仅无法观察，而且若要制造这种情况，必须在受试者身上寻因找出两个相互冲突的动机，并指明其中一个——可耻的、被忽视了的那一个动机——是症状的病根。

大多数弗洛伊德的案例史都是巧妙构思之作：以一种扣人心弦的方式，创造出悬念而后又将悬念消除。读者往往都会接受他的推论，因为这些推论就是另一种意义上的结论：消除人为制造的紧张的情节元素。所有虚构叙事的其他要素也都派上用场了。因此，作者随心所欲地给出干净利落的对话——不仅仅是他自己和病人之间的交流，而且还有据说是病人以前发生过的对话——仿佛每句话不知怎的都在说出口的当下给记录在案了。家庭成员之间以及睿智英明的分析师与心存抗拒的病人之间的紧张关系是老生常谈的主题。弗洛伊德自己作为遇到障碍但又巧妙克服了那些障碍的侦探，才是每个故事中真正的主角。

在 19 世纪 90 年代，所有这些侦探的榜样都是夏洛克·福尔摩斯，他于 1887 年登上文学舞台的初次亮相引起了国际轰动。在德语国家，阿瑟·柯南·道尔笔下的这位神探引发的风潮如此之盛，竟让人们创造出新的德语动词追踪（sherlockieren）和名词福尔摩斯狂热（Sherlockismus），以此向他致以敬意 [3]。弗洛伊德是不是在想象自己俨然是潜意识领域的夏洛克·福尔摩斯呢？

"狼人"谢尔盖·潘克伊夫后来的一段回忆间接印证了这一看法：

> 有一次，我恰好谈起了柯南·道尔和他笔下的夏洛克·福尔摩斯，我原本以为弗洛伊德可能反感这类消遣读物，结果惊讶地发现，事情压根儿不是这样，弗洛伊德曾经如痴如醉地阅读这位作者的书 [4]。

保拉·菲赫特尔，弗洛伊德人生最后十年岁月家中的仆人之一，也是同样的论调，他回忆说弗洛伊德几乎每晚都潜心阅读侦探小说，最喜欢的就是福尔摩斯的故事 [5]。但认为弗洛伊德在《癔症研究》中扮演福尔摩斯一角最充分的理由是——正如我们即将看到的——他赋予叙事中的自己以福尔摩斯那种不同凡响的本领，能够不费吹灰之力就推断出受试者的背景、活动和性情。

在私人生活中，弗洛伊德也喜欢扮演同样这一虚构的角色。因此，在 1909 年与萨宾娜·斯皮勒林通信时，他假装不知道她与卡尔·古斯塔夫·荣格的性关系，而荣格自己最终将此事告诉了他。"我〔给斯皮勒林〕的回信非常巧妙而鞭辟入里，"这位顽皮的分析师向荣格报告，"显得是蛛丝马迹使我能像夏洛克·福尔摩斯一样去猜测个中究竟（在你来信之后这当然就不难了）。" [6]

除了柯南·道尔，弗洛伊德可能还受到埃德加·爱伦·坡的影响，不管怎么说，柯南·道尔确实在一定程度上模仿坡笔下异常敏锐的业余侦探 C. 奥古斯特·杜邦从而塑造了福尔摩斯。弗洛伊德的"卡塔琳娜"章节的第一句话——"189×年暑假，我去高陶恩山脉远足，好让我有段时间或许能忘掉药物，尤其是忘掉神经症"——读起来像是坡典型的开场白（我们将看到，篇章中除了"暑假"之外的一切都是编造的）[7]。

弗洛伊德对癔症的"洞察力"——他推断的原因和结果之间的"紧密联系"——与他的小说自由度共存。对他而言，著述并非就客观的心理发现展开沟通和解释的手段。相反，这是他的专长。后来的分析家陶醉于与诸如朵拉、小汉斯和鼠人这般鲜活人物的密切交情，往往将他的艺术技法与科学混为一谈。他们会在自己的写作中尽可能进行仿效，在他们的培训机构中，他们会使之成为精神分析思维方式的入门教育核心，而这本身无非是将人类经验简化为一些标准的情节元素罢了。

弗洛伊德在《癔症研究》中的叙事片段，可以视为他从缺乏经验单纯列举棘手的事实一路发展到能够完全塑造读者体验的不同阶段的点滴见证。他那些故事中为时最早也因此最粗糙最不成熟的，就是"埃米·冯·N."的故事，他在故事中给予了充足的证据，结果案例狼狈收场，而且病人还愚弄了他。尤其有一种行事不慎：把治疗头三周的病例记录全都纳入案例史之中，他再也不会重蹈覆辙。

写完埃米这一章以后，弗洛伊德再也不会让他的读者得知，他已经运用过一大堆常规疗法，包括每天两次按摩病人"整个身体"，与此同时软化她对于他的想法的抵触。他也不会（除了在1905年报告的朵拉案例中）让我们获悉，他多此一举地警告病人结果适得其反，或者他被勒令闭嘴然后由着她随心所欲东拉西扯。这是他第一次也是最后一次，笨拙到竟暴露出他辛辛苦苦努力了半天最终却助长了人家对他这个人本身的"反感"[8]。

弗洛伊德肯定希望对埃米的案例进行一番粉饰，但由于布罗伊尔熟知治疗的过程，他无法这样做。同样的限制至少在一定程度上也出现在四大案例中他接下来予以治疗但最后一个撰文呈现的"伊丽莎白·冯·R."的案例里。不过作为作者，弗洛伊德这下突然灵光一现，想出了诱发悬念的办法，这一手段此后对他大有裨益，将其描绘成一副坦然面对、继而出色解决有碍全方位理解和治愈病例的重重谜团的形象[9]。

且不说他的解释——伊丽莎白／伊洛纳的腿部疼痛源于一种受到

压抑的想要与姐夫结婚的欲望——在若干方面看来都够奇怪的。也且不说，他展开福尔摩斯般推理的那个重大时刻——指出伊丽莎白有一次站起来迎接他时一脸痛苦，由此证明他爱她姐夫——构成了一种阐释上的牵强附会。整个一连串的推论都是为了讲述一个吸引人的故事，尤其是当报告说弗洛伊德（但没有其他人？）看到奇迹般大病痊愈的伊丽莎白翩然起舞时，更是形成了叙事的高潮。

弗洛伊德正是借助于小说式的内心独白，得以否定伊洛纳·魏瑟的自我理解，并以他自己诠释的她作何感受的版本取而代之。根据弗洛伊德的说法，在她姐夫成为鳏夫的那一天，她告诉自己，"现在他自由了，你可以成为他的妻子"[10]。这听起来像是病人对弗洛伊德说的话，但她予以否认，说从不曾冒出过这样的想法。还有："当我们仔细琢磨、探讨交流这些回忆时，伊丽莎白看清了，她对姐夫情意绵绵的感觉已经在她身上蛰伏了相当长时间。"[11]弗洛伊德会在他最出名的一些案例研究中提供诸如此类的伪证，暗示说他的病人们在内心某个地方，已经臣服于他万无一失的解释。虽然从来没有大费口舌进行公开宣称，但他会给毫无戒备的读者留下这样的印象。

然而，当弗洛伊德认为他的论断无一会受到核查时，他的叙述使命就更简单了。因此，在《研究》中，埃米和伊丽莎白牵强附会、偶尔还含糊其辞的故事与"露西·R. 小姐"天衣无缝的故事，二者之间在构造和风格上存在显著差异。露西从未有后裔予以指认，只不过是一个居住在维也纳郊区的地位低微的英语家庭教师，她不会在那里或其他任何地方阅读心理学的论文。然而，绝非巧合的是，作为叙述者的主人公弗洛伊德恰好向在文中显得俯首帖耳的露西问对了问题，露西深为治疗师的敏锐知觉所折服，他毫不费力地套出了验证他的猜测所需的那些秘密。此外，他还治愈了她的嗅幻觉。

2. 高山上的呼喊

至于"卡塔琳娜"，她也是个出身低微的女性，无从反驳弗洛伊德关于她的故事。虽然她与弗洛伊德事出偶然的相遇在《癔症研究》的主要案例当中占据的篇幅最少，但正是在这个部分，他最为肆无忌惮地吹嘘自己的推理能力。然而，在这个案例中，他错误地认为他背离事实的做法永远不会被人发现。那么，在此我们可以判断，当他觉得不用对任何人负责时，为了让案例史和他当下的理论达成一致，他会多么不择手段。

在 1893 年 5 月 30 日给威廉·弗利斯的一封信中，弗洛伊德讲述说，他当时刚得出一种新的诊断：处女焦虑，他将其定义为"一种对于性有预感的恐惧，在其背后是（处女）看到过或听说过或一知半解的情形"*。在同一封信中下面几行，他宣称，"我们一家人明天要去赖谢瑙"[12]。那是他们最喜爱的度假胜地，位于维也纳西南五十英里的塞默灵山脉中一座名叫拉克斯阿尔卑（或者简称拉克斯）的山脚下。他在 8 月 20 日就是从那里写信给弗利斯，言简意赅地透露说，"最近我被拉克斯这里旅店老板的女儿**求诊了；对我来说这是个极佳的案例"[13]。无需赘言，看来那是一个"处女焦虑"的案例。

8 月中旬左右的一天，热衷徒步的旅行者弗洛伊德在拉克斯的坡地旅舍歇脚，这时候他显然给一位约莫十八岁的女招待拉到了一边，毫无准备之下临时为她做了诊断，她确实是旅店老板的女儿。从客人登记簿中得知他是一名医生之后，她据说向他寻求关于两年前开始折磨她的哮喘发作问题的医疗建议。那大概是她的全部主诉症状了——不是癔症，也不是焦虑，而是哮喘，这种病痛在山区稀薄的空气中尤其令人担忧。

然而，根据案例史，弗洛伊德的提问促成了一份报告，其中记述了随着"卡塔琳娜"病情发作而出现的大量症状，包括眩晕、窒息和压迫感、对于临近死亡的恐惧、害怕来自后方的袭击以及出现一位身份不

---

* FF，第 49 页；原文如是强调。按照弗洛伊德当时的看法，"处女焦虑"本身并不是一种神经症，而是癔症的一种可能根源。然而我们即将看到，他已经开始重新考虑心理疾病的阵列，这一议题很快就不得不让位于一种新的存在，"焦虑性神经症"。

** 在正式出版的案例研究中，弗洛伊德称患者为旅店女老板的侄女，对此后文有详述。——译者注

明男子的可怕面孔的幻觉。我们可能察觉到，除了最后两项之外，所有这些都是随哮喘出现的合理症状；但是按照弗洛伊德的思路，所有这一切全都指向同一个解释，那就是癔症式重现卡塔琳娜早先在她应付不了的性兴奋洪流般袭来时所经历的那种焦虑感。对弗洛伊德而言这简直得来全不费工夫，卡塔琳娜坦率地说起那些症状，他早就相信那类症状表明"对性的恐惧，在其背后是［处女］看到过或听说过或一知半解的情形"。

卡塔琳娜完全不知道为什么患上了哮喘，但弗洛伊德有如福尔摩斯一样头脑灵活，他已经明白了：

> 我经常发现在女孩子身上，焦虑是恐惧造成的结果——当第一次面对性欲的情境时，处女纯真的心灵会承受不了那种恐惧。
>
> 　　因此我说："如果你不知道的话，那我来告诉你，我认为你是怎么会患病的。两年前的那个时候，你肯定是看到或者听到过什么让你觉得非常难为情的事情，而你情愿没看到。"
>
> 　　"天啊，是的！"她回答道，"就是那时候，我撞见我伯父和那姑娘在一起，弗兰齐斯卡，我表姐。"

于是，卡塔琳娜不带一丁点处女的那种难为情，说起了两年前在邻近那座山上另一家她伯母和伯父经营的旅舍，她透过窗户看见伯父在床上，衣着整齐，但躺在同样也穿着衣服的年轻的弗兰齐斯卡身上。卡塔琳娜惊吓之下的反应是遭遇了她的第一次哮喘发作——旨在让我们推测这情况证明哮喘或者其中某个变种是一种心因性疾病，抽气和喘息重现了不小心听到的交媾的声音*（但弗洛伊德疏忽了细节，忘了在文中让卡塔琳娜无意中听到任何声音）。

---

* "在许多案例中，就像朵拉的案例那样，"弗洛伊德后来写道，"我能够追根溯源，找到呼吸困难或者神经性哮喘症状的刺激性的起因——病人无意中听到成人之间发生的性交。"（SE，7：80）这是他对每起哮喘发作习惯性的老一套解释。

接下来的交流更是让我们发现，弗洛伊德的无知甚于卡塔琳娜。他问她是否理解那个令她惊慌失措的场面的意义。"哦不，"她回答，"那时候我什么都不懂。我才十六岁。我不知道自己给什么吓到了。"[14] 毕竟，在季节性营业的旅舍——对于合法正当的夫妻和暗通款曲的男女而言这里都是爱巢，收容养育的猫狗、山羊和一大群动物都会发情，寄宿在此的女招待和清洁女工见的世面多了去了，这里天天都有单身男人用尽办法接近打工的姑娘们——一个十六岁的打工妹能了解什么性知识？

不管怎样，当卡塔琳娜的伯母耳闻这个故事时，据说她毫不费力就理解了其中的含义。她丈夫和弗兰齐斯卡早就是情人，但读者以为要么是她自己对此事不知情，要么是她想让侄女蒙在鼓里。这下伯母受够了。经过暴风骤雨般的几个月后，她带着儿女和侄女一道搬到了毗邻的这座山上，并且得以接管旅舍，把丈夫丢在当时已经怀孕的弗兰齐斯卡的怀抱里。

切要牢记，自 1895 年以来，弗洛伊德的癔症形成理论设想了这么一个两步发展的过程：起初，受害者会经历一次创伤性的体验，但是要么被惊吓过度要么缺乏经验而无法理解其含义，因此她会将其隔绝在一个受到压制的"心理群组"中，一味压抑这创伤性经历所带来的影响。之后，某个相关的辅助经历会重新激活早前的感觉，并且使之变得恐怖，结果造成先前积聚的刺激这下转变为躯体上的症状*。

因此，如果卡塔琳娜是在目睹她的伯父和表姐几近要性交之后很快就生病了，这想必是导致她患癔症的辅助性的第二步。但造成创伤的第一步又是什么呢？为什么在遭到最强烈冲击之后，她多少仍然对性交一无所知呢？甚至在两年后她年满十八岁的时候，据说还向弗洛伊德惊呼："哦，要是我知道我感到恶心的是什么就好了！"[15]

这样的大呼小叫听起来不可信，不仅在于姿态本身，而且由于卡塔

---

* 我们将看到，这个两步发展的理论在弗洛伊德 1894 年的论文《防御型神经精神病》中被公之于众（SE, 3: 42-61）。《癔症研究》中为该理论作例证的不仅有"卡塔琳娜"，还有"露西·R. 小姐"的故事，给露西"造成创伤"的时刻据说出现于"辅助经历"之前仅仅几个月（SE, 2: 123）。"卡塔琳娜"的故事中，二者间隔了若干年。

琳娜在她伯父伯母断绝关系的过程中与丑事的发现和激烈的相互指责均有牵连。她持续的近乎无知，从她叙述时毫不脸红的坦率直言看来是种假象，这下将弗洛伊德的处女焦虑的主题绷紧到了极点。然而，与此同时，这不足以解开第一步的谜团——最初的创伤究竟是什么？这是卡塔琳娜自行解决而不是在弗洛伊德诱导下说出来的。"我也不知道，"他向我们保证，仿佛他不知道从卡塔琳娜的记忆中到底要找什么类型的信息，"但我告诉她，请接着往下说，告诉我发生在她身上的任何事情。"[16] 于是，卡塔琳娜在详细叙述导致家庭破裂的多次争吵之后又透露实情，"让人［弗洛伊德］大吃一惊"，在她才十四岁的时候，她醉酒的伯父试图与她发生性关系，而且不是一次，后来还有好几次，在不同场合下[17]。

　　照字面阅读弗洛伊德的文本会让我们相信，卡塔琳娜在山上对新认识的朋友知无不言，再现了她伯父第一次图谋不轨时和她展开的对话。那是在山谷的旅舍里，有一天晚上，她察觉到他的身体紧贴着她的身体因而醒来：

　　"您这是在干什么，伯父？您为什么不待在您自己床上？"他极力安抚她："接着来，你这个傻姑娘，别动。你不知道这有多好。"——"我不喜欢您那'好'东西；您甚至都不让人安生睡觉。"[18]

　　在描述另一个在旅馆里的场景时，弗洛伊德很快会以同样富有想象力的语调继续讲述。那时卡塔琳娜和伯父住在一套房间里，她醒来发现他正要进入邻近的房间，弗兰齐斯卡出于某种原因碰巧就在那里：

　　"天哪，是你吗，伯父？你在门口做什么？"——"别出声。我只是在找个东西。"——"但出去是走另一扇门呀。"——"我刚搞错了"……等等[19]。

　　可以的话，请试着想象卡塔琳娜"模仿"这些交替出现的说话声，让一个爱刨根问底的陌生人来开导她。如若相信弗洛伊德在此引用为他提供消息之人的原话，读者怕是需要圣贝尔纳黛特*那样的坚定信仰。

更不可信的是认为卡塔琳娜的伯父一次次试图与她交媾而她却没有理解他的行为出自性驱动。但是，这个不可思议的看法比起弗洛伊德故事中最核心的不可能之事，也只不过是件无足轻重的琐事罢了：两年后，当卡塔琳娜看到多次企图引诱自己的那个人把她的表姐压在床上时，她仍然不清楚她观察到的情形是怎么回事。

看来，倘若卡塔琳娜的故事有一半是真的，那么另一半必有差池。仅仅因为看到猥亵过她的人又一次做出与性格相符的举动，而他染指的对象又是那个已经让她怀疑与他有私情的女人，遭到过一系列抚摸和非分要求的受害者不可能感到惊讶，更不用说患上哮喘和癔症了。反之亦然，如果十六岁的卡塔琳娜不确定她观察的是一个性爱场景，她很可能在十四岁以及之后并没有受到同一个性侵犯者的一再威胁。一个合理的推测是，弗洛伊德案例史中与真实情况的偏差发生在他的癔症两步发展理论以及他预先确定的强调青少年性无知这两个论点所需之处——我们可能会注意到，他强调青少年性无知的这一论点将很快发生重大逆转，导致他提出三岁儿童意图杀害与自己同一性别的家长并与剩下的另外那个父亲或母亲发生性关系的观点。

在写这个案例史的时候，对弗洛伊德而言，十四岁这一年龄仍是"前性时期"[20]；因此，当卡塔琳娜的伯父在床上拿勃起的阴茎触碰她时，这个举动应该"对孩子没有造成任何影响"[21]——所谓没有影响是没有在意识上察觉到的影响。然而，即便弗洛伊德也不愿意断言一个十六岁的孩子看着赤裸裸的插入举动不会意识到她看见的是什么事情。这想必是为什么卡塔琳娜的伯父和表姐被描述为在毯子上却一副衣着整齐的样子。不过几页之后，健忘的弗洛伊德提到那个时刻就说是卡塔琳娜"看到那两人在性交的那一刻"[22]。如果他们通常都是透过维多利亚时代男女层层叠叠的服装那样交媾，弗兰齐斯卡的怀孕简直和圣母玛利

---

* 圣贝尔纳黛特（Saint Bernadette，1844—1879），法国卢尔德一个磨坊工的女儿，以经历了"圣母显现"而知名。——译者注

亚的圣灵感孕一样堪称奇迹 *。

然而，这下出现了一个令人不安的意想不到的情况。《癔症研究》出了四次德文版和两次英文版之后，在 1924 年的英文译本中，弗洛伊德在卡塔琳娜一章的末尾增补了如下注释："这么多年过去，我且冒昧除去出于谨慎考虑的托辞，揭开卡塔琳娜不是旅舍女老板侄女而是其女儿的事实。因此，这姑娘是因为父亲企图性侵自己而生病。"[23]

这是弗洛伊德在其已经出版的作品中于知识和伦理方面典型的犯懒。事实过去将近三十年以后，在他的案例史进行第七次重复时（不包括英语以外其他语种的翻译版本），他告诉我们，在一个至关重要的论点上他一直都撒了小谎。然而，即便在这个时候，他也不是坦白地说出真相。在用包含虚构元素内核的脚注做出宣告之前，他又编造故事误导读者。

基于审慎的考量，弗洛伊德将父亲改成伯父也是可以理解的。但是，他又透露骚扰孩子且偷奸犯淫的人是卡塔琳娜自己的父亲，这么一来案例史预想的教训便前功尽弃。如果父亲试图强迫发生乱伦，那么卡塔琳娜受的伤害就不会是来自对于成年人在黑暗中所做之事惶惶不安的幻想，而是来自最深刻的背叛和遗弃。如果后来她逮到他和表姐苟且的丑事，那她想必意识到她父母的婚姻以及她自己的安稳生活都陷入了危险境地。因此，也许她的身体保全了，没有受到侵犯，但这让她父亲未能得手而对她感到愤怒，结果造成他遗弃了妻子。所有这一切完全适合让陀思妥耶夫斯基来展开令人目瞪口呆的心理分析。弗洛伊德却扭曲他听人诉说的事情——如果这就是他听闻的事情，将其变成一个微不足道、无法使人信服的青春期少女对于性的困惑的案例。

3. 客观事实改变不了

事情就一直处于这样的境地，直到 1988 年，彼得·斯韦尔斯凭一

---

* 弗洛伊德从来没有学会如何从"原初场景"观察者的视角来描述性行为。最可笑的例子据说是小狼人见证的柔体杂技演员的技艺——谢尔盖·潘克伊夫自己到了很久以后透露此事基于其他原因也不可能发生。见欧布霍尔策 1982；马奥尼 1984。

己之力完成了一项大胆的学术成就，以极高的可能性确定了卡塔琳娜的身份，重现她的个人经历，思考弗洛伊德为了他的论文或许还擅自对案例史做了某些进一步的修改[24]。卡塔琳娜的真实姓名叫作奥雷利娅·克罗尼希，她的父母是尤利乌斯·克罗尼希和格特鲁德·克罗尼希。他们经营的树园旅舍隶属奥地利旅游俱乐部旗下，位于施内山上四千八百八十英尺高处，正对着拉克斯阿尔卑山。1893 年 8 月的第三周，在拉克斯阿尔卑山上新近开张的与树园旅舍形成竞争的奥托–舒尔茨豪斯（"奥托豪斯"）大公旅舍，弗洛伊德曾与奥雷利娅交谈过（如果他曾经确有此举）。

斯韦尔斯透露，在施内山和其他地方，奥雷利娅和她的姐妹们的一项职责是在节日场合身着民族服装，甚至还得按照要求用约德尔唱法进行歌唱表演，仿佛要展现阿尔卑斯山间的乡村生活。弗洛伊德也乐见这一主题，在案例史中让奥雷利娅用农民的方言讲话。然而，奥雷利娅可不是海蒂。她一生半数以上的时间都在维也纳的住宅区生活，和弗洛伊德自己童年时期所在的利奥波德城区就隔着多瑙河。

毫无疑问，奥雷利娅在十岁时就已经目睹了大量艰难的现实。那时候她的家人申请接管树园旅舍的经营并获得许可，是寄希望于这个举措能治好父亲尤利乌斯的早期结核病以及酗酒和沉溺女色的恶习。但是，在对格特鲁德的外甥女芭芭拉·格舍尔（又名弗兰齐斯卡）动真情之前，高大英俊的尤利乌斯据说已经接二连三地引诱了旅舍里的女员工。

在 20 世纪 80 年代接受访谈时，克罗尼希家族的后代能够证实弗洛伊德所讲述的故事中关于奥雷利娅告诉母亲父亲与芭芭拉有染、关于格特鲁德和尤利乌斯的婚姻在激烈争吵之后瓦解、关于格特鲁德搬迁到拉克斯山上的奥托豪斯旅舍等等的主要梗概，尽管案例史的其他元素只让人觉得困惑。例如，奥雷利娅年迈的女儿及其孙女都确信，"卡塔琳娜"在形体上和气质上都不像是奥雷利娅，而像是她的妹妹奥尔加，但奥尔加太年轻了，照理不可能给弗洛伊德提供研究信息。不过弗洛伊德在此可能只是尽量让奥雷利娅比较难以被认出来。

进一步的不相符之处更令人不安。用斯韦尔斯的话来说：

第二十一章　叙事的真相

> ［亲戚们］觉得奥雷利娅假如在少女时代曾遭到父亲的性骚扰，那
> 么她到后来肯定会至少向她的女儿维尔马透露此事，毕竟她跟维尔
> 马特别亲近……［但］家里没有人听过这种事。此外，奥雷利娅没
> 有表现出任何哮喘症状——说起哮喘，奥尔加也没有——也没有受
> 到神经紧张问题的困扰*。

　　即便是弗洛伊德也不敢厚颜无耻地宣称在约莫一个小时的时间之内他就将卡塔琳娜从哮喘和惊恐发作中解救了出来。他只是写道，他希望她"从我们的谈话中获得了一些收益"[25]。那么，我们想必好奇：弗洛伊德，抑或是与弗洛伊德对话时心烦意乱的奥雷利娅，是不是夸大了尤利乌斯在醉酒状态下对她挑逗所造成的威胁和一犯再犯？到底有没有发生过这样的事件？（请记住，这些都是弗洛伊德所需的，为了达到阐释他的癔症延迟转化的两步发展理论的主要目的。）同样，弗洛伊德是否过分夸大甚至编造了奥雷利娅的一些症状——例如，在弗洛伊德的尖锐质问下，幻觉中那个身份不明的男性面孔看来竟然是她的伯父／父亲？奥雷利娅坦诚而又轻松的回应方式看不出任何病态的迹象，她是否真的患有癔症，她的焦虑是否能由她的客观状况来证明情有可原，不是两年前或四年前而是就在弗洛伊德跟她访谈时的客观状况？
　　至于最后这个问题，斯韦尔斯令人印象深刻地证明了弗洛伊德严重歪曲了导致格特鲁德和奥雷利娅来到拉克斯的那一系列事件在时间上的顺序。根据弗洛伊德的说法，自从卡塔琳娜多嘴多舌讲起她"伯父"和弗兰齐斯卡的事情而促使她的家庭解体以来已经过去了两年，而她和"伯母"已经在奥托豪斯待了有十八个月。然而，实际上格特鲁德·克罗尼希在1893年4月才获得尚未开业的奥托豪斯的经营许可，在弗洛伊德—奥雷利娅会面之前不到五个月。因此，当奥雷利娅与弗洛伊德交

---

* 斯韦尔斯1988，第111—112页。那么，奥雷利娅确实告诉过弗洛伊德她患有哮喘，还是他因为已经相信性根源的理论而硬往案例中加上了哮喘？

谈时，树园旅舍暴风骤雨般的一连串事件想必对她来说还记忆犹新。或许她真的生活在恐惧之中，担心遭到恼羞成怒的父亲的突然袭击。斯韦尔斯认为，她在 1893 年 8 月的心态交织着恐惧、对未来何去何从的担忧以及因为贸然向格特鲁德报告她所看到的事情而将家庭毁于一旦的自我谴责。

根据斯韦尔斯的分析，奥雷利娅·克罗尼希在 1893 年 1 月，也就是目击窗口那一幕的关键事件时，可能刚年满十八岁。然而，弗洛伊德却把那个时刻的"卡塔琳娜"改为十六岁，显然是希望她看起来更易于在面临无法控制的"刺激"时直接崩溃。至于她的伯父／父亲违背人伦的勾引举动，我们无法知道是否全都是弗洛伊德捏造的，但基于几个原因来看，理应保持怀疑的态度。

那些据说发生在十四岁时的事件与奥雷利娅目前所处的困境几乎没有什么密切关系，现在她因眼下虽不在身边但防不胜防的父亲深具敌意而烦闷苦恼。这个龌龊的家庭耻辱也绝非可以轻易脱口说出的事情，更不用说向一个陌生而又奇怪的男性游客演示当初的对话情形了。弗洛伊德将"卡塔琳娜"描绘成一个天真幼稚的乡下姑娘，试图借此使她没什么见识的供述听起来更真实可信，但十八岁的奥雷利娅肯定知道，面对来自身份不明的中年男子的性暗示理应缄口不言。

此外，如果弗洛伊德讲述的那一系列事件的版本属实，奥雷利娅应该从十四岁起就厌恶尤利乌斯·克罗尼希并躲着他，但她无疑并没有那样做。没有后人提到过两人之间长期存在敌意，他俩曾在奥雷利娅的少女时代一起工作和旅行。弗洛伊德自己写道，卡塔琳娜对于伯父／父亲不抱一丝恶意，对于家庭的不幸，她全都归咎于自己身上。再者，斯韦尔斯证明，就在不久前的 1892 年 11 月，奥雷利娅十七岁时，她和尤利乌斯仍然保持着热忱友好的关系。在那个月，她开始编写一本食谱，上面的题词就包括尤利乌斯署名落款的诗句。奥雷利娅显然很珍视那本食谱，后来传给了女儿和孙女。

一旦我们了解到奥雷利娅在 1893 年夏天想必经历过的事情，弗洛伊德对于她的困境全盘往性方面去诠释的做法看来不仅大错特错，而且令人不寒而栗。"告诉我一件事就好，"他问道，"你感觉那天晚上他身体是哪个部分触碰了你？"[26] 此处存在色情刺激，但这属于弗洛伊德给他自己和他的读者带来的一种通过他人的经验间接触碰青春处女的软色情刺激。文中的卡塔琳娜仅以面部表情对于弗洛伊德露骨的暗示表示同意，这时候他向我们予以评论："我无法对她再深入一步探究"（ich kann nicht weiter in sie dringen）*。即便这番提问和无言的回应从未发生过，白纸黑字的刺激就呈现在那里，充斥着弗洛伊德未来的唯性欲论。

置于搜集检索到的历史背景下进行解读时，卡塔琳娜的叙述给人留下两个深刻印象。首先，弗洛伊德要么不愿意、要么没有能力去权衡比较他所寻找的因素之外的因素。作为一名心理学家，他名义上的天职是帮助人们应对困扰他们的一切事情，但他在与奥雷利娅·克罗尼希那一个小时的交流中似乎告败了，用他近期偏好的处女焦虑的话题替换了她实际所处的困境。正如他告诉弗利斯的那样，"对我来说这是个极佳的案例"——这个案例他只会以他的先入之见来理解。第二，卡塔琳娜的故事比他早年任何别的案例史都更清楚地表明，他对于调整改变事实以冒充他想要的结果毫无顾忌。

哪怕弗洛伊德所说的事实没错，这时候他也往往伪造他获悉那些事实的方法。想一想从他看到卡塔琳娜第一眼时他"推论"的一些内容。她的"衣着和举止"告诉他，她"毫无疑问必然是旅舍女店主的女儿或亲戚"[27]。他决定"碰运气猜一猜"说她在第一次"面对性欲的情境时"被搞得心慌意乱[28]，而且旋即讲述窗口那个场景来证明他猜对了，而他此前对窗口目击一事一无所知。他只是请卡塔琳娜说出发生在她身上的一切事情，"满怀信心，期望她会想起我解读案例恰好需要的素材"，就得到了弗兰齐斯卡的整个故事及其后果[29]。但所有这一切都是假象，因为当中真实的各个细节是赖谢瑙周围每个人——不论是常住居

---

* 在标准版文集中，这个分句被译为"我无法再深入探究"（SE, 2: 132）。省略掉"对她"二字显示编辑对于弗洛伊德的淫欲癖好心有不安。至于动词形式上的差异，弗洛伊德选择在他这一章中以近乎猥亵的"正当你在场"的风格进行叙述，但斯特雷奇无疑认为过去式会给人留下更体面的印象，于是悄无声息地对通篇文本进行了改动。

民还是度夏游客，都已经熟知的信息。

倘若弗洛伊德果真是特意到比拉克斯阿尔卑更加远离维也纳两百英里的"高陶恩进行短途旅行"以躲开劳心劳力的行医压力而求得清净，那么我们可以接受他声称的对于运营最高峰之一上的"歇脚旅舍"的这个家庭一无所知。相反，他爬的那座山每年 8 月他都去，有时甚至每周爬三次，年年如此，除了 1886 年他结婚的那一年——换言之，年复一年六个夏天他都来了。在赖谢瑙山脚下的村庄，他的家人通常整个度假时节都安顿在那里，树园旅舍的通奸和离婚丑闻以及由此导致的格特鲁德·克罗尼希和孩子们转移到拉克斯山上新开的奥托豪斯旅舍想必是闲言碎语的重头戏，也是 1893 年夏天最重要的商业新闻。

当年 8 月 18—20 日，弗洛伊德夜宿奥托豪斯，旅舍的其他客人肯定知道为什么这里的店主没有丈夫在场帮助她经营旅舍 *。因此在和卡塔琳娜面对面相谈之前，弗洛伊德有大把机会，观察她与她的母亲一起工作，并从同样来远足的其他人那里了解她的情况。但是，就故事中种种真实的元素而言，他最大的虚伪是假装不知道尤利乌斯与芭芭拉·格舍尔在当地已经臭名昭著的关系，假装不知道奥雷利娅发现和披露他们的丑事以及后续发生的事件——所有这一切他都改写为确认他理论的惊喜。

我们已经看到，到了 1895 年，弗洛伊德为了增强自我形象和理论的正确性，已经放任自己编造、隐瞒、改变和重新安排事实。在当前这个实例中，由于斯韦尔斯的研究，任何人都可以看到这种欺骗行为。在 1895 年之后，弗洛伊德很少让他操纵篡改的举动如此赤裸裸地暴露在外。但是卡塔琳娜这一章节让我们注意到，其作者可不比柯南·道尔，对于保持故事中的前后一致着实麻痹大意——在制造他想象中那高超本领的"证据"时完全不择手段。

---

* 请注意弗洛伊德在到达"歇脚旅舍"时已经知道这里只有一个"女店主"（Wirtin）而没有照常理应陪伴左右的男店主。

第二十二章

排布神经症

1. 强加法则

我们上一次看到弗洛伊德长篇阔论大谈特谈神经症，是在他 1895 年撰写并出版的《癔症研究》的最后一章里。在书中，对他"敬重有加的朋友约瑟夫·布罗伊尔"稍作礼貌性的让步之后，他让大家全都得以知晓，最近"若干新颖的观点"把他带上了一个新方向[1]：

> 我非常幸运，能够在相对较短的时间内就收获了一些值得称道的发现。首先，我不得不认识到，只要一说起患上神经症的决定性原因，不外乎就在性因素中寻找。继而又发现，在最普遍的意义上，不同的性因素会产生不同的神经症状况。然后，根据这一关系得到认可的程度，可以大胆尝试将病因学用于界定神经症的特征，用于明显区分各种神经症的临床状况[2]。

这段逐步归纳的描述已经令单纯的读者信以为真，他们一厢情愿地认为，弗洛伊德在他新近的治疗实践中一直都在从事研究项目。人们推测，1893 年 1 月布罗伊尔 / 弗洛伊德的《初步交流》出版后的某个时刻，弗洛伊德在病人身上展开的研究使他注意到神经症具有性基础这一重大发现。然而，事实上，在《初步交流》问世之前和之后的几周内寄送给他的朋友威廉·弗利斯的两份论文草稿表明，他早已秉持这种观点并试图光凭思考就在此基础上加以拓展阐述[3]。从那些文本和其他文章中可以清楚地看出，他和弗利斯共同探讨性方面的致病因素已有相当一段时日。1893 年 9 月 29 日的一封信表明，在开始用演绎法进行推论以求探明癔症如何出现在病因学体系中之前，弗洛伊德已将所有神经症一概视为关乎于性[4]。

弗洛伊德在《癔症研究》的最后一章中不再依附于布罗伊尔而独立提出主张的前后那几个月时间里，发表了两篇值得归于一谈的雄心勃勃的论文：

• 《防御型精神神经症》(1894 年 5 月和 6 月)[5]。
• 《通过对于 "焦虑性神经症" 的描述将特定综合症状从神经衰弱中拆分而出的依据》(1895 年 1 月)[6]。

然后又有两篇后续跟进的论文，反映了进一步的思考并就反对意见予以回应：

• 《强迫症和恐惧症：其心理机制及其病因》(1895 年 1 月)[7]。
• 《对于论焦虑性神经症的拙作的批评之回应》(1895 年 7 月)[8]。

不同于弗洛伊德以往的心理学论文——那些作品力求使他同诸如夏尔科、伯恩海默、福雷尔、雅内或布罗伊尔等深受认可的权威结成联盟，如今的这些论文阐述了他成一家之言的关于神经症的概念。当完全处于同一时代的埃米尔·克雷佩林即将用他 1896 年的精神病分类法彻底改变精神病学之际，弗洛伊德在此试图以更大刀阔斧的方式对神经症进行分类和解释[9]。此前没有人尝试过进行这样的综合论述，即汇集大家已经公认的一般类型的神经症，重新定义一种综合征（神经衰弱），新增一种综合征（焦虑性神经症），宣布每种疾病的准确病因，将所有这一切纳入性使然的总体构架之内。

弗洛伊德认为他已经发现了精神神经症和他不久后称为现行神经症（通常被误称为"真性神经症"）的根本区别 *。每一种精神神经症中决定性的病因据说都是一段遭到压抑的造成创伤的记忆；因此，一切精神神经症都是意念性的，且源于过去。而现行神经症尽管也自有其历史，却避开了思想精神。致病原因在于习惯成自然的性行为或性缺乏，通过破坏血液化学成分的调节机制而直接影响到躯体。

不仅就现行神经症而言，也就将所有神经症纳入同一视角的整体方案而言，弗洛伊德的出发点都是神经衰弱，这一系列神经系统紊乱位列19世纪末最常被诊断的疾病。事实上，弗洛伊德称之为"我们社会中最常见的疾病"[10]，说他经常在行医过程中遇到该病[11]。因为神经衰弱所有列出的症状也可见诸其他疾病，又因为那些症状有部分往往在特定病例中缺失，所以没有科学依据能让其被视为构成了一种综合征。

倘若弗洛伊德早就厘清了这个问题，他恐怕已经发起引人关注的概念上的改革。相反，他提出的创新只是扩大了错误的范围。他从神经衰弱当中挖掘塑造了又一种同样主观臆断的疾病：焦虑性神经症。这下患有慢性焦虑和饱受随之而来的忧郁、烦躁、眩晕、恐惧症和噪音不适等影响折磨的病人据说都有其自身的苦楚。与此同时，神经衰弱依然包括"颅内压、脊髓发炎、消化不良伴肠胃气胀和便秘"——但究竟原因何在，读者却未被告知 **。

弗洛伊德把两种现行神经症分别归结于各自不同类型的原因。两种归因都颇具大男子主义色彩，遑论带有自传性质。弗洛伊德写道，神经衰弱在不完全是"遗传缺陷"引起的情况下，是由于性物质消耗不当——几乎毫无例外都是通过手淫方式。这种不良习性反复排放本应储藏起来以备与异性交媾之用的化学物质，结果不仅扰乱了其他的躯体机

---

*　弗洛伊德用的形容词 aktuell 和"真实"毫不相干。既然 aktuell Neurose 的正确译法是"现行神经症"，笔者将背离传统，就采用这一译法。

　　如笔者此前提到过的，弗洛伊德在早年时期交替使用神经精神和精神神经症两个术语。

**　SE, 3: 90."颅内压"和"脊髓发炎"早已从医学教科书中消失，历史学家一直以来都难以重现原文意指的都有哪些不适。

能，还使得尝试者注意力涣散而无法正确选择对象，降低了他将来处理性紧张情绪的能力，从而导致性功能衰退。

相比之下，焦虑性神经症在不完全是遗传所致的情况下，乃是源于性行为受挫——长期禁欲或阳痿或诸如性交中断和早泄这样的行为，所有这一切都"阻碍了力比多"[12]。既然如此，也就难怪焦虑发作表现出呼吸困难、出汗和心悸等迹象。在弗洛伊德看来，这些迹象并非在精神层面上产生的性交象征，其本身是性交的本能反应，在无意识的情况下寻找宣泄渠道。

弗洛伊德提出，在这两种现行神经症中，理论上会进行自我调节因而随时准备承受外部刺激影响的神经系统，不得不应对内源性（内部）混乱。神经系统可以说是不假思索地这样操作了。相反，在精神神经症中，一个关于性的观念被呈递给心灵，而心灵出于这种或那种原因不赞成这一观念，因此借由压抑迫使它另寻出路。

弗洛伊德强调，在癔症中，压抑往往会将无法接受的想法转化为身体上的症状，例如夏尔科提出的重癔症中的那些症状。但是在强迫观念和强迫行为中，性观念被置换到另一种观念上——这种观念可能缺乏显而易见的性成分，不过仍然老想着（一种执迷不悟的念头）或者习惯上表现出（一种强迫作用），仿佛这一替代品仍是原来那个具有危害的想法。在产生幻觉的情况下，病人斩钉截铁地拒绝这种想法，只要虚幻的体验还在发生，现实本身就会遭到否定。最终，偏执狂承认存在可耻的念头，但将其投射到他人身上。

弗洛伊德提出这些主张时所表现出的狂妄自大，我们再怎么形容也不会言过其实，那与不辞辛劳、条理清晰的克雷佩林提出的主张形成了鲜明对照。克雷佩林在实验主义者厄尔布、弗莱西格和威廉·冯特手下学习科学方法，从他诊治的住院精神病患者身上汲取素材并编写全面的临床记录，从而避免对病因进行一味的瞎猜。恰恰相反，他为自己对于精神病现象的描述建立了坚实的证据基础，本着同当下和未来的研究人员展开合作的精神，主动将其提供给大家。他对早发性痴呆（精神分裂症）和躁狂抑郁症（双相情感障碍）这两种不同精神病的鉴别，最终证明是对医学知识的持久贡献。

弗洛伊德诊治的患者比克雷佩林少得多，对精神研究也几乎没什么兴趣。在经由推理作出正确诊断或者避免同义反复方面，他没有展现出任何能力。譬如他能引用的证据都出自四个不可靠的信息来源：从简短谈过话的病人身上收集信息形成的快速判断、没有定论的长期治疗、对他自己的担心以及与他的理论相矛盾的安娜·O.案例。他声称理解癔症和神经衰弱这两种主要神经症的内在运作机制，而他的同事们很快就会将其视为妄加之举。然而，他的主张比克雷佩林更详尽也更武断，那些主张作为基于他的权威应该相信的既定事实给提了出来。

弗洛伊德希望证明，包括精神神经症患者在内的所有神经症患者都缺乏让成熟神经系统保持在健康平衡状态的唯一手段：频繁的以性高潮结束的异性性交。包括约瑟夫·布罗伊尔在内的为数不少的其他一些思想家，可能也会承认这一想法有一定合理性。但问题是，这种抽象层面的理论是否有助于理解实际案例，那些案例可能会也可能不会受到性因素的支配。整个倡导精神因素的运动，从德尔伯夫、默比乌斯、施特吕姆佩尔、福雷尔和雅内到保罗·迪布瓦和布罗伊尔本人，都坚持这么一个原则——心理现象唯有用心理学术语才能得到最准确的理解。然而，弗洛伊德希望构建一个适用于一切神经症的性方面的共同特性，便倒向一个生理学的框架，借此说服他自己和其他人，唯物主义知识站在他这一边。

这一倾向在1894年《防御型精神神经症》的结尾几段话中得以预告：

> 最后，我想谈一谈我在阐述防御型神经症过程中所使用的有效假说。我指的是在心理功能中需要给区分出来的概念——定量的自觉感情或者刺激的总和——具有数量的所有特征（尽管我们没有对其进行测量的方法），能够增加、减少、转移和发泄，有点像是电荷在身体表面四散蔓延那样，会在想法的记忆痕迹上蔓延开去。
>
> 这个假说……可以派上用场，正如物理学家应用电流流动的假

说。在归纳整理和解释各种各样心理状态方面的实用性暂时证明了这一假说之正确[13]。

投身精神分析疗法的弗洛伊德切断他与自然科学的联系从而支持纯粹心理学，对弗氏此举表示赞赏的那些评论家并不了解，这个神经冲动脑回路对他而言具有多么重大的意义。正如他后来在 1905 年发表的《朵拉》一文的补篇中强调的那样，"唯独治疗手段是纯粹精神性的；理论无论如何都明确指出，神经症有器质性的基础"[14]。

弗洛伊德的量化用语给了他一张通行证，可以随心所欲跨越身心的边界而无需为流通交换大伤脑筋。诀窍在于将虚构的数学应用于自觉感情（Affekt）和刺激（Erregung）的"数量"或"总和"（Beträge），仿佛这两种特性——一种是精神上的，另一种是生理上的——可以互换。对于纯粹躯体的"现行神经症"或者诸如强迫症的那些可能会将性观念转变为无性观念的精神神经症而言，并不需要这种领域上的模糊处理。然而，这种处理使得从思想演化到行为的癔症转换机制的合理性大为增强。不必硬着头皮解释说什么难以捉摸的自我防御行为是如何说服身体的某个部分来象征自我正在压抑的事件，弗洛伊德只需坚称"刺激的总和，在与精神的联系切断了之后，无意中会更容易走上躯体神经支配的错误道路"[15]。

因此，举例而言，经弗洛伊德告知自己迷恋姐夫的"伊丽莎白·冯·R."（伊洛纳·魏瑟），据说她"将情欲观念压抑到意识之外，把自觉感情的量转化为痛苦的身体感觉"[16]。这样的主张要求我们须得将产生压抑的心灵和发生功能障碍的肢体想象成沿着"错误道路"展开隔空传送的两个站点，而这主张本身用近乎数字的术语进行表达，无端增添了一种科学的气息。确切的自觉感情量——但具体量有多少？——沿着从心灵到身体的神经元路线行进，伊丽莎白也感受到了疼痛（虽说那是在两年之后了）。

尽管伊丽莎白自有所谓的压抑和转换，但弗洛伊德还想声称她在那一瞬间已经意识到她对姐夫的爱是不道德的。因此，他以一种代数思维来调配她的感受，[借此]我们可以将一定量的自觉情感归于这些仍在意识之外的爱欲的概念体系，说这个量（一定量的自觉情感）是转换而来的[17]。人们以为，伊丽莎白的头脑中留下了足够多的自觉感情单元，让她认识到弗洛伊德对于她的案例的理解之正确。实际上，伊丽莎白认为他的解读荒谬至极。然而，他的数字术语让读者误以为他想必成功地将病人的问题追溯到了其根源。

2. 心灵的杆菌

根据精神分析的起源神话，唯独弗洛伊德有勇气承认性在神经症形成过程中至关重要。然而，正如我们已经看到的，癔症自古以来一直被视为一种性功能障碍，许多 19 世纪的医生早于弗洛伊德就曾强调过少、过多或者过于不规律的性活动会诱发疾病。例如，将神经症状同早泄和性交中断联系起来的，绝非唯独他一人。

至于习惯性手淫，在弗洛伊德那个时代，被视为一种广谱的病因，产生的危害从阳痿到精神错乱不一而足。神经衰弱的推广者（而非最初的支持者），美国人乔治·M. 比尔德，将手淫视为除了饮酒吸烟、工作劳累过度、身陷现代生活疯狂节奏乃至退休以外，可能将个体的"神经力"消耗殆尽的一种行为[*]。比尔德还提出了一种亚型——"性神经衰弱"，手淫再度被列为可能致病但并非一成不变的原因[18]。

因为比尔德式神经衰弱的所谓的病因几乎与它造成的后果一样纷繁多样，所以针对他的说法的反驳没有能行得通的。然而，弗洛伊德认为手淫是神经衰弱的"特定起因"，因为罗伯特·科赫已将某种微生物

---

[*] 比尔德 1881。自从 1869 年首次唤起公众对于神经衰弱的注意后，比尔德一直在扩展神经衰弱的涵盖范围，直到 1881 年在其畅销书中将大量神经症状一并纳入。此后多年来，弗洛伊德赞同比尔德提出的包罗多样的神经衰弱，和一般公众一样并无兴趣再深入钻研。到 20 世纪 20 年代，多数医生差不多都已经承认没有所谓的神经衰弱这种疾病；但当医学观念发生转变、情势变得不利时，弗洛伊德及其行医实践对此话题都避而不谈。

确定为结核病的特定起因 [19]。正如接种科赫芽孢杆菌的动物将毫无例外地感染肺结核而别无他病，正如没有该类型感染之人无一可能患有结核病，因此，根据弗洛伊德的说法，积习难改的手淫者会感染上神经衰弱，而且只感染上神经衰弱；于是，长期以来的性挫折将导致焦虑性神经症，除此之外别无其他综合征。

在 1895 年 1 月弗洛伊德关于现行神经症的文章发表后不久，慕尼黑知名的精神病学家利奥波德·勒文菲尔德便指出，弗洛伊德的论点中有一个显而易见的弱点 [20]。勒文菲尔德评论说，焦虑往往出于纯粹的惊吓，没有一丁半点的性因素。在这类病例中，前因后果衔接得无比紧密；一旦遭遇惊惧恐怖，焦虑当即开始出现。那么，弗洛伊德怎么能坚称焦虑的真正原因在于性呢？

就这一点，弗洛伊德在他的《对于批评之回应》一文中有很多话要说，但那是在他大肆冒犯侮慢而回避实质问题之后了，这种做法将在他后来的历次激烈争辩中成为惯例。他写道，医生们已经开始认识到神经症的性基础，但他们不敢承认：

> 这种行为必然有着根深蒂固的原因，追根溯源可能是不太愿意正视性问题……无论如何，人在大胆尝试着要让某件事在别人看来可以信服时，必须做好准备直面抗拒，而此事其实他们可以毫不费力地自行发现 [21]。

弗洛伊德在暗示，勒文菲尔德苦于自己的性焦虑，这就是为什么他没能承认弗洛伊德的推论显然正确无虞。

贯穿《回应》一文的始终，弗洛伊德透露说，举证责任落在勒文菲尔德和任何对其病因学表示质疑的人身上。但弗洛伊德有责任证明，首先，性原因具有独特的决定地位；其次，每个特定原因都存在于"其自身的"神经症的所有案例之中，而别无他例；最后，精神健康的人很少会有此处所讨论的道德败坏的行为。弗洛伊德并没有着手落实那些艰巨的任务，而是满不在乎地承认——他的理论在目前情况下显示出"差距和弱点"，他"几乎没有举出任何例子"来支持他的案例[22]。

弗洛伊德从未补救的这一不足是个严重的缺陷，因为他的说法究其本质是流行病学的。只有将性习惯与大量抽样调查的患者身上存在或存在神经症关联起来，他才能让他的主张显得有凭有据。然而，他厚颜无耻地声称"在多数案例中，特定性因素的存在大可得到证实"[23]。一如既往，面对无法给予满意回应的异议，他这是在虚张声势以图蒙混过关。

有趣的是，早期寄送给弗利斯的信件和论文草稿表明，对于1895年论文中被避之三舍的要求，弗洛伊德其实一清二楚。在他的"A稿"中，弗洛伊德承认研究"身体始终健康的男男女女"的确有逻辑上的必要性[24]。在1893年2月的"B稿"中，他宣布，

> 经过准备，我已经开始收集：一百起焦虑性神经症案例；同样，我想收集相应数量的男性和女性神经衰弱案例和更为罕见的周期性轻度抑郁症。必要的参照对应将是另一个系列的一百起非神经症案例[25]。

弗利斯后来的讲座中包含了一段可能由弗洛伊德所写的文章，自信满满地预测了这项研究的良好结果，弗利斯本人可能在研究中提供非神经症的对照组案例[26]。

然而，似乎这项切合实际的合理计划很快就被抛弃了。在后续的信件中，弗洛伊德推脱说健康状况不佳、抑郁、担忧和疲劳是他有关性的（现行神经症）研究进展缓慢的原因，他甚至连尝试收集统计数据都只字未提。虽然他知道寥寥几宗趣闻轶事支撑不起他尚处于进化之中的理论，但是急不可耐的心态加上勃勃雄心显然促使他无论如何都要发表他关于现行神经症的综合论述，希望论文的权威论调可以弥补相关证据的缺失。

弗洛伊德对于病因的看法一直在变，变化之多、之快简直令人眼花缭乱。在1894年5月和6月的《防御型精神神经症》中，据说强迫

症和恐惧症都是通过相同的机制产生影响，将压抑的自觉情感转换为无关乎于性的观念，要么主宰思想（强迫症），要么因恐惧而逃避（恐惧症）。但到了 1895 年 1 月，在《强迫症和恐惧症》中，他已经彻底翻转了自己的看法："恐惧症的机制与强迫症完全不同。"[27] 这下，恐惧症只是焦虑症的一种亚型，没有任何心理机制。然而，就在同一个月，弗洛伊德关于现行神经症的论文宣称，实际上存在两种类型的恐惧症，其中一种终究是精神神经症 [28]。

相较于这些乱七八糟的未经证实的主张，更令人担忧的是，弗洛伊德拒不披露他其实在每一个转折点都改变了他的理论。在每一情境之下，他都俨然一副纯粹发现真相的法则制定者的面目。早在十年前，在他注定失败的对于可卡因的看法上，他就已经养成了这种架势。现在他遵照的是相同的脚本：坚持出击，贬损你的批评者，尽可能完完全全掩盖你的轨迹。

3. 补充意见

正如我指出过的，关于性的议题是弗洛伊德和布罗伊尔之间开火交战的缘由。弗洛伊德利用《癔症研究》的第四章也是最后一章，宣布一切神经症的起源不外乎于性，这么一来就把这本书变成了屏左右而相搏的产物。读者能察觉到第一章（前文的《初步交流》）中两人看似一致的观点实际上宣告无效。至于第二章中的安娜·O. 样本案例，对于两位作者而言显然具有不同的意义。弗洛伊德带着明显的恶意，毫不含糊地指出：对于安娜·O. 的问题，"其观察者根本没有考虑过从性神经症的角度来看待，现在就这一议题而言案例发现已经相当无用"[29]。

但事情不止如此。弗洛伊德还摧毁了他自己在第二章中的案例研究。原本埃米、露西、卡塔琳娜和伊丽莎白全都被描绘成典型的癔症患者，但现在弗洛伊德认为这四个女人都让他给误诊了。埃米的癔症被认定是她所谓的"禁欲"导致的"严重焦虑性神经症"的继发病症。说来不幸，伊丽莎白的毛病，和安娜·O. 案例一样，并没有被"当成性神经

症"来研究。同样，露西的焦虑"并不明显，或者我没注意到"。不过
既然伊丽莎白和露西都饱受单相思煎熬，她们想必都患上了焦虑性神经
症。卡塔琳娜这下可以给推断为患有焦虑症和癔症的另一种组合。按照
弗洛伊德的说法，"前者造成了这些症状，而后者复制这些症状并与之
共同产生影响"[30]。

这些单一得可疑的修正引发的问题超过回应的问题。举例而言，倘
若露西患有焦虑性神经症——据说是性匮乏所致，全无任何心理因素作
祟——那么她怎么能一旦死心认命自己在性方面始终无从满足便旋即摆
脱了她那些症状呢？同样的反对意见适用于伊丽莎白所谓的腿部疼痛得
到消除的说法。至于埃米和她的"禁欲"，我们注意到她的多起风流韵
事几乎人尽皆知，除了弗洛伊德。最奇怪的是，与此前素未谋面的卡塔
琳娜聊上了一小时，怎么就能让弗洛伊德发现，在她这起病例中，一种
焦虑性神经症已经将其症状传导到了一种癔症中？在将"处女焦虑"重
新归类为焦虑性神经症的一种亚型而不是继续将其归为癔症的促成因素
的这一过程之中，弗洛伊德忽视了他自己的病因学评判标准。尽管焦虑
性神经症据说是经由不良积聚而兀自造成影响，但依照推测，卡塔琳娜
所谓的病症与她对性行为的恐惧有关。

通过将非心理因素的现行神经症加之于他纳入论文讲述的每个主要
病例的这一做法，对于那些站不住脚或看似可疑的结果，弗洛伊德为自
己找到了万般开脱的借口。不过，在一本题为《癔症研究》的书中，他
列举的所有病例却无一能让人觉得分别摸索出所要探讨的这一疾病的特
征或有效治疗方法。那么，为什么他不推倒重来，用更能说明论点的案
例来取代四起模棱两可的案例？

答案可不能泄露：弗洛伊德拿不出比埃米这批人更好的例证。因
此，须得进行一番即兴发挥：

倘若不是举出四个案例，而是摆出十二个案例——其分析确认了我
们所提出的癔症现象的心理机制，而我却没有这么做，这种克制在
目前情境下是必要的——分析显示，这些案例与此同时又是性神经

症，尽管肯定没有诊断医生会拒绝给予癔症的名号。但是对于这些性神经症的阐释会逾越目前合著的范围[31]。

弗洛伊德告诉他的读者，目前在他抽屉里有十二套确凿的案例笔记——多达十二个！然而，考虑到布罗伊尔，这些案例用不得。我们可能会觉得弗洛伊德想要就此具体多谈几句。但他不敢这样做，因为看来那都是子虚乌有。

仔细研读《癔症研究》中弗洛伊德写的"心理治疗"这一章，可以看出进一步混淆视听和避而不谈的现象。有句话指出，单一的无混杂的癔症病例是"罕见的"；两段话过后，它们就不存在了；但再往后两页，它们又回来了[32]。同样，宣泄疗法"很能行之有效地消除任何癔症的症状"，但弗洛伊德没能将这种方法用于癔症上，据说这么一来就促使他重新思考他对神经症的整体看法[33]。他无法得心应手地施加催眠以消除他那些癔症病人的症状，但据说同样这一技法在他的强迫症患者身上却取得了完美的疗效[34]。那么，他是不是能够催眠强迫性神经症患者而非癔症患者呢？或者可能性更大的是，他是不是在自吹自擂，说他成功治疗了强迫症患者？因为《癔症研究》的读者找不到一个可以从中自行形成独立判断的相关案例史。

弗洛伊德提供的案例史之中，无一能够直截了当地佐证这种宣泄疗法。这下他又把这个问题复杂化了。如果心因性神经症往往都与不良做法所致的"现行"神经症交织在一起，那么这个情况又会将这位同搭档并肩宣扬基于记忆的心理治疗的弗洛伊德置于何处呢？受自己语焉含糊所困，他陷入了文字陷阱：

> 我仍然要提出来谈一谈，承认并非所有癔症症状都是心因性的，与断言那些症状都可以借由心理治疗步骤来消除掉，这二者之间显然存在矛盾。解决之道在于，其中一些非心理性的症状（例如圣痕）确实是疾病（Krankheitszeichen）的征兆，但不能将其描述为病痛（Leiden）；因此，在成功治疗疾病之后，假如症状依然持续存在，

在实质上其实无关紧要。至于其他诸如此类的症状，情况似乎是它们以某种迂回的方式随着心因性症状给解决掉了，或许正如它们毕竟是以某种迂回方式从属于心理原因[35]。

　　如此般思路混乱、前后不一，再比照布罗伊尔行文之明晰理性，简直相形见绌——布氏在他谈理论的第三章中揭穿了弗洛伊德对于无意识的描述上的谬论。布罗伊尔超脱于当代心理学理论和方法的论战之外，这一点更凸显他思路之清晰。然而，弗洛伊德亟须宣告在治疗上取得成功，哪怕他的思维轨迹正使他走向一种有碍于同理心和医学关怀的极端的生理决定论。

第六部

··

步入深渊

··

要我说，这是不是弗洛伊德头脑简单、容易上当
受骗的又一个例证?

——詹姆斯·斯特雷奇告诉欧内斯特·琼斯[*]

---

[*] 见博克-雅各布森和沙姆达萨尼 2012，第 284 页的引用。

第二十三章

你知我知

1. 故人归来

威廉·弗利斯是柏林 [1] 一位鼻内科医生（而不是大家通常以为的那样，在种族渊源、教育背景和专业训练方面都与弗洛伊德极其相似）。他于 1887 年秋来到维也纳，接受进一步的医学训练。在约瑟夫·布罗伊尔的敦促下——因为布罗伊尔已经同热衷于在理论上展开冒险的弗利斯建立起了友好关系，并且此后始终如一——弗利斯去听了无薪讲师弗洛伊德在大学里讲授的关于神经解剖的课程，对授课内容念念不忘。弗洛伊德写给弗利斯的始于 11 月后者返回柏林之后的信显示，这两位医生都在彼此身上找到了热忱殷切的听众。他俩都希望阐明神经症的根源，都暗自怀抱着凭借创造新的科学范式从而实现不朽的愿景。两人都自视是信奉达尔文主义的唯物论者，但与此同时又为浪漫主义的生机论所吸引；弗利斯逐渐脱胎成形的学说之一便是人类与生俱来的双性恋本性论，这一观点让弗洛伊德尤为着迷。

从 1887 年到世纪之交，这两位医生一直是朋友，该时期自 1892 年开始的大部分时间里，无论是在智识上还是在情感上，弗利斯都是弗洛伊德生活中最重要的存在。然而，后来的弗洛伊德却想方设法要将他这位往来有年的亲密好友置之脑后乃至于彻底遗忘。1914 年的《精神分析运动史》对于弗利斯只字未提，该书开篇第二句话声称，"精神分析是我的创造；十年来，关注此事之人唯有我"[2]。弗利斯也并没有出现在1925 年的《自传研究》中，除非我们把文中未指名道姓、只是一笔带过的"当时对我的工作感兴趣的唯一一位朋友"算上[3]。

　　与宗师心存默契缄口不言，弗洛伊德的使徒们对此是再乐意不过了。然而，一系列戏剧性的事件构成了威胁，怕是要出人意料地令弗利斯从寂寂无闻中跳脱出来，事实最终也的确如此。1928 年弗利斯去世后，他的遗孀收集弗洛伊德的来信，售卖给柏林一家书商，并极具先见之明地立下约定——无论如何都不得让写信人购买。1933 年希特勒上台时，这些信件被偷运出来，躲过纳粹，妥善保存在巴黎。就在那里，这些信件让玛丽·波拿巴给买了下来，她对弗洛伊德和精神分析秉持毫无保留的绝对信念，故而认为让学者们得以获取这些信件对于现代心理学的历史而言无伤大雅。她是一位习惯于自行其是的公主，因此当弗洛伊德恳求她把那些信件卖给他时，她断然拒绝——毫无疑问他是打算投进壁炉付之一炬。

　　20 世纪 40 年代后期，国际精神分析界在安娜·弗洛伊德的指导下进行重组，其领导层开始全方位掌控弗利斯这一问题。一方面，信件显示弗洛伊德在大多数议题上都属于追随附和而且更易于轻信的一方。另一困境是大量证据表明，他绝对没有斩断与可卡因的纠葛。再者，弗洛伊德 / 弗利斯的关系也存在一种意淫的特质，这必然会引起人们对于弗洛伊德的癖性的怀疑，也给他幸福婚姻的神话蒙上疑云。最重要的是，这位宗师据说曾孤身奋战，从患者披露的内情和他的自我研究当中形成一种"纯粹的心理"从而超越了他那个时代的神经学和生理学——写给弗利斯的信恰恰否定了这一论点。

　　后来玛丽·波拿巴将这些信件交托给了安娜·弗洛伊德，安娜违抗了父亲下达的在他与世长辞后将一切手稿销毁的命令，可谓功不可没[*]。但是，若非作为主编的安娜本人和恩斯特·克里斯经过诡谲狡诈的

---

[*]　因为弗利斯这边所写的信件几乎全都不见踪影，定然是弗洛伊德亲自销毁了那些信，连同数以百计甚至数以千计不那么有可期前景的文件。

算计，就不会做出决定只出版信件选集，其中包括了弗洛伊德征求弗利斯建议的理论性论文的初稿。据弗洛伊德学派的背叛者杰弗里·马森讲述，恩斯特·弗洛伊德和他父亲的最后一任医生马克斯·舒尔起初计划出版弗利斯书信的全本[4]。我们可以推测，在这个时刻，安娜·弗洛伊德行使了她的否决权。尽管玛丽·波拿巴位列编辑团队，但她对安娜在记录上的掺假操弄颇为不悦。后来，她将弗洛伊德/弗利斯书信往来的一些遗珠透露给了舒尔，舒尔随后的发现对安娜和克里斯打造的传奇大厦的根基造成了破坏[5]。

最终面世的书——*Aus den Anfängen der Psychoanalyse*（1950）及其英译本《精神分析起源》（1954）——就有关弗洛伊德—弗利斯的关系提供了充足信息，使得学者们忙得无暇他顾，由此成功予以防范，避免有人提出要求想查看完整的档案，毕竟完整档案素来是不容踏足的禁区。经过删改的文本及其带有倾向性的编辑可以最大限度地减少与官方学说的矛盾之处，并为后来弗洛伊德学派的辩护者将弗洛伊德对于弗利斯的一时之需纳入如英雄般沉着自制的传奇指明了道路。这样一来，有关弗洛伊德和弗利斯的部分真相可以被纳入一种新式的、更具戏剧性的关于精神分析如何诞生的叙事。然而，随着1985年曾是弗洛伊德学派信徒的马森将信件完整出版，所有这些协调运作的努力将开始分崩瓦解。

2. 改弦易辙的力比多

《精神分析起源》编辑们的当务之急是冷却弗洛伊德对弗利斯的爱慕之情的热度。我们将看到，存留下来的信件中包含许多同性痴情迷恋的措辞表达，与弗洛伊德的传奇大不相宜。从七十年前的视角来看，光是爱上另一位男性的这一事实，恐怕就会让弗洛伊德显得过于反常，无法以中立观察者的客观立场来积累他的心理知识。他的某些推论恐怕看起来不像是精神分析研究的成果，而是个人对女性生厌的产物。

若不先对弗洛伊德身为人夫的状况进行一番评述，我们便无法理解弗利斯在弗洛伊德情感分配布局之中的作用。1886 年步入婚姻时，他曾希望玛尔塔·贝尔奈斯能够拯救他，让他从此摆脱消沉抑郁和精神疲惫，不再忧心于遭到遗弃的恐惧和偏执狂般的怒气。结果恰恰相反，他发现自己内心的怨恨和焦虑有增无减。即便是不厌其烦竭力将这场婚姻渲染为"［弗洛伊德］向往的幸福天堂"的琼斯，也不得不承认，弗洛伊德神经紧张的症状——主要是消化不良、便秘和"明显的情绪低落"——"在他结婚几年后达到了顶峰"[6]。

从表象来看，弗洛伊德一家具有行事卓有成效、相处和睦融洽的一面。玛尔塔尽其所能，事事迁就西格蒙德，而他反过来也一径答应她在家中事务的种种决定和做法，这么一来倒乐得一身轻松，不必为那些无聊和烦扰的事情而操心。他可以随心所欲安排自己的时间，尽兴参加咖啡馆的聚会，在城市和山间漫步，在夜里写信，每周与朋友玩纸牌游戏，参加圣约之子会组织的活动，按照《贝德克尔旅行指南》去旅行而甚少偕妻子同游。

但是弗洛伊德一家——举例来说，就跟马蒂尔德·布罗伊尔和约瑟夫·布罗伊尔不一样——栖居在同一屋檐下却并不棋逢对手、惺惺相惜，他们长期以来已经习惯于彼此之间缺乏亲密感。玛尔塔"身材不保"且因生育了六个孩子而危殆健康，于是年长五岁的西格蒙德便觉得她是韶华尽逝的黄脸婆，应该退守托儿所或起居室去养育照料下一代（他会告知世人，她的"一口烂牙"曾出现在他最重要的梦里面）[7]。至于玛尔塔，有人曾听她将精神分析说成"色情的一种形式"，尤其是在涉及儿童心灵的范围内[8]。

在弗洛伊德的家庭生活中，最彻底的缺失便是鱼水之欢，这导致弗洛伊德在 1911 年告诉卡尔·荣格的妻子，他的整场婚姻业已"分期偿还结清"[9]。1894 年，时年不过三十八岁的弗洛伊德向弗利斯吐露，他的力比多"早就已经消退"[10]。其实并非早已经消退——并不是永久性的，但或许仍然是忠实尽责的丈夫的弗洛伊德却不这么认为，部分原因在于他当时对我们稍后将探讨的症状深感恐惧，此外还因为与玛尔塔温存欢好的念头对他而言不那么有吸引力了。1895 年，疲惫不堪的玛尔塔意外怀上了安娜，孕情明朗以后，夫妻俩在性事方面的疏远达到了极致。不过，失去这一力比多的发泄途径只会使西格蒙德越发将神经症根源归结于性挫败。

弗洛伊德给我们留下的关于性挫折的可观记录，即使说不上拐弯抹角，也绝对不容忽视，这些挫折让他在婚姻之中备受折磨，显然又驱使他最终在其他地方寻求满足。他的抱怨之辞会在《文明的性道德和现代神经疾病》(1908)和《处女的禁忌》(1918)这两篇论文中几乎不加掩饰地给提出来[11]。从表面上看，他在文中阐述的归纳概括来自临床经验。但是弗洛伊德从不曾呈现他据此得出对于婚姻痛苦的推论的案例素材。如果他几乎所有心理学作品中都包含自白的因素，那么此处看来无他，唯有自传成分而已。

弗洛伊德写道，婚姻中的性交令人满意最多不过几年，而后"在保证满足性需求的这一层面，婚姻告于失败"。万万不能采取避孕措施，因为这样做"伤害夫妻双方微妙的感情，甚至最终导致患病"。肌肤之亲的不复存在"也会使他们之间的情投意合荡然无存"[12]。弗洛伊德并未将造成这一后果的全部责任都归咎于女方。他写道，在步入婚姻之前的漫漫长路上想要守身如玉的年轻人往往不得不进行有违道德而又让人体力衰弱的手淫活动。"由于手淫或不当的性行为，每个人的力比多变得习惯于不正常的情境和满足状态，造成婚姻内性交能力下降。"[13]

弗洛伊德认为，如此般软弱之人没有能力消除他的新娘所接受的拘谨守旧教育造成的有害影响。因此，

> 双方的爱欲能力甫一开始就打了折扣，这样的婚姻相较而言会更迅速地落入分崩离析的过程。由于男方性能力弱，女方没有得到满足，哪怕实际情况是可以借由激情澎湃的性经历来克服守旧教育所致的性冷淡倾向，她也始终麻木不仁。较之身心健康的夫妇，这样的夫妇在避孕方面也遭遇更多困难，因为丈夫的性能力下降，对于采取避孕措施一事忍耐度甚低。在这样的乱局之中，作为他们所有

难堪窘境的根源，性交很快就被放弃了，于是婚姻生活的基础也就给弃之不顾了[14]。

不过这一番对夫妻不和的归纳概括近乎弗洛伊德对于他的悲惨境地所能形成的公允看法。即便在结婚二十二年之后，弗洛伊德对他那在性爱和知识方面都遭到鄙夷的妻子的痛苦怨恨依然没有平息。他写道，处女新娘"给予那个蓄积起对她的全部欲望的男人的，不外乎失望而已"[15]。这样的女人设法不去多想即将到来的性爱挑战，结果"吓得什么想法都没了，知识对她们而言失去了本身的价值"[16]。与玛尔塔共同生活了三十二年之后，仍然怨言未消的弗洛伊德说，新娘的性情终其一生都因破处之事而变得乖戾。他在《处女的禁忌》中宣称，这使得她与加害者束缚在一起，而且"激发一种守旧过时的反应造成的对他的敌意"[17]。根据他在柏格街 19 号时的经历，他推论"女人的后半生可能充斥着与丈夫的抗衡"[18]。

不计其数的男人已经证明其自身对于婚姻中的爱情没有做好准备。然而，弗洛伊德追加了他自己独有的怪异元素。女人——所有女人——在他看来都是邪恶的生灵，她们凹陷的生殖器给任何冒险跨越其门槛的男性造成了"阉割"的威胁。他还认为，每个男人都害怕"遭到女人的削弱，感染上女性气质，结果搞得自己显得雄风不振"[19]。哪怕成功的性交也让他觉得是令人沮丧的折磨。他评论说："性交造成的松弛疲软的这一后果可能是男人恐惧的典型；意识到女人通过性交对他施加影响，考虑到她可以将意志强加于他，或许就使得这种恐惧的蔓延显得合情合理。"[20]

更糟糕的是，弗洛伊德揣测，每个女性都暗藏野心，希望借由吸引和切断阴茎的方式以获取她们嫉之羡之的阴茎。因此，所有女人的内心都是恶魔。难怪这位不一般的潜在受害者一直到二十六岁才向此等造物发起追求攻势。当他最终这样做且切切实实地有了未婚妻时，他当即告诉她，她让他想起了民间传说中的"梅露西娜"，腰部以下恰好是一条蛇[21]。他在关于列奥纳多·达·芬奇的那本小书中指出，女人的温柔中隐藏着"彻头彻尾难以满足的"的淫欲，"如外星生物一般吞噬着男人"[22]。

那么，正是这些忧思赋予了经典精神分析宿命论的可怕基调。该学说的骇人之处——阉割，并非源自对女性或男性的密切的临床观察，而直接来自弗洛伊德内心集结的恐怖。就他而言，敢于公开发表这样病态的证据，让众人有目共睹，着实大胆。然而，他之所以这样做，是他误以为所有人都同样扭曲乖戾。

仿佛机缘巧合，弗洛伊德告别烦躁不安的单身汉身份，转而变成自我怀疑、床笫表现欠佳的丈夫尚不足一年时间之际，他就遇到了威廉·弗利斯。对于弗洛伊德而言，按照彼得·盖伊的说法，"有点单调乏味"的玛尔塔"实际上使得弗利斯愈显不可或缺"[23]。不过《鸿雁书简》显示，玛尔塔·贝尔奈斯原本非常活泼顽皮，饱读诗书，富有诗意，渴望和西格蒙德比翼齐飞。弗洛伊德之所以需要弗利斯，并非由于玛尔塔的无趣所致，而是他的个性使然。正如弗洛伊德写给弗利斯的最后一批信其中一封回忆起的那样，布罗伊尔告诉伊达·弗利斯"她很幸运，我没有住在柏林，没法插足她的婚姻"[24]。

弗利斯取代玛尔塔并非一夕之间就显而易见。然而，在1892年弗利斯与伊达·邦迪结婚之后，弗洛伊德壮了胆量，对自己的感情更加袒露无遗，因为他与已婚男子的友情很难引起疑心。弗利斯度完蜜月后，弗洛伊德对弗利斯的称谓便从您（Sie）换成了你（Du），弗洛伊德写道："我心中涌起一个欣慰的念头：他现在得到了悉心照料，无微不至的照顾。这个千真万确的想法也为我与你的往来定下基调。你不会误解。"[25]

弗洛伊德／弗利斯日益密切的关系从弗洛伊德来信的称谓当中可窥见一斑，弗洛伊德的信始于1887年，当时是慎之又慎的"尊敬的朋友和同事"，进而发展为"亲爱的朋友和同事"（1888），然后是"亲爱的朋友"和"最亲爱的朋友"（1890），"我挚爱的朋友"（1893）和"亲爱的威廉""我亲爱的"和"最亲爱的"（1895），还出现过"亲爱的魔术师"、"嗨，我视若珍宝的威廉！""小恶魔"和"最亲爱的古列尔莫"，随着二者之间的关系开始冷却，又退回到"亲爱的威廉"*。但是这种渐进主义只是战术上的考量，是为了避免惊吓到不折不扣异性恋的弗利斯。弗洛伊德早已在第一时间行动起来以赢得弗利斯的喜爱，就像早先几年他对待英俊潇洒又天赋异禀的恩斯特·弗莱施尔那样。正如他在1898年坦陈的："十一年前，我就已经意识到，为了丰富我的人生，我必须爱你。"[26]1900年，他在他们的关系日渐紧张之际告诉弗利斯，"对我来说，没有人可以取代（你）这位朋友与我的关系，那是特殊的——可能是女性化的——一面的需求"[27]。

弗洛伊德寄给弗利斯的是不折不扣的情书。这些信百般讨好意中人，与此同时又试图引导他远离潜在的竞争对手，尤其是布罗伊尔。信中旁若无人地漠然讨论了家庭中性关系不足的状况。此外，正如《鸿雁书简》中那样，这些信件表露出对于心爱之人健康状态的无休无止的焦虑。同样，这些信件一味沉溺于三不五时怀疑得病的抱怨，期望得到温柔亲切的安慰。满纸兴高采烈或痛苦不堪的言辞，取决于弗利斯近来是否看过最新一封信，是否予以足够迅速的回应[28]。一如当年从维也纳前往温斯别克时那样，弗洛伊德在从维也纳去往柏林的途中写道："我在这里，情绪低落，生活暗无天日，直到你来了"；"我卸除了胸中块垒；在你的熊熊火焰中重新燃起我摇曳闪烁的火苗，又一次感觉好了起来；你离开以后，我再次得到慧眼，所见都是美与善。"[29]

那么，我们是否可以得出结论，弗洛伊德的主要性取向是偏向自己的性别？这个问题经常浮现他的脑海，令他深感忧虑。然而，他告诉自己，对于男性深厚友谊的需求充分得到满足恰恰使他得以保持异性恋的取向。但这一种异性恋，至少就现在看来，在很大程度上与感情脱离了。弗洛伊德对玛尔塔置之不理，这是在贬低一个与他一道进行有助康复却降低身份的性行为之人。从一开始，弗利斯之恋就被认为是高一等

---

* 倘若弗利斯保留弗洛伊德的全部来信，我们可以推测，来信的频率反映了弗洛伊德炽热情感的潮起潮落。1887—1892年这段时期只留下十一封信。此后每年来信渐次增加，仅1899年一年高达四十四封信。1900年之后，两人少有往来，彼此间的交流最终含恨收场。

的事情。

3．深信不疑

在弗洛伊德的现代编辑的眼中，他与弗利斯之间的关系最令人伤脑筋的方面，是他默然接受那些看来仅有一个优点的观念——由意中人提出来且敝帚自珍。编辑们可能希望，精明敏锐如弗洛伊德者，会同弗利斯的主张保持一定的距离，冷静地评估其合理性。然而，纵观全部卷宗，也找不到一个弗洛伊德对弗利斯的理念予以不裹挟个人感情因素的科学批评的例子来。不难看出，弗利斯确实习惯于为弗洛伊德提供这般服务；但就像早前拜倒在夏尔科脚下那样，弗洛伊德也一心想求得弗利斯满意，所以似乎关掉了他大脑中负责分析的这一部分的开关。

在弗洛伊德欣然接受的弗利斯所提出的一众主张当中，当属与被称为"鼻反射神经症"（以下简称 NRN）的综合征相关的那些论调最为声名狼藉。弗利斯虽非 NRN 的创造者，却是 NRN 最热情高涨、最开诚布公的支持者，他最广为人知的手术便是用于治愈 NRN[30]。在这个问题上，弗洛伊德的轻信将给自己和他人都造成严重后果。

NRN 诊断背后最宽泛的前提是疾病的反射模型，这是夏尔科等人想当然假定的范式，但随着病菌理论不断赢得拥护者，该模型已败下阵来[31]。根据反射理论，当身体的某个部位扰乱了另一个虽相距甚远但与之共用神经通路甚至是同源组织的部位时，就会诱发疾病。鼻子的黏膜与男女生殖器的黏膜之间的确存在这种同源性；而且，正如其他人在弗利斯之前就已经观察到的那样，男女身上的性唤起都会引发鼻子内的"勃起"。

因此，对于反射理论的偏好使得弗利斯开始寻找鼻部异常与"女性不适"之间的决定性的关系。按照弗利斯的看法，鼻子内的特定"生殖部位"与生殖系统具有双向联系。他认为，手淫这样的有害做法很可能会损害这些部位，继而导致经期出血、月经不调甚至分娩困难。确实，对弗利斯而言，流鼻血本身就是"鼻痛经"的表现[32]。

无论哪个部位，都一律被视作与特定病例有关，弗利斯最初的方法是将可卡因局部应用于鼻子中所谓的反射作用源上，由此进行治疗。当麻醉效力无可避免地消失时，他接下来的选择是用电流烧灼机能失常的鼻腔组织。如果患者下身的问题依然存在，弗利斯最后的招式就是切除鼻子中应受归咎的部分——一块"鼻甲骨"或鼻甲。从1895年起，那就是他外科手术方面的杰出之作，弗洛伊德等人显然一有患者就转介给他。

弗利斯将鼻子视作其他器官及其疾病的控制中心。因此，按照19世纪风行的诊断方式，从偏头痛、胃炎到肌肉疼痛、心律不齐和呼吸困难，形形色色一大堆问题都归咎于NRN。既然弗洛伊德给弗利斯迷得忘乎所以，那么他眼之所见便全都是NRN，这是预料之中必然的结局。1893年5月他告诉他的朋友："如今我经常做出这种诊断，我同意你的看法，鼻反射是最常见的疾病之一。"[33]他预计不久这将以"弗利斯病"而为众人所知[34]。

人们往往以为NRN完全是弗利斯的痴心妄想，弗洛伊德只是不假思索地照单接受而已。实际上，弗利斯对于他的维也纳伙伴的仰仗不仅在于得到其鼓励，而且在建立看似需要手术干预的病因学的联系方面也得到了帮助。弗洛伊德助弗利斯一臂之力一事确凿无疑，这一点可以从他约莫于1893年4月寄给弗利斯的"C稿"当中推断出来。他在文中评论了弗利斯即将发表的有关NRN的演讲的文稿。弗洛伊德写道，演讲需要通过更着重强调"我们的病因方案"——与性相关——来加强陈述[35]。弗洛伊德已经让他的朋友相信，NRN是神经衰弱的一种变体，他希望弗利斯坚称一切神经衰弱都是手淫这一恶习造成的。弗利斯不仅言听计从，他在讲演中添加的某些话很可能就是弗洛伊德专门为此而写的[36]。

不过弗洛伊德对于NRN的介入并不仅限于其分类，甚至不限于究其本质的根源的概念。他也关注NRN自身在生理学方面的机制。在这一点上，他拥护弗利斯，反对一位更极端的反射—神经症理论家、瑞士泌尿科医生亚历山大·派尔。早在1890年，派尔就已宣称，依据患者的性别而定，可以通过妇科或尿道手术消除某些胃痛[37]。弗洛伊德不同意派尔的观点，但只是在技术性细节上意见相左。他向弗利斯再三保证，尿道本身可能是"反射器官"，在这样的情况下，尿道的位置不适合做手术[38]。然而，正如我们将在第二十六章中看到的那样，将目标瞄准鼻子，将其当作修复机体其他部位疾病的特定位置，可能会造成相当大的破坏[*]。

从 1895 年开始，弗洛伊德迫不得已，只能限制自己提出的假说，因为它有悖于弗利斯视若珍宝的另一个理论所设定的规则。我指的是不久前宣称的弗利斯周期性定律，即所谓的生物节律。这下周期性成了包括 NRN 在内的弗利斯秉持的一切观念的共同特性。假如弗洛伊德希望维系他的友谊，那么他别无选择，只能点头同意弗利斯就这个话题的一切言论。

弗利斯的出发点是二十八天的月经周期，他声称，这样的周期可以在鼻出血、偏头痛和其他种种疾病发作的间隔中检测到。然而，他一再指出，论及的这些病情发作往往并非间隔二十八天。因此，就事论事，经期本身并不总是如预期情况发生。但是，弗利斯主张的普遍双性恋理论扫除了他的疑虑。经过玄奥的分析思考——主要是解决一个周期结束到下一个周期开始之间的那段时间，他推断男性也有一个生物节律的"月经周期"，即二十三天。所有女性都具有部分男性的成分，反之亦然，因此基于二十八天或二十三天模式上的任何变化都可以用对立性别周期的影响来加以解释[39]。

到 1897 年，弗利斯在其有关女性性器官和鼻子的书中已经将这种数学化的处理带到了神秘主义的边缘。他在书中宣称"整个有机世界"是由相互作用的两性周期所决定的，在人类家庭中，单一的节律经由母亲代代相传，决定着"我们的死亡之日，同样也决定着……我们的生

---

[*] 弗洛伊德对于 NRN 诊断的坚定信念远远长于他同弗利斯的友情。直到 1937 年，他跟玛丽·波拿巴谈起来时，仍然私下表达了对弗利斯理论相当程度的信心（弗洛伊德 1986，第 15 页）。

活"[40]。据说疾病的谱系遵循同样的规律[41]。在1906年据说不仅涵盖人类而且涵盖一切有机体的巨著《生命历程》中，弗利斯更是随心所欲地使用数字，这下据说是在对于23^2、28^2、28×23、$3 \times 28 \pm 2 \times 23$以及诸如此类数字的操纵过程中发现深具意义[42]。

正如弗利斯的一些同时代人所抗议的那样，弗利斯做出预测的手段纯属招摇撞骗。任何正整数都可以由他最青睐的$x \times 23 \pm y \times 28$公式来生成。然而，无需数学也可以看出他最初是在何处误入了歧途。如果用于预测结果的一种方法被证明是错误的，那么合理的反应并非将之与其他方法结合起来直至获得期待的结果，而是简单的一弃了之。

然而，弗洛伊德给弗利斯弄得神魂颠倒，对逻辑又满不在乎，注定要用可以防范反驳的权宜附文来粉饰自己的理论，他觉得弗利斯的分析思考并没有什么不妥。"我一口气读完了你的手稿，"他在1896年谈起《鼻子与女性性器官之间的关系》时满怀热切，"行文坦诚自信，各个独立主题之间存在清晰明确又显而易见的关联，不事张扬地展现丰富内涵，并且……大量展现新谜团和新解释，我对此感到极其满意。"[43]

弗洛伊德认为，他这下可以运用"月经周期作为其生理学模型"，借此强化自己关于焦虑神经症的理论[44]。两个月后，他又补充说，他对于自己提出的压抑理论所察觉到的疑虑，也许可以通过诉诸"同一个人身上的男性和女性生理周期"之间的相互作用来解决[45]。又过了五个月，他借助"二十八天女性周期的特定倍数"，根据弗利斯周期定律对精神神经症进行分类[46]。他还让自己相信，相对于女性的非理性而言，"男性的知性本质"可以借由弗利斯数字命理学进行解释[47]。

4. "我的结构建立在你的基础之上"

弗洛伊德之所以对他的朋友如此一味顺从，部分原因在于他不无痛苦地意识到自己在智识和实践上的劣势。和许多维也纳人一样，他仰慕柏林这一国际大都会；与此同时，他在家乡依然畏怯于布吕克冷峻严厉的唯物主义作风，毕竟布吕克期望一切假说都经受得起操作实践和测试的考验。但弗洛伊德曾在他的科学课程上苦苦挣扎，而且他知道自己总是在数学方面入不了门。此外，他缺乏成功治疗的记录；即便他诊治的病例疗效不错，但就数量而言终究太少，不足以确立任何心理学定律。相比之下，弗利斯拥有丰富的临床记录，这些记录源于生理检查，而精神"神经学家"弗洛伊德很少从事这类检查；况且弗利斯似乎毫不费力就掌握了与人类机体功能相关的每一门学科。

吸引弗洛伊德的不仅是弗利斯显而易见的严谨做派，更是他无与伦比的自信和他的研究计划惊人的广阔范围。他的目标毫不含糊，要揭示所有生命形式的发生机理学（Entwicklungsmechanik）或者说发展机制，并解释其如何调节人类机能。常人恐怕有心理准备，这种简化了事的狂妄姿态大概会拉响警报，让人对怪论奇谈有所提防，但弗洛伊德已经中了魔怔。他渴望打造属于自己的相对宏大的演绎推理。如他在 1896 年 1 月 1 日写给弗利斯的信中所说，

> 我明白，你是如何通过医学实践曲线救国，实现你以生理学家的身份来认识人类的第一理想，正如我怀抱着最隐秘的希望——借由相同途径，达成我最初的哲学目标。因为那是我最初渴望的，当时我还完全不清楚我在世上究竟要追求什么目标[48]。

毫无疑问，可以认为，弗洛伊德的"哲学"——他对心灵本质的整体看法——与弗利斯充满伪科学色彩的发生机理学八竿子打不到一块儿。但是弗洛伊德本人却持不同看法。他谦卑地写信给他的偶像说："也许在你的帮助下，我会找到坚实的基础，在此基础上我可以不再进行心理解释，开始寻找生理学的根基！"[49] 他如此宣称时，他的最高志向是将"我的结构建立在你的基础之上"[50]。他扎根生理学观点的做法大概会让自身增添唯物主义科学的权威感。

自 1979 年弗兰克·J. 萨洛韦里程碑式的著作《弗洛伊德——心灵的生物学家》面世以来，对于严肃的调查者而言，弗利斯对精神分析理论的全面发展产生的影响显然比其他任何人都来得深远。1985 年出版的弗

洛伊德这一方未经删减的完整信件资料使得这一推论更加确定无疑。诚然，弗洛伊德一路上在弗莱施尔、夏尔科、伯恩海默、布罗伊尔、安娜·冯·利本和雅内的带领下不断向前进。不过倘若他最终打造的体系给除去了受弗利斯的启发或影响的种种元素，那么它将缺乏那种智识上的巨大冲击力，而那是备受赞誉的天才级别的原创性的标志。

这并不是说弗洛伊德只是采用了弗利斯早已存在的观念，就像他在1885 年采纳夏尔科的观念那样。相反，两个人并肩工作，对于共同关心的问题又都偏好激进理论。弗洛伊德归于"临床经验"甚至归于"精神分析研究"的相当大一部分论述实际上源于两人在柏林、纽伦堡、布雷斯劳、贝希特斯加登、萨尔茨堡、因斯布鲁克等地进行的"会谈"中产生的直觉[*]。

弗洛伊德并不需要弗利斯来将性置于其理论的中心。实际上，这一影响可能是反过来的。"如果说他给了我双性恋这一理念，"弗洛伊德在1937 年回忆说，"那我则是在此之前先把性这一理念提供给他的人。"[51]然而，根据弗洛伊德的治疗经验，性大多是造成创伤的回忆的素材。从弗利斯那里回流到他这里的性则是生物化学；后来随着弗洛伊德展开论述，精神分析变成针对整个有机体的一种理论，以各种方式应对释放"兴奋"的需求。

除了都是一派雄心壮志外，弗洛伊德和弗利斯最大的共同之处在于他们都信奉达尔文学说的思维框架。智人将被视为与一切有机体统一于同一体系之内而存在，因此任何人类特征都必然与在其他动物身上所能观察到的机能大致相同或者由此演变而来。在灵长目人科人属的这一谱系上的若干转折点，适应性变化必然有助于某些本能或某种特定本能发生部分改变，而这种本能的改变已经在"较为低等"的物种中找到了更直接的出口。

---

[*] 由于缺乏弗利斯的信件，我们只能推测弗洛伊德如何影响了他的想法，尽管弗洛伊德显然在弗利斯的思想体系中留下了印记。后者 1897 年的著作《鼻子与女性性器官之间的关系》中包含至少十二处于弗洛伊德有关手淫、癔症、焦虑神经症、神经衰弱和其他问题的看法。有关两人彼此之间相互影响的详尽研究，参见施勒特尔 1989。

对于他俩而言，那种本能必须关乎于性。在人类的基本需求之中，只有交配的欲望可以给无限期地推迟，并且会因习惯使然而严重扭曲；大胆无畏的性学家克拉夫特-埃宾已经为性感觉的目标或对象有别于异性性交且占据主导地位的"倒错"范畴赋予了科学的秩序[52]。这种适应性使得弗利斯和弗洛伊德都深信，所有文化想必都由性的原始素材塑造而成。

弗洛伊德会将业已熟悉的术语"升华"附加到该过程之中，他还断言，升华是通过反向作用对抗因反感、焦虑或恐惧而遭到阻隔的性感觉从而展开运行。升华将被视为他最卓越的理念，势必造成一种悲剧性的认识，认为"文明"（Kultur）迫使人们付出了沉重的代价——造成神经症和性欲丧失。但所谓这种牺牲不可避免，使之超越个人心理历史的水平，则是弗利斯的贡献，这源自他关于发展的理念。在他们的友谊结束之前，弗洛伊德曾白纸黑字这样记载："千真万确的是，"他在1898年写道，

> 人类种群的组织和进化极力避免在童年时期发生任何较大程度的性活动。在人身上，似乎性本能的力量注定要被积蓄起来，以便在青春期释放之时能发挥巨大的文化作用（威廉·弗利斯）*。

弗洛伊德在这里叙述了性潜伏期，又一个实际上出自弗利斯的"发现"。弗洛伊德后来在1905年的《性学三论》中断言，潜伏期"由遗传有机决定并确定"，他直言不讳地将这一概念归功于弗利斯[53]。但是随后的精神分析史将弗利斯从中抹去了，这使得潜伏期和升华似乎都是基于弗洛伊德临床经验的推论。精神分析者永远不会询问，这种站在一定距离之外加以观察的高水准概念的证据，怎么就能"在沙发上"收集起来并且得以证实。当然，事实并非如此。

---

* SE, 3: 280-281. 这段话偷梁换柱，把"巨大的文化作用"变成近似唯物论，恐怕会令我们发问，弗洛伊德这么一位热忱的达尔文主义者是否真正理解《物种起源》。

弗利斯还拥有压抑理论。没错，他可能是在与弗洛伊德展开对话的过程当中琢磨出来的。倘若如此，他们的交流想必少不了若干复杂曲折的讨论，因为他们对于压抑有着不同的解释。为了解释癔症，弗洛伊德提出了对于创伤性记忆及其所造成的影响的压抑的论点。然而，对弗利斯而言，压抑始于子宫，是个体化过程中不可避免的最基本步骤：一定程度上抑制先天的双性恋，以促进一部分性成长。在他看来，双性恋倾向贯穿于每一个生命，始终存在，压抑也同样如此，无论是否有创伤性经历的推动。

用一个单词"压抑"（Verdrängung）来涵盖弗洛伊德和弗利斯的术语的最初本义——一种是心理上的，另一种是生物化学上的——似乎会引起混淆。然而，弗洛伊德对于这样的模糊界限却乐见其成：弗利斯关于内在压抑的观念似乎使他自己的概念具有一种身体特征的维度，因此他很高兴为精神分析学说的另一版本开辟了空间。

因为弗洛伊德——用琼斯的话来说——感觉受到男人和女人的吸引，表现出"明显的精神双性恋"，所以我们不难理解为什么他对弗利斯就此话题的想法很有兴趣[54]。但是弗利斯主要关注特征和事件在分阶段出现时"男性"和"女性"的化学反应，他并不认为这种双重目标选择是正常行为。然而，他的确认为所有神经症患者，无论其外在行为表现得多么像是异性恋，都在不知不觉中着迷于和自己同一性别之人。弗洛伊德难以将自己划为例外。他会在他的《性学三论》中支持这一看法，并再次将其起源归功于弗利斯[55]。

弗洛伊德和弗利斯都为恩斯特·海克尔的生物遗传学定律深深吸引，该定律（恰好错误地）根据达尔文学说与胚胎学某些惊人的事实相结合而推断得出。1866年，海克尔似乎证明了"个体发育再现系统发育"——特定的动物，从胚胎到成年，都经历了与其前一物种相似的阶段——科学界因此群情沸腾。弗利斯的发展体系理论就是在该错误前提下引发的思考。他认为，孩子天生具有人类之前的祖先能够适应但现在适应不良的特征和行为；因此，早期的发展必须消除这些特征。

弗洛伊德表示赞同。根据萨洛韦的推理概略，假如低等动物的确具有与其较强嗅觉相对应的范围较宽的性趣味，假如人类在人进化的过程中已经丧失了这般"多种形式的变态"性趣味，那么，根据海克尔的定律，儿童无可避免，必然重演这些区域在成人身上逐渐消失的过程以及随之产生的在嗅觉上对于那些区域的"厌恶"[56]。

按照这种重演再现的视角，弗洛伊德经典理论中许多看似武断和奇特的论述也就变得可以理解——尽管难以接受。根据弗利斯生物学的说法，在子宫内的生长已经是一种性现象，那是性化学物质多次"推攻"中的第一次，多次"推攻"最终使得青春期后的个体适合性交和繁殖。考虑到海克尔的生物遗传法则，相较于受过社会训练的岁数较大的儿童，相较于"正常"的单一性别的成年人——他们这下已经消除了意识之中除去会将更多婴儿带到世上来的那种情欲以外的一切情欲目标，人类婴儿必须被视为具有更为丰富、更多样化的性行为。从这个角度来看，婴儿清醒时的活动——主要是从乳头吸吮奶水和排泄——被认为是获取性愉悦的活动，而力比多必然逐渐从中抽离，如果"文明"和适应性对象选择终将获胜的话。

那么，这就是弗洛伊德童年发展各个阶段理论的基础：口腔期、肛门期以及最终生殖期的"力比多组织"，他会往最后一个时期当中添加他的招牌俄狄浦斯情结。不过尽管弗洛伊德和弗利斯都试图暗中监视男婴，希望能观察到可能会明显提升关于童年性行为这一理念的自发性勃起，但他们的整个世界观都是从不牢靠的前提假设推导出来的。一经详加叙述，关于成熟过程的精神分析理论将成为新弗利斯学说的金字塔，脱离了对于儿童的实际观察。

这下我们可以体会到《精神分析起源》的编辑们遭受的困难。弗洛伊德没有表现出一丝一毫批判性判断，全盘接受了弗利斯的看法。其中一些观点在安娜·弗洛伊德和她的同事们看来简直荒唐可笑。其他观点，如发展理论，听起来还好，但那是因为它们早就成为权威精神分析学说，已经被弗洛伊德据为己用，沿循的是他惯常的先予以承认然后再撤回的路数。此外，他写给弗利斯的信中有些言辞表明他头脑里乱作一团，在支离破碎、含混不清的种种想法之间摇摆不定，没有进行连贯性的推理。

因此，弗洛伊德的编辑们有一项任务，那就是将凿凿证据掩盖起来。正如博克-雅各布森和沙姆达萨尼所表明的那样，1946—1947 年进行了一场毫不留情的"缩减工作"（Kürzungsarbeit）行动，大家彼此心知肚明的目标是规避棘手的主题和言辞[57]。在弗洛伊德给弗利斯的 284 封信中，只有 168 封信呈现于众，除 29 封信外其余所有信件都遭到了改动，手腕灵活而且往往悄无声息。

弗利斯对弗洛伊德精神分析理论概念的影响全都给隐瞒了。同样讳莫如深的还有他要么不曾中断过、要么是死灰复燃的可卡因用药这一整个话题。弗利斯的生物节律和 NRN 理论都被当作弗洛伊德早先乖乖就擒给吸引了过去的荒唐事，但绝对无损于他的客观临床工作。针对弗利斯的那些充满挑逗暗示的言辞则被小心翼翼地中性化处理。例如，弗洛伊德曾在信中写道，下次相聚时他会携"润滑的颚叶以迎款待"，而在《起源》中，他只是"瞠目结舌"[58]。如此琐碎的补救表明，战后弗洛伊德学说信奉者对于他们已故精神领袖"女性化"的那一面多么忧虑。

一旦他的编辑们下定决心要将弗洛伊德与弗利斯的密切关系视为通往精神分析道路上的迂回之处，他们就可以随意贬低弗利斯的才智和坚定意志。按照克里斯为《起源》所作序言的说法，唯独弗利斯带有"一旦形成某个观点就教条式地坚持不改的倾向"[59]。弗洛伊德曾"试图将他拉升到自己的水平"，但徒劳无功；弗利斯"固执且缺乏客观性"到了无可救药的地步[60]。

弗利斯当然固执己见，但他是否比弗洛伊德更不理智，这一点恐怕值得怀疑。他对于新达尔文主义的兴趣，包括生物节律、原始雌雄同体和进化重演，在他那个时代大家都广泛接受。包括克拉夫特-埃宾本人在内的性学家都尊重他[61]。至于布罗伊尔，虽然对弗利斯奔放的想象力有所忧虑，但并没有断然拒绝考虑他的推理分析。布罗伊尔甚至相信

NRN——深信不疑到了将包括他 13 岁的女儿朵拉在内的众多女性患者送往柏林，去接受弗利斯的鼻腔手术 *。

《精神分析起源》的主要编辑们对这一切事实都一清二楚。然而，倘若他们将弗利斯置于他的科学背景之下，那么他们也将勾勒出弗洛伊德的背景，精神分析的初始诞生就会让众人清楚看出并不符合历史。此外，如果弗洛伊德对弗利斯理论体系的支持被认为是代表他畅通无阻的智识力量，那么他未能对该体系中的离奇成分表现出任何怀疑态度，这就会引发对于他作为科学思想家的敏锐度的质疑。正如我们稍后将看到的，最好对弗利斯和弗洛伊德进行病理分析，然后再断言声称弗洛伊德几乎奇迹般地设法自行康复了。

---

* 见希尔施米勒 1989a，第 144、314、316、318—319 页。没有人能够解释为什么冷峻理性的生理学家布罗伊尔会变成弗利斯鼻腔手术的拥护者。然而，因为那些治疗牵涉到随意使用可卡因，很可能达到安慰剂的效果而被误以为是治愈了。此外，布罗伊尔本人或许受到弗利斯的影响，据说完全改变了他原先对于可卡因所持的反对态度，开始给病人们开可卡因作为处方（埃希纳-埃申巴赫 / 布罗伊尔 1969，第 24 页）。

　　布罗伊尔对弗利斯最全面的评价出现在一封他于 1904 年写给哲学家弗里德里希·约德尔的信中。布罗伊尔一方面对于证据尚不足以令人信服的主张保留意见，一方面又称弗利斯是"我所遇到的最有影响力的知识分子之一"（希尔施米勒 1989a，第 156 页）。

第二十四章

弗洛伊德学说中的神经元

1. 一谈再谈的话题

1895 年 4 月至 10 月，弗洛伊德的思想生活揭开了最不可思议的一页篇章。在此期间，他陆陆续续地疯狂挑灯夜战，创作出空前绝后、绝无仅有的一份手稿，只为给弗利斯一人欣赏。后面我们也将看到，他的努力并未止步于此；但 10 月那份手稿是唯一存留下来的文件。那是弗洛伊德经典全集中最晦涩难懂的作品。实际上，大多数弗洛伊德学说的信奉者都认为这篇文章显得与整个体系格格不入；弗洛伊德后来的观点亦是如此。他几乎当即就向弗利斯表示歉意，唯恐他这篇颠三倒四而又离奇古怪的文章累及对方，希望这篇文章给付之一炬。

在将计划告诉弗利斯之后逾一个月时间里，弗洛伊德一直在努力打造他姑且称为"面向神经学家的心理学"。随后 1895 年 6 月 12 日、8 月 6 日和 8 月 16 日的记录显示，在他身上兴高采烈和绝望的情绪总是交替出现。但是，9 月初到柏林拜访弗利斯之后，弗洛伊德热情高涨，竟在回程火车上旋即着手对他的想法进行长篇大论而又条理分明的总结——正如他在 9 月 23 日所吐露的，希望弗利斯会对即将到来的草稿进行修改和补充[1]。

1895 年 10 月 8 日，弗洛伊德寄给弗利斯两本笔记本——100 张手书纸稿——其中包含的是我们现在所知的《心理学概要》(*Entwurf einer*

Psychologie）或者叫《科学心理学大纲》的四万字长文[2]。两个标题均源自 1950 年和 1954 年弗洛伊德／弗利斯往来信件删节本的编辑们之手；由于詹姆斯·斯特雷奇在为标准版文集重新翻译时套用了后面这个名称，英语世界普遍使用"大纲"这一标题。不过弗洛伊德并没有给原文加上任何标题，因为他认为文章未完待续。

弗利斯在 10 月收到的是由四部分构成的阐述文章的前面三部分。第二部分称为"精神病理学"，充其量只完成了一半；这部分包含"A"节，但没有"B"节。至于第四部分则永无到来之日。然而，弗洛伊德计划将"关于压抑的精神病理学"与神经系统的运作相联系起来的最后那个部分，原本是准备阐明整项任务的存在的理由。

弗洛伊德的信件一直在情绪高涨和愁闷失望之间摇摆，直到寄出文本七个星期之后，他开始为自己对弗利斯"强人所难"表示懊悔。他不无沮丧地宣称，整个方案简直是"某种疯狂"*。但是因为他没有要求将第一部分至第三部分退还给他，所以这些文稿留在弗利斯这里，最终历经千般艰难险阻到了玛丽·波拿巴手上，再后来交给了安娜·弗洛伊德。我们之所以对手稿有所了解，部分原因在于弗洛伊德再也不想听到这份手稿的任何消息了。

那么，为什么我们自己还要抓着这个《大纲》一谈再谈呢？我们跳过失败的实验，继续关注弗洛伊德朝精神分析发展的主线不是更好吗？不过我们已经看到，比起通过汲取自病例的反思，他的理论发展推进过程，更多还是通过与弗利斯探讨进行的自上而下的推测。考虑到当时和后续随之而来的往来信件，该大纲恰恰属于弗洛伊德学说的主流。的确，它论及的弗洛伊德最固执的种种信念，比他"成熟时期"审慎的作品来得更加全面。

欧内斯特·琼斯清点了《大纲》涉猎的二十三个主题，他认为其中二十个后来都在精神分析理论中出现了[3]。正如萨洛韦评论的，

---

* 11/29/95；FF，第 152 页。但对于 1954 年《精神分析起源》的编辑们而言，"疯狂"听起来在无端贬低自己；于是他们把 Wahnwitz 翻译成了相对温和的"迷乱"。

此处，在《大纲》的神经解剖学语言中……有着主要和次要过程的概念；享乐—不悦原则、守恒原则、现实检验原则；精神集中发泄的概念；心理退行和幻觉的理论；感知、记忆、无意识和前意识心理活动的体系；甚至还有弗洛伊德提出的梦之非直接愿望满足的理论[4]。

这些基本概念在《大纲》中得以公开论述之前，大多只是被浮光掠影地提出过[5]。其中几个——萨洛韦列举的有现实检验、主要过程和次要过程之间的区别以及梦之非直接愿望满足的理论——都是在这里初次亮相[6]。

就这一方面而言，尤其引人注目的是《大纲》对于睡眠和梦境的讨论。它实质上预先提出了《梦的解析》开创性的第七章，而《梦的解析》可是直到1899年11月才出版。这一章在《梦的解析》中姗姗来迟，因为弗洛伊德希望暗示他是经过对大量实例进行慎重分析后才从中推断出梦产生的机制。实际上，他的理论差不多在1895年10月便已完备——据我们从《大纲》中获悉，在那个时候，交由他的分析方法处理的其实只有一个梦，即他自己的"伊尔玛的注射之梦"。

那么，我们不难理解，为什么大多数卓有见识的弗洛伊德学说信奉者都希望《大纲》从未重见天日。不仅是因为这部作品对于大多数读者而言不啻天书；它表明弗洛伊德在没有参照任何临床发现的情况下，一手炮制了重要前提。此外，他们不希望为外界所知的弗利斯与之息息相关的这一真相都在《大纲》及其相关的信件中一览无遗。在弗洛伊德的脑海里，最重要的念头是给弗利斯留下深刻印象，当弗利斯对文本的某些方面提出反对意见时，弗洛伊德对于他这项议题既拿不出证据也给不出理由。他能做的无非就是致以歉意并让自己俯首帖耳，仿佛"生物学界开普勒"——按弗洛伊德的说法——所表示的斟酌反对已使他信心全无[7]。

即便如此，一些弗洛伊德学说的信奉者紧跟著名的神经学家卡尔·普里布拉姆和心理分析家默顿·吉尔的步伐，对《大纲》抱有更为乐观的看法。1976 年普里布拉姆和吉尔出版了《重新评价弗洛伊德的〈大纲〉：写在当代认知理论和神经心理学前面》，这篇文章声称《大纲》远非有悖常情、一意孤行的戏谑文章，而是向世人提供了一种构思严谨的"基于清晰的神经心理学之上的生物认知控制理论"[8]。他们宣称弗洛伊德的这项成果具有先见之明，预见了现代神经元理论，诸如神经元电阻中"局部阶梯电位变化"的这些特点[9]。

那么，《大纲》究竟是不是天才之作？抑或是普里布拉姆和吉尔本该留意一下斯特雷奇那句明智的警告："存在这么一种风险，那就是一腔热忱可能会导致人们扭曲弗洛伊德对于术语的用法，可能从他时而晦涩难懂的言论之中牵强附会地读出原本并不蕴含的现代的诠释？"[10]

2．独此一家的神经学

弗洛伊德在《大纲》中关注的主要对象是神经元，这一命名——而非发现——出自四年前的海因里希·冯·瓦尔代尔-哈尔茨[11]。自从 19 世纪 30 年代有机细胞理论提出以来，研究者们就猜测神经系统包含一种数量庞大的基本单位。在 19 世纪 60 年代已经有了关于神经元主体部分颇为准确但不太详细的描绘——带有细胞核的细胞体，传递电荷的轴突和接受电荷的树突，但是它们之间的关系和运转模式还有待显微镜学和组织染色法加以完善。瓦尔代尔的统一理论得益于卡米洛·戈尔吉的硝酸银染色法以及早在 1889 年就已经对实际上存在的神经元进行描述的圣地亚哥·拉蒙·卡哈尔那近乎完美的绘画（也得益于戈尔吉）。拉蒙·卡哈尔在 1891 年之后又继而揭示了神经元的关键特性——最重要的一点是，神经元的电荷通过突触在一个神经元的轴突分支和另一个神经元的树突之间进行单向传输。

精神分析的追随者为这个故事添加了可想而知的脚注。我们知道，后来弗洛伊德和他的接班人们将可卡因麻醉的发现归功于他，而不是卡尔·柯勒。他没有对神经元抱有这样的幻想，但 20 世纪 30 年代两项错误主张——大意是弗洛伊德在 19 世纪 80 年代进行的早期细胞研究在最后关头功亏一篑——点燃了弗洛伊德学派信奉者这一群体的希望。琼斯无需进一步的鼓励，便断言年轻的弗洛伊德已经"处于重要神经元理论的边缘"却再度"与盛名失之交臂"[12]。再近来一些的时日，马克·索尔姆斯声称弗洛伊德"在一定程度上为神经元理论铺平了道路"，而且提出了其"基本要素"，尽管还不足以被称为神经元的"发现者"[13]。

甚至并不信奉弗洛伊德学说之人也的确认为，年轻的弗洛伊德或许是神经元先驱。然而，倘若如此，却没有一个耳熟能详的创新者——不管是拉蒙·卡哈尔、瓦尔代尔、戈尔吉、威廉·希斯、奥古斯特·福雷尔还是阿尔伯特·冯·科立克，——认为应该承认他们从他身上获益良多，这情况岂非咄咄怪事。科立克确实提到过弗洛伊德，但只是把他当作十二个调查者之中的一个，最初的探索者是 1842 年的亥姆霍兹，他认为神经纤维附着在细胞体上[14]。其实，弗洛伊德的贡献仅限于此。他在 1884 年发表的论文主要探讨的是神经纤维原纤维以及这些纤维与轴突的连接[15]。解剖学上的证明与神经元理论的相关性倒在其次，那主要与神经元之间传导的方式和方向有关。

当拉蒙·卡哈尔和瓦尔代尔发表他们具有重大历史意义的声明时，忙碌的弗洛伊德医生已经把显微镜放到一边弃之不用了。在《大纲》开始之前的几年里，神经构成对他而言几乎索然无味，以至于当他在 1893 年谈到"神经系统的现代组织学"时，他只是语焉模糊地提起了神经元，在列举其倡导者的名字时竟把瓦尔代尔的名字给漏掉了[16]。那么，西莫·科佩可能言之在理——他推测 1895 年围绕神经元展开的《大纲》是"作者在构建对于当前问题的看法之际，援引了一种非常极端、非常简化的理论，在他正式发表的作品中找不到这种理论的蛛丝马迹"，从而灵光一现的典型例证[17]。

1895 年 5 月弗洛伊德在写给弗利斯的信中说："我为两个目标大伤脑筋：其一是研究精神功能理论在引入定量因素——一种神经力经济学——的情况下应采取什么形态；其二是从精神病理学中剥离得出正常的心理学。"[18] 对任何实验心理学家而言，后面这一目标听起来相当熟悉；正常功能可以通过研究缺陷和病理病征得到启发。但弗洛伊德另外那个目标更遥远，更雄心勃勃。

在《大纲》中，他将尝试简述这么一个神经系统：对于来自内部和外部的刺激进行记录；通过本能反应在一定程度上消除那样的刺激；抑制或"阻挡"其余的刺激，使其派上不同用途；在很大程度上运行于主体的意识之外；将感觉数据和内驱力产生的欲望重新塑造成在心理投射屏幕上播放的图像；保留少许能量，用于测试那些图像是否与现实对立，以便可以采取适当的利己行动；当系统发生故障时，会产生神经症和精神病的常见症状。

这样的任务究其本质并非绝无仅有。19 世纪中叶，许多医生都在为似乎被他们自己秉持的唯物主义所排斥的自由和怜悯寻求某种器质性基础，他们大胆推测心灵与大脑之间的关系。这类小册子的作者包括维也纳大学的卡尔·冯·罗基坦斯基和约瑟夫·许特尔；特奥多尔·迈内特的"大脑神话"在某种程度上表达了同样的探求。迈内特在大脑中发现了有关人类进化的化石般的记录，具有同理心和利他性以及智力训练的"次要自我"由此被叠加到需要满足动物需求的"主要自我"之上 [19]。

在冒险涉足进入如此广阔的领域时，弗洛伊德还有一个新近的榜样可以效仿：西格蒙德·埃克斯纳的一本小册子——埃克斯纳曾是他的老师，作为老前辈同在恩斯特·布吕克的生理学研究所工作，并且接任了布罗伊尔在大学里的生理学教席。在 1895 年 4 月弗洛伊德开始展开研究推测的前一年，埃克斯纳发表了引发热议的《心理现象的生理学解释纲要》，这一著作在几个关键方面非常类似《大纲》*。很难相信弗洛伊德没有在眼前摆上一本埃克斯纳的纲要就胆敢写出神经心理学的宣言。

不过埃克斯纳和弗洛伊德的事业存在两个主要区别。埃克斯纳是一位杰出的生理学家，他在感知、视觉和大脑方面取得了重要发现，希望建立一个基于公认的实验结果的神经系统模型。然而，弗洛伊德完全是

---

* 埃克斯纳 1894。见 J，1：380-381。琼斯提醒我们，在大脑生理学方面，弗洛伊德或许也曾从 1893 年出版的恩斯特·弗莱施尔·冯·马克索的论文选集遗作中得到启发。

凭抽象思维来设计他的理论。其次，那些思维当中有一部分是他的个人偏好。弗洛伊德意在仿效，并要证明那些唯独他自己相信存在的心理活动合情合理。

的确，促成弗洛伊德进行推测的直接因素几乎确凿无疑，那就是他对于布罗伊尔在《癔症研究》中的"理论"一章心存不满。尽管他依然与这位先前的合作者一样认同了若干重要的原则，但正如他告诉弗利斯那样，他希望自己和那一章节"完全脱离关系"[20]。他没有讲明为什么，可是原因显而易见。布罗伊尔曾试图证明人可能无需牵涉"防御"性创伤也会遭受癔症之苦——防御，也就是压抑，这下成为弗洛伊德关于神经症、精神病和日常生活中心灵运转方式的看法的核心。

实际上，《大纲》的真正目的是展现正常的"主要防御"，即对于兴奋的阻滞和转移，构成了"次要防御"或压抑的神经基础。假如弗洛伊德能够确定这种联系，那么他认为他调动起来用于解释神经官能症的一系列概念——不仅是压抑，还有退行、精神发泄甚至象征性症状的形成——都可以反映出其本身具有坚实的器质性基础。倘若如此，他在治疗工作中遭受的任何挫折都不会迫使他放弃对于这些理念的持续编列排布和深入阐述。

《大纲》开宗明义，"意在提供一种应为自然科学的心理学：也就是说，将心理过程表现为特定物质颗粒在定量上可确定的状态，从而使得这些过程清晰可见，并且不会自相矛盾"[21]。弗洛伊德尚且不可能知道光大脑中就有大约八百六十亿个"物质颗粒"，也不知道每个神经元的核中都包含一个由大约两万个基因所组成的基因组。确实，他并不知道一切之中最重要的事实：神经元彼此分开；每一个神经元都产生自己所需的电力；它们始终处于"开"或"关"的状态，没有中间状态；它们的功能是传递信息，而非能量。他在这些知识方面的缺陷导致他以为神经元间的相互作用如水压一般，而实际上，由于一个神经元会同时激活临近的神经元，所以这种相互作用仅需要极少的电量。

与那个时代的大多数探索者一样，弗洛伊德把神经系统想象成一个传递电荷的四通八达的"管道"网络。这样的概念使得神经元无可他顾，唯有竭尽所能极力应付源自外部世界和人体本身的动物需求那无止境进行狂轰滥炸的刺激。那么，想法和行动只能来自超出阈值水平的神经能量的积累。但是，神经细胞和神经系统作为一个整体又为什么始终没有被过度刺激所淹没呢？这是弗洛伊德必须解决的问题，但就他当下的知识水平而言，却无法给出令人满意的回答。

他写道："根据一般运动定律，将活动与静止区别开来的，被视为 Q。"[22] 他没有冒险展开描述 Q 的性质，即影响神经系统的刺激。他只是称之为"量"。在系统内部，Q 变成 Qη——" Q-eta"，这是一种更易于控制其强度的力，会让欲力集中于单个神经元或神经元簇 *。弗洛伊德在标示这两种能量时并没有做到一以贯之，但是二者之间的区别很明显。给定数量的 Q，即作用力，会给予神经相应比例的电流（ Q-eta ），然后神经会吸收、转移或释放该电流，具体是哪种情况则取决于究竟发挥什么心理功能。

为了设定这些相互作用，弗洛伊德假设存在三种神经元，分别命名为 φ（ phi ）、ψ（ psi ）和 ω（ omega ）[23]。他推测，φ 神经元完全可渗透，因此随时准备接收新的感觉。相反，ψ 神经元确实至少保留了一些"量"，以便记录并存储记忆。ω 神经元不仅独具优势不受"量"的支配，而且还能将其他神经元的量转化为质，从而使头脑具有意识。

φψω 系统在我们看来或许神秘莫测，但在弗洛伊德的想象中它以直截了当的机械方式运行。尽管在他所建立的模型中，神经元彼此相互连接，但"接触障碍"仍可能阻塞某个神经元的部分或全部 Q-eta 沿传导路径继续前进。在这种情况下，接触障碍将通过"侧面欲力投入"将 Q-eta 分流到外侧神经元上，在此它可以发挥所需的功能。这是最基本的"防御"，但弗洛伊德认为，即便是诸如将痛苦的记忆隔绝于意识之外那样复杂的压抑，也都是通过相同的机制进行运作。

---

* "欲力投入"（Cathexis）是詹姆斯·斯特雷奇于 1922 年对弗洛伊德所说的"占领"或"占有"（Besetzung）的译法（见 SE, 3: 63n）。起初弗洛伊德对斯特雷奇创造希腊语式的新词不以为然，但后来他倒也喜欢这个词了。

弗洛伊德并没有声称他接触过证明他的神经元系统的任何证据。他写道，对于 phi 和 psi 神经元，目前"尚无任何已知信息证明二者的区别"；理想情况是，"我们不应该发明，[而是]要发现它们已经存在"[24]。他一时心血来潮，对观察实验法有了三分钟热度，便补充说，"对照事实素材对我们的理论进行检验"是值得付诸实践的尝试。但是精神分析学的创始人从不真正愿意如此劳神费力，而且他也不知道该如何着手去做。

《大纲》是否前后一致，哪怕就一点点？行文措辞如令人发狂的速记一般，长篇大论一气呵成："如果 φ 中的 $Q\eta$ 引起 ψ 中的欲力投入，则 3（$Q\eta$）由 $\psi1+\psi2+\psi3$ 中的欲力投入来表示。"——在某些读者看来，这纯属胡扯[25]。其他人已经尽量去理解弗洛伊德的论点，但认为那是循环论证。假如阐释之举只不过为有待解释的现象提供一个新的名称，那么这样的阐释不能达到目的。当弗洛伊德通过提及一个假设的"意识神经元" ω 来解释意识时，他似乎在公然蔑视这一规则：除了意识本身之外，omega 神经元没有其他属性，而且更令人大惑不解的是，完全不见量的踪影。

我们可以同意普里布拉姆和吉尔的判断，即《大纲》中大量貌似晦涩难解之处对于受过训练的神经学家而言其实明晰易懂。然而，与此同时，这两位合作著书的学者在很大程度上忽略了弗洛伊德模型的水力性质——其能量总和通过一个仅凭借设置分流屏障就能保护自己免得超载的系统进行流动。这种极端的设想导致弗洛伊德错误地判定，神经元往往摆脱自己的量而寻求彻底静止的状态[26]。拜他混淆术语所赐——他一再写道，神经系统趋向于稳定，而所谓的稳定，他其实是指惰性——普里布拉姆和吉尔将他的神经元虚无主义误解为更为正当合理、更可论证的体内稳态规律，或者积极和消极力量的势均力敌[27]。

在《大纲》中，弗洛伊德一仔细思考对于食物、性和呼吸的内生需求，就必须面对有关神经元惰性的重大挑战。例如，为了获得营养，机体必须保持紧张状态，直到找到并摄入食物；屡屡过早恢复到停滞状态，结果很快会致命[28]。因此，惰性原理是站不住脚的。但是弗洛伊德只承认在某些情况下——包括对于呼吸的需求！——"神经系统不得不放弃其惰性的原始趋向"[29]。他对这种趋向深信不疑，这已经成为他信仰的永久条款，最终近乎神秘主义的"涅槃原则"和"死亡本能"将使他在《超越快乐原则》（1920）中一叶障目。

尽管《大纲》旨在涵盖数量惊人的精神功能，但按照弗洛伊德推测，除非能够成功越过正常的和反常的心理学之间的沟壑，否则这项任务就不值得去做。但是当他在第二部分"精神病理学"中回过来谈到该任务时，他发现自己不知所云。他一边承诺要对精神病理学进行神经元视角下的阐述，结果却只满足于探讨癔症；而即便是探讨癔症，他也忽略了他的主要创新点，即被压抑的情感癔症式地转化为具有象征色彩的躯体障碍。留在心理领域，推测将一个想法替换为另一个想法的神经元组织情况，这样的做法比较谨慎。不过即便到那个时候，弗洛伊德也不得不从 φψω 的计算中抽身而退，转向使用他最近在关于精神神经症和现行神经症的论文中的那些常识性语言。

3.《大纲》挥之不去的阴影

弗洛伊德在 1895 年 11 月 29 日摒弃《大纲》且斥之为一桩蠢事，还说他这下已经将其永远抛在脑后，对此弗洛伊德学说的信奉者感到释然。这不难理解。不过，人们只须继续阅读未经删减的弗利斯信件，便可看到这一结局并不符合事实。举例而言，在声称《大纲》是某种疯狂后的 1896 年 6 月（已过去七个月），弗洛伊德还恳求弗利斯伸出援手，帮他将心理方面的论述转换为生理方面的[30]。他的计划绝对没有随着《大纲》问世而结束。

的确，在 1895 年 11 月扬言否定后不到一周的时间，弗利斯认为文章依然有挽救余地且有可能出版的评论，就重新点燃了弗洛伊德的希望[31]。又过了三周，受到弗利斯再次启发，他勾勒出了"经过彻头彻尾修改的"理论的若干特征[32]。随后，这项工作又断断续续地开展了好多个月，直到 1896 年 12 月 6 日，在高调承认失败一年多之后，弗洛伊德宣告赢得了胜利。弗洛伊德宣称，他这下已经辨别出产生感知、意识、前意识和无意识的神经系统各要素之间的关系[33]。他得出的结论无非就是心灵的"地形"模型——这是弗洛伊德心理玄学的三大支柱之一[34]。

此外，他之所以达成此事，并不是通过对临床数据进行概括，而是通过推进他的神经元建模。1896 年 12 月 6 日的信包含诸如以下的措辞：

> 我们的心理机制是通过分层过程形成的……根据作为媒介的神经元……不同的记录也区别开来……W［Wahrnehmungen］是产生感知的神经元……意识神经元又会成为感知神经元，其内部本身并没有记忆[35]。

同一封信表明，在 1896 年底，弗洛伊德仍在朝着弗利斯的各种简化论迈进，而不是像善意的历史学家希望我们相信的那样与之渐行渐远。他那一整年所写的信件显示，他在孜孜不倦地将他的神经元理念与弗利斯的系统融合为一体。他在 1 月 1 日写道，鉴于弗利斯提出的偏头痛与鼻子相关的解释，他的全部"φψω 理论"都需要据此进行彻底修正[36]。这下对他来说，显然"鼻子区域""富余的 Q""自行其道进入 ψ……不受限制的 ψ 能量流到喷发处"[37]。

因此，置于详尽的往来书信的背景之下，《大纲》呈现出大量迹象，表明 19 世纪 90 年代中期的弗洛伊德并非以经验为依据的心理学家。恰恰相反，他是一个狂热的思考者，正如他本人对弗利斯坦露的那样，"展开想象、解释以及猜测"，直到得出"富于想象力而美妙"的惊人发现[38]。整个《大纲》事件都预示了一个结论——几年之后，当弗利斯不再尊重他时，他会怀着受伤但好斗的自尊心欣然接受这一结论："我实际上根本不是科学家，也不是观察者、实验者、思想家。我在秉性上完完全全是个征服者（是一个冒险家，如果你想用简单直白的方式来形容的话），这种人身上特有的一切好奇心、胆识和顽强的特质我全都具备。"[39]

恩斯特·克里斯和安娜·弗洛伊德将在《精神分析的起源》中略去这一言之凿凿的自我评价——弗洛伊德有史以来做出的最具启示性的自白，这是预料之中的必然结局。然而，抵消《大纲》本身造成的影响是一件更棘手的事情。一如既往，又是由欧内斯特·琼斯来定下正确的基调。是的，他承认，《大纲》新颖独创甚至独具一格，是"一部精彩的杰作"[40]——但这仍然在依靠弗洛伊德师长老派的科学至上主义：认为大脑生理学比心理学更真实可信。因此，《大纲》只不过是"坚守大脑解剖安全防线的最后一搏"[41]。

琼斯写道，与此同时，《大纲》作为一种举重若轻的哲学实践而自成一体，与诊疗室的推论脱离开来。这位面向业内人士的传记作者写道："就我们所知，直到他生命的最后那段岁月，弗洛伊德再也没有像他在此那样沉迷于演绎推理。"[42]琼斯补充说，尽管弗洛伊德的"科学想象力"通过情感宣泄得到释放，但他很快就怡然自得地"回到临床观察的经验积累之中"[43]，而正是后者将精神分析这份礼物带到世上。于是琼斯要求读者们忘掉刚刚被告知的内容：弗洛伊德理论的基本要素已经在有关神经学的幻想放飞中成型。

琼斯对这一损害的控制虽然简单粗略且易于反驳，但在精神分析蓬勃发展的 20 世纪 50 年代，那样的做法已经绰绰有余。再过些年月将需要更为复杂的方法。马克·索尔姆斯和迈克尔·萨林在 1986 年提供了一个经过深思熟虑、缜密分析的论点。这两位作者声称，精神分析的真正世系之所以传承下去，并非经由《大纲》，而是经由早先四年前的《论失语症》[44]。因此，这里是在系谱领域尝试"侧面欲力投入"，不仅绕过了《大纲》，更是在其原位上放置了一份体面的预先分析的作品。

在《论失语症》中，弗洛伊德明确摒弃了心理功能可以被置于特定神经单元之内的观念[45]。尽管他在《大纲》中似乎仍然支持这一观念，但索尔姆斯和萨林认为，《大纲》并不是真正的神经学方面的论文，而只是对弗洛伊德扎实的临床知识进行"转化"的一次错误尝试[46]。他们说，这一知识比《大纲》更经久不衰，一旦与支配《论失语症》的可靠的认知原理重新结合，就使精神分析沿着令人信服的科学路线向前发展。弗洛伊德"放弃了《大纲》，继续从心理学理论的角度来解释他的临床发现"；"留存在后来精神分析理论中的《大纲》的任何方面都……完全不是神经学概念"[47]。索尔姆斯和萨林都像琼斯一样，试图抹除那些挥之不去的事实。就《论失语症》而言，其中无一是绝无仅有的"弗洛伊德学说"。恰恰相反，弗洛伊德正是在《大纲》中宣布了他关于睡眠、梦境和梦的解析的理论，也正是在《大纲》中发展了他的神经元惰性以及主要和次要过程的原理。同样在《大纲》中，他意味深长地进一步阐发了"防御"，这下既包括正常运转也包括反常运转。一年后，他对神经元的持续深入思考直接出现在他的心灵"地形"模型中。将《大纲》排除在精神分析的诞生谱系之外，就像否认《物种起源》与《人类的由来》息息相关一样，是别有用心。

精神分析传奇的一个重要方面是声称弗洛伊德"生理学的"早期阶段和他的"心理学的"成熟阶段之间存在清晰的突变。那么，可想而知，诸如兴奋和宣泄等常见的精神分析术语已被剥夺了它们在《大纲》中原本具有的神经学意义。当索尔姆斯和萨林宣布《大纲》后来体现出来的那些残存论点"根本不是神经学的概念"，他们那是在坚持已确立的路线。然而，不管是琼斯还是索尔姆斯和萨林都无法提供支持他们观点的证据，他们只是在应和弗洛伊德本人坚持的主张。

弗洛伊德在将其理论与有机性的前提拉开距离时，采用了一种出奇紧迫的语气。他在1915年写道："精神分析必须保持独立，要在与自身性质不同的任何假设之外，无论是解剖学方面的假设，还是化学或生理学方面的假设。"[48]同一年，仿佛在意指除了自己以外的其他任何人，他写道："思考储存在神经细胞中，刺激沿着神经纤维传播，尝试证明这些想法的行动都——完全告败。"[49]还有一次发生在1916年："对于焦虑的心理学角度的理解，就我所知，最叫人提不起兴趣的就是刺激所行经的神经路径。"[50]

的确，弗洛伊德依靠他典型的狡猾特质，设法扭转了他早先打造的神经学和精神分析学之间的关联。他曾几次做出预测，认为科学家终有一天会发现他原本不得不用宏观观察术语来解释的那些现象的神经化学基础：

> 我们发现，有必要在精神分析工作中始终超然于生物学考量之外，避免将其用于探索之目的，这么一来，我们对于摆在面前的精神分析客观事实进行公正评判时才不至于给误导了。不过，等我们完成精神分析工作之后，必须找到与生物学关联的点；如果该关联已经在某个重要的点上得以确保，那我们或许大可为之高兴[51]。

此外还有："我们必须记住，心理学一切暂定的观点想来终有一天会根植于有机的基础结构。"[52]

这样的承认几乎总被视作弗洛伊德谦逊且尊重铁面无私的科学的象征，其实那是他要的手腕，要展现出一种虚妄的自信姿态：仿佛他自己的想法全然来自治疗经验。他不能因依靠过时的生理学而受到指责；对患者行为的全然关注使他能够正确解读那些根本致病因素是人体化学的病征；他注定会由穿着实验服的众人来替他辩护。他在种种"对象"和"目标"之间对力比多进行了零和分配，如果读者能怀疑这种分配背后的因果推论是提前定好的，并且参照了一种对于神经系统的过时理解，那么这场游戏早就完结了。

弗洛伊德关于心理能量的主要概念，即"心理强度"，是除 Q-eta 以外的一切，还是《大纲》中言称的想象出来的神经力的量？斯特雷奇——值得赞扬的是，他直面了《大纲》对于后来理论所具有的重要意义——指出，弗洛伊德在 1895 年至 1915 年的几部作品都具有同等意义[53]。普里布拉姆和吉尔更是大大向前推进了一步：

> 我们的分析表明，弗洛伊德起初根据他的生物学和神经学知识构想了心理功能机制。然后，出于种种原因，他选择对那些神经学基础秘而不宣——有时甚至否认它们的存在。尽管如此，他还是使那些机制大体上都丝毫无损[54]。

　　和精神分析非亲非故、毫无瓜葛的大脑研究人员罗伯特·麦卡利和 J. 艾伦·霍布森，得出了相同的结论：

> 弗洛伊德的心灵模型纯粹源自《大纲》的生理学概念。心灵和神经力量实际上是相同的，它们的组织序列和功能一样，能量流动的方向一样，并且反射模型给保留了下来。心灵"元素"与《大纲》的"神经元"具有相同属性，因为"刺激"的传递取决于"传导阻力"。"关联"源于"促进路径"。弗洛伊德甚至谈到了"刺激流"。简而言之，尽管弗洛伊德声称创建了心理模型，但实际上《大纲》的整个神经模型都给保留了下来[55]。

　　此外，信息科学家唐·R. 斯旺森（Don R. Swanson）独立研究了弗洛伊德在四十多年中所有的心理玄学言论，这些理论利用了诸如"刺激""能量""欲力投入""影响量""感觉流"和"冲动"等关键术语，他发现这些概念依然保留其在《大纲》中原本使用的意义[56]。对于弗洛伊德学说的信奉者而言，这一实情该是令人一筹莫展的消息。正如斯旺森所知，没有发现任何类似于弗洛伊德所说的神经力 Q-eta 的东西存在于世。概括起来就是，人类机体不会通过神经元传送与其所受到的刺激成正比的能量；何况，这种能量也不会分裂和转移。因此，对于重新改变"量"的流向，神经系统也不会参与。

　　然而，正是这种重新改变才构成了弗洛伊德所说的"防御"的精髓，他将要主张的维持心灵秩序的一切都依赖此。梦是妥协的形态，因为必须"抵御"可耻愿望的力量；错误亦是由相同的机制引发，就像神经症的症状一样；甚至我们听到笑话后发出的笑声也源自对于冒犯他人想法的抵御；升华，文明特有的原动力，是人体防御性地从性冲动之中抽取了"量"而产生的。在所有这些假定的影响背后，都是《大纲》提及的执妄为真的能量守恒模型及其"侧面欲力投入"。

　　正如 E.M. 桑顿在 20 世纪 80 年代指出的那样，认为思想"转化"为象征思想的症状，那是一种古老如中世纪的观念，而不是现代观念——精神活动占据支配地位[57]。出于这个原因，弗洛伊德需要将其置于看似客观的参照框架之内，想象刺激的"量"在一个个"神经支配"之间流动。不过他的严谨假象经受不住考验。因此，他终究需要将"心理装置"描述为想象之中的构架——在更好的替代品出现之前，这区区一个隐喻也就够了。

　　弗洛伊德会告诉他的美国学生斯迈利·布兰顿："在阐发一门新科学时，必须让理论面目模糊。你不能说得一清二楚。"[58]他混淆量与质，混淆能量学与解经学，一手打造了精神分析中模棱两可的科学这种耍滑头的荒谬事物[59]。对于一心羡嫉科学的人文主义者而言，它自相矛盾的特点始终是其最大的魅力源泉。我们还能上哪儿找到这么一种人人皆可参加的诠释之战，所讲的故事是大胆探索和英勇治疗，所用的话语又是呈现机械因果关系的理性之言。《大纲》的真正意义在于，它为走上精神分析之路的弗洛伊德配备了安然脱离于可检验论述之外的一套用语。

第二十五章

能力削弱

1. 第二起"可卡因事件"

正如欧内斯特·琼斯言辞微妙地承认的那样，"在90年代初，［弗洛伊德］整个人的性格似乎为之一变"，相较于潜心分析临床数据，"情绪和直觉"得以占据上风并造成影响[1]。其中一种情绪是骄傲自大得冲昏头脑的感觉，他认为自己日渐了解掌握的知识是同僚无法理解甚至无从正视的。他于1893年4月向弗利斯宣称，性是"解决一切的关键"[2]。1894年5月他又补充道，但"在阐明神经症这一问题上，我简直是孤军奋战"；"他们简直把我当偏执狂看待，而我却有一种切切实实的感觉，那就是我触及了自然界的一个伟大秘密"[3]。

这种感觉在《科学心理学大纲》中得到了显著体现。诚如我们之前已经看到的，《大纲》在弗洛伊德学说信奉者当中造成巨大不安的主要原因在于，弗洛伊德在撰写过程中，连佯装其结论乃基于临床证据之上都懒得费事。尽管终其一生，《大纲》的文本从未见诸发表，但在他的推理方式上却开启了一种全新的趋势：朝着极端简化的方向发展。这下他认为自己可以随时仔细审查心灵，在不考虑环境和行为表面特征的情况下，在最深层的细胞层面上诉诸解释性因素，那是唯有他通过纯粹的推理思考才能洞察的领域。

《大纲》的写作模式似乎也是前所未见。经过1895年夏秋两季日复一日的忙碌工作后，弗洛伊德往往在晚上十点之前就已筋疲力尽。不过，他不知怎的却振奋精神，又投身于紧张认真而活跃兴奋的思考。他在 1895 年 5 月告诉弗利斯："过去几个礼拜里，从晚上十一点到凌晨两点几个小时我都连轴转……一直在想象、理解并大胆猜测。"[4]

关于这样开夜车的成就，有一份典型的记录，写于 1895 年 10 月 20 日已经"偏头痛了整整三天"的那个时期。"现在你听我说这事，"弗洛伊德写道，

> 上周一个忙碌的夜晚里，我苦苦挣扎，以期进入脑力活动的最佳状态，这时候障碍突然无影无踪，迷雾消散了，一切都变得一目了然——从神经症的细节到意识的决定因素。一切似乎都各就各位，严丝合缝，给我的印象是，这下真是一台很快就可以自行运转的机器……我当然几乎喜不自胜[5]。

然而，我们还记得，在这股兴奋劲儿之前和之后，他都沉溺于幻灭和沮丧的情绪中不能自拔。"一切都变得一目了然"的前几天，一切俨然黯淡无光。弗洛伊德写道："整整两个星期，我处于高度兴奋写作的狂热之中，认为自己已经发现了惊世秘密，现在我明白自己其实还没有发现，又一次把这一整项任务全都放弃了。"[6]

1884—1885 年，弗洛伊德在他人生较早年的那段时期屡屡经历午夜时分的"思想兴奋"，其影响之一便是"使得［他］与［他的］周围环境格格不入"，因为他窥探到了一个更加大胆创新的知识层面。作为彼时服用可卡因之人，他与吗啡和可卡因的双重瘾君子恩斯特·弗莱施尔一起熬夜长谈。而弗莱施尔在注射可卡因之后才思格外敏捷，如梅菲斯特一般轻松自如地从一个话题跳跃到另一个话题，展现出原本料想不到的种种不可思议的看法，使得弗洛伊德／浮士德大为倾倒。这下，在 1895 年，弗洛伊德成了午夜之后柏格街 19 号唯一醒着的人，但他使用的兴奋剂并没有改变。就连对精神分析忠心不二的乔治·马卡里也承认，《大纲》一文"是由可卡因推动的"[7]。可能是短暂戒绝可卡因的状

况使得弗洛伊德对"［他］孕育心理学的心境"感到困惑和窘迫。

对于 19 世纪 90 年代的可卡因这一因素，无人能比安娜·弗洛伊德和其余那些战后弗洛伊德传奇的塑造者们更严阵以待。他们的关切表现在这些方面：《精神分析起源》和琼斯那部审阅得慎之又慎的传记中几乎悉数隐瞒了相关信息。不过审查工作不可能完全彻底，因为弗洛伊德在《梦的解析》（1900 年）中一再提到自己对这一药物的高度关注。书中分析的他的十七个长梦当中，至少有八个梦明确涉及可卡因。在讨论最重要的"伊尔玛的注射之梦"时，他说他"当时经常使用可卡因，以求缓解令人难受的鼻塞症状"[8]。因此，可卡因用药的直观事实无可抵赖。但是精神分析的当权派却声称可卡因并未使得弗洛伊德的精神状态受到丝毫影响，而指向截然不同结论的那些信件其实全都给查禁封锁了。

琼斯驾轻就熟地凭借误导大众的策略，发挥了他的一贯作用。我们可以回想到题为"可卡因事件"的那一章，他坦率地回顾并且痛惜弗洛伊德在 1884 年至 1887 年的过分行径，暗示弗洛伊德年轻时的荒唐事已经画上句号，对可卡因的渴求业已平息。至于 90 年代，他声称是弗利斯建议弗洛伊德使用可卡因作为药物；但关于自主用药或者药物在认知和情绪上的影响，琼斯全都只字不谈。读完琼斯所写的文章，我们只能看出，弗利斯开的处方也可能是作眼药水或抗酸药之用。

琼斯完全清楚他的所作所为。在 1952 年写给西格弗里德·贝恩菲尔德的一封信中，他估算弗洛伊德"断断续续地使用可卡因达十五年之久"[9]。因此，他私底下认为这一药物到 1899 年为止一直在影响着弗洛伊德，但希望公众始终对此一无所知[*]。1952 年在琼斯写给贝恩菲尔德妻子的另一封信中，他坦露他"怕弗洛伊德超量服用了可卡因，尽管我没有［在我写的］传记中提及此事"[10]。恰恰是由于琼斯后知后觉地发现可卡因与虚无缥缈的精神分析主张息息相关，并且对此深感震惊，所

---

[*]　库尔特·艾斯勒甚至比琼斯有更多机会接触到特许保密信息，他说"弗洛伊德在 1900 年以后停止用药（可卡因）"（艾斯勒 2001，第 25 页注释）。

以他特意将读者的好奇心引向 19 世纪 80 年代不那么重要的"可卡因事件"。

琼斯秘密提及弗洛伊德："在长达十五年的时间里断断续续"使用可卡因一事，给我们提供了宝贵的论据。众所周知，作为单身汉的弗洛伊德格外垂青这种药物，因其具有激发幻想的催情壮阳功效，所以他这辈子的大多数学生都想当然认为他在结婚之日前后就停止服用这一药物了 [11]。也许他暂时这么做了，但对此我们并没有证据加以证明。此外，正是已婚状态而非守身如玉的单身汉阶段引发了他对于床笫之事的长期焦虑，可卡因也许是值得一试的一剂良药。婚礼之后过了十个月，弗洛伊德才写下他反对埃伦迈尔的论战文章，他在文中夸耀他自己的个人习惯，但没有说当时是否还依然保留。

我们发现，在 1887 年，弗洛伊德依然偏好可卡因这一药物，也依然深信对于像他这样不会上瘾的人而言可卡因安全可靠（然而，实际上他已经对尼古丁上瘾了）。在留存至今的他与弗利斯的往来书信中，他第一次提及可卡因是在 1893 年 5 月，谈起他自主诉诸该药物："不久前，我自行使用可卡因叫停了已经痛了（一个小时）的严重偏头痛；我在头的另一边也用上了可卡因之后才见效，但效果可谓立竿见影。" [12] 正如琼斯提醒我们的那样，弗洛伊德"一生备受偏头痛的折磨" [13]。他没有考虑到，可卡因具有的血管舒张的作用会产生反弹，引发进一步的头痛。显然，至少在 1887 年之前，他都一直用可卡因来治疗偏头痛，到了 1893 年，他再一次这么做了。

无论弗洛伊德一生中这两个使用可卡因的阶段之间是否存在"断断续续"的空档间隙，我们都知道，他与这一药物的关系在 19 世纪 90 年代发生了新的变化。此前，他本是希望借着将自己的名字与所谓医学奇迹的宣传普及紧密捆绑起来从而扬名立万。然而，这下他将成为接受弗利斯以可卡因进行治疗的患者，既遵照他这位朋友的医嘱也自行安排服用这种药物，并且只向弗利斯报告药效。

弗洛伊德指任弗利斯作为替他下方开药的医生，这件事似乎具有讽刺意味。毕竟，和欧洲其他医者一样，弗利斯对可卡因的认识，最终都要追溯到弗洛伊德自己在 1884 年发表的论文《论古柯》；而且就我们所知，在与弗洛伊德相识之前，弗利斯并没有表现出对于可卡因的任何兴趣。不过到了 90 年代，弗利斯关于可卡因治疗药效的理论进一步促使弗洛伊德继续或重拾可卡因的用药；而且，正如我们这下要看到的，治疗带来的副作用导致弗洛伊德加大剂量使用可卡因。

2. 鼻病策略

且让我们试着以重现的历史来厘清这一复杂事件。尽管不久前出现了对于可卡因危害的新认识，弗洛伊德还是跟他的新朋友谈起他用这款神奇的药物所取得的成功，这下弗利斯显然在治疗他那些德国患者各种各样的疾病时尝试起了可卡因疗法。他偏好将未经稀释的药物粉末直接涂抹于患者的鼻孔内壁。由于黏膜具有吸收的特质，这种方式可以使药物异常快速地进入大脑的"奖励"中枢，从而产生止痛和欣快的效果，缓解患者遭受的任何症状。跟踪随访显然便被视为可有可无了。

就这样，弗利斯轻率地推断可卡因必然对许多病症卓有疗效，包括痛经、胃肠不适、神经痛、偏头痛以及心律不齐和呼吸不匀；在此基础之上，他拼凑出了他的鼻反射神经症的版本。鼻反射神经症据称是双向运作的：消化道的一阵剧痛可能触发鼻子内的"胃痛点"发炎，但该点出现的另一次发炎则可能会导致胃部不适。弗利斯最开始如何确定胃痛点的位置呢？很简单，将可卡因涂抹到鼻腔的某个部位，几分钟之后，胃痛就会消失，这让弗利斯确信存在反射回路[14]。

众所周知，弗洛伊德已经开始给他的病人也给他自己开具可卡因处方来治疗神经痛、偏头痛和慢性消化不良等其他病痛；他几乎不忘时时向弗利斯描述他当下的治疗状况。忽然之间，对弗利斯而言，一切全都一清二楚了：弗洛伊德本人想必正是鼻反射神经症患者！至于弗利斯有关诊断和治疗的推理其实建立在错误的观念之上，弗洛伊德对此置若罔闻——毕竟，弗利斯只是重复了弗洛伊德最初宣称可卡因是万能药时的那一套逻辑——他低眉顺眼地接受了弗利斯的这一结论，开始遵照医嘱开启疗程，用实验室级别的可卡因涂抹起鼻腔。

无可避免，结果就是受到影响的组织发生了肿胀、感染和坏死的状况 *。弗利斯也开始遭受同样的损伤，这就不足为奇。不过，不管是弗洛伊德还是弗利斯都不希望将任何不良后果归咎于可卡因，所以他们将鼻腔问题解读为自身深受 NRN 之苦的进一步证明。因此，他们采取了不切实际的补救措施——朝他们受损的鼻腔里涂抹更多的可卡因。

这下新的进展使得弗洛伊德比起以往任何时候都更依赖于他的朋友。自 1889 年以来，他偶尔会出现心律不齐的状况，但到了 1894 年春天，情况变得越发令人担忧。在他尝试戒除雪茄期间——因为弗利斯一直敦促他戒烟——他突然遭遇了"一场严重的心脏疼痛"：

> 最强烈的心律失常，持续紧张、忧虑、烧心；顺着我左臂一路往下感觉剧痛；呼吸困难［呼吸短促］，在一天之中三分之二的时间里，所有这些不适基本上都没消停过……随之而来的是一种消沉的感觉，表现为浮现出死亡和离别的幻象[15]。

在历时两天的症状自行减轻之后，弗洛伊德放下自尊，向布罗伊尔求助咨询，希望知道准确的诊断只是软骨炎或是尼古丁戒断，还是如他怀疑的慢性心肌炎。布罗伊尔合情合理地建议他去找心脏病专家做个检查。然而，在这样做之前，弗洛伊德先去找了弗利斯倾吐烦恼。按照他的说法，"你们这些人"——指的是迥异于纯粹心理治疗师的真正的医生，"了解一切"[16]。在接下来的几年中，弗洛伊德总是牵挂弗利斯的健康，仿佛担心会失去庇荫自己的父母似的，与此同时他又一而再再而三地描述他的最新症状（现在大多和鼻腔相关），恳求弗利斯毫无保留地告诉他事关自己功能衰弱的心脏的全部实情。1895 年 4 月，他对弗利斯说："你说鼻子恐怕是主要问题所在，而心脏只是个小问题，我希望你的看法依然正确。"[17]

---

* 对于包括暂时缓解和反弹等这些状况的生理过程，参见桑顿 1984，第 137—138 页。

　　无论是弗洛伊德还是弗利斯、琼斯、马克斯·舒尔，谁都不愿认为弗洛伊德的心脏问题可能是可卡因造成的——多年来以口服形式摄入继而又按照弗利斯开的更大剂量的治疗药方外用所致。即便我们和弗洛伊德本人一样，假定起初是流感病毒造成他心跳漏拍，但他在 1894 年严重加剧的症状几乎可以肯定与可卡因脱不了干系。他若是有意，绝对可以有充分的专业理由来得出这一推论。

　　医生们已经就可卡因引发的心动过速的多起病例发表过评论。基于自身的经验，W.A. 哈蒙德在 1886 年的一次讲座中证实、汇报了心动过速的现象，这次讲座本是弗洛伊德为反驳埃伦迈尔的观点召开的*。在 1886 年 11 月 2 日面向纽约神经学学会的演讲中，哈蒙德谈到了自己在注射可卡因后出现的"心悸"和"心脏过度跳动"。他的患者也曾遭遇过"心脏异常跳动、体温和血压升高以及无法入睡"[18]。此外，自 1885 年以来，医学杂志一直在讲述那些使用可卡因直接接触黏膜尤其是鼻黏膜的外科手术进行中出现的致命的心脏骤停状况[19]。可卡因会诱发心脏病症这一事实现在已经广为人知，因此美国心脏协会在 2008 年提醒医生应询问心脏病发作的患者最近是否使用过该药物[20]。

　　决定视自己为鼻反射神经症的患者后，弗洛伊德不可能指望可卡因足以治疗这一病症。我们知道，弗利斯设想了三种针对 NRN 的循序渐进的疗法：涂抹可卡因于鼻腔，烧灼鼻腔内引发不适的"点"，以及通过外科手术切除常见的感染部位，即肿胀的鼻甲骨。每项举措都使得下一项举措更有可能随之而来，造成的伤害和发炎又使得弗利斯认为他正在与顽疴痼疾进行艰难搏斗。正因如此，弗洛伊德"堵塞的"鼻子在 1893 年 11 月之前就已经给灼烧过两次，然后又经弗利斯之手，接受过至少两次手术：一次在 1895 年 1 月，另一次在次年 8 月[21]。

　　这些治疗的性质尚无定数。有可能到了 1895 年的年中，弗洛伊德

---

* 顺带提一下，哈蒙德也讲述过他处于可卡因造成的夜不能寐时"写作的欲望一发不可收拾"。按照他所说的概述，"他写了整整八张还是十张大页纸，觉得那是他有史以来写过的最佳作品，但第二天早上他就发现那全是一派胡言"（哈蒙德 1886，第638 页）。

已经达到弗利斯所谓衰弱的第三阶段，便接受了切骨手术。舒尔显然就是这样认为的 [22]。然而，琼斯推测两次举措都是以烧灼的方式，辅以"不间断开具的"可卡因治疗，"弗利斯 [而非弗洛伊德?] 对该疗法深信不疑" [23]。到 1895 年夏天，我们发现弗洛伊德恳求他那位挥舞着手术刀的朋友，"若是追求解剖学上的健康就放过我吧，只要努力在功能方面恢复健康就足矣"——大概是通过进一步烧灼加以治疗 [24]。不过，当他确实来到柏林接受进一步的治疗时，仍然满心信赖地带上弟弟亚历山大一起来了——据说也是个神经衰弱患者，同样来接受鼻腔治疗。

为了弄清弗洛伊德 1895 年的健康记录，我们要记得他因久治难愈的鼻部不适而暗自窃喜，因为这等于是在告诉他，弗利斯的判断是正确的：他只是患有神经症，而非心脏衰竭。因此，他在当年 1 月 24 日、3 月 4 日、4 月 20 日和 4 月 27 日兴奋不已：

> 过去几天以来，我感觉好得简直难以置信……我上次给你写信……说起有几天时间情况糟糕透顶，在那期间，左侧鼻腔的可卡因用药在相当大程度上帮了我大忙……第二天，我继续靠可卡因来控制鼻子的病情，其实不应该那么做；就是说，我反复涂抹可卡因，以防再次出现肿胀；这一次，拿我的经历来说，流出了大量浓稠的脓液；自此之后，我感觉好极了，仿佛压根什么毛病都没有。
>
> 　你在这儿的最后那一天，我右边鼻孔突然掉落了若干结的痂，是没有动手术的那一边。第二天就出现了大块厚厚的暗褐色脓液……自从那时起，鼻子又是严重流涕，直到今天流脓分泌物总算没那么浓稠了……尽管不是刻意为之要让人放松心态，但这个信息多少也给人带来了几分满足，因为再次说明心脏的状况取决于鼻子的状况。
>
> 　如果积脓 [脓积聚] 是主要问题，那么危险的一面就给排除了，症状再持续几个月也不会要我的命……今天我能写信是因为我更抱有希望；我靠着涂抹可卡因，把自己从痛苦的病症发作之中给解救出来了。

自从上一次涂抹可卡因以来，三种情况仍然叠加：（1）我感觉良好；（2）我一直在排出大量脓液；（3）我感觉非常好。因此，我不想再纠结于什么心脏问题[25]。

因此，我们可以看出，弗洛伊德对于弗利斯提出的颇具争议的综合征给予了知识层面的支持——如不其然则显得难以理解，这种支持至少在一定程度上取决于他对自身健康状况的担忧。尽管他必然有过科学层面的疑虑，但面对迫在眉睫的死亡他不由心生恐惧，稍一权衡，什么疑虑也都微不足道了。这种恐惧反过来导致弗洛伊德用起使他内心重回平静的药物来毫无节制。正如他在1895年6月12日直截了当地说出的，"我需要大量可卡因"[26]。

3. 可卡因作用下的自身

在19世纪90年代，可卡因似乎已经浮现在弗洛伊德的部分性格特点之中，尽管从他人生早年也可以观察到端倪，但现在却呈现出不容小觑的集群了。相较于其他任何阶段，在这一时期，他不受控制的种种情绪交替——从一派欢欣雀跃到最暗无天日的消沉抑郁——明显频繁、剧烈，这说明可卡因产生了快感和反冲。因此，可卡因也可以用于解释为何他在90年代中期的梦境如此生动逼真，而对于相关梦境的解析不久便成为精神分析理论的基石。再者，正如路易斯·勒温1924年所言，长期使用可卡因会造成"性功能衰弱和随之而来的欲念更炽"[27]。弗洛伊德经历了同样的矛盾状态，遭遇了对性的强烈痴迷——尤其是强调性"倒错"——以及更频繁发作的阳痿。

然后，还存在一种见怪不怪的倾向，即好心好意对可卡因的使用者进行劝说之人——尤其是如果规劝者对于该药物持保留态度的话——往往会激起对方不可理喻的敌意。无可否认，弗洛伊德在沾染可卡因之前就已经表现出偏执的性格特质。尽管如此，这不由让人联想到，当弗利斯（继弗莱施尔之后）成为弗洛伊德的第二个"可卡因哥们"时，弗洛伊德对布罗伊尔产生了强烈的鄙视感，哪怕这种鄙夷是间歇出现的*。除了布罗伊尔特意极力赞扬弗洛伊德的理念而显得算是一位不落俗套的同道的那些时日，布罗伊尔现在在弗洛伊德看来成了在思想上怯懦不前的代表人物，会对他即将建立的科学和医学横加阻挠。

就个性改变而言，这绝非什么小事。作为弗洛伊德长久以来的导师、《论失语症》题献的对象，布罗伊尔一直都是弗洛伊德在世上最崇拜的人，也是他开启职业生涯的过程中最感念的人。弗洛伊德曾告诉未婚妻，与布罗伊尔交谈时"如沐旭日""他源源散发出光与热"[28]。不过，当布罗伊尔此时试图谢绝弗洛伊德偿还早年的一笔借款时，弗洛伊德把这一举动当作一种侮辱。琼斯忐忑不安地观察到："仇恨对准了布罗伊尔，而爱意给了弗利斯。"[29]

这种爱意造成弗洛伊德自80年代以来的用药经历再度复燃，而且剂量大为增强。在80年代，他与弗莱施尔的深情纽带由共同使用的可卡因烙下封印。现在他体验了同性爱恋倾向的第二春，和往昔同款的灵药解除了他的顾虑，使他能够表达自己的爱慕之情而不会感到羞耻。可卡因想必又一次补偿了他，因为他痛苦地意识到在情感上自己比他一心痴迷的人更脆弱。在这对新的好哥俩定期"互通往来"的过程中，两人在秉性和观点上的其他差异也可能被可卡因给淡化消除。

此外，弗洛伊德在写给弗利斯的信中提出的一些概念也散发着一种"磕了药的"怪异气息：

> 使用避孕套说明性功能衰弱；或多或少与自慰类似，是［病人］患上忧郁症的持续原因[30]。
>
> 　倘若自慰是要让自身沦为同性恋，倘若同性恋，即（男女都有的）男同性恋是性渴望的原始形式，你怎么看待呢?（第一个性目

---

* 很早以前，我们就见证过可卡因使得生性羞怯的弗洛伊德变得健谈，充满勇气。那么，可卡因是否壮了弗洛伊德的胆，让他敢于公然藐视早前诚心诚意关怀、提携他的四位前辈——迈内特、夏尔科、伯恩海默和布罗伊尔?

标类似于婴儿的性目标，这个愿望不会超出内心世界之外。）再者，倘若力比多和焦虑都是男性才有的呢？[31]

同样的特质也可见诸如下的这些段落中，其中的文字表现出弗洛伊德为消除自己对弗利斯所谓的"科学"有所保留的种种想法而费尽心思：

> 随着你的研究成果日渐趋于完美，我越发能够全力以赴参与其中，[其背后的] 规律和理念就越发得以彰显出来。作为外行人，对于那些尚未得到解读的数字，我无法找出对你而言大有希望的成分；在你这一次来信中，我甚至发现有内容可以和我自己的某些怪念头联系到一块儿，曾几何时我想借此解释你的发现（即 12 作为 23 的系数相当于 28 的系数 10，前者是男性的特征，后者则是女性的）。正如你记得的，我也是从大约恒等方程的乘积 $12 \times 23 = 10 \times 28$（孕育期）入手，但我承认，我并不知道如何解决这种差异，而这对你来说却是进一步解决方案的起点……
>
> ……已经采取了谨慎措施，确保对于已将早先心理作品遗忘一空的那些人而言，针对成果展开交流不会产生任何影响 *。

弗洛伊德对弗利斯的心悦诚服，和他对认定自己执掌心理学神圣定律的十足信心如出一辙，简直不可思议。但是，这两种倾向都丧失了经验方面的视角。正如弗利斯在 1897 年被深情款款告知的，"只有知道自己掌握真理的人，才能像你一样写作"[32]。这句话出自一个忙于从一系列难解的数据中尝试推断出可靠结论的科学家之口，想来会引发人们的指责，认为那是一种有悖经验观察的狂妄。然而，对于那一时刻的弗洛伊德而言，"真理"可以直接被有准备的头脑理解掌握；就他这个情况

---

* 11/15/97；FF，第 282 页。请注意以 "已经采取了谨慎措施" 为开头的句子根本说不通。了解这一切胡话的行家是罗伯特·威尔科克斯（1994，2000）。

来说，所谓的准备工作并非经由仔细的研究，而是通过可卡因来完成。

1895 年 11 月布罗伊尔在演讲过程中试图说服维也纳医学院的一众同侪，希望他们相信《癔症研究》的年轻作者并非狂热分子，但他不得不承认别人显然也已注意到的一个问题：

> 或许也有人提出反对意见，认为弗洛伊德的专题论文显然让人觉得缺乏连贯性；眼下这话不无几分道理，但别忘了，摆在我们面前的，是一些暂时得出的结论，而每一种理论都是暂时的结构体系[33]。

当然，布罗伊尔知道，弗洛伊德将一切精神神经症的病因都简化归结为对遭受压抑的性进行"防御"的这一做法并非暂时之举。弗洛伊德的理论确实是一时的结构体系，不是因为他抱以一种试探性的态度，而是因为他的做法仅仅对他不断变化的猜想做出了回应。布罗伊尔私底下则认为弗洛伊德濒临彻底精神错乱的状态。弗洛伊德在 1896 年 3 月 1 日对弗利斯说："按照他的说法，我每天都必须问自己是悖德狂还是科学偏执狂。"*

从理论上来说，只要置身局外不介入假说并且对适当性进行检验，依照这样简单直接的方法，"科学偏执狂"就可得以避免出现。然而，作为一名心理学家，弗洛伊德从来没能迈出这一步。现在，随着他提出的种种主张所涵盖的范围逐渐扩大，这种基于意愿而非理智的行为就越发明显。他用于证明的标准——一切都很好地融合在一起的感觉——在每种情况下都得以满足。

---

* FF，第 175 页。弗洛伊德把"悖德狂"这一术语翻译成了英语。

　　1911 年弗洛伊德将发表一篇关于偏执性精神分裂症的精神分析研究论文，患者叫丹尼尔·保罗·施雷伯（SE，12：3-82）。有趣的是，他会对施雷伯产生一种强烈的认同感，这主要是基于他们都希望抵御同性恋的倾向。"我是施雷伯，不是别人，就是施雷伯。"他会在 1910 年写信告诉桑多尔·费伦齐（12/3/10；弗洛伊德／费伦齐 1993，第 239 页）。

发人深省的是，这样极端的宽松态度并没有出现在弗洛伊德除心理学和可卡因以外题材的作品中。那些作品包括 19 世纪 90 年代的《论失语症》（1891 年），与奥斯卡·里尔合著的探讨儿童大脑性麻痹的一本书（1891 年）；他自己就同一主题所写的两本专著（1893 年、1897 年）；以及一些篇幅简短的投给报刊的神经学方面的文稿。除《论失语症》之外，弗洛伊德对这类作品不以为然，私底下还嘲笑它们怎么就颇受好评了。他告诉弗利斯，他原本不过是敷衍了事地炮制出这些作品罢了，让他怨念的是同事们拒不接受他真正在乎的那些文章、他视若珍宝的关于神经症的看法 34。

这下仿佛存在两个弗洛伊德：一个冷静、受人尊敬但虚情假意，尚且能遵行科学试验计划，另一个在可卡因驱使之下行事莽撞，再也无法容忍那个胆小的世界。他能够写中规中矩的作品，证明他当时不需要一直保持兴奋，也就避开了药物戒断的症状。与之相反，在撰写关乎心灵的文章时，他似乎故意用可卡因来激发灵感，一如他过去十年间围绕可卡因这一主题所做的那样。

弗洛伊德在草拟诸如 1897 年的《婴儿大脑性麻痹》之类的非心理学著作时，他意识到读者学有素养且了解科学规范，故而确保了数据能够有序呈现，凭借证据能够得出观点，论及相关领域的文献时能够予以尊重。但是他非得拥有普罗米修斯似的反叛面貌，否则撰写不出有关心理学的文章。因此，在这类文章中，前人将被一笔勾销，而不是被援引褒扬；一种简便管用的临床方法将宣布于世，但没有充分加以说明以便他人使用和评估；而承托这种方法的，并非可检验的记录，而是充满欺骗性的包办成功。

随着 19 世纪临近尾声，弗洛伊德名正言顺担纲教授职位的资质越来越充足，他将完全放弃神经学，孤注一掷投入精神分析。在可卡因的强化作用之下，他已经至少在有些时候会相信自己颇有建树；当一小部分追随者继而是更大群体的追随者都认为他是天才时，便不再需要药物本身了。这下，显而易见，可卡因作用下的自我无需可卡因也能行了。

然而，早先在 90 年代中期时，弗洛伊德的情绪和他的理论仍然乱作一团。他只有依靠弗利斯和可卡因这两根支柱的扶持，才能走出属于他的一条路。与此同时，他在与实实在在的病人打交道，病人们信任他，至少一开始是信任的，他要了解他们的紧张焦虑，对症下药予以有效的治疗。他这两方面的依靠将如何影响他对这些病人的治疗呢？

第二十六章

可怕的治疗

1．世交

按照为弗洛伊德著书立传的作者当中最了解情况（态度也最友善）的莉萨·阿皮尼亚内西和约翰·福里斯特这两位的说法，在 19 世纪最后十年，有一位病人极具影响力，引导着弗洛伊德创立了他们视为精神分析核心的学说：梦和神经症的外在表现都是内心愿望的变相表达[1]。此人便是埃玛·埃克施泰因，阿皮尼亚内西和福里斯特认为学说发展的每一个阶段都有她参与其中。

因此，人们可能会以为埃克施泰因在弗洛伊德的回忆录和战后相关传记文献中占据重要地位，而正是战后那些传记文学推波助澜，塑造了精神分析的黄金时代。其实不然，除了一个小小的例外，弗洛伊德从未在发表的作品中提及她的名字[2]。在欧内斯特·琼斯长达 1357 页三卷本的《弗洛伊德的生活与工作》一书中，这个名字仅仅出现过一次，混杂在对于弗洛伊德而言"十分重要""或许颇具男性气质"（其实是具有独立思想）的一系列女性的名单之中[3]。至于埃克施泰因的重要性究竟何在，琼斯没有给出任何线索。

安娜·弗洛伊德曾对恩斯特·克里斯表示，从《精神分析起源》中"删去埃克施泰因的病例史"是她体验过的"最大乐趣"[4]。弗洛伊德学说的信奉者无一人敢白纸黑字写下有关埃克施泰因治疗的只言片语，直到 1966 年，相对坦率的马克斯·舒尔才打破局面。即便在那时候，尽管舒尔知道她的身份，但呈现到他的读者面前的还是姓氏不明的"埃玛"；在他 1972 年的回忆录《弗洛伊德：生与死》中，她仍然是"埃玛"*。简而言之，精神分析界曾经恪守一种不能提起埃克施泰因的禁忌——正如我们将要看到的，这样做有着充分的理由。

埃玛·埃克施泰因是维也纳发明家兼实业家阿尔贝特·埃克施泰因的孩子，在长大成人的八个兄弟姐妹中她排行第四。阿尔贝特靠羊皮纸制造积累了一大笔财富；他在 1881 年死于运动性共济失调，那是神经梅毒的最后阶段。埃玛的哥哥弗里德里希（弗里茨）是一位博学多才的艺术爱好者，继承了阿尔贝特的实业之后几乎闹到破产；弗洛伊德组织的谈天聚会和每周牌局都有他参与。埃玛本身也和弗洛伊德的小姨子明娜·贝尔奈斯过从甚密。实际上，两家人经常一起外出度假。朋友之间约定俗成自然不必多言，这些社交关系使得弗洛伊德在为据说患有神经症的埃玛提供治疗的前几年，都是在她自家的房子里进行诊治，而且不收取任何费用。不过他在那段时期可能也乐得其所，因为埃玛——或许是受到弗洛伊德当时唯一一位全心全意的崇拜者明娜的鼓舞——相信他的判断，而且面对未经检验的治疗甘当小白鼠，特别百依百顺。

然而，这并不意味着找弗洛伊德问诊的埃玛其人毫无想法和见地。阿尔贝特·埃克施泰因尽管家财万贯，但仍是一个坚定的社会主义者，他的几个孩子亦是如此。在政治上，他们与世交维克托·阿德勒所见略同，阿德勒是奥地利最著名的社会民主党人（也是弗洛伊德在大学时代及日后讨厌的对手）。大女儿特蕾泽·施莱辛格后来成为重要的社会主义者、女权主义者，并于 1918 年成为首位入选后帝国时代议会的女性议员[5]。弟弟古斯塔夫也参加了社会主义事业，他是马克思主义理论家卡尔·考茨基的助手。埃玛本人既是社会主义者又是女权主义者，这也

---

* 出版作品中第一次提及埃玛·埃克施泰因是把她当作弗洛伊德 1894—1897 年治疗的病人，见于斯韦尔斯 1983b，第 361 页及注释。可以通览畅读弗洛伊德书信文件集的杰弗里·马森私底下相当于证实了斯韦尔斯的看法（斯韦尔斯写给笔者的个人信件，5/5/15）。

就不足为奇了。

1899 年和 1900 年，埃玛撰稿给姐姐特蕾泽也曾供过稿的左翼和女权主义杂志，发表文章痛斥阶级和性别不平等造成的伤害。她有一篇文章强烈谴责有权有势的男主人对女仆的性剥削 [6]。在一篇书评中，她怒叱那些教导自己女儿避免成为未婚母亲的妇女 [7]。她写过一份扩展出版物，是长达三十八页的小册子，其中部分论述了教养良好的适婚妇女身上可悲的性无知和随之而来的胆怯心理 [8]。

这些作品使人联想到了贝尔塔·帕彭海姆，她也是生于钟鸣鼎食之家，一直备受呵护，对自己的成长之路持有批判性的看法，继而投身从事改革的事业。然而，对于埃克施泰因来说，做勇敢的领导者的人生是不可逃避的。在她的两个姐姐找到如意郎君搬走之后，她实际上成了母亲这边六口之家的一家之主。大约在 1894 年，时年二十九岁的她开始接受弗洛伊德的治疗，这时她的生活已被种种忧虑、琐事和严重的身体残疾所吞噬。她终生未婚，甚至从未搬离家庭住所。

2．癔症性神经衰弱

没有埃克施泰因的病历，我们无从了解这名患者是带着什么样的疑难杂症来找弗洛伊德问诊，他如何看待她所接受的心理治疗的进展，又是什么导致他有那么一阵子把她移交给另一位医生诊治。不过，在弗洛伊德写给弗利斯的信中，对于 1895—1896 年的关键事件有着生动描述。这些文件连同其他材料为两位医生就其病例展开合作时的动机和假设提供了合理的见解。但她究竟罹患什么病呢？

我们知道，弗洛伊德一开始是把埃克施泰因当癔症来治疗。这倒是不足为奇。尽管弗洛伊德从混合诊断中获得了智识方面的慰藉，但他仍然具有所见之处皆是癔症的倾向——哪怕在诸如伊洛纳·魏瑟（"伊丽莎白·冯·R."）等患有明显器质性功能障碍而其他方面一切正常的病人身上，他也是这么看待。埃克施泰因与魏瑟很相似，几十年来都遭受腿部剧痛折磨，几乎无法走路。在 1894 年，她还表现出令弗洛伊德归入癔症的其他症状：胃肠不适和痛经。

这两种不适可能源于相同的问题，因为痛经通常伴随恶心、腹泻或便秘。我们现在知道，痛经本身最常见的原因是荷尔蒙失调。不过也有许多其他状况可能会引发这一症状，其中有些诱因在弗洛伊德那个时代业已为人所知，包括卵巢囊肿或由此产生的脓肿。并非巧合的是，卵巢囊肿会产生强烈的发散性腿痛。弗洛伊德可能不记得他在医学训练中曾学过这些客观事实，但无论如何，他没有任何理由去想当然地认为较之行走困难，月经和消化道疾病更可能是患有癔症的确凿指征。我们将会看到，他在这一观念上的固执对埃克施泰因产生了致命的后果。

至于癔症本身的病因，弗洛伊德在1894—1895年的观点如同雾里看花。尽管他已经公开批评遗传退化的理论，借此与主流神经学家划清界限，但他私底下仍然相信这一理论。举例而言，在1903年以及再度于1909—1910年分析埃玛·埃克施泰因的外甥艾伯特·赫斯特之际，他告诉赫斯特，其外祖父所患的梅毒已经导致整个埃克施泰因家族的第二代乃至更往后的世代易于患上神经性的相关疾病。赫斯特向库尔特·艾斯勒吐露过，弗洛伊德就是这么说的，对这一点很是强调[9]。

然而，退化和心理创伤可以被视作与癔症相辅相成而非相互排斥的起因。我们已经看到，在90年代中期，和对待"卡塔琳娜"的病例一样，弗洛伊德追求的是对癔症形成的两个阶段展开叙述，他认为对性冲击回忆的"防御"是癔症形成的基础；他仍然满怀希望，认为探究致癔症的创伤最终看来可能具有疗效。根据这一理论，在性意识觉醒之前，发生在处女身上的对于与性相关事件的误解会遭到压制，从而导致癔症，但也只有当类似事件再次唤醒彼时患者或多或少明白究竟是怎么回事的记忆并且意识到这种事件非常可怕时，情况才会如此。

1895年的《科学心理学大纲》中讨论过这样一个病例，毫无疑问，那便是埃克施泰因（弗洛伊德只写给弗利斯一个人看，提到那个病人叫"埃玛"）。当时她似乎受到"一种无法独自进商店的强迫作用的影响"[10]。准确说来，那不算是癔症或强迫症，而是一种恐惧症——我们可能注意到，这种恐惧症也只有上层阶级人士才得得起。不过这也未必就是恐惧症。弗洛伊德没有停下来想一想，埃玛其实是因为自身行动不便而无法独自前往任何地方。

埃克施泰因在受到敦促之下，为解释自己的恐惧症，试图将某种创伤与之关联起来，但能想到最沾得上边的，无非就是十二岁那年，她开始有自我意识时的一场尴尬经历。看到商店里两名售货员一起哈哈大笑，她心生不安赶紧跑出去了。他们是在嘲笑她吗？这段记忆很难被归类为与性相关，但弗洛伊德的理论非得要求这样不可。于是，埃克施泰因"被引导着回忆起两位［售货员］在嘲笑她的着装，其中一个人让她春心荡漾"[11]。按照弗洛伊德这种不同寻常的——不好说完全不可能——观点看来，还没进入青春期的埃玛遭到羞辱但与此同时又受到挑逗，当她因过度敏感狼狈逃离现场之际，经历的正是他所谓的致癔症的"性发泄"。

正如"卡塔琳娜"十六岁时更明显关乎于性的经历，埃玛的恐惧据说重新激活了她对于先前发生的事件的认识，而这一事件到后来才造成创伤。也就是说，弗洛伊德要求挖掘创造出这样的事件来。"进一步的调查这下揭示了第二则记忆"，这回是八岁时的记忆[12]。但这则记忆甚至比前一个更加离奇。尽管富裕的阿尔贝特·埃克施泰因的小女儿可能难得才有机会在没有仆人或家人陪伴的情况下外出购物，但长大成人的埃玛现在似乎回忆起一个店员"透过衣服摸她的生殖器"——这一惊人举动违反了维也纳的社会良俗秩序，完全有可能让这个店员身陷囹圄。更不同寻常的是，"回忆起来的"性骚扰并没有给八岁的埃玛造成不安。她后来泰然自若地回到同一家商店，仿佛店员摸她裆部这件事并没有什么稀奇。

就几个问题而言，弗洛伊德关于埃玛听任恐惧症支配的"延时反应"的故事无法自圆其说。但是，他没有扪心自问是否为了让她的病史与他的理论达成一致而用力过猛，反而认为此事已经令人满意地得以解决。他甚至在《大纲》中画了一个图表，表示埃玛一系列无意识的联想是如何导致她的"性发泄"，从而压倒、盖过她的自我，使得她的症状长久不消[13]。但是，在埃玛的病例中，他无法声称她通过重温造成创伤的那些场面从而消除了商店恐惧症。正如他在《大纲》中陈述的，"现在"——所谓的压抑她的记忆之后——埃玛患有恐惧症。显然，在《癔症研究》中刚刚宣布的宣泄理论已经宣告失效。

弗洛伊德一直都将埃克施泰因视为癔症患者。然而，到了1895年，他又得出了第二个诊断：她的痛经和消化道疼痛表明她患有弗利斯所说的鼻反射神经症。弗利斯和弗洛伊德共同判定，这一综合征本身是神经衰弱的一种变体，是一种"现行神经症"，唯一的诱因据称是手淫 *。埃玛承认有过这种恶习，对此她深感羞愧。显然，弗洛伊德现在将埃克施泰因视为手淫犯，同时患有两种神经症，或者说混合性"癔症神经衰弱"。

弗洛伊德在1895年2月底左右所写的书评中首次使用了这一术语[14]。表面上弗洛伊德是在讨论保罗·默比乌斯的实用小书《论偏头痛》，这时候他又继而提出存在两种奇怪的新事物，"背部偏头痛"和"心脏偏头痛"。后一种综合征的典型例子是"一位约莫五十岁的同事"——显然是弗洛伊德本人——患有心律不齐和严重的焦虑症。至于背部偏头痛，他引以为例的女性患者，有可能是也有可能不是埃克施泰因，与埃克施泰因的相似之处在于这位患者从年轻时的普通头痛发展为严重的疼痛；不过当他试图把癔症性神经衰弱添加到医学词汇之中时，埃克施泰因肯定浮现在他的脑海中。

我们记得，弗洛伊德在1895年初撰写《癔症研究》的最后一章时，是如何回溯那些他已经描述为癔症的病例，随意给每一个病例加上"现行神经症"的标签，借此躲避别人对于他未能"发泄"若干癔症的责难。这下，在同一时期，他编造出一种新的双重症候群，在适用于埃克施泰因的范围之内，将她的病情巧妙置于弗利斯和他自己的领域之间。在弗利斯介入治疗之前以及之后，埃玛都是弗洛伊德负责的癔症患者；但与此同时，她将成为弗利斯特殊的神经衰弱症患者。出现这种妥协的

---

* 正如弗利斯在1893年论述 NRN 的书的最后一句（用斜体字印刷强调）所言，"所谓神经衰弱患者，大多数无非就是患有反射神经症"（弗利斯1893，第79页）。

原因是弗洛伊德对弗利斯言听计从，而不是埃克施泰因所患疾病本身的客观特征。然而，作为接受弗利斯对于鼻反射神经症终极治疗方法的患者，她的经历绝不会止步于半途。

3. 并发症

不要忘记，弗利斯准备运用三种渐次推进的治疗方法来对付 NRN：涂抹可卡因于鼻腔、烧灼以及用外科手术去除扭曲的鼻骨"点"——鼻骨上的点位据说控制着不尽如人意的性功能或消化功能。然而，在 1895 年 2 月之前，第三种方案尚未得到尝试，弗利斯正摩拳擦掌，要将其增添加入他的全套方案之中。大多数学者都认为，尽管埃玛·埃克施泰因的病痛并没有发展到超出第一阶段，但弗洛伊德和弗利斯还是选中了埃玛·埃克施泰因，让她率先成为第三阶段外科手术的对象。

然而，有证据表明，弗洛伊德本人——而非埃克施泰因，可能是接受弗利斯骨切除术的第一人。1895 年 1 月 24 日，就在弗利斯 2 月 1—24 日居留维也纳之前，弗洛伊德坦言：

> 现在我们距离手术或者至少是手术的预备工作，只剩一个星期了。时间过得很快，我很高兴自己免掉了一桩事——进行一番自省，明辨我凭什么对此寄予厚望。我缺乏医学知识这个问题再次压得我心里沉甸甸的。但我一直反复告诉自己：既然我对这项议题已经有了深刻的见解，沿着这条路走下去肯定能找到治愈病人的办法。我原本不敢单枪匹马研创这样的治疗方案，但和你一道攻坚克难我就充满信心 [15]。

我们知道，弗利斯为埃克施泰因治疗之前，曾在弗洛伊德身上做过某种鼻腔手术。在上面这一段落中，弗洛伊德不可能是在考虑烧灼这一治疗手段，因为他已经接受过这种治疗两次了。他提到"只剩一个星期"，指的是 2 月初；他使用了"手术"一词；他提及一个令他感到担忧的新方案——这一切似乎都在暗示弗利斯要在他身上进行创新性的手术。弗洛伊德在弗利斯返回柏林后于 3 月 4 日写去一封信，在信中也说起最近他本人和弗利斯的一张合照，"手术之后有你陪在身边，令我喜出望外"[16]。假如这种种线索没有表明弗利斯给自己的鼻子动了手术——因为确有其事，那么这些线索必然指向在弗洛伊德身上进行过一次危险的手术[17]。然而，倘若如此，就完全没有所谓的"妙手回春"。弗洛伊德叙述他的生理和心理不适并没有得到持续缓解，而且鼻子的状况似乎还有所恶化。

因此，不能说弗洛伊德对弗利斯新创手术的安全和价值进行了自我测试，然后才在埃克施泰因身上付诸实践。确切地说，他似乎把自己和毫无防备的埃玛都交给了弗利斯作为实验对象。两位医师都没有劳心费力去评估埃克施泰因的症状是否可能指向某种诊断而不是玄乎又玄的NRN，而且也没有征求独立客观的医学见解。

相反，正如马克斯·舒尔指出的，弗洛伊德"请弗利斯（就像他在对待其他许多病例时所做的那样）检查［埃克施泰因的］鼻甲骨和筛窦是否存在任何病理，说那可能是她癔症性腹痛的一个因素"。面对这样的问题，答案在预料之中，尤其是因为经过可卡因治疗后埃玛的鼻子很可能已经每况愈下[18]。在她手术后大约一周，弗洛伊德告知弗利斯，他已经将"你也不太熟悉的关于埃克施泰因的分析"告诉了布罗伊尔[19]。因此，弗洛伊德和弗利斯甚至都没有探讨埃玛这一病例在心理方面的情况，她只是被拱手交给弗利斯治疗了。

在 1895 年 2 月 23 日当天或之前不久，弗利斯从埃克施泰因的鼻子中取出了一部分鼻甲骨——用现代的说法，可能是中鼻甲左侧的一部分。该部分构成了弗利斯理论所谓的"胃痛点"，这位发现者随后写道，"在手淫的女性病患身上"这个点位经常发炎*。弗利斯做完手术之后旋

---

*　弗洛伊德可能表示赞许，他在手上那本弗利斯 1902 年出版的《论鼻子与性器官的因果关系》（马松出版社 1984，第 77 页）中对这段话做了标记。就算后来病情发展，他似乎也认为埃克施泰因的手术是合理的。

即返回柏林，在患者康复期间由弗洛伊德负责随访。

　　弗洛伊德在这件事过后写的第一封信没有提及埃克施泰因。相反，这封信简明扼要地谈论了报纸上一篇看起来态度中立的报道，是关于弗利斯最新治疗主张的：在产妇的鼻腔内涂抹可卡因可以缓解分娩的痛苦[20]。然而，在一封 3 月 4 日的信中，对于埃克施泰因状态的叙述是整封信历数的七件事项中的第四项，排在前面的分别是抒发看到双人合照的喜悦之情，宽慰弗利斯说对于现在众人议论纷纷的将可卡因用于分娩试验结果不佳的情况他其实"无可指责"，希望弗利斯和他的妻子此时已经战胜流感、身体康复。"第四，"弗洛伊德写道，

　　埃克施泰因的状况仍然很不理想：持续肿胀……；疼痛得连用吗啡都无法缓解；夜不能眠。自昨天以来，化脓性分泌物已经在持续减少；前天……她大出血，可能是因为排出了一块铜币［一枚小硬币］般大小的骨屑；脓液足以装满两只碗。今天，我们在冲洗伤口上遇到了阻力；由于病人身上的疼痛和明显可见的水肿加剧，我听从劝说，去找了［外科医生罗伯特·］格苏尼（顺便说一句，他非常欣赏［阿诺德·勃克林的］蚀刻画《死之岛》）。他解释说，通道相当狭窄，不足以进行引流，于是插入了引流管，并且警告说如果引流管在里面留不住就可能得打开［骨头？］来。根据气味来判断，这一切论断很可能都是正确的。请写信告诉我你都有哪些权威建议。我不希望对这姑娘再动新的手术了 *。

　　事态的发展出人意料，迫使弗洛伊德在四天之后写了一封用语更紧急的信，但又如此不情不愿，"整整一天，我一直都东躲西藏的，不愿让你得知这件事"[21]。格苏尼插入引流管之后，埃克施泰因的病情恶

* 　FF，第 113—114 页。随信附有一份简要的"病历"（第 115—116 页），那病历不是埃克施泰因的，而是弗洛伊德自己的，详述了痂和脓构成的"私人埃特纳火山"——接受弗利斯治疗的后遗症。这一证据更进一步佐证了弗洛伊德本人已经在 2 月初接受鼻甲骨手术的假说。

化了：

> 两天后，我早晨醒来时发现——病人又开始血流如注，出现疼痛
> 等。格苏尼在电话中回答说他要到晚上才有空，于是我请［医生伊
> 格纳茨·］罗萨内斯来看看情况。他在中午时分来了。当时病人
> 的鼻子和嘴巴仍在少量出血，恶臭难闻。罗萨内斯清理了伤口周
> 围的区域，清除掉一些黏稠的血块，然后突然像在拉线一样不断地
> 拉扯。我俩谁都来不及多想，至少半米长的纱布就已经从凹洞中给
> 取了出来。一眨眼血流成河。病人脸色煞白，眼睛鼓了起来，脉搏
> 都没了。不过，这时候他当即又拿干净的碘仿纱布填塞凹洞，出血
> 止住了。这一切持续了大约半分钟，但足以让这可怜的姑娘变得面
> 目全非，当时我们已经让她平躺下来了……在异物取出来的那一时
> 刻，对我来说一切都再清楚不过了——之后我马上要直面病人——
> 我只觉得恶心想吐。她给包裹起来之后，我逃到隔壁房间，喝了一
> 瓶水，整个人非常难受。这时勇敢的女医生［具体身份不明］给我
> 拿来一小杯白兰地，我又缓过劲儿了……［埃克施泰因］在大出血
> 期间并未失去知觉，我回到房间时有些颤巍巍的，她带着一种优越
> 感跟我打了个招呼："原来这就是坚强的男性呀。"[22]

埃克施泰因走了一趟鬼门关，经此一役，弗洛伊德知道埃克施泰因
需要全天候的护理，第二天他就将她转入一家私人疗养院，到那里她的
鼻骨会给再次打断以刮除伤口。与此同时，他担心这起病例将使弗利斯
陷入严重的困境。浸透脓液的纱布散发着臭味，是弗利斯粗心大意的物
证。弗洛伊德写道："因此我们待她有失公允，她［在手术后］完全没
有反常。"[23]这只能说明在此之前，弗洛伊德和弗利斯一直都将埃克施
泰因第一次出血之后的再出血解释为心理上的"转换"——但是现在这
一托辞却遭到了驳斥。

然而，弗洛伊德忙不迭地为弗利斯开脱责任：

这场不幸可能发生在你身上；当你听说此事会作何反应；别人会如何看待此事；我真是大错特错，竟然敦促你在他乡操刀手术，毕竟你无法为病例做跟踪随访；我为这可怜的姑娘劳心费力，到头来却好心办坏事，结果危及她的生命——这种种想法都一股脑儿涌上我的心头。到现在，我算是挺过这道坎了……

　　我真不应该在这里烦扰你，但我有充分的理由，将这样的乃至更多的事情托付与你。你做的手术之好，无人能及……当然，没有人会责怪你，我也想不出怎么会有人责怪你。我只希望你……信心十足，这样我就不必再次重申对你的信任 [24]。

每一位评注者都注意到了这些否认是多么疯狂又是多么不堪一击。

在随后的一个月，弗洛伊德只是零零星星提到该病例，这说明埃克施泰因虽然经历"在夜间癔症发作" [25]，但仍在逐步恢复健康。但在 4 月 11 日，他报告了迄今为止最严重的危机——而且因其原因不明，情况更令人不安。现在，仍在疗养院的埃玛明明用着新的鼻腔填塞物，却还在大量出血，"我们都束手无策" [26]。弗洛伊德沮丧万分，在信中预言"埃克施泰因这一事件"正在"迅速滑向糟糕的结局"——病人的死亡 [27]。这一次，弗洛伊德也鼓不起劲头为弗利斯开脱了。他承认："想到如此般的不幸恐怕是号称无害的手术引起的，我着实吓坏了。" [28]

在格苏尼、罗萨内斯以及另外两位医生卡尔·古森鲍尔和莫里茨·魏尔的照料下，到了 4 月 20 日，埃玛脱离了危险。然而，弗利斯一想到包括弗洛伊德在内的同事们想必都在对他的无能议论纷纷，就不由得恼怒不已。他显然又致信弗洛伊德，宣称埃克施泰因术后的症状没什么大不了，她的出血状况只是符合他所提出的数学法则的周期性现象，她的医生操之过急，应该等出血止住就好。他要求现在担任该病患主治医生的格苏尼正式证明他对埃克施泰因的病痛不用负任何责任。

弗洛伊德在回信中强调："当时不可能等待时机。出血似乎是出自颈动脉；不出半分钟，她就又要流血至死了。" [29] 这下，他不得不让弗利斯放宽心，说他自己的坚定信念一如既往，但语气中带着那么一点不耐烦：

> 写下这封信的笔者仍然愁云惨淡，但又忿忿于你竟认为必须得到格
> 苏尼的证明文件才能恢复名誉。即便格苏尼对于你医术的看法与魏
> 尔相同，但对我来说，你仍然是医生，是人家充满信心地把自己和
> 一家子的性命都拱手托付的那种人。我想倾吐我的苦恼事，可能还
> 想听取你关于 E 病人的建议，而不是想对你横加指责。那么做实在
> 太愚蠢了，毫无根据，显然与我所有的感觉相互矛盾[30]。

　　埃克施泰因病例给弗洛伊德 / 弗利斯之间的关系带来压力，弗洛伊
德对这个闯入他的世界且需要如此多关注的女性越发心生恼怒。他在 4
月 27 日写道："埃克施泰因又疼痛不已了""接下来她会流血吗？"[31] 但
一个月后，埃克施泰因"终于状态颇佳"[32]，等到她的名字再度在信中
出现时，差不多是一年之后了。

　　然而，在这一整段间歇期内，埃克施泰因对弗洛伊德和弗利斯似乎
都毫无怨恨，一直请弗洛伊德为她治疗心理问题。弗洛伊德一直设法从
她身上寻求长期出血的"无意识的"根本原因。最后他的孜孜不倦得到
了回报。1896 年 4 月 16 日，他意气风发地宣布"埃克施泰因大出血的
惊世解释——你听了保准满心欢喜。我已经弄清了整个来龙去脉，但我
不急着交流，等病人自己跟上了步伐再说"[33]。我们明白，从埃克施泰
因口中得不出任何供述；和弗利斯一样，她也将在适当时候按部就班地
听取弗洛伊德重建的结果。

　　1896 年 4 月 26 日，精神分析的新科学——这一命名始于早前几周
弗洛伊德以法语写成的论文《遗传和神经症病原学》——拿出了如下高
奏凯歌的发现。弗洛伊德在告知弗利斯的时候一副志得意满的样子：

> 首先是埃克施泰因。我应该能向你证明你的判断是正确的，她的出
> 血状况与癔症息息相关，由渴望所引起，很可能发生在与性有关的
> 时候（这位女士由于存在抵触心态，尚未告诉我具体日期）[34]。

弗洛伊德在 5 月 4 日又进行详尽阐述：

至于埃克施泰因——我正在记录她的病史，这样我可以寄给你看看——我目前只知道她因渴望而流血。她总是流血，要么是划伤了自己，要么是诸如此类的情况；孩提时她流鼻血就很严重；在她还没来月经的那些年里，她的头痛给人说成装病，实际上那是［自我］暗示所致；因此，她乐得看到严重的月经出血，觉得可以证明她的病千真万确……她描述了十五岁那年的一幅场景，她突然鼻子出血，这时候她希望由在场的年轻医生来治疗[35]。

弗洛伊德挖掘出来的信息看起来像是血友病的相关病历，然而却被"种种事件"和有关动机的假设覆盖了，而那"种种事件"和有关动机的假设很可能都是应他关于信息须吻合理论的要求而炮制出来的产物。这一要求究竟是通过他的压力法——他在 1895 年底仍在使用这一方法——还是通过自由联想传递出去的，其实无关紧要，因为这两种方法都非常适于传达治疗师的暗示。弗洛伊德现在已经就病例运筹帷幄，有如施展魔法一般，他借由喷血来替代埃玛表达她的欲望[36]。

那么，接下来就是弗洛伊德讲述的埃玛在最初的术后危机之后所经历的情况：

她在罗萨内斯的诊治下第一次出血时，看到了当时的我多么深受震动。她便把这段经历当成一偿她在病中被爱的夙愿，尽管接下去那几个小时中情势危险，但她依然感到前所未有的幸福。后来，在疗养院里，由于内心潜藏无意识的念头——渴望引诱我前去那里，她在夜里变得躁动不安；因为我晚上没来，她就又流血了，那是煽动我情感的屡试不爽的办法。她不由自主地流了三次血，每次出血持续四天时间，那必然具有某种意义。她依然还没告诉我详细信息和具体日期[37]。

弗洛伊德自此以后有一种习惯性的倾向——一旦发现权宜之计，就言必称癔症性的转换，在此仅向弗利斯一人祖露的内情堪称是体现这一倾向的最为恶劣的例子。在这个例子中，他对烦人的埃克施泰因的恶意和想讨好弗利斯的愿望都无可置疑。客气点说，他的推理纯属牵强附会。

埃玛在除去纱布后，看见弗洛伊德脸色苍白，她的反应非常不屑："原来这就是坚强的男性呀。"为什么短短几个小时后，幸免于难的她会痴痴望着他，"感到前所未有的幸福"呢？另外，在疗养院，埃玛几乎快要流血而死（一种引起关注的奇怪方式），而这时候弗洛伊德早已在场。她的动脉可能给弗利斯和／或罗萨内斯削弱了，但现在弗洛伊德并不在乎。他在指责一名身体伤残的病人——一名被他引入危险境地又差点被他的知心朋友戕害的病人——出于一种典型的女性心机而喷发出大量血液。还要注意，弗洛伊德已经蓄势待发，认为尚未揭晓的"具体日期"具有弗利斯数字命理学的"重要"特性。在此，埃克施泰因病例的意义又是诡谲地在弗利斯的阐释框架和他自己之间各有相应份额。

对于后世那些深信弗洛伊德之伟大不凡的人而言，1896 年 5 月的这封信对其信仰构成了终极考验。如果他们能接受他在此说的话，那么他们可以接受一切。例如，阿皮尼亚内西和福里斯特在思考发自埃克施泰因血管系统的所谓爱的呼唤之际，轻巧灵活地通过了这一测试：

> 因此，弗洛伊德展示了这场可怕的事故是如何被埃玛无意识的愿望所利用从而为她带来好处。借由造成创伤的出血场景来推进有关埃玛的分析，在实现这一目标的过程中，他所表现出的沉着自信姿态可谓不同凡响[38]。

不过，对于没有那么受到同化的读者而言，埃克施泰因这一病例可能是弗洛伊德倾向于从对个人有利角度解释所有医学现象的最典型的例证。

4．漫长的告别

关于埃玛·埃克施泰因的人生故事，还有三个方面有助于我们试着去理解弗洛伊德的才智和性格：她被担纲精神分析师的弗洛伊德选定为分析对象，她受他影响而发表若干作品，身心诊断和器质诊断之间的又一场争锋导致她最终与他分道扬镳。这些主题彼此互不相干，但是综合放到一起考虑时，我们可以总结得出弗洛伊德即将充分展现的特质，那使得他尝试驾驭更大的精神分析运动。

只有一鳞半爪吊人胃口的信息告诉我们，埃玛·埃克施泰因成为继弗洛伊德之后的第一位精神分析师。弗洛伊德 1897 年 12 月 12 日写给弗利斯的信中提到，埃克施泰因的一位病人证实了分析理论的一个重要观点[39]。埃克施泰因"故意以这么一种方式对待她的病人：对于从潜意识中会浮现什么内容，不给人家一丁点暗示"[40]。我们不知道该病患是谁，但弗洛伊德提起了此事，显然可以从中看出他相信埃克施泰因的临床判断，就像他信任自己的判断一样。

外人不免好奇，什么样的训练使得埃克施泰因够资格从事精神分析呢？我们只知道，从 1894 年起至少到 1897 年 1 月，她都在接受弗洛伊德的持续治疗。显然，这一治疗本身构成了她职业生涯的入门经验。但是，由于弗洛伊德、埃玛和她的子嗣都未曾对她的治疗工作做进一步评论，我们可以推测，这一初露头角的职业生涯在开始后不久就结束了。弗洛伊德站出来为这位还将回来接受两个疗程治疗的病人背书，这一事实表明当他的理论仍在不断变化发展之际，他是多么渴望宣扬自己的影响力。

无论如何，埃克施泰因大约在 1900 年发表了若干文章并且出版了一本小册子，表达她的社会主义和女权主义基本信念。然而，她最重要的题材却是她与弗洛伊德打交道多年的结晶。那是他最历时长久、最投入关注的主题，尽管被后来的追随者忽略了，即自慰。在很大程度上参考了从弗洛伊德那里借用的著作之后，埃克施泰因在 1904 年的小册子《育儿中的性问题》中赞同弗洛伊德的严厉评价：早早染上自慰的恶习会破坏神经[41]。

埃克施泰因写道，手淫"是孩子的阴险敌人。不知不觉，就悄无声息地潜入托儿所，一路畅行无阻，孜孜不倦地作恶，其目标是摧毁受害人生理上和精神上的朝气和活力"[42]。她同意一位知名的权威人物所持的观点，抱怨"大学不开设教导如何有效治疗手淫的课程"，她支持使用预防性绑带和睡衣，特别建议适当利用儿童的自尊心，好让他们"鄙弃［自己］过早兴奋的感觉"[43]。

人们难免嘲笑埃克施泰因危言耸听，但这样做会使我们忽略了表明她依然尊重弗洛伊德的最重要的线索。在她年少时，社会风俗不单是反对孩子手淫，还通过语出威胁、可怕的器具、切除阴蒂手术和谴责孩子是恶魔般的罪人等种种方式来予以惩戒。在描述这些给心理造成的后果时，埃克施泰因肯定是借鉴了个人经验。她写道："一个年纪较长、经验更丰富的人会就这种做法的性质和频率为他进行启蒙，这一简单的事实往往就足以帮助他，使他摆脱痛苦。"[44]

在埃克施泰因的人生中，那个"年纪较长、经验更丰富的人"便是弗洛伊德，她自始至终都对他心存感激，因为他善待她——认为她能改过自新而且值得尊敬，而不是视她为洪水猛兽。在对她的外甥艾伯特·赫斯特进行分析时，他会再度重申，手淫的冲动是正常的，这冲动应该受到抵制而不是被妖魔化[45]。不过，是充满社会意识的埃克施泰因，而不是遮遮掩掩、有负罪感的弗洛伊德，认为针对早期手淫的恐吓战术不利于公共卫生，而且她不惜自我暴露，呼吁采取更富有同情心的方法来解决这一问题。

1904 年，弗洛伊德尝试发表一篇以溢美之词评论埃克施泰因性教育小册子的文章，借此给她做个人情，然而未果 *。可到了 1905 年，他们的关系似乎破裂了。埃玛回来接受弗洛伊德的分析，但 1905 年 11 月 30

---

* 弗洛伊德的书评遭到了维也纳《新自由报》编辑的拒稿。然而，在 1907 年，他确实在一封写给一家卫生学报的编辑的公开信中赞扬了埃克施泰因的小册子。见马森 1984，第 241—244 页。

日，他给她写了一封充满怨言的信，列举了几个原因，认为她不再是合适的接诊对象。弗洛伊德抱怨说她一直都在拖他后腿：她没完没了的情感诉求，提出要他放弃诊疗费用，不满他完全客观的关于她对男人毫无魅力可言的这一陈述——好像这陈述还有助于她的治疗似的[46]。

最后这一点照理说来很不得体，但可能没说错。埃玛不仅无法走路，据她外甥女、著名的儿科医生艾达·伊莱亚斯说，"她的脸破了相——骨头给凿掉了，有一侧塌陷了"[47]。但是弗洛伊德对于她五官不对称的脸庞不承担任何责任。他告诉埃玛，她给他带来的麻烦使他联想到"我经常要对抗的撒泼打滚"[48]。

1909—1910 年，埃克施泰因又成了弗洛伊德的病人，诊治时间至少持续了六个月。然而，这一回有什么问题可能变得更严重了，因为约莫在这段时间前后，埃玛试图自杀[49]。在一件可能与她的自杀未遂有关也可能无关的事件中，她和弗洛伊德经历了他们探讨病情的最后一次争吵。

埃玛主诉严重腹痛，曾找一名外科医生问诊，后者发现并切除了她体内数个子宫脓肿。尽管症状依然存在，但她觉得器质性疾病的发现证明了她长期以来一直抱有的怀疑，那就是弗洛伊德所谓的癔症诊断是错的。倘若如此，她多年来的精神分析——且不说她在弗利斯手上经历的不幸遭遇，已经妨碍了她得到对症的医治。

为了解决纠纷，弗洛伊德让埃玛接受了他知根知底的维也纳外科医师朵拉·泰莱基博士的检查。的确，他有理由相信，泰莱基会赞同他对病患的看法，因为她听过他有关精神分析的讲座，这在一众医师之中几乎独树一帜、没有二人。但弗洛伊德的希望落了个空。在随后写给记者埃米尔·路德维希的信中，泰莱基记录了当时发生的事情：

> 我看到脓肿仍然存在，要不就是新的脓肿在切口处又形成了。我开了一个新的切口，一记头让病人摆脱了痛苦。后来我到大师家里告诉他这一情况时，他大发雷霆。他不屑一顾，狠狠地问我是否真的相信手术刀能治愈癔症性疼痛。我浑身发抖，对于明显的脓肿必须

治疗的观点表示了反对意见。尽管病人的全部病痛都给治好了，但弗洛伊德医生变得非常不友好，我不得不中断讨论并离开他家 *。

这个记录与艾伯特·赫斯特在未出版的自传中叙述的内容相符：

朵拉声称她已经发现了埃玛生病的根源，也把她给治好了。因此，在埃玛拒绝接受弗洛伊德说她是原有神经症复发的诊断时，她肯定了埃玛的观点。当我第二天告诉弗洛伊德此事时，他怒不可遏。他把朵拉的"诊断"当作一派胡言。那对他而言当然是个麻烦。他说这是对别的医生诊治病人的极其不专业的横加干预。他立即拂袖而去，不再管这一病患，说："这就是埃玛的下场。这下她永远都好不起来的。"50

无论原因何在，弗洛伊德的无情预言或者诅咒都成真了。赫斯特继续道：

埃玛下床活动了短暂的一段时间，但很快又回到了她久留的躺椅上。她又活了十年［实际上是十四年］，体弱多病，无可救药。这样想可能对他有失公允，但是我有一种感觉，或者姑且说是怀疑……弗洛伊德不无开心地摆脱掉了这一负累沉重而又纯粹做慈善不赚钱的病患51。

正如我已经提到过的，卵巢囊肿和脓肿会导致埃克施泰因在青春期患上一系列严重病症。那些症状她一直都有，除了一段病情缓解的时期，弗洛伊德将之归功于精神分析的治疗功效。此时，在1910年，脓

---

* 路德维希1947，第115页。泰莱基在1956年也曾接受库尔特·艾斯勒的采访。她当时的陈述想必颇值得关注，但之前研究弗洛伊德的学者无从看到。艾斯勒要求将这部分陈述封锁起来，期限为六十四年，到2020年才能解密。

肿去除的直接疗效是恢复了她的行走能力。因果联系似乎一目了然。如果埃玛很快就又行动不便，而且在十四年的余生中始终如此，那么她最后的病症在于癔症而非生殖器官出现新肿瘤，这样的可能性有多高？难道没有一个医生兼朋友敦促她再做个体检吗？

　　弗洛伊德还没有完全放过埃克施泰因的病例。1937 年，埃玛都已经去世十三年了，弗洛伊德认为她的故事在他探讨难治病例的论文《有止尽与无止尽的分析》中可能派得上用场。他盘算一番，没必要提及 1895 年的痛苦事，没必要指出该病人已经接受了两次重新分析也没有明显的获益，更没必要谈到她自杀未遂的事。当然，弗洛伊德也没有透露他曾授予这位女病患"心理分析学家"的称号。比起实际发生的情况，他的叙述会更为简明扼要，在心理分析上也更丰富多彩。

　　这位匿名患者——肯定是埃克施泰因，曾希望治好无法行走的病症，这种情况"显然具有癔症的性质"：

　　持续九个月之久的分析消除了病症，重新赋予患者……享受生活的权利……我不记得在她分析结束十二年还是十四年之后，由于大量的出血，她不得不接受妇科检查。医生发现了肌瘤，建议实施完整的子宫切除术。自该手术开始，这名女子又病了。她爱上了她的外科医生，沉迷于受虐狂的幻想之中，幻想着她体内的可怕变化——她用幻想来掩饰自己的浪漫情怀——但这点无法予以进一步分析。她一直都不正常，直到生命的尽头[52]。

第二十七章

自甘堕落

1. 求即得之

我们关于弗洛伊德如何一路走来的故事，现在已经与有凭有据的公众意见形成交会的十字路口。几乎每一个知道精神分析的人都听说过"诱奸理论"：弗洛伊德在1895—1897年针对癔症、强迫性神经症和妄想症所提出的病因说。在该理论看来，这些疾病中不可推卸的致病因素据说都是受到压抑的对于童年性侵犯的记忆。起码有两年时间，"诱奸"理论立足于《癔症研究》模糊的学说和典型的精神分析理念之间，前者把迟至成年的致癔性创伤也计算在内，而后者认为压抑的性幻想而非真实经历才是关键的致病因素。

正如我们将在本章和下一章中看到的，对于该理论及其消亡的原因，各种观点之间存在巨大分歧。然而，首先我们得解决名称这一问题。关于弗洛伊德"诱奸理论"的普遍认知，已经被正统的精神分析学家给塑造定型了，他们之所以选择这一术语，是为了暗示其与俄狄浦斯情结遥相呼应：按照俄狄浦斯学说的观点，病人误以为自己遭到了诱奸，但其实是他们自己一心想引诱父亲或母亲。不过，诱奸——一种得到对方允许从而占有对方的过程，要是用于描述弗洛伊德起初认为的病人在童年时不幸遭遇的事件——发生在无助的受害者身上的强行抚摸生殖器、手指插入和强奸等，这一名称其实并不恰当。诚然，弗洛伊德自己有时将这种行为称作诱奸，但这并不意味着我们应该紧随其后、亦步亦趋。从现在起，我将称之为弗洛伊德注定要失败的猥亵理论*。

到 1895 年 10 月 15 日，弗洛伊德自己已经确信，"癔症是性觉醒之前性冲击的结果"——事情发生于青春期之前[1]。在 11 月 2 日，他告诉弗利斯，"有一起病例带来了我满心期许的东西"——他孜孜以求的正是"婴儿期性侵"的证据[2]。进一步的"证实"很快就来了。每当弗洛伊德产生一个或对或错的新观点并在病人身上进行检验时，通常都会发生这样的事。

显然，弗洛伊德需要早期性创伤，之后就在他治疗的患者的记忆中有所"发现"。这一需要之所以必不可少，主要在于三个因素：一味地坚持，在治疗上遭到的挫败，以及一项他不久即将放弃的观念。

首先，他坚持认为存在与性相关的原因和压抑机制。在《癔症研究》一书中，他破釜沉舟，把自己的声誉全都押在这些因素是重中之重上。其次，在治疗上遭遇的挫败在于他未能唤起足够多对于造成创伤的后童年经历的回忆，也无法在听闻诸如埃玛·埃克施泰因说的看到两名售货员都在大笑这类平凡琐事之后予以有效治疗。第三，即将遭到摒弃的观念是童年时代的性欲缺乏。只要弗洛伊德还坚持这一观念，他就会断言，青春期前的性接触尤其易于在不知不觉间伤害神经系统，而只有到后来才会致病。

这种"推迟作用"或"事后显现"的概念太过方便省事，让弗洛伊德的阐释道路一马平川。他再也不会因为病人最初提供的回忆之平淡乏味而伤脑筋。病原的追责负担已经给转移到了病人根本不记得的早期"记忆"上。这下弗洛伊德会告诉特定的病人，她把什么样的性创伤隐瞒在意识之外；他会暗示说必须从年少时的那个年龄区间去汲取"记忆"；然后，如果所需的事件还是没有拿出来，他就根据病人行为举止所散发出来的信号以及病人对于自己所给的广泛暗示而做出的反应进行

---

* 见特里普利特 2005。特里普利特优先选择的是"婴儿生殖创伤理论"这一术语。然而，我们将看到，弗洛伊德的理论也包含了其他年龄段。

推断，自行"重现"所需的事件。有了这么一套方案，他不可能空手而归。然而，几乎确凿无疑的是，由此而来的"早期创伤性记忆"只会是他所用方法的产物。

在《癔症研究》中，弗洛伊德已经透露了他如何得出病人人生中早期事件确切日期的具体做法："我们可以向他重复可能与之相关的年份的日期，十二个月的名称，一个月中的三十一天，向他保证，等我们说到正确的数字或正确的名称时，他的双眼会顺势自动睁开，或者会感觉出哪一个是正确的。"[3] 这与不久之后在德国出现的貌似具有运算能力的那匹马（名叫"聪明汉斯"）大体上是相同的套路，究其符合科学定律的程度也不相上下[4]。

挖掘出来的创伤必须是多久以前的呢？按照弗洛伊德的说法，为了够得上致癔性的资格，必须在八岁到十岁之前就发生过一次被动的性经历，他古怪地将这一阶段称为"性成熟"的开端[5]。至于最早的时间，则延伸到"记忆本身可溯及的久远过去——因此，也就是说，直抵一岁半或两岁的稚嫩年龄"[6]！弗洛伊德承认，只有通过"疾病的症状"才能检测出这种记忆的存在，从精神分析角度来加以解读，容不得其他解释[7]。

众所周知，刚学会走路的孩子确实可以形成记忆，但就算有也甚少能成为长期记忆，而在许久之后的童年或青春期能够重新激活的唯有长期记忆。没有人能比弗洛伊德更清楚这一事实。他原先的导师特奥多尔·迈内特发现，长期记忆必须等待大脑髓鞘形成（神经鞘）的逐步发展。弗洛伊德本人曾希望依托氯化金染色法使错综缠结的髓磷脂纤维变得更加清晰可见。立足于迈内特的主要竞争对手保罗·弗莱西格的研究基础之上，他还对胚胎和婴儿大脑的初期髓鞘形成展开了具有价值的研究。因此，他的猥亵理论依靠的是他对自己科学知识的不同寻常的"压抑"。

我们能否断然宣布，在弗洛伊德这段时期诊治的病人当中，无一是自主自发地说出童年时期遭到过性侵犯的真切回忆？当然不能。但是，我们必须明白，任何这类自行脱口说出的信息他都不放在心上。他写道："[猥亵]的场面必须作为无意识的记忆呈现出来；只有在迄今为止无意识的情况下，这记忆才会导致并保持癔症的症状。"[8]

因此，当一位病人不由自主回想起八岁到十二岁期间她父亲曾猥亵过她时，弗洛伊德无甚兴趣。他写信给弗利斯："我告诉她，在她童年之初必然发生过类似事件，而且情况还要糟糕。"[9]如此言论表明，弗洛伊德绝不像马森以及其他人所声称的那样，意在揭露并遏制泛滥成灾的性侵现象[10]。他一心只想赢得外界对于他的病因方案的认可。

因此，面对在萨尔佩特里耶尔接触的那一群出身底层的病人，弗洛伊德也是拒绝伸出援手。在他眼中对童年时期的性侵犯已经习惯于忍气吞声的下层阶级，这看来是太过粗鄙，产生不了癔症现象——这一点怕是会让夏尔科目瞪口呆[11]。正如弗洛伊德在一篇论文草稿中所指出的，

> 在没羞没臊的地方（如男性身上），在找不到道德的地方（如社会下层阶级身上），在因生活条件欠佳而厌恶情绪不那么鲜明的地方（如乡下），人不会压抑，也就不会因为在婴儿期受到过性刺激而出现神经官能症[12]。

即使病人仅限定于狭窄的社会经济范围之内，弗洛伊德也只专注于因果关系的思考推演，而不是帮助实实在在的性侵犯的受害者。他难得几次直言不讳地提起性侵在心理上的影响——恐惧、迷失方向、内疚、自我贬低、无能感。记住这些感觉的往往是一个与成年人陷入他所谓"恋爱关系"的孩子，而他这种说法堪称奇怪[13]。他更是经常认为，即使在"粗暴袭击"下造成了"严重的性伤害"[14]，孩子也不会受到太大困扰，因为这些行为的用意对她而言难以理解。她对此做出的反应只会是"无所谓或者略感恼火、恐惧"[15]。

不过，弗洛伊德私底下表述的观点是，孩子年岁越大，实际上对于性侵者加之其生殖器的刺激就越有可能乐在其中。他所提出的理论，重在回应大脑／生殖器反射的学说，回应弗利斯的周期定律、双性恋论调和"男女生理周期"，回应他自己对于现行神经症的机械构想，回应他

意将心理事件归纳为一波波神经元刺激的宏大目标，却轻于解决病人遭受的实实在在的痛苦。他在这一时期的心理学就是如此般粗陋不成熟。他操心的都是那些所谓的理论，导致他理解不了人类凭直觉知道的其余那些事情：积极的性经历起到的作用不仅是分泌、激发组织和发泄，而且让整个人在亲密接触中受到尊重。

在 1896 年初，弗洛伊德准备将猥亵理论公之于众时，他仍然不清楚为什么任何性经历都应该令人不快。他在元旦那天写信告诉弗利斯，"针对性神经症中的压抑现象"，他需要"一个关于不愉快情绪如何宣泄的解释"——就这一宣泄方式，他起初试图用"量"与"质"神经元之间的能量转移来加以解释 [16]。不过，他还没有做好准备——用他故作谦虚贬损的话来说——将 φψω 系统那一派"胡言乱语"呈报给秉持怀疑态度的医学界 [17]。相反，他仍然沿袭弗利斯的发展思路展开思考，他将提出青春期介乎于"经历与记忆重演之间"的看法 [18]。

弗洛伊德认为，在因遗传而易感的个体身上，构成青春期的那种种化学变化使得人们对于早先与性相关的印象重新塑造后形成的记忆产生了厌恶之情。但是，为什么是厌恶感而不是更加乐在其中呢？弗洛伊德向弗利斯大胆提出，或许是"性器官自然而然所处的区域必然在性经历过程中引发厌恶感" [19]。

因此，弗洛伊德没有替孩子考虑到成为别人性玩物的那种极不寻常的恐惧感，而是将猥亵问题纳入了他对于性行为的普遍看法。不同于"区域"和"点位"带来的零星满足，完全的异性恋性行为令他感到羞耻和焦虑。大约在 1896 年，他认为引发神经症的不是性侵犯本身，而是那些关于性侵犯的回忆，这种回忆通过历经青春后期的人都曾感觉到的那种厌恶之情从而被压抑了。他很快就会对这一理论失去信心，但其背后隐藏着的郁郁寡欢的消极情绪始终如影随形。

2. 公之于众

现在我们从弗洛伊德 1896 年一整年到 1897 年的大部分时间写给弗

利斯的信中得知，他在把性侵犯与精神神经症联系起来的过程中疑虑重重、举步维艰。例如，他无论如何都无法确定导致癔症、强迫性神经症或妄想症的猥亵事件发生在不同年龄段有何差异，无法确定在什么年龄过后第二次创伤最终才不会具有致病性*。有些假设他一提出来就马上又收回去了。

因此，对于弗洛伊德而言，向世人公开宣扬他关于神经症根源的猥亵理论恐怕不合时宜。但他恰恰就这样做了。1896 年 2 月 5 日，他投了两篇论文以期发表：以法语写的《神经症的遗传性和病因学》和以德语写的《再论防御的神经精神病》。4 月 21 日，他面向维也纳享有盛名的精神病学和神经学学会做了一场题为"癔症病源论"的演讲。从 5 月 31 日开始，基于该演讲加以拓展的文章以同一标题连载刊出。他之所以采取这些积极举措，意图在于留名青史。2 月 5 日投稿的这两篇论文均首次包含了"精神分析"这一标志性的术语**，命名了一种前人未曾描述过的方法。据弗洛伊德表示，该方法已经证明行之有效，令人眼前一亮。

在面向同僚的演讲中宣布性猥亵理论并为之辩护，做出这样的决定对弗洛伊德而言尤其大胆。听众之中有些人会回想起他关于可卡因的不负责任的言论以及他在挚爱的同事弗莱施尔受尽折磨走向死亡的过程中所起的作用。许多人也知道他曾张牙舞爪地鼓吹过夏尔科学说中的"男性癔症"，而今对于这一病症他又置之身后了。（正如他漫不经心地告诉听众的："这一观点当然会把男性癔症排除在外不予考虑。"）[20] 几乎所有听众最终都将知道，最近出版的《癔症研究》中只有一个病例（卡塔琳娜）大致切合致癔性的新标准。

然而，每当需要推测和变通的时候，弗洛伊德采用的办法都是固

---

* 1897 年 1 月，弗洛伊德告诉弗利斯他刚想到一个"新鲜出炉"的看法："相较于神经官能症而言，精神病的决定因素……似乎是发生于第一智力阶段结束之前的性侵犯，也就是……在一岁三个月到一岁半之间的年龄……我认为，癫痫也是源于同一期间。"（1/14/97；FF，第 221—222 页）

** 《神经症的遗传性和病因学》在 3 月底先于《再论防御的神经精神病》发表，因此传统上被视作正式开创了弗洛伊德的学科。

执己见。因此，他这下火力全开，大肆自吹自擂。他告诉 4 月那些听众，猥亵事件这一精神神经症的病因是不折不扣的"尼罗河源头"——人们长久以来一直在寻找的源头，任何更进一步的见解必然都发源自那里[21]。经过多年来"劳心费力且细致深入的研究"，他证实了"每一起神经症病例"中都有性猥亵的存在[22]。他写道："最后，我们必然来到性经历的领域。"[23] 至于后青春期的创伤只有在与较早时期的创伤形成联动才会引发疾病的论点，"分析无可辩驳地证明了［这一事实］"[24]。因此，无可置疑的是，精神分析这一锐不可当的新方法"百分之百可靠"[25]。

同样，弗洛伊德宣称进行全面分析总能在治疗上取得成功，因为这样做可以揭开导致病人患病的性猥亵创伤。他扬言，"将他们对于婴孩时期场景的无意识记忆转变为有意识的记忆，我们借此治愈了他们所患的癔症"[26]。如果病人仅仅部分或暂时得到治愈，说明回忆追踪工作还有待进一步的挖掘，因为"彻底的心理分析必然根治癔症"这一点毋庸置疑[27]。

至于他如何收集临床证据，弗洛伊德认为他拥有曾在《癔症研究》最后一章中自诩具备的那种过人的洞察力。他在演讲中告诉云集台下的一众医生，他能根据需要追踪到病人的种种分枝关联：

> 隶属于不同症状的关联链开始相互交织在一起；系谱图变得盘根错节。因此某一种症状……不仅调用其自身所属的较早的关联链，还调用另一链中与另一种症状相关的回忆……这一经历相应地从属于两个系列，就这样构成了一个结点。在每场分析中都会发现若干这样的结点……再往回追溯，我们又会遇到另一种结点。各自独立的关联链在此聚合到了一起[28]。

面对这么一群难以驾驭的听众，弗洛伊德在演讲时甚至还紧抓一个类比不放，展开了一番自我吹嘘。他把自己比作一个探险家兼考古学家，找土著帮忙发掘当地的遗迹，于是四分五裂的柱子碎块能够得以拼凑起来、填进庙宇；不计其数的碑文，运气好的话，可能还是双语并列出现的，透露出符号系统和语言线索，等它们经过解码和翻译以后，可以得到难以想象的关于久远过往的事件信息，而这些遗迹正是为了纪念那些大事而建造的。[石亦有其言]29！

现代学术界的人文主义者罔顾这一事实：弗洛伊德在此是在美化一场终告失败的尝试，都陶醉在他这一番滔滔雄辩之中了。然而，听众当中的医学教授们不为所动，他们一心想知道他的主张都有什么证据作为其基本支撑。

弗洛伊德知道，哪怕数据并不存在，他也必须就此说上几句。在《再论》一文中，依次对癔症、强迫性神经症和妄想症展开论述时，他暗示说他只熟悉一个妄想症的案例30。不过，他自称已经挖掘出了该症状的病因。但他主要关注的是癔症，特别指出他已经治疗了十三例这种疾病。就从中加以综合概括得出论点而言，这些样本也是少得可怜。此外，弗洛伊德在该论文中没有提及他已经治愈或者哪怕是缓解了任何病人的神经症。

然而，他反倒指出，十三名性侵者之中有七名本身就是孩子，欺侮了年纪更小的玩伴。然后，他将"最主要的"成人性侵者分类归为保姆、家庭女教师、仆人和教师，特别是最后这个群体，在猥亵事件中"以不幸的高频次"出现31。弗洛伊德算术不行这个问题使他露出了马脚。犯下罪行的成年人有四种主要类型，再加上规模较小的类别，这下说是对于共计六名受害者负有责任。

4月21日，弗洛伊德发表"癔症病源论"的演讲时声称，病例不是十三个，而是十八个，他说每个病例都耗费上百个小时的咨询时间。这样看来，在过去的十个星期中，仅新病例就占据了五百多个小时（5×100）。这下弗洛伊德宣布在十八名病人身上都"治疗成功"——尽管只是模棱两可地说了"在情况允许的条件下"32。

这番话无一字属实。比较一下弗洛伊德公开的声明和他私下告诉弗利斯的情况：

- 1896 年 5 月 4 日："我的诊疗室空无一人……［我］无法开始任何新的治疗，而且……旧的治疗一个也没完。"[33]
- 1896 年 12 月 17 日："到目前为止没有一个病例完结。"[34]
- 1897 年 1 月 3 日："也许到［复活节］时我就该完结一个病例了。"[35]
- 1897 年 3 月 29 日："我仍然面临同样的困难，一个病例也还没完工。"[36]

然而，弗洛伊德的确向听众讲述了两则关于癔症呕吐的生动故事，说明他对另一个更早的记忆的挖掘"在每一种情况下都再现了我们所期待的人物的新场景"[37]。但他又补充说，

我不再回过头去深入探讨这些病例，因为我不得不承认，这些例子并非源于我治疗的经验，而是我的创造。那也都很可能是糟糕的创造。我甚至觉得这种消除癔症症状的方案难以置信[38]。

精神病学和神经学学会的成员若是疑惑他们眼前的这位发言者是否头脑正常，想来也是可以原谅的。然而，这段自拆台脚的话也出现在四十天后开始连载的文章中。

弗洛伊德在言辞上的种种欺诈必不可少，但还不足以弥补他未能提供客观数据的缺憾。他问同僚们："我是不是应该把我从分析中得到的实际素材摆放到你们面前？还是更应该努力先处理大量的异议和疑虑？我有十足把握确信那些异议和疑虑着实占据了你们全部的注意力。我会选择后面这条路。"[39]尽管异议和疑虑得以"先处理"了，但是并没有下一步动作。弗洛伊德演讲中的大部分内容都在避重就轻地回击那些他傲慢地嗤之为无甚价值或者毫无价值的批评。

持怀疑态度的听众原本希望他回答的问题肯定包括以下这些：

- 基于单薄有限的实践应用，弗洛伊德怎能确定精神神经症患者在童年时期都曾遭到过性侵犯？而且，既然他承认某些童年性侵犯的受害者不会变成神经症患者，那么究竟是什么因素（除了"遗传"这一通用的托词之外）可以使他们幸免于患病？
- 弗洛伊德能确立什么标准来检验某段记忆（尤其是"琐碎得惊人的"记忆）具有致病性？[40]
- 他对于暗示、安慰剂效果和实验者偏见予以何等考量？虚假的"回想起来的记忆"最终能否看来与真实的记忆一样具有治疗效果？
- 如果过早发生的性行为在经历的当时并未令人感觉痛苦，那怎能算得上创伤？为什么没有被永久遗忘？经历的记忆比经历本身传递了更多的情感力量，这种看法是否合理呢？
- 假如应最初的要求所唤起的相对新近的"造成创伤的性记忆"不足以解释神经症，那为什么要将它们随意添加到可能存在也可能不存在的早期童年记忆中？调查者难道不应该停下来问一问，与性相关的记忆这一整套病因说是否已经无法得以支撑了？
- 每次分析完以后就成功实现治愈，证据何在？弗洛伊德最近在《癔症研究》中不是已经提出过同样的治疗主张，而当时他还没想到重现"婴儿时期的场景"呢？
- 假如是弗洛伊德，而非他治疗的病人，将病人的无意识记忆转变成了有意识的记忆，那么这些记忆存在于谁的脑海中？是实实在在回想了起来，抑或所谓"恢复的记忆"其实是弗洛伊德操纵的结果？

毫无疑问，所有这些观点弗洛伊德都已经考虑到了。然而，对于其中一些观点，他只是选择了视而不见。另外一些观点他提及了，但一句解释也不说就表示，他日后再作考虑[41]（日后复日后，一拖到底）。他仰仗的第三种策略，很快就成为他最青睐的办法：他宣布，批评者如果不熟悉精神分析方法，则无权对其发现表达意见[42]。至于对该方法究竟为何物详加阐述一事，他以自己的演讲时间即将用完为由推托掉了。值得注意的是，他在发表的《癔症病源论》中给出了相同的托词——该论文分五期连载，其实可以长篇大论、毫无限制。

对于我罗列的这些问题，弗洛伊德仅仅就最后那个问题给出了完整而可信的答案：精神分析是否确实恢复了有关创伤的早期记忆？他写道："过来接受分析之前"，

> 病人对这些场景一无所知。如果我们提醒他们说这类情景会浮现出来，他们无不大为光火……而且，即便他们千真万确地再次体验了一遍，也仍然想方设法不肯相信——他们试图强调一个事实，那就是不同于其他被遗忘的素材的情况，他们不觉得回想起了那些场景[43]。

因此，弗洛伊德在别处口口声声所谓的新产生的有意识的记忆——通过精神分析探究而获得的奖赏回报——完全不是那么一回事。相反，这是他自己从"那些场景"中得出的推论，他承认那些场景本身只是"在分析手法最为强大的压力之下，顶着巨大阻力"产生的[44]。因为"有意识的记忆"确实始终没有恢复（怎么可能恢复呢，毕竟要追溯到一岁半那么早的年龄段），所以弗洛伊德没有任何证据可以支持他的"重现"。因此，猥亵理论最重要的特征并不充分。

这一结论对于弗洛伊德本人而言应该显而易见。不过情况并非如此，因为他已经挥别了独立证据对他来说至关重要的职业生涯阶段。他的新标准是内部均衡性。他在《癔症病源论》中宣称，他的理论最有力的证据是"婴儿时期那些场景之于病例史其余整体部分的关系"：

> 这就完全像是把孩子的七巧板给拼凑起来：经过多次尝试，我们最终能够百分之百确定空白部分缺少的是哪一块；因为就只有那一块可以弥补整体图案……同样，婴儿时期的场景，其内容最终看来是

对于神经症的关联和逻辑框架必不可少的补充，这些场景的插入使得其发展历程第一次清楚明白地显现了出来，甚至就像我们经常说的那样，不言自明*。

的确是不言自明。此处的缺陷在于，"神经症的关联和逻辑框架"和"病例史其余整体部分"本身都是弗洛伊德的理论所产生的，而非独立存在的现实。不过弗洛伊德一味轻信唯我论，这下竟然在他的《遗传性》这篇论文中宣称："这里提出的理念与［其他任何人的］心理学理论并不一致；但这些理念完全契合我自己的［关于防御神经系统的］推测。"[45]

契合他自己：从这一刻到他职业生涯的尾声，这将是弗洛伊德验证正确与否的唯一要求。抑或如他在1933年所说的那样，"分析的应用也总是对其本身予以了肯定"[46]。

3. 关于恢复记忆的首场运动

弗洛伊德关于《癔症病源论》的演讲是他职业生涯中最重大的公共事件。尽管他的性猥亵理论难以置信而且未经证实，他却一直幻想这一理论的真理之光会消弭听众之中那些赫赫有名的精神病学家和神经学家的所有疑问。事实则恰恰相反，他们因听到的内容异想天开而深感震惊。他们没有向演讲者提问，而是默默等待他坐下。从弗洛伊德向弗利斯讲述的情况中我们获悉，唯一的评论出自会议主席理查德·冯·克拉夫特-埃宾："这听起来像是一则科学童话。"[47]

对于弗洛伊德而言，听到全世界首屈一指的研究恋童癖的权威说出这般居高临下的话，想必是一场噩梦。尽管他依然希望有朝一日能成为光荣体面的教授，但他的猥亵论点遭到驳回的这一情况告诉他，他的

---

* SE, 3: 205。写下这些话不久以后，弗洛伊德不再相信这篇论文能如最初所愿消除疑虑。因此，人们或许会以为他针对补上最后一块拼图的这一确认方法，在想法上有所改变。但假如我们放眼未来瞧瞧他1923年的《论梦的解析之理论与实践》一文，便可以看到他的套路再三出现（SE, 19: 116）。

新科学与主流医学之间不可能存在任何回旋调和的希望。那么，是时候让他静下心反思他可能在哪儿出了错吗？这一想法对他来说绝对无法接受。他告诉弗利斯，他的演讲

> 受到一帮蠢驴冷冰冰的对待，克拉夫特-埃宾给出的评价奇怪得很……要知道人家已经向他们展示了一个上千年未解难题的解决之道，而这就是尼罗河源头啊。客气点说，他们好下地狱去了[48]。

弗洛伊德想与众人打成一片，这已经成了最后一搏。自此以后，他将对揭示出来的真相拥护到底，绝不退让。

克拉夫特-埃宾和他的同事们认为他们拒之门外的是一系列荒唐的主张，这些主张应该听过就忘。然而，弗洛伊德本人既是治疗师又是理论家，他已经将自己的理论应用于对病人的治疗，直到病人们逐一对他不再抱有任何希望。此外，在某个难以确定的时间点，他认为主要的性侵者不是保姆和女教师，而是父亲。弗洛伊德是否一直秉持这种观点并且暗藏心机故意不事声张，对此我们不得而知。但是，我们从他与弗利斯的往来信件中获悉，他干劲十足地在一个又一个病人身上寻找"父亲这方面的病因"，在文章中却不着一字。

在 20 世纪八九十年代我们自己发起的恢复记忆运动中，我们看到了弗洛伊德所作努力的一个典型例子——如果之前他那些努力达到预期的话，这种例子原本会提早一个世纪出现。主诉抑郁、焦虑或神经疲劳故而前来接受诊治的病人在记忆治疗师的引导下，以为他们的病情必定源自他们有意遗忘掉的可怕的性侵遭遇——通常是父亲或继父所为。结果，家庭破碎，"作奸犯科者"——除了诱导出来的"记忆"之外并没有任何证据，被认定有罪——遭受羞辱、失业甚至锒铛入狱＊。发出指控

＊ 这掀起一时狂热的浪潮另有一个主要方面是基于孩子们未经证实的口供而对"动手猥亵"的看护提出控告并予以定罪。该运动两个方面的共同之处在于诱导性讯问，导致还没来得及对事实展开任何研究就已经损害了控告者的记忆。

的女儿们（现实情况下大多数是女儿）不仅没有得到"走出阴影、康复一新的勇气"，反而与父母疏远了关系，陷入更严重的愤怒、沮丧和身份困惑之中。在进一步的催眠刺激下——通常通过"真相血清"药物进行强化治疗，一些病人由此被引导着得出结论，说"恶魔般的惯常性侵"迫使他们发展出多重人格[49]。

弗洛伊德在 1896—1897 年所作的种种努力没有带来这样的暴风骤雨，但这不是因为他行事谨慎、有所克制。从半路出家的精神分析学家埃玛·埃克施泰因的例子中我们得知，他希望宣扬他新创建的记忆疗法，尤其期待揪出犯下罪行的父亲。1897 年 12 月 12 日，他告诉弗利斯："对于父亲造成的病因一说，我已经信心倍增。"埃克施泰因"从［她的女病人］身上找到了同样与父亲有关的场景等等不一而足"[50]。

弗洛伊德鼓吹该学说，但这没有造成比可卡因泛滥更可怕的祸害而弄得人尽皆知。原因在于他对待病人一向脾气暴躁、言行粗鲁。我们现代的记忆医生——其中一些人甚至坚持执业至今——一直都是润物细无声，通过不温不火、关切周到的测验逐步引导病人发出控诉，让他们自己"恍然大悟"原来曾在童年时遭受过性侵。弗洛伊德则与之相反，动辄几乎当即述说自己的怀疑，然后刻不容缓要求得到认可。正如他在《癔症研究》中所说的，"最重要的一点是我应该猜出秘密并且直截了当地告诉病人"[51]。

对猥亵理论产生怀疑之后，弗洛伊德在后来数年间依然建议采用这一无效的方法。他在 1898 年写道，对病人的症状进行分门别类并假设病因以后，

> 这时候我们可以大胆地要求病人对我们的怀疑予以确认。我们决不能被他们最开始的矢口否认给误导了。如果我们坚定不移地守住我们已经得出的推论，强调我们的信念在本质上不可动摇，我们终将克服一切阻力[52]。

然而，实际上，"一切阻力"并没有被克服。正如弗洛伊德在写给

弗利斯的信中所言，有个难以对付的病人，

> 我把情况一股脑儿跟她作了解释，她起初被说服了。然后，她犯了傻，竟去质问父亲本人。一有点风吹草动他就怒不可遏地嚷嚷："你在暗示说我就是那个人吗？"并且发誓自己绝对清白。
>
> 　这下她陷入最强烈的阻抗，苦苦挣扎，声称自己相信他，却通过欺骗和发假誓来证明她对他的认同。我扬言要将她赶走，也在此过程中说服自己，认为她已经很明白，只是她不愿意承认罢了[53]。

面对这种对于自己过去认知的全盘否定，弗洛伊德的病人推断他肯定比他们病得更重。他们嘲笑他自吹自擂，竟然声称有本事从摇篮中收集记忆。他将在《梦的解析》中谈到他的阐释面临"怀疑和笑声"[54]。他说，病人"曾夸张地模仿这种新近获得的知识，宣称他们已经做好了准备，要开始寻找他们还没有生下来的那个时候的回忆"[55]。

尽管没有任何基于压抑治疗而发出的控告从弗洛伊德的诊疗室传到公共场所，但他最初在灯光昏暗的房间里成功地诱骗病人想象出业已遗忘的性猥亵的"场景"，这点依然耐人寻味，无法分辨这种心理戏码和创伤性回忆之间区别的其实是弗洛伊德，而不是病人。想一想他向弗利斯说起过的若干颇具代表性的记述，对于所叙述之事可能有悖情理竟完全没有予以一星半点的提醒：

- "在她两岁时，［她父亲］残暴地给她开了苞，还把淋病传染给了她……［一年后她的母亲］从她［自己］身上扯下衣服……然后，［母亲］瞪着房间里某个地方，整张脸气得都扭曲了，她一只手遮住生殖器，另一只手将什么东西一把推开……她大声咒骂，猛地向后仰，又用手捂住生殖器，马上向前倒下，头部几乎撞到地上；最终，她无声无息地仰头躺倒在地板上。"[56]
- 据弗洛伊德说，同样这位病人在六七个月大的时候，看到她的母亲"因父亲的伤害而几乎流血致死"。弗洛伊德问道："是否可以怀疑，那位父亲是强迫母亲接受肛交？"[57]他的证据是，病人在十七岁那年听到痔疮手术时变得歇斯底里。

- "可否请你试着搜索小儿惊厥案例……可追溯归因于遭到性侵犯的那一类，特别是［舔］（或用手指戳）肛门的情况……因为我最近发现我能有把握追溯病人出现的仅仅类似于癫痫发作的症状，根源在于他的保姆这样舔过他。时年两岁。"[58]

- "一岁半之前的早期阶段变得越来越重要。即便在这一阶段，我也倾向于再细分几个时期。这样，我就可以有把握给癔症溯源……在十一个月大时癔症第一次发作，［我可以］再次听到当时两个成年人之间的对话！那声音仿佛出自留声机。"[59]

- "你会相信诸如此类的事吗？怎么解释不愿喝啤酒也不愿刮胡子，那是因为这样一个场景：保姆［光着屁股］坐在一个装满啤酒的剃须浅碗中等着被舔？"[60]

身为精神治疗师却愚不可及地自欺欺人，这一段又一段的话语简直令旁人望尘莫及。直到近一个世纪之后，新一代的记忆探察者——其中一些是精神分析家——重振了弗洛伊德的猥亵理论以及他简便省事的推论方法。

无可否认，上述五个例子均摘自私人信件。然而，弗洛伊德毫不犹豫地告诉所有人，这类场景都是能够说明神经系统症状何以如此的原因。"因此，在我诊治的一起病例中，"他告诉那些医生听众，"要孩子用脚来刺激成年女性的生殖器，这种情况足以使病人持续多年将神经质的注意力全都集中在他的双腿及其功能之上，最终造成癔症性截瘫。"[61]

在这个例子中，弗洛伊德所做的就是将腿脚病症"回溯解读到"一出界定不明的围绕着脚的性爱场景，要求他的病人想出一则符合这一具体要求的故事，然后将故事嵌入他的理论机器以产生"转化"。遭到压抑的记忆幻化成截瘫——尽管这只存在于弗洛伊德的头脑里——对病人而言可能颇为重要，因为这下病人给误导偏离了合适的骨科治疗，转向不正常的疗法。

弗洛伊德在 90 年代中期征集的"记忆"太过离奇，因而无法得到认可；但是，为什么他如此不加批判就贸然提出呢？他给弗利斯的一些表述保留了亲身体验的愉悦感和"留声机一般的"直接性，仿佛他仍然在分享刚召唤出来的幻象。就这一问题，我们可能还记得彼时他正在使用大量可卡因治疗他的病人和他自己的"鼻反射神经症"。因此，当其中一方试图调节他的心理频率使之与另一方的潜意识同频时，双方可能容易受到暗示影响——简而言之，被有效催眠了。

在弗洛伊德关于埃玛·埃克施泰因"记忆"的记录中，这种对于怪诞镜像的迷醉尤其值得注意，埃玛当时还是他的病人，同时也跟着他学习精神分析。毫无疑问，弗洛伊德在 1897 年 1 月 24 日写的就是有关她的情况："请设想一下，我获得了一个女孩接受割礼的场景。切除一块小阴唇（如今就更短小了），吸干净血，之后这孩子得到一块皮肤吞下。"[62]

没有人说得清，弗洛伊德怎能比较得了埃克施泰因相隔数十年、显然两度遭到截短的阴唇的尺寸。但假如他认为小阴唇曾被进一步截短，那么他必然相信整个可怕的故事存在于现实之中。因此，他是将自己的信任置于一个听起来完全像撒旦仪式的童年性侵事件之上。

弗洛伊德在引出这段话时所发表的评论表明，这种前后比较的做法不可避免。他写道："我开始产生了一个想法，"

> 仿佛事情是这样的，在癔症作为负面形式的性倒错问题上，摆在我们面前的是一种原始性崇拜的孑遗，这种性崇拜曾经是——也许现在仍然是——闪族东方（摩洛神、阿斯塔蒂）的一种宗教……因此，我料想那是一种原始的邪恶宗教，其宗教仪式秘而不宣地执行，也理解为何审巫者下手残酷[63]。

这是弗洛伊德从秉持科学态度走向堕落的一个里程碑。因弗洛伊德自己痴迷于虐待狂色情作品而哄骗出一位病人的幻想，拜此幻想所赐，他认为自己接触到了系统发育记忆的踪迹。此外，这些迹象告诉他，甚至在 1897 年也可能存在一种前摩西律法时代的膜拜仪式，这种仪式在侍奉偶像过程中犯下性暴行。弗洛伊德已经彻底放弃了显微镜，取而代之的是水晶球[*]。

至于"审巫者下手残酷"，弗洛伊德新近产生的他能够从病人的话语中听见久远的过去所发出的声音这一看法，已经激起了他对"逆宗教改革"巫术审判中"癔症"的好奇心[64]。就像和他并肩从心理角度进行历史分析的学者夏尔科那样，让他更感兴趣的是受害者而非迫害者身上的无理性。实际上，他并不觉得折磨和恐怖是女性供述使用巫术的诱因。他现在认为这根源并非在于折磨，而在于婴儿期性侵犯造成的女性心理受创。

因此，在弗洛伊德看来，为了避免被活活烧死而口不择言的不幸女人是"有罪的"——其罪不在于与撒旦狼狈为奸，而在于产生了邪恶的想象。她们的审判官原来是"治疗师"，因为他们必须面对先前就存在的、究其本质而言令人作呕的心灵素材。弗洛伊德感觉与那些审判官惺惺相惜，他暗示，他们本身可能在童年时代就遭受过性侵[65]。的确，他关于现代的性崇拜的看法表明他的世界观与他们的世界观是多么接近。

根据弗洛伊德 1897 年的理论，埃玛·埃克施泰因的癔症源于早年遭遇的猥亵。因此，她的心灵应该和她的"女巫"前辈们同频共振。因此，从她的分析中自然而然就可以看到类似女巫的种种表现。弗洛伊德写信告诉弗利斯，"埃克施泰因有过这么一个场景，魔鬼把针扎进她的手指，然后在每一滴血上都放置一颗糖果"[66]。这绝不可能是埃玛的真实记忆。相反，她是在给弗洛伊德那一刻他所要求的：看似有证据表明，婴儿时期的性侵犯为魔鬼研究提供了幻想的材料。

精神分析将依然是关于占有的一种理论，不是被魔鬼占有，而是被

---

[*] 关于这一事件和该事件与男性、女性割礼的关系以及弗洛伊德的犹太身份的最完整的探讨见博诺米 2015。然而，博诺米自己就是"恢复记忆精神分析师"，他在很大程度上忽略了暗示的问题，认为埃克施泰因很可能具有伤残的病史。

潜藏在无意识中迫使变态行为发生的不良思想占有。不久，弗洛伊德就放弃了神经症患者曾遭到猥亵的想法，而是认定病人自己的不伦念头才导致他们患病；这样一来，他阐述起自己的理论就显得更具中世纪特色了。他意识到了这一事实并且欣然接受。正如他将在 1923 年写下的那样："那些黑暗时刻的恶魔理论最终赢过了'准确科学'时期一切关乎躯体的观点。占有的种种状态与我们的神经症相符，我们又可以依靠心灵力量来对此加以解释了。"[67]

第二十八章

名不副实的所谓突破

1. 挫折

弗洛伊德写过那么多信，其中讨论最广泛的是他在 1897 年 9 月 21 日寄给弗利斯的那一封。信中措词夸张，字里行间的语调变化不定，从消沉气馁到隐忍自持再到癫狂似的如释重负，宣布猥亵理论终归失败。"我不再相信我所提出的神经症学说"，弗洛伊德坦陈[1]。随着他的理论一起扫入废纸篓的还有他追名逐利的全部希望。他写道："对于名垂青史的期许是那么美好，可以拥有一定财富、完全自主不必受制于人、尽情游览名胜、让孩子们无需如我早年那般有种种忧虑。一切全都取决于能不能水到渠成揭开癔症起因谜团。"[2] 不过情况并不遂人愿。

弗洛伊德详细列出了至少八种挫折——如果我们扣除掉啰嗦重复的话，也有六种之多——这些都使得他的理论注定以失败告终：

- "我努力想从分析中得出真实结论，却只落得一次次失望"；"最受［分析］吸引的……那些人跑了"；"不折不扣的成功……并不存在"；
- "我扪心自问，按照其他那些平常的方法，在一定程序上奏效的可能性是多少"；
- "令人惊讶的是，在所有病例中，父亲——我自己的父亲也不例外，都得被指责为行为变态"；

- "意识到了癔症发生的频率高得出人意料，……然而，针对儿童的倒错行为必然不可能这么普遍"*；
- "可以很有把握地认为，潜意识中毫无现实的迹象，因此人们在将欲力集中于自觉感情之下时分不清真实和想象"；
- 放弃了这样的可能性——即便"在最深重的精神病中，无意识的记忆也不会突围"，在神经症的治疗中同样也不会[3]。

暂且不说这份清单中突出的反常现象——为什么父亲"在所有病例中"都有所牵连？我们必须承认，弗洛伊德在此总算进行了一次严肃尖锐而又在很大程度上中肯切题的自我批评。有两项考量想必特别令他担忧。首先，没有良好的临床效果这一问题很严重，不仅仅因为弗洛伊德深知治愈是公认的黄金标准。他声称已经成功治疗了十八例性猥亵引发的癔症，这是在科学问题上犯下了欺世之罪——实际上，这已经是他继俨然以可卡因问题专家自居、在《癔症研究》中就治疗结果撒谎之后的第三次欺骗行为。如果这下他对于猥亵理论的撤回开始为人所知，那么盖过他丢掉病人客户群这一既成损失的，应该是他欺骗的罪行大白天下。

然而，更令人羞愧的是一个极为可怕的想法，可怕到弗洛伊德提起这一想法只能拐弯抹角："我扪心自问，按照其他那些平常的方法，在一定程序上奏效的可能性是多少。"他已经意识到——哪怕只是暂时意识到，他治疗的病人的"场景"很可能是迎合他的要求编造出来的，在这样的情况之下，他还愚蠢地对暗示这一问题完全视而不见。因此，暗示造成结果不可靠的这一把柄班班可考，随时都有可能使得他的整套临床治疗方法及其今后可能产生的任何结论全部丧失权威。

那么，对弗洛伊德而言，此刻需要进行一次基本的重新评估——一

---

* 这一流行病学方面的考量系弗洛伊德的一位美籍德裔学生费利克斯·加泰尔的一项研究所得出的尴尬成果。见萨洛韦1992，第513—515页。

篇能把他拉回恪守经验准则的正道上来的评论文章。然而，无论是那时还是后来，都没有丝毫迹象表明他有能力展开这样有条不紊的战术撤退。他可以半途而废也可以大踏步向前，却无法从错误中汲取教训。因此，当他用一句话重弹我们以前曾听到过的放弃调子——"这下我只能缄默不言，虚心对待，继续诚惶诚恐，保存力量"[4]——却又有一线希望已经冲破了他忧郁的阴霾。他敢问道："有没有可能，这种怀疑只不过代表了向进一步的认识发展时的一幕插曲？"[5]

对于弗洛伊德神话的信徒来说，这个问题的答案过去是、现在仍然是斩钉截铁的肯定。实际上，他们之中有许多人都认为这封信宣告了精神分析的真正诞生。在他们看来，"诱奸理论"的失败使得弗洛伊德几乎当即就意识到，病人患上癔症的真正原因是他们悬而未决的恋母情结——驱使人意图弑父和乱伦。甚至还有人怀疑，恰恰是这种声势渐长的看法使得猥亵理论退居二线。正如恩斯特·克里斯在经过编辑处理的弗利斯书信集的注释中所说的那样，弗洛伊德

> 距离俄狄浦斯情结只有仅仅一步之遥了，他认识到了孩子们在这一情结支配之下那种对父母发起挑衅的冲动，但是他仍然一如既往地坚信诱奸场景真实存在。看来可以合理推断，这年夏天的自我分析才使得诱奸假说遭到摒弃[6]。

那么，据克里斯说，弗洛伊德在9月21日或许听上去感觉懊悔，但他只是在清除他步入触手可及的新视野之前的最后那一道障碍。

不足为奇的是，詹姆斯·斯特雷奇也拥护类似观点。照这位标准版文集编辑的说法，当弗洛伊德于1897年放弃"诱奸理论"时，他"几乎是在同一时间"发现了俄狄浦斯情结[7]。欧内斯特·琼斯向来比斯特雷奇更长于雕文织采，他更进一步，将弗洛伊德所说的"这下一切珍贵事物都崩溃了"一举转变成一场胜利[8]。琼斯写道："他很可能一派欢欣鼓舞，因为有了他现在产生的新见解，再加把劲就可以探索幼儿性欲的整个领域，可以使他的梦境心理学理论臻于完备，幼儿性欲和梦境心

理学可是他的两大成就。1897 年可谓弗洛伊德一生的巅峰。"[9]三十年后，彼得·盖伊补充道："如果说失去的是现实领域，那么赢得的则是幻想领域。那是一段艰辛劳累而又令人不快的岁月，但换来的回报非同小可。"[10]

不过，对于弗利斯书信集最初那一批编辑来说，在考虑将哪些内容纳入又将哪些内容排除这件事上，9 月 21 日的信给他们出了一些棘手的难题。尽管克里斯、安娜·弗洛伊德和玛丽·波拿巴都乐见这封信对"诱奸理论"多管齐下展开抨击，但在某些方面弗洛伊德却言之过多。例如，他承认自己没有完成可以支撑他的猥亵理论的任何分析（eine Analyse）。当然，编辑们还记得他在《癔症病源论》中简直判若两人的满满自信，他可是声称已经成功治疗了十八个病例。绝不能授人以柄，让精神分析的敌人尝到揪住祖师爷撒谎行径的痛快滋味。于是，在 1950 年，eine 悄无声息地变成了 meine，这样一来万事大吉。弗洛伊德是还没完成他自己的分析！ [11]

同样令人担忧的是，有悖于安娜·弗洛伊德和她的同事们希望将其用于精神分析史学的意图，作为转向基于幻想（而不是基于猥亵）的对于精神神经症的最终解释，这封信显得不合时宜。齐齐整整的往来信件就这么摆在面前，编辑们无不因为 1897 年 12 月重申了"父亲方面的病因"的那些信而戛然止步[12]。那些段落表明，猥亵理论在遭到弗洛伊德否定几个月之后仍然为他和埃玛·埃克施泰因所用。这时候剪刀就亮出来了；这些伤人脑筋的信件被排除在外，《精神分析起源》的读者永远不会知道，弗洛伊德在 9 月 21 日的那番坚决表态只是一时兴起。

我们很清楚，需要有审查来助上一臂之力，才能将弗洛伊德塑造成一个始终坚持对科学逻辑负责的人。事实上，即便是未经专业训练的埃克施泰因诱导病人——或许是她唯一治疗过的病人——回忆起那个乱伦的"场景"，这种琐碎无意义的数据也能立即重新点燃他的希望，让他以为猥亵理论终究会得到认可。这封著名的信件暗示需要来一场全面的方法论的改革，但是如果得到认可的前景日渐光明，弗洛伊德就不会挺身反叛。

既然如此，在 1897 年 9 月，弗洛伊德的态度并没有明显的转变。然而，情况也不像马森声称的那样，一直到 1901 年弗洛伊德私底下依然坚持他的猥亵理论，然后在 1905 年弃绝这一理论也只是为了和权威专家们握手言和[13]。阿谀奉承或许让弗洛伊德在 1902 年姗姗来迟的学术升迁之前的那些年有所受益，但他丝毫没有闲心去安抚曾质疑过他的"蠢驴们"[14]。

从 1897 年最后那几个月到 1898 年，弗洛伊德对于癔症的病因和对症治疗方案一直无甚把握而忧心忡忡。他并没有想出任何解释可以取代"猥亵理论"，1898 年 2 月，他再次告诉弗利斯，"癔症病例的治疗进展得非常糟糕。我今年一个病例治疗也都没法完成；至于明年，我可能完全没有病人的素材了"[15]。同年 8 月他透露说："这下在我看来，我的工作似乎远远不如预期的有价值，我完全迷失了方向……又过去了整整一年，而在理论方面却没有任何实质性的进展。"[16] 他在 1898 年 10 月写道："今年，我甚至都放弃了授课，以免不得已要谈论起任何我仍然希望自己去探索求知的内容。"[17] 这个时候的弗洛伊德，据为他投射神圣光环的那些传记作者们说，却已经因为掌握了揭开压抑、内疚、神经症和性心理发育的俄狄浦斯密钥而豁然开朗。

也许是在 1899 年 1 月 3 日，弗洛伊德才真正对他的猥亵理论放弃了希望，但这仍然不为外人所知。此时他告诉弗利斯，"对于'最初的童年时代发生了什么事？'这一问题，答案是'什么都没发生，但存在性冲动的萌生'"[18]。在此，他终于（不无问题）做出了转变，转而认为儿童的性心理是精神病态的原因，而种种精神病态可能最终导致癔症。但即便如此，他还是不愿撤回他在 1896 年提出的那些主张。多年之后，他发表的著作只是回避了"诱奸"这一话题。

至于俄狄浦斯情结，这一基本概念的确是在 1897 年 10 月 15 日吐露给了弗利斯[19]。不过这个新概念并没有让弗洛伊德觉得可以取代原先的观点：最初生活中的诱奸事件真实存在，更不可能取代原先的主张：癔症是那场性侵的压抑之下的记忆造成的。他也没有试图宣传这一新概念，他在 1898 年至 1900 年发表的几篇论文都没有提及此事。

直到于世纪之交出版的《梦的解析》的第五章，世人才大致了解幼儿对其父母抱有性幻想并且企图弑亲的情况[20]。即便那个时候，也没有只字片语说起在治疗方面的应用。1906 年，弗洛伊德在为别人的书撰写的不起眼的一章中最终承认，他已经改变了对于"诱奸理论"的看法，此时他没有认为俄狄浦斯因素有多重要[21]。压抑之下的恋母愿望构成"每一例神经症的核心情结"这一观念只是在他于 1909 年做的一场演讲中才给提出来并于次年发表了相关文章[22]。总而言之，关于"俄狄浦斯情结的发现"如何将弗洛伊德从他的猥亵理论中解放出来的故事不过是一则久远的无稽之谈，仅此而已。

2. 弗洛伊德的罗生门

精神分析的得势者劳心费力，要将"俄狄浦斯情结的发现"追溯到 1897 年，为此他们不顾一切，只求将他遭遇最大困惑的时刻扭转为获得最深刻洞见的时刻。这项工作之所以刻不容缓，起因是弗洛伊德学说信奉者认识到一个巨大的风险——对于精神分析理论整体而言可能会造成致命一击。1896 年，弗洛伊德的病人们否认他们在童年时期遭受过性侵犯，而他拒绝接受病人们的这个说法；这下他意识到，他们虽与他的看法相悖，却可能是正确的一方。那么，他后来凭什么断言，他们"只是幻想了"除他自己之外谁都没有想到的猥亵呢？[23]

在 1925 年的《自传研究》中，弗洛伊德大胆提到有这么一种可能，他"或许强迫了"病人幻想到猥亵的场景[24]。然而，隔了三句话之后，他却排除了这个令人不安的想法："即便现在，我也不认为我强加给了病人遭受诱奸的幻想，不认为我'暗示过'他们。"[25] 这就是他公开予以深刻反省的全部了。在其他无数时机，他都竭力掩盖实际情况。弗洛伊德在 20 世纪 50 年代知识界的继承者只不过是完成了散布虚假信息的任务，而这件事早已时断时续地让他操心了二十五年。

自 1905 年开始，弗洛伊德想方设法弃投猥亵理论，只将其保留在迫不得已的最低限度以免公开承认他已经对此失望透顶。第一种解决办法是坚称他只是"高估了［早年］诱奸相较于性心理构成和性发育的重要性"[26]。据称，"诱奸"真实发生过，因此弗洛伊德发现诱奸之事的方法无可挑剔。

在发表于1906年的《性在神经症病因中所起作用之我见》这篇文章中，弗洛伊德实质上重申了这一立场。他说，事出偶然，他在1896年从癔症患者身上获得的临床数据包括实际发生过的"诱奸"的比例，这个比例高得出奇。因此，他"过高估计了此类事件的发生频率（尽管此类事件在其他方面的解释都不容置疑）"[27]。那么他又是无可指摘的；他准确地解读了证据，但"碰巧"证据本身已给歪曲了[28]。

弗洛伊德在1906年的辩护之词当中存在进一步弄虚作假的操作。他写道，十年前，他分不清童年回忆哪些是真哪些是假，但现在他能分得清了；他知道哪些病人曾受到诱奸，而哪些病人只是幻想遭到侵犯。他是如何学会分辨的？这个说法是虚张声势，没有拿出任何细节来加以解释。弗洛伊德描述不出一个病例是他确定先前"记忆"失实的。显然，他也没有告知任何一名早先找他诊疗的病人，说他们现在不用再终日惶惶不安于自己曾经遭受过性侵。那样做怕是要颜面尽失，因为病人肯定会提醒他，他们早就已经嘲弄过他并且拒绝了他原先试图强加给他们的"记忆"。

弗洛伊德在其1914年的《精神分析运动史》中又提出了一个新的论点。在1906年声称"不容置疑"的猥亵事件这下给说成是根本就从未发生过。他写道，旧看法"土崩瓦解，因为在绝对明确的条件下猥亵不大可能发生"[29]。尽管没有提供任何细节，但弗洛伊德在此初试啼声，开启了曾给他留下深刻印象的一系列相互冲突的"诱奸"证据的分析。

按照弗洛伊德在《运动史》中的讲述，起初他只是注意到"过去什么事"似乎与神经症病例的病因有所牵连[30]。由于缺乏对幼儿性欲的认识，他想当然以为任何性因素都始于青春期或更晚的时期。但令他惊讶的是，"寻轨追迹可以更进一步回溯到童年乃至最初的年月"[31]。读者永远也猜不到，提到的轨迹并非临床证据，而是弗利斯对于性发育在生物遗传学上的推测再加上弗洛伊德本人作为纸上谈兵的生理学家进行的补充发挥。

故事接着往下讲：

> 在此过程中，必须克服一个错误的观念，这个观念对于新兴的科学而言几乎会带来灭顶之灾。受夏尔科有关癔症源于创伤经历这一观点影响，人们往往容易把病人所说的其症状都归结于童年初期被迫遭受的性经历——直言不讳地说，即诱奸——那些话都当真了，而且还以为在病因学上具有重要意义[32]。

病人所说的那些话。在关于猥亵理论的精神分析叙述中即将成为经典的弥天大谎，就这样用一个毫不起眼的短语给轻描淡写过去了。1896年的论文清楚表明，是弗洛伊德而非他手头的病人们"重现了"他们童年的创伤。同样，他曾透露，哪怕通过"最强有力的治疗手段"倒逼出"场景"之后，他也无法令任何病人将这种逼供出来的镜像视为记忆；他们全都"跟我打包票……特别强调说他们不相信"*。

从1914年开始，弗洛伊德可以承认他上当受骗了，欺骗他的不是他自己草率的方法，而是他因同情心泛滥而一味听信的故事。《运动史》告诉读者，正是他从这一情有可原的错误中幡然醒悟之后，才给我们带来了精神分析：

> 如果癔症患者追溯症状，将其归结于虚构之下的创伤经历，那么出现的新事实恰恰是他们在幻想中创造出这般场景，这一心理上的现

---

* SE, 3：204。然而，即便今日，有关"那些话"的谎言依然存在。据伊丽莎白·卢迪奈斯库说，弗洛伊德的女性病患"在治疗期间经常讲述［有关童年性侵犯的］那些事件，谈及了大量细节"（卢迪奈斯库2016，第57页）。精神分析的一些反对者也依然接受弗洛伊德所说的有关病人"告知"他的话。因此，丽贝卡·索尼特认为，"令人惊讶的是，弗洛伊德的病人设法说出了他们遭遇的不幸，一开始他洗耳恭听……然后他否定了他的发现"（索尼特2014，第4页）。

实需要与客观现实一并纳入考虑的范畴。经此深思，很快便发现这些幻想旨在掩盖童年初期本身带有性欲的活动，对其进行一番粉饰，提升到更高的层面。现在，从这些幻想背后来看，儿童性生活的整体范畴显露出来了[33]。

　　弗洛伊德在此处不仅断言幼儿性欲是精神分析所揭示的发育方面的关键事实，还断言其发现途径重新解读了病人为掩盖他们早年手淫而编造出来的那些场景。不过，即便他们畅所欲言地讲述了遭到猥亵的故事（实际上他们并非如此），弗洛伊德在此强加给他们的如此作为的动机也恐怕令人难以置信。按照他的说法，幻想一个人曾遭到某一家庭成员多年的强暴，不及承认一个人在比方说两岁时抚摸自己的生殖器来得羞耻。（病人又是怎么记得这些的？）但更重要的是，弗洛伊德的解释可能勉强笼统适用的唯一病人是弗洛伊德自己，他一手包办制作并且执导了那一切幻想。

　　如果俄狄浦斯情结这种关于家庭成员之间的设想将担纲弗洛伊德学说最重要的部分，那么弗洛伊德在1896年就已经列举出来的"诱奸者"——保姆、家庭女教师、仆人、老师和年龄大一点的玩伴——则必须由父母取而代之，然后他们又将被新的理论宣告无罪。因此，在他1916—1917年的《精神分析引论》中，他声称，告发说童年时遭到过诱奸的女孩"差不多齐刷刷地"指控她们的父亲犯下了罪行[34]。1925年，他重申："就女性患者而言，诱奸者几乎总归到父亲。"[35]

　　这段经过修正的历史将对精神分析的实践操作产生深远的影响。弗洛伊德宣称，当父亲被指名道姓说出来时，"指控本身的想象性质或者引发指控的动机都毋庸置疑"——那就是压抑之下对与父亲乱伦的渴望之情[36]。这是一种类似法庭给出的判断：因为每个女孩都希望与其父亲交媾，所有诉说曾经忍受这种乱伦折磨的人都只是在幻想。因此，众所周知，弗洛伊德学派的分析家把一些女病人的真实供述以及连带发出的求助都驳回不予以采纳了。女权主义者对这样麻木不仁之举的强烈反应成为一股愤怒力量的主要源泉，在最近几十年来催发了"恢复记忆"

疗法。

1925 年之后，弗洛伊德在将"诱奸"转变为新目标的赌局中还有一张牌可打。到他执笔 1931 年《女性性行为》那篇文章时，他已经构想好了关于小女孩的新观点。这下他笃定认为，在她们形成俄狄浦斯情结之前，她们迷恋的是她们的母亲。那么，"他的女病人告诉他的话"自然就又改变了。他写道，她们"齐刷刷地指责她们的母亲引诱她们"。"这是因为她们必然在母亲（或者诸如保姆之类的替代母亲负责此事的人）给她们洗澡和照顾她们便溺的时候得到了有生以来第一次或者至少是最强烈的生殖刺激"[37]。那么，猥亵理论似乎兜了个圈子又回到了原点，最后得出的启示是，不管怎样，对于女性而言，性侵犯真实存在，是母亲或其替身在不经意间造成的。

然而，在他 1933 年的《精神分析引论新编》中，弗洛伊德最后一次重提了父亲病因说：

> 在［我的］主要兴趣倾注于发现婴儿性创伤的那个时期，我治疗的几乎所有女病人都告诉我，说她们曾被父亲诱奸。到最后我意识到这些说法不实，于是我明白了癔症症状源自幻象而非真实的情况[38]。

如果弗洛伊德的现代读者有意对他所提出的主张展开符合逻辑的思考，他们会意识到，他听病人说起遭到猥亵之事的托词总是和精神分析格格不入。猥亵理论以及之后的正统弗洛伊德学派的理论必然依赖这样的前提——记忆或幻想必须属于无意识，这样才能归为致病因素。确实，压抑记忆或幻想的行为被认为开启了神经症的形成过程。

因此，当弗洛伊德胡编乱造写下他的病人关于他们想象中在童年遭到性侵的讯息、报告和故事时，他在破坏他自己的理论。他终究还是这样做了，目的在于先发制人，防止最具破坏性的结果：公众逐渐醒悟过来，意识到他的病人"压抑之下的记忆"以及"无意识的幻想"——据信精神分析疗法将这一幻想带到了意识层面并逐渐同"自我"和解——

都是他的方法伪造出来的产物。

3. 关于如何发现第二种说法

弗洛伊德为什么不直接说出自己如何 "发现俄狄浦斯情结" 的实情？真实的情况在前文已经提到的 1897 年 10 月 15 日的信中向弗利斯吐露过了。他在那封信中宣称，

> 我本人的例子也一样，我发现了爱上母亲而且嫉妒父亲 [的现象]，我现在认为这是幼儿时期的普遍情况……每一个听众都曾是初露头角的俄狄浦斯，惧怕梦境成真从而步步退避在此被移植到了现实之中[39]。

弗洛伊德继而将他的假设应用于另一个初露头角的俄狄浦斯——哈姆雷特，他下不了手干掉他犯下谋杀和乱伦罪行的叔叔克劳狄斯。弗洛伊德分析，那是因为莎士比亚无意识间感觉到克劳狄斯已经实现了哈姆雷特自己的欲望。

毫无疑问，弗洛伊德在他自己的头脑中 "发现了俄狄浦斯情结"。不过，我们可是记得，后来的弗洛伊德给自己树立了一个条理清晰的归纳法运用者的形象，迫于对那些不可忽视的临床证据的责任，才不情不愿地得出了种种围绕着性的论点。他无法大大方方地承认，俄狄浦斯情结纯粹是经由他的内省而出现的。至于他如何能当即就知道恋母现象是 "幼儿时期的普遍情况"，怕是更难以解释了。只有神秘主义者，而不是心理学家，才能提出这样的主张而又看似没有抛弃他职业特有的精神气质。

玛丽·波拿巴与战后内部核心圈子互通了弗洛伊德同弗利斯的往来信件之后，这些问题当即显得非常尖锐了。正如我已指出的，借由编辑加工进行处理的方案得到了一致通过。如果必须把弗洛伊德写给弗利斯的信件选录进书中，那么宣告俄狄浦斯情结诞生的那一封信恐怕实在是

难以割舍；但在其他方面，这份记录将经过歪曲处理，把他在学术上的困惑和他对于弗利斯看法的言听计从降到最低限度。

不得不承认，在职业生涯面临危机的时刻，一时变得神经质的弗洛伊德觉得需要别人的支持，那个别人恰好是弗利斯。新编造出来的故事说，弗洛伊德鼓起他那无可匹敌的勇气，在自己身上进行了全世界第一次精神分析——在此过程之中他发现了俄狄浦斯情结。这一发现使得他又恢复了常态，令他不再依赖弗利斯，让他能够带领我们千万人了解到潜意识最深奥的秘密。

这就是克里斯为经过选编的弗利斯书信集所写序言的主题，他出手不凡，巧妙地回避了实情，暗示弗洛伊德所患的"神经症"的唯一症状是他对弗利斯的钦佩之情。既然如此，弗洛伊德大可奋力施展内里潜藏的聪明才智，找回童年的重要回忆，治愈自己对他人的依赖感，这或多或少也就显得真实可信了。琼斯后来又给这想象出来的不凡成就增添了神话般的色彩。他慷慨陈词："仿佛（弗洛伊德）一直都未卜先知，他所走的道路或早或晚都会通往骇人听闻的秘密，他惧怕揭示这些秘密，但仍然像俄狄浦斯本人那样决意揭晓这些秘密。"[40] 再则："想必是超凡的直觉使然！或许我们正步步接近解开谜团的线索——究竟怎么回事，偏偏是这个人命中注定将要发现精神分析并且揭示人的潜意识。"[41]

好吧，我们正步步接近线索，但要揭开的谜团不是弗洛伊德如预言者忒瑞西阿斯一般的通灵术——这套通灵术调整适配到了一个隐秘的范围，注定要成为其他所有人都畏避的真理神谕。我们这下将看到，俄狄浦斯情结之所以存在，是因为其发明者的私人需求。俄狄浦斯情结远远没有构成一项真正的发现，它标志着他放弃了那些令他在意、难堪的过去的想法。

第二十九章

百般责难扑朔迷离

1."尔等缥缈不定的身影"

"西格蒙德·弗洛伊德一生中最不寻常的事件，"加拿大精神分析学家帕特里克·马奥尼写道，"无疑是他的自我分析一事。"[1]但是，这一分析究竟是什么情况？这一举动又始于何时终于何时呢？正如马奥尼指出的，关于这两个问题的看法可谓莫衷一是。包括琼斯、克里斯、马克斯·舒尔、埃里克·埃里克森、迪迪埃·安齐厄和弗洛伊德本人在内的一众人等给出了相互抵触、有时甚至是自相矛盾的说法[2]。这一号称促成了精神分析诞生的冒险举动是如此难以捉摸，以致一些持怀疑态度的历史学家认为此事纯属子虚乌有[3]。

如果我们所说的自我分析是指利用梦境和记忆来生成对于自己个性的认识这样的内省之举，那么可以说，弗洛伊德的自我分析始于1895年7月24日早上，那时候他从如今被称为"伊尔玛的注射之梦"中醒来，开始对其意义加以评估[4]。几年后，它将成为《梦的解析》中的"样本梦"，并由此成为精神分析作品文献中最受详尽入微检视的梦境。然而，弗洛伊德直到1897年才开始提及"自我分析"，在此之前甚至连私底下也不曾提起过。而且，直到1909年第二版《梦的解析》，他才在文中公开提到曾对自己进行分析。据说他事后才意识到，该书的创作原来是"我对自己进行的自我分析的一部分，我对于父亲去世的反应——也就是说，对一个人一生中最重要的事件、最惨痛的损失而作出的反应"[5]。

然而，如果说在与弗利斯往来的书信中这几段话所提到的自我分析是典型的自我分析，那么哀悼与此毫不相干。实际上，很难有迹象表明弗洛伊德因早有预料的父亲去世一事而感到痛苦不堪；他似乎处之泰然。雅各布在《梦的解析》中的人物形象没能达到小男孩西吉斯蒙德原本期望的那种英雄角色；但即便是这一番叙述，也并非出自 1897—1898 年严肃认真的深刻反省，而出自久久不能忘怀的纯粹的回忆。

1897 年的弗洛伊德处于某些情绪高亢的状态时，则以一种截然不同的眼光来看待父亲。那年 2 月 8 日，弗利斯得知雅各布要为许久以前的可怕行径背负责任。弗洛伊德，这位"转换"防御机制的理论家，刚一五一十地告诉他的朋友，某些成年人的头痛症状其实在不经意间透露了童年时代被迫口交的场景，"在那样的情境下，为了口中的动作顺利进行，头被按住不动"[6]。"不幸的是，"他还补充道，"我父亲正是这样变态之人中的一位，他要为我弟弟……和几个妹妹患上癔症负责。"[7]

弗洛伊德在此是遵循他的猥亵理论的逻辑，这一理论认定，一切精神神经症都可以追溯到早期的性侵犯。他认为，他不光在自己身上而且在弟弟妹妹身上发现了精神机能障碍。这样一来，雅各布不只是具有嫌疑而已，按照西格蒙德的思维方式来看，他已经是一个罪行昭然的恶棍了。原因在于，如果由同一位父亲养育的同代人中有几个人都患有癔症，那么其罪行是预料之中的必然结论。

值得注意的是，弗洛伊德在他必然希望抛开他与雅各布在宗教仪式和职业选择问题上由来已久的分歧的那么一个时期，竟然会针对雅各布发出这样骇人听闻的指控。我们无论如何都没法跨越这一诽谤与其他那些表现出关爱之情和对于他父亲和蔼可亲特质加以理性评价的段落之间的鸿沟。举例而言，在雅各布落葬后几天，弗洛伊德告诉弗利斯："我非常重视他，对他十分了解，他兼具深邃的智慧和了不起的轻松无忧的心态，这种独特个性对我的人生产生了重大影响。"[8]我们只能推测，弗洛伊德"在可卡因作用下的自我"要对那些未经有意识的记忆检验的骇人听闻的指控负责。

我们在此处或许会注意到，琼斯沿循战后塑造弗洛伊德传奇的脚本，认为弗洛伊德患有"病得不算轻的精神神经症"，这一病症一直到 19 世纪 90 年代都还影响他的健康状态[9]。琼斯大胆猜测，那是一种"焦虑性癔症"，主要症状为"情绪的极端变化"：

> 情绪交替变化，有一阵子欣喜若狂、兴奋不已、充满自信，又有一阵子严重抑郁、满心疑虑、顾忌重重。在抑郁情绪之下，他既无法写作，也无法集中精神思考问题（除了在他从事专业工作期间）。他会百无聊赖消磨闲暇时间，一会儿做这个一会儿做那个，完全没得消停，裁开书页、看看古代庞贝的地图、玩单人纸牌游戏或者下棋，但做什么都持续不了多长时间——处于一种静不下心的麻痹状态[10]。

这段描述让人想起 1885—1886 年弗洛伊德写自巴黎的信，当时他觉得自己能力不足又被人视若无物而烦恼丛生，因此不再前往萨尔佩特里耶尔，日复一日关在旅馆房间里闷闷不乐，唯一的慰藉是维克多·雨果的作品和可卡因。但他在 1897 年的情况还要糟糕。正如他在 1897 年 6 月 22 日写给弗利斯的信中所说：

> 我以前连想都没想过，会有类似这段时期的智力瘫痪的事情。每一行字都折磨人……我经历了某种神经质的体验，［意识］无法理解的离奇状态，朦朦胧胧的想法，隐隐约约的疑惑，不管在哪儿都几乎没有一丝光亮[11]。

因此，盛名在外的自我分析本身是一种不确定的现象，前后不连贯而且含糊不清，这也就不足为奇了。最初的俄狄浦斯情结，远非高唱凯歌为这一过程收官，而只不过是其中的一桩偶然事件。三周后，弗洛伊德报告说，他的"自我分析又一次停滞不前；更确切地说，它如涓涓细流缓慢向前流淌，而我完全不了解它的走向"。九天之后，"我的自我分析还是中断了"。又过了三个星期，这时候"我经常成天胡思乱想、虚度时光"。再过了一个月，自我分析"还在摸索之中，完全不明所以"[12]。弗洛伊德从来没有说起这一过程已经得出了令人满意的结论，其实也根本没有得出任何结论。正如我们后面将看到的那样，他的自我分析确实没有让他就此摆脱对于弗利斯的依赖。

在1897年的低潮期，弗洛伊德的精神状态与研究者的那种冷静超脱大相径庭。这一时期，他认为自己能听见病人才十一个月大时其父母的话音。在这段时间里，正如精神分析学家卡洛·博诺米所评述的，"他的理论创造充满了本能驱使的感觉和梦一般的幻象"[13]。精神分析的基本原理得自神志不清、如梦未醒的状态。但情况还不止于此。弗洛伊德的梦境本身让他念念不忘，以为那些梦提供了关于他的过往的证据——对于这些证据，他几乎如酣睡的梦中人一般全盘接纳了。

在这里，我们必须区分处理基于梦境的认识的两种方法，这两种方法弗洛伊德都尝试过，但是得出的结果不同。较为理性的方法体现在《梦的解析》中，弗洛伊德在书中仔细思考了他记录下来的与大量的梦相关的联想的资料，尝试着详细说明各种特征、欲望、关注点和感受，这些要点想必决定了每个梦的具体事件和样貌。这个过程远非万无一失，但由于弗洛伊德已经了解他认为与他所叙述的每一个梦境相关的那些关乎自己的事实，所以也就不至于太过天马行空。他的梦境形成理论有可能大错特错——事实也确实如此，我们即将看到——却不妨碍他提出性格学见解，后者完全可以在只字不提梦的情况下呈现于众。

然而，自我分析在其调门唱得最高的时候，据称会从梦中汲取新的信息。弗洛伊德对此理论秘而不宣，只在写给弗利斯的信中才有所表示，他认为梦让我们得以接触到童年早期的事件，关于这些事件的记忆被压抑下去了，因此无法通过其他任何方式恢复。如果我们对于自己可能犯下的过错或者忍受的恶行存有疑问，无论时间多么久远，梦迟早会给出答案。

因此，投入自我分析的弗洛伊德把梦境本身而不仅仅是对于"梦中想法"的事后分析看作调查研究的工具。据称，由于裹挟在梦中的"回忆"引发一个问题而很快又可以指望另一个梦来解答前面出现的那个问题，这一方法可以夜复一夜地加以应用。正如弗洛伊德向弗利斯倾诉的那样，

> 我的自我分析，在我看来对于阐明［癔症的病因］这整个问题而言可谓不可或缺，自我分析在我的梦中一直在继续进行，为我提供了最具价值的解释和线索。在某些时候，我有一种守得云开的感觉，到目前为止，我总是知道下一个做梦的夜晚会从哪里接着开展下去[14]。

弗洛伊德非常清楚，梦可以揭示深奥难解的知识这个观点，使得他与大众迷信绑在同一条战线上，与科学主流形成了对立，特别是在实证主义盛行的维也纳。如果说他仍然这样不管不顾纵身一跃，那是因为他和浮士德一样，已经在知识和情感上遭到巨大挫折，使得他愿意冒着名声扫地的危险，向想象中的真理奋力出击。有时候他确实也提醒自己，从梦中提取的记忆需要加以证实，但他只是就此胡乱做了些无谓的尝试。正如他后来告诉弗利斯自己是如何得出结论的，"不可能深思熟虑"。相反，"乱七八糟的东西"似乎"在最底下起了作用"；他认为，那些正在萌生的力量会告诉他需要知道些什么[15]。在信的结尾处，他引用了歌德诗剧中的献词："又走近了，尔等缥缈不定的身影。"[16]

在弗洛伊德对关乎童年经历的某场梦的一幕情景所做出的反应当中，这种非理性主义者的心态有所体现。他曾跟弗利斯讲述过梦中那一幕情景。他分析说："在我一系列记忆中，找不到任何类似的东西"；"因此我认为这是名副其实的早远发现"[17]。在此，弗洛伊德是在宣称，因为他不记得这一事件，所以他可以信心十足地将它归为婴孩时期之初的事。他自动排除了这么一种可能性——换作其他任何一个心理学家，或许包括《梦的解析》的作者在内，也都会想到这种可能性：这根本不是什么记忆，而是他当时梦中想法的一种间接反映。

2．担忧——但因何而扰?

　　弗洛伊德之所以有那份闲情逸致，对自己的心理进行长时间的省察，是因为他在长篇大论反复劝说病人承认自己曾遭受性侵的同时却没有本事留住病人。在 1895—1900 年那一整段时期，他只留住了两位长期客户，埃玛·埃克施泰因和某位"E 先生"，现在大家都知道这位 E 先生是无所事事的有钱人奥斯卡·费尔纳[18]。两场治疗都彻底失败了。在 1897 年，我们已经看到弗洛伊德对于埃克施泰因的判断是多么荒谬，也是在那一年，她意识到他对于她"癔症性"行动不便的诊断肯定自一开始就误入歧途。至于费尔纳，他在弗洛伊德的治疗下白白浪费了五年时间，到了 1900 年仍然症状不减，也得不到外人多少理解[19]。

　　这些挫折，再加上弗洛伊德对于他的猥亵理论越发不祥的预感，都吞噬着他的自尊心，而就在此时一次个人发展的大好机会，又让他的自尊心受到进一步的挫折。1897 年，理查德·冯·克拉夫特-埃宾和赫尔曼·诺特纳格尔提名他担任维也纳大学的名誉教授——这是一个难能可贵的收获，但反犹主义或者他的同事们对于他履历中不那么光彩一面的了解可能会导致他最终与其失之交臂。他前所未有地敏锐感觉到，自己正在受到无情的审判。

　　我们可以看到在《梦的解析》中提及多少令人羞愧之事，这一点相当发人深省。那些事牵涉范围非常之广，从琐碎小事——弗洛伊德把家用的钱花在诸如雪茄和古董等嗜好之上——到严重事件：他在 19 世纪 80 年代贸然颂扬可卡因，他害得弗莱施尔药物上瘾，他对于埃克施泰因的致残负有相当责任，马蒂尔德·施莱歇的致命的过量用药以及其他未治愈的病人抱怨他们接受了错误治疗，无所不有。一些梦让人想起诸如布罗伊尔、弗利斯、利奥波德·柯尼希施泰因以及小儿科医生奥斯卡·里尔等人物，他们知道弗洛伊德犯下的错误行为，似乎因此对他产生了一定的成见[20]。可以肯定的是，弗洛伊德对于那些事情给出了截然不同的说法，他认为他在书中叙述的一些梦实际上是回应他的批评者而做出的自我辩解。然而，那些辩解并不是出现在有关梦的叙述之中，而是出现在梦醒之后的分析里，分析重在证明自己之合理正确，这说明他觉得自己能力不足而且忧心忡忡。

尽管弗洛伊德年少时曾从要成为英勇战士和杰出人物的白日梦中得到慰藉，但他真正长大成人之后的梦似乎告诉他，他始终都还不够男人。从"植物学专著之梦"和"歌德抨击 M 先生之梦"到"长鸟嘴的人之梦"和"解剖他自己的身体之梦"，阉割的主题在他关于这些梦引发的联想中屡屡有所指涉。他的自我分析——用意在于治疗他所谓的"我的小小癔症"——结果只不过是让他更敏锐地察觉到，他的一切失败都交织在一起[21]。他告诉弗利斯，每当他在梦中"回忆起"他的保姆——这个猥亵者抱怨婴儿时期的他在性方面笨拙不堪，"神经症性阳痿总是就这样发生了"。他还说，同样这个梦"里面到处都在影射我作为一个治疗师现在却患有阳痿，简直屈辱至极"[22]。

在弗洛伊德私下向弗利斯讲述的梦境中，性心理这个方面显然占据了主导地位。我们不应为此感到惊讶。弗洛伊德的合法婚姻性生活，一如过去，又给暂时搁置下来了，而他和弗利斯的关系也开始出现了一丝不祥的紧张感。尤其重要的是，他对弗利斯的普遍双性恋理论感到焦虑。如我早前已经说过的，这个理论本身并不是要暗示所有男人都在一定程度上具有同性恋的倾向。然而，该理论的推论是，笨拙的男人（如弗洛伊德）相较其他人更为"女性化"[23]。随着弗利斯与他日渐疏远了关系，弗洛伊德不得不直面这样的认识：在两人关系中，他是需要精神支持的那一方。但原因何在呢？是什么让他"女性化"，导致他对女性产生了恐惧而对另一个男性滥施情感？

特别值得注意的，无疑是弗洛伊德在这一时期写给弗利斯的信中谈到了手淫这个令人担忧的话题——小男孩通常都会因为做这种坏事而被恐吓要遭受"阉割"（截断阴茎而不是睾丸）。我们记得，他将手淫归结为神经衰弱症的唯一元凶，据说在他与玛尔塔·贝尔奈斯的漫长订婚期中，这种"现行神经症"一直让他深受其苦。现在——正如 1901 年的"朵拉"治疗即将证明的那样，他开始相信，癔症也与手淫息息相关。假如一个孩子陷入手淫的恶习而后又试图戒除这一习惯，就肯定会得癔症——这样的观点，出自 1897 年 8 月告诉弗利斯他正在对付自己的"小小癔症"的那个人 [24]。

弗洛伊德在两个月之后又写道，癔症的症状，不外乎是"替代中断了的手淫动作" [25]。又过了两个月，他宣布："我终于恍然大悟，手淫是多数人的一种习惯，是'最初的瘾'，其他的上瘾癖好——像是酒精、吗啡、烟草以及诸如此类的，只不过是接替取代了手淫而已。"* 他还补充说，"人们开始怀疑，分析和治疗是否必须就此打住，满足于将癔症转化为神经衰弱即可" [26]。手淫可能会暂时被抑制住，但想要手淫的冲动无法根治。

在弗洛伊德的世界中，似乎所有道路最终都通向手淫。差不多每一场不愉快的经历都会导致孩子开始手淫，然后他的选择要么是一直手淫下去而患上神经衰弱，要么是管住自己不再手淫而患上癔症。随着弗洛伊德的理论放弃原先强调的创伤性冲击——例如保姆的性侵犯，自渎在诱发癔症上的重要性只会强化。正如我们之前已经看到的那样，小小年纪就曾手淫的人为此倍感羞耻，不得不将有关此事的回忆压抑下去，用遭到家长性侵犯的幻想来取而代之。

读者可能会有几分迟疑，不敢相信 90 年代末的弗洛伊德私底下仍然沉溺于手淫。然而，有一项值得注意的间接证据，不仅解决了这个疑惑，还提供了一条重要线索，说明为什么手淫幻想对弗洛伊德而言是一个如此令人焦虑的问题。我指的是一篇晦涩难懂的论文《遮蔽性记忆》，1899 年该论文的撰写导致《梦的解析》的写作一度中断 [27]。

这篇文章为我们引出了弗洛伊德之前治疗过的一位病人，他被称作"Y 先生"，"接受过大学教育，三十八岁"，此时他备受脑海里挥之不去的种种场景的折磨，其中有些可能是幻想或者记忆。睿智的精神分析学家弗洛伊德会通过巧妙的问话，为他厘清一切。不过正如西格弗里

---

* 12/22/97；FF，第 287 页。弗洛伊德当作春药来用的可卡因自然无需提及。在这样的情形之下，跟弗利斯提起可卡因，确实免不了就会暗示他和弗利斯——他的可卡因同好，都是手淫之人。

德·贝恩菲尔德在 1946 年所论证的，这位"之前治疗过的病人"不是别人，正是弗洛伊德本人——可想而知，这情况令安娜·弗洛伊德相当惊恐 [28]。《遮蔽性记忆》是一部具有半自传体色彩却又遮遮掩掩的忏悔之作。在《遮蔽性记忆》中弗洛伊德的替身病人毫不犹豫地暗示，在手淫过程中他满脑子都是强烈的幻想，而循规蹈矩的维也纳神经学家西格蒙德·弗洛伊德从来不会那样做 [29]。

"Y 先生"发现，他的念头总是不断地回到对异性"粗俗下流的性侵犯"上 [30]。更具体地说，他醉心于粗暴夺去新娘贞操的可能性而想入非非。我们回想起来，书写他的这位作者也是如此，那个"体内有可卡因的狂野大家伙"有一次半开玩笑地告知玛尔塔·贝尔奈斯，说她快要变成任他上下其手的玩物。如我们所见，那一次弗洛伊德不是在发泄他野蛮的睾丸素，而是在用可卡因打消对于他性能力的怀疑。后来我们推断，在他脑海里，总有一种对于女性生殖器官的恐惧和厌恶挥之不去。他和他的替身 Y 先生显然幻想着征服他有朝一日将其比作美杜莎的那头怪兽，而只有通过强奸才能最终驯服它*。

弗洛伊德在《遮蔽性记忆》中的另一个自我承认，他从蹂躏新娘的那个特定意象之中得到了一种异乎寻常的刺激。这一场景显然过于下流而不能在文章中描述，起初他按捺住不让它浮现在他的意识中，因为"不符合主流的性取向"[31]。这似乎意味着，尽管想象的行为表现出明显的异性恋特征，但无论如何，它带来的满足感都具有同性恋性质。

弗洛伊德借由"故事套故事"的手法来探讨这个棘手的主题。Y 先生似乎还记得自己幼年时的一幕插曲，他和一个稍大一点的男孩抢走一个小女孩手上的一束花，惹得她放声大哭。这段"记忆"的真实性值得

---

* 弗洛伊德在 1922 年写到，美杜莎一头蛇发所象征的恐怖，"在一个始终不愿相信阉割威胁的男孩看到女性生殖器（很可能是成年人那种毛发包围下的生殖器，而且基本上是他母亲）的时候，就会出现（SE, 18: 273）"。他还说："由于希腊人总体而言具有强烈的同性恋倾向，我们无可避免，会发现在他们当中女性被表现为这样一种存在：因为被阉割过而令人惊恐、令人反感。"（同上，第 274 页）然而，讨厌女人害得自己心慌意乱，并且想以此为由惩罚她们的人，正是弗洛伊德。

怀疑，却是文章中的一个关键问题。话说回来，对于我们在这里讨论的议题而言，更值得注意的是"弗洛伊德"不慌不忙地对此情此景加以解读，由此当即赢得了他的替身的认同。抢走花的举动，他们不合情理地认为就是夺去贞操。但在这个例子中，犯下此事的，据说是两名男性而不是一名男性。于是"弗洛伊德"问他之前治疗的这位病人："对于这种在他人帮助之下夺走某个人贞操的想法，你能多少说说清楚吗？"[32]

虽然《遮蔽性记忆》整体而言是一部伪装成虚构的作品，但弗洛伊德认为，"夺走贞操"这一幕，无论其隐喻程度如何，都与曾经真实发生过的事情相对应。正如他对弗利斯说的那样，"我也早就知道，在一两岁时，和我一起干坏事的小伙伴是谁；那是我的侄子，比我大一岁……我们两个人似乎有时候会残忍对待小我一岁的侄女。"[33]

这个侄子名叫约翰·弗洛伊德，他的妹妹叫保利娜。他们是他的同父异母的哥哥（雅各布和萨利·康纳·弗洛伊德的长子）埃玛努埃尔的孩子，与这位未来的精神分析学家年龄相仿。弗洛伊德告诉弗利斯，"我这个侄子和这个弟弟［尤利乌斯］，已经决定了……在我一切友谊中什么是敏感脆弱的，什么是热切剧烈的"[34]。倘若如此，那么弗洛伊德会想到约翰曾经和他组成搭档欺负女孩，这一点就大有深意了；因为在原型人物和复仇者的阴影下展开精神生活的弗洛伊德在《梦的解析》中提到，他把弗莱施尔和弗利斯都看作约翰的"翻版"[35]。

欧内斯特·琼斯机智地破译出了弗洛伊德在这则两个小男孩抢走女孩花束的故事中所暗示的含义。他写道："结伴狩猎，即是和同一性别的某个人分享满足感。"[36] 在此，我们可能会想起弗洛伊德曾给他未婚妻写过一封令人不快的信，在信中他曾把弗莱施尔形容为比自己更适合她的配偶[37]。那段文字并不仅仅是对弗莱施尔魅力的充满同性爱欲的颂词，它读起来就像一场幻想，在幻想中桀骜不驯的玛尔塔给匹配了一个既能满足她又驾驭得了她的男人。至于弗利斯，他和弗洛伊德曾在据说因欲求不满而流血不断的埃玛·埃克施泰因身上造成过巨大伤害，那虽是一场意外，但他俩都无动于衷毫无悔改之意；而弗洛伊德也曾与弗利斯分享过对于据称从她女巫般的无意识中汲取的原始酷刑镜像的那种兴

奋之情。

弗洛伊德认为，他的同性爱欲倾向并不是遗传趋向的问题。恰恰相反，这与他后天形成的对于女性的怨恨和恐惧有关，在幻想中，他只有在一个更为强壮的男性帮助下才能支配女性。在他看来，他几乎一生都有这种感觉。然而，事实上曾经有过一段时间，毫无防备的女性都任凭他一个人处置。他对那段时光记忆犹新，没有丝毫怜悯之心将其压抑下去以消除他的罪恶感。

3. 你干的好事

人到中年回想起过去，弗洛伊德似乎记得曾遭到父亲恐吓，因为他偷看了他年幼的妹妹们"被阉割过"的生殖器，当时惊讶得目瞪口呆。这是他在《梦的解析》中写下的"一个男人"的梦，此人肯定是他自己：

> 这个梦结合了他还是个小男孩时能够看到小女孩生殖器的两种机会：当她们被扑倒在地和她们自己小解的时候。而且……他回忆起自己在这种情境下表现出了对于性的好奇心，结果遭到父亲的责骂或威吓[38]。

正如在《遮蔽性记忆》中那样，弗洛伊德经过一番权衡，估计他可以冒个险坦率直言到这样的程度——假装那是别人的回忆。同时，两个文本都表现出一种"强迫供述"的面貌，哪怕每个例子中的恶行似乎都是轻微的错误行为。然而，它肯定代表着那些永远不可能向读者具体说明的行为，但又一直在弗洛伊德的脑海中萦绕不去。

弗洛伊德在《梦的解析》中宣称："只有责难本身才有点'挥之不去'"；"让我们心生不安的只有责难"[39]。如果说在他自我分析的这段时期那种不安达到了顶点，那很可能是由于他感受到了别人的责备，再者是由于他为自己很久以前对一个或好几个女孩做过的事情而感到内疚。在他铺陈设计他的猥亵病因论并在 1896 年的三篇论文中对此详加阐述之际，这种负担似乎就已经沉甸甸地压在他心头了。事实上，假如我们密切关注到弗洛伊德的理论无不和他自己的案例息息相关，他这几篇论文间接指向他早年的活动和他处理内疚感的方式，似乎也就合情合理了。

人们普遍认为，引用次数多于阅读次数的探讨"猥亵"理论的几篇论文，聚焦点全都集中在性暴力对后来变成癔症患者的儿童所造成的创伤上。但出人意料的是，那些论文对于性侵者的悔恨之情也有不少浓墨重彩的落笔，弗洛伊德在《再论防御的神经精神病》中宣称，这种情绪可能会导致羞愧感、疑病症、社交焦虑和其他障碍。之所以招致这种沉重的负担，不是因为被"猥亵"或者自己有过手淫，而是因为"童年时有过性行为"[40]。

需要强调的是，弗洛伊德的猥亵理论并不仅仅是女性癔症的病因学说。它同样也旨在说明两种主要见于男性患者的综合征——强迫性神经症和妄想症，他认为导致这几种病症的，是对于过早的性行为羞愧难当而由此加以应对的不同方式。他在《癔症病源论》中写道："有些造成女性癔症的性侵者并非成年人，而是男孩，他们自己在成年人引诱之下陷入一场改变行为习惯的性经历。他们自己的入门经验使得他们难以释怀，而他们的困扰情绪会把他们变成受强烈冲动驱使的加害者"[41]。

不过，根据《神经症病因的遗传性》的说法，有些女孩也会难以释怀。受到男孩猥亵时（为什么只被男孩猥亵？），她们体验到了"快乐"；她们因为感受到这种非法的快感而自责，会转化为伴有妄想的症状[42]。这当然太糟糕了；但是，一个在孩提时曾把性侵犯强加于女孩身上的男人，按照弗洛伊德的思路，在意识到她当时想必觉得他的摆布令人愉快之后，心里会觉得好受些。

我推测，不管有没有"一起干坏事的小伙伴"，西吉斯蒙德这孩子与至少一个女孩越过了性的界限，不是在他一两岁大的时候，而是在已经可以形成不可磨灭的记忆的年龄。在此我们可以回顾一下他的家庭的格局和情况。在西吉斯蒙德十岁之前，阿马莉几乎没什么喘息的间歇就接二连三生下孩子，她经常发烧，大家觉得她总有可能患上肺结核。因此，尽管弗洛伊德家境贫寒，但她差不多每年都到水疗中心去待上三个月，只有一个孩子跟着她去——可能每次都是年纪最小的那一个。作为长子，西吉斯蒙德会被留在家里，越来越多地承担起照料妹妹们的责任。他的任务之一，就是在帮佣不在的情况下，给那些还没有学会自己上厕所的妹妹们擦拭污渍和更换尿布。

现在，请注意弗洛伊德在 1896 年的《再论防御的神经精神病》中写下的话。在他声称予以归纳总结的大多数病例中，

> 结果发现，看似无可指责的儿童才是加害者；这些人大多是当哥哥的，多年来与比自己略小一点的妹妹发生性关系。毫无疑问，每一个案例中事件的发展过程都与少数几个个案当中可以确定追踪到的情况相似：也就是说，男孩曾受到过某个女性的侵犯，导致他的性欲过早地被激发出来，于是几年后，他对他的妹妹实施了性侵犯，在这一过程中，他重复了他自己所遭受过的同样的行径[43]。

在《癔症病源论》中，弗洛伊德再次指出，"与一个陌生男孩短暂的关系，这男孩后来与她不再亲密，对女孩的影响不如与自己的哥哥接连几年的亲密性关系来得深切"[44]。弗洛伊德声称已经通过一个病人的自白证实了他的理论，这个病人承认，他无法回忆起"他与妹妹最初始的性经历"，但记得"后来童年时代的那种场景，确实这种关系可以追溯到更早时候"[45]。不过他又说，当他们的关系"持续到青春期之后"，对兄妹俩而言"深远的后果"就会随之而来[46]。

这些段落中提到的孩子，无论是性侵者还是受害者，都无一人再被提起或者被发现曾经存在过。为迎合猥亵理论而被"发掘"出来的乱伦案例，在该理论本身被放弃之后，也就自行消失了。我推断，那些案件从来无需解释；那都是编造出来的，就为了给其实出于个人动机的理论谋划披上一层事实根据的外衣。

不难看出，弗洛伊德在撰写他的"猥亵理论"论文的时候，他自己

的童年状况就一直浮现在他脑海里。请注意，举例而言，在大多数这类案例中，妹妹都只比猥亵她的哥哥略小一点。为什么对于普遍人群要有这样一条规定？再者，为什么"在每一个案例中"受害者变成加害者都要隔上"若干年时间"？为什么认为一个"接连几年"猥亵妹妹的哥哥是"无可指责"的？除非弗洛伊德是在试图宽恕他自己。此外，为什么最初始的作恶者总是"某个女性"？

弗洛伊德在 1898 年 6 月 20 日写信给弗利斯，讨论康拉德·费迪南德·迈耶的中篇小说《女法官》，在这封信中我们找到了弗洛伊德与上述那些素材牵连不断的一个突出事例。除了其他一些耸人听闻的主题，这本书讲述了同父异母的兄妹之间的爱情故事。对于弗洛伊德来说，这个情节元素是一项确凿的证据——但凭什么呢？它证明作者在抵御童年时与自己的妹妹乱伦的记忆，弗洛伊德想象男孩这一行径使母亲"惊诧于此事并大加责骂"[47]。他进一步暗示说，迈耶在童年时曾被一个女仆勾引。弗洛伊德告诉他的通信对象，"所有分析下来，结果同一个故事听了两次：第一次是对母亲的幻想；第二次是关于女仆的真实记忆"[48]。

另一次文学分析，是针对威廉·延森的小说《格拉迪瓦》，再次显示弗洛伊德对于与妹妹乱伦之事的高度关注。因为小说主人公遇到了一个女子而且最后还发现她居然是他童年时代的小伙伴，所以弗洛伊德就匆忙得出结论，认为作者觊觎他的妹妹，有乱伦之嫌。弗洛伊德甚至还写信给延森，希望他的猜测得到证实。没有，延森恼火地回答，他从来没有什么妹妹[49]。

我们只能猜测，弗洛伊德小小年纪做了什么，都和谁一起，频率如何。不过，无论真假好坏，迪迪埃·安齐厄列举出了弗洛伊德的"植物学专著之梦"可能具有的含义，梦中表现的是他打开一个承放着一朵花的叠收着的玻片。安齐厄提出，这个梦暗示"过去一次肉体上的行为——打开一个女孩叠收着的'花'，换句话说，她的性器官，……小男孩想象着他可以在那里看到阉割的结果"[50]。

弗洛伊德对同一个梦的种种联想中还真有一个符合这一看法。他想起了他五岁时最清晰的记忆，实际上那是他唯一的记忆，当时他和快满三岁的妹妹安娜——继尤利乌斯之后出生的孩子——得到了一本准备给他们撕掉的图画书，他们全神贯注，"无忧无虑地把书撕扯成碎片（一页又一页，像洋蓟一样……）"[51]。顺便提一句，成年以后的弗洛伊德似乎唯独对这个妹妹毫无感情，他都没去参加她的婚礼。

也许有人要说，弗洛伊德把记忆中的欲望误当作实际发生的事件了。但倘若如此，他为什么要在四十一岁时这么深入细致地回顾这些欲望？不管怎样，对于他的病因学说的起源而言——无论是猥亵理论，还是最终取而代之的俄狄浦斯情结——重要的不是他过往已久的行为，而是他在1896—1899年的心理状态。我们多少可以肯定地说，他当时愁容满面、心事重重，担心因为自己性行为不当而伤害了至少一个妹妹，他一心想要做的不是赎罪，而是揭露之前的作恶者，这样他自己的罪责就可能转到他们身上去。

4．该责怪谁？

从这个角度来看待弗洛伊德的自我分析，其中几个怪异的成分也就能够解释得通了。例如，对于他在1896年详细归类的各种各样的性侵者到了1897年却都给浓缩凝聚成"父亲"的这一细节，学者们都曾深感困惑。但原先那一长串名单只是弗洛伊德佯装从广泛且有效的临床经验中梳理概况得出的；而后他把"父亲"置于控诉之下，是因为他希望相信这是真实的情况——他的妹妹们在他对她们采取任何自由行动之前，就已经被性侵了。如果她们后来长大成了癔症患者，那么全都要怪雅各布。

弗洛伊德曾在1897年5月31日向弗利斯提到一个梦，但在《梦的解析》中却略去不谈，这个梦就是临时假以此目的之用：

> 最近，我梦见对马蒂尔德（弗洛伊德的长女）有了超乎亲昵的感情，只是梦中的她叫做赫拉……这个梦当然说明我的愿望实现

了——逮住一个作为神经衰弱始作俑者的父亲，一举结束了我思索再三的疑惑[52]。

这里有一个绝佳的例子，说明梦与弗洛伊德一厢情愿的描述实不相符。他的梦彰显出他——而不是他的父亲——对自己的女儿起了乱伦之心。但因为弗洛伊德本身也是当父亲的人了，他情愿认为自己只不过是梦中的"雅各布式人物"。那么，这个梦，就是为了进一步认定家族中"神经症的始作俑者"是雅各布而不是弗洛伊德本人的这一说法。

同样的天真言论，还可见诸他跟弗利斯说起的另一场梦，这一次是1897年10月的事。我们已经看到，弗洛伊德的"猥亵"论文主观臆断：对年纪略小于自己的女孩实施性侵犯的那些男孩本身曾被成年女性而不是被"父亲"侵犯过。现在，一场梦告诉弗洛伊德，他自己也曾是这样一个凶残女子的受害者。

弗洛伊德在1897年10月3日写给弗洛伊斯的信中说，他在弗莱堡的保姆是他的性启蒙者，但他没有透露她对他做了什么事[53]。一天之后，他又做了梦，他可以说得更具体一些。"今天的梦，"他写道，

> 表面的假象奇怪至极，结果出现如下的情景：她教我性事，因为我笨手笨脚的，什么都做不来，她就开始抱怨……还有，她拿泛红的水给我洗澡，那是她之前洗过的水[*]。

弗洛伊德告诉弗利斯"泛红的水"之梦有着"表面的假象"——也就是说，他必须拂去呈现在表面上的一些内容，才能直抵他倾向于赞同的隐含意义。然而，这个梦依他判断是真有其事，因为他无法回忆起梦

---

[*]　10/4/97；FF，第269页。研究弗洛伊德的学者普遍认为这位保姆是莫妮卡·扎伊茨，弗洛伊德一家的房东之女，四十来岁，没有结婚，住在他们位于弗莱堡的那间一居室公寓的走廊斜对面。无论这一身份信息正确与否，这位保姆在弗洛伊德家庭内部留下了深刻印象，因为她曾遭到弗洛伊德同父异母的哥哥埃玛努埃尔说她偷窃钱物的控告而入狱服刑。

中所描绘的场景。也就是说，他认为这一事件在他能够形成长期记忆之前的那段时期被压抑下去了。这种推理站不住脚，反映出他为了把他性觉醒的责任归咎于某个坏女人是有多么不择手段。

弗洛伊德把他梦中的保姆描述为"一个丑陋、上了岁数但聪明的女人"——实际上就是女巫[54]。这个梦告诉他，在他两岁左右的时候，她就是他的"女性源起之人"（Urheberin）[55]。但 Heber 也是"提举者"或者"养育者"。弗洛伊德显然是在指责保姆是第一个引发他勃起的人——据说这次勃起因为她在梦中骂他笨拙无能而疲软了。不管多么可疑，从这个意义上来说，他在性方面的惶惶不安就是可以追溯到一个淫荡变态的女人身上。

然而，弗洛伊德意识到，对于这样一个过度刺激者的角色，还有一个更看似合理的人选：他的母亲。1859 年西格蒙德出生时，阿马莉·内桑森·弗洛伊德二十一岁，嫁给了一个艰难谋生的商人，这个商人之前有过两段婚史，比她大二十岁*。在这样的情况下，从不掩饰对长子的偏爱、情感热烈而又冲动行事的阿马莉使得最初对他的照料带上情欲色彩，也是情有可原。倘若如此，西格蒙德很快就会陷入双重困境。在十七个月大的时候，习惯于母亲爱抚的他突然被弟弟尤利乌斯给取代了，然后又进一步遭到冷落——不久尤利乌斯死于痢疾，阿马莉因为丧子之痛而畏缩退守自己的内心世界，保姆被送进监狱，西格蒙德的妹妹安娜也出生了。

尽管弗洛伊德似乎认为阿马莉点燃了他的性欲而后又抛弃了他，但他不忍心指责她是故意为之。因此，他又将信念投注到 10 月的另一场梦，这场梦告诉他在两岁到两岁半之间，他"针对母亲的力比多被唤醒了……那是在我跟着她从莱比锡前往维也纳的旅途中，当时我们想必一整晚都待在一起，肯定有个时机看到她赤身裸体的。"**

---

* 确实，阿马莉只比住在隔壁的继子菲利普大一岁——这一事实使得有些评注者（例如克吕尔 1986；菲茨 1988）推测两人可能会有暧昧关系。

** 10/3/97；FF，第 268 页。当他们举家从莱比锡搬迁到维也纳时，弗洛伊德已经快四岁了，而不是两岁。

这又是一段值得怀疑的记忆。阿马莉不太可能在拥挤逼仄的火车车厢里脱光衣服。弗洛伊德自己对于这一细节也是闪烁其词。但他的梦显然使他相信，他不经意往母亲裆部那一瞥，完全没有诱发他的恐惧之情——他在其他地方将这种恐惧之情归为女性遭到阉割的证据，反而是激起了他幼儿期的情欲。就这样，他虽然没有直接把责任归咎于阿马莉置他于双重困境的行为，但把她变成了非主动而为、不自知的"源起之人"。

在弗洛伊德著作中的其他地方，我们可以找到种种迹象，说明他在私底下认为阿马莉不仅要为他过早的性冲动负责，还要为他性情气质中具有同性恋那一面负责。例如，下面是他在《性学三论》中论及"性倒错"时所写的：

> 在我们研究过的所有案例中，我们已经证明了这么一个事实，即日后的性倒错者，在他们童年最初那几年，经历过一段固恋时期，他们对于某个女人（通常是他们的母亲）产生非常强烈而又短暂的固恋，而且，在告别这场固恋之后，他们认为自己等同于女人，把他们自己当作他们的性对象……他们对男人产生的难以遏制的渴望看来是由他们对女人无休止的逃避而促成的[56]。

这几行文字出自一个长期以来一直处于"对女人无休止的逃避"的人之手，他为自己感觉到某些男人对他的吸引力而困扰不已，而最近让他着迷的是弗利斯。他关于男孩如何变成同性恋者的解释是个错误，对被他指称为神经症患者的男同性恋者和他们遭到污蔑的母亲都造成了难以估量的伤害。不过，他的本意只是想归纳概括他对于阿马莉对他所做之事的真切感受而已。

然而，在1897年，弗洛伊德发现这一控诉太过令人沮丧，无法公开宣称抱有这种看法，也无法正视这一看法。如果他放任自己全然沉溺于对母亲的怨恨之情，那么他就会觉得自己完全没有人爱，漂泊在这个充满敌意的世界里。在他的余生中，他始终崇奉自己与母亲最初的那种合为一体。到1933年这么后来的岁月，他还以一种极其不像精神分析的笔调写道：母亲和儿子之间的联系是"最完美、最不会摇摆不定的人际关系"[57]。在他看来，他只在那个母亲的乌托邦里栖居了十一个月（实际上是十七个月），后来就多出了一个尤利乌斯。

这是弗洛伊德在1931年写到的一个孩子对于手足到来而做出的典型回应：

> 值得注意的是，一个孩子，即使年龄相差仅仅十一个月，也不会因为年纪太小而注意不到正在发生的事情。但让这孩子对于不受欢迎的入侵者兼对手产生怨恨的，不仅是哺乳，还有母亲照料呵护的其他一切迹象。他感觉到自己被赶下王位，被剥夺了一切，权利遭到侵害；他妒火中烧，对新生儿怀恨在心，而且开始对背信弃义的母亲产生不满[58]。

仿佛是为了消除人们对这一讨论中相关自传成分的怀疑，弗洛伊德补充了两点思考，其私底下的意义现在看来也就显而易见了。他把孩子描述成满腹委屈的样子，因为保姆"过早被母亲打发走了"[59]。这怎么可能是各地的孩子们惯常经历的事件呢？阿马莉的金发宝贝西吉还说："即便孩子恰好仍然是母亲最偏爱的那一个，也于事无补。孩子对于爱的需求无穷无尽，他们的索取容不得再有其他人掺和，一点分享都不行。"[60]

弗洛伊德的自我分析中，还有一场10月的梦，似乎告诉他，这种嫉妒是他过早的罪恶感的根源。"我对小我一岁的弟弟（他在几个月后死了）报以满满的敌意和孩童那种真真切切的妒忌；他的死在我身上留下了［自我］责备的种子"[61]。后来年纪稍微大一点了，他注意到母亲的悲伤和情感上的疏远，不知怎的觉得自己应该为此受到责备，西吉斯蒙德想必幻想自己通过"无所不能的愿望"杀害了弟弟。事实上，他永远无法从这种自我责备之中彻底解脱出来[62]。但这肯定不能追溯到他几乎不会说话的那个年纪；另一方面，他也不是等到四十一岁分析一场梦的时候，才有意识地体验到这种感觉。

倘若如弗洛伊德所说，尤利乌斯和约翰决定了他后来那些友谊的特性，那么我们就可以解释为什么那些关系总是遭到嫉妒的破坏。然而，弗洛伊德从造成创伤的事件中推导出他成年后的性格那一整套尝试，事实上顶多是一种没有定论的猜测。他可能只不过是"天生如此"——缺乏安全感，有几分双性恋倾向，容易受到病态焦虑的影响。他的母亲有很长时间不在家中，为他的弟弟妹妹操心不断也是情有可原的事，这却成了他忧郁的焦点；但对于他早年的重现描述（基于梦境）——每一个重现描述都稀奇古怪、有违真实，无一能告诉我们她的行为实际上究竟是什么状况。

正如许多现代弗洛伊德学说的信奉者承认的那样，俄狄浦斯情结这一概念本身就是弗洛伊德对于遭到阿马莉遗弃的那种感觉的"反应形成"。弗洛伊德把父亲和儿子视作争夺母亲怀抱的对手，而母亲自己的动机却被忽略不计，弗洛伊德就这样，用一个男性对抗的神话来填补他心灵中的一道鸿沟——从他自己开始，把每一个男孩都变成受到父亲这个食人恶魔摆布的小英雄。这样做合乎他为母亲开脱责任的神话，即把阉割的威胁表现为源自性占有欲强的父亲，仿佛后者当真会担心一个五岁小孩在性方面的竞争。对于西格蒙德的器官的真正威胁更有可能是由言行粗鲁的阿马莉造成的。弗洛伊德将在1931年写道，"如果母亲禁止抚弄生殖器这种令人愉悦的活动——往往色厉词严进行威胁，而说到底这活动还是她自己引导孩子入门的"，那么对母亲的敌意就达到了顶点 *。

对西格蒙德而言，最可怕的当属父母性交"进行阉割"的印象，据说他和其他所有小男孩都注定至少目睹一次。成年后的弗洛伊德回忆说，他曾相信女人和男人一样，起初也都长着阴茎，在这样的情况下，孩童幼稚的逻辑告诉他，阿马莉的一部分器官必定是在剧烈的性行为当

---

* SE, 22: 123. 请注意，弗洛伊德无端猜测小说家康拉德·费迪南德·迈耶必然曾经使母亲"惊诧于此［乱伦之］事并大加责骂"。没错，迈耶的父亲在他年纪还轻时就去世，但在《女法官》一书中根本找不到什么责骂的场面。

中被割掉了。因此，他对于尚未阉割的"有着养育之用的阴茎／乳房的母亲"产生了奇特幻想——他会在他后来文化研究最具"心理投射"特性的部分中，将这一无法摆脱的迷思强加到列奥纳多·达·芬奇的身上[63]。他断言，列奥纳多在气质上变得倾向于同性恋，但性格又相当拘谨，原因在于母亲唤醒他的性欲之后他又得不到她的陪伴。弗洛伊德写道，母亲"过于温柔"，导致列奥纳多后来压抑性欲并对其进行了升华，导致"他后来一辈子都在性方面不活跃"*。

弗洛伊德需要维护一个神圣不可侵犯的母亲形象，与女巫般的弗莱堡保姆形成鲜明对比，这是他的厌女症的对立面。他无法想象，一个充满母性的女人会心甘情愿让自己遭受"性交之耻"；尽管他认识到男人不得不播撒种子，但他确信他们希望和"身份低贱"的女人行此苟且之事，好让神圣的母亲形象保持纯洁无瑕[64]。

弗洛伊德在一段颇为玄妙深奥的声明中写道，"任何一个在爱情中真正自由快乐的人，必须超越他对于女性的尊重，学会接受与母亲或姐妹乱伦的念头"[65]。这句话虽然令人困惑，但一直被认为很有智慧。然而，事实上，正如经典精神分析理论中的其他大部分内容，这句话在较大程度上与弗洛伊德个人特有的气质相关，而与他人的心理特点关系不大。只因为他选择了母亲和一个妹妹作为他力比多欲望的最初对象，他就想当然认为所有男孩都是如此行事。如果他们当时像他那样因为恐惧或内疚而不知所措，那么他们永远不可能"在爱情中真正自由快乐"。更直言不讳的一句名言恐怕是："如果你骚扰你妹妹，而且随着她年龄渐长你继续这样做，你可能会发现很难原谅自己，也很难克服自我憎恶，那么，等到你与妻子同床共枕之时，就祝你好运吧。"

---

* SE，11：135. 曾因鸡奸罪将列奥纳多送交审判的佛罗伦萨当局对于他的性能力持不同看法。

∴∴∴∴∴∴∴∴∴∴∴∴∴∴∴∴∴∴∴∴∴∴∴∴∴∴∴∴∴∴∴∴∴

第七部

小格局大人物

∴∴∴∴∴∴∴∴∴∴∴∴∴∴∴∴∴∴∴∴∴∴∴∴∴∴∴∴∴∴∴∴∴

把全人类作为病人来医治，此事非同小可。

——弗洛伊德，《对精神分析的抵抗》*

---

* SE, 19：221.

第三十章

愿望使然

1. 迈向成功的捷径

在 1897—1899 年这一时期，弗洛伊德对他的猥亵理论失去了信心，也厌倦了自我分析，他依然被大多数病人嗤之以鼻，而且从他信中那些表达担忧和抚慰的语句中，我们可以看出他的整个思维模式越来越遭到弗利斯的质疑。他希冀用性心理发展的"阳刚"的生理学来取代他对于"阴柔"的直觉的依赖，但唯一触手可及的"阳刚"生理学出自弗利斯；而他对弗利斯的俯首低眉已经失了颜面，他得转身忘掉。

此外，弗洛伊德的健康状况也一如既往地令人担心。1898 年，流感后的一场持续感染致使他长期呼吸困难。几年前类似的情况曾引发他对于心力衰竭的恐惧，现在同样的焦虑又再度袭来。感染还导致他突然生出大量疖子，其中一个长在阴囊上，他饱受其苦，为此整个人疲惫不堪。1898 年 11 月，他这个疖子才给开刀切除掉。至于定期发作害得他丧失创作能力的抑郁症，在那一年仍然折磨着他。连 1899 年 11 月提早面世的《梦的解析》(正式出版日期为 1900 年)，也无法稍事振奋他忧郁的心情。"我一直在经历着深刻的内心危机，" 1900 年 3 月弗洛伊德告诉弗利斯，

> 你会看到它是怎么让我见老的……我不得不打消一切白日梦……对

于压在我心头的东西，没有人能够分担一丁半点；这是我的十字架，我必须自己背负起来；上帝知道，在适应它的过程中，我的腰背已经明显地弯了[1]。

与此同时，经年累月的习惯性用药所积聚产生的副作用，想必造成了严重恶果。我们记得，琼斯私底下估算过，弗洛伊德在前后长达十五年的时间里"摄入了过量可卡因"。这一算法把戒断药瘾的时间定在1899年，若干颇为耐人寻味的证据表明琼斯算得没错。不过倘若如此，戒断过程本身可能导致了某种精神上的阴郁。

正是在1899年，弗洛伊德开始一反常态，有计划地依赖起了葡萄酒，其用意很可能是试图抑制他对于可卡因的需求。有关这一方案的最初线索在1899年2月19日的一封信中可以窥见一斑[2]。后来，在6月16日，西格蒙德说玛尔塔已经"清点了酒瓶并且接手掌管，以免我因为寂寞而抵挡不住诱惑开始借酒浇愁"[3]。6月27日，他写道："我渐渐习惯了葡萄酒；它仿佛是个老相识了。我打算在7月里放开了喝。"[4]他在7月8日坦言："我每天要是不会一会老友玛萨拉酒的话，两个小时都撑不过去。'他'骗得我以为情况并不像我没醉时看起来那样惨淡无望。"[5]

弗洛伊德的职业生涯到了世纪之交的这段时期，他与病人的相处经历尤其令人气馁。例如，在1897年5月16日写给弗利斯的一封信中，他悲叹道："我［最近一次与弗利斯会面之后］回来才几天，对我而言，一艘骄傲的船就沉没了"，

> 我的银行家病人，有关他这人的分析推进得最远，结果就在快要给我带来最后场景的这么一个关键时刻，他竟然落跑了。此事当然也给我造成了极大伤害，让我觉得，说到底，我还没有完全了解事情的主要原因。不过，我重新振奋精神，泰然接受这一切，并告诉自己，"所以我还是要再等一阵子，等治疗完成"[6]。

在接下去的那个段落中，弗洛伊德报告说，又有一个病人准备开

溜。经过十一年的尝试，没有一个成功的案例，这肯定不是可以"泰然接受"的事情。

考虑到所有这些情况，我们不会指望1897—1900年对于弗洛伊德而言是一个成果丰硕的时期。然而这几年恰恰是精神分析史学家们津津乐道的弗洛伊德天才绽放的岁月。毫无疑问，这段时期其实有个僵局被打破了。

尽管遭遇种种挫折和自我怀疑，在这一时期，弗洛伊德写出了他的重磅作品《梦的解析》的全部内容；其间他还一度中断，写了另外三篇晦涩难解的文章：《神经症病因中的性欲》（1898年）、《遗忘的心理机制》（1898年）和《遮蔽性记忆》（1899年）；他创作了日后令他蜚声国际的《日常生活的精神病理学》（1901年）一书的大部分内容；他将在1901年初中断这一工作，转而去写复杂而全面的"朵拉"病史（但没有出版）；他构思了《论梦》（1901年），这本小书将使他梦的理论更容易为一般读者所接受；他为后来另一部广为流传的作品《笑话及其与无意识的关系》（1905年）收集素材；他构思起了即将在1905年以《性学三论》为名问世的鸿篇巨著。

那么这就匪夷所思了。记录中没有任何迹象表明弗洛伊德终于开始缓解病人精神上的痛苦，更不用说对于神经症是如何形成这一问题有了确切理解。恰恰相反，他似乎在很大程度上暂停了对包括他自己在内的个案研究。然而，这一收缩撤退并没有让他放弃打败心理学权威中他那些对手，反而让他凭直觉发现，可以如何更单刀直入地达到同样的目的。他会修正并发表梦也可以兼作一种心理模式的理论；他引导公众，让他们相信他的理论源于成功的临床实践并已经得到了证实，借此标榜自己是得到实践验证的治疗者。

弗洛伊德在1897年5月16日写给弗利斯的一封信中透露，他打算撰写一本探讨梦的书。弗利斯原本在他们最近一次"会谈"中交流得并不愉快而且开始退避三舍，但这下他再度与弗洛伊德联系，还鼓励弗洛伊德继续进行性心理发展的宏大研究。对此弗洛伊德觉得准备还不够周全，但另一个计划已经日渐成熟了。他写道："我觉得有股力量驱使我去着手研究梦，在我感觉十分有把握——而依照你的判断我大可如此——的这一领域"[7]。因此，他打定主意认为，他们日薄西山的合作关系在新的基础上重整旗鼓了。他恳求道，"我希望现在的你在很长一段时间内还是像过去那个你一样，让我继续充分利用你这样乐意倾听的听众吧。要是没有这么一位听众，我真的无法工作"[8]。

后来还有几封信表明，弗洛伊德对于计划中的梦之书的投入和他在其他活动中遭遇的挫折存在关联。例如，1898 年 2 月 9 日，他在信中坦言："我的自我分析停了下来，全力支持梦之书的创作。"[9]1899 年 6 月 9 日，他自嘲道，"比起我诊疗室里的寂静，'森林里的寂静'俨然是大都会的喧嚣了。这里倒是个'做梦'的好地方"[10]。

自我分析和对他人的分析这下将侧身为一种脱离实际的理论运用让路，但这种理论运用具有吸引大众的可能性。弗洛伊德之所以转向梦境，部分原因在于他收集了几年来自己的梦境叙述和分析报告，这些记述和分析构成了一出狭隘片面却又引人入胜的资源；部分原因在于这些材料使得他能够与不具备专业知识的读者建立起联系；还有部分原因在于梦的解析，尤其是如果解析大多关乎个人，无需将他的推论与病人的情况和进展进行核对即可展开。

那么，弗洛伊德是在为规避失败做打算——无论是有效治疗方面还是阐释神经症病因方面的失败。如果这一部署行之有效，他可以用梦的理论作为桥梁，回到未解决的问题上，宣称这些问题得到了解决。他在理解梦的过程中所取得的进展，或者说他认为自己取得的进展，将使他感觉到进一步的广阔洞见这下已经近在咫尺。正如他在 1899 年 1 月 4 日告诉弗利斯的那样，

> 我想只向你一人透露，梦的模式能够有最广泛的应用，解释癔症的关键也是在梦中……我再稍事等待，就能够这样子来展示梦的心理过程了——这其中也包括癔症症状的形成过程[11]。

这只是弗洛伊德将在《梦的解析》最后两章中尝试的一小部分，在

这两章中，他不仅为癔症而且为分裂心灵的几乎每一种外在表现汇集了演绎的基础。"梦过程中的心理学"（他最后一章的标题）到后来会证明不仅适用于每一种精神神经症，而且也适用于笑话和失误的形成。

再远一些，就是各种历史、习俗、神话和文学。对弗洛伊德而言，显然人类的心灵无论在何时何地，都包含他在梦之书中确定的同样那些冲突力量。同样的冲突，也是每个人都曾面临过的——而且值得注意的是，这些冲突最后其实是弗洛伊德自己在乱伦欲望、嫉妒、敌对行为和性认同上的种种冲突。但是，这会是从观察中收集得来的真正的知识吗？确切地说，这是否构成了自弗洛伊德接触可卡因以来，将世界缩减到他强迫观念里的尺寸、形态的这一过程的高潮？

2．创作疗法

为了开始着手撰写《梦的解析》，弗洛伊德必须让自己相信弗利斯是赞成此事的。然而，这并非事实。弗利斯对于弗洛伊德发起一连串头脑风暴、后续却始终没有检验跟上的这一状况越发难以容忍，他开始怀疑朋友并不具备客观观察的能力。正如他在 1901 年 8 月所言——那是弗洛伊德有史以来遭受过的最尖酸刻薄的侮辱，"读取思想之人只不过把自己的思想加诸别人身上"[12]。但是，弗洛伊德和弗利斯的关系在 1898 年的会谈中就已经步上了不归路，当时弗洛伊德莫名其妙地将弗利斯的普遍双性恋理念揽到自己名下，他的同事对此错愕不已，试图纠正他的记忆，而他依然不为所动。后来，弗洛伊德承认自己犯了过错，但弗利斯仍然怀疑弗洛伊德是有意进行思想理念方面的窃取。

饶是如此，弗利斯在弗洛伊德撰写和校阅《梦的解析》的每一个阶段过程中都表现得非常慷慨大度。他一丝不苟地评论了各章草稿，提出修改建议，以便达到让论述更接近科学主流话语的效果。起初，弗洛伊德采纳了他的建议，哪怕是要牺牲对他而言非常重要的例子。最值得注意的是，他删去了一个太过发人深省的梦，要知道那可是他极其倚重的用于论证的一个梦，在弗利斯的坚持下，他做出让步，加入了概括论述有关梦的现存文献的一个章节——弗洛伊德深信他现在是这个领域的唯一权威，他认为这一举措只是安抚挑剔的同事们而已。

不过，弗利斯对于《梦的解析》的反对意见是全方位而且根深蒂固的。他基本上是个传统的经验论者。关于人的理念必须在人身上进行检验；如果令人满意的实验结果不具备压倒性优势，就没有任何借口保留相关的假说。然而，现在弗洛伊德将普遍心理的理论建立在他自己声称的来源不详的梦以及其他一些在研究或心理治疗中都找不到任何佐证的概念之上，除此之外没有什么更实质性的内容。

1899 年 9 月，完整的手稿已经交付出版，这时弗利斯抱怨说，弗洛伊德作为书中描述的主要做梦人，似乎"过于机智了"——弗洛伊德对于这一评价不予理会，认为对他的论证构成不了任何威胁。"做梦人过于机智，这当然不假，"他反驳道，"不过，这既不是我的错，也不是什么招致指责的缘由。所有做梦的人都机智得让人难以忍受，但他们不得不如此，因为他们处于压力之下，而面前单刀直入的路径又给封锁了"[13]。

弗洛伊德要么是真的没有领会，要么是假装没有领会弗利斯的观点，即他的语言天赋使得他在梦中头脑仍保有清醒时具备的多语双关能力。弗洛伊德怎么能没有展开任何研究，就自说自话地贸然保证，每个人梦中闪现而过的画面都是诸如他总能在事后呈现的那种巧妙的文字游戏所造成的？弗利斯想必是被弗洛伊德给激怒了——弗洛伊德的回答只是重申了每个做梦者必须如何规避"审查制度"这一遭到质疑的模式。这种"审查制度"本身就是弗洛伊德的发明，其任意程度不亚于他解释学中的其他一个个概念。

想到弗洛伊德有可能不甚得体地以他个人私下的行为和想法为参照以致损害了科学论述，弗利斯也颇觉不快。因为他深知弗洛伊德在每一套思想系统中都把性因素归为核心要素，所以更是加倍警觉。那么，弗洛伊德是否要把公众当作知己至交，向他们倾诉有关他与玛尔塔甚至与弗利斯关系的趣闻轶事呢？

有几个月时间，弗洛伊德试图删除弗利斯认为不合适的那些素材，借此来安抚弗利斯。然而，随着写作的逐步推进，他开始确信，倘若《梦的解析》要对自私自利而又有失体面的潜意识加以正确评价，那么在一定程度上谨慎为之的自我显露是不可避免的。1899 年 5 月，他宣布："我已经决定了，我不能加以任何掩饰，也无法放弃任何东西。"[14]

《梦的解析》仿佛自有其意志，渐渐变成一部独一无二的巨著——汪洋恣意而无所畏惧，剖心袒露以解人疑虑，间或夹杂些离奇可笑的社会和政治评论，相当于是对资产阶级那种自我陶醉的讽刺[15]。这本书最终看来不仅体现了弗洛伊德的思想，也体现了弗洛伊德其人：一个敏锐的怀疑论者，对所有蠢事都保持警惕而又从容练达、一笑置之。读者能与他产生强烈的共鸣，以至于他理论的真伪都显得无关紧要了。确切地说，这个人物之活灵活现竟成了他理论之正确的保证。弗洛伊德认为，弗利斯从来都不赞同甚至无法理解这样一部作品。弗洛伊德也不再在乎了，他正在挣脱羁绊获得自由。

《梦的解析》标志着蜕变，它的一个主要特征是视角上的转换，我们可以称之为文化的开端。迄今为止，弗洛伊德一直忽视但又是不动声色地无视了这么一条公理，即只有当一种阐述比对立的命题更充分、更事半功倍地解释周遭的现象时，才能视为合格的阐述。然而，现在他只是假定他的想法是正确的，并且试图以神话、文学艺术作品以及语言学、民俗学、人类学、历史学中已知的实践作为类比来扩大其范畴。在此，弗洛伊德的作家人格又站上舞台中央，但这下将展现出另外一面。这个弗洛伊德将是一位独特的洞察事理的权威，掌握广博的知识，教导我们——一切人类行为，无论属于过去还是当代，究其动机的深层结构，全都"与弗洛伊德的学说有关"。如果我们想通过亲身经历认识到这样的洞见，就需要他来指引。

弗洛伊德将在《梦的解析》中真正开辟出新的领域，不是作为一个科学家，而是作为一个文学艺术家。面对梦境意象的平凡琐碎乃至偶尔可见的劣根性，他游刃有余地引经据典，就这样大无畏地挑战现有的体裁样式，堪比詹姆斯·乔伊斯在 1922 年的《尤利西斯》中那样惊骇世人。和《尤利西斯》一样，《梦的解析》也成了对于那些妄图压制作者的一众老朽之人、故作正经者和伪君子的一种侮辱。这样一部乱七八糟混杂着订立法则和离奇想法、时不时跑题和自曝再加上对趾高气扬做派进行一通嘲笑的专著，将成为弗洛伊德全方位解放的证明。

他知道他是多么彻底地背离了学术规范。他的书名《梦的解析》（ *Die Traumdeutung* ）故意呼应大众最喜欢的伪科学的名字——占星术（ die Sterndeutung ）。他书中的拉丁文卷首语出自《埃涅阿斯纪》，意为"若我无法撼动天堂，那就搅翻地狱"，听起来有点撒旦的调子。他一而再再而三地和平民站在一边，对抗所谓的教授们秉持的梦是无意义能量释放的观点。事实上，由此产生的社会颠覆的基调与任何公开的筹划毫无关联，事实上，还与弗洛伊德的中间路线政治主张完全背道而驰。但这个基调和《梦的解析》所强调的内容——遭到压抑的力量可以挫败"审查制度"——产生了一种额外的共鸣[16]。《梦的解析》会让人觉得像是揭露了各种情形之下当局不想让我们知道的一切。

仅仅作为修辞的产物来考虑的话，弗洛伊德此书的最大成就，是把读者发动起来，齐心协力反对传统观点的捍卫者。如果作者冒尽风险与他们形成对立，那么得到他的信任必然让人感到受宠若惊。呈现在读者面前的并非一篇枯燥乏味的分析数据的论述文，与之相反，读者将陪同弗洛伊德踏上一段引人入胜的旅程，其目的地，按照已经许下的承诺，是传统之外的智慧。正如弗利斯在 1899 年 8 月 6 日得知的那样，

> 整件事是基于一场想象中的散步而展开的。一开始，（看不见树木）的作者们置身黑暗森林，无望地迷失在错误的小道上。然后有一条我引导读者穿过去的隐蔽的通路——我的样本梦，连同其独特之处、种种细节、有失检点的行为和拙劣的笑话——而后突然出现了高地和景色，与此同时问题也来了：现在你想走哪条路呢[17]？

请注意，弗洛伊德的语气很自信，这一次倒也是理所应当，还要注意，他想给予读者一种自由的感觉，同时又不放松他的控制。仅仅用一个经过分析的"样本梦"（"伊尔玛的注射之梦"）就对弗洛伊德的理论

建立起信任，怀疑论者肯定会就此犹豫再三，但斯坦利·埃德加·海曼口中的这本书的"声音、挣扎、独白和舞台动作"的那些成分，会让人打消疑虑 [18]。

　　察觉到文本所产生的情感冲击力以及文学才能的显现，弗洛伊德亢奋疾书，创作了论梦之书的大部分内容。"我的其他作品，"他在 1899 年 5 月告诉弗利斯，"没有一部像这样完完全全属于我自己，我自己的育肥粪堆，我的秧苗，顶上结出的是我的新品种。" [19] 四个月后，临近结尾时，他说"我担心这书是 stuss"（意第绪语"废话"的意思），但他并没有重新思考那些不堪一击的主张，而是仍然以每天八到十页的速度接着往下写 [20]。

　　弗洛伊德在 1899 年 8 月 27 日那一封信中，有一句岔开的话更能说明问题，当时他正在审视一组有失偏颇的证据。他写道："想让［这书］超越其自身的每一次尝试，都使它带上一种不自然的特质。因此，书中将包含 2467 个错误——我都留着不动了。" [21] 什么时候有过哪位别的作家故意听任错误玷污了自己的书呢？但弗洛伊德认为，犯有差错是他的特色，因此对于他的生平感到好奇的读者会有兴趣。他已经在期待着《日常生活的精神病理学》，在这本书中，他将分析早前那部作品中最具启发性的错误是出于什么原因。

　　弗洛伊德把他有时堪称怪诞的梦以及那些梦背后低俗卑劣的动机都披露出来，这仍然会使得毫无防范的读者认为，他们看到的是一个直率至极而又毫不造作的作者 *。按照弗洛伊德的说法，展现出雄心、嫉妒或者敌意的，只有他的梦而已；至于他这个人，作为客观中立的杰出典范，面对他那无意识的原始冲动，只是啧啧称奇而作壁上观。他愿意透露种种冲动的这一事实表明他是一个勇敢无畏、愿意自我牺牲的探究

---

　　* 弗洛伊德声称已经收集了来自临床实践的"上千个"梦的记录，这是一批丰富的资料收藏。不过因为做梦人都是"神经病患者"，他认为最好还是取消他们大多数人入选讨论的资格，反而聚焦于"取材自一个大致正常的人"的梦，也就是他的梦（SE，4：10，105 页）。在他这部专著里探讨的 160 个梦当中，有 50 个——包括全部重要的梦——都给承认了，是他自己的梦。然而，其他许多梦显然也是他做的梦。

者。不过这全都是经过算计的姿态，而且这种姿态并不妨碍弗洛伊德抓住任何一个机会，趁人稍不注意他就肆意夸大自己取得的成就和声誉。

让我们细想一下这么一个借由对梦的分析来行自我标榜之实的例子：弗洛伊德在《梦的解析》中讨论了他的"露天马桶"梦。在梦中，弗洛伊德看到一个户外的马桶上沾满了粪便，于是用一股尿液将其冲洗掉了。为什么做梦的人——不同于读者——没觉得恶心呢？弗洛伊德的答案是，关于他自己所谓的伟大之处的"最令人愉快惬意的想法"支配了这个梦。他后续的分析将粪便转化成了兼作文化和营销之用的黄金：

> 在分析过程中，我一下子想到的是被赫拉克勒斯清洗干净的奥吉亚斯的厩房。这个赫拉克勒斯就是我。那座小山和灌木丛来自奥赛，当时我的孩子们正在那里稍事停留。我发现了神经症在婴儿期埋藏的病因，从而救了我自己的孩子，使他们不至于患病。梦中那片坐板（当然，除了那个洞之外）完全就是我的一件家具的翻版，那是一位女病人为聊表谢意而送给我的礼物。这让我想起了病人们对我多么尊敬……那一股尿液把一切都冲洗得干干净净，彰显了一种无可辩驳的伟大。格列佛正是以这样的方式浇灭了小人国的那场大火——尽管这也顺带使得他受到小人国王后的冷眼相待。不过，拉伯雷塑造的超人高康大也是以同样的方式向巴黎人复仇，他骑在圣母院上，把如注的尿液对准了整座城市……而且，奇怪得很，这里还有一个证据，表明我就是那个超人。圣母院的连廊是我在巴黎最喜欢的常去之地；每逢闲暇的午后，我都会爬上教堂的钟楼，置身于那些石雕的妖魔鬼怪之间。全部粪便在尿流冲刷下迅速消失，这让人想起了那句铭文："Afflavit et dissipati sunt"*，我打算有朝一日把这句话放到探讨癔症疗法的一个章节开头去 [22]。

---

* "上帝一吹，他们四散"，这一铭文出自纪念 1588 年英国击败西班牙无敌舰队的勋章上。

　　哪怕在谎称自己发现了"神经症在婴儿期埋藏的病因"并掌握着治疗癔症的有效疗法的时候，作者也能够调用如此广泛的资源，这样的人最终看来是现代知识分子所无法抗拒的。他们不会费事去追问：排尿是否真的表明伟大；弗洛伊德那些不服管束、"无一例外都反驳我关于所有梦都是内心愿望的满足这一论断"[23]的病人是否真的都"尊敬"他；有关这种尊敬的想法是否真的存在于"梦中的念头"，还是一种经过算计的事后想法。但是，一旦产生了这种怀疑，弗洛伊德进行解析的文化标记就会显得突兀，因为那不是富于教养的印记，而是诡辩的印记。

　　同样的诡计在有关"马桶"分析稍后的一个段落中也有典型表现。弗洛伊德的理论要求他为那些据说构成他梦中念头的相关参照提供一个"白昼残留印象"。他说，就在这一天，他做过一场远远没有达到他一贯标准的演讲。但有一位听众却不这么认为，

　　他告诉我，他从我身上学到了多少东西，现在如何以全新的眼光来看待一切，我在神经症理论中是如何将错误和偏见的奥吉亚斯的厩房洗刷一净。他告诉我，简而言之，我非常了不起。听到这种溢美之词，我感觉很是别扭；为了躲开他，我强忍恶心，早早地回家去，临睡前翻阅了几页拉伯雷的书，还读了康拉德·费迪南德·迈耶的一篇短篇小说[24]。

　　就这样，弗洛伊德以善巧灵活的寥寥数笔，便为他那丑陋的梦提供了一个令人振奋但必然是伪造的动力。他再次把自己描绘成备受敬仰的人类的恩人；他以无人可及的无耻厚颜，自认为没有半点骄傲。

3. 在你梦中

　　从 20 世纪中叶直至今日，生理学和神经认知学的研究已经产出了不少关于梦和做梦状态的发现，而且这些发现都得到了充分的证实。尽管关注大脑的科学家和梦境报告的分析者基于不同的假设体系而展开研

究，但他们几乎都不约而同地将弗洛伊德学说的模型搁置一旁。事实证明，弗洛伊德学说模型的每一个论点都是错误的。例如，弗洛伊德认为，梦之所以发生是为了保持睡眠；梦只是短暂出现于人醒来之前；梦中感受到的情绪往往与梦中所代表的行动不相称；梦的片段从来不具有内在的叙事连续性；与当天事件相关的"白昼残留印象"总是能被注意到；压抑导致梦很快就给遗忘了；小儿的梦通常传递出来的是简单的愿望。不，现代研究表明：这些都只是弗洛伊德的猜测，而且他每一次都猜错了[25]。

尽管如此，人们常说虽然弗洛伊德的理论还不成熟，但他把梦带入了科学的范畴，这一点值得称道。不过这话充其量只对了一半。梦在 19 世纪后半叶已经成了心理学研究的对象，在很长一段时间里，像卡尔·阿尔伯特·舍尔纳、约翰内斯·福克尔特、W. 罗伯特、阿尔弗雷德·莫里和埃尔韦·德·圣德尼这些专家一直都比弗洛伊德更有名气。诚然，精神分析的恃强称霸使得梦的意义越发成为关注的焦点。然而，由此带来的后果之一是生理学研究在长达半个世纪的时间里停滞不前。此外，只有在抛弃了精神分析模型之后，认知主义者才能够对梦表露出来的内容（不是引申义）给予应有的重视，而正如我们将看到的那样，在弗洛伊德的理论中，这部分内容完全无关紧要[26]。

弗洛伊德开始写《梦的解析》之际，还没有放弃对于梦的准神秘主义的概念，这一概念使得他在自我分析中借由梦见童年早期的事件来对此进行"重现"。他在书中写道，"梦可以随意支配我们对童年的最初印象"[27]。然而，现在他只想从这些梦当中查找童年的性愿望而非记忆。据称，这些愿望埋藏在做梦人的潜意识之中，并且在此后的数十年里始终隐隐地蠢蠢欲动。按照弗洛伊德的说法，它们是成年人每一场梦的动机源泉，将当下的欲望和"白昼残留印象"的相关之事结合在一起，形成一种通过伪装其真实意义来躲过审查的睡眠中的幻觉。

认为童年时期的性愿望一开始受到压抑而后在梦中被转化的这一观点排除了否定其存在的一切可能性。进一步的说法——他们现在进入成年之后在苦苦寻找一种借由伪装加以掩饰的表达方式——更是妨害了弗洛伊德用作示范模型的心理学概念。（愿望会运筹帷幄，进行伪装，借机行事吗？）如果说婴儿期愿望的论点在《梦的解析》中仍然没有得到证实，恐怕太过轻描淡写了。这就仿佛弗洛伊德给自己分配了两项任务，一是提出一个原教旨主义的教条，二是对记忆中的梦进行相对合理的解释，却完全没有意识到，他忘了把这两项任务结合起来。

根据当代梦的研究者判断，只有少数梦看似表达了随便什么类型的愿望，并不涉及婴幼儿的性念想。西格蒙德和玛尔塔订婚期间的往来书信显示，他们的梦也不例外。弗洛伊德有时会因为未婚妻做了一些令人不安的梦而抚慰她一番，而他自己也经历了很多梦。"昨晚，"他在1886年1月13日写给她的信中说，

> 我梦见我为了你而奋斗。想开始发愤图强，却又觉得无能为力，这种感觉真是不好。我经常做这样的梦，梦中来到的就是我必须通过医生资格考试的那个地方，考试这项任务到底是折磨了我好几年。

反复做如此可怕的梦，这又能传递出什么愿望呢？不过弗洛伊德的专著中却不乏各种尝试，希望列举出梦中可察的焦虑感之下是什么愿望。当他一筹莫展的时候，他甚至提出那是一种具有受虐倾向、希望受到惩罚的愿望。后来在专著的第二版中，他更是沉迷自我到无以复加的程度，断言当他的病人做噩梦时，他们的动机必然是想要证明他错了[28]。弗洛伊德越是竭力用诸如此类的托辞来修补他的理论，就越是偏离他关于婴儿性欲的原则。

我们只需回忆一下自己最近做过的几个梦，就能看出愿望这一概念与我们的实际经验相悖。那么，弗洛伊德为什么要坚持这个概念呢？正如一些学者提出的，对于这个概念，唯一解释得通的出处是他自己的《科学心理学大纲》[29]。事实上，我们正是在那篇文章中找到了对于这一理论的初步论述。弗洛伊德在终于想通了不可能完成《大纲》而就此放自己一马之后不久，便开始写《梦的解析》。不过他并没有放弃《大纲》的中心思想；他推断，用神经元无法完成的事情，可以转移到梦的心理学上来完成。和《大纲》一样，梦的理论把人的机体想象成一个被

动的反射机制，需要一个初始的输入使其运转起来。无意识的愿望是使机器反向运转所需的刺激，产生一种幻觉形成的景象而不是运动终端的行动。

在弗洛伊德学说的梦境体系中，许多晦涩难解的内容都可以用这些术语来理解，尽管并不能证明其合理之处。比如说，路德维希·维特根斯坦和其他人就不解，如果做梦者自己没有意识到的话，那么谁在被"审查制度"蒙蔽，而愿望又怎么可能在梦中得到满足。弗洛伊德没有想到诸如此类的问题，因为他还在思考一个机械模型，趋向于释放兴奋，从而恢复平静的状态。他困惑不已，因为他紧抱着马尔科姆·麦克米伦所说的"缺乏躯体或机体核心的精神器官的理论"不放[30]。而进一步的困惑也随之而来，因为想法并不具有"兴奋的总和"，于是不受机械性强化作用的支配，而这些强化作用可以推动那些想法穿过弗洛伊德学说所谓的大门直抵意识。

"迄今为止，为了解决梦的问题而做出的每一种尝试，"弗洛伊德写道，

> 都是直接论述呈现在我们记忆中的那些显而易见的内容……唯独我们把其他内容纳入考量……我们引入了介于梦的显意和我们的研究结论之间的新一类心理素材：梦的隐意，或者叫……"梦中想法"，经由我们的处理步骤而得出。我们正是从这些梦中的想法而不是梦的显意之中解读出了梦的意义[31]。

显然，弗洛伊德的"新一类心理素材"被创造出来，是为了贬损梦中实际表现出来的内容，将每一个经过分析的梦都曲解为一种统一的模式。因此，假定的梦中的想法纯属理论衍生的产物。"我们的处理步骤"并不见得比用密码将圣经中的经文变成现代事件的预言更来得合理。

按照弗洛伊德的理论，"梦的工作机制"显得适合将梦中想法变相地表现出来，该机制主要由凝缩和移情这两种所谓的机制构成。前者允许一个梦的镜像来代表任何数量的梦中想法，从而给弗洛伊德开了绿

灯，可以随意加以解读。移情则更是不吝。基于做梦者必须对自己隐瞒那些不可接受的想法的这一前提，该理论允许弗洛伊德提出，就一个给定的梦中想法而言，它要么与梦中显现出来的想法完全相反，要么则是风马牛不相及。这么一来，可能发生转变的范围之大就全看弗洛伊德的聪明才智能发挥到什么境界了。

他另外还有两种梦的工作机制较少受到关注，但作为他演绎推论的工具，这两种机制不应遭到忽视。表象性使得梦中想法有可能具体表现在镜像中，从而赋予了弗洛伊德将梦中镜像说成是符号、双关语、画谜甚至是回文的这一权利。表象性有其独特的规则，例如，一连串的镜像指向想法中某个偶然的关联之处；或者两个镜像放在一起意味着背后的想法之间是一种非此即彼的关系；或者梦中的荒诞意味着想法之中抱有批评或嘲笑的态度。（仿佛荒诞并非梦的常见特征似的！）

同样可以随意发挥的是二次修正。它执行了梦的工作机制的最后步骤，重塑梦的雏形，使其具有故事叙述的连贯性。弗洛伊德需要借助二次修正，因为如我们所知，梦常常在一个叙事元素和随之而来的又一个叙事元素之间表现出强烈的主题联系。然而，弗洛伊德坚持认为，梦的每一个部分都只对本身对应的单独的想法负责。那么，二次修正在此只是一种事后的补救办法，这个机制的唯一作用就是把许多梦的故事情节的特性降到最低。

弗洛伊德的理论最终取决于他从那些上流社会女病人身上得出的印象，也许还有来自他自己的焦虑而造成的印象：心灵是一个微妙的装置，很容易被性冲动和幻想破坏。根据弗洛伊德的说法，如果没有两套内在的审查系统的帮助，这个世界上没有一个人能够处于睡眠之中，在两套审查系统中，一个守卫着"潜意识"和"前意识"之间的门户——也就是在不可表达的和未予以表达的物事之间，而另一个位于前意识和意识之间，在此犯忌的素材终于得以遮遮掩掩地有所表露。不过这一理念在文化上的狭隘性显而易见。那些在教导之下厌恶她们身体机能的备受呵护的女性并非人类的典型代表；但即便是她们肯定也会经历这样的情况——梦境因"审查制度"缺席而分外不同，若当真存在"审查制度"这样的事物的话。

做梦是一种大脑功能，而梦的独特性与主要但不尽然处于快速眼动状态中所记录下来的大脑模块的激活和停用有关[*]。那么，做梦很可能是睡眠过程中发生的生理运转的意外附带结果。然而，毫无疑问，人类的梦境具体汲取自人类的情感和才智，并且可以应用诸如隐喻和转喻等众所周知的方法[32]。弗洛伊德认为梦是一种自欺欺人之事，这一令人费解又不可论证的理论的错误在于，他几乎没有认识到日常清醒时的恐惧、忧虑、欲望和人在做梦时能够抑制肌肉运动且经历不连贯体验的直接影响。

4．显而易见的荒谬

如弗洛伊德在其所谓重磅力作中提出的，临床中梦的解析最基本的假设是，做梦者对于梦境记述所产生的文字上的联想，能引导着在方法论上有备而来的分析者回溯那些经由两套审查机制处理继而蜕变为梦境的想法。无论梦在做梦者看来是多么愉快、多么不带感情色彩、多么恐怖还是多么充满自我批判，其主宰思想最终看来几乎总是表明做梦者为人自私自利而又好斗成性（这一判断可能告诉我们更多的是关于弗洛伊德的情况而不是关于梦的情况）。那么，在这一切的最基底之处，是那个婴儿期的性欲望，这一假设与实际的做梦经验如此大相径庭，连弗洛伊德都举不出实际梦境中的例子。

其实，弗洛伊德同时身兼做梦者、联想的提出者和许多记述下来的梦的解析者。这样的情况便造成该理论存在几个问题。例如，弗洛伊德自己的梦中想法，据说是被压抑了——这也是那些想法不得不加以伪装的原因所在——但他却能爽利地悉数识别出来。那么，从什么意义上说，那些想法对于清醒的弗洛伊德而言是意识不可及甚至是闻所未闻

---

[*]　最后一位坚持弗洛伊德学说中的欲望理论的神经科学家声称，梦源自多巴胺能系统，即食欲兴趣的来源（索尔姆斯 1997）。然而，噩梦几乎与食欲毫不相干，阻断多巴胺的产生并不会抑制做梦。引文出处和讨论见多姆霍夫 2003，第 141 页。

的呢？

　　作为样本的"伊尔玛的注射之梦"就是该问题的一个典型例证*。弗洛伊德发现，在一连串镜像背后的梦中想法是相当多样的，其中包括对妻子生日庆祝活动和第六次怀孕的思考；一场失败的手术和一个对心理治疗不满意的病人；专业上的竞争和对疏忽的指责；由磺胺类药物引发的马蒂尔德·施莱歇的死亡和另一个马蒂尔德——弗洛伊德的女儿——的可怕疾病；他患有风湿性疾病的肩部；恩斯特·弗莱施尔的可卡因中毒；弗利斯的性化学理论，所有这一切都被一种凌驾于其上的自我解脱的愿望给捆绑在了一起。但这些想法没有一个遭到过"压制"。这些都是弗洛伊德日常关心的问题，或者是想必仍困扰着他意识的过去危机事件的遗留问题。

　　弗洛伊德诚实地发出了提醒，说对于"伊尔玛的注射之梦"的意义，他知道的情况多于他愿意告诉公众的那部分。正如他在 1908 年写给他的追随者卡尔·亚伯拉罕的信中解释的那样，他认为这个梦实际上

---

* "一间开阔的大厅——不计其数的宾客，我们正在招待他们——其中就有伊尔玛。我马上把她拉到一旁，仿佛要给她的来信回话，并且责备她怎么还没接受我的'解决方案'。我对她说：'如果你还是感觉疼痛，那真的咎由自取……'她答道：'你要是知道我现在喉咙、胃还有肚子有多痛的话就好了——疼得我都要窒息了。'我看着她，很是担心。她脸色苍白，有点浮肿。我心想，说到底我肯定是没诊断出某种器质性的疾病。我把她领到窗口，检查她的喉咙，她表现出了抗拒的姿态，像是镶进人工假牙的那些女人那样。我想，她真的没有必要这么做。——然后她适度地张开了嘴，我发现右边有一块很大的白斑；我看到另一个地方还有一大片发白的灰色痂，覆盖在一些卷曲的结构上，和鼻甲骨的样子相仿。我赶紧叫来 M 医生，他重新检查了一遍，也证实了这一点…… M 医生看起来和平时很不一样，他脸色十分苍白，走路一瘸一拐的，下巴的胡子刮得干干净净……我的朋友奥托这下也站在她身边，而我的朋友利奥波德隔着她的胸衣为她进行了叩诊，还说：'她胸部左下方有块部位有浊音。'他又指出，她左肩皮肤上有一处浸润性病灶。（我和他一样，都注意到了这一点，尽管她的衣服遮着。）……M 说：'这肯定是感染了，但不要紧；腹泻过了，毒素也就清除出去了。'……我们也当即明白了是怎么感染的。前不久，她觉得不舒服，我的朋友奥托给她注射了一针丙基制剂，丙基……丙酸……三甲胺的药剂（我亲眼看到这个组成配方，黑体字印刷很显眼。）……这类注射不应该……如此轻率就用上……而且很可能注射器并不卫生。"（SE，4：107）

的核心主题是"性的自大狂"[33]。"伊尔玛的注射之梦"体现了在他想象之中，在临床上克服女性病人的阻抗和诱惑她们，这二者之间具有相似之处。由于妻子有可能死于分娩，弗洛伊德一直在考虑作为配偶的她的潜在继任者。他的梦包含了另外三位女性的出场，每一个都有可能替代玛尔塔睡上他的卧榻，令他喜出望外。其中两个是寡妇，这一点让他尤为兴奋。正如他告诉亚伯拉罕的，"当然，对于医治寡妇，会有一个简单的方法"[34]。这个附加的角度与崇拜者熟知的那个恪守禁欲的弗洛伊德是如此不符，着实发人深省；但同样，这个新吐露出来的梦中想法据说是在做梦的那一天浮现在他意识中的。

弗洛伊德就一个梦展开详细得惊人的分析，而在许久之后给出的分析又截然不同，这一事实表明，他的方法当中给他行使的自由过多而约束太少。解析止步于何处呢？"伊尔玛的注射之梦"的后世研究并不令人安心。到了1984年，精神分析的文献已经囊括了十种不同的对这个梦的解读，每一种都声称自己具有权威性[35]。从那以后，分析家们不断地给"伊尔玛的注射之梦"层层加码，使之越发复杂，却浑然不觉他们这样做是在暴露他们的处理方法缺乏约束，这是一个致命缺陷。

对于诸如 C.G. 荣格和尤金·布鲁勒等为数不多的早期观察者而言，这个缺陷并不明显，他们将《梦的解析》视作科学上的一项突破而欣然接受。荣格敦促弗洛伊德把这部专著改写成教科书，这样其他人就可以学习如何解读出梦的意义。而布鲁勒认真着手将《梦的解析》应用在他自己的梦的理解之上。然而，他很快就发现这本书根本没有给出方法。每一个梦都有那么多可能走的分析途径，选择哪一些又拒绝哪一些完全没有指导原则，因此整套体系毫无用处。这一认识使得对待经验方法一丝不苟的布鲁勒从精神分析的倡导者变成了精神分析的反对者[36]。

如果一份既定的梦境记录能够激发的联想没有止境，那么必须提出一个问题：联想能否告诉我们一丁半点梦之所以发生的实际原因。弗洛伊德认为，做梦者在讲述梦境之后最开始的点评可被归到一连串的想法里，而这些想法又无可阻挡地回溯指向到梦的形成。不过人们有若干理由可以质疑这一假设，包括每一次治疗过程中的暗示语境。当然，做梦者可能会回忆起她所关注的问题与梦之间的真正联系；但所有这样的联系都表明显性梦的直接意义，而这只是弗洛伊德这一派解析的障碍。

《梦的解析》第二章的目的是要借"伊尔玛的注射之梦"引发的一连串似是而非的联想，让读者们头晕目眩，打消对于"梦是欲望的满足"这一铿锵有力结论的任何抗拒[37]。但是光凭一个梦就能圆满地建立愿望满足这一论点，并不符合逻辑；更何况弗洛伊德在"伊尔玛的注射之梦"中公开叙述的每一个主题都牵扯到的是担忧，而非愿望。此外，除非一个人已经对弗洛伊德传奇笃信不疑，否则这么多想法"凝缩"成一个梦，看起来就像一个人为合成的构造。举例而言，有人怀疑他对这个梦的直接联想是指他女儿马蒂尔德几近致命的白喉病，实际上那是她在两年后遭受折磨的病痛[38]。

"在世纪之交，"科学哲学家克拉克·格利莫在 1983 年不无反感地写道，"弗洛伊德最终做出了他的决定，即是否要对他的方法的可靠性展开具有批判色彩、诚实而且公开的思考。《梦的解析》是他对公众的回答，或许也是对他自己的回答。"[39]

第三十一章

性治疗

1. 手足之争

在 19 世纪，弗洛伊德根本写不出心理学论文，除非他向一个理解支持他的朋友发自肺腑地倾诉——这个角色起初由布罗伊尔充任，后来又由弗利斯接棒填补。然而，诚如我们所见，尽管弗利斯在 1897—1899 年依然愿意提供实质帮助，但他对于弗洛伊德的判断力的信任已经消失殆尽。与此同时，他正在逐渐被另一位理想的读者替代，这位读者至关重要，她是明娜·贝尔奈斯。

欧内斯特·琼斯明白，迫于情势，他须得规避弗洛伊德与小姨子过从甚密的问题，但他仍然不得不承认，弗洛伊德在 19 世纪 90 年代的孤立状态"在某种程度上"因明娜以及弗利斯而得到了缓解[1]。"她当然比她姐姐更了解弗洛伊德的工作，"琼斯在稍后一个段落中写道，"他［在私底下］曾说过，在那个孤寂的 90 年代，世界上只有弗利斯和她能够与他感同身受。"[2] 正如迪迪埃·安齐厄在 1975 年承认的那样，比之弗利斯，明娜"逐渐开始为西格蒙德的创作提供更多激励——这一事实必然有助于弗洛伊德淡化同弗利斯的交往"[3]。

玛尔塔·弗洛伊德的妹妹并不是科学家，弗利斯和其他那些以客观事实为准则的批评者对于《梦的解析》秉持的反对意见对她而言无关紧要。她赞赏的是驰骋想象的自由，这也是弗洛伊德长久以来渴望恣意尽享的特质，纵然他觉得或多或少受制于循序渐进"为知识做出贡献"的伦理。坚持要弗洛伊德就有关梦的文献展开全面评述的人是弗利斯，但力挺他由着性子把骇人听闻的例子纳入其中并且天马行空、妄自猜测的人恐怕是明娜，她驳回了她仅存的对手的意见，以此博得了弗洛伊德的欢心。明娜很可能还促使他开始逐步摆脱他早先不加批判便俯首帖耳接受的弗利斯数字命理学。

我们可以大致确定这种态度上的转变发生于何时。直到 1899 年 5 月，弗洛伊德仍然出自本能似的运用弗利斯那一套机械化的阐释和预测体系 [4]。但区区五个星期之后的 7 月 3 日，回忆起他和朋友在 90 年代初的一次徒步旅行，他写给弗利斯如下这些让人惊愕的字句：

> 你往返萨尔茨堡和赖兴哈尔的途中，一如既往，对大自然之美视而不见……当时我对你的优越感有些不知所措……此外，我还隐隐察觉到某种我只有今日方能表达出来的情况：模模糊糊感觉到，这人还没有找到他的使命，后来发现那都是些数字和公式构成的条条框框，倒把人生给束缚了 [5]。

在弗洛伊德此前关于弗利斯科学理论的评论当中，没有一丝一毫让我们有任何准备，来面对这一番从人文角度大加贬损的猛烈抨击。

明娜·贝尔奈斯之于精神分析的重要性在很大程度上因她与弗洛伊德之间公认的绯闻而蒙上了阴影——直到最近，业内人士还把这一争议话题归结为一种旨在打倒弗洛伊德的恶意。如今，随着这一风流韵事逐渐出落得愈加可信，他们更倾向于不做评判，以弗洛伊德理论的功过不受生平事实影响这一陈词滥调来寻求慰藉。然而，当明娜取代弗利斯成为弗洛伊德的首要听众之后，他变得更加目空一切、罔顾科学规范，这恐怕并非巧合。

在弗洛伊德初遇玛尔塔·贝尔奈斯那一天，他也见到了明娜，明娜不足十七岁，已经和弗洛伊德的一个朋友——学梵文文学的伊格纳茨·舍恩堡订婚了。仅仅是这一事实——且不说明娜作为年纪小四岁的妹妹——就保证了西格蒙德公开的浪漫眼神会投向玛尔塔。不过，毫无疑问，他也留意到了明娜。"几乎从 1882 年 4 月弗洛伊德对玛尔塔·贝尔奈斯产生热忱兴趣的那一刻起，"彼得·盖伊写道，"他也被她那聪明活泼、伶牙俐齿的妹妹明娜所吸引。"这一点也没有逃过明娜的眼睛，据说她曾不无顽皮地逗趣玛尔塔，说"医生先生真是太好了，对我俩这么感兴趣呢"[6]。

贝尔奈斯姐妹的性情简直有着天壤之别。玛尔塔以甜美平和著称，明娜则精力充沛而又直来直往，但自以为是，而且言辞讥诮[7]。她厌恶母亲凌驾一切的专制作风——玛尔塔对此总是本能地臣服，西格蒙德则依靠明娜来对付埃米琳和他未来的大舅子埃利。玛尔塔阅读的都是公认的适合年轻淑女的书，但明娜贪婪阅读她设法获取的每一部作品，这些作品涉及几种语言，她能回忆起其中诸多细节，并且做出犀利的评判。玛尔塔有多虔诚，明娜就有多漠视宗教信仰——这对弗洛伊德来说意义重大。她十六岁时与伊格纳茨·舍恩堡订婚，先于她的姐姐成为待嫁之人，这既证明她善于施展魅力，也证明她对于传统缺乏尊重。

弗洛伊德在 1885 年从巴黎写信回来，投寄的对象是明娜，而不是别人，他向她描述了当地人"赤身裸体"、缺乏"羞耻之心或者畏惧感"以及目无法纪的性道德观念[8]。被敦促着去读维克多·雨果的《巴黎圣母院》的人也是明娜而不是玛尔塔，雨果这本书不仅大写特写亵渎神明、浮士德般打破禁忌、虐待狂式的拷打和绞刑以及在城市雕像上排泄的内容，还写了卖淫作奸、阴茎勃起、一个"像护住他的阴部一样小心翼翼"地藏起秘密牢房的欲火难耐的神父，以及对遭到遗弃的少女上下其手、搂搂抱抱的内容——对于一个温室中备受呵护的二十岁处女而言，这文学养料未免口味太重了[9]。

"可我为什么有求于你，想从你这里得到什么呢，小妹?"弗洛伊德在 1882 年给明娜的一封信中这样问道。"我不得不有求于你，因为在各个方面你都是最像我的人。"[10] 一旦订了婚，弗洛伊德就自视已然从属于一个虚拟的家庭——他称之为"家庭圈子"——其中包括明娜和舍恩堡以及玛尔塔和他自己。琼斯写道，"他们期待着一起成为幸福的四重奏"：

弗洛伊德曾对玛尔塔说过，玛尔塔和舍恩堡是不折不扣的好人，而明娜和他自己是热忱不羁的人，没他们为人那么好：两个人随遇而安，另外两个人想由着自己的性子行事。"这就是为什么我们交叉组合之下会相处得更融洽；为什么像我和明娜这样相似的人并不特别适合对方；为什么两个好脾气的人并不吸引对方。"[11]

弗洛伊德这几句话本意是为了宽慰人，但他是在告诉他的布尔乔亚未婚妻，她被教育成了听话的家庭主妇的角色，而他和她的妹妹是"热忱不羁"之人，他们会随心所欲行事。

《梦的解析》中那些过于完美的记述似乎是为了展示弗洛伊德的推理技巧而编造出来的，他在其中一则里描述了梦中一幅建筑场景，这个场景妥妥地给解读成了一个后入式性交（但不是肛交）的场面——他一生念念不忘的事。他所作分析的最后两句让我们了解到他的想法：

做梦者认为是在他妻子带领之下才发现上述场景，这迫使我们得出结论，在现实中，只是出于对妻子的顾虑，才使得做梦者未能进行这样的尝试。原来，就在做梦的那一天，有个年轻女人来到做梦者家里住下，她吸引了做梦者，并给他留下了这样的印象：她不会对这种方式提出什么反对意见[12]。

这个"来到做梦者家里住下的年轻女孩"只能是明娜。

因缘际会，种种事件确实将她的命运与西格蒙德的命运纠缠到一起。舍恩堡在学术上的抱负很快就把他召唤到了英国，此时他已经患上了肺结核，这个病最终于1886年让他殒命。弗洛伊德曾向他表达过关切之情；但他后来写给明娜的慰问信却很不合时宜地提到了他已故朋友的"道德缺陷"和"为人处世死板僵化"，信中劝她排解悲痛情绪，将情书付之一炬，搬到弗洛伊德家去住上一段时间，并期待没有具体明说的"值得体验的不寻常之事"[13]。

畏避丑闻的精神分析的当权派已经在几个方面表现出了他们对明

娜感到不安，其中之一就是强调她在后来的岁月里古板、中性的一面：
"她发福了，皮肉松弛，变得非常平凡。"[14] 然而，她时年十八岁的一张
照片却展现了她纤瘦的身材和精灵古怪、桀骜不驯的面容，这在 19 世
纪八九十年代吸引了弗洛伊德。从一开始，他写给"亲爱的明妮""亲
爱的明妮熙"和"我心爱的明娜"的信就深情款款，尽诉衷肠，有时候
还话里有话。他在 1886 年告诉她，他为能和这样一个美丽的女人往来
而感到自豪。在同样这一封写于结婚前几个月的信中，他邀请她到他豪
华的新公寓来看望他，还补充了一句："若你不是我的小姨子，你甚至
都可以和我一起住呢。"[15]

至于明娜，会把她极具批判性的才情暂且搁置一边，对弗洛伊德
愿意分享的一切想法给予鼓励。他请她阅读他所做的伯恩海默译本的校
样；跟她谈论他关于失语症的书和他为安娜·冯·利本展开的治疗。我
们所掌握的表明他有兴趣写一本关于梦的书的最初迹象便出自他在 1893
年 4 月写给明娜的一封信[16]。

直到前不久，明娜·贝尔奈斯在精神分析史上一直都是一个因未婚
夫早逝而心碎的老处女形象，有点像狄更斯《远大前程》里郝薇香小姐
的命运。而待人宽厚的弗洛伊德夫妇在 1896 年邀请她过来和他们常年
同住，帮玛尔塔养育他们的六个孩子，她这一住就是一辈子，用不着经
受贫困潦倒的生活或者做卑贱低下的家务工作。然而，明娜绝不把自己
当作一个可怜的亲戚或者人家施舍的对象。随着孩子们在她照料下日渐
长大，他们发现姨妈不仅管教严厉，而且性格孤高傲慢；他们开始注意
到，她只在乎她与他们父亲之间的关系。尤其是心生妒意的安娜，觉得
明娜这人控制欲强得让人忍无可忍，仿佛她而不是玛尔塔，才是真正的
弗洛伊德教授夫人。实际上，在 20 世纪，每当明娜接起柏格街 19 号的
电话应答时，弗洛伊德教授夫人恰恰是她自报家门的惯用表达[17]。

2. 神经疾病的疗法

明娜于 1896 年成为弗洛伊德家里的一员时，西格蒙德和玛尔塔早

已不再就他的想法加以交流，玛尔塔觉得他那些想法令人反感；而他们的夫妻关系，由于种种原因，似乎在三年前就已经消退殆尽趋于平淡了。（一次不在计划之内的例外带来了安娜·弗洛伊德，她生于 1895 年 12 月。）玛尔塔从来没有料想到她日后的丈夫对于采取足够的避孕措施一事会产生抵触，而她原本期待只生三个孩子就好。现在，历经艰难险阻生下安娜——她九年之内的第六个孩子——之后，她遭遇了一场神经性崩溃，其主要症状是无法在纸上写下哪怕区区一个字。西格蒙德在给弗利斯的一则附笔中提到了这件事 [18]。然而，他更关注的是她拒绝再有夫妻生活的态度之决绝。

在由此产生的紧张和怨恨的气氛中，西格蒙德无疑以玛尔塔需要更多的帮助为由，邀请明娜进家门，而且毫不掩饰更乐意有她的陪伴，借此进行报复 *。成为西格蒙德晚饭后打塔罗克牌或麻将玩伴的人，是明娜而不是玛尔塔。她会读他的文本，满足他的虚荣心。她会成为他倚重的私人秘书。到了后来的岁月，当精神分析已经壮大成为一场国际运动时，她会担当女主人的角色，做出相关安排并且应对前来朝圣之人，以免他们的奉承让她的西吉分了心，无法专注于他至关重要的思考和写作。

最值得注意的是，明娜将成为他着装讲究的旅伴。俭朴而衣着过时的玛尔塔患有便秘和腹泻等等不一而足的病症，她既没有兴趣也没有能力陪同丈夫到阿尔卑斯山间进行快节奏的夏季徒步旅行，或者拿着贝德克尔旅行指南，去游览位于意大利、德国和瑞士的历史名城。但明娜做得到，而且确实也跟得上他的步伐，至少在 1900 年一场这样的探险过后某种神秘疾病导致她的身体变得衰弱之前始终如此；甚至她还没有完全从那场病中康复，他们又继续下一站行程了。

这对旅伴第一次单独徒步一整天是在 1897 年，第一次过夜旅行发生在次年夏天。1900 年，他们从 8 月 26 日到 9 月 9 日一直都在一起，

---

* 家里多负担一个亲戚，特别是明娜这样有品位的亲戚，花费远远超过增加一位家庭女教师；玛尔塔可能也盼望她妹妹去汉堡和寡居的母亲同住。

没有旁人同行。1903 年一场持续两周的旅行途中他们先后在慕尼黑、纽伦堡和梅兰（现在的梅拉诺）稍作停留。随后在 1905 年进行了一次为期三周的旅行，其中包括在热那亚一家旅馆下榻八天，只有他们两个人。1907 年、1908 年、1913 年、1919 年、1921 年和 1923 年，夏季惯例之旅再次开始，最后四次旅行都是在温泉疗养地进行为期一个月的"疗养"[19]。1919 年，正值家庭财政资金严重短缺之际，西格蒙德和明娜在巴德加斯坦一家豪华水疗中心度过了一个月的时间，而玛尔塔则被关在一间隔离病房，经历一场几乎致命的西班牙流感之后，终于逐渐恢复过来[20]。

　　人要是察觉不出此处个中套路，得迟钝到何等程度。弗洛伊德信奉者为精神分析议题辩解的唯一理由向来都是他们相信弗洛伊德的诚实和高尚品格，然而，对于他这场运动的效忠倒是成就了这样的麻木不仁。举例而言，琼斯肯定有更清楚的认识，但他不仅让读者以为西格蒙德"道德上极为严格"而且"尤其恪守一夫一妻制"，还使得读者相信正派的姐夫和小姨子之间"彼此都没有性方面的吸引力"[21]。这是琼斯三卷本传记中最荒唐可笑的说法——但正是在其荒唐之处，最一目了然地暴露出安娜·弗洛伊德在背后操纵的布偶提线。轻信的彼得·盖伊就上当了。他不无担心地指出，弗洛伊德的一些著作"悄声诉说着大量的情色幻想，经年累月丝毫不减"，盖伊愿意相信他奉行禁欲的偶像已有"对于婚外冒险的厌恶之情"，并且反映到行动上[22]。不久前，忠于弗洛伊德的伊丽莎白·卢迪奈斯库反复强调弗洛伊德将性事抛诸脑后，甚至确立了个人的"禁欲崇拜"，她断言明娜的风流韵事"无疑从未发生过"，纯属弗洛伊德抨击者的臆想[23]。

　　事实是，弗洛伊德行之所至的伦理立场与琼斯、盖伊和卢迪奈斯库认为的情况完全相反。在 90 年代中期，他就已经在其关于神经衰弱症和焦虑神经症的论文中宣称，性满足对身心健康都至关重要，这是医学上的基本原理。正如继他之后进行道德说教的 D.H. 劳伦斯那样，他认为任何誓言或社会习俗都不能凌驾于这种满足之上。他对于这一观点的感受非常强烈，竟或多或少成了反对资产阶级性道德观的激进分子——

这一角色将使他受到爵士时代的轻佻女郎和哲学家的喜爱，而他与他们其实并没有任何其他共同之处。

弗洛伊德关于不受无爱婚姻束缚的最著名的宣言出自他1908年那篇出格得令人瞠目结舌的文章《文明的性道德和现代神经疾病》[24]。他在文中向世人展示了他的妻子拘谨冷淡、凡事都提不起兴趣、神经质而又心存怨恨这么一副几乎不加掩饰的形象，而这一切都是因为她在对性完全懵懂无知的状态下步入了婚姻。这么一个过分正经的人只会允许"极少的生殖行为"（实际上只有一种）——弗洛伊德认为，这种挫折感会驱使任何一个血气方刚的男人找妓女厮混[25]。他可没有说除了我之外任何血气方刚的男人。"所有希望超乎他们的本性而在思想上更趋高尚的人，"他宣称，"都会成为神经症的受害者；如果他们能不要那么高尚的话，大可以更健康。"[26]这位医生把他的处方写出来公之于众："治疗婚姻所引发的神经疾病的方法是不忠于婚姻。"*

早在1905年，弗洛伊德在回答一份关于奥地利限制性离婚法律的调查问卷时，就曾主张他所说的"再婚型多配偶制"的观念，或者说以一个更情投意合的配偶来替代不甚满意的配偶。他经过深思后认识到，说到底多数已婚男人已经在家庭之外获得了满意的性爱[27]。他对于多次婚姻表示支持，这背后存在一种默认的观念，即面对不满意的配偶，无论是男是女，有权自行解决问题。

后来，在回答美国神经学家詹姆斯·J.普特南于1915年的一次询问时，弗洛伊德宣称："我支持无限自由的性生活。"[28]他还补充说，他个人曾行使过这种自由，"只在我认为自己有权界定这一领域允许的范围时才会这样做"——这是在拐弯抹角地承认，他并没有被社会那种名义

---

* SE，9：195。弗洛伊德去找过妓女吗？他的道德立场支持这种做法，他的家庭处境也推波助澜。当玛丽·波拿巴问起他以前是否常逛妓院时，他不予回答（卢迪奈斯库2016，第25页）。在《梦的解析》中，他写到一个不知名的做梦者，"他只是难得去去妓院——他这辈子也就去过两三次"。同样这位做梦者"出于男孩子的好奇……尽管非常难得，但曾偶尔检查过小他几岁的一个妹妹的生殖器"（SE，4：333）。前后接连两个句子里出现两处"难得"让人想到的是希望减轻负疚感。

上的规则给约束了[29]。在 1921 年，他曾敦促他的一个精神分析门生与妻子离婚，然后与情人结婚，他是这样为自己的上述行为辩护的："我认为每个人都有权利去追求性满足和脉脉情意，如果他在妻子身上无法得到这些而他又找到了如何实现这些的方法。"[30]

尽管弗洛伊德与明娜的种种举动在外人看来不言自明，但精神分析学家都还是坚守路线，直到 2006 年，德国社会学家弗朗茨·马切耶夫斯基发表了一份看似耸人听闻的论据资料[31]。1898 年 8 月 13 日，弗洛伊德在瑞士马洛亚的瑞士之家酒店签名登记了两晚的双人间，署名是"西格蒙德·弗洛伊德医生和夫人"。这个"夫人"就是明娜。在马切耶夫斯基和其他许多人看来，明娜的议题已经得到证明了。于是大多数弗洛伊德学说的信奉者不再抗议；说到底，琼斯所谓的"道德上极为严格"，想必是把他妻子的妹妹收编作情妇了。

不过，那些拖延着以期就旅馆登记册做出清白解读的效忠分子，却有理由对马切耶夫斯基的消息无动于衷[32]。对于"医生和夫人"有不少无伤大雅的解释，比如那时候瑞士酒店面对坦率相告尚未结婚的一对人会拒绝他们入住。在 1898 年和 1900 年，弗洛伊德都告诉玛尔塔，他和明娜是以夫妇的身份出入；他从一家旅馆写信给她，毫无疑问是在刻意打趣，说他在躲避相互认得出的同事，他们可能会注意到陪在他身边的"妻子人不对"[33]。单是这些话语就足以削弱马切耶夫斯基这一令人兴奋的发现的取证价值。

不过弗洛伊德在 1898 年那个夏天的举止确实表明他更青睐明娜的陪伴，而不是玛尔塔的陪伴。他和家人在奥地利的度假胜地奥塞只待了大约一个星期，当中还在附近与弗利斯会面相谈，然后便前往慕尼黑。他和明娜从那里一起开启十七天左右的旅行，凭借火车、马车和步行穿越奥地利、瑞士和意大利的阿尔卑斯山，没有其他人相随。在他们联手写给玛尔塔的信中，他们掩盖了下榻豪华酒店而不是朴素小旅店的情况。尽管如此，他们还是公开表示，他们不仅一路观光心旷神怡，而且彼此相处也非常愉快。明娜在一封信中提到她最近购置的旅行服装，她写道，"自然，西吉觉得我非常优雅"[34]。

为照顾六个孩子而几乎一筹莫展的玛尔塔显然被激怒了，西格蒙德回来之后，她要求得到与明娜相当的待遇。心有愠气的夫妻俩随即启程前往达尔马提亚，但玛尔塔开始出现类似结肠炎的症状，无法继续前进。西格蒙德把她留在拉古萨（现在的杜布罗夫尼克），独自一人继续后面的行程。这些细节都让人联想到弗洛伊德夫妇之间因明娜而起了纷争。不过，玛尔塔仍然希冀得到些许关心，想和西格蒙德一起旅行，这一事实可能说明她还不相信已经遭到一场性背叛。

实际上，重要的是我们确认了这件事——西格蒙德和明娜在1898年的那个夏天几乎可以肯定并不是真正的恋人。彼得·斯韦尔斯，这位对所有相关信息加以最仔细研究的调查者，在他已出版和未出版的著作中都表明，与明娜的旅居生活唤起了弗洛伊德充满情欲的希望，但也使其搁置不前了 [35]。斯韦尔斯很有说服力地论证了弗洛伊德确实在1898年夏天与明娜进行了性接触；他遭到了不太明确的拒绝，导致他对以后能获得成功抱有希望；他回到维也纳时完全是一种及时行乐的心态。他当时从一场梦（"三种命运"）中得出的教训毫不含糊："人永远不应该对机会视而不见，要总是把握住自己所能把握的机会，即便这样做要犯点小错。人永远不应该忽视机会，因为生命短暂，死亡不可避免。" [36] 琼斯所谓的"道德上极为严格"也就这么回事。

有力的证据表明，两年后，弗洛伊德又一次示好，而这一回他被欣然接受了。如果西格蒙德和明娜在1900年夏天之前还不是恋人的话，那么没等那个夏天过完，他们肯定已经成为情人了。部分证据就在我们面前这些写给弗利斯的书信中——当然，不是经过克里斯和安娜·弗洛伊德删减的那些书信，而是1985年出版的全部存档文件。

1900年8月26日，西格蒙德和明娜穿行南蒂罗尔地区，单独展开了一段短途旅行，9月9日以一个虽能自圆其说但颇为可疑的事件结束旅程——弗洛伊德将明娜留在了温泉小镇梅兰。然而，旅途一开始那番田园风光只能形容为蜜月之旅，包括在特伦特（特伦托）停留数日，再前往一座风景如画的城堡一日游，应明娜的要求乘坐昂贵的马车翻越陡峭的山口，到奥地利边境的小村庄拉瓦罗内，然后下山又去加尔达湖畔的里瓦，下山的花费一点不比坐马车便宜，在里瓦一家不合心意的旅馆住了一晚之后，这对旅伴搬到了恢弘大气的湖畔酒店附楼。

在维也纳大后方，玛尔塔这下在发电报，要求丈夫马上回来。西格蒙德一出门旅行往往不知餍足，他的偏好是在任何地方都最多只待一个晚上，但他没有匆匆离开，而是和明娜又在湖畔的幽静之地度过了四个晚上。这也不是他们冒险之旅的终点。这对旅伴不顾玛尔塔的恳求，随后又双双前往马焦雷湖，从一个小城航行到另一个小城，只为了在湖畔再度过一个夜晚。即使在西格蒙德把明娜送到东北方向一百五十英里开外的梅兰之后，他也没有返回维也纳，不知出于什么原因又一路折返米兰和热那亚。某种具有决定性、不可抗拒的事情，似乎已经控制了他的意志。

真正的确凿证据是 1900 年 9 月 14 日他从维也纳写给弗利斯的一封信。这对昔日伙伴在那年夏天有过最后一次剑拔弩张的会面；弗利斯发现弗洛伊德咄咄逼人，简直让人心生害怕，甚至担心他有谋杀的意图 [37]。不过这下弗洛伊德有一个他根本无法保密的消息。尽管（或许是因为）两人现在已经疏远了，但弗洛伊德想让弗利斯知道，在他身边另有其人而他又是多么欣喜若狂。从信中可以清楚地看出，弗利斯已经知道弗洛伊德对明娜的感情和意图。

弗洛伊德一开始讲述了他和妻子的一段令人恼火的旅程，之后他们还囿于礼节不得不和其他的亲属见了几次面。然后就发生了戏剧性的变化。"终于，"弗洛伊德写道，"——到了 8 月 26 日——慰藉来了。我是指明娜。" [38] 在讲述他们的旅行时，他对"极其美丽"的托布利诺城堡和通往拉瓦罗内的令人叹为观止的道路赞不绝口，"我们发现了最壮阔的针叶林和梦寐以求的清静" [39]。然后下山前往加尔达湖："我们最终在里瓦停留了五天，神仙般的饮食起居，纵情享乐不留一丝遗憾，全然无忧无虑。" [40]

最后这句话的德语原文很惹眼：eine Schwelgerei ohne Reue und Trü bung。Schwelgerei 是纵情声色之意。如果西格蒙德和明娜在里瓦不是一对性伴侣，那他没有理由说什么他们度过的无忧无虑的时光没有遗憾、悔恨或痛悔（ohne Reue）。

3．终究痛悔

弗洛伊德为什么要把明娜留在梅兰，然后再只身周折辗转米兰、热那亚，最后才回家？按照琼斯的说法，明娜要在梅兰治疗她的"肺结核"[41]。但究竟是什么肺结核呢？琼斯在他写的传记中再没有提起。虽然明娜在少女时代曾经得过肺病，为更好地康复而被送往西西里岛，但她从来没有查出过肺结核；不久前她还一直在穿越山口，除此之外还与弗洛伊德共度了大量时光。

9月1日，在享受加尔达湖和马焦雷湖畔那些幸福美好的日日夜夜前夕，西格蒙德告诉玛尔塔，明娜将在梅兰待上一两个星期，去缓解"咳嗽"以恢复健康[42]。9月5日到12日之间的某一天，她住进了房费不菲的约翰大公酒店——这是很有自己主意的明娜的典型选择，尽管当时家里的银行账户数目少得可怜，但她想要任何东西都能让西格蒙德为她付账。然而，大约在9月26日，她转到了城外价格适中的蒙里普斯膳宿公寓。此后不久，弗洛伊德写信给弗利斯，说明娜由于"肺根尖炎"将有"几周或几个月"不在[43]。

明娜居住地的变化可能使我们认为，她原本期待弗洛伊德一开始提到的短途旅行，但她多少了解自己的病情，需要在梅兰多待上一阵子，而且要稍事节约开销。那么，既然蒙里普斯是休养之所，她似乎是在应对医疗手术的后续问题。10月14日，弗洛伊德写信给弗利斯，语句很隐晦，"来自梅兰的消息［是］挺好的"[44]。但等到明娜再次出现在维也纳，前后总共过了六个星期。至于明娜和焦急的弗洛伊德夫妇之间必然流转的日常往来书信，都已经消失无踪，连带消失的还有1898年9月以来这整整七年中西格蒙德和明娜往来的每一封信[*]。

我们知道的情况是，明娜回来以后不出一个月，就得了重病，深受

---

[*]　奇怪的是，盖伊认为不见踪迹的往来书信消减了弗洛伊德的任何不当行为（盖伊1990，第164—179页），然而，他在2006年写给斯韦尔斯的一封信中，承认证明婚外情存在的证据是越发有说服力了，他保证如果机会来了，会对他写的传记进行相应修改（私人信件，我有副本）。

间歇性发烧、心跳加速、剧烈胃痛之苦，她还便血，似乎里面含有黏液和组织碎片。这些症状并非肺病症状。医学研究员 E.M. 桑顿判断，这些症状符合流产受感染的诊断，是粗暴尝试终止妊娠的结果 *。

桑顿向彼得·斯韦尔斯口头表达过他的看法，斯韦尔斯追踪到了明娜在梅兰的行迹，还原了 8 月至 10 月的整个事件。在 1982 年一篇有突破性的文章中，他只得出了一个显然错误的结论，后来当全套弗利斯往来书信见于世人时，他对结论进行了修正。斯韦尔斯曾推断，明娜在梅兰一直待到了 1901 年 2 月，而事实上她在 10 月的第三个星期就回到了维也纳。除此之外，他的侦查工作似乎不可思议——那封泄露"纵情声色"内情的信还未见出版，弗洛伊德档案的监管人也拒绝让他调阅这封信。然而，斯韦尔斯关于怀孕和堕胎的关键证据来自公开出版的资料。弗洛伊德有时用他隐秘生活中的事项来说明心理现象，那种无所顾忌的态度必然让我们目瞪口呆，他宣称自己要是再多说"就会在重要议题上造成严重的祸害"，由此导致自己受到进一步的怀疑[45]。又或，如果他不点到为止、打住对某个梦的分析，"我就会不由得泄露许多事情，而对于这些事我最好始终保密"[46]。这两项告诫都是他针对"客饭"梦的讨论有感而发，他在 1901 年的小册子《论梦》中一直提到这个梦。这个梦本身并没有告诉我们什么要害的事情，但弗洛伊德解释这个梦因何而起时的一个尝试直指明娜在梅兰的原因。

弗洛伊德可能在 1900 年 9 月下旬经历了这一场梦，那是明娜回维也纳之前的几个星期。他在《论梦》中对此进行解读时讲到他最近"为我喜爱的一位家庭成员支付了一笔数目可观的钱"——而且，不久前他还和这个人一起坐了几次"出租马车"（包括"价格不菲"的一次）[47]。尽管弗洛伊德在决定花钱时"没有片刻犹豫"，但他这下却声称，"我很后悔花费这笔开销"[48]。他指代这位"亲属"时用的是阳性代词，但他回忆起自己曾反常地认为，"那种爱不会是'不用花钱'的"[49]。后来

---

* 明娜出现的体温上升、心跳加快以及腹部疼痛说明患了败血症；她的阻塞血便可能是随之而来的腹膜炎所致。

他在文中又回到了这个问题上，感叹道："我希望可以体验一次不用花钱的爱。"[50]

同样，在几乎同时出版的《日常生活的精神病理学》中，弗洛伊德也重提了这一场梦及其对于他的意义。他谈到他支取了一笔钱，寄给一个不在身边的亲戚"用于治病"[*]。他还说，他"后悔这笔开销"，尽管他在答应支付之际并没有"后悔的感觉"[51]。

弗洛伊德"后悔"为生病的亲属（不管是男是女）支付医疗费，尤其是在一开始并不后悔的情况下，这完全说不通。这种吝啬心态是不会对外坦诚的。那么，他似乎并不是因为花费了钱——简单的资金损失——而感到难过，而是因为花在一个令人遗憾的用途上了，这一用途不知为何因"爱"而势在必行。只有套到明娜的语境之下，才能理解这种感觉。弗洛伊德为"杀死"他情人腹中的胎儿而痛悔不已。回想起来——无论如何，他在饱含愧疚的忧思中是这样认为的——他宁愿本来不计后果冒险把孩子给生下来。

弗洛伊德的著作通常都避而不谈堕胎的议题，但斯韦尔斯指出有一次分量颇重的例外。弗洛伊德在 1920 年写道，迟发性创伤症状可能源自"杀死了一个未出生的孩子，而这一决定的做出没有悔恨也没有犹豫"（ohne Reue und Bedenken）[52]。在今天看来情有可原的是，斯韦尔斯在 1982 年不可能知道西格蒙德和明娜在加尔达湖畔的欢宴也是"没有悔恨"。我们在后面的一段话中感受到，应该说，在做出保全他的事业、小姨子的名誉以及他与她私情的那个决定之后的二十年里，他的良心仍在折磨着他。

---

[*]　SE，6：120. 标准版文集说"用于医疗"，由此掩盖弗洛伊德的用词 Kurgebrauch 暗指温泉疗养地——当然是梅兰——这一事实。

第三十二章

未出生的复仇者

1. 过多巧合

　　诚如所见，关于弗洛伊德在世纪之交是否与小姨子发生过性关系这一问题，也只剩下宁信传奇而罔顾事实的读者才会认为有待商榷。不过，我尚未提及斯韦尔斯在1982年披露的主要证据。现在这项证据必须接受重新审视，不仅因为它作为呈堂证供自有其价值，还因为它相当于一个颇能说明问题的实例，告诉我们如何理解弗洛伊德的文本而又对个中诡谲有所察觉。

　　当弗洛伊德在1900年9月结束他与明娜的那场冒险之旅返回维也纳时，他感到"快乐而又健康得血脉偾张"，满腔旺盛的精力和洋溢的热情[1]。正是在这个时候，他的创造力喷薄而出，在短短几个月内产出了《论梦》和《日常生活的精神病理学》。弗洛伊德给自己定下的第一个任务就是写出后来成为《精神病理学》第二章的《外语词的遗忘》一文。（第一章是《专有名词的遗忘》，由1898年的论文《遗忘的心理机制》修订而来。）这一章曾经被视作关于压抑、自由联想和弗洛伊德演绎天分的绝佳展示，如今——自从1982年斯韦尔斯的爆炸性文章之后——成了他所有作品中最富争议的一篇。

　　为了说明在无意识影响下想不起外语词的情况，弗洛伊德讲述了最近一场发人启迪的经历。

去年夏天——那还是在一次度假旅行途中——我再次遇到了一位相识之人，这个年轻人具有学术背景。我很快就发现，他对我的某些心理学著作相当熟悉。当时不知怎的，我们就谈起了我俩所属种族的社会地位；作为雄心壮志之人，他不免为他们这一代人感到惋惜，说他们注定要（如他所说的那样）江河日下，无法人尽其才或者一偿所愿。他以维吉尔的名句来为这番慷慨激昂的演说收尾，那是悲切的狄多嘱咐后人要向埃涅阿斯复仇："Exoriare…"更确切地说，他想要以这一方式收尾，因为他没能背诵出这句引文，试图通过改变词语的顺序掩饰他所记得的语句中的遗漏之处。"Exoriar（e）ex nostris ossibus ultor。"最后他烦躁道："请不要这样一脸嘲笑地看着我，你似乎对于我的窘相感到幸灾乐祸的。为什么不帮我一把呢？这句诗当中漏了点什么；完整的句子到底怎么说来着？"

"我很乐意帮助你。"我回答道，念出了正确的引文。"Exoriar（e）ALIQUIS nostris ex ossibus ultor。"["必有人来自朕之骨肉，而为复仇者！"]

"真是笨啊，竟然连这样的词都会忘掉！对了，你总说遗忘必有其因。我很想知道，在这种情况下，我究竟是怎么忘记了'aliquis'这个不定代词的。"

我欣然接受了这一挑战，因为我希望这么做有助于我的实例收集工作，便说道："这应该不会花费我们太长时间。我只要求你把注意力放在被遗忘的字上，不带任何明确的目标，然后坦率、不加批判地告诉我，你脑海中出现的一切东西。"[2]

如果读者想到《遮蔽性记忆》中的虚构对话，对于开篇这段话，应该会有一种似曾相识的感觉。我们又一次见到了一个"具有学术背景"的匿名人士，也就是说，一个具备精神分析推理能力之人。值得注意的是，这位没有被弗洛伊德分析过的仁兄，是世界上为数不多的在1900年夏天便以开放的心态阅读过他的心理学著作并且抱有同感的人之一。

更难能可贵的是，他知道弗洛伊德关于动机性遗忘的学说，而这一理论只在精神神经病学专业学报上阐明过一次 *。

这位年轻的相识之人用《埃涅阿斯纪》中被抛弃的狄多那句悲叹来为结束语画上句号时，还是完全没有引起弗洛伊德什么异样的感觉。他想当然认为度假中的医生对于正确的用词可以张口就来——这一想法也马上得到应验。没错，弗洛伊德很有把握，要解开为什么想不起 aliquis 一词这般更捉摸不定的谜团，这事对他来说轻而易举。

弗洛伊德在此对于解开谜团的胜券在握让人想起他之前同样惊人的自信，当时他据说是请山间旅店里的姑娘卡塔琳娜进行自由联想，"很有信心，预料她会想到我用以解释这个病例所需的素材"。不必多言，他又说对了。对话者谈起的每一个想法无不指向同一个导致遗忘的原因，弗洛伊德也就用不着重新评估错误线索和失败假设。我认为，其他心理学家都还没有发现可以用这种理想方式来歪曲现实，使之屈服于他们的意志，任由他们拿捏摆布。

"Aliquis 先生"——他已经以这样的名称在第二手文献中为人所知，开始履行他这一方的任务，将 aliquis 分为 a 和 liquis，与之关联的有 Reliquien（遗体）、液化、流动性和流体。遗体一词就使他想起了特伦特的西蒙，基督徒认为西蒙在童年时被犹太人杀害，他们用他的血液来祭祀；因此，这位仁兄开始思考最近再度甚嚣尘上的同样的恶毒谬论。他又补充说，在某位克莱因波尔所写的书中，那些遭到杀害的婴儿给描述成"新版的"被钉在十字架上的救世主。接下来，Aliquis 先生简要地谈了一下圣奥古斯丁关于女人的言论。然后他提到，他最近遇到了一位相貌清奇（original）的老先生，名叫本尼迪克特，他看起来像"一只巨大的猛禽"。显然，这位联想好手一点都不像那些病人，在弗洛伊德命令他们说出一切想到的事物时，他们一口咬定"什么也没想起来。"

---

* 那是弗洛伊德关于"西诺雷利"的分析的初始版本，发表于《心理学和神经学月刊》（SE，3：287-297）。在 1898 年 8 月之前，连弗利斯都没有注意到弗洛伊德已经发展出"动作倒错（Fehlleistung）"这一概念。

弗洛伊德这下打断了叙述，指出 Aliquis 先生已经连带教会神父奥利金（Origen=Original）一起列举了一连串圣人：西蒙、奥古斯丁、本尼迪克特和保罗；于是这个年轻人又主动表示，他也一直在想圣亚努阿里乌斯，"和日历相关的圣人"，他遗存在那不勒斯的凝固干涸的血液会在某些圣日又变成液体状。若不化成血液，大难可能会接踵而至。最后，Aliquis 先生犹豫再三而又不无尴尬地承认，他"突然"想起了另一件事：他一直在焦急地等待"一位女士"的消息，这消息最终可能"对我们两个人来说都很难堪"[3]。

此时，弗洛伊德摇身一变成了爱伦坡笔下的 C. 奥古斯特·杜邦，后者在《莫尔格街凶杀案》中追溯了叙述者在早前十五分钟内千真万确的一连串想法。在这个例子中，坦率的年轻人说出了他自己的一连串联想；但弗洛伊德像杜邦一样，若无其事地展示了他对这些联想意义了如指掌，仿佛这项任务和刷牙一样轻松。他已经破译了 Aliquis 先生所担心的消息：

> "是不是她的月经不来了？"
> "你怎么猜到的？"
> "这不再是什么难事了，你提供的信息已经足以推导出来。想想和日历相关的圣人，在特定的某一天开始流的血液，事情没能发生时的不安，公然胁迫奇迹必须出现，否则……其实，你已经利用圣亚努阿里乌斯的奇迹，制造出了一个关于妇女经期的绝妙典故。"
> "我完全没注意到呢。你真的认为正是因为这种焦急的期待心理，才使我说不出 aliquis 这样一个无足轻重的词？"
> "在我看来，这千真万确。"[4]

到此为止，Aliquis 先生已经被弗洛伊德料事如神的情形吓得不轻，他叫停了这场交流。弗洛伊德必须转而面向读者，来完成他的分析。

> 说话人一直在谴责这一现实——他的民族当今的这一代人被剥

夺了完整的权利；他像狄多一般，预言下一代人会向压迫者予以复仇。他以这样的方式表达了他对后代的希望。此时，一个相反的念头冒了出来。"你真的这么希望有后代吗？并非如此。如果你刚刚得到一个消息，说在你知道的那个地方，你快有后代了，那该有多难堪。不：不要有后代——尽管我们多么需要他们来复仇。"[5]

暂且假设真有这么一个 Aliquis 先生，我们可以问一下，弗洛伊德是否合理地解释了为什么他未能回忆起长达 9896 行的《埃涅阿斯纪》中的一个词。早在 1974 年，语言学家塞巴斯蒂亚诺·廷帕纳罗就在针对《精神病理学》的一篇言辞犀利、篇幅长度堪比书作的批评文章中表明，忘记引文中一个词的情况可能是由多种因素造成的，任何一种因素都不会像"压抑"这一未经证实的概念那样要求搁置怀疑，先信了再说[6]。据称是 Aliquis 先生想法的那种"迂回的联想路径"，"每一个看起来都是刻意为之"，进一步增加了不可信的程度。如果弗洛伊德是他自诩的那种不易受骗的怀疑论者，那么针对看似稀松平常的想不起单词的情况而给出这样拙劣至极的解释，他应该难以满足。

此外，弗洛伊德试图阐明压抑错综复杂的运作方式，如果不从修辞上来说，那至少从逻辑上来说，这里注定有一个无法弥补的缺陷：Aliquis 先生并没有压抑他对于怀孕的可能性的担忧。看来，他已经有一段时间一直在担心此事而别无他念。让他"突然"想起这个忧心事，弗洛伊德是在暗示这种忧虑通常潜藏在意识层面之下；但人不会焦急地等待"一个消息"而又对此浑然不觉。

"你已经利用圣亚努阿里乌斯的奇迹，制造出了一个关于妇女经期的绝妙典故。"弗洛伊德告诉 Aliquis 先生。好吧，有人已经原原本本地这样做了，稍加一个简单的测试就可以确定究竟是谁。倘若我们能证明 Aliquis 先生的心理映像是受弗洛伊德自身经历的启发，那么弗洛伊德本人就是"制造者"的可能性就会上升到可以肯定的程度。

在这一点上，我们必然对于 Aliquis 先生最近遇到一个名叫本尼迪克特的外貌独特的老人一事印象深刻（斯特雷奇把这个名字拼成了本尼迪科特，但那是拼错了，而且可能并非无心之过。）弗洛伊德非常熟悉上了年纪而又特立独行的维也纳的莫里茨·本尼迪克特，他确实是"相貌清奇"，他那光头和鹰钩鼻也与 Aliquis 先生说的"猛禽"都对得上。我们记得，本尼迪克特曾为弗洛伊德写推荐信给夏尔科。如果弗洛伊德在讲述的故事中没有就他的对话者遇到了自己乖戾的维也纳同事这一巧合发表评论，那必定是因为说书人弗洛伊德在利用他的参考资料库来提供虚假的联想素材。

以下是斯韦尔斯就 Aliquis 先生和弗洛伊德之间的相似性而建立的若干进一步关联：

- Aliquis 先生雄心勃勃，其职业生涯因社会拒绝给予犹太人充分的权利而受挫，他对此深感愤怒。1900 年 9 月，弗洛伊德刚得知自己求任教授职位的申请又一次被拒，他感受到了同样刻骨至深的怨恨。正是此时，他坐下来写出了《Aliquis》这一章。两年后，他在给犹太复国主义的创始人特奥多尔·赫茨尔签名赠送《梦的解析》时，称赞了这位"为我们民族的人权而奋斗的战士"[7]。
- 《埃涅阿斯纪》是弗洛伊德心爱的名篇佳作：他在《遮蔽性记忆》中引用过其诗文，《梦的解析》开篇的引言也典出于斯。然而，他并没有直接从维吉尔的诗文中摘选这些段落，而是从他极为欣赏的一位作家——德国社会主义者斐迪南·拉萨尔的作品中摘取。1899 年夏天，弗洛伊德在读拉萨尔的著作集，书中这位犹太作家渴望针对基督徒的罪行进行报复，他在一篇演讲稿的结尾写下这些话：Exoriare aliquis nostris ex ossibus ultor。
- 狄多呼唤向罗马人复仇，维吉尔之所以这样写，用意在于预言迦太基的汉尼拔即将征服罗马。我们知道，闪族血统的汉尼拔是弗洛伊德年少时最心之所系的历史人物。事实上，他对于汉尼拔的认同感在世纪之交又强烈复苏了。
- Aliquis 先生说他去过特伦特，还看到了被杀害的孩子西蒙的遗骸。就在所谓的谈话发生的那个夏天，弗洛伊德本人在明娜·贝尔奈斯的陪伴下游玩了这座城市。手持贝德克尔旅行指南的弗洛伊德不可能错过一览特伦特的主要旅游胜景——圣彼得教堂，那里存放着西蒙的遗骸。然而，很能说明问题的是，他一丁点儿都没有向 Aliquis 先生也没有向读者提及这次游览。

- 15 世纪圣西蒙的所谓殉难继续激发了弗洛伊德对于犹太人遭受迫害和诋毁情况的兴趣，欧洲当代至少有一场"血祭诽谤"的审判，在这样的背景之下，这一兴趣就更是加剧了（这另外的一场斯韦尔斯在 1982 年没有提到，在弗洛伊德写这一章期间，事情曾引起新闻轰动。）现代研究血祭诽谤的专家是鲁道夫·克莱因波尔，弗洛伊德非常欣赏这位作家。Aliquis 先生提到了他，但弗洛伊德本身并没有透露他之前听说过这人。

- Aliquis 先生的"新版"一词作为转世化身的典型例子，置于隐喻的语境之下，在弗洛伊德出版的著作中出现了十几次。这话在 Aliquis 文章之后那一年拟成初稿的讲述"朵拉"病例的后记中频频出现 [8]。

- Aliquis 先生思考了圣奥古斯丁对女性的负面看法。在写于 Aliquis 一章成文四个月之后的"朵拉"病历中，弗洛伊德引用圣奥古斯丁的话说，作为人类，我们共同的耻辱是不得不"在尿液和粪便之间"经由阴道来到这个世界。

　　斯韦尔斯把 Aliquis 先生所有的联想都追溯到了弗洛伊德自己的阅读、经历和感情，唯一的一个例外是那不勒斯驰名的圣亚努阿里乌斯干涸之血会液化的联想，弗洛伊德从来没有去过那个城市。在故事中，弗洛伊德不得不听这位游历更广的年轻人说起那不勒斯的这一传统。斯韦尔斯在 1982 年写道，"那么我们肯定会好奇，弗洛伊德是不是在这个时间前后，也许是从报纸上，恰好读到了著名的罗马天主教的血之奇迹，使他自然而然地把这件事和象征意义上一致的月经联系了起来" [9]。

　　斯韦尔斯的问题在 2001 年得到了解答，在大多数方面都是弗洛伊德的坚定捍卫者的理查德·斯库斯当时发表了一篇题为《论弗洛伊德关于 Aliquis 口误的时日测定》的文章，标题起得让人毫无戒备之心。除了其他支持斯韦尔斯论点的证据，斯库斯报告了以下珍贵的发现。1900 年9 月 23 日，弗洛伊德一期不落常年阅读的报纸——维也纳《新自由报》，刊登了丹麦犹太裔作家乔治·布兰代斯谈论两本旅游书的书评，其中一本提到参观那不勒斯著名的小教堂——"就是这个小教堂，"布兰代斯引用的语句如是说，"在这里，圣亚努阿里乌斯的血液每年都会有几次如神恩显现一般，从干涸的固态变成液态。"[10] 布兰代斯恰好又是弗洛伊德非常喜欢的当代作家。半年以前，弗洛伊德在维也纳参加过布兰代斯的一场讲座，"听得津津有味"，为表敬意，他还题签了一本《梦的解析》派人送到布兰代斯下榻的旅馆[11]。

当布兰代斯的评论出现在眼前时，弗洛伊德已经结束夏季旅行回到家中将近两周了。因此，我们可以肯定，围绕圣亚努阿里乌斯的奇迹这一重点的 Aliquis 事件，并非发生在夏季"假日旅行"途中。不过，完全没有理由认为这事发生过，每一条理由都说明情况恰恰相反。在报上出现布兰代斯谈及那不勒斯圣人的次日，弗洛伊德写信告诉弗利斯，他这下正在写《日常生活的精神病理学》。弗洛伊德在这一章里告诉我们，"希望能对我的作品集有所贡献"[12]。Aliquis 先生这个编造出来的故事是他对"外语单词遗忘"缺乏真实说明素材而做出的回应[*]。

但是事情当然不止于此。Aliquis 先生就是弗洛伊德，而弗洛伊德正翘首等待来自梅兰的消息：某位女士是按时"液化了血"还是没来月经。然而，他并不像他自恃的那样善于掩盖自己的踪迹。也许是想到了明娜的所在之地，他让 Aliquis 先生声称这位女士是意大利人；但他这么做的时候，却忘了作为迦太基和耶路撒冷的劫掠者的后裔，意大利人怕是难以生出为犹太人复仇的人。明娜·贝尔奈斯，有未来的马加比·弗

---

[*]　到底是否可能确有 Aliquis 先生其人？最可能的人选是弗洛伊德的弟弟亚历山大，虽说支撑这个推测的证据单薄无力。提出这一身份指向的是阿尔布雷希特·希尔施米勒，他觉得有必要承认弗洛伊德行事过于鲁莽，竟让自己的弟弟牵扯到有悖伦常的怀孕事件中。但是——没问题！"显然隐蔽工作做得太好了，时至今日，几乎无人公开表达过这一推测"（希尔施米勒 2002b，第 398 页）。

洛伊德*基因上的加持，倒有可能做到。然而，这位英雄却会被刺死在母亲的子宫里。

正如廷帕纳罗在 1974 年指出的那样，堕胎是弗洛伊德强调的特伦特圣西蒙杀孩案背后的真正主题[13]。弗洛伊德在他这一章的脚注中，让他想象中的同伴说，exoriare 让他想起了驱魔；然后，他修改了 1924 年版的注解，接受了另一位精神分析学家提出的"对于想通过堕胎来除掉不想要的孩子这一压抑之下的念头，驱魔是具有象征意义的最佳替代"[14]。弗洛伊德的愧疚忧思从未止息。

2. 后遗症

不知什么原因，明娜·贝尔奈斯的病症始终不退，逐步发展，不是持续几个星期或几个月，而是长达五年之久，此后她又能走动了，但仍未完全康复。她的久病不愈应该已经给了弗洛伊德足够时间，重新考虑与小姨子暗通曲款要慎之又慎。如果双方都已经同意后退一大步，那绝对可以理解。我们可以猜想，明娜——在弗洛伊德家当了四年守身如玉的保姆，在 1898 年很可能又抵挡住了西格蒙德的求爱，现在身体和精神都受到了伤害——会欣然接受这一决定。

然而，在明娜康复之后，弗洛伊德对这件事就不这么看了。一个在消夏度假期间乃至一年其余的时光里向情妇求欢、支付她在家里生活费的男人，不太可能把她留在家里而毫不染指。那后来的那些年，整整几年明娜和西格蒙德都无法避开他人去结伴旅行又怎么说呢？弗洛伊德对待玛尔塔向来如暴君一般。现在他仍然是个暴君，但终于有了真正令他满意的性关系。至于明娜本人，她肯定是爱着他的，她仰赖他的善意和慷慨馈赠，仰赖他在身无分文的老处女几乎无依无靠的这样一个社会中为她挡风遮雨。

长久以来，人们以为明娜姨妈在柏格街 19 号的卧室同西格蒙德和

---

* 马加比家族曾争取犹太人独立，此处化用指代未出世的那个孩子。——译者注

玛尔塔的卧室相邻，这一情况会有碍于通奸行径。然而，这种安排不过自 1920 年才开始，当时弗洛伊德六十四岁了。而在此之前，在那一片庞然的建筑群中，明娜的房间一直尽可能地远离弗洛伊德夫妻的房间，夜猫子西格蒙德完全可以在黎明前的时间里肆无忌惮地登门而入 [15]。

1969 年有一份荣格和他的一位美国崇拜者约翰·M. 比林斯基的访谈发表，其实这场访谈记录于 1957 年。荣格曾向比林斯基和至少另外两个人讲述过他在 1907 年第一次到弗洛伊德公寓拜访的情形，当时他对贝尔奈斯姐妹的身份的鲜明对比吃了一惊。"很抱歉，我完全没法像样地招待你，"弗洛伊德曾表示歉意，"我家里除了一位上了年纪的妻子，什么都没有。"（当时玛尔塔还不到四十六岁）[16] 不出几个小时，荣格想试着把玛尔塔引到谈论西格蒙德工作的对话上，"但我很快发现，弗洛伊德夫人对弗洛伊德的工作一无所知。显然，弗洛伊德和妻子之间的关系非常流于表面"[17]。然而，一个"长得非常漂亮"的明娜，"不仅对精神分析有充分的了解，而且对弗洛伊德在做的一切工作也都应知尽知"[18]。

荣格在维也纳逗留的那一周后面几天，明娜无疑察觉到了精神分析的继承人正在得到钦定，据说她把他拉到了一边。

> 她对自己和弗洛伊德的关系大伤脑筋，为此感到内疚。从她那里，我得知弗洛伊德爱着她，他们的关系确实非常亲密。这对我而言是一个惊天发现，甚至到现在我还能回忆起当时的那种痛苦[19]。

这番话虽然毫不含糊，但却说得很委婉。我们现在从比林斯基的手记中知道，荣格其实讲了许多话，告诉他明娜和西格蒙德之间存在"性关系"[20]。

当然，精神分析学家予以了反击，贬低荣格的动机，否认明娜会向一个陌生人吐露心事以放下压在心头的包袱。然而，其他一些观察家早就推断出了据称向荣格袒露的婚外恋情况。其中之一是奥斯卡·里尔，他不仅是弗利斯的连襟，和弗洛伊德有着四十五年之久的亲密友谊，还与弗洛伊德合著了一本关于婴儿麻痹症的书，同时也是三位当事人——西格蒙德、玛尔塔和明娜——的私人医生。据说里尔曾点评道："为了孩子，弗洛伊德和玛尔塔一起去；为了乐子，他带着明娜去。"[21]

正如人们预料的那样，弗洛伊德对于他与明娜无法无天的行为从来没有明确否认或试图加以澄清，这导致在他的大家庭之中焦虑情绪始终不消，也导致精神分析学派的精英之间流言四起。桑多尔·费伦齐非常了解弗洛伊德，试图套他的话，让他就此话题多谈几句，便用一句双关语来取笑他。"西格蒙德和明娜在意大利难道不是从一张床到另一张床这样旅行吗？"[22]

但这可不是开玩笑的事。弗洛伊德从来没有考虑过要践行他在回答1905年的调查问卷时所主张的"再婚型多配偶制"。与之相反，他要求同时有两个妻子来提供不同的服务，不给第一位妻子任何特权以作为他与另一位妻子亲密关系的补偿。玛尔塔将继续为他料理家务事，而与此同时，看来日复一日，她丈夫认为她也就只配这样。荣格在1907年就注意到了这对她的影响。在1953年接受库尔特·艾斯勒的访谈时，荣格避而不谈有关明娜的问题，但讲述了玛尔塔给他的印象是"苍白而疲惫不堪，自我困扰，心神不宁"[23]。

即便不得不作起伪证、坚称西格蒙德只爱玛尔塔而且倾心于她达五十七年之久的琼斯，也忍不住背着安娜给我们举旗发出了若干信号。他评论道："一切都表明弗洛伊德的爱情生活中有非同寻常的隐秘之处"；在别处，"人们察觉到一种无形之中的有所保留，若要打破这份缄默不语则太过莽撞了，从来没有人这样做"，"至于他的态度，有些特征似乎……证明隐私一词应该被秘密取而代之"[24]。

明娜亲口告诉荣格的事情虽然令人困惑，但给他留下了深刻印象。精神分析以孜孜探求真相为行为准则，创建精神分析之人会不会为了发展进步而隐瞒了双重人格的生活？1909年弗洛伊德和荣格访问美国，在他们就对方的梦互相交换意见时，暗中消息灵通的荣格硬要弗洛伊德解释一个涉及玛尔塔、明娜和他自己的梦，弗洛伊德之前叙述了这个梦，而后却拒绝讨论。根据荣格的说法，弗洛伊德遭到逼问之下已经退缩了，还大喊："我可不能拿自己的权威来冒险！"[25]

　　荣格当时向别人坦露的这件事，对他而言是一个分水岭。现在他确切了解了两年前他几乎不愿意相信的事情。他并非忿忿于通奸之事，对此他比弗洛伊德更坦然轻松，但他不再仰视他的精神之父；从那时起，精神分析运动最严重的破裂将不可避免。

第三十三章

女孩之祸

1. 家庭内部的风流韵事

尽管弗洛伊德原本计划以"梦与神经症"作为《梦的解析》的最后一章，但他并无任何成功的案例可以援引，因此这一章始终没有写出来[1]。然而，1900 年 10 月中旬，就在明娜·贝尔奈斯总算从梅兰迟迟归来之前，他接手了一位病人，此人讲述的种种梦境，预计历经长达一年的分析之后，或能提供一把了解乃至消除她"癔症"的钥匙。经过大约六十五次治疗，不出三个月时间，她就弃他而去，治愈的希望也随着病人本人消失无踪。饶是如此，弗洛伊德认为她已经为他展示了所需的梦中意象和癔症症状之间的对应关系。

这就是他为什么在 1901 年的第一个月中断他的《日常生活的精神病理学》的写作达三个星期之久，只为把这个病人的案例写出来，最初题目定为《梦和癔症：一则分析的片段散记》。弗洛伊德告诉不再与他心心相印的弗利斯，说这篇新论文是"我迄今为止写过的最艰深的物事"[2]。当然，它不仅被誉为弗洛伊德主要案例研究的开篇之作——人们认可的其他案例还有小汉斯、鼠人、患精神病的施雷伯和狼人等，而且被誉为其中最引人入胜、最具启发意义的一篇。或许情况也确实如此，虽说不是出于司空见惯的原因。

弗洛伊德这位著名的病人"朵拉"实际上叫伊达·鲍尔，她在开始接受他的治疗后不久才年满十八岁（他称她十八岁和"将近十九岁"等等不一而足）。直到 1978 年，她的身份才广为人知[3]，即使时至今日，对于研究她这一病例的学生而言，她仍然是朵拉，许多学生继续给她套上令人生厌的特征和动机，而那些特征和动机最初都是弗洛伊德明确指称的。在重新审视此病例的过程中，我不仅要使用伊达的真名，还要使用在她戏剧般的故事中产生主要影响的四位成年人的真名：

- 菲利普·鲍尔，伊达的父亲，一位富有的纺织企业家，拥有两座工厂，工厂位于今日的捷克共和国，但当时那里是奥匈帝国的一部分。
- 卡塔琳娜·格贝尔·鲍尔，伊达的母亲。她和菲利普于 1881 年结婚。她在下文中将被称为克特。
- 汉斯·泽伦卡（弗洛伊德说的"K 先生"），梅兰（弗洛伊德说的"B 镇"）的一名店主。
- 朱塞平娜·泽伦卡，汉斯的妻子（弗洛伊德的"K 夫人"）。她在下文为佩平娜。

1882 年 11 月 1 日，伊达生于克特和菲利普·鲍尔膝下，她家在维也纳的住址是柏格街 32 号，距离弗洛伊德后来的住所兼诊疗室仅一个街区之遥。唯一的哥哥奥托比她大十四个月*。她童年最重要的事件与她父亲的健康息息相关。伊达六岁时，菲利普得了肺结核，于是全家搬到了维也纳西南两百五十英里开外的梅兰，因为那里有着山区清新的空气。在伊达十岁或十一岁时，菲利普一只眼睛已经失明，而另一只眼睛视网膜脱落。参与对父亲的照顾之后，她显然得知，他在婚前就感染了梅毒。这种疾病可能解释了为什么他在 1894 年发生了最令人担忧的一

---

* 奥托·鲍尔在取得法律学位并写出一本好评如潮的书之后，成为一位重要的社会主义者。1914 年弗洛伊德建议他放弃政治这一无望的领域，转向教学。"别试图让人快乐，"弗洛伊德告诉他，"人们并不想快乐。"（德克尔 1991，第 159—160 页）奥托不理会弗洛伊德的看法，帝国瓦解后，他成为奥地利共和国第一任外交部部长。

场健康危机，当时伊达十二岁。菲利普随后经历了一次暂时性瘫痪和精神混乱的病情发作。

正如弗洛伊德叙述的那样，克特·鲍尔和她的丈夫基本上合不来。我们可以推测，部分原因在于他的疾病，她变得有洁癖，将睡觉以外的几乎所有时间都用在清洗衣物、打扫收拾和消毒杀菌这些家务上。由于不愿意或无法继续应对菲利普的护理需求，她请佩平娜·泽伦卡来照顾他。佩平娜似乎照料得好过头了——护理员和病人发生了性关系。

佩平娜的丈夫汉斯知道这一事实，他希望这出婚外情到此为止，想来也是情理之中的事。不过他并没有资格抱怨婚外猎奇的举动。佩平娜经常不在家，这倒是为他自己追逐女色提供了便利。此外，他对于恋童行径也毫不避讳，而且心目中已经有了特定的目标：妻子的情人菲利普那个年方十二岁的女儿伊达。汉斯举止浮夸，不断用鲜花、礼物和谄媚眼神向伊达发起攻势。

克特似乎太过专注于消毒她家的房子，而没有注意到伊达正在陷入危险之中。菲利普尽管据说很爱自己的女儿，但他和妻子差不多，注意力都不在女儿身上。在伊达十三岁时——弗洛伊德声称当时她十四岁，有一天，汉斯想方设法把她单独弄到他在梅兰的店里，一把搂住她并且亲吻了她 *。伊达吓坏了，总算竭力挣脱逃走了，不过当时她没有跟任何人说起此事。或许她无法跟自己解释到底发生了什么事，但她肯定也犹豫再三而不愿告诉父母，因为那时鲍尔和泽伦卡夫妇这些大人尽管在财富和阶级方面差距很大，关系却融洽得非同寻常，伊达想必觉得她若发起指控会受到怀疑，还惹得大人恼怒。

更为错综复杂的是，伊达本人实际上已经成为泽伦卡家庭的一员，她很高兴拥有佩平娜显然真心相待的友谊，欣赏她的美貌，倾听她对于无爱婚姻所吐露的心声，并且对她两个年幼的孩子关爱有加。按照弗洛

---

* 弗洛伊德自始至终都略微夸大伊达的年龄，这么做掩盖了他和其他人对于她的治疗有多可怕。他的错误陈述究竟是有意为之，还是纯粹大意疏忽，这就不得而知了。见马奥尼 1996，第 18—19 页。

伊德的说法，伊达在菲利普—佩皮娜的婚外情中也有参与——他们在一起时，她为他们创造了相处的空间。然而，我们不能确定，她是否理解他们之间关系的性质，更不能确定她是否积极地推波助澜。

问题悬而未决，一直到1898年6月，按照弗洛伊德的估计，当时伊达十六岁（实际上她十五岁半）。泽伦卡夫妇邀请她到阿尔卑斯山的湖畔多住几天，他们在那里租了一间度夏房屋。菲利普送她过去，预计几天之后独自返回梅兰。然而，这次上门做客开始不久，在一次乘船过湖之后，汉斯当面对伊达宣称他"从妻子身上什么都得不到"，公然向她提出非分要求。她扇了他一巴掌，赶紧离开了。

在这场冲突发生的当天晚些时候，伊达稍作小憩，醒来时发现汉斯就站在她的床边，语带威胁地声称只要他乐意可以随时进入"自己的房间"。次日，她试图锁上门，只求能安安心心换个衣服，这时她发现钥匙不见了。她无需更多的证据，就已经意识到，她单独与泽伦卡夫妇待在一起恐怕太危险了。三天后，她坚持要和父亲一起离开，尽管没有告诉他个中缘由。她又等了两个星期，才勉强把事情的原委告诉了母亲，而克特又把这个故事转述给了丈夫。

这对两个家庭而言都是一次关键的考验。鲍尔夫妇作为大人可能会支持他们的女儿，并面对菲利普与佩平娜的婚外情造成的破坏性后果。当然，佩平娜也指望得上替伊达出面，防范虎视眈眈的汉斯。不过面对这场考验，双方都失败了。汉斯在回复菲利普询问此事的来信时，对伊达大加夸赞，并且宣称自己百分之百清白无辜；然而当他回到梅兰，当面受到盘问时，他却先发制人，称伊达的故事是一派胡言，纯属她翻看谈论性议题的禁书而造成的错觉。佩平娜私心作祟，显然已经告诉过他伊达都读些什么书这类有利于耍阴谋诡计的信息[*]。

鲍尔夫妇相信了汉斯的说法，或者假装相信了。于是，菲利普可以

---

[*] 据说佩平娜声称伊达在研读《爱情生理学》（1896年），作者就是那个在1884年因引介古柯叶而让弗洛伊德印象深刻的保罗·曼泰加扎。不过以具象形式探讨性行为的是曼泰加扎的另一本书《人类性关系》（1885年）。

保住他的情妇，而他和克特也可以维持与"宣告无罪"的泽伦卡夫妇的友谊。唯一的输家是伊达，她被四个成年人都斥之为沉溺于性乃至产生幻觉。她这下怒火中烧，要求菲利普和佩平娜的关系必须一了百了，还要求与泽伦卡家族断绝一切联系，这些要求被视作心态不平衡的进一步表现。

1899 年，鲍尔夫妇搬到了菲利普工厂所在地附近的赖兴贝格，在那里短暂居住了一段时间，后来他们觉得应该到维也纳定居。令伊达惊愕的是，不久泽伦卡夫妇也跟着来了，伊达察觉到她父亲和佩平娜之间的关系依然牢不可破。最近她最喜爱的姑姑去世——这位姑姑可能是她身边唯一值得信任的人，此事进一步引发了她的抑郁。她后来在父母很可能发现的地方留下了一封"诀别书"——至于这封信是否真心实意，值得怀疑——这时候菲利普认为她应该去接受弗洛伊德的治疗。

伊达开始接受治疗时，菲利普和弗洛伊德的关系已经非常好了。菲利普曾在 1898 年就自己的症状找过这位维也纳神经学家诊疗；弗洛伊德诊断那是晚期梅毒，并且对症开具了处方，或多或少在实质上或者至少在表象上使病情有所缓解*。弗洛伊德也曾见过伊达，因为她表现出持续咳嗽的症状，他当即给她贴上了患有癔症的标签。鲍尔夫妇在维也纳定居下来以后，菲利普又多次拜访过弗洛伊德。现在，他想让弗洛伊德劝说伊达，消除她所谓的妄想念头，这不仅包括她对湖畔事件的"虚假记忆"，还包括她认为他与佩平娜之间无可指责的纯良关系实有僭越的看法。

2. 选边站

伊达·鲍尔有别于弗洛伊德通常诊治的病人之处，主要在于她是花

---

* 弗洛伊德治疗梅毒的常规药方是水银，一种可怕的神经毒素；读者或许会回忆起他鼓吹过，假如病人同时施以万灵药可卡因，那么要加大剂量使用。在关于朵拉病例的评介中，他夸口声称只用了一种药就消除了菲利普的病症，这一成就远超大多数梅毒治疗专家的乐观说法，他们通常给病人做的间歇性水银浸泡治疗要持续数年。

季少女，而且她并非自愿前来治疗。她之所以出现在弗洛伊德的诊室，是因为大人希望她变回在青春期叛逆起来之前那个乖乖听话的女儿。然而，在她自己看来，她的"敌意"完全是大人的失当行为所致。令弗洛伊德苦恼的是，她与他的关系将重蹈她的大多数"前辈"的覆辙。她会听取他的问题和主张，注意到他在她看来麻木不仁的那种偏狂特质，认为继续分析下去毫无意义。正如她在1900年12月31日治疗的最后一天谈到的那样，她决定"忍到新年"，但过了新年就坚决不干了 4。

除了承认伊达是"一个秀外慧中的姑娘"外，弗洛伊德对她没有什么好的评价 5。他认为，她的个性天生就有反骨，从这一点就可以一览无遗：她对他大胆推测的有关她在两个家庭纠葛中动机为何的几乎所有说法都立即提出异议。然而，如果我们对于弗洛伊德的主观评论打个折扣来看待，仅仅聚焦于伊达的言行举止，那么我们就能看出一个更讨人喜欢的人。

尽管伊达在家庭中缺乏明了直率的感情，但她依然能够表现出对佩平娜两个孩子的爱。我们也可以从她身上看出一种令人钦佩的思想独立性——我们记得，弗洛伊德当时认为这种特质与淑女格格不入（对明娜倒网开一面）。伊达认识到她父母的软弱和怯懦；她看出两家大人都有意为了他们的一己之私而牺牲掉她；而且，她注意到她哥哥奥托得到了一切优待和机会，于是把自己身处的困境与作为女性低人一等的地位联系到了一起。从弗洛伊德的角度来看，颇为不祥的是，她在湖畔遭受的磨难激发了她在十七岁的早熟之龄"参加面对女性的讲座……展开或多或少算得上严肃的研究" 6。

可以毫不夸张地说，弗洛伊德越发对伊达·鲍尔嗤之以鼻。有时，她仅仅只是出现似乎就令他反感。他有一次叙述说，"接连几天，她表现出轻微症状和古怪举止，和她母亲简直如出一辙，在行为令人无法容忍的这一方面，她还真是得到了一个机会，而且取得了可谓不容小觑的成就" 7（但无论是当时还是后来，弗洛伊德都从未见过克特）。

弗洛伊德把他的病人视为对手，见缝插针地使绊子，并且横加责难。"我让她接着往下说，"他叙述道，"她突然想起这天是［汉斯］的生日……——我不失时机地利用这个事实来跟她针锋相对。"[8]或者还有一次，伊达有一天上门时出现剧烈的腹痛，弗洛伊德当下的反应是："这一次你到底又是在模仿谁？"[9]当她讲起自己最近遭受阑尾炎发作和一只脚日渐跛行的病痛折磨时，弗洛伊德完全不理会为她做过检查的专家们所下的诊断[10]。他宣称，"阑尾炎"原来是一场妊娠幻想，由此产生了癔症患者想象的分娩——她想必压抑了这份记忆，而跛脚则代表她未能保护好自己以至于在想象中怀孕的"失足"*。

不过弗洛伊德从来没有赢得伊达对于这种解读的认同，也没有让她就此得到宣泄。她"已经习惯于嘲笑医生的努力，最后完全拒绝承认医生的帮助"[11]。在交给弗洛伊德治疗之前，郁郁寡欢的伊达曾接受过水疗法和电流刺激治疗，弗洛伊德自己在执业初期对这些无谓的疗法深信不疑。她只是为了讨父亲欢心，才答应签约接受弗洛伊德治疗。当她看到他不加掩饰地将她说的每一句话都同化为他的性理论时，与其说她被冒犯到，不如说是被逗乐了。

举例而言，在弗洛伊德宣称他对两个小时的梦境分析结果"感到满意"之后，伊达讥诮地回嘴说："怎么，得出什么了不起的成果了吗？"[12]当他告诉她，在她一份梦境叙述中提到的一个珠宝盒象征女性生殖器时，她快言快语道："我就知道你会这样说。"——这句话经过弗洛伊德怒气冲冲的脚注一渲染，就显得更有趣了："这是用来撇开源自压抑之下的知识的常见方法。"[13]

然而，时至今日不那么引人发噱的，是弗洛伊德听到伊达向他讲述的通奸、伤害孩子、欺骗和背叛的故事而做出的反应。虽然他想否定故事中的部分内容，认为是在夸大其词，但他最终不得不相信故事中的每一个字。不过他相信归相信，却没有相应地对伊达所经历的痛苦产生哪怕一丁点儿的担忧。在标准版文集里占据 115 页篇幅的病历中，他一次也没有承认他的病人在无良长者手中遭受了创伤。显然，他也没有亲自

---

* 在"盆腔阑尾炎"这一常见情况下，腰肌会受到冲击，从而影响运动。这可能不是伊达的问题，但弗洛伊德作为医生应该考虑到这一点。见施塔德勒 1989。

当面承认过。

弗洛伊德对遭到诽谤、被指称患病的伊达加以欺凌，这与他不愿意批评其他当事人尤其是两个玩弄女性的丈夫，形成了鲜明对比。在此我们可能注意到，他开始为伊达做心理分析，其时机正好是在他自己与小姨子的幽会之旅回来一个月之后。如同女儿口中描述的菲利普，西格蒙德在他心爱的女人身上一掷千金，他在和她一起外出期间，还给家里写了具有欺骗性的信，伴作闲话家常。其他相似之处想必更是让易受迷信影响的弗洛伊德感觉胆战心惊。伊达的故事主要发生在梅兰，而她讲述故事时明娜还在那里。汉斯向伊达提出当他情人的那个大湖之畔，很可能就是加尔达，也就是西格蒙德和明娜不久前"纵情享乐不留一丝遗憾"之处。心怀不满的丈夫在婚姻之外寻求慰藉，这不会受到弗洛伊德的严厉指责。

在伊达的故事中，最坏的恶棍是汉斯。然而，弗洛伊德却觉得他总体看来颇具魅力。"我碰巧认识［汉斯］，"他告诉读者，"因为他就是那个和病人的父亲一起前来拜访我的人，他还很年轻，而且风度翩翩。"[14] 弗洛伊德是如此为汉斯所倾倒，简直无法理解伊达当初为什么没有立即同意他的提议，毕竟那提议"一点也不会有什么不得体或者唐突的地方"[15]。弗洛伊德问：为什么"她……拒绝得如此粗暴，好像她被他给激怒了？"[16] 我们记得，年方十五岁的伊达的所谓粗暴行为，包括扇了一巴掌，力道刚好足以阻挡一个老道的酒色之徒的拥抱。

然而，最强烈地引起弗洛伊德对于性侵犯者的纵容和对于受害者的蔑视的事件，是汉斯的第一次性挑逗——在空荡荡的商店里强吻伊达。弗洛伊德就这一点的评论值得每一个视他为道德权威的人好好琢磨：

> 这情形肯定能唤起一个从来没有被人亲狎过的十四岁［其实是十三岁］女孩的性兴奋，这是一种独特的感觉。但［伊达］当时有一种强烈的厌恶之情，奋力从那人怀里挣脱了出来，急忙躲开他奔向楼梯，从那里跑到街门口……
>
> 在这一幕情形中……这个十四岁的孩子的行为已经是……全然

尽然的歇斯底里。我毫无疑问会认为，身处性兴奋的情境之下而感觉却主要是或者完全是不愉快，这样的人是患了癔症；无论这个人是否产生身体上的症状，我都会这样认为[17]。

在这些看法的背后，无疑有许多影响因素在起作用，包括弗洛伊德对伊达的敌意、他眼里汉斯独到的魅力、他关于力比多流动和阻塞的那一套模型、他关于失望的丈夫必须得到性欲满足的伦理标准以及他自己关于童年性侵犯的系统阐述。然而，其中最重要的是他缺乏对于心理的同情理解。多年来，他一直在就性创伤作为神经症爆发的诱因进行理论研究；但是当他看到遭受过实实在在性侵犯的惊恐的儿童时，他却宣称受害者的不愉快是患有癔症的确凿表征。

我们此前曾谈论过，弗洛伊德很喜欢告诉女病人，说她们爱上了某些可望而不可即的男人。如果女病人否认萌生过这样的感情也不要紧；在这种情况下，她想必是不自觉地坠入情网。弗洛伊德在与伊达相处的大部分时间里都不顾她的坚决否认，坚称她曾经爱过汉斯·泽伦卡，而且不管已然了解的一切，坚称她仍然爱着他。弗洛伊德承认，"[伊达]是怎么爱上这个男人的——毕竟她挚爱的朋友[佩平娜]对他有那么多不好的评价，这是个有趣的心理问题"。但这问题容易解决：无意识之中是"异声相求"[18]。他还从他罗曼司小说家的库存中拈来了又一个用滥了的套话，宣称毕竟汉斯心意诚恳。

根据弗洛伊德的说法，中年家长汉斯想过要与妻子离婚，娶他那年方十四岁的心上人。那么，汉斯把她那一巴掌误以为是对他计划的明确拒绝，委实太可惜了。弗洛伊德认为，"如果他不理会那第一句'不'，继续以一种让疑虑无处容身的激情来坚持他的追求，步步紧逼，结果很可能是女孩对他的好感战胜了她内心的所有障碍"[19]。即便伊达在离开的那一天向弗洛伊德作了礼貌的告别，他还是坚持认为她是"在等[汉斯]可以娶她"[20]。

在这部分的论证中，道德上的粗暴和只能说是有意为之的视而不见，弗洛伊德可谓兼而有之。伊达已经给他提供了足够的信息，确凿无误地证明，汉斯并没有考虑离婚而后再和她结婚。不过，弗洛伊德却认识不到，他从伊达那里得到继而传递给读者的事实究竟意味着什么。

首先，汉斯曾向伊达的父母贬斥他"未来的妻子"是一个沉迷于性的胡言乱语之人。其次，他似乎从来没有提到过结婚，无论是在湖畔还是在接下来的圣诞节送礼之时。第三，她最近发现他在维也纳的街道上鬼鬼祟祟地尾随她——很难说这是追求者的常见举动。第四，就在湖畔求爱之前，泽伦卡家的一位家庭女教师曾向伊达透露，汉斯一直在追求她，赢得她委身相许，然后又把她抛弃，这一系列事件很快就导致受骗的女子失业了。第五，最具侮辱性的是，汉斯对伊达重复了他用在家庭女教师身上的引诱手段。第六，他紧接着的行为就像一个潜在的强奸犯，而不是一个未来的未婚夫。

伊达和汉斯结婚的前景是弗洛伊德不切实际的想法，他考虑的是如何顺着菲利普·鲍尔对他发出的主要指示，好让伊达不再抱怨父亲和佩平娜的关系。这个方案有不少漏洞，它会导致被抛弃的佩平娜独自一人抚养两个小孩——当然，除非菲利普要娶佩平娜，从而又陷克特于困境。然而，佩平娜和克特并没有付钱给弗洛伊德，菲利普才是金主。弗洛伊德贯穿整个精神分析的行为模式表现出他是在充当菲利普的代理人。

甚至还没开始治疗之前，弗洛伊德就已经决心对伊达寸步不让：

> 我敢肯定，只要她的父亲告诉她，他已经为了她［伊达的］健康而作出了牺牲［佩皮娜］，她肯定马上就痊愈。但是，我还要说，我希望他不要耳根子一软就真这样做了，因为这么一来，她就会知道她手中掌握多么强有力的武器，她肯定不会放过今后的任何一个机会，再度利用她易于患病这一点来兴风作浪[21]。

于是我们看到，弗洛伊德是在鼓励出轨的菲利普留住情妇，与此同时推荐了一个与他从专业判断来看能够立即消除伊达"癔症"的办法截然相反的行动路径。无论如何，都不能让一个不受约束的年轻姑娘对男性祭出"强有力的武器"。这就解释了为什么弗洛伊德从未向伊达透露，他同意她的观点，即她的父亲和佩平娜是情人，而且湖畔摊牌确有其事。与之相反，他试图说服她，她坚持这些观点不退让是患病的表征。至于她对别人的指责，他不厌其烦地告诉她，只是批评的投射，其真正的目标是她那嫉妒作祟、拒不服从、下流而又暗自愧疚的自我。

在包括弗洛伊德在内的整起事件中，唯一有道德感的一方是伊达自己。她孤军奋战，维护她所属阶层名义上的道德，抵制了不伦的求爱，并且力劝别人守住他们自己立下的誓言。她甚至曾坚决要求解雇她的家庭女教师，因为当时她察觉到那个女人在勾引菲利普。然而，弗洛伊德——现在他自己也成了孩子们的家庭女教师的情人——在内心把伊达视作放荡的仆人阶层，给她选用的化名来自他妹妹罗莎为一个保姆起的名字（"朵拉"）[22]，在伊达弃他而去时还讥笑说，她提前两周告知，"这是仆人典型的时间期限"[23]。

3. 现有的解锁工具

正如我们即将看到的，伊达突如其来地掐断他的一项收入来源和其对于她心灵的探究，这时候弗洛伊德大为光火。然而，他已经很清楚，她不会跻身那屈指可数的几位病人之列，特别是安娜·冯·利本、埃玛·埃克施泰因和奥斯卡·费尔纳，他们那些人愿意几乎无限期地等待下去，以求从他的治疗方法中获益。尽管如此，他远远不会相信他十一个星期以来的刺激和诱导都泡汤了。他觉得，由于成功阻止伊达得到她所期许的信任和认可，继而又把她的两场梦和种种症状联系起来，他已经把她的压抑清清楚楚地展示出来了。弗洛伊德告诉读者，假如他对伊达其人表现出"热切的个人兴趣"，伊达可能会继续接受治疗。但那样做"就相当于给她提供了她渴望的感情的替代品"——他告诫所有分析师，要避免这种技巧上的错误[24]。

在思考伊达的"癔症"这一过程当中，一个可以澄清他对精神神经症态度的宝贵机会就摆在弗洛伊德的面前——重新考虑癔症作为一种疾病的真实性，权衡几种病因的相对优势，移除自相矛盾的压顶之石而为自己解围。只是这一番修修补补存在两个障碍。首先，弗洛伊德从来没有表现出具备检验心理学假说的能力；其次，他也并不想这样做。他以为对于病例的掌握表现在层层叠叠堆砌各种解释。正如他在治疗的第二周就告诉弗利斯的那样，伊达的癔症已经"在现有的解锁工具之下顺利打开"[25]。就像我已经提到的，弗洛伊德作为开山鼻祖的精神分析师是如此不愿被揪住修改过假设前提，竟然宁可用赤裸裸的谎言来开始他的叙述：伊达的病例将"证实"他已经放弃的在 1895 年和 1896 年间病因学方面的观点[26]。

和那个时代、那个地域的其他人一样，伊达·鲍尔也罹患过一些疾病，这些疾病造成了久缠不去的后遗症。毫无疑问，她也曾"躯体化"表现出那些菲利普的外遇以及汉斯对她的跟踪和诽谤而造成的紧张感和愤怒感；有理由认为，她曾利用诸如头痛和"昏厥"等一些症状，作为试图对父母施加影响的议价筹码。弗洛伊德在推测若菲利普结束婚外情会使伊达"马上就康复"时，就承认当中存在疑病症的因素。不过他认为，真正的癔症更根深蒂固，他仍然期望在童年早期找到关键的决定因素。

伊达的咳嗽发作，有时会持续几个星期，弗洛伊德对此尤其感兴趣[*]。不幸的是，他就这一特征为我们提供了致病根源的两个时间。在病历前一页上，他断言伊达在十二岁时开始咳嗽；后面在另一页上，则是说始于八岁时[27]。但他进行解释的假设前提侧重在稍晚一点的时候，当时伊达已经面临汉斯·泽伦卡的步步逼近。弗洛伊德观察到，她的咳嗽有时伴随着失音症，或者说失声。他不问这两种结果是否可能属于单一的一种生理问题，就直接编造了失音症和伊达对于追求者所谓的爱意之间象征性的联系。

---

[*] 伊达的双亲都患有肺结核，这一点恐怕在机体方面具有重要意义（多伊奇 1990，第 38 页）。顺便说一句，1913 年菲利普去世前依然表现有肺结核的症状（德克尔 1991，第 159 页）。

弗洛伊德推测，汉斯在城里的时候，伊达只想对他一个人说话，而他不在的时候，她根本说不出话来。弗洛伊德为确保这个论点站得住脚而提供的唯一论据是所谓的事件如影随形：伊达"失音症发作"持续了大约三到六个星期，据称汉斯的外出亦是如此。不过即便是这种可疑的关联性到了最近几年看来也不成立。那么，弗洛伊德是否曾重新评估或修改他的主张呢？他写道，"后来，毫无疑问，有必要淡化这种存在于她的病情发作和她暗中爱慕的对象不在城里这二者之间的巧合，以免个中规律暴露了她的秘密"[28]。仿佛让伊达在障人耳目的时间失了声，癔症就玩了个聪明的把戏似的。

不过咳嗽本身，相较于失音症，需要区别归属原因。弗洛伊德认为，伊达对她父亲的不良行为抱怨过多。这可能意味着，按照弗洛伊德的逻辑，她其实爱恋他，而且不是传统的女儿爱父亲的那种爱法。这种可能性又硬生生变成了一种确定性：伊达对父亲有着不伦之恋的不良存心。此外，弗洛伊德的临床经验号称已经"反复证实"，每一种癔症症状都刻画了一种性幻想[29]。这样一来，咳嗽发生在什么地方？哎呀，当然是在"喉咙和口腔"[30]。这样看来，伊达之所以一直咳嗽，必然是因为她希望吸吮父亲的阴茎。这就是洋洋得意的弗洛伊德对他纯洁的病人所说的话。

尽管弗洛伊德不想大肆吹嘘，但还是忍不住告诉读者，伊达有一次咳嗽发作（后来还会有许多次咳嗽）"在她默不作声接受这一解释后不久"就止住了[31]。事实上，她已经断然否认了他的说法。我们可以推测，她后来之所以"接受"得"默不作声"，是因为她懒得多费唇舌去谈论她的治疗师的那种变态想法。

弗洛伊德偏好解释伊达的咳嗽症状还有另一个原因。他以为他已经从她那里套出了话，承认她的父亲阳痿，因此推断菲利普／佩平娜的关系想必牵涉到非正统的性行为。但菲利普果真阳痿吗？弗洛伊德对此最初的推论基于一个无聊的文字游戏。伊达曾描述过她父亲是一个很有本事的人（ein vermögender Mann）——弗洛伊德无缘无故地把这句话反过来说成一个阳痿的人（ein unvermögender Mann）[32]。伊达是否真的"证实了这一解读"就必须猜测一番了 33。

按照弗洛伊德的说法，菲利普无法插入阴道，因此这对情人想必采用了她为他口交的方式。只是这种情况与所谓的菲利普阳痿有什么关系并不清楚，而根据我们知晓的信息，佩平娜总是给予却从未得到满足，她的动机何在，同样也不明了。尽管如此，在弗洛伊德看来，伊达渴望取代佩平娜和菲利普在一起——而且，她的咳嗽也意味着希望为汉斯进行同样的服务。

但是，如果在弗洛伊德看来，伊达既想为她的父亲又想为汉斯口交，那么对于这两个人的哪一个，她的欲望来得更强烈？弗洛伊德解决这类问题向来不会不知所措，他把原本已经复杂的事情搅得更加复杂。他认定，伊达加码她的乱伦幻想，只是作为一种防御手段，以此使自己免得委身于她真正的恋人汉斯。在弗洛伊德职业生涯后期，这一孰先孰后的顺序将被逆转：俄狄浦斯情结将被认为是一切后续对象选择背后的驱动力。但在 1901 年以及在 1905 年《朵拉》最终发表时，他仍然认为青春期之后持续存在的乱伦愿望需要一个特殊的动机。

弗洛伊德还提出了若干更进一步的观念，他认为除口交之外，菲利普不适合任何类型的性行为，但他依然告诉伊达，说她渴望把她的整个"珠宝盒"献给他；不久，连她的咳嗽都被说成"代表与她父亲的口交" 34。这还不是全部，弗洛伊德也把伊达看作一个女同性恋者。他对于病历删节一事有个抱憾之处，是他没有"及时发现"继而告知病人，说她的情欲中最强烈的倾向是她对佩平娜"根深蒂固的同性之爱" 35。

1901 年，弗洛伊德不再坚持他的诱奸理论，但他也尚未得出癔症患者出于俄狄浦斯情结而幻想着遭到家长强奸的这一信条。他这下想要的是这么一种对于癔症的解释——仍然以创伤为根基，但又容得下比单纯的性侵犯更多样化的冲击。他现在认为，有一种这样的冲击，即原始场景：孩子目睹或者偷听到父母交媾，而且被这一遭遇给吓坏了。很可能在弗莱堡他们家那个单间公寓里他自己就体验过这样的成年礼——所以，为什么每个癔症患者不应遭受到同样的惊吓呢？原始场景将成为弗洛伊德理论的一个固有特征，在类似鼠人和狼人等案例中都有显著表现。在 1901 年，原始场景作为伊达所患癔症的根源，在此登上精神分析的舞台初次亮相。

自八岁起，伊达就患上了呼吸困难，或者说是呼吸急促。她终生都有哮喘，这一事实也可以与身心失调的病因分庭抗礼[36]。然而，对弗洛伊德来说，这个病例一目了然。伊达呼哧呼哧的气喘，就像卡塔琳娜一样（如果真的发生的话），使他想起了交媾时的沉重喘息，因此，她想必听到了她那从未完全从肺结核病情中康复但也还没阳痿的父亲行房时的喘息。

在建立起伊达的原始场景的"事实"后，弗洛伊德不费吹灰之力，凭直觉感知到了故事的其余部分：

> 在这种情况下料想应该会在［伊达］身上产生的感同身受的兴奋，可能很容易使这孩子的性欲发生转化，变得有焦虑倾向而不是有自慰的倾向。不久以后，当父亲不在身边时，全心全意地爱着他、希望他回来的这孩子想必是以哮喘病发作的形式再现她得到的印象。她在记忆中牢牢保留了引发症状第一次发作的那件事，我们可以从中推测出伴随着病情发作而来的满心焦虑的那一连串思绪是什么性质。第一次发作是她在山间旅行用力过猛之后，她很可能是真有点上气不接下气。除此之外，还想到医生禁止她父亲爬山，他不能用力过猛，因为他有气短的毛病；接着又想起那天晚上他和母亲使足劲儿的情形，想到那会不会对他造成伤害；接下来又担心她是否会在自慰时不够用力过度，这种行为和另外那种交互行为一样，会导致性高潮，随之也会有轻微的呼吸困难——最后又回到呼吸困难，这下作为症状，其存在感大为强化[37]。

请注意，弗洛伊德的情景还原是假定捕捉到了伊达八岁时无意识念头的确切顺序，然而除了她的哮喘病之外，没有任何数据的获益。

弗洛伊德的描述中有不少无端的假设，其中有一个被列为致病的关键，不仅是伊达病例，也是其他所有癔症病例的致病关键：童年时期的手淫。伊达曾经喜欢吮吸拇指，也经常尿床——据弗洛伊德判断，这两种表现都是手淫的迹象——此外，她的阴道分泌物或者说白带也不太正常，他认为这不仅仅是手淫的结果，也是对于手淫的现行"承认"[38]。这下他可以断言，伊达对四位长辈的一切指责都只不过是转移了因自渎自贱而产生的自责——现代弗洛伊德学说的信奉者和许多前辈一道，将这一观念誉为"一个强有力的解析范式"[39]。

弗洛伊德的理论这下认为，为了让癔症得以染上，手淫必须退居二线，压抑才是首要的致病因素。但他又想给伊达定罪，说她不间断犯下这一可耻行为。在探讨她神经质地将一根手指头塞进她的小手提包这一举动的一次分析治疗中，"小手提包不外乎代表了生殖器"[40]，那就是所谓的涵义。手淫再次解释了她的胃痛——同样的疼痛他在其他地方归因于她仿效一个装病的表妹[41]。正如弗洛伊德在谈及伊达的胃部不适时，给读者留下的令人印象深刻的评论：

> 众所周知，胃痛尤其经常发生在手淫的人身上。根据威廉·弗利斯与我私下的交流，对于这种性质的胃痛，只要将可卡因涂抹在他发现的鼻腔内"对应胃的区域"，就可以阻断，也可以通过对同一部位进行灼烧来实现治愈[42]。

因此，伊达过去手淫，现在也手淫，这是个谜题，但其中暗含的不连贯和无条理之处，本身就证明了弗洛伊德对于谈论手淫这一话题的热衷以及他对病人的敌意有多强烈。

4. 证据凿凿

如我们所见，弗洛伊德的梦理论断言，每一个梦都是由自童年以来一直被压抑的性愿望所驱动的。然而，在他那两本关于梦的书——《梦的解析》及其篇幅紧凑的续篇《论梦》中，他都没有能够举例具体证明这一论点。事实上，他后来也没有成功地做到。但他的"朵拉"病例最让他兴奋的是，它为另一个大胆的假设提供了试验场：癔症患者的梦可以把解析梦的分析者引到致使疾病产生的婴儿期的因素。这正是支撑弗洛伊德失败的自我分析的信条。

伊达向弗洛伊德提供了两份有关梦的报告，每一份报告都痛苦不堪地表达了她在遭到背叛之际的两难处境[43]。在第一份报告里，据说她从汉斯·泽伦卡那里逃脱之前的三个晚上开始，她（不管多么难以置信）多次做过下面所述的梦：

> 房子着火了。父亲就站在我床边，把我叫醒。我赶紧穿好衣服。母亲犹豫了一下，想救出她的珠宝盒。但父亲说："我不会为了你的珠宝盒而让自己和两个孩子给烧死。"我们匆忙跑下楼，一到外面，我就醒了[44]。

不管这个梦还可能意味着别的什么内涵，它清楚显示了伊达有种刻不容缓的感觉，她担心会威胁到家庭和谐，希望得到父亲的拯救。在弗洛伊德的询问下，她回忆起了一些与珠宝盒、与她迅速穿好衣服、与泽伦卡家以及她自己家发生火灾的危险等相关的联想。弗洛伊德一反常态，对于伊达最近讲述的想法表现得兴趣浓厚，他继而不无荒谬地断言，这些想法最初发生时"已经在梦中出现过了"*。

然而，对于弗洛伊德而言，最具重大意义的不是伊达的联想，而是他自己的联想。那个房间（Zimmer），让他想起了贱货（Frauenzimmer），我们之前碰到过这个贬称女人的词。他无缘无故提出，"一个女人是'开'是'关'的这个问题可不是什么无所谓的事。众所周知，什么样的'钥匙'会影响到开启"[45]。正如我们已经看到的，对弗洛伊德而言，珠宝盒意味着伊达的生殖器。

---

* 在距离这篇论文的初次发表已经过去十九年的 1924 年的版本中，弗洛伊德纠正了他的错误；但他的纠错并不是大方承认错误，而是不声不响地改动了他和病人原始对话的文本（见 SE，7：66 等注释）。

此外，弗洛伊德认定这个梦关乎的是伊达希望给予汉斯和她父亲性接触的机会，由此颠倒了梦表现在外的重点，却没有解释他为什么要这样做。通过更加隐晦的手法，他声称这个梦在其最深层次上关乎的是童年时的尿床，也就是弗洛伊德学说中火的对立面。因为弗洛伊德认为手淫是尿床的原因，他认为伊达又一次间接地承认了她曾经手淫。

那么，弗洛伊德在此是在执行一项含有划时代意义的行动：从梦中推导精神病理学。不过他这一做法的缺陷显而易见。为了得出诸如尿床这样的现象，他必须将若干缺乏依据的转化法则应用于显现在外的梦的内容上；至于选择哪一个法则加以应用，则受到预先已经确定的结论的支配。于是，弗洛伊德一如既往，"得知的"无非是他已经认定的内容。

在后续的一个联想当中，伊达提到她在湖边每次醒来的时候，都曾闻到烟味。由于她最近又经历了一次那样的梦——尽管显然事后没有闻到烟味——弗洛伊德把烟味和自己吸食雪茄的习惯联系了起来，还加以推理说："她想得到我的吻。"[46] 这一推论并没有告诉我们任何关于伊达的信息，却告诉我们她这位想入非非的治疗师的不少信息。

伊达的第二个梦发生在她中断治疗之前不久，弗洛伊德用这个梦对此病例进行归纳总结。梦中她的父亲死了，留下麻木不仁的做梦者在一个不知名的小镇上寻找出殡的队伍。伊达梦中的自己拒绝了密林中一个陌生人的帮助，怎么也到达不了眼前所见的一个火车站。不过随后她发现自己回到了家中，却被告知母亲和其他人已经到墓地了[47]。

伊达是在下定决心不再找弗洛伊德看病、不再遵照父亲的意愿之后，经历了这一场梦。这个梦似乎象征着她无法对菲利普施加报复，她为凭自己的力量坚持下去而感到焦虑，不过还是决意这样做，即便没有进一步的指导方针。然而，弗洛伊德对于病人即将离去一事恼怒不已，在他看来，支配这场"残忍而又施虐般的"梦的是她"对于复仇的极度渴望"，此前他也曾几次在他分析的关键时刻将这一主题强加于她[48]。先是索求她的联想，而后又岔开这些联想离题发挥，他由此再次得出了与显现在外的梦缺乏相关性的结论——她假装患有阑尾炎的"事实"、她的妊娠幻想、她的"失足"。

此外，这一回弗洛伊德在淫秽象征的兜售上甚至超越了过去的自己。他不厌其烦地询问十八岁的伊达，不仅问起汉斯·泽伦卡的"勃起的器官"（她对此表示反对，说她在被强吻时并没有感觉到这东西压在她身上，但弗洛伊德置之不理），还问起她有关性事的知识从何而来，仿佛这种好奇心是一种可以定罪的特质[49]。以下的思考"证实了"他的解析：

> 她前一天正好看到了同样的密林，那是在印象派画展的一幅画上。在那幅画的背景之中有仙女（nymphs）。
>
> ……用"Bahnhof"["车站"；字面意思是"铁路之地"]和"Friedhof"["墓地"；字面意思是"安息之所"]来代表女性生殖器，这本身就够引人侧目的了，更何况这两个词还引出了我早已注意到的另一个类似的词"Vorhof"["前庭"：字面意思是"前厅"]——这一解剖学上的术语指的是女性生殖器的一个特定区域……现在，在"密林"的背景之中又增加了肉眼可见的"仙女"，就不可能再心存什么疑虑了。这根本就是关于性的一种地理象征！虽然外行人有所不知，但医师都知道……"Nymphae"，是对小阴唇的称呼，它掩映在阴毛"密林"之中。但凡会使用"前庭"和"小阴唇"一类字眼的人，她的知识一定是从……解剖学教科书或百科全书中得来的[50]。

此处弗洛伊德表现出了他终其一生对于女性胯下"被阉割"的痴迷，而他也展现出了他解析梦的方法。这一方法不是深入病人心灵探索的一种手段，只适合于消除病人心灵和他自己心灵之间的界限。唯有弗洛伊德能看着画中的仙女，见到生殖器的唇瓣。他也没有注意到一个明显的事实，即"前庭"和"小阴唇"是他自己用的术语，而不是伊达的。这里的混乱程度已经使弗洛伊德丧失了作为病人特征的观察者的资格，遑论作为解析者的资格。

然而，对弗洛伊德而言，他的"朵拉"病例的所有拼图碎片这下已经备齐，可以拼装起来了：

·伊达·鲍尔因其父亲患有梅毒注定要患上癔症。

·她在四五岁之前一直吸吮拇指，已经产生了永久性的口欲。

·虽然她主要患有癔症，但也表现出偏执的倾向，恶意指责别人（那些指责偏偏是真的）。

·但她也因源自原始场景的幻想而手淫，于是导致她患有哮喘，而现在她的口腔固恋使得她渴望为父亲口交。

·八岁时，她突然停止了手淫，产生了一种有意识的性厌恶，开始咳嗽，这是吸吮阴茎的替代表现。

·另一个症状，阴道分泌物，表达了一种忏悔。"我曾经惯于手淫。"

·十二岁时，伊达认识了英俊的汉斯·泽伦卡，把自己的大部分情欲幻想转移到他身上；但她通过强化自己口交乱伦的无意识的幻想这一新的权宜之计来保护自己，避免发生实际的性行为。

·不过，每当汉斯不在城里时，她还是以哑口不语来表达对她对他的爱。然而，为了掩盖痕迹，她的癔症使得他在城里的时候她也不说话。

·她还没进入青春期以及两年后亲切友善的汉斯向她示好的时候，她因为初次戒除手淫时产生的厌恶感而一反常态被压抑了。

·那么，她唯一的办法就是变成同性恋，她也这样做了，但没有留意到这一事实。

倘若伊达在诱导之下去相信这些论点，或者确实相信其中任何一个论点，那么她可能真的会失去理智。相形之下，弗洛伊德则认为自己已经执行了最严格的观察实验法。他在谈到他的分析所依据的概念时写道，"我并不以避免猜测为傲，我所提假说的素材乃是通过最广泛、最耗时费力的一系列观察而收集得来"[51]。

5．无动于衷

在突然终止治疗的十五个月后，弗洛伊德还会再见到伊达一面。她登门来访，部分原因是为了告诉他有关她的故事的新动向，但也是要找他诊疗面部神经痛的问题（毕竟从严格意义上来说，他是神经科医生）。现在她总体感觉好多了，在弗洛伊德对于病史的后记中，他也不忘为这一病情改善而居功自傲。他写道，"尽管对于像〔伊达〕这样的治疗是零碎而不完整的，我还是没有轻视其价值的意思"[52]。

在这十五个月里，并在他的论文见诸发表之前的那四年里，弗洛伊德有足够的时间去思考伊达作为病人为什么那么抗拒。在一场受到精神分析学家交口称赞的讨论中，他批评自己没有充分考虑到移情的因素——也就是说，伊达曾把他视作她父亲的"新版本"并因此惩罚他，发泄在弗洛伊德头上的那股不满情绪其实是冲着菲利普去的。就这样，弗洛伊德没有检讨他那些为数不少的值得商榷的解析，而是继续自认他对病例的理解无懈可击。当然，伊达对于这些解析的反对意见会消停——怎么不会呢？——如果他跟她解释，说她在情感上无法对他的主张加以客观判断的话。

伊达最令人关注的消息与泽伦卡夫妇相关。她听说他们的两个孩子中有一个——我们现在知道那个女孩名叫克拉拉——死于一场久治不愈的疾病。伊达很爱那孩子，她对孩子的父母深感同情：

> 她借着他们失去亲人的时候上门慰问，他们接待她时的态度就仿佛三年来什么事都没发生过一样。她与他们握手言欢，也对他们施加报复，为自己的事情画上了圆满的句号。她对那妻子说，"我知道你和我父亲有染"，对方没有否认。从那丈夫口中，她也得到了对于原先争辩的湖畔那一幕的承认，并把对她重新肯定的消息带回家告诉父亲。从那以后，她就再也没有与这家人继续往来[53]。

她对他们进行了报复。十九岁的伊达成功地与那些曾经不公正对待她的人缓解紧张关系，并且可能也原谅了他们，对此弗洛伊德却做出了这般解读。伊达认识到，一个孩子的死亡会使大家所关心的其他一切问题都变得微不足道，而一向恶意揣测的弗洛伊德却认识不到这一点。如果她真的曾患过癔症，那么这一勇敢而大度的行为便是她恢复健康的证明。

弗洛伊德在与伊达重逢时的行为证明，他这一方没有可与之媲美的成熟。他原先把她终止分析的决定看作是针对他本人的纯属恶意之举，而现在，"看一眼她的脸……就足以告诉我，她不是真心实意"想要缓解神经痛[54]。注意到她是在愚人节当天提出的请求，他拒绝为她治疗。相反，他重返旧习，又开始和症状玩起了日期游戏。

弗洛伊德确定，伊达已经疼痛了正好两个星期。"我不禁一笑，"他告诉读者，因为就在两个星期前，他最终获得学术职称升迁的消息已经公布出去了，"她所谓的面部神经痛其实是一种自我惩罚——懊悔曾经打过汉斯·泽伦卡一记耳光，也懊悔把报复的情绪转而发泄到我头上。"[55]弗洛伊德显然认为，伊达注意到她曾经粗鲁对待的医生这下头顶高贵的教授头衔，意识到自己当初的表现多么不堪，作为悔过，她自己患上了神经痛。不过这时候弗洛伊德做出了自己的尝试，奉上另外那半边脸。"我不知道她想从我这里得到什么帮助，"他宣称，"不过我还是答应原谅她上次没有给我彻底实施治疗的机会。"[56]如果弗洛伊德实现了说到的彻底治疗，这将是他职业生涯中的唯一一个。

有弗洛伊德的遗愿加持，欧内斯特·琼斯称伊达为"一个令人讨厌的家伙，总是复仇在前，爱意居后"[57]。不过，心怀复仇想法的人是弗洛伊德，而不是伊达。这主要表现在，治疗结束后没几个星期他就急匆匆要将她的病例史印刷出版，而当时她还是一个十八岁的维也纳居民，她既背负着病史，又具有他报告中描述的明显症状。他罔顾弗利斯和奥斯卡·里尔的反对，曾在 1901 年两度将这份文件提交出版，得到的是一位对此反感的编辑的不满和另一位编辑的断然拒绝[58]。当他的研究终于在 1905 年见诸发表时，已经结婚生子的伊达还居住在这个城市（她将一直居留于此，直到 1939 年逃离纳粹统治去往法国和美国）。似乎如果公众认出和断定她是口欲固恋、惯于自慰而又患有癔症的同性恋者"朵拉"，弗洛伊德也不会全然不悦。

弗洛伊德的弟子费利克斯·多伊奇在 1923 年（而非如他回忆的

1922 年）意识到，他曾为"朵拉"本人短暂治疗过美尼尔氏病；她去世
（1945 年）之后的 1957 年，他向同事们发表了一篇匿名描述她的论文。
伊达在 1923 年时一直很不快乐。她身体出的问题比以往任何时候都多，
因此痛苦不堪；她丈夫还不忠；令多伊奇无法理解的是，"她痛斥男人
普遍都自私、苛刻而又小气"[59]。仿佛是为了详加诠释伊达的观点，多
伊奇加入了精神分析学居高临下的齐声大合唱。他引用一位匿名的知情
人士的话，说后来人家告诉他，她是他遇到的"最招人讨厌的癔症患者
之一"[60]。根据多伊奇的说法，她至少还会为自己曾是弗洛伊德治疗的
著名病人而深感荣幸。不过在写给妻子的一封信中，多伊奇实言相告：
伊达"对于分析没有一句好话"[61]。

　　我们已经看到，"朵拉"的个案研究不仅仅是一个治疗上彻底失败
的故事，也是结合了不合逻辑的古怪念头与厌女症、淫欲和残忍行为的
产物。包括弗洛伊德对后续登门拜访一事的记述，伊达的慷慨大度和他
自己的睚眦必报形成鲜明对比。弗洛伊德为这一幅在所有个案研究中肯
定最让他身败名裂的自画像增添了最后一笔。

　　不过同样的这一文本将成为弗洛伊德学说运动最受珍视的文
件——一则引人入胜的故事，堪为典范的对于癔症的阐释，一代宗师用
作方法论的自我批判的证明，以及绝不能忽视移情的宝贵教训。"朵拉"
将同紧随其后的主要案例一道，点缀在每一个精神分析机构的课程中。
几十年时间里，每个人都想当然认为这个病例的糟糕结果完全归咎于病
人不配合而且把她与父亲的冲突转移到弗洛伊德身上。

　　看似是精神分析学界及其支持者给一丝不挂的皇帝穿上了衣服，只
因为他是他们的统治者。不，这种蜕变是弗洛伊德用一种巧思拿捏运筹
和罔顾一切事实执意坚持所造成的。他用自私自利的谎言支撑起朵拉的
故事，将叙事置于一个虚构的语境之下——说是演绎推理获得成功，治
愈了所有病人，除了手头这一位。

　　弗洛伊德向《朵拉》的读者保证，他是在与布罗伊尔协同合作的
坚实基础上进行的病例治疗。他坚称，"我在每一个［病例］当中无不
发现心理上的决定因素，而那正是《癔症研究》中提出的假设"[62]。但

他与布罗伊尔分道扬镳，专门强调性因素的做法这下却又说明："〔更新的〕治疗的整体有效性远超"布罗伊尔的方法；"毫无疑问，这是唯一可行的方法"[63]。他甚至暗示有别的精神分析学家（除了已经引退的埃玛·埃克施泰因之外并不存在这样的人）表示赞同，因为他含糊其词地说到"我们的病人"和"我们的案例史"[64]。

为了避免有人不相信每一个症状都代表着一个无意识的主题，子虚乌有的弗洛伊德团队已经"在其他每一个病例和每一个情况中"验证了这一论点[65]。弗洛伊德补充说，对于不像朵拉那么顽固的神经症患者，"病人及其家属都会承认病情有所改善，或多或少都非常接近于完全康复"[66]。他强调，他在"消除症状"上取得了不计其数的成功，那都是拜他理论的真理之光所赐[67]。

诸如此类的策略缓减了朵拉病例治疗失败的影响。不过弗洛伊德的文章的正面吸引力另有其所——在于它邀请读者参与抽丝剥茧最后提交呈堂证供的工作过程，这在智识上和在性体验上都可谓扣人心弦。正如我们已经看到的，根本没有发现什么；但对于精神分析的读者而言，最终看来难以抗拒的，恰恰是获胜的解谜者这一角色。弗洛伊德又一次夏洛克·福尔摩斯附身，他写道，"有眼睛可看、有耳朵可听的人可能会让自己相信，凡夫俗子无一能够保守秘密。如果他缄口不言，那么他会用指尖嗒嗒发声；他的每一个毛孔都会汩汩渗出背叛"[68]。弗洛伊德关于朵拉充满情欲色彩的"发现"之新奇，为其读者幻想随他一起探索少女心灵的想象增添了趣味——其实所谓少女心灵中挑动情欲的成分只是他自己心里的念头——而与此同时却又保证说完全恪守冷静而又精准的礼节。

众人一致认可朵拉病历相当出彩——琼斯称之为"这本美妙的小小专著"[69]，直到 20 世纪 60 年代，情况才稍有变化。当时埃里克·埃里克森措辞谨慎地提出，弗洛伊德若注意到他的病人在遭受磨难时还只是个少女，可能会治疗得更好，由此引发了一些波澜[70]。然而，直至 1983 年，才有精神分析学家罗斯玛丽·桑德敢于指出，弗洛伊德没能支撑他所提出的假说，甚至连病人的幻想和他自己的幻想都分辨不清[71]。

但是，随着现代女权主义的全面兴起，弗洛伊德文本中的可憎特质，即便是某些男性分析家也无法视而不见。正如他们其中一位在 1996 年所写的，朵拉病例

> 是心理治疗的重大灾难之一；是临床医师公开厌弃患者最显著的一大表现；事虽悲剧却令人叹为观止地力证了一个年轻女孩遭受性侵犯，而她自己的分析师公然免除这一性侵行为的罪责；这个著名的病例充满牵强的联系、强人所难的回忆和或许几个刻意为之的梦……这个病例以及公开的病史乃至随后的接受反馈可以称为是持续性侵犯的例证。朵拉遭受了创伤，而弗洛伊德给了她再度创伤。在大约半个世纪的时间里，精神分析界对此性侵行为要么沆瀣一气保持沉默，要么由于盲目崇拜而全然视若无物 *。

然而，后来在就同一案例史而展开的同样出语尖刻的讨论中，同样的这位精神分析家却按下不表，最后竟称犯下这一罪孽的人为"世界上最伟大的天才之一"[72]。的确是盲目崇拜。倘若"朵拉"的怪诞一经全面曝光却仍然无法从接纳者那里移除其信念，那么我们必然疑惑是否有任何办法能做到。

---

* 马奥尼 1996，第 148—149 页。我只是质疑所谓弗洛伊德加剧了伊达的痛苦这一说法。和弗洛伊德早年治疗的许多病人一样，伊达似乎对于嘲弄他一事是乐在其中，而他的狂热行径和敌意或许有助于她认识到她除了自己之外没有人可以依靠。

第三十四章

之于他的法则

1. 一成不变

"1901 年，时年四十五岁的弗洛伊德已经臻于成熟，实现了少有人真正取得的充分发展。"[1] 欧内斯特·琼斯的权威传记的中卷如是开篇。诚然，琼斯承认，"个人的些许癖性"仍然存在，与此同时还有"若干伤人脑筋的烦扰"，可能系精神压力所致。按照琼斯的说法，这不足为奇；我们不太能指望精神分析的发现者早早褪尽他与无意识这一乖戾的怪兽展开"殊死搏斗"的所有印迹。不过，在"获得令他的终生事业实现突破从而扬名立万的洞察力和知识"之后，1901 年的弗洛伊德已经踌躇满志，以清醒的头脑和十足的勇气，泰然面对未来的"惊涛骇浪、重重压力和艰难困苦"[2]。

琼斯承认，直到 20 世纪，弗洛伊德一直都表现出对于其他思想家的依赖倾向：

> 即便在智识领域，深刻的自信也掩盖于不可思议的自卑感之下，他试图将自己与生俱来的能力和优越感投射到一系列导师身上，以此来解决这些问题，说来也怪，当时的他非要依靠其中部分导师来获得肯定不可[3]。

　　琼斯在这里说的是模棱两可的空话。什么样的"深刻的自信"与"不可思议的自卑感"能兼而有之、并行不悖？但传记作者只愿意承认此项弱点到这个程度，因为在他传主事业的发展进程中，一切亏欠于他人的恩惠现在都已宣告成为过去。琼斯宣称，从1901年起，弗洛伊德将专心淬炼他以一己之才智发掘而产出的知识。

　　实际上，创建精神分析学派的弗洛伊德将编纂出一份涵盖种种借用来的理念的惊人纪录，而说到答谢也只是轻描淡写地一笔带过。保罗·罗岑认为，"翻阅弗洛伊德的职业生涯，剽窃这一主题几乎随处可见"[4]。经社会学家罗伯特·K.默顿清点，在弗洛伊德的心理学著作中，有超过一百五十处所谓的言之在先其实颇有争议[5]。通常诬陷别人窃取其想法的人总是弗洛伊德。

　　在某些情况下，他是真的忘记了谁的想法在先——这是记忆力的问题，无法让人相信他可以在总体上保持思路清晰[6]。如我们所见，这样的一个插曲发生在1898年，弗洛伊德早前曾向弗利斯表达谢意，感谢他提出了普遍的先天双性恋的概念，但现在他却声称该理念是他自己提出的故而惊动了后者。这是一时糊涂，而非剽窃，不过弗利斯这下已经不信任这么一个有盗用别人想法倾向的人，不管他是否有意为之。后来当弗利斯在《梦的解析》的手稿中读到作者"无意识"中希望他死去时，他就不想再和弗洛伊德有任何往来了[*]。

　　一旦被抛弃，弗洛伊德就从困惑的遗忘变成了一心复仇。他在《性学三论》第一版（1905年）中确实不情不愿地承认了，他"通过威廉·弗利斯认识了双性恋这一概念"[7]。然而，遭到抛弃之后，他满腹怨恨，竟把弗利斯与据称贡献价值相当的另外八位作者一同埋葬[8]。他略耍手腕，对弗利斯1897年关于同一主题的书完全略去不提，不无误导地暗示另外八位竞争者都在弗利斯之前。此外，在第二版（1910年）

---

[*]　弗利斯对于弗洛伊德起了杀心一事完全当了真，1900年8月这对昔日好友在蒂罗尔州的度假胜地阿亨湖最后一次会面时，根据家族内部口口相传的说法，他确实害怕弗洛伊德有意要把他推下悬崖（斯韦尔斯1989b）。

中，他还大胆删除了我刚才引用的句子中的"通过威廉·弗利斯"这几个字。弗洛伊德一步步走向对弗利斯的全面抹杀，直到他在《精神分析运动史》（1914 年）和《自传研究》（1925 年）中彻底完成这一工作。

比照琼斯宣称的所谓"成熟"，在《三论》第二版中向弗利斯捅出的另一刀尤其能说明问题。弗洛伊德追踪了一场已经持续七年之久的积怨，把奥托·魏宁格 1903 年的《性与性格》加到了据说先于弗利斯的若干书的行列之中。这一做法具体体现了弗洛伊德在最怯懦的外衣下的不良居心。魏宁格的双性恋理论完全就是弗利斯的理论，是弗洛伊德的学生赫尔曼·斯沃博达在弗洛伊德唆使下透露给他的，斯沃博达也在自己 1904 年的书中盗用了弗利斯的理论。弗洛伊德不满足于利用魏宁格和斯沃博达两人代表他参与这场暗中削弱弗利斯的运动，他在 1910 年充满恶意地暗示，是魏宁格影响了弗利斯，而不是弗利斯影响了魏宁格[9]。

当弗利斯有理有据地怀疑弗洛伊德利用斯沃博达夺走他在双性恋理论上的荣誉而与弗洛伊德当面对质时，弗洛伊德一开始还装作全然无辜。然而，后来他陷入了困境，不得不承认实情。这件事确实卑鄙至极，但它倒促使琼斯写出了他无心成就的最滑稽的句子。"这也许是弗洛伊德一生中唯一一次，有那么一个片刻，没有做到完全的坦诚率直。"[10]

我们可以看到，在 20 世纪，弗洛伊德延续了他早年在智识上寄生于人的一贯做派，但比过去更费尽心思地隐瞒出处；他暗中攻击对于他而言最重要的人物的这一旧习死灰复燃。我们记得，他只有通过在他自告奋勇翻译的书中加上暗藏敌意的脚注，才敢脱离伯恩海默和夏尔科。现在，他卑鄙地谋划陷害弗利斯，同时又拆取弗利斯理论中那些可以使得精神分析看似具有生物科学基础的部分内容。再后来，如我们所见，他同时诋毁布罗伊尔和卡尔·柯勒二人，散布侮辱布罗伊尔的谎言，宣扬柯勒抢走了他作为可卡因麻醉真正发现者的美誉这样的荒诞说法。

如此般的行为很难让人联想到所谓 19 世纪 90 年代末弗洛伊德的自我分析所带来的平静恬淡。他当时想要了解的主要特性是令他倍感尴尬的双性恋倾向，这问题导致他对弗利斯又爱又恨。虽然自我分析没有产生任何牢靠的知识，但那是他为弄清自己的神经症而痛苦不堪地做出的努力。然而，1900年以后，弗洛伊德基本上已经完成了自省。他在1910年告诉费伦齐，"我不再需要那种个性的全方位开放了"，断然拒绝了一个可以缔结更加肝胆相照的友谊的提议[11]。

事实上，弗洛伊德听任这种防御心态直接转化为精神分析理论。随着弗利斯离他而去，他试图把一切过错都归咎到他这位昔日好友的性心理构成上。他告诉自己，弗利斯已经变成了偏执狂，他之所以这样做是因为他无法容忍自己的同性恋冲动。那么，偏执狂就是遭到压抑的同性恋倾向的投射。（"我不爱他；他恨我。"）正如弗洛伊德在1908年写给荣格的信中所说，弗利斯"在抛开对我的感情后，形成了一种可爱的[schöne]偏执狂性格……我[关于遭到压抑的同性恋倾向是偏执狂的根源]这一理念要归功于他，也就是要归功于他的行为"[12]。

我们知道，与同性恋冲动进行艰难斗争的恰恰是弗洛伊德自己，说来也巧，自19世纪80年代初以来，他就已经表现出明显的偏执狂倾向[13]。然而，现在他坚信自己已经克服了对弗利斯的依恋而变得正常了。他告诉费伦齐，他个性中"同性恋的那一块投入"已经"给撤回了，并且用于我的自我扩展。我在偏执狂失败之处取得了成功"[14]。但有大量迹象表明，弗洛伊德绝不是克服了他对弗利斯的旧情，他只是始终不去触碰旧情，直到某种引发他回忆起昔日亲密关系的事物使他陷入恐慌，或者昏厥过去[15]。

弗洛伊德自己的偏执气质不仅表现在他对敌人耿耿于怀，而且还表现在他感觉自己超脱于人人内心都自私而且具有攻击性的精神分析法则之外。正如他在1915年告诉詹姆斯·J.普特南的那样，

> 我认为，在谈到正义感和设身处地为他人着想、谈到不喜让他人受苦或占人便宜的时候，我可以拿我认识的最好的人来衡量自己。我从来没有做过任何卑鄙可耻或者恶意伤人的事情，也从没有觉得有任何念头会忍不住要做那样的事……为什么我——顺便说一句，我

那六个长大成人的孩子也都一样——必须做一个彻头彻尾的正派之人，我也颇为不解[16]。

弗洛伊德一向自视在伦理道德上超乎常人，但他也一直在与因悲剧性的失误和过错而萌生的自我谴责苦苦搏斗。我们在这看到，到了1915年，自省在很大程度上已经让位于妄想。虽然他仍会疑神疑鬼，会满腹牢骚，但完美的防线将使他终其一生都听不见指摘叱责。

2. 矮子中的巨人

假如琼斯决意向我们展示一个脱胎换骨之人，那么他选择1902年而不是1901年作为分界线，其实会来得更好。1902年弗洛伊德没有获得什么新知，但他一延再延最后终于实现的学术升迁标志着他的处境和态度就此永远改变了。1901年，他已被重新提名候任教授职位，他争取到两位找他看过病的社会名流——埃莉泽·贡珀茨和玛丽·冯·费斯特尔男爵夫人出面去向教育部部长说情，并送出一幅令人觊觎的画作为礼物进行贿赂[17]。或者，正如盖伊字斟句酌说得滴水不漏的那样，弗洛伊德"现在发现了一些方式可以迫使［他的良心］放得和缓一些，不必过于苛求操行端正"[18]。

对于走出这一步的功效，历史学家们各执一词；也许弗洛伊德无论如何在1902年都会升任教授[19]。我们可以肯定的是，他因为在博弈中显然旗开得胜而进一步加深了对特权制度的蔑视。现在他会最大限度地利用新头衔，与此同时对于授予这一头衔的大学的忠诚度却比以往任何时候都来得更低。因此，那所大学透露的在科学方面任何尚存的顾虑从此也将在"教授"至高无上的话语面前败下阵来。现在，他可以放开手脚全力以赴去追求更多值得称道的奖赏，而不仅仅是他名字前面的称谓了。

作为"教授"，弗洛伊德可以招募追随者，在他们面前一改不得志的局外人形象，摇身变成明智的领导者。他当时博得的尊重可谓令人宽慰，尽管根本不足以打消他的不安全感，让他的思想变得更加开明。恰恰相反，得到一小撮狂热的追随者将大大增加他的教条主义观点，为他的专制倾向提供一个实际操练的场所，而且引发了一种他应付欠佳的新的焦虑：对于背叛和篡位的恐惧。

　　1902 年的弗洛伊德打算创建的运动不是自由不受约束的心理学探索，而是他自己的精神分析理论与实践的传播。为此，必须吸纳那些在他面前气短三分的人。他们大多数都是医生，但无一是受过训练的心理学家。一个早年的追随者，马克斯·格拉夫（音乐学者，"小汉斯"之父），记得弗洛伊德曾让他召集作家和艺术家参加最终造就了维也纳精神分析协会的星期三夜晚集会[20]。正如弗洛伊德圈子的早期成员、实实在在受过医学训练的弗里茨·维特尔斯回忆的，

> 纵使这些人都资质平平也无关紧要。事实上，［弗洛伊德］并不希望这些伙伴成为……兼具批判性和勃勃雄心的合作者。精神分析的领域是他的想法和意志……他想要的是朝一个遍布镜子的万花筒里观察，镜子会让他引入其中的图像成倍增加[21]。

　　弗洛伊德得到了一群喧闹的崇拜者——他们几乎无一例外都是维也纳的犹太人，而且受到激进思想的吸引——他们聚在他那烟雾缭绕的书房里，漫无天际地高谈阔论*。最初的参加者只是宽泛意义上的弗洛伊德学说的信徒；一开始弗洛伊德不得不忍受他们偏离他的学说和他们动辄长篇大论、相互抨击等等状况。他私底下认为他们是一群可怜的疯子——他称之为"这帮人"，而只要他们是他唯一的一批拥护者，传播性心理学福音的大业就看不到多少希望[22]。

　　这些平庸之辈与弗洛伊德曾经谈笑往来的布罗伊尔、埃克斯纳、弗莱施尔、帕内特、柯尼希施泰因和柯勒等人形成了何其鲜明的反差！

---

* 直到 1908 年，当地的基督徒里无人参加维也纳精神分析协会（克莱因 1981，第 93 页）。起初的成员尽管什么事都争执不下，但都自视是犹太先锋派艺术家。

受到这些才华过人的科学家平等相待，比起在保罗·费德恩、伊西多尔·萨德格、马克斯·卡亨、威廉·施特克勒和鲁道夫·赖特勒面前一副俨然教授的派头，无疑更令人感到无比荣幸。这位曾经师从伟大的布吕克和迈内特的大有前途的青年解剖学家已经走了长长的一段下坡路。

第一批弗洛伊德学说的信奉者把他们的领袖视为一个近乎于神的人物。汉斯·萨克斯偶然读到《梦的解析》时，"找到了我唯一值得为之而活的事物；多年之后，我发现这是我唯一可以依靠的事物"[23]。格拉夫谈起星期三学会早期的聚会时写道，"聚会的房间里有一种创立一门宗教的氛围。弗洛伊德本人就是这一宗教的新的先知……弗洛伊德的学生——全都受到神灵启示而又信念坚定——都是他的使徒"[24]。最初的群体里的另一位成员将其描述为"某种浪漫主义的巢穴，一小群大胆之人，眼下虽遭迫害，但终将征服世界"[25]。而施特克勒则热情称赞其他早期的皈依者是"修会弟兄"[26]，回忆起当初他觉得自己是"弗洛伊德的使徒，他是我的基督！"[27]

实际上弗洛伊德的星期三心理学会的商议实况比这种狂喜让人联想到的情形要来得平淡。他们的智识水准在1907年3月6日的会议记录中得到了充分体现——那是一次历史性的事件，因为瑞士精神病学家卡尔·荣格和路德维希·宾斯万格绝无仅有地参加了这一次会议，精神分析学即将冲出维也纳 *。然而，值得注意的是，远道而来的客人并没有因为他们所听到的内容而对自己失去信心。

在那次会议上，阿尔弗雷德·阿德勒医生介绍了一个俄罗斯犹太裔口吃患者的案例，他的强迫症状包括把自己泡在浴缸里直到数到3、7或49当中的某个数字。病人自己将这些数字与他的宗教信仰联系起来。"3是神圣的数字……；7是犹太教的神圣数字；7×7=49；这是犹太教的禧年。"但阿德勒为了追求他特别喜爱的"器官劣势"理论，曾迫使病人回忆起感觉自身的阴茎与其哥哥和父亲的相比在尺寸上处于劣势。在

---

* 宾斯万格为第十九章提及的罗伯特·宾斯万格之子，日后将成为存在主义精神分析的创始人。

讨论中，奥托·兰克（他和阿德勒一样，后来也与弗洛伊德决裂）帮腔评论说，"数字 7 和 49——小的禧年和大的禧年——代表小的阴茎和大的阴茎"。弗洛伊德也不甘落后，插嘴道："3 可能代表基督徒的阴茎，7 代表小的犹太人的阴茎，49 代表大的犹太人的阴茎。在强迫症的情况下，小一点的犹太阴茎由大一点的数字来代表。"[28]

荣格和宾斯万格对于弗洛伊德起兴致参与数字命理学由来已久的情况一无所知，他们无法相信这样的表现是他们开始认识的这个人的典型特征。在维也纳停留期间（荣格待了一周，宾斯万格待了两周），二十六岁的宾斯万格尤其着迷于那种和蔼可亲的态度，但同时又让他感觉到一种深切甚至神秘的睿智。"弗洛伊德让我印象最深的是，"宾斯万格回忆说，

> 在那些夜晚，我在他书房或者诊疗室见他……令我感动的不仅仅是弗洛伊德在一天的辛勤工作之后，在他那静悄悄而又光线昏暗的书房里——那里放着古代艺术和东方艺术的重要作品——还专门留出时间给我，更是他回答我种种热切的问题时那种不知疲倦、细致入微、极为发人深省又鼓舞人心的样子。弗洛伊德坐在书桌后面，抽着雪茄，一只手放在椅子扶手或者桌子上，有时候他会拿起一件艺术品凝视再三，然后目光灼灼而又不失慈祥地端详起访客，他从不宣称自己的优越之处，总是引用病例史而不是一头栽进理论阐述[29]。

这和我们在朵拉病例中遇见的那个脾气暴躁，动辄争论不休、怨气冲天的弗洛伊德是同一个人吗？与之相反，此处是一个自我塑造出来的人物，目的在于体现他倡导的科学的洞察力。在他的智慧之所，他充分利用舞台道具，竭力迎合，施展魅力，与此同时又投射出一种绝对正确的气息。他列举的病例在宾斯万格听来想必源于大量确凿的佐证材料。这位深为折服的年轻人很难在这样一个威严的人面前去争论什么理论上的观点。

荣格也觉得弗洛伊德"极其聪明、敏锐，总而言之不同凡响"。他又补充说，"不过，我对他的第一印象依然多少有些混乱，我摸不透他"。令荣格感到困扰的，除了明娜·贝尔奈斯吐露的姘居之实，还有弗洛伊德强烈到几近病态的坚决主张——他要把一切文化现象分解到本身扭曲性欲的所谓根源。荣格讲述道，当弗洛伊德重申这一要求时，"他的语气开始变得急切，几乎达到焦虑的程度，他在通常情况下那种持批判和怀疑态度的所有迹象都随之消失了"[30]。

弗洛伊德的性格在20世纪初期并没有改变。新颖之处在于他刻意装出的自信——观察力敏锐的荣格可不像宾斯万格，他明白这一姿态是一种宣传张扬的形式。宣传待售的产品是精神分析学，而预期中的买家是荣格本人，通过将该学说带回奥古斯特·福雷尔和尤金·布鲁勒所在的苏黎世，荣格可能消除学说在种族和地域上的偏狭特质从而给弗洛伊德帮上一个极其重要的忙。令弗洛伊德那个神经质而又为此骄傲的维也纳圈子愤怒的是，他打算将大本营转移到一个新教据点，并且背后操盘让荣格登上他的继任者之位[*]。

荣格已经为《梦的解析》所吸引，尽管不无担忧，但现在他决定冒个险，将自己的命运与弗洛伊德心理学绑在一起。不过弗洛伊德以教条式的唯物主义对他加以控制的种种尝试失败了。荣格在晚年回忆道，"我有一种强烈的直觉，那就是对他而言，性是一种numinosum"，或者叫精神实体。他想起了后来在维也纳的一次谈话：

> 我仍然清清楚楚地记得弗洛伊德是怎么跟我说的，"我亲爱的荣格，请答应我，永远不放弃性理论。那是一切之中最基本的东西。你看，我们必须把它打造成一则教条，一座不可动摇的堡垒"。
>
> 他情绪十分激动，跟我说起那些话的口吻仿佛是父亲在说"答应我

---

[*] 1910年4月6日，学会会议上，维特尔斯发言反对会上提出的搬迁之举："我们每一个人都有神经症，这是进入弗洛伊德学说的必要条件；而瑞士人是否患有神经症，还是个疑问。"（农博格和费德恩1962—1975，2：468）。

这件事，我亲爱的孩子：你每个星期天会去教堂礼拜"似的。我有几分惊讶，问他"一座堡垒——抵御什么呢?"他答道："抵御泥淖的黑潮"——他在此犹豫了片刻，然后又说："抵御神秘学的黑潮。"[31]

神秘学? 弗洛伊德提出他的忠告，告诫的对象是那个将成为 20 世纪最重要的神秘学者的人。至于弗洛伊德自己呢? 尽管他自我定位为启蒙运动的思想家，但他爱之最甚的是浪漫主义的生机论——他的教授们曾嗤之为近代科学出现前的自然哲学。

即便如此，他也不敢告诉荣格，即将到来的精神分析革命对他而言其实意味着什么。我们只能自己推测究竟意味着什么。不过线索并不缺乏，那些认识到精神分析向来是一场荣耀之梦从来就不是一门科学的学者，已经能够看似合理地将线索都拼凑起来了。

3．超人方可胜任的工作

20 世纪初期的弗洛伊德在为他眼中十年苦难（1892—1902 年）的经历寻求证明，但得到的慰藉或证据微乎其微，与此同时，他逐渐形成了极具重要性的心理学见解。因此，当荣格和宾斯万格在 1907 年初次前来拜访他时，他反复详谈在整个世界忘恩负义地唾弃他的批判性观点之际他的"科学髑髅地"的情况[32]。不过从来没有什么一以贯之的批判性观点遭到过唾弃。弗洛伊德后来美其名曰"远离尘世"的那十年，大多数情况下都是零零星星的不成熟的尝试——先作理论推定，继而产生疑虑，就此放弃，最后又产生新的绝望之情。尽管他宣称能够治愈精神神经症，但他知道他从来没有做到过。

然而，到了 1902 年，弗洛伊德已经开始把自己看作是一个命中注定的人物了；正是这种承蒙拣选的信念使得他在那些门徒眼中充满了个人魅力。我们可以从出现在朵拉病历里一句一笔带过的评论当中捕捉到他这一新的自我概念的气息。"像我这样召唤出那些寓于人类心胸、尚未完全驯服的残暴恶魔，并且设法与之搏斗，没有人经此一役还能指望毫发无损。"[33] 所谓恶魔只是弗洛伊德设计出来的剪纸图样罢了，不过在他看来，他已经掌握了人类注定无法获得的深刻见解。有了弗洛伊德甘为普罗米修斯，人类这一物种可能不再害怕自己种种被禁止的冲动而因此终将寻得安宁。

20 世纪的弗洛伊德散发着一种背负世界历史的使命感。这个没有一项确凿发现的人，竟自比哥白尼和达尔文且不遑多让[34]。他似乎真觉得他已经探访了心灵的地下世界，找回了久远得难以置信的记忆，刹那间顿悟到那些记忆是如何启迪了他和其他人的心灵，并且经历了一场关于我们这一物种早前是如何形成家族和社会的纽带的认识方面的想象。

对于他在世时乃至去世后所吸引的追随者来说，无论他们是视他为圣人还是撒旦，是西方理性的维护者还是最具颠覆性的敌人，这都不重要。举例而言，1930 年，德国作家阿诺德·茨威格称赞他说，精神分析已经"彻底改变了一切价值观……征服了基督教，披露了真正的敌基督，把死而复生的生命精神从禁欲主义的设想中解放了出来"[35]。哲学家理查德·沃尔海姆在 20 世纪 80 年代写道，弗洛伊德"[为人类]做出的贡献和这世上任何一个活过的人物一样"，但没有具体说出在他心目中是什么样的有益贡献[36]。克里斯托弗·博拉斯被誉为"活跃于当今学界的著作最丰、读者最众的精神分析作家"[37]，他近来宣称，数千年来，人类滋生了一种对于无意识理论的自然而然的渴望，这一种需求最终因"弗洛伊德时刻"而得到了满足，那一刻"永远改变了人类"。根据博拉斯的看法，精神分析"在其应用有可能将人类从自我毁灭中拯救出来的时刻适时到来"[38]。

然而，对弗洛伊德而言，成为关键的神话人物并非普罗米修斯，而是俄狄浦斯。早在中学时代，他在期末考试中翻译了《俄狄浦斯王》中一个耳熟能详的段落，当时他就已经开始渴望通过成就某项堪与精明的底比斯人解开斯芬克斯之谜一事相媲美的伟业，赢得俄狄浦斯那样立竿见影的名声和威望。不过他在 90 年代后期的自我分析令他陷入了紊乱的思绪——想到母亲给予他具有性色彩的照顾而令他遭受伤害，再想到他自己在妹妹身上造成了伤害——这带来的是俄狄浦斯神话的另外那一半：乱伦及其惩罚。

弗洛伊德开始认为，他的焦虑和对于失败的恐惧源于他因年少时手淫而面临的阉割威胁。性幻想的对象显然是阿马莉·弗洛伊德，手淫本身表达了一种乱伦的愿望，这种愿望一直持续到成年，使得他对于惩罚的非理性恐惧持续存在，还使他对于与完全发育成熟、已经受到阉割而又会阉割人的女性发生亲密关系之事充满警惕。眼下到了20世纪，他准备从自己的情况出发去推断出其他人的情况：全人类得以不犯下乱伦之罪，只是因为禁忌，而被阻绝的力比多在禁忌的重新导向之下走向了升华或产生了神经症。至于他与妹妹的不当行为，也可以用已经编排植入每个孩子体内的幼儿性欲加以一定程度的解释，故而可以原谅。

弗洛伊德的俄狄浦斯情结从未减弱。例如1908年他在向卡尔·亚伯拉罕阐释他的"伊尔玛的注射"之梦时，他说他给三个女儿取了三位母亲的名字，这三位母亲分别是马蒂尔德·布罗伊尔、索菲·帕内特和安娜·哈默施拉格·利希泰因，他安排她们当这几个女儿的教母。他透露说，"伊尔玛"之梦表达了诱惑这三位母亲的幻想。将她们的名字赋予他的女儿们这一行为本身显然象征着一种性占有。按照弗洛伊德的思维方式，任何母亲都是特定的那个母亲——他自己的母亲——而"占有"母亲的名字，就相当于偷偷越过了乱伦的障碍。正如他以病态十足的欢快姿态告诉亚伯拉罕的那样，马蒂尔德、索菲和安娜的原型是"我女儿们的三位教母，我全都有了！"[39]

在弗洛伊德此时日思夜想的征服世界的幻想中，唯有准备好承受来自四面八方伤害的勇气过人之辈，才能够认识到并且陈述清楚这样一个重大的事实——每个人都有乱伦之心，千百年来束缚住我们的道德，其实只不过是父亲这一方劝阻小男孩不要试图与母亲交合的阉割威胁的内化。早在1897年5月31日寄给弗利斯的"N稿"中，我们就可以看到这一研究方案的雏形：

"神圣"的定义

"神圣"基于这样一个事实，即人类为了更大的社会利益，牺牲了一部分性自由和放纵性倒错的自由。乱伦（邪恶之事）的恐怖是基于这样一个事实，即由于共同的性生活（甚至在童年时期），家庭成员永远待在一起，变得无法与陌生人结合。因此，乱伦是反社会的——文明在于渐进式地放弃这样的行为。反之则是超人[40]。

弗洛伊德在此是从人类学角度归纳概括他关于性欲投入的零和构想，说人类大众在引导之下让渡一部分情欲自由以换取社会凝聚力的维系。这一切都始于受阻的对于乱伦的原始欲望。普遍的乱伦会使得性行为局限于家庭内部，从而阻碍文明最基本的需要，即物种的健康繁殖。因此，占统治地位的神职人员摒弃本能，为神圣或美德布道。但不是每个人都会谦恭顺服于这种宣传，弗洛伊德这样告诉弗利斯。超人与此相反。超人明白其他人是多么胆怯而又为何胆怯；有了这些掌控局势的知识来充实自己，他按照自己的规则生活，或者可能根本就没有规则。那么，乱伦就是他独有的权利。

"我就是那个超人"，弗洛伊德在《梦的解析》中分析"露天马桶"之梦背后他那种无所不能的感觉时这样写道[41]。当然，超人也是弗里德里希·尼采笔下的卓越个体，在智识和感官两个方面都不受约束，因为超人已经摒弃了靠着制造恐惧限制人类其余成员而使其不敢有所逾越的神职人员。1900 年 2 月 1 日，弗洛伊德告诉弗利斯："我刚刚拿到了尼采［的作品集］，希望能为我内心许多依然无以言说的想法找到表达的话语。"[42]

然而，要感受尼采的支配作用和影响，弗洛伊德用不着翻开那些书卷[43]。约瑟夫·帕内特，他早年的一位朋友，与尼采相识。读书会上，帕内特总能在弗洛伊德那些大学同学中大获称赞。当时备受尊崇的文本是尼采的处女作《悲剧的诞生》（1872 年），其中充满了对酒神般放纵情感的理查德·瓦格纳的盛赞。值得注意的是，尼采曾称瓦格纳是现代的俄狄浦斯。对尼采而言，在同一个神话人物身上结合解谜者和打破乱伦禁忌者这两个角色绝非偶然。尼采曾写道，"俄狄浦斯，这弑父的凶手，这娶母的奸夫，这斯芬克斯之谜的破解者！……若不是成功地反抗自然，也就是依靠非自然的手段，又如何能迫使自然暴露其秘密呢？"[44]

对尼采来说，基督教是弱者对强者有组织的报复，强者现在受到鼓励将其抛到一边。这一忠告让弗洛伊德有了胆量。到现在为止，精神分析理论构成了对于基督教基本观念的全面逆转——性满足战胜了为上天堂而恪守贞洁所作的牺牲，临床访谈仿效告解室，无需任何忏悔就可以在其中得到赦免——这几乎算不上新闻了。然而，人们才逐渐意识到，这种赦免仪式并非是从对神经症患者的有效治疗中推导出来的，而是回应了弗洛伊德想要摧毁圣保罗教义之殿堂的强烈愿望。

我们记得，弗洛伊德最喜欢的维吉尔诗句之一，就是狄多对于闪族战士汉尼拔的预言："必有人来自朕之骨肉，而为复仇者！"汉尼拔是现实生活中的人物，无论是在少年时代还是在父亲去世之后，弗洛伊德都把汉尼拔当作重要的楷模。弗洛伊德也想征服罗马——基督教的代名词。作为新一代汉尼拔，他要推翻整个基督教秩序，向所有冥顽不灵的教皇、宗教裁判所的虐待狂、"血祭诽谤"的现代造谣者以及扣住他的教授职位不颁的天主教官僚们展开复仇。

然而，奇怪的是，1897年至1901年期间，他发现自己不愿接近"众城之母"，哪怕是作为访客前去游览。这就是他的"罗马恐惧症"，一个他愿意承认但不愿意解释的心理障碍。他在1897年向弗利斯承认，"我对罗马的渴望……神经质得很"[45]。十个星期后他又说，"对［罗马］的渴望变得越来越令人痛苦"[46]。"罗马依然山高水远，"他在1899年3月辗转表达道，"你是晓得我的罗马梦的。"[47]然而，1901年9月2日，在弟弟亚历山大的陪同下，他真正进入了罗马城，却没有什么急切的感觉。他告诉弗利斯，那种"一偿宿愿的感觉"，既"势不可当"又"稍有减弱"，"就像一个人如果等得太久，到了真正实现愿望的时候就会有这样的感觉"[48]。

弗洛伊德在《梦的解析》中讨论他一系列关于罗马的梦时，就此事说得最多的是："在我的梦中，去罗马的愿望已经成了其他许多热切愿

望的伪装和象征。"[49] 然而，隐藏在这本论梦之书第二版（1911 年）的
一个脚注中的引用，暗示了这些愿望中最重要的那一个。弗洛伊德写
道，古代塔克文国王的一个神谕曾"预言罗马的征服之任将落在他们当
中最先亲吻母亲的那个人身上"[*]。弗洛伊德曾"亲吻过他的母亲"，从而
把自己从恐惧症中解救出来了吗？

他肯定在 1900 年 8 月"亲吻过"明娜·贝尔奈斯——这一经历的
后果包括满心的喜悦和创造力的迸发。他实现了想象已久的诱惑之举，
这似乎是一个信号，即是时候把优柔寡断放到一边，积极出击以兑现他
的命运了。他当即迅速创作了 alquis 的故事，证明了他的这般动机。这
个故事无视真相，其主题是对迫害者进行报复。

作为弗洛伊德妻子的妹妹，明娜·贝尔奈斯在犹太教法义看来属
于乱伦的性对象。对于无神论者弗洛伊德来说，这一点构成了她的吸引
力。他似乎还把她幻想成自己的一个亲妹妹。从 1882 年他们交往开始，
他总是称她为妹妹或者小妹，而从不称她为小姨子。

但这还不是全部。正如各路学者所评论的那样，明娜对于弗洛伊德
而言也是一个母亲般的人物[50]。在搬进他家之前，她曾在他的出生地摩
拉维亚当过保姆，而今长久住在他的公寓，为他的孩子们肩负了类似的
职责。因此，对弗洛伊德来说，她成了他当年在弗莱堡的保姆的替身，
他一再将那个保姆描述为他的"第二个母亲"——他自我分析的一个重
要主题。这下弗洛伊德和两位母亲生活在一起，其中一个已经成了他的
情妇[51]。

也有人指出，明娜不仅仅是一位母亲，而且是一位童贞女母亲——
简而言之，她可能带有天主教的圣母玛利亚的形象。只要她代表弗洛伊
德的保姆，天主教信仰可能又一次要随之而来了，因为西格蒙德的父母
曾告诉他，那个虔诚到发狂的女人曾带他去做弥撒，给他的脑袋里灌输

---

[*] SE，5：395。弗洛伊德将这一观察归于奥托·兰克；但当时兰克被弗洛伊德灌输了种
种观点，弗洛伊德让他的追随者们"独立自主地"陈述并阐释他自己的观点，使得表
面看来是他的观点得到了证实。见斯韦尔斯 1982a，第 19 页。

了各种关于"全能的神和地狱"的迷信思想[52]。那么，占有明娜可能意味着：第一，与上帝的母亲发生象征性的乱伦；第二，通过这种终极的亵渎方式来"杀死"父亲般的上帝；第三，使奥地利既有的国教教会及其梵蒂冈母体的权威丧尽——由此，在弗洛伊德的内心戏当中，他把人民从两千年的宗教迫害中解放出来。

4．无边的心灵

弗洛伊德从经验主义中撤退的最明显标志，就是他开始逐渐偏爱超自然现象[53]。诚然，正如亨利·埃伦贝格尔详尽无遗地证明的那样，整个精神动力学的传统源自非自然认知能力的主张。心灵学，或关于这种主张的研究，随着1882年心灵研究学会的成立，已经成为一个纵然边缘化但得到承认的领域。我们已经看到，已故的夏尔科和早年的雅内都曾一派天真，愿意接受超自然的假设。不过雅内很快就意识到，心理学如果欣然接受那些在物理学上看起来不可能的"现实"，就会作茧自缚。然而，弗洛伊德却愈加迷恋神秘的事物。

早在1896年，他在写给弗利斯的信中就曾表示，愿意相信"具有象征性的关于未知现实的预感"[54]。到了1910年，在开玩笑自诩是"精神分析学的宫廷占星师"的费伦齐的误导之下，他在这个方向上走得更远了[55]。1911年，他成为心灵研究学会的通讯会员，到他去世为止，他一直都是会员。截至20世纪20年代，他咨询过一位占卜师，与女儿安娜一起参加过至少一次降神会，经常与她交流"读心术"，还向琼斯坦言，他相信"千里眼显神通"，甚至相信"亡灵显灵"[56]。1921年，他写信给英裔美国籍的灵媒学生赫里沃德·卡林顿说："如果重新活一遍，我会投身于心灵学研究，而不是精神分析。"* 琼斯和同样忧心忡忡的马克斯·艾廷冈能做的，就是劝阻他宣布将他的"科学"和超自然现象公

---

* J，3：392引用。学会创始人弗雷德里克·W.H.迈尔斯确确实实影响过雅内年轻时关于心灵感应的试验，他很早就对《癔症研究》颇为欣赏，认为这是一部论述诱导心灵底层潜藏知识的专著（J，1：250n）。

开合并起来。

心灵感应，或者说双方隔着相当远的距离进行的思想交流，是最吸引弗洛伊德的不大真实的力量。他就这一主题写了两篇发人深思的论文——《精神分析与心灵感应》（1921 年）和《梦与心灵感应》（1922 年），还以这两篇文章为参考，为题为《梦与神秘的知识》的演讲做准备，该讲稿收录于他的《精神分析引论新编》（1933 年）[57]。尽管同事们总算设法阻止了后面这一篇文章在弗洛伊德生前发表，尽管三篇文章都包含装模作样的怀疑主义的迹象，但这些文章一致证明，精神分析的开山宗师毫无疑问已经成为一个彻头彻尾的神秘主义者，他认同存在这样的能力，即想法和概念可以飞越几百英里的距离，在另一个人心里又重新组合起来。

在《梦与心灵感应》中经过好生一番狡辩之后，弗洛伊德不假思索地说，他深信"睡眠为心灵感应创造了有利条件"——他在《梦与神秘的知识》中重复了这一观点[58]。对弗洛伊德来说，即便梦境预言不准确，也不会不够心灵感应的资格。他倾向于相信，给定的一个梦只要与别处发生的事件或多或少有些相似之处，想必就是间接的预言。"我们必须承认，"他在所举的一个例子中写道，"唯有梦的解析可以向我们展现心灵感应：精神分析揭示了心灵感应事件，我们若不用这样的手段，就发现不了"[59]。一个挥舞着奥卡姆剃刀的科学家会以相反的态度进行推断，根据休谟公理，梦境和现实之间的大致对应关系过于薄弱，无法让人相信心灵感应传输的奇迹。

然而，对弗洛伊德而言，奇迹之事已经成为日常现实，并不总是有利于他内心的平和。他觉得自己几乎完全是被厄运追着跑，于是忙不迭地采取安抚举措以抵御厄运。他被生存的恐惧所笼罩，深信命运早已经决定他何时会死亡。当料定的那一年到来（即他五十一岁）时，他都还呼吸自如。他并没有认为这下应该更客观地躬身思考；他重新修改了巫术算式，得出了一个新的终点：六十一岁。与此同时，电话号码和旅馆房间门牌号对他来说都包含着可怕的信息[60]。

琼斯在他的传记最直言不讳也最痛心的一章中，没有回避弗洛伊德的神秘学，并对此深表遗憾。琼斯承认弗洛伊德容易轻信别人。不过既然是那样，他的天才不正是在于"灵敏地摇摆"于这一特性和不可知论之间吗？[61] 琼斯大胆表示，弗洛伊德一开始容易受到可疑的甚至是荒谬的想法影响，但这是件好事，因为借此方式，他可以打破传统的思维，开阔思路接受一些至关重要的观念，毕竟这些观念终将会证明其自身的价值。

不幸的是，就这个论点来看，弗洛伊德对超自然现象稍显模棱两可的态度表现出来的并不是什么不可知论，而只是在听到琼斯本人和其他人理性的反对意见之后，还迟疑不决是否要表露出他仍然是多么固执己见而又轻信他人。此外——这一点更重要——他的神秘学并不是作为业余爱好消遣一番的副业。他虽没有明说，但显然认为，精神分析访谈本身就是超自然思想活动移情的过程，而且他打一开始就是这么想的。

他建议在临床实践中引入"自由漂浮注意"，旨在使治疗师的潜意识与病人的潜意识调整到同一频段，接收那些会被任何一方有意识的情感所干扰阻塞的信号。这种特殊的神交感，在现代精神分析中依然存在*，它解释了为什么每每病人否认假设的童年事件可能发生过，弗洛伊德都不为所动。弗洛伊德看到了狼人宣称不可信的原始场景，他听到了三十年前病人父母在病人摇篮前的对话。同样，他很有把握完全知晓他的病人在压抑些什么想法。如果这些想法充溢于他自己的心灵，那么除了来自病人的潜意识，它们还能起源于何处呢？

弗洛伊德赋予自己的力量并不限于心灵感应。他幻想着通过纯粹的思考，可以得到恢复的记忆，并指明这些记忆对于病人目前的神经症具有决定性意义。为达成这一伟业，他只需在所谓的童年事件和成人症状之间留意到主题方面的相似之处。没有任何一个科学家能如此轻易地满足于此，甚至都不费点心力拿一个因果假说去与其他假说进行比对检验。然而，正如我们业已目睹的，弗洛伊德认为他可以通过层层叠叠的

---

* 例如，精神分析学家卡洛·博诺米写道，"我们作为精神分析师在实践中高度重视也高度评价那种通灵力的感觉"（2015，第91页）。

心理洞穴，追踪一连串环环相扣不间断的动机，他这样做完全不会迷失方向，甚至连难以抉择走哪一条路径这种事都碰不到。

他还允许自己把语言上的联想——无论是病人的还是他自己的——直接变成症状的原动力。我们看到，安娜·冯·利本、伊洛纳·魏瑟、埃玛·埃克施泰因和伊达·鲍尔，全都据说因曾经想到"失足"或"走错一步"而瘸了腿。同样，因为瑞士"少女峰"带有"处女"之意，弗洛伊德认为，十四岁那年看见一座大山的景色想必引发了"E 先生"手淫的兴致[62]。这位病人后来沉溺于女色一事也是用类似的逻辑加以解释。"他植物学考试不及格，"弗洛伊德告诉弗利斯，"现在他就俨然'采花贼'一样继续着。"[63]

我们在这类例子中观察到这么一种"调查研究"风格，不需要收集任何事实就可以得出结论。正如米歇尔·翁福雷所言，弗洛伊德的世界是"一座剧场，在这剧场里，帽子是阴茎，锁是阴道，盒子是子宫，钱是粪便，牙齿松动是想要自慰，头发脱落是阉割"[64]。任何这样的物品的具体化——即使是在梦中——使得弗洛伊德无论看向哪里，都不可能不看到对于他的直觉的肯定。预先解析好的言语和姿势为他那些同样的解析提供了证据。正如他在《朵拉》中毫无歉意地指出的："我处理无意识的想法、无意识的思绪和无意识的冲动，就当它们和有意识的一样，都是令人信服、无可指责的心理数据。"[65]

我前文回顾过的大多数倾向在 19 世纪 90 年代初就已经开始产生作用了。在 20 世纪发生改变的，是当弗洛伊德因坐拥门徒而胆大妄为时，他的非理性主义之固执、宽泛。因此，他再也不可能被有关自己与基本科学知识脱节的提醒所左右。举例而言，约瑟夫·沃蒂斯在 1934 年提醒他，彼时生物学家拒绝了拉马克主义，即记忆可以通过生殖质代代相传，这时候弗洛伊德回答道："但我们不能为生物学家操心。我们有我们自己的科学。"[66]

这不仅仅是在科学争议中坚持少数派立场的问题了（倘若如此，弗洛伊德的信奉者可以指出，基因表达的现代知识已经赋予后天特征遗传学说有限的第二次生命）。弗洛伊德并不是说他赞成拉马克而非孟德尔的某种技术论点，他是说精神分析的信条优先于任何相反的看法。实际上，相信心灵感应的弗洛伊德这下甚至对物理学定律也无动于衷了。简而言之，他已经成为一个彻头彻尾的反科学者。

现在，一切知识都在弗洛伊德触手可及的范围内。例如，他知道在人类文明之始，最早的父亲已经被他的儿子们给杀害了；人们放弃想要撒一泡尿上去的那股"同性恋"冲动，才获得对于火的控制；编织之所以给发明出来，是第一个女人为了掩盖她"受过阉割"之实而把阴毛编结起来。弗洛伊德在他的《引论新编》中大胆提出，也许"了不起的昆虫群落"在它们的同类之间实践着心灵感应[67]。他在 1917 年告诉卡尔·亚伯拉罕，他和费伦齐打算"把拉马克完全纳入我们的讨论范围，指出他的'需要'，即创造和改变器官，不过是 Ucs.［无意识的］观念对一个人自己身体的影响"[*]。什么调查都不需要，他就断言"生"和"死"的本能流淌在一切生灵体内，它们的波动比率可以解释人类历史的主要模式。真理已经显现在他的脑海中了[**]。

5．案例管理

到了世纪之交，弗洛伊德不断膨胀的自负心态已经与他的治疗记录严重失衡。然而，他不仅必须把自己表现为一个治疗者，而且要表现为一个独一无二的治愈者，因为正是所谓的精神分析疗法的优越性——而不仅仅是疗效——为他宣称的已经把无意识从隐蔽处暴露出来的这一说法提供了担保。因此，当他把自己的治疗方法告诉广大公众时，他对疗法的益处不吝溢美之词。他宣称，精神分析是"治疗某些疾病的唯一可行的方法"，他倒没有费点事列举一下都有哪些疾病[68]。他的疗法

---

[*]　弗洛伊德／亚伯拉罕 2002，第 361 页。弗洛伊德和费伦齐部分落实了这一异想天开的项目，见弗洛伊德 1987b。

[**]　1953 年荣格回忆他有一次和弗洛伊德意见相左时，"他对我说：'但必然是这样！'我问道：'那你说为什么？''因为我想到了！'"（博克－雅各布森和沙姆达萨尼 2012，第 162 页）

带来了"内科医学领域首屈一指的成功"[69]。疗法"不可否认的成功疗效……远远超过了此前取得过的任何成效"[70]。

然而，如果没有像模像样的案例，就不可能有令人信服的病历来支撑这些笼统的论断。以前治疗过的能够证明精神分析法可以产生声称的那些具体效果的病人，弗洛伊德是一个都没有。这就是为什么他经常重提布罗伊尔的"安娜·O."之例，这个病例虽然没有比他自己对安娜·冯·利本用足吗啡的治疗更见效，但在《癔症研究》中却被重新包装成一个治愈的病例。对自己的广大病例，弗洛伊德别无选择，只能拿其中一些加以评述，掩饰或开脱其糟糕的结果，赋予它们故事般的吸引力，还说自己破解了它们带来的每一个智识挑战。对于这些营销的任务，他倒是成效惊人。这就是他的"天赋"所在——不在于了解了任何人的内心，而在于拿故事造成一种大获成功的印象，客观来看，那些故事构成了他自己执迷、强迫和缺乏同情心的证据。

然而，有两个例子的故事完全是在奉承弗洛伊德。我们已经看到，在《遮蔽性记忆》（1899 年）中，他制造了一个接受精神分析的"Y 先生"，此人可以代表弗洛伊德及其理论的谄媚崇拜者。接下去那一年，《日常生活的精神病理学》中讲到 aliquis 的那一章也是以同样的骗人模式构建的 *。弗洛伊德如此精心杜撰，这些虚构的故事既展示了他的最新观点，又展现出在想象中他作为侦探一向无懈可击。他可以肯定，不会有心存不满的病人或其家人出来质疑他的表述。唯一的危险是，整个骗局有朝一日可能会被披露出来。

不过假如真被披露出来了呢？即便那时，对弗洛伊德的忠诚之情可能最终看来也会比幻灭之感更为强烈。1946 年，西格弗里德·贝恩菲尔德慎之又慎地揭露《遮蔽性记忆》是"不为人知的自传片段"——也就是说，是一出骗局，这时候就发生了这样的情况。弗洛伊德说存在文中

---

* 阿尔布雷希特·希尔施米勒认为科学诚信至关重要，他曾写到，如果 Aliquis 先生是虚构的人物，那么他的整个思想世界怕是会坍塌（希尔施米勒 2002b）。那么，他怎么看待已经被证实的 Y 先生之例？

这位幻想出来的 Y 先生，他这是欺骗医生、潜在的病人和他这场运动新来的拥护者，但无论是贝恩菲尔德还是琼斯，都不承认这当中有什么伦理问题。至于詹姆斯·斯特雷奇，他只是痛惜"这篇论文本身的关注点被一个不相干的事实给蒙上了阴影，相当不应该"[71]。不过弗洛伊德声称他能够"通过精神分析的手段缓解〔Y 先生〕轻微的恐惧症"，这已经构成了医疗欺诈，因为他是在发表虚假的证据，以证明他的治疗方法有效[72]。

弗洛伊德自己也很清楚他骗了大家。1906 年，他有关精神分析的论文到了第一次结集的时刻，他选择压下了《遮蔽性记忆》不收录进文集。从创作之日起，表明他是 Y 先生的太多事实就已经为人所知。但对于 Aliquis 先生，弗洛伊德更是恬不知耻。因为 aliquis 一章构成了他最受欢迎的书当中最令人钦佩的部分，所以他全部十一个版本几乎都有所修订，在每个版本中都对他的"原先的旅伴"表示感谢，因为这位旅伴帮他出色示范了记忆阻滞的情形。他坚称，"这样一个人——跳脱出我以外的其他人，没有患神经方面病症的人——站出来作为这种调查研究的对象，我的目的就很好地达到了"[73]。

一个人如果被发现在两个事例中都有过这样的欺骗行为，他就一定会在其他的叙述中夸大事实*。那么，弗洛伊德不同于真正的研究者，他不惜销毁他记录病例史的笔记以及他在发表的作品中使用过的其他素材，这也就不足为奇了。但他有一次却没能这样做。他去世后，人们在他的遗物中发现了 1907 年他为"鼠人"（恩斯特·兰策）治疗那三个半月的笔记。现在，任何人都可以在标准版文集中读到这些笔记，笔记传递出了清晰的信息，事关琼斯乐意称呼的弗洛伊德"无可挑剔的正直"[74]。

精神分析学家帕特里克·马奥尼为鼠人案例专门写了一本书，在

---

* 《日常生活的精神病理学》中更多的骗局详见斯韦尔斯 2003，书中显示弗洛伊德解释忘记 Signorelli 这个名字时显然采用的是似是而非的理由。要我就更进一步提出，弗洛伊德根本就没有忘记那个名字，因为对他而言这位意大利艺术家是一个极具重大意义的人物。

准备写作的过程中，他遗憾地发现，弗洛伊德调换了一些事件的时间顺序；拉长了时间线，把三个半月时间延长为整整一年的深思熟虑；假装那些直接告诉他的事实是通过推断得出的；在与笔记对应的那段时期内，谎称他已经治愈了兰泽对于老鼠的强迫性念头，使他恢复了心理健康[75]。简而言之，弗洛伊德发表的病历大部分是杜撰的。这与《遮蔽性记忆》和 aliquis 只是程度上的区别。

不管某个特定的病人是否曾真实存在过，从弗洛伊德的行事方式中，我们可以推论出他报道风格的最普遍原则：理论先于证据且决定证据。或者，正如阿尔贝特·默尔在 1909 年一语道破的："给我留下的印象是，弗洛伊德的理论……足以解释他的种种临床病历，而不是种种临床病历足以证明其理论的真实性。"[76] 无法想象一个科学家对另一个科学家还能发出什么比这句话更令人羞愧难当的谴责了。

弗洛伊德的破案故事不属于临床报告的类型，而是属于侦探小说的类型。如我们所见，这些故事把弗洛伊德本人描绘成一个推理大师，这并不比阿瑟·柯南·道尔声称拥有福尔摩斯的思维力量来得合乎逻辑。正如该小说类型的创始人爱伦·坡在一位崇拜者将其笔下主人公杜邦的才思敏锐归功于他时问道的："你自己（作者）为了表达拆解的意图而编织了一张网，那你自己来解开，巧思何在？"[77]

第三十五章

强加他的意志

1. 从未热衷

　　弗洛伊德并非人们有时以为的那种无所畏惧、无所顾忌的英雄或恶棍。因为他标志性的疗法成了一项有利可图的准医疗生意，他那搞颠覆的幻想便需要被掩盖起来，哪怕在同为分析师的大多数伙伴面前。毕竟，他只是一个隐蔽的敌基督，他的不切实际遮掩于一种兼具悲剧性的屈从和关切有加的"人生建议"的姿态之下。在大多数人眼中，他不是浮士德博士，而只是热心的弗洛伊德医生，会帮助我们所有人变得更正常。与此同时，他恶魔般打破了乱伦禁忌的行径，只是一出他不敢向任何人坦白相陈的通奸。

　　比方说，不同于哈夫洛克·埃利斯、玛格丽特·桑格，或者同性恋活动家马格努斯·赫希菲尔德，弗洛伊德与人们以为他所代表的解放运动并不尽然相符。例如，流动性别认同正是他自己急于克服的问题。此外，由于他忧虑不安的过往，他无法在不把可怕的阉割威胁视为关键因素的情况下想象男性的性心理发展。此外，他把心理效应简化归结为力比多流动和阻滞的影响，这种模式表现为一种决定论，究其本质则是宿命论。

　　再者，即便作为社会习俗的批评者，弗洛伊德也不愿意逼迫得太过头。激励他提出自由主义建议的，并不是对于千百万人遭受错误教育和折磨的关注，而是他婚姻中的挫败感。他对年轻姑娘和妇女的困境只是给予了短暂的关注，这些人对于她们长年受苦受难的丈夫而言，是潜在的泼妇。他之前治疗过的一位病人伊尔玛丽塔·普特南告诉保罗·罗岑，说弗洛伊德"曾以为女性应该拥有和男性一样的性自由，但……他后来改变了主意"[1]。至于同性恋者，我们已经注意到，弗洛伊德把他们的"性倒错"归结为母亲带有情欲色彩的照料；他也赞同他身处的社会的看法，认为他们的性行为令人发指。

在 19 世纪末及 20 世纪初，手淫这一话题为性启蒙运动的要求者提供了一个鉴定成色的试金石。阿尔贝特·默尔、哈夫洛克·埃利斯等人，不满于有关自渎祸害的无稽之谈，不厌其烦地收集数据，证明热衷自慰之人并不比其他任何人更易患上心理或生理疾病[2]。随着这种认识的传播，医学上对于手淫的禁忌逐渐消散。然而，弗洛伊德对落后教条的拥护从未动摇过。显然，他觉得自己已经因为过度沉溺于"最初的瘾头"而遭到了永久性的伤害。他的儿子奥利弗作为苦恼的青春期少年来找他谈心，希望得到宽慰说他的手淫在发育上是正常现象，却被弗洛伊德粗暴地叱责了一通。奥利弗从此与父亲有了隔阂而难以亲近[3]。

精神分析学家们不出所料，都跟在弗洛伊德的反自慰旗帜后面齐步走。1910—1912 年，维也纳精神分析协会召开了不下十一次会议，专门讨论这一恶习的危害，尽管有人发声表达不同意见，但弗洛伊德仍然不为所动。手淫不仅有害身体，引发神经衰弱，还因基于幻想的享乐主义、对婚后行房能力的损害以及悖离异性结合的纯粹变态之举而有伤风化[4]。教皇本人也不会觉得这种立场有何不妥。

正如我们所看到的，弗洛伊德认为手淫——无论是养成习惯的持续做法，还是突然戒除继而造成了创伤——是大多数神经症的诱发因素。在 20 世纪的前十年，他对病人的无情盘问主要集中在挖掘他们这一方面的历史。艾伯特·赫斯特回忆，他十六岁开始接受弗洛伊德治疗时，治疗师立即要求他以"手淫的姿势"坐下[5]。其他病人则被责令在治疗期间不得手淫，以免引发"现行神经症"[6]。

不过弗洛伊德认为，在大多数情况下，仅靠意志力不足以避免让手向下游移。在1910年分别写给路德维希·宾斯万格和瑞士精神病学家阿方斯·梅德的两封信中，他建议一个手淫成瘾的男性患者接受"冷管"治疗——那是一种将冰水注入尿道的状似导管的装置[7]。倘若弗洛伊德的名字能让人联想到"冷管"而非躺椅或雪茄的形象，那么我们就用不着对于他力挺性爱自由一说展开大量无谓的讨论了。

弗洛伊德知道，他关于精神分析的治愈功效的说法缺乏任何事实依据。他甚至在宣称治疗效果颇佳的情况下还不时暗示，病人不应该期待良好的治疗结果。他在1909年的《小汉斯》病例史中写道，在治疗上取得成功"不是我们的首要目的。我们宁可尽力让病人能够有意识地掌握自己无意识的愿望"[8]。在1912年写给一位分析师同僚的信中，他认为："治疗这一视角的观点……当然不是精神分析主张感兴趣的唯一观点，也不是最重要的观点。"[9]弗洛伊德的学生艾布拉姆·卡迪纳回忆，他曾宣称"我对治疗方面的问题不太感兴趣……我一直满脑子都是理论方面的问题"[10]。在1932年，当他觉得自己广受尊敬的时候，终于向世人承认，他"从来都不热衷于治疗"[11]。

到了那个时候，姗姗来迟的坦率表现对于弗洛伊德的运动几乎没有什么损害；如果说有什么伤害的话，那他也是在为谦逊姿态进一步积攒口碑。暗示精神分析尚未充分发挥全部潜力是他的标准伎俩之一。不过对他而言，向外行隐瞒他在治疗方面的疑虑是绝对有必要的，除非他作为一个思想家的伟大之处已经得到了广泛认可。所谓"无与伦比的成功"并不仅仅为弗洛伊德和他的同僚们兜揽生意，还为他的心灵理论中的基本原理提供验证。

弗洛伊德后来的一些病人虽未大张旗鼓声言，但确实曾坚称他们受益于分析[12]。到了1910年，他如萨满教巫医一般的气场已经强大到据说与古斯塔夫·马勒一起在莱顿周边散了个步，就一劳永逸地治好了作曲家的阳痿[13]。但这是信仰疗法，不是精神分析。马勒和其他一些人体验到的自信心的获得，似乎与他们对弗洛伊德的敬畏之情有关——面对这样一个极其伟大的人，他们还没治疗就什么都信了。他们觉得，通过原谅他们透露给他的种种缺点，他便已祝福了他们。告解室里的神父可以给深受困扰的求道者带来类似的解脱。

更典型的是"女同性恋者"玛格丽特·琼卡的经历，她是其中一则较长的案例史（1920 年）的研究对象[14]。琼卡被父亲送到弗洛伊德那里接受治疗，希望改变她的性倾向。就连弗洛伊德也承认治疗失败了。然而，他在病例研究中夸口声称，他已经"百分之百肯定，几乎无懈可击地"追踪到了病人同性恋的"根源和发展过程"[15]。其实，琼卡让他一直分析个不停的梦全都是为了嘲讽他的先入之见而有意编造出来的。弗洛伊德的警觉程度只够疑心她的梦在试图欺骗他，但不足以察觉到琼卡本人就是那个骗子。每次治疗结束，回到咖啡馆小憩，她都会讲述她的治疗师之愚蠢的令人捧腹的故事，以此逗乐她的女友[16]。

琼卡在弗洛伊德身上察觉到的，正是我们从他自 19 世纪 90 年代初以来在临床上的种种努力中所注意到的愚钝和教条主义。但有些东西已经改变了——变得更糟糕了。俄狄浦斯情结原本是弗洛伊德在《梦的解析》中所勾勒的心理模型里一个偶然得来且尚未命名的特色，这下却越发如黑云压城，最终让他认定这是一切心理冲突的关键——实际上，是智人整个性心理发展的关键，从原始游牧部落的时代就开始了。这一信念对于弗洛伊德在治疗方面的努力产生的影响是使之比以往任何时候都更不容置辩，遑论步步逼问了。

关于这一特质，我们可以从一个案例中得到最鲜明的体会。这个案例中的"病人"，五岁的"小汉斯"（赫伯特·格拉夫），在他的问题被定性为恋母情结使然之前，弗洛伊德甚至一次都没有见过他。整个问题经由弗洛伊德与汉斯的父亲马克斯——精神分析学的早期信徒——进行闲谈之后就给解决了。汉斯在街上看到一匹马倒下的可怕景象以后，产生了对马的恐惧。对弗洛伊德来说，这种联系太浅显了。他无需询问汉斯的感受，就知道这孩子把他对于阉割的恐惧转移到了马身上，至于阉割的恐惧从何而来，那是因为他想把他的"小鸡鸡"塞到他毫无戒心的母亲身体里[17]。

同样立竿见影的魔法显然也在马勒奇迹般的治疗中起了作用。弗洛伊德至少还算是问了马勒若干问题，但诊断结果预先就已经确定了。我们推测，马勒得知他之所以无法行房，问题源于对母亲的固恋。弗洛伊德建议，大胆去吧，去和你的妻子（"母亲"）发生性关系，尽情享受；他知道禁忌可以安全无恙地打破。这对马勒而言是一种士气上的鼓舞，虽然很难说是俄狄浦斯情结实际上普遍存在的标志。

故事告诉我们，在马勒身上发现恋母情结后，弗洛伊德问马勒为什么不选择一个和他母亲玛丽同名的妻子。不过且慢，马勒妻子的中间名原来竟是玛丽亚，他就叫她玛丽！这故事能信吗？恋母性质的固恋是不是使得每个女人都不受青睐，除了那些跟人家母亲同名的女人？倘若如此，弗洛伊德自己为什么不向某个阿马莉求婚呢？这里，弗洛伊德肯定是进一步粗陋模仿福尔摩斯探案，正如我们所见，他最喜欢的读心术绝技就是"推测"他已经知道的细节。

在20世纪20年代接受弗洛伊德精神分析训练的学员之一，克拉伦斯·奥本多夫，领教了弗洛伊德在捍卫自己即兴发挥的解析时是多么坚定不移。在会诊的第一天，奥本多夫就给弗洛伊德带来一份梦境报告：他坐着一黑一白两匹马拉着的马车去了一个陌生的地方。据奥本多夫的朋友艾布拉姆·卡迪纳的回忆录记载，弗洛伊德当即宣布，奥本多夫"无论如何没法结婚，因为他不知道……是选择白人女性还是黑人女性"[18]。奥本多夫从小在实行种族隔离的亚特兰大长大，对"种族混杂"深恶痛绝，他意识到这一分析简直异想天开。两人为这个梦争论了几个月之久，"直到弗洛伊德厌倦了，中止了分析。弗洛伊德毫不含糊地谴责了奥本多夫的个性和能力"[19]。

假如对奥本多夫的分析没有被中途取消，我们可以相当肯定，它将走上什么样的道路。弗洛伊德已经认定他自己的神经质可以用俄狄浦斯情结的变体来解释，这一情结因他孩提时母亲带有情欲色彩的照料而起，使得他对自己的性取向产生了怀疑。这就是他需要宣布的所有证据，正如他在琼卡病史中所宣称的，"在所有正常人身上都能发现相当程度的潜在或无意识的同性恋倾向"[20]。甚至那些来找他寻医问药的完全没有心理疾病的人，诸如寻求得到培训的分析师新手，也得到了模式化的诊断。那些尚且不明显的同性恋者还浑然不觉，他们的俄狄浦斯情结正是罪魁祸首。

就这样，弗洛伊德告诉卡迪纳，说卡迪纳自己受到母亲过度的性刺激，担心因为产生的乱伦愿望遭到惩罚，于是成为一个无意识的同性恋者[21]。卡迪纳给吓了一跳，但所幸他能够同其他学生比对笔记，得知"和俄狄浦斯情结一样，无意识的同性恋是每个人分析的保留项目"[22]。的确，"一旦［弗洛伊德］发现了俄狄浦斯情结，想清楚了无意识的同性恋问题，就不剩下什么要做的了"[23]。

在 90 年代，弗洛伊德曾执着于一种希望，以为记忆恢复可能真会达到治愈的疗效。一旦他停止了尝试，反而将恋母情结的诊断应用于每一个病例，这时候他就认为没有必要再让自己卷入病人情绪的风暴之中了。实际上，他不再关心他们是否从治疗中获益。"我们之所以做分析，有两个原因，"特奥多尔·赖克听他说过，"一是想要了解潜意识，二是为了谋生。"[24]费伦齐回忆起同样的评价："病人只是用来给我们提供生计和学习的素材。我们当然帮不了他们。"[25]

这下弗洛伊德觉得有权违反自己关于技巧的所有戒律。正如珍妮特·马尔科姆在 1982 年评论的那样，他

> 治疗的方式与如今任何一个标准的弗洛伊德派分析师所做的都不一样——好像那是一种正常的人际交往，在此过程中，分析师可以对病人大声嚷嚷，赞美他，同他争辩，生日时收下他送的鲜花，借钱给他，甚至和他说起其他病人的闲话[26]。

弗洛伊德建议他的同事们，要做一个不动声色、专心致志的倾听者；但对一些病人，他却滔滔不绝，几乎不让他们插嘴说一句话，而他自己却尽讲讲笑话，还抱怨自己的小病小痛。另一方面，有些病人给由着漫无边际地瞎谈，但弗洛伊德可没有"用第三只耳朵去听"，而是有时在他们的独白中一觉睡过去*。永远不要分析朋友或家人，弗洛伊德写

---

* 到 1898 年，弗洛伊德就已经告诉弗利斯，"我在下午分析过程中睡觉了"（3/15/98；FF，第 303 页）。这暗示并不是说他有时候打瞌睡了，而是说这是一个节约他时间的有效办法。然而，随着年纪渐长和疾病缠身，这种做法可能已经变成不由自主的行为了。

道；但他总是这样做，典型的做法是通过泄露 B 亲友对 A 亲友的秘密评价来拉拢 A。

所以，透露分析内容的泄密行为也是弗洛伊德控制其圈子成员使之依赖于他的一种手段。因此，他要求费伦齐跟他报告对于琼斯的分析情况；让琼斯本人随时了解他对琼斯情妇的分析情况；在闲谈中向费伦齐和荣格吐露他从与他们有染的女人们那里打探到的秘密[27]。所有这类纵容迁就之举的共同点是一个简单的道理：弗洛伊德，高高站在任何人的批评都触及不到的地方，可以随心所欲。

弗洛伊德放弃了治疗上收效的希望，也失去了他曾经有过的对于经受精神痛苦的病人的全部同情。虽然他不把全人类放在眼里，但他特别鄙视那些主诉神经症的患者，他们使他陷于困境之中，不得不忍受他们可悲可恨的种种弱点。他告诉费伦齐，“病人是一群乌合之众”[28]。“比起神经症患者，我远远更喜欢学生，”他告诉约瑟夫·沃蒂斯（本身就是一个学生），说的时候“他做了个表示轻蔑的手势，还大笑一声”[29]。路德维希·宾斯万格说过，他永远忘不了弗洛伊德被问及对病人是什么感受时所回答的令他震惊不已的原话：“我真想把他们都掐死。”[30]

2. 稳步经营

也许有人会问，为什么弗洛伊德还要继续接收病人呢？答案用一个词即可阐明，但在大多数有关弗洛伊德的研究中，却不敢直陈其名：钱[31]。批评家只要一提到这个话题，就会被认为表现出了反犹主义或“犹太人的自我仇恨”。然而，弗洛伊德本人私下里对于他口中“金钱情结”的心态却颇为坦然。正如他告诉荣格的那样，“我可不想指望我那些受人尊重的同胞的感激之情，情愿自己多多赚钱”[32]。

金钱的主题从我们研究之初就一直伴随着我们，从未远去。弗洛伊德早年就他的氯化金染色法和可卡因而进行的种种冒险，其背后最强烈的动机一直都是想让自己脱离贫困的热望。我们还记得，在 1897 年，当他的猥亵理论看起来不可能成功时，他为失去“一定的财富”和与之相关的收益而感到痛心。特别是考虑到他是在一个对于犹太人的上进志向越来越敌视的社会中苦苦奋斗，我们很难就他决意跻身中产阶级和发家致富这一点发出什么微词。

不过，问题是相较于医学上的关切或科学上的好奇心，对于财富的渴望是否已经变成弗洛伊德人生中最重要的目的。如我们所见，他一有机会就开始钓取"金鱼"，还奉行一种与他的经济能力不相匹配的生活方式。他的同事们，特别是布罗伊尔，面对他愿意让富裕的病人接受长达五年的治疗而不见病情持续改善的迹象这一情况感到震惊。他在他的朋友当中也毫不掩饰地表示，他之所以想获得教授职位主要是为了吸引出手阔绰的病人，可以提高他的诊疗费。

弗洛伊德的贪婪并没有逃过他那些病人的法眼。艾伯特·赫斯特向保罗·罗岑评论道，这位分析师一直极其"金钱至上"，而美国访客约瑟夫·沃蒂斯看他"过分强调金钱问题"颇为吃惊[33]。甚至连玛尔塔·弗洛伊德，按照她的丈夫在1911年写给荣格的信中的说法，也不赞成他"在赚钱的事业中迷失了［自己］"[34]。他自20世纪初就已经立志开始努力求取富贵，1906—1914年，他确实做到了。后来他的财富在大战中化为乌有；但从1919年开始，他只接收那些有能力支付抗通胀货币（美元尤其坚挺）的客户，还向税务机关隐瞒自己的收入，于是他变得比以往任何时候都更富有*。

1974年，"狼人"谢尔盖·潘克伊夫告诉记者卡琳·欧布霍尔策，在布尔什维克夺走他的家产之前，弗洛伊德向他收取每小时四十克朗的费用，也就是相当于在一流的疗养院住一天半的费用，包括药品和护理在内[35]。除了节假日和暑假期间，每周要进行六小时这样的治疗。据估算，潘克伊夫历时四年的分析，花费差不多相当于2010年的五十万欧元[36]。而那时候弗洛伊德每天还要另外分配出多达七个小时的时间，供

---

* 接收富裕的美国客户之后，弗洛伊德对美国的憎恨反倒加剧而非减轻了。他摆脱了低微的出身，却发现美国人极其缺乏对于阶级差别的尊重。最重要的是，正如恩斯特·法尔泽德所指出的，弗洛伊德"努力追求金钱、财富、名声和独立，但他不想欠那些能使之成为可能的人什么人情"（法尔泽德2012，第108页）。

其他病人咨询。

弗洛伊德赠予某些病人的小礼物表达了他对他们的偏爱，但在某些情况下，赠送出去礼物也是预期得到更大的回报。当"狼人"的治疗在1914年7月暂停时，弗洛伊德向潘克伊夫提议，为了"避免他的感激之情太过浓烈"，还是送给他的分析师一份实实在在的礼物为好。最终潘克伊夫赠送的礼物是一尊足以进入博物馆收藏的古埃及公主雕像，显然那是弗洛伊德自己挑选的[37]。

其他的礼物可能更具重大意义。我们记得，是他之前治疗过的两位病人替弗洛伊德出面，介入他的学术升迁之事；她们是在他毫不讳言的敦促下才这样做的[38]。其中一个病人玛丽·冯·费斯特尔男爵夫人（"金鱼"的原型），她家族中流传的故事说弗洛伊德曾对她甜言蜜语，哄得她把一栋别墅的地契给了他，而他很快就转手把那栋别墅给卖掉了。这则故事未经证实，但它的存在证明了许多病人家属的看法，即弗洛伊德更像是一个赢得病人信任继而诈取钱财的骗子，而不是治疗师。男爵夫人自己后来也认同了这一观点，于是显然她逢人便说，只要人家愿意倾听[39]。

想必读者会抗议，这太过分了。但事实是否如此？桑多尔·费伦齐非常了解弗洛伊德，曾醉心密切关注他的发展，他虽不情愿但还是认为，他的老师已经抛弃了作为治疗师的任何道德上的顾虑。1932年，费伦齐在他的日记中坦言，弗洛伊德早已为自己对于精神痛苦的人能有什么帮助而感到绝望。"然而，通过隐瞒这些疑虑并且唤起病人的希望，"费伦齐评论道，"病人确实被骗过去了"[40]。

我们已经注意到，弗洛伊德在积极推广一种他认为无效的疗法。他向一些他认为是疑病症患者的病人，也向另一些他知道是精神错乱病得不轻、进行任何形式的谈话疗法都于事无补的病人提供这种疗法。当有问题的病人在他的治疗下病情恶化时，他并没有放弃治疗，甚至都不调整疗法，而是继续收取他们的费用，看不到尽头在哪儿[41]。

想一想若干有代表性的例子，所有这些例子在博克-雅各布森的实用汇编《弗洛伊德的那些病人》中都有讨论：

- 安娜·冯·维斯特，她"瘫痪"的双腿据说在 1903 年接受弗洛伊德一周的治疗之后就可以跳华尔兹了，但她不断旧病复发而卧床，借此再次召唤他前来治病。她的家人认为她是在装病，甚至连弗洛伊德都拒绝了她的几次恳求，向她保证说她已经被彻底治愈了。尽管如此，安娜还是在 1904 年、1907 年、1908 年、1910 年和 1925 年再度请他治疗，但从来没有呈现出超乎片刻之外的进展。在 1926 年 11 月 14 日写给她的信中，弗洛伊德为他未能让她的分析得出圆满结论表示遗憾。

- 维克托·冯·德兹泰很可能一开始就有精神病，而且后来那些年肯定也还是如此，他在 1909—1911 年、1913—1915 年和 1917—1920 年向弗洛伊德咨询了大约一千四百个小时，但毫无收效。1935 年，他自杀了。

- 埃尔弗里德·希施菲尔德身陷强迫性习惯的困境不能自拔。1921 年，弗洛伊德告诉同事，她先前的病史使得她适于分析的希望不大，但"我太好奇了，也是无知者无畏，又有心想要挣钱，便开始了分析"，没有把她安置到专科医院，其实他显然认为她应该收归医院。希施菲尔德断断续续找弗洛伊德诊疗了七年时间，有时候频率高达每周十二次，总共大约有一千六百小时。治疗两年下来，弗洛伊德告诉荣格，她的症状已经在很大程度上恶化了。到了第四年，他写信给奥斯卡·普菲斯特，说她不可能治好病了；但治疗仍继续。在第五年，也就是 1912 年，弗洛伊德以典型的冷静态度向荣格评论说："她已经怎么也不可能治愈了，但牺牲自己成全科学还是她的本分。"[42]

- 在接受弗洛伊德分析四年又五个月后，谢尔盖·潘克伊夫被宣称已摆脱了各种恐惧症和强迫症，附带着连便秘也一起治好了。或者说，这是更了解实情的弗洛伊德在他那戏剧性十足的狼人病例史之中决定对外声称的说法。实际上，在接下来的六十年里，潘克伊夫辗转于一位又一位精神分析师之间，没有一个人能够令他受益。在生命接近尾声时，他告诉卡琳·欧布霍尔策说："整个情况看起来仿佛是一场灾难。我现在所处的状态和我第一次去找弗洛伊德诊治时一模一样，而弗洛伊德已经不在人世了。"[43]

- 莱茵金啤的继承人卡尔·利伯曼滋生出一种对下体护身的迷恋，这促使弗洛伊德把他视为强迫性神经症患者，因此可以用精神分析加以治疗。其他人则认为他是精神病患者。1925 年，弗洛伊德以相当于每小时近三百美元的收费，收下他进行治疗。很快医生就知道他面对的是一个偏执狂，后来他又加上了精神分裂症的帽子。尽管如此，他还是让利伯曼接受了整整五年的治疗。这个不幸的人在麦克莱恩医院度过了最后的日子，他用关于弗洛伊德的回忆来应对每一个人，还叙述他认为他从大师那里了解到的有关自己的情况。"我是我父亲的阴茎！"[44]

在并不单纯是精神错乱的那些长期接受治疗的病人的病史之中，最显眼的是他们心甘情愿服从于弗洛伊德到何等程度，仿佛他们已经赋予他代理人的权力去替他们做出对于自身而言最重要的决定。弗洛伊德的智慧光环，可以跻身受分析的精英群体，循循善诱使他人袒露内心、坦诚相告，吊足人胃口、不断重申即将见到良好疗效的承诺，以及对"退化"到彻头彻尾的同性恋的那种终极恐惧，这些都行之有效地让病人产生了对他的依赖，却对康复毫无用处。弗洛伊德充分利用了这种依赖，不是将其当作有待在躺椅上解决的"移情"，而是当作把一切权力和主动权聚集到他自己身上的手段。

3. 凌弱而行

弗洛伊德一心想组织一场科学运动，从表面看来他确实做成了这件事。但科学运动本身在措辞上不就自相矛盾吗？没有什么"自然选择运动"，也没有什么"弦理论运动"或者"小行星灭绝理论运动"。生物学家、物理学家和地质学家无非是埋头做他们的工作；当彼此意见相左时，他们的第一个念头可不是召集支持者抱团并且谴责对手；他们诉诸举证责任，尽量为自己的立场进行辩护。正是由于各方都能看到这些证据，才保证了辩论中一定程度的文明和秩序。只有伪科学才需要"科学运动"，其特点就是拒绝接受共同的验证标准的约束。

弗洛伊德作为运动领导者的种种举动，体现了他为无法辩解之事强加辩护的尴尬困境。亏得他能说会道，最终看来他是个与外行人沟通卓有成效的高手。然而，无论何时，他都无法与那些批驳他的体系的评论者进行具有实质性、以研究为依据的辩论。他不得不回避这样的交流，因为如我们所见，精神分析的案例完全是对于他的话语的信念问题。因此，他坚决主张，只有他自己学派的真正成员才有资格对他的结论发表看法。他回应起他的抨击者，不是就事论事针对他们的推论而发表看法，而是指责他们胆小懦弱、心理有问题、受到他的理论中特别谈及的防御机制的束缚。

即使是精神分析学家，如果他们斗胆敢质疑弗洛伊德的某一条规定，也会受到冷嘲热讽。他写道："有人听闻分析师，"

> 他们夸口说，虽然他们工作了几十年，但从未发现阉割情结存在的一丁半点的迹象。我们必须俯首承认他们这一成就着实伟大，尽管那只是负面意义上的成就，是彰显忽视和误导本领的精湛之作[45]。

这样的语言吓得一些追随者俯首帖耳就此顺从，与此同时也使得其他一些人对弗洛伊德不再抱有希望，建立起了与之抗衡的学派。

理论上，弗洛伊德和他的第一代分析师追随者是同道中人，他们分享临床发现，并据此调整自己的概念。不过实际情况并非如此。弗洛伊德愿意吸收一切想法——不问出处，包括他的追随者，但这一切都是为了他创造的更大荣耀，而对于创造，他打定主意最终必须由他来定夺。他永远不会给予他的下属想从他那里得到的东西：战友般的尊重，允许在他的权威下保留一些独立的判断。他年轻时在萨尔佩特里耶尔还没有领悟到，夏尔科压制住同手下在科学上的合理分歧，是在追求谬误，使得他后来的倒台成为必然。这下弗洛伊德将成为新一代的夏尔科，注定了他长远的身后命运。

精神分析本应给受到压抑的人带来洞察力和解放，但精神分析本身的实践者，只要他们还忠于弗洛伊德，就会因惧怕他的愤怒而颤抖，跌入奥威尔式的群体盲思。他说出一句否定的话，就能以毁灭性的力量告诉其他局内人，一个原本受人尊敬的分析家给"分析得不够充分"。弗洛伊德无情而又诡诈，运用起这一武器来没有半点犹豫。正如荣格在1912年愤怒地向他抗议的那样："你疑心重重地查看你周围一切带有征兆的行为，由此把每个人都降格到了羞愧承认自己存在过错的儿女的那种水平。与此同时，你仍然像父亲那样高高在上，稳坐如山。"[46] 用精神分析学家罗伯特·霍尔特的话说："弗洛伊德往往巧言令色，善于操纵，诡计多端。他与一众心腹一起密谋除掉他嗤之以鼻的其他人，一旦他们有碍他的宏图，就对他们横行霸道。"*

弗洛伊德密谋的利器是他在1912年提议成立的"秘密委员会"，目的是防止退步——或者如路易斯·布雷格直言不讳所说的，"为了扼杀辩论，强加审查"[47]。秘密委员会最初的成员，除弗洛伊德之外，还有琼斯、费伦齐、兰克、亚伯拉罕和萨克斯。1919年又增加了马克斯·艾廷冈。在有成员去世或弃暗投明而留下空缺后，最后加入的成员是安娜·弗洛伊德，她将在二战后审慎地推进业已失效的委员会的议事日程。

这个小团队的成员有着特制的金戒指，宣誓对弗洛伊德教义忠诚不渝，从1913年到1936年断断续续进行运作，但其存在始终十分隐秘，直到1944年才显山露水。委员会藏在幕后，攻击、嘲笑背叛者，将其列入黑名单，借此强调了一种正统观念，而这种正统观念若是用不那么耍阴谋的手段，断然维持不下去[48]。有趣的是，提出建立这样一个秘密

---

* 霍尔特1992，第21—22页。霍尔特还指责说精神分析训练机构依然复制弗洛伊德的专制主义，系统性地把他们的培训对象乃至不从事教学的机构成员都"当作小孩来看待"（第23—24页）。

小集团的想法的，不是别人，正是欧内斯特·琼斯。不过正如弗洛伊德对布罗伊尔和柯勒的诽谤所表明的那样，为委员会定下恶毒基调的是他自己。

虽然委员会只诋毁名声，不暗杀人，但它的气氛显然是斯大林主义式的，每个成员都意识到自己随时可能招致弗洛伊德的不满，被转移到打击名单上。的确，那就是发生在费伦齐身上的遭遇。他的罪行是在临床技术的某一观点上与弗洛伊德产生了分歧。从 1929 年开始，一直到他 1933 年去世，他都遭到了回避和诋毁。而琼斯，费伦齐原先的受分析对象兼学生，持续执行弗洛伊德的圣令，在他写的传记中重复谎言，说费伦齐在生命最后几年已经精神错乱[49]。

总体而言，弗洛伊德很容易判断出他的哪些伙伴应该被重新归类为没落人物：就是或多或少挑战他的教义的那些人。然而，他类偏执狂的倾向扩大了构成威胁的人物范围。他相信心灵感应的另一面是，他觉得自己的思想可能会遭到坏人入侵，因此他对于相似之人、阴间回来的亡魂和似曾经历的体验都非常着迷*。有人在窃听他的大脑吗？

想想弗洛伊德对他的学生维克多·陶斯克所抱的敌意，陶斯克大有前途但患有抑郁症，后于 1918 年去世。在陶斯克看来，精神分析第一人的认可是唯一重要的事[50]。但他在智识方面表现太过出色，让弗洛伊德坐不住了。他似乎在阐述他的导师还在酝酿之中的理论要点，而弗洛伊德怀疑陶斯克在他还没能确切表达之前就利用思想转移来窃取他的想法。

弗洛伊德对这一威胁的第一道预防措施是拒绝分析陶斯克，并且给他指派了一个在专业上年资较浅的分析师海伦·多伊奇，借此令陶斯克自惭形秽。但后来弗洛伊德开始心神不宁，担心陶斯克对多伊奇的影响

---

* 正如弗洛伊德后来在他论及"怪怖者"的论文中所写的，认为别人是自己的替身的那种感觉"因从这些人物角色中的一个人跳到另一个人的心理过程——我们会称之为心灵感应——而大为增强，于是一个人与另一个人拥有共同的知识、感受和体验。或者，它的特点在于主体让自己与他人形成认同，因此，他对自己的身份产生怀疑，或者用外在的自我来代替自己"（SE, 17: 234）。

可能会毒害她作为他的分析对象的角色（除弗洛伊德以外的精神分析师经常自身也在接受分析）。他告诉多伊奇，她必须立即在陶斯克和自己之间做出选择。多伊奇就自动把陶斯克打发走了，而陶斯克无法想象一种没有得到弗洛伊德认可的存在还能有什么意义，便当即自杀了。在一封写给陶斯克原先的情人露·安德烈亚斯·莎乐美的冷冰冰的信件中，弗洛伊德对于陶斯克从分析舞台上消失一事表达了冷血无情的满意心态。他写道，"我承认，我并不太怀念他；我早就意识到，他不可能再有什么用处，实际上，他对未来构成了威胁"*。

4．肆无忌惮

弗洛伊德只在一项事业之上能够完全按照自己的目标去塑造另一个人。精神分析止步于育儿房的门口，他想窥看儿子自发的勃起时，曾遭到他那心有芥蒂的妻子的严厉告诫。不过等到患有厌食症且抑郁的女儿安娜十四岁的时候，他邀请她参加维也纳精神分析协会的会议，她在会上了解到了阴茎嫉妒、女性受虐狂、女性气质等同于"男性化的"阴蒂感觉的消亡，以及每一个女儿都想与父亲私通的正常欲望等等——这些概念，此后她都始终严格恪守。

无论是当面交流还是书信往来，十几岁的安娜一直在告诉西格蒙德，她为停止手淫和有关被他殴打的幻想做出了种种努力，但并没有成功。在她十八岁时，他开始告诉那些潜在的追求者，比如琼斯本人，让他们与他的安娜／安提戈涅保持距离。二十二岁时，她开始在父亲的躺椅上接受分析，这是她生平那两段秘密分析中的第一段，每周六天，持

---

* 弗洛伊德／安德烈亚斯·莎乐美 1966 年，第 98 页。在很长一段时间里，自杀是精神分析行业的职业危险，从业人员的状况往往不亚于他们的病人。1902—1938 年，维也纳精神分析协会的一百四十九名成员中至少有九人自杀（法尔泽德 1994，第 182 页）。"门罗·迈耶和我曾经同弗洛伊德讨论过维也纳两位分析师的自杀问题，"艾布拉姆·卡迪纳写道，"他眨了眨眼睛，评论说：'好吧，总有一天，精神分析会被认作一种合理的死因。'"（卡迪纳 1977，第 70 页）

续共计四年。这下她将在漫长的余生中成为爸爸的乖女儿。

就在着手为女儿进行分析几周之后，弗洛伊德开始撰写一篇他最错综难解的临床论文《被打的孩子：一份关于性倒错起源研究的文献》[51]。据称他从"大量病例"之中——所有的病例都具有被殴打幻想和手淫的显著特点——选择了六个病例展开密切研究[52]。然而，奇怪的是，弗洛伊德诊治的病人中，殴打幻想遭到曝光的，唯独只有安娜一人。正如世人后来开始逐渐明白的那样，正是弗洛伊德的亲生女儿，也只有他的女儿的手淫活动和幻想启发了他，把倒退标述为"前生殖器阶段的、肛门施虐期的"力比多机制[53]。

安娜进入精神分析行业的登场居然是一次监守自盗。1922 年 5 月，她向聚集一堂的维也纳精神分析协会宣读了自己的论文《击败幻想和白日梦》，希望在二十六岁时被接纳为同行。仅此一回，这么一位申请加入执业分析师队伍的候选人，详细写出了她自己所做分析的内容，而这是她唯一直接了解的情况。协会的成员，除一个人之外，都无从知晓其实她一直是那位病人，而非分析师。

安娜的陈述是一出骗局，然而，她受到接纳却是确凿无疑的事。虽然有一位对内情一无所知的听众断言，安娜所描述的病人听起来像"一个完全不正常的人，他的无能和自卑绝对会在现实生活中显现出来"[54]，但会议主席——当然是她的父亲——认为她的论文非常出色。他没有透露他原来就是那位带有受虐狂性质的手淫者的精神分析师。六个月后，安娜便开始独立治疗自己的病人。

读者可以自行判断，看他们认为弗洛伊德在女儿身上复制自己究竟是精神分析的一桩幸事，还是一场犯罪——绑架了一颗灵魂。（但为什么不能二者兼而有之呢？）然而，毫无疑问，在弗洛伊德认为行使绝对的权力一路畅行无阻之际，他的其他干预措施会造成破坏性的影响。最能说明问题的是霍勒斯·弗林克事件，尽管到 1988 年才被完全披露出来，但这一事件显然说明了 19 世纪 70 年代那位真诚的年轻医学生变成了何种人[55]。

弗林克是一位来自美国的精神分析实践者，聪颖机智，但心理极其不正常，他在 1921 年三十八岁之际接受了弗洛伊德的训练分析。弗洛伊德没能察觉到弗林克患有躁郁症（双相障碍），认为他总体而言颇为讨人喜欢，他开始把弗林克设想成美国版的荣格——可以在新世界托付精神分析代理任务的非犹太人。

已婚的弗林克，和他那个时代的许多精神分析学家一样，正和他的一个病人发生一段旷日持久的婚外情。恋情对象就是安格利卡·比尤尔，一家纽约银行财富的女继承人。虽说她也是有夫之妇，但弗洛伊德开始期许起了一笔有助于他引领的运动的意外之财。他利用弗林克在维也纳进行训练分析的头几个星期，向他强调了抛弃妻子和儿女、起诉离婚、迎娶女继承人在治疗上的益处——在分析的第五个月，抑郁病情岌岌可危的弗林克将女继承人召唤到维也纳，弗洛伊德告诉她，除非她与丈夫离婚并嫁给弗林克，否则灾难肯定会随之而来。正如安格利卡后来回忆的那样，弗洛伊德说假如不这样做，弗林克"再也不会有心力恢复正常状态，很可能发展成为一个同性恋者，尽管隐蔽性极高"[56]。

真心实意爱着弗林克的安格利卡被说服了，向震惊而又愤怒的丈夫提出了离婚。她在"神志不清"的弗林克的陪同下，跟丈夫解释说，弗洛伊德已经对他提议的再婚寄予了祝福。此后不久，弗林克的妻子多丽丝不情不愿地同意离婚。但随后霍勒斯和安格利卡开始有所犹豫而重加考虑婚姻一事。1921 年 9 月，弗洛伊德写信给弗林克，向他保证再婚将成为他现在"整个"分析的顶点[57]。

弗洛伊德的信达到了预期的效果；两对夫妻双双离婚的流程开始启动。精疲力竭、内心伤痕累累的多丽丝·弗林克带着两个年幼的孩子登上了开往阿尔伯克基的火车，尝试着开始新的生活。但是亚伯拉罕·比尤尔可没有那么合作。他草拟了一封致弗洛伊德的公开信，打算发表在纽约的报纸上，谴责他胡乱插手连一面都不曾见过的人的生活，并且质问道："了不起的医生，你是专家还是骗子？"[58] 然而，弗洛伊德也算是运道好，1922 年 5 月，信还没发表，比尤尔就因癌症去世了。后来有人给弗洛伊德看了信件的复本，弗洛伊德还嘲笑说这个向虚伪的美国佬舆论发出的呼吁不啻一桩傻事。

霍勒斯·弗林克的心理状况再度恶化，弗洛伊德仍然坚持要他再婚，在 1922 年 4 月至 7 月和 11 月至 12 月又给他做了两个疗程的分析。可想而知，看到弗林克在极度亢奋和昏呆之间交替变化，把浴缸误以为坟墓，说安格利卡看起来"妖里妖气，像个男人，像头猪似的"，这下即便是弗洛伊德，也不可能再注意不到精神病的征兆了[59]。但弗洛伊德在弗林克的分裂人格行为中只看到"绝佳的黑色幽默"，他毫不气馁[60]。他没有告诉"安格·弗林克"——他现在就是这样称呼她，弗林克的行为有多奇怪。在 11 月，他给弗林克写了以下令人难忘的句子：

> 我还是想跟你提一下，你认为 B 夫人在一定程度上失去了美貌，这个观念可能变成认为她在一定程度上失去了钱财……你抱怨说你无法理解自己的同性恋特质，这说明你还没有意识到你幻想着要把我变成有钱人。假如一切顺利的话，且让我们把这份想象中的礼物变成对于精神分析基金的真正贡献吧[61]。

在弗林克的病情进入短暂的缓解期一周之后，他和安格利卡在巴黎结了婚。1923 年 1 月，在弗洛伊德的坚持下，没什么人缘的弗林克被一致推选为纽约精神分析协会的代理会长。然而，到了 4 月，听说多丽丝因患肺炎即将不久于人世，他赶去看她，却被拦在她病房之外，无法为过去两年发生的一切当面道歉。

此后，弗林克将自我厌恶的情绪重新投向了他的新任妻子，竟动手打她。1924 年 3 月，他请假离开行政办公室，登记入住了约翰·霍普金斯医院的亨利·菲普斯精神病科，将自己交托给著名的反弗洛伊德学说者阿道夫·迈耶治疗。弗林克和安格利卡这下都开始指责精神分析毁了他们的人生。安格利卡在写给迈耶的信中说道，"迄今为止，我还没有遇到过哪一个分析学家［原文如此］，在我看来不是显而易见的神经症患者的，他们都迷失在他们的理论中，没法过日子"[62]。

弗洛伊德始终没能捞到他的意外之财。最终，安格利卡与弗林克离了婚，但那已经是在他两次自杀未遂之后的事了。在弗林克后来的岁月里，尽管又出现过几段糟糕的经历，但他还是再度成家，获得了一定程度的内心安宁。在他五十三岁死于心脏病发作的前一年，一个女儿问他，若可以的话会给弗洛伊德捎去什么样的消息。"告诉他，"弗林克回答说，"他是个了不起的人，他确确实实发明了精神分析。"[63]

附　录

我们还信奉弗洛伊德学说吗？

到了 1895 年，弗洛伊德在撰写《癔症研究》最后一章时，他准备告诉世人，他已经设计出一种有效的新的治疗方案，基于约瑟夫·布罗伊尔的"宣泄疗法"但又有所改进——布罗伊尔还没有意识到，每一种精神神经症都可以追溯到压抑之下的关于性创伤的记忆。一年之后，他在两篇文章中为新的治疗方法取了名字：精神分析。

然而，没有哪个虔诚的弗洛伊德学说的信奉者会认为弗洛伊德当时将精神分析付诸实践。1896 年，他潜心研究他的猥亵理论（通常被误称为"诱奸理论"），按照这一理论，所有癔症患者都被假定为压抑了童年时遭到性猥亵的记忆；而他的治疗方法旨在揭露这些遭遇。但不久弗洛伊德就认识到自己搞错了；至于精神分析，按照大多数人的理解，则始于他开始寻找猥亵的对立面之际，所谓猥亵的对立面也就是小男孩于心有愧的性意图，他们害怕受到"阉割"惩罚，因为"俄狄浦斯情结"导致他们渴望杀害自己的父亲并与母亲交媾（"女性俄狄浦斯情结"就得事后再补上了）。

除了俄狄浦斯情结本身的反常特质之外，这里还存在某种怪异的因素。弗洛伊德以为自己在 1896 年便开始应用起了精神分析。从他着力于猥亵理论到着力于俄狄浦斯情结——据说俄狄浦斯情结是在翌年，也就是 1897 年展现在他眼前的——这一前一后之间，他的临床做法似乎没有什么变化。那么，为什么精神分析不像弗洛伊德宣布的那样，始于

1896 年呢？答案是，弗洛伊德学说的信奉者把猥亵理论视为拖累。通过延迟精神分析的起始年代，他们是在回避这一令人不快的推理——同样的方法，经由同一位知识分子，应用于同一批病人身上，在区区几个月内竟得出截然相反的结论。这难道不是对该方法相当不利的一个污点吗？

当然，在 1896 年之后的十年里，弗洛伊德关于精神分析的观念，无论是临床手段方面还是理论方面，确实都发生了许多变化。事实上，如今被视作经典精神分析的一些特色概念值得我们回顾一下，看看它们在时间点上有多分散，它们的意义又是如何发生了变化。这些特色概念之中只有寥寥几个自一开始就存在——这一事实必然激起我们发出这样的疑问，"精神分析"起初是否构成了认识和治疗上的突破，还是仅仅是有前途的一次职业发展。

a. 压抑与无意识。没错，这些理念从一开始就至关重要，但理解的方式发生了显著的改变。

b. 阻抗。早在 1896 年，病人对于弗洛伊德所作解析的抵抗就被视作某些想法遭到压抑的确凿迹象。然而，随着他理论的发展演变，这些解析的性质也发生了变化。因此，早期的病人一直在抗拒的是弗洛伊德本人后来认为有误的想法。

c. 源于创伤的病因学。到了 1896 年，弗洛伊德已经掌握了他那套两步走的癔症病因说，其特点是先有原发性创伤，后又有辅助性创伤，据称要造成癔症，这两种创伤缺一不可[1]。但是，什么样的状况才算得上创伤，又应该发生在哪个年龄范围内，这些内容很快就会得到修正。

d. 转换、象征、协调形成。遭到压抑的想法会歇斯底里地转化为身体方面的症状，这是弗洛伊德最早的心理学思想之一。同样构成他最早的心理学思想的，还有他的这一看法：症状会表现或者象征初始的创伤（感觉仿佛"一记耳光"的辱骂导致面部神经痛等等）。但直到 1900 年的《梦的解析》，弗洛伊德才认为，症状和梦一样，体现的是遭到压抑的想法和形成压抑的想法二者之间的协调。如果这个新的信条符合事实，那么他此前对于症状的所有解释都是错的。

e. 升华。弗洛伊德认为，广义而言的文化上的成就，其所需的能量，必然从性本能之中汲取而来。升华是一种想象中的方式，借此方式，性目标才能被与性无关的目标取而代之。那么，此处是弗洛伊德"经济学"的一则重要条目，纵使语焉模糊。但我们在 1908 年之前却对此闻所未闻[2]。

升华和压抑、倒退、投射、否认、反应形成以及其他一些概念，一道被归为防御机制，这着实令人难以理解。弗洛伊德从未曾列出那些机制，但他的女儿安娜在 1937 年列出来了，并由此最终为这一议题赋予形式上的规制[3]。

f. 自由联想。大概在 1896 年左右，弗洛伊德开始尝试用自由联想来取代他的"压力法"，即治疗师注意到病人在口头叙述过程中存在内容缺漏以及欲言又止的情况，鼓励她说出浮现于脑海的任何想法。当某些新的表述被筛选出来作为更多联想的线索时，进一步的对话可能会使得原本遭到压抑的记忆或其他被删改的想法给发掘出来。

事实证明，自由联想在精神分析诸多流派中无一例外，是最广泛适用、最经久不衰的方法。弗洛伊德本人对自由联想寄予高度评价，将其当作通往无意识的途径。不过他直到 1904 年才在出版物中提到这一点，当时他为利奥波德·勒文菲尔德论述临床方法的著作撰写了其中一个章节[4]。

病人拒不透露的心理素材的性质再度随着时间的推移而变化；无需多言，从病人的联想中推断出来的情况总是与最新的信条步调一致*。因此，在继弗洛伊德之后的许多精神分析学派之中，自由联想也确实导向每个学派偏爱的那种所谓真相。显而易见的原因在于，每一个训练和传播的核心对于具有意义的言论由何构成都自有其观念[5]。那么，自由联想就是一场闹剧，而且素来如此；然而弗洛伊德学说的信奉者却不敢质

---

* 弗洛伊德治疗的持抗拒态度的美国病人约瑟夫·沃蒂斯回忆说，弗洛伊德"会等着，直到发现某个符合他的解析方案的联想，这时就一把抓住，如同侦探等着有待辨认的一列嫌犯，直到看见他要逮捕的人"（沃蒂斯 1940 年，第 844 页）。沃蒂斯是证人，而不是侦探，但他关于弗洛伊德的伺机出手的观点却给生动传递了出来。

疑自由联想是否堪为一种可靠的认识手段。

g. 梦与口误。弗洛伊德在 1896 年就私下花费大量时间精力用于对梦加以解析，但当他公开引介精神分析时，梦的解析并没有构成精神分析的一部分。《梦的解析》（1900 年）在后来的那些版本中变得自相矛盾。最初弗洛伊德认为，只有做梦者对其梦境报告的语言联想才能解释梦中的符号。但当威廉·施特克勒和奥托·兰克先后在 1909 年和 1914 年力主他把普遍的性象征纳入其中时，他想不出任何反对的理由。

至于"下意识泄露真实想法的口误"，在《日常生活的精神病理学》（1901 年）中的相关论述有助于让作者成名，但它们永远不会起到真正的治疗作用。

h. 移情与反移情。直到 1905 年，弗洛伊德才在《朵拉》病例史的后记中开始赋予移情理论上的分量：病人与治疗师的情绪纠葛，据说是由于病人将治疗师放到了童年早期那个被爱和／或被恨着的父母的位置上 [6]。即使在 1905 年，弗洛伊德也只把移情视为取得实质性进展之前需要处理好的麻烦事。至于反移情，或者说治疗师与之呼应的介入，直到 1910 年才被提及，弗洛伊德除了将其视为对客观性造成的风险之外，几乎不认为有什么重要性 [7]。

i. 俄狄浦斯情结、阉割情结、幼儿性欲。对于弗洛伊德学说的第一代信奉者而言，俄狄浦斯情结是弗洛伊德最了不起的发现，也是精神分析的核心。他们认同一代宗师的看法；他宣称，遭到压抑的恋母欲望构成了"每一种神经症的核心情结" [8]。然而，他直到 1909 年才在一场演讲中这样公开说，且演讲的讲稿到次年才见于发表。如果他在 1909 年的判断无误，那么在他从事分析的职业生涯的前十三年里，他始终欠缺这一必不可少的知识。

阉割情结，起初源于孩子发现两性在生理结构上的差异后内心的惊骇，继而源于孩子担心因心存乱伦愿望而遭到惩罚的恐惧，被视作克服俄狄浦斯情结过程中必不可少的关键因素。两种情结都依附于认为儿童是完全具有性欲的生物的这一假设——弗洛伊德在 1899 年私下得出了这一看法。不过直到 1905 年，他才在《性学三论》中描述了幼儿性欲的"多态倒错"；迟至 1913—1923 年，他才一一阐释了儿童在生殖器发育前的口欲期、肛欲期不同阶段和性器期的性冲动，以及神经症成年患者可能倒退回到的固恋点。

j. 超心理学。弗洛伊德的最高目的是建立整个心灵在正常和反常运作之下的模型，阐释相互对立的力量和能量。超心理学是他在 1896 年个人创造的一个词，他对这项事业如是称呼[9]。最终，他将设计出三种相互重叠的心理模型，即大家熟知的地形模型、动力模型和经济模型。

有关这一兴趣第一个公开的迹象见于《梦的解析》第七章，论及意识、前意识和无意识领域在地形学上的区别。虽然自我、本我、超我的动态三元组被普遍认为概况容纳了精神分析的视野，但直到 1923 年才提及[10]。至于能量转移的"经济学"，使特定的精神力量能够通过抑制的门槛，从而得以表达出来，弗洛伊德早在 1895 年就对此观点深信不疑。

然而，这个想法本身缺乏任何实践意义。"心灵能量"是一种无法察觉的现象，仅仅相当于一种多余的表述方式：如果发生了什么事情，想必是施加了足够的能量。因此，弗洛伊德想要提出关于心灵的任何主张，"经济学模型"都可以与之适应。这些主张又是不断改变的，而他却完全没有明确陈述数据以证明相关措施合理得当。

当我们注意到经典精神分析的要素是如何逐步拼凑起来的，就不难发现，弗洛伊德在 1896 年他的理论进入最风雨飘摇的阶段时所创建的，无非是一个产品的品牌名称罢了，而产品本身尚处于测试版的开发之中。因此，举例而言，当他放弃徒劳无益的记忆恢复、将"移情分析"作为治疗的重点时，他并没有承认在原先的配方之下无一人被治愈，更不承认他现在的治疗方案专门用于处理因治疗方案本身所致的问题。精神分析，无论其内涵为何物，都必须被塑造成不断前进的模样。

这种商业心态是弗洛伊德有别于他那个时代恪守伦理道德的科学家和医生的地方。那一群体的成员效忠的不是商业，而是客观探索的理念，他们不得不放弃那些没能获得经验观察证实的措施和想法。但弗洛伊德只在乎签署了他的名字的那项运动，他发现必须夸大研究结果，提出许以允诺的主张，通过诡辩、奚落和临时应急的修补措施来应对异议，并在从未得到验证的假设上堆砌更多的理论。

后来涌现出了许多精神分析学派，每一个学派都采纳了弗洛伊德学说的某些概念，又摒弃了另外一些概念，但从未扎根于观察试验的基础之上。我们未曾有过任何一个时刻可以断言"这就是精神分析"。那么，这一名号不过是个标记点而已，标记的是任何一个精神分析学家在任何时间碰巧正在应用并宣称的任何内容。

注 释

序 言

1   See, especially, Ellenberger 1970; Levin 1978; McGrath 1986; Sulloway 1992; Macmillan 1997; Davidson 2001; Tauber 2010.

2   See, e.g., Van Rillaer 1980; Thornton 1984; Grünbaum 1984, 1993; Zwang 1985; Szasz 1990; Puner 1992; Torrey 1992; Esterson 1993; Israëls 1993, 2006; Scharnberg 1993; Wilcocks 1994, 2000; Webster 1995; Gellner 1996; Erwin 1996; Farrell 1996; Macmillan 1997; Cioffi 1998; Dufresne 2000, 2003; Bénesteau 2002; Eysenck 2004; Meyer et al. 2005; Buekens 2006; Pommier 2008; Borch-Jacobsen 2009; Onfray 2010.

3   Williams et al. 1997.

4   Robins et al. 1999, p. 117.

5   Tauber 2010, p. 1. Independent scholars, reviewing the Freudian experiments purporting to validate Freud's master concept of repression, have found fatal design flaws in every one of them. See Eysenck and Wilson 1973; Holmes 1990; Pope and Hudson 1995; Erwin 1996; Pope et al. 2007; McNally 2003; Rofé 2008.

6   See Borch-Jacobsen and Shamdasani. 2012.

7   See Makari 2008. But precisely because Makari is a Freudian believer, he fails to grasp the meaning of the history he narrates so well.

8   See, e.g., Louis Breger's generally shrewd *Freud: Darkness in the Midst of Vision* (2000). The Freud whom Breger accurately depicts would have had no means of ascertaining which, if any, of his "visions" were true.

9   Cioffi 1998, p. 32.

第一章　身份夹缝

1　　J, 1:19. See generally Gresser 1994.
2　　See Feiner 2002, 2004.
3　　SE, 4:197.
4　　M. Freud 1957, p. 11. See also Margolis 1996.
5　　SE, 4:196.
6　　Klein 1981, p. 48.
7　　Ibid., p. 46.
8　　Heer 1972, p. 6.
9　　Knoepfmacher 1979a, pp. 294–296.
10　　McGrath 1974, p. 249.
11　　SE, 20:8–9; translation modified.
12　　12/6/74; FS, p. 73.
13　　9/18/74; ibid., pp. 60–61.
14　　4/11/75; ibid., p. 109.
15　　See, especially, McGrath 1974, pp. 33–52.
16　　Quoted by Klein 1981, p. 48.
17　　Scheuer 1927; McGrath 1974.
18　　9/18/72; Freud 1969, p. 420; translation modified. Meseritsch was a Czech town that had contained an independent Jewish community since the seventeenth century.
19　　6/28/75; FS, p. 121.
20　　8/14/78; FS, p. 169.
21　　9/16/83; FMB, 2:252.
22　　3/21/86. (Dates without a further citation indicate as yet unpublished *Brautbriefe*, or engagement letters.)
23　　8/5/85.
24　　Quoted by Klein 1981, p. 51.
25　　Bernfeld 1951, pp. 216–217.
26　　See Gilman 1985, 1986, 1993a.
27　　See Knoepfmacher 1979b.
28　　For Freud's curious leaning toward Christianity in various respects, see Vitz 1988.
29　　SE, 23:1–138; see Yerushalmi 1991.
30　　It is by no means certain that anti-Semitism caused the delay of Freud's promotion to honorary professor. See Gicklhorn and Gicklhorn 1960.

第二章　勉强应付

1　　Solms 2002, p. 32.
2　　Shepherd 1991.
3　　Robinson 2001.
4　　Solms 2002, p. 19.
5　　Ibid., p. 21.
6　　J, 1:40.
7　　9/19/01; FF, p. 450.
8　　A. B. Freud 1940, p. 336.

9　　　　Trosman and Wolf 1973, p. 231.
10　　　SE, 20:8.
11　　　7/17/73; FS, p. 24.
12　　　12/11/74; FS, p. 78.
13　　　3/7/75; FS, p. 95.
14　　　3/7/75; FS, p. 96.
15　　　Brentano 1973, pp. 101–110; Tauber 2010, pp. 48–53.
16　　　Schur 1972, p. 68.
17　　　SE, 20:9.
18　　　J, 1:58.
19　　　SE, 20:8.
20　　　Ibid., p. 253.
21　　　A. B. Freud 1940, p. 337.
22　　　SE, 20:253.
23　　　Freud 1877; Bernfeld 1949, p. 166.
24　　　Ibid., p. 169.
25　　　For a detailed analysis of Freud's work under Meynert, see Hirschmüller 1991, 1992.
26　　　Hirschmüller 1991.
27　　　Ibid., pp. 201–2, 208.
28　　　5/29/84; L, p. 111; FMB, 3:373.
29　　　Freud 1884h.
30　　　Bernfeld 1949, p. 187.
31　　　J, 1:54.
32　　　Bernfeld 1949, p. 186.
33　　　Ibid., pp. 186–187.
34　　　Freud 1927, p. 394.

第三章　弃他人于不顾

1　　　　2/7/73; Freud 1969, p. 422.
2　　　　2/27/75; FS, pp. 92, 93.
3　　　　Ibid., p. 93.
4　　　　FS, pp. 133–138, 187–188.
5　　　　9/4/72; FS, p. 17.
6　　　　3/19/08; L, p. 272.
7　　　　J, 1:99.
8　　　　L, p. viii.
9　　　　Quoted by Trosman and Wolf 1973, p. 231.
10　　　1/13/86.
11　　　12/14/85; emphasis as found. The term *break down* is in English.
12　　　6/30/84; L, p. 118; FMB, 3:430.
13　　　10/23/83; L, p. 70; FMB, 2:362.
14　　　1/16/84; L, p. 89; FMB, 3:71.
15　　　10/17/84; L, p. 123.
16　　　2/10/86; L, p. 210.
17　　　Quoted by Swales 1983, pp. 5, 17.
18　　　See, e.g., SE, 9:201.

19   SE, 22:133–134.
20   Quoted by J, 1:140.
21   6/28/82; FMB, 1:126.
22   8/14/82; L, p. 23; FMB, 1:283; translation modified.
23   8/2/82; FMB, 1:242.
24   2/23/86.
25   FMB, 2:413.
26   1/16/84; L, p. 89; FMB, 3:71; 7/23/82; L, p. 18; FMB, 1:214; 8/29/83; L, p. 52; FMB, 2:191.
27   7/8/82; FMB, 1:173; emphasis as found.
28   10/23/83; L, p. 71; FMB, 2:363.
29   Mill 1880.
30   11/15/83; L, p. 76; FMB, 2:425.
31   Ibid.; translation modified.
32   J, 1:122.
33   Ibid., p. 110.
34   7/26/84; FMB, 3:486–487.
35   Quoted by J, 1:114–115.
36   Quoted by J, 1:117.
37   8/3/82; FMB, 1:248.
38   See 10/25/82; FMB, 1:546–549.
39   6/22/86.
40   6/23/86.
41   7/6/86.
42   Quoted by J, 1:148; emphasis as found.
43   6/22/86; emphasis as found.
44   6/25/86.
45   Ibid.
46   6/27/86.
47   Ibid.
48   6/23/86.
49   6/22/86.
50   6/27/86.
51   Ibid.
52   6/18/86.
53   7/7/86.
54   7/2/82; FMB, 1:144.

第四章　行善的法术

1   2/2/86; L, p. 202.
2   3/29/84; L, pp. 101–2; FMB, 3:223.
3   2/14/84; L, p. 99; FMB, 3:147.
4   Freud 1879, p. 468.
5   Bernfeld 1949, p. 181.
6   Freud 1884e, f, g.
7   10/25/83; L. pp. 72–74; FMB, 2:370.

8 　　　See, e.g., 10/9/83; FMB, 2:321; 10/15/83; FMB, 2:339; 1/7/84; FMB, 3:48.
9 　　　Upson 1888.
10 　　SE, 3:231.
11 　　These passages are quoted by Quinn 1994, the source of the present discussion. See also Quinn 1992, 1993. I am grateful to Dr. Quinn for sending me a copy of his 1994 manuscript.
12 　　L, pp. 107–108; translation modified; FMB, 3:278.
13 　　CP, pp. 15–19.
14 　　Ibid., p. 70 SK, pp. 77–78. Cohen 2011 (p. 60) cites one further *Gazette* article on morphine cures from 1881.
15 　　For cocaine's worldwide history, see Gootenberg 2001 and Karch 2006.
16 　　5/12/84; FMB, 3:326.
17 　　J, 1:81.
18 　　59/84; FMB, 3:320.
19 　　6/19/84; FMB, 3:411.
20 　　Freud 1884c.
21 　　Haas 1983, p. 176; SK, p. 14; CP, p. xvii.
22 　　CP, p. 66; SK, p. 71.
23 　　CP, p. 58; SK, p. 60.
24 　　CP, p. 58; SK, p. 59.
25 　　CP, p. 65n; SK, p. 71n.
26 　　Mantegazza 1975, p. 41; emphasis as found.
27 　　CP, p. 71; SK, p. 79.
28 　　CP, p. 64; SK, pp. 68, 69.
29 　　CP, p. 71; SK, p. 79.
30 　　CP, p. 71; SK, p. 79.
31 　　CP, pp. 55, 63; SK, pp. 55, 67.
32 　　CP, p. 63; SK, p. 67.
33 　　CP, p. 59; SK, p. 61.
34 　　CP, pp. 64, 62; SK, pp. 68, 66; translation modified.
35 　　CP, p. 62; SK, p. 66.
36 　　CP, p. 60; SK, p. 62.
37 　　Bernfeld 1953, p. 601.
38 　　J, 1:84.
39 　　Ibid., p. 91.
40 　　FMB, 3:381.
41 　　10/26/84.
42 　　*6/2/85.*
43 　　*6/15/85.*
44 　　6/29/84; L, p. 115; FMB, 3:427.
45 　　*5/4/85.*
46 　　CP, p. 51; SK, pp. 45–46.
47 　　CP, p. 73; SK, pp. 81–82; translation modified.
48 　　*5/4/85.*
49 　　6/2/84; FMB, 3:381.
50 　　J, 1:84–85.

51　　　　For the effect of cocaine on Freud's psychoanalytic conception of libido, see Swales 1989a.

第五章　患难之交

1　　　　SE, 20:9.
2　　　　See Schorske 1980.
3　　　　6/27/82; L, pp. 11–12; FMB, 1:120; translation modified.
4　　　　SE, 5:421–422.
5　　　　10/28/83; FMB, 2:376.
6　　　　J, 1:11.
7　　　　L, p. 12; FMB, 1:120, 122.
8　　　　6/27/82; L, p. 11; FMB, 1:120.
9　　　　4/21/84; L, pp. 107–108; FMB, 3:278; translation modified.
10　　　Hirschmüller 2002a, p. 71.
11　　　FMB, 3:319.
12　　　CP, p. 64; SK, p. 68.
13　　　5/7/84; FMB, 3:316.
14　　　FMB, 3:319–320.
15　　　Ibid., p. 319.
16　　　CP, p. 71; SK, p. 79; translation modified.
17　　　FMB, 3:326.
18　　　Ibid., pp. 325–326.
19　　　Ibid., p. 329.
20　　　Ibid., p. 326.
21　　　Ibid., pp. 351–352.
22　　　Ibid., p. 359.
23　　　Ibid., p. 447.
24　　　Freud 1885b.
25　　　CP, p. 109; SK, p. 85.
26　　　6/12/84; FMB, 3:401.
27　　　CP, p. 117; SK, p. 106; translation modified.
28　　　J, 1:96.

第六章　失之交臂

1　　　　Newton 1995, pp. 86–87.
2　　　　See Von Oettingen 1933; Marret et al. 2004.
3　　　　Cited by Martin-Duce 2002, p. 188.
4　　　　Grinspoon and Bakalar 1985, pp. 22–23; Altman et al. 1985.
5　　　　Quoted by Becker 1974, p. 283.
6　　　　Ibid., p. 284.
7　　　　See Stepansky 1999, pp. 44–45; Imber 2010; Markel 2011.
8　　　　CP, p. 97; SK, p. 89; emphasis added; translation modified.
9　　　　10/10/84; cf. J, 1:88.
10　　　Quoted by Becker 1974, p. 294.
11　　　10/11/85.
12　　　10/29/84; Freud/Minna Bernays 2005, p. 96.

13 10/18/84.
14 12/12/84.
15 Ibid.
16 3/4/85, 3/7/85.
17 10/1/84.
18 1/12/85.
19 Ibid.
20 1/1/86; quoted by Becker 1974, pp. 306–307.
21 4/6/85.
22 1/6/85; quoted by Becker 1974, p. 301.
23 8/1/85.
24 4/6/85.
25 1/1/86; quoted by Becker 1974, p. 307.
26 Quoted by Becker 1974, p. 308.
27 8/29/85.
28 Quoted by Becker 1974, p. 313.
29 SE, 4:170. (The official publication date was 1900.)
30 The discussion that follows is much indebted to Israëls 1999 and Bénes-
    teau 2002.
31 SE, 20:14–15
32 Becker 1974, p. 293.
33 J, 1:79–80.
34 2/27/85.
35 3/27/85.
36 4/6/85.
37 Bernfeld 1953, pp. 595–596.
38 Wittels 1924, p. 25.
39 Bénesteau 2002, pp. 146–147.
40 Sachs 1946, p. 71.
41 See, e.g., 5/12/84.
42 Roazen 1995, pp. 5–6.
43 Ibid., p. 6.
44 Meller 1934.
45 Quoted by Israels 1999, p. 31.
46 Ibid., pp. 31–32.
47 J, 1:87.
48 Ibid., pp. 87–88.
49 Eissler 1971, p. 159.
50 Ibid.

第七章　专家鉴定

1 Hirschmüller 1995, p. 123.
2 10/5/84.
3 Merck 1884.
4 Merck 1884, 1885a.
5 CP, pp. 78–79; translation modified.
6 Ibid., p. 80; translation modified.

7　　　　Anon. 1884.
8　　　　Grinstein 1971, pp. 254–258.
9　　　　Anon. 1884, p. 502.
10　　　Israëls 1999, p. 82.
11　　　Freud 1884d, p. 505; emphasis as found.
12　　　10/11/84.
13　　　10/21/84.
14　　　10/28/84.
15　　　Freud 1885a.
16　　　Bernfeld 1953, pp. 596–597.
17　　　J, 1:92.
18　　　CP, p. 98; SK, p. 90; translation modified.
19　　　11/12/84.
20　　　CP, pp. 98–99; SK, p. 91; translation modified.
21　　　Quoted by Aeschlimann 1980, p. 67.
22　　　CP, p. 101; SK, p. 94; translation modified.
23　　　3/7/85.
24　　　Hirschmüller 1995, pp. 129–131.
25　　　Ibid., p. 129.
26　　　Merck 1885b.

第八章　劫后余生

1　　　　10/29/84, 6/26/85.
2　　　　See 3/10/85, 7/18/85.
3　　　　4/3/85.
4　　　　L, p. 138.
5　　　　J, 1:161.
6　　　　See 6/24/85, 6/26/85, 7/18/85.
7　　　　6/24/85.
8　　　　7/18/85.
9　　　　5/21/85.
10　　　6/26/85.
11　　　5/26/85; L, p. 147; translation modified.
12　　　Letters characterizing Freud's late-night vigils with Fleischl include those
　　　　of 4/16/85, 5/21/85, 6/15/85, 7/14/85, 5/1/86, 5/8/86, and 5/30/86.
13　　　FMB, 3:447.
14　　　See 2/5/85.
15　　　See, e.g., Borch-Jacobsen and Shamdasani 2012, p. 265; Cohen 2011,
　　　　p. 107.
16　　　L, p. 69.
17　　　5/21/85.
18　　　8/1/85.
19　　　4/5/86.
20　　　4/7/86.
21　　　5/30/86.
22　　　Cited by Israëls 1999, p. 117.
23　　　Breuer 1974.

24　Ibid.
25　Breger 2000, p. 73.

第九章　出局，受到追究

1　Erlenmeyer 1885.
2　Erlenmeyer 1887, 2006.
3　Erlenmeyer 1885, p. 290.
4　Ibid., pp. 290–291.
5　Ibid., pp. 297–298.
6　Ibid., p. 298; emphasis as found.
7　J, 1:93.
8　Karch 1998, p. 59.
9　See Imber 2010; Markel 2011; Crews 2011.
10　Quoted by Streatfeild 2001, p. 132.
11　Ibid.
12　Quoted in CP, p. xxxii.
13　Erlenmeyer 1886, p. 483.
14　Ibid., p. 483.
15　Ibid.
16　SK, p. 121.
17　Freud 1887.
18　CP, p. 171; SK, p. 123; emphasis as found.
19　CP, p. 172; SK, pp. 124–125.
20　Bernfeld 1953, pp. 607–609.
21　Smidt and Rank 1885.
22　Compare Obersteiner 1884, 1885, to Obersteiner 1886a, b.
23　CP, p. 176; SK, p. 131.
24　See, e.g., Haas 1983, p. 194n; Springer 2002, p. 22.
25　CP, p. 173; SK, p. 126.
26　Hammond 1886; see the discussion that followed his talk.

第十章　法国的靠山

1　J, 1:75.
2　See, e.g., SE, 20:13.
3　L, p. 154; translation modified.
4　Makari 2008, p. 26.
5　See 2/23, 3/6, 3/9, 3/21, and 3/23/86.
6　See 11/28/85, 2/10/86, and 3/5/86.
7　J, 1:71–72.
8　See Ellenberger 1970; Evans 1991; Crabtree 1993.
9　Gicklhorn and Gicklhorn 1960, p. 77.
10　Shorter 1992, p. 152.
11　7/1/85.
12　In all of these connections, see Fichtner and Hirschmüller 1988, pp. 107–110, and Hirschmüller 1989a, pp. 91–95.
13　Charcot 1886–93.

14   López Piñero 1983, pp. 29, 44–45; Goetz 2007, p. 104.
15   Goetz et al. 1995, p. 76.
16   As Jan Goldstein observes, some of Charcot's contemporaries did already use the term *névrose* in its modern sense of a nonpsychotic ("neurotic") mental ailment (Goldstein 1987, p. 334).
17   Quoted by Didi-Hubermann 2003, p. 18. See also Micale 1985.
18   Quoted by Goetz et al. 1995, p. 20.
19   For a sample of Charcot's authoritative style, see Furst 2008, pp. 122–152.
20   For contemporary reactions to Charcot's gaze, see Ellenberger 1970, pp. 92–93.
21   Quoted by Cesbron 1909, p. 198.
22   Showalter 1985, 1993.
23   See, however, pp. 187–188 below.
24   Goldstein 1987, p. 334.
25   Hustvedt 2011, p. 37.
26   Goetz et al. 1995, p. 170.
27   Charcot 1886–93, 3:4.
28   For the full set of distinctions that Charcot drew between epilepsy and hysteria, see Charcot 1877–81, 1:306–315, and Charcot and Marie 1892, p. 639.
29   See, e.g., Charcot 1887/88, p. 229.
30   Charcot 1886–93, 3:335.
31   Janet 1895, p. 601; Owen 1971, p. 209.
32   Ibid., p. 336.
33   Quoted by Goetz et al. 1995, p. 206.
34   Charcot 1887/88, p. 207.

第十一章 曲 解

1   Janet 1907, p. 21.
2   Quoted by Shorter 1992, p. 186.
3   Charcot 1984, p. 67.
4   Bourneville and Regnard 1876–80, 2:125.
5   Goldstein 1987, p. 331.
6   Ellenberger 1970, p. 99.
7   Marie 1925, p. 580.
8   Hacking 1998, p. 33.
9   See Gastaut 1954; Thornton 1984, pp. 43–49; Gauld 1992, p. 308; Goetz et al. 1995, p. 192; Webster 1995, pp. 55–85. For the gradual shrinkage of the hysteria diagnosis as such organic defects became better understood, see Micale 1993.
10   See Eames 1992.
11   Charcot 1875–87, 3:253.
12   Ibid., 1:230.
13   Ibid.
14   Charcot 1877–81, 1:387.

15	Charcot and Marie 1892, p. 632. For the nineteenth-century shift of emphasis, in defining the essence of the feminine, from the uterus to the ovaries, see Laqueur 1987.
16	Micale 2008, p. 154.
17	Richer 1885, p. 34.
18	Charcot 1984, p. 67.
19	Shorter 1992, p. 181.
20	Harrington 1988, pp. 23–28. See also Harrington 1987.
21	Nicolas 2004, p. 13.
22	Quoted by Harrington 1988, p. 25.
23	See Goetz et al. 1995, pp. 197–200; Hustvedt 2011, p. 121.
24	Binet and Féré 1905.
25	Harrington 1988, pp. 31–33.
26	Hacking 1995, pp. 172–173; Nicolas 2004, pp. 19–20.
27	Hustvedt 2011, p. 127.
28	Ibid., pp. 55–58.
29	See, e.g., Munthe 1936, p. 219.
30	See Duyckaerts 1992.
31	Delboeuf 1886, p. 258.
32	Ibid., p. 124.
33	Ibid., p. 127.
34	Ibid., p. 140.
35	Ibid., p. 269; emphasis as found.
36	The fullest, and also the most provocative, study of the *Iconographie* is Didi-Huberman 2003.
37	Quoted by Hustvedt 2011, p. 96.
38	Quoted by Shorter 1992, p. 185. For a subtle analysis of the patients' rebellion, see Porter 1993, pp. 256–257.
39	Bourneville and Regnard 1876–80. There was also a later publication, the *Nouvelle Iconographie . . .* , which ran from 1888 to 1918.
40	Charcot 1886–93, 3:15.
41	Goetz et al. 1995, p. 241.
42	Marshall 2007.
43	Raymond 1896, p. 15.
44	Delboeuf 1889, p. 65.
45	Charcot 1886–93, 3:476.
46	Charcot 1984, p. 68.
47	Ibid., p. 69.
48	Hustvedt 2011, pp. 195–202.
49	Charcot 1877–81, 1:235.
50	Binet and Féré 1905, pp. 310–311; Shorter 1992, pp. 182–183.
51	For a vivid account of Charcot's poking and pressing the naked belly of a female patient amid a circle of male onlookers, see Charcot 1888/89, p. 276.
52	Bourneville and Regnard 1876–80, 2:128.
53	Charcot 1887/88, p. 176.
54	Hustvedt 2011, pp. 46, 175, 203.
55	Evans 1991, p. 38.

第十二章　疗以情感

1　　　12/3/85; Freud/Minna Bernays 2005, p. 129.
2　　　Ibid., p. 128.
3　　　10/23/85.
4　　　SE, 6:261.
5　　　10/21/85.
6　　　11/24/85.
7　　　11/12/85.
8　　　See also 11/17/85.
9　　　11/19/85.
10　　11/24/85; L, p. 185.
11　　11/24/85.
12　　12/1/85, 12/3/85.
13　　12/1/85.
14　　Ibid.
15　　Ibid.
16　　12/7/85.
17　　Charcot 1875–87; Freud 1886.
18　　12/11/85. Jones mistakenly asserted that the whole letter had been drafted by Louise Ricchetti.
19　　I translate from the French, which appears in Jones's English edition (1953, p. 229) but not in his American one.
20　　SE, 20:12.
21　　12/14/85.
22　　1/10/86.
23　　1/13/86.
24　　Charcot 1892–94.
25　　1/27/86.
26　　1/28/86.
27　　1/10/86.
28　　SE, 9:235–241.
29　　Ibid., p. 241.
30　　1/20/86.
31　　SE, 3:16.
32　　1/19/86.
33　　4/19/86.
34　　L, pp. 201–202; translation modified.
35　　Ibid., p. 202; translation modified.
36　　Ibid., p. 202; translation modified.
37　　For Freud's idea and its long-delayed implementation, see pp. 324–32 below.
38　　1/13/86.
39　　3/19/86.
40　　Quoted by Goetz et al. 1995, p. 200.
41　　Furse 1997, p. xv. The critic is Elaine Showalter.
42　　2/10/86.

第十三章　胜负难定

1　　　　Bernheim 1884, 1886.
2　　　　3/18/86.
3　　　　See, e.g., 3/5, 3/6, 3/8, and 3/18/86.
4　　　　SE, 1:3–15.
5　　　　Ibid., p. 6.
6　　　　Ibid., p. 8; emphasis in the original German.
7　　　　Ibid., p. 11.
8　　　　Ibid., p. 12.
9　　　　Ibid., p. 11.
10　　　Ibid., p. 13.
11　　　The papers were delivered on 5/11 and 5/27/86; see J, 1:229.
12　　　See Bernfeld 1952, pp. 39–46, and Ellenberger 1993, pp. 437–442. The most useful brief summary of the occasion and its importance is Sulloway 1992, pp. 35–42.
13　　　See p. 173 above.
14　　　See Charcot 1984, pp. 18, 23.
15　　　Carter 1980, p. 265n.
16　　　See Ellenberger 1970, p. 301.
17　　　Quoted by Sulloway 1992, p. 39.
18　　　Ibid., p. 38.
19　　　SE, 1:23–31.
20　　　Ibid., p. 25.
21　　　Ibid., p. 26.
22　　　Ibid.
23　　　Ibid., p. 27.
24　　　Ibid., p. 31.
25　　　Ibid.
26　　　SE, 20:15–16; translation modified. "Opposition" bears an initial capital letter in Strachey's translation, but since all German nouns are capitalized, this orthography makes more of Freud's *in die Opposition gedrängt* than he probably intended.
27　　　Bernfeld 1952, p. 44.
28　　　See Gicklhorn and Gicklhorn 1960.
29　　　Bénesteau 2002, p. 186.
30　　　Sulloway 1992, p. 42.
31　　　See Bénesteau 2002, p. 186.
32　　　7/12/92; FF, p. 32.
33　　　SE, 4:438.
34　　　12/28/87; FF, p. 17.
35　　　Bernheim 1889.
36　　　SE, 1:56–57.
37　　　Ibid., p. 57.
38　　　Ibid., p. 43.
39　　　See FF, p. 20.
40　　　8/29/88; FF, p. 24.
41　　　SE, 1:77.

42　　Ibid., pp. 77–78.
43　　Ibid., p. 78.
44　　Ibid.
45　　Ibid., p. 79.
46　　Gauld 1992, p. 352.
47　　Ibid., pp. 342–343.
48　　Charcot 1887/88; see Gelfand 1988, p. 583.
49　　Bernheim 1892. See also Bernheim 1896.
50　　Charcot 1892–94.
51　　SE, 1:133, 135–136.
52　　Ibid., p. 136.
53　　Ibid., p. 139.
54　　Ibid., pp. 142–143.
55　　Charcot 1894, p. 8n.
56　　Gelfand 1988, p. 587.
57　　Ibid., p. 582.
58　　Meige 1993, p. 343.
59　　See Gicklhorn 1969, p. 38.
60　　SE, 3:22.
61　　Ibid., p. 19.
62　　Ibid., pp. 21, 23.
63　　Ibid., p. 22.
64　　Ibid., pp. 22–23.

第十四章　江湖医生

1　　J, 1:143.
2　　6/16/86.
3　　Ibid.
4　　4/18/86.
5　　See 2/21/86, 2/25/86.
6　　See 4/14/86.
7　　See 6/28/86.
8　　8/25/86; Freud/Minna Bernays 2005, p. 169.
9　　Quoted by J, 1:148.
10　　See 5/10/86.
11　　See 7/7/86 and the letter to Minna Bernays of 8/25/86, in Freud/Minna
　　　Bernays 2005, p. 168.
12　　See 5/17/86.
13　　5/17/86.
14　　5/29/86.
15　　See 10/3, 10/18, and 10/24/84.
16　　See 11/28/84.
17　　Erb 1883, pp. 349, 352.
18　　See 5/29/86.
19　　3/31/85.
20　　SE, 20:16.
21　　Gay 1989, p. 62.

22	Freud 1987a, p. 177.
23	See, e.g., 5/26/86, 6/13/86.
24	SE, 20:16.
25	J, 1:235.
26	10/24/87; L, p. 226.
27	See Showalter 1993, p. 297.
28	SE, 1:36.
29	Ibid., p. 55; emphasis as found.
30	SE, 2:267.
31	See Bonomi 1997, 2015.
32	See SE, 1:50.
33	Ibid.
34	SE, 14:13.
35	Bonomi 1997, p. 39.
36	L, p. 217.
37	Ibid., p. 166.
38	See Kern 1973, p. 314n.
39	J, 1:95.
40	Ibid., p. 96.
41	See 2/23/86.
42	Ibid.
43	See 3/21/86.
44	4/25/86.
45	5/15/86.
46	SE, 6:166.
47	Ibid., p. 146.
48	See also Webster 1995, pp. 142–143.
49	Hirschmüller 1989b; Borch-Jacobsen 2011, pp. 28–31.
50	Jolles 1891, p. 1914.
51	Hirschmüller 2005, p. 1032. See also Jolles 1891.
52	See Voswinckel 1988; Hirschmüller 1989b.
53	Freud 1891, p. 1914.
54	Hamilton 2002, p. 889.
55	FS, pp. xiv–xv.
56	Ibid., p. 186.
57	For Eissler's attempt to sanitize the record, see Borch-Jacobsen 2011, p. 45.
58	FS, p. 192.
59	I thank Peter Swales for supplying me with copies of three newspaper articles and two official death records.
60	SE, 3:301–322; 5:486. See also p. 526 below.
61	SE, 5:486.

第十五章　侍奉金鱼

1	FF, p. 18.
2	For *névroses*, see p. 162 above. "Neurosis," coined by William Cullen in 1769, has changed its meaning several times. See López Piñero 1983.

3   Shorter 1992, pp. 219–220.

4   Porter 1993, p. 245.

5   Swales 1997, p. 119.

6   See Hacking 1998.

7   Decker 1977, p. 57.

8   Freud/Pfister 1963, pp. 61–62.

9   SE, 2:123.

10   Ibid., p. 265.

11   Quoted by Hartman 1983, p. 567.

12   SE, 12:133.

13   Ibid., p. 132.

14   Quoted by Hartman 1983, p. 567.

15   Ansbacher 1959. Key research about Freud's patients by Henri Ellenberger, Albrecht Hirschmüller, Peter Swales, Ulrike May, Karin Obholzer, Paul Roazen, and Ines Rieder and Diana Voigt, among others, is usefully assembled in Borch-Jacobsen 2011, a book containing much further information gleaned from Kurt Eissler's interviews with relatives of Freud's patients.

16   J, 1:154; 2:415.

17   J, 2:391.

18   Ibid., p. 390.

19   Drucker 1978.

20   12/2/1909; Freud/Jung 1974, p. 270. My quotations in this paragraph can all be found in an essential essay, Swales 1997, to which this whole section of the chapter is indebted.

21   9/21/99; FF, p. 374.

22   M. Freud 1957, pp. 24, 33.

23   Schur 1972, p. 247; Freud/Ferenczi 1993, 1:169. See generally Burke 2006.

24   Freud/Ferenczi 1993, 1:169.

25   FF, p. 368.

26   J, 1:151; Swales 1997, pp. 115–116.

27   9/21/99; FF, p. 374.

28   9/27/99; FF, p. 375.

29   Borch-Jacobsen 2011, p. 82.

30   FF, p. 27.

31   Quoted by Hirschmüller 1978, pp. 157, 160.

32   Swales 1986a, p. 49.

33   2/4/88; FF, pp. 18–19.

34   SE, 7:298.

35   SE, 7:295.

36   Freud 1987a, p. 167.

37   SE, 20:17.

38   SE, 2:108; emphasis as found.

39   SE, 1:108.

40   Quoted by Ellenberger 1993, p. 286.

41   SE, 1:113.

42   Forel 1889, pp. 58, 61.

43　SE, 2:100n.
44　FF, pp. 21–22.
45　Swales 1986a.
46　Ibid., p. 73. These are Swales's words.
47　Ibid.
48　Forel 1889, p. 69.
49　Binet and Féré 1905, pp. 48–151, 221.
50　SE, 7:298.
51　SE, 2:302.
52　See Freud 1987a, p. 111.
53　SE, 1:108.
54　Ibid., p. 109.
55　Ibid., p. 111.
56　Ibid., p. 107.
57　Ibid., p. 111.
58　Ibid.
59　Ferenczi 1988; diary entry of 5/1/1932, p. 93.
60　Binet and Féré 1905, pp. 9–14.
61　See Duyckaerts 1992, pp. 89–90.

第十六章　现学现用

1　SE, 20:17. See also 23:285.
2　Perry and Laurence 1984, p. 19.
3　See Schiller 1982.
4　Cited by Shorter 1992, p. 242.
5　Ellenberger 1993, pp. 104–118, 301.
6　Frank J. Sulloway's forty-two dense pages on this topic (1992, pp. 277–319) ought to be required reading for anyone who wishes to comment about Freud's originality.
7　Ellenberger 1970, p. 762.
8　See J, 1:181. For the conferences themselves, see Société 1890; Berillon 1890; Ellenberger 1970, pp. 758–761; Alvarado 2010.
9　Société 1890, pp. 146–151.
10　Ibid., p. 150.
11　Janet 1889, pp. 436–440.
12　Delboeuf 1889, p. 71.
13　2/8/97; FF, p. 229.
14　Cited by Borch-Jacobsen in Freud 2015, p. 97.
15　7/28/89; Freud/Minna Bernays 2005, p. 209.
16　SE, 2:177.
17　Ibid., p. 176.
18　Ibid., p. 179.
19　Ibid., p. 178.
20　Swales 1986a, p. 51. The words are Swales's own.
21　Delboeuf 1889, p. 10; Duyckaerts 1992, pp. 89–90.
22　See Swales 1986a, pp. 35–36.
23　See 10/19/82; FMB, pp. 377–379.

24　　SE, 1:56.
25　　Bernays 1970.
26　　See Macmillan 1997, pp. 14–18.
27　　SE, 2:177.
28　　Ibid., p. 70.
29　　Ibid., p. 178.
30　　SE, 1:48.
31　　Borch-Jacobsen 2011, p. 43.
32　　FF, p. 61.
33　　Freud/Minna Bernays 2005, p. 233.
34　　In Freud 2015 (pp. 98–102, 168–73), Borch-Jacobsen gives a revealing account of the case, resting on previously unpublished correspondence.
35　　See Ibid., pp. 108–109, 363.
36　　Quoted by Swales 1986a, p. 55.
37　　Ibid.
38　　Quoted by Borch-Jacobsen in Freud 2015, p. 383n.
39　　Scammell 2009, p. 8.

第十七章　应需而现的创伤

1　　SE, 2:48–49.
2　　Ibid., p. 49.
3　　For a fine summary of Fanny's life and therapy, see Ellenberger 1993, pp. 273–290.
4　　Ibid., pp. 286–289.
5　　SE, 2:65.
6　　Ibid., p. 73.
7　　Ibid., pp. 103–4.
8　　Ibid., p. 65n. For anxiety neurosis, see pp. 399–425 below.
9　　Andersson 1979, p. 11; see also Ellenberger 1993, p. 282.
10　　SE, 2:50, 51n, 54, 64, 86.
11　　Ibid., p. 102.
12　　Ibid., p. 104.
13　　Ibid., p. 51.
14　　Ibid., pp. 61–62.
15　　Ibid., p. 62n.
16　　Ibid., pp. 52–53.
17　　Ibid., p. 56.
18　　Ibid., p. 56n.
19　　Ibid., p. 103.
20　　Ibid., p. 77.
21　　Ibid., p. 84.
22　　Ibid., p. 105n.
23　　Borch-Jacobsen 2011, p. 37. I am translating Freud's German via Borch-Jacobsen's French.
24　　SE, 20:27.
25　　Ibid.

26	Ibid.
27	See Fichtner and Hirschmüller 1988, p. 116 and n.
28	SE, 16:451–452.
29	Ibid., p. 451.
30	SE, 19:195.
31	SE, 20:41.
32	SE, 16:449.
33	SE, 2:109.
34	Ibid., p. 110.
35	Macmillan 1997, p. 85.
36	SE, 2:111.
37	Ibid., p. 154.
38	Ibid., p. 139.
39	Ibid., p. 106.
40	Ibid., p. 118.
41	Thornton 1984, p. 160; Webster 1995, pp. 158–159.
42	SE, 2:121.
43	Ibid., pp. 137–138.
44	Ibid., pp. 135, 137.
45	Ibid., p. 135.
46	Ibid., pp. 135, 137.
47	Ibid., p. 137.
48	Ibid., p. 140.
49	Ibid.
50	Ibid., p. 161.
51	Ibid., p. 150.
52	Ibid., p. 152; emphasis as found.
53	Ibid., p. 150; emphasis as found.
54	Ibid., p. 149.
55	Ibid., p. 154.
56	Ibid., p. 153.
57	Ibid., pp. 140–141, 146.
58	Ibid., pp. 146–147.
59	Ibid., p. 164.
60	Ibid., p. 168; emphasis as found.
61	Ibid., pp. 168–169.
62	Ibid., p. 174; translation modified.
63	Ibid., p. 164.
64	Ibid., p. 155.
65	Ibid., p. 166.
66	Ibid., p. 159.
67	Ibid.
68	Ibid., pp. 159–160.
69	Ibid., p. 160.
70	Borch-Jacobsen 2011, p. 59.
71	Quoted by Gay 1989, p. 72.
72	Peter Swales, personal communication.

73　　Gay 1989, p. 72.
74　　Ibid., p. 71.
75　　Ibid., p. 72.

第十八章　时不我待

1　　Janet 1892, p. 352. See also Macmillan 1997, pp. 66, 94.
2　　SE, 1:169.
3　　Ibid., p. 170; emphasis as found.
4　　Ibid., p. 169.
5　　SE, 20:13–14.
6　　J, 1:233.
7　　SE, 1:157–158.
8　　Ibid., p. 159.
9　　SE, 3:75.
10　　Ibid., pp. 141–156.
11　　Ibid., pp. 157–185.
12　　See, e.g., Janet 1925, pp. 601–602.
13　　But see Swales 1986a, p. 63n., suggesting that Freud may have known Breuer as early as 1874.
14　　Elisabeth Ullmann, quoted in Hirschmüller 1989a, p. 56.
15　　Hirschmüller 1989a, pp. 229–255.
16　　SE, 2:3.
17　　Ibid., p. 6; emphasis as found.
18　　Ibid., p. 3.
19　　Ibid., p. 7n.
20　　Janet 1901, p. 495.
21　　SE, 2:12–16.
22　　Ibid., p. 14.
23　　Ibid., p. 7.
24　　Janet 1925, 1:188–190.
25　　6/28/92; FF, p. 31; translation modified.
26　　Freud/Fliess 1954, p. 62.
27　　SE, 1:147n. Even Masson's correction, "witticisms," was somewhat euphemistic.
28　　FF, p. 32.
29　　Ibid.
30　　12/18/92; FF, p. 36.
31　　SE, 2:12.
32　　Ibid., p. 244.
33　　Ibid., p. 123.
34　　Ibid., p. 214.
35　　Ibid., p. 223.
36　　Ibid., pp. 235–236.
37　　Ibid., p. 287.
38　　Ibid., p. 228.
39　　Ibid., p. 245.
40　　Ibid., p. 244.

41　　Ibid,. p. 250.
42　　Ibid., pp. 270, 276, 281, 295; emphasis added in each instance.
43　　3/1/96; FF, p. 175; emphasis as found.

第十九章　开山骗局

1　　SE, 16:280.
2　　Ibid., p. 257.
3　　Ibid., p. 279; translation modified.
4　　Grubrich-Simitis 1997, p. 26.
5　　Hirschmüller 1989a, p. 100.
6　　SE, 2:23.
7　　Ibid., p. 24.
8　　Ibid., p. 25.
9　　Ibid., p. 29.
10　　Ibid., p. 28.
11　　Ibid; translation modified.
12　　Ibid., p. 30.
13　　Ibid.
14　　Ibid., p. 32.
15　　Ibid., p. 33.
16　　Ibid., pp. 35–36.
17　　Ibid., p. 36.
18　　Ibid., p. 40.
19　　Ibid., pp. 40–41.
20　　Ibid., p. 43.
21　　Ibid.
22　　See, e.g., Swales 1986b; Schweighofer 1987; Borch-Jacobsen 1996; Shorter 1997.
23　　Borch-Jacobsen 1996, p. 84.
24　　SE, 2:46.
25　　See, e.g., Bernheim 1965, p. 190.
26　　SE, 2:46.
27　　Ellenberger 1972.
28　　SE, 2:46.
29　　Hirschmüller 1989a, pp. 293–296.
30　　Ibid., p. 358; 1989a, p. 286.
31　　Macmillan 1997, pp. 20–24.
32　　Hirschmüller 1989a, p. 115.
33　　J, 1:225.
34　　Ellenberger 1972, p. 279; Hirschmüller 1989a, p. 116.
35　　Forrester 1990, p. 26.
36　　Borch-Jacobsen 1996, p. 21.
37　　Quoted by Hirschmüller 1989a, p. 295.
38　　Quoted by Cranefield 1958, p. 319.
39　　Skues 2006, p. 7.
40　　Hirschmüller 1989a, p. 295; emphasis added.
41　　Ibid., p. 291.

42　　Skues 2006, p. 37.
43　　This is the estimation proposed by Schweighofer 1987.
44　　Quoted by Cranefield 1958, p. 319; emphasis as found.
45　　Hirschmüller 1989a, p. 295.
46　　Ibid., p. 293.
47　　See, e.g., Goshen 1952; Orr-Andrawes 1987; Merskey 1992; Thornton 1984; Webster 1995; Rosenbaum and Muroff 1984. Most of the twentieth-century reinterpretations are discussed in Micale 1989.
48　　A number of commentators have remarked on the pharmacological aspect of the case. See, e.g., Thornton 1984; Orr-Andrawes 1987; Gilhooley 2002; Ramos 2003.
49　　Hirschmüller 1989a, pp. 305–306.
50　　Swales 1986b.
51　　SE, 2:28, 30.
52　　Ibid., p. 30.
53　　Hirschmüller 1989a, p. 290.
54　　Ibid., p. 306.
55　　J, 1:225.
56　　In this paragraph and the next I follow Ramos 2003, which in turn draws on standard medical texts.
57　　Ramos 2003, p. 242.
58　　Hirschmüller 1989a, p. 296.
59　　Ibid., p. 293.
60　　Ibid., p. 294.
61　　Ibid.
62　　SE, 20:21.

第二十章　调整记录

1　　SE, 2:21.
2　　Cranefield 1958, p. 320.
3　　See, e.g., SE, 6:257; 8:235; 20:20.
4　　SE, 2:246–247.
5　　Ibid., p. 200.
6　　J, 1:255.
7　　SE, 2: xxvi.
8　　SE, 14:12. "Untoward event" appeared in English.
9　　SE, 20:26.
10　　See Skues 2006, pp. 57–62.
11　　6/2/32; L, p. 413; translation modified.
12　　Ibid.
13　　Israëls 1999, pp. 158–64.
14　　FMB, 2:385.
15　　Ibid., p. 391.
16　　Borch-Jacobsen and Shamdasani 2012, pp. 271–273.
17　　SE, 2:41n.
18　　J, 1:224–225.
19　　Hirschmüller 1989a, p. 293.

20　　Skues 2006, pp. 93–110.
21　　Borch-Jacobsen 1996, p. 32n.
22　　J, 1:226.
23　　Ellenberger 1970, p. 483; Ellenberger 1972.
24　　Tolpin 1993, pp. 158–159.
25　　Castelnuovo-Tedesco 1994, p. 59.
26　　Britton 1999, p. 2. Britton's history is sternly corrected by Esterson 1999.
27　　Schweighofer 1987, pp. 60–61, 132.
28　　Gay 1989, p. 67.
29　　Eissler 2001, p. 177.
30　　Ibid.
31　　J, 1:225.
32　　Ibid.
33　　Information about Pappenheim's Frankfurt years can be found in Edinger 1968; Jensen 1984; Guttmann 2001; Brentzel 2002; Konz 2005.
34　　Quoted by Edinger 1968, p. 83.
35　　Quoted in Jensen 1970, p. 288.
36　　SE, 16:274.
37　　Quoted by Forrester and Cameron 1999, p. 934.
38　　Ibid.
39　　Ibid.
40　　Quoted by Borch-Jacobsen 1996, p. 98.
41　　Hirschmüller 1989, p. 277.
42　　Kavaler-Adler 1991, p. 168.
43　　Ibid., pp. 160–161.
44　　Steinmann 1984, p. 130.
45　　Karpe 1961, p. 23.

第二十一章　叙事的真相

1　　SE, 2:105.
2　　Ibid., pp. 160–161; translation modified.
3　　Sherwood 1985, p. 17. See also Hyman 1962, Reve 1994, pp. 16–24; Rohrwasser 2005.
4　　Gardiner 1972, p. 135.
5　　Berthelsen 1987, p. 38.
6　　6/18/09; Freud/Jung 1974, pp. 234–235.
7　　SE, 2:125.
8　　Ibid., p. 78.
9　　The classic exposition of this strategy on Freud's part is Fish 1986.
10　　SE, 2:167.
11　　Ibid., p. 158.
12　　5/30/93; FF, p. 49.
13　　FF, p. 54.
14　　SE, 2:128; emphasis added.
15　　Ibid., p. 129.
16　　Ibid.; emphasis as found.

17   Ibid.
18   Ibid., p. 130.
19   Ibid., pp. 130–131.
20   Ibid., p. 133.
21   Ibid.
22   Ibid., p. 131.
23   Ibid., p. 134n.
24   Swales 1988.
25   SE, 2:133.
26   Ibid., p. 131.
27   Ibid., p. 125.
28   Ibid., p. 127.
29   Ibid., p. 129.

第二十二章　排布神经症

1   SE, 2:255, 256.
2   Ibid., p. 257; emphasis as found.
3   FF, pp. 37–44.
4   Ibid., p. 56.
5   SE, 3:41–61.
6   Ibid., pp. 85–115.
7   Ibid., pp. 69–82.
8   Ibid., pp. 119–139.
9   This was the fifth edition of Kraepelin's already influential *Psychiatrie* (Kraepelin 1896).
10   SE, 1:35.
11   Ibid., p. 118.
12   The early Freud placed heavy emphasis on the noxious effects of those practices. See SE, 1:177n, 181, 184, 190–194; 3:81, 100–102, 109–110, 268.
13   SE, 3:60.
14   SE, 7:113.
15   SE, 2:116.
16   Ibid., p. 164.
17   Ibid., p. 166.
18   Beard 1884.
19   See, e.g., SE, 3:136. See also Carter 1980.
20   Löwenfeld 1895.
21   SE, 3:124–125.
22   Ibid., pp. 124, 134.
23   Ibid., p. 137.
24   FF, p. 38.
25   2/8/93; FF, p. 44.
26   FF, pp. 46–47n.
27   SE, 3:80.
28   Ibid., pp. 96–97.

29	SE, 2:259.
30	Ibid., p. 260.
31	Ibid., pp. 260–261; emphasis as found.
32	Ibid., pp. 259, 261.
33	Ibid., pp. 256, 261.
34	Ibid., p. 256.
35	Ibid., p. 265.

第二十三章　你知我知

1	I thank Peter Swales for the information regarding Fliess's speciality.
2	SE, 14:7.
3	SE, 20:65.
4	Masson 1984, p. 206.
5	Schur 1966, 1972.
6	J, 1:151, 170.
7	SE, 4:110 and n.
8	Martha Freud, quoted by René Laforgue in Ruitenbeek 1973, p. 342.
9	See Freud/Jung 1974, p. 456.
10	4/25/94; FF, p. 69.
11	SE, 9:177–204; 11:191–208.
12	SE, 9:194.
13	Ibid., p. 201.
14	Ibid., pp. 198–199.
15	Ibid., p. 198.
16	Ibid., p. 199; emphasis as found.
17	SE, 11:208.
18	SE, 22:133.
19	SE, 11:198–199.
20	Ibid., p. 199.
21	6/19/82; L, pp. 8–9; FMB, p. 93.
22	SE, 11:108.
23	Gay 1989, pp. 60, 61.
24	8/7/01; FF, p. 447.
25	6/28/92; FF, p. 31.
26	8/26/98; FF, p. 323.
27	5/7/00; FF, p. 412.
28	For commentary, see Stolorow and Atwood 1978; Abraham 1982–83; Krüll 1986; Garner 1989.
29	1/3/99; FF, p. 339.
30	See Sulloway 1992, pp. 147–150; Bonomi 2015, pp. 63–64.
31	See Shorter 1992, pp. 64–68.
32	Fliess 1897, p. iii.
33	5/30/93; FF, p. 49.
34	Undated "Draft C" [1893]; FF, p. 45.
35	FF, p. 45; emphasis added.
36	FF, p. 47n.

37　　　Shorter 1992, p. 51.

38　　　See Draft C/2, which appears only in the German edition of the Fliess letters (Freud 1986, pp. 36–39).

39　　　See Fliess 1897, pp. 133–145.

40　　　Ibid., p. iv.

41　　　Ibid., pp. 156–190.

42　　　Fliess 1906; see Sulloway 1992, p. 141.

43　　　3/1/96; FF, p. 173.

44　　　Ibid., p. 174.

45　　　6/30/96; FF, p. 193.

46　　　Ibid., p. 210.

47　　　Ibid., p. 212.

48　　　FF, p. 159.

49　　　6/30/96; FF, p. 193.

50　　　12/4/96; FF, p. 204.

51　　　Freud 1986, p. xv.

52　　　Krafft-Ebing 1886.

53　　　SE, 7:177 and n.

54　　　J, 2:422.

55　　　SE, 7:166n.

56　　　Sulloway 1992, p. 199.

57　　　Borch-Jacobsen and Shamdasani, pp. 237–239.

58　　　6/30/96; FF, p. 193; Freud 1954, p. 169.

59　　　Freud 1954, p. 4.

60　　　Ibid., pp. 8, 14.

61　　　Sulloway 1992, p. 149.

第二十四章　弗洛伊德学说中的神经元

1　　　FF, p. 139.

2　　　Ibid., p. 141.

3　　　J, 1:392.

4　　　Sulloway 1992, p. 119.

5　　　See, e.g., FF, pp. 172, 180, 216, 266, 301–302.

6　　　Sulloway 1992, p. 130.

7　　　7/30/98; FF, p. 320.

8　　　Pribram and Gill 1976, p. 14.

9　　　Ibid., p. 61.

10　　　SE, 1:293.

11　　　The following discussion is indebted to Amacher 1965; Pribram and Gill 1976; McCarley and Hobson 1977; Swanson 1977; Levin 1978; Køppe 1983; Mancia 1983; Shepherd 1991; Sulloway 1992; Macmillan 1997.

12　　　J, 1:50.

13　　　Solms 2002, pp. 20–21.

14　　　See Køppe 1983.

15　　　See Freud 1884b.

16　　　SE, 1:160.

17　　　Køppe 1983, p. 24.

18 5/25/95; FF, p. 129.
19 See Amacher 1965.
20 6/22/94; FF, p. 83.
21 SE, 1:295.
22 Ibid.
23 Ibid., pp. 299–302, 309–310.
24 Ibid., pp. 302, 303; emphasis as found.
25 Ibid., p. 315.
26 Ibid., p. 296.
27 See McCarley and Hobson 1977; Swanson 1977; Køppe 1983.
28 SE, 1:297.
29 Ibid.
30 See p. 426 above.
31 12/8/95; FF, pp. 154–155.
32 1/1/96; FF, pp. 159–160.
33 FF, pp. 207–208.
34 See p. 663 below.
35 FF, pp. 207–208; emphasis as found.
36 Ibid., p. 159.
37 Ibid., p. 161.
38 5/25/95; 8/6/95; FF, pp. 129, 135.
39 2/1/00; FF, p. 398.
40 J, 1:383.
41 Ibid., p. 384.
42 Ibid.
43 Ibid.
44 Solms and Saling 1986. See also Forrester 1980; Greenberg 1997.
45 Freud 1953, p. 55.
46 Solms and Saling 1986, p. 400.
47 Ibid., pp. 400, 401.
48 SE, 15:21.
49 SE, 14:174.
50 SE, 16:393.
51 SE, 13:181–182.
52 SE, 14:78. See also SE, 7:278–279; 16:388–389, 436; 20:152–153, 231; 21:240, 242–243.
53 SE, 21:242n.
54 Pribram and Gill 1976, p. 10.
55 McCarley and Hobson 1977, p. 1219.
56 Swanson 1977, pp. 608–611.
57 Thornton 1984, Chapter 16.
58 Blanton 1971, pp. 47–48. See also SE, 20:57–58.
59 See Lothane 1998, p. 60.

第二十五章　能力削弱

1 J, 1:241–242.
2 "Draft C," c. 4/93; FF, pp. 45–46.

3　　　5/21/94; FF, p. 74.
4　　　5/25/95; FF, p. 129.
5　　　FF, p. 146.
6　　　10/15/95; FF, p. 144.
7　　　Makari 2008, p. 71.
8　　　SE, 4: 111.
9　　　Quoted by Swales 1983, p. 12n.
10　　Quoted by Trosman and Wolf 1973, p. 231.
11　　See, e.g., Scheidt 1973, pp. 406–407; Bonomi 2015, p. 125.
12　　5/30/93; FF, p. 49.
13　　J, 1:308.
14　　See Fliess 1897, p. 109.
15　　4/19/94; FF, p. 67.
16　　Ibid., p, 68.
17　　4/20/95; FF, p. 125.
18　　Hammond 1886, p. 638.
19　　Thornton 1984, pp. 131–133.
20　　See Stengle 2008; Vongpatanasin et al. 1999; Tuncel et al. 2002.
21　　See 11/27/93; FF, p. 61; J, 1:309; Schur 1972, p. 82.
22　　Schur 1972, p. 82.
23　　J, 1:309.
24　　6/12/95; FF, pp. 131–132.
25　　FF, pp. 106, 115–116, 126, 127.
26　　Ibid., p. 132.
27　　Quoted in CP, p. 248.
28　　Quoted by J, 1:167.
29　　J, 1:308.
30　　8/23/94; FF, p. 94.
31　　10/19/99; FF, p. 380.
32　　12/12/97; FF, p. 285.
33　　Quoted in FF, p. 151n.
34　　See 5/21/94; FF, p. 74.

第二十六章　可怕的治疗

1　　　Appignanesi and Forrester 2005, p. 133.
2　　　See p. 000n. below.
3　　　J, 2:421.
4　　　Quoted by Borch-Jacobsen and Shamdasani 2012, p. 244.
5　　　See Magaziner 1975, pp. 216–219.
6　　　Eckstein 1899–1900.
7　　　See Masson 1984, pp. 236–237.
8　　　Eckstein 1904.
9　　　See Lynn 1997, p. 82.
10　　SE, 1:353; emphasis as found.
11　　Ibid.; emphasis added.
12　　Ibid., p. 353; emphasis added.
13　　Ibid., p. 356.

14　Freud 1895, p. 140. In 1896 and 1898 Freud continued to speculate about connections between neurasthenia and "defense" neuroses; see, e.g., SE, 3:168; 265–266.

15　FF, p. 107.

16　Ibid., p. 113; emphasis added.

17　For the hypothesis that Fliess, not Freud, underwent a serious nasal operation in February 1895, see the editorial note to Freud 1986, pp. 105–106n.

18　Schur 1972, p. 80.

19　3/4/95; FF, p. 114.

20　2/25/95; FF. p. 112.

21　3/8/95; FF, p. 118.

22　Ibid., pp. 116–117.

23　Ibid., p. 117.

24　Ibid., pp. 117–118.

25　3/13/95; FF, p. 120.

26　FF, p. 124.

27　Ibid., p. 123.

28　Ibid., p. 124.

29　Ibid., p. 125.

30　Ibid.; emphasis as found.

31　Ibid., p. 128; emphasis as found.

32　5/25/95; FF, p. 130.

33　Ibid., p. 181.

34　FF, p. 183; emphasis as found; translation modified.

35　Ibid., p. 186.

36　For the persistence of "pressure," see "Draft J"; FF, p. 156.

37　FF, p. 186; translation modified.

38　Appignanesi and Forrester 2005, p. 137; emphasis as found.

39　FF, p. 286. For discussion, see p. 497 below.

40　Ibid.

41　Masson 1984, p. 237.

42　Eckstein 1904, p. 9.

43　Ibid., pp. 13, 15, 18–19.

44　Ibid., p. 19.

45　Lynn 1997, pp. 79–80.

46　Masson 1984, pp. 248–249.

47　Ibid., p. 70.

48　Ibid., p. 248; translation modified.

49　Lynn 1997, p. 81.

50　Quoted by Masson 1984, pp. 249–250.

51　Ibid., p. 250.

52　SE, 23:222.

第二十七章　自甘堕落

1　10/15/95; FF, p. 144; emphasis as found.

2　11/2/95; FF, p. 149.

3   SE, 2:112.
4   See Sebeok and Rosenthal 1981.
5   SE, 3:165, 166.
6   Ibid., p. 165.
7   Ibid., pp. 165–166.
8   Ibid., p. 211; emphasis as found.
9   4/28/97; FF, p. 238.
10   Masson 1984.
11   SE, 3:207, 210.
12   "Draft K"; FF, p. 163.
13   SE, 3:215.
14   Ibid., pp. 152, 164.
15   Ibid., p. 155.
16   FF, pp. 159–160.
17   Ibid., p. 160.
18   "Draft K," included with the letter of 1/1/96; FF, p. 163.
19   Ibid.
20   SE, 3:201.
21   Ibid., p. 203.
22   Ibid., pp. 149, 199, 220.
23   Ibid., p. 199; emphasis as found.
24   Ibid., p. 155.
25   Ibid., p. 162.
26   Ibid., p. 211.
27   Ibid., p. 206.
28   Ibid., pp. 198–199.
29   Ibid., p. 192. For discussion of Freud's rhetoric in this full passage, see
     Orrells 2011. For his use of the archaeological metaphor in general,
     see Armstrong 2005.
30   SE, 3:174.
31   Ibid., p. 164.
32   Ibid., p. 199.
33   FF, p. 185.
34   Ibid., p. 218.
35   Ibid., p. 220.
36   Ibid., p. 233.
37   SE, 3:196.
38   Ibid.
39   Ibid., p. 203.
40   Ibid., p. 200.
41   See ibid., pp. 210, 213–214.
42   See ibid., pp. 199, 204.
43   Ibid., p. 204.
44   Ibid., p. 153.
45   SE, 3:154.
46   SE, 22:146.
47   4/26/86; FF, p. 184.
48   Ibid.

49　See Loftus and Ketcham 1996; Ofshe and Watters 1996; Pendergrast 1996; Pope 1997; McNally 2003; McHugh 2008.
50　FF, p. 286.
51　SE, 2:281.
52　SE, 3:269.
53　1/3/97; FF, pp. 220–221.
54　SE, 5:451–452; translation modified.
55　Ibid., p. 452.
56　12/22/97; FF, pp. 288–289.
57　Ibid., p. 289.
58　1/12/97; FF, pp. 223–224.
59　1/24/97; FF, p. 226.
60　1/17/96; FF, p. 218.
61　SE, 3:215.
62　FF, p. 227.
63　Ibid.
64　For Freud's reading in the literature of demonology, see Swales 1989c.
65　See 1/17/97; FF, p. 225.
66　1/17/97; FF, pp. 224–225.
67　SE, 19:72.

第二十八章　名不副实的所谓突破

1　FF, p. 264.
2　FF, p. 266.
3　9/21/97; FF, pp. 264–265.
4　Ibid., p. 266.
5　Ibid., p. 265.
6　Freud 1954, p. 216.
7　SE, 7:128.
8　FF, p. 266.
9　J, 1:267.
10　Gay 1989, p. 96.
11　Freud 1950, p. 187; FF, p. 266n.
12　See 12/12/97; FF, p. 286; 12/22/97; FF, pp. 288–289.
13　Masson 1984.
14　For a definitive critique of Masson's position, see Esterson 1998.
15　2/9/98; FF, p. 299.
16　8/31/98; FF, p. 325.
17　10/23/98; FF, p. 332.
18　FF, p. 338.
19　See "Draft N," FF, p. 250; pp. 272–273; and p. 599 below.
20　SE, 4:260–266.
21　SE, 7:275–277.
22　SE, 11:47; emphasis as found.
23　See Cioffi 1998 [1974], pp. 199–204; Schimek 1987; Israëls and Schatzman 1993; Scharnberg 1993; Webster 1995; Macmillan 1997; Israëls 1999; Esterson 2001; Borch-Jacobsen 2009. The one psychoanalyst in this

grouping, Jean Schimek, subsequently protested the appropriation of his article for "Freud bashing" (Crews et al. 1995, p. 77).

24　　　SE, 20:34.
25　　　Ibid.
26　　　SE, 7:190.
27　　　SE, 7:274.
28　　　Ibid.
29　　　SE, 14:17.
30　　　Ibid.
31　　　Ibid.
32　　　Ibid.
33　　　SE, 14:17–18; emphasis as found.
34　　　SE, 16:370.
35　　　SE, 20:34.
36　　　SE, 16:370.
37　　　SE, 21:238.
38　　　SE, 22:120.
39　　　FF, p. 272.
40　　　J, 1:307.
41　　　J, 1:54.

第二十九章　百般责难扑朔迷离

1　　　Mahony 1979, p. 67.
2　　　Ibid., pp. 67–68.
3　　　See, e.g., Borch–Jacobsen 2009, p. 161.
4　　　See SE, 4:107–120.
5　　　Ibid., p. xxvi.
6　　　FF, p. 230.
7　　　Ibid., pp. 230–231.
8　　　11/2/96; FF, p. 202.
9　　　J, 1:304.
10　　　Ibid., pp. 305–306.
11　　　FF, pp. 253–254.
12　　　11/5/97, 11/14/97, 12/3/97, 1/4/98; FF, pp. 277, 281, 284, 291.
13　　　Bonomi 2015, p. 88.
14　　　10/3/97; FF, p. 268.
15　　　10/11/99; FF, p. 379.
16　　　Ibid., p. 379. For discussion of the self-analytic Freud's references to Faust and to Goethe's own quest for knowledge of his origins, see Anzieu 1986, p. 238.
17　　　10/4/97; FF, p. 269.
18　　　See Rudnytsky 1987; Davis 1990; Micale 2008. Peter Swales disclosed Fellner's identity in a lecture (1996) that was delivered from notes and never written up (personal communication).
19　　　3/11/00; FF, p. 403.
20　　　For Königstein's dissatisfaction with his old friend, see Swales 1983, pp. 27–35.

21 8/14/97; FF, p. 261.
22 10/4/97; FF, p. 269.
23 See, especially, 1/4/98; FF, pp. 292–293.
24 8/14/97; FF, p. 261.
25 10/27/97; FF, p. 275.
26 12/22/97; FF, p. 287.
27 SE, 3:299–322.
28 Bernfeld 1946.
29 SE, 3:318–320.
30 Ibid., p. 317.
31 Ibid.
32 Ibid., pp. 318–319.
33 10/3/97; FF, p. 268.
34 10/3/97; FF, p. 268.
35 See SE, 5:421–425.
36 J, 1:11.
37 See pp. 78–79 above.
38 SE, 4:201; emphasis as found.
39 SE, 5:481–482; translation modified.
40 SE, 3:171; emphasis added.
41 Ibid., p. 208.
42 Ibid., p. 155.
43 Ibid., pp. 164–165; emphasis added.
44 Ibid., p. 210; emphasis added.
45 Ibid., p. 206; emphasis added.
46 Ibid., p. 208; emphasis added.
47 FF, p. 318.
48 Ibid., p. 317.
49 J, 2:343.
50 Anzieu 1986, pp. 287–288.
51 SE, 4:172.
52 FF, p. 249.
53 10/3/97; FF, p. 268.
54 10/3/97; FF, p. 268. Élisabeth Roudinesco mistakenly relies on Freud's dream as a source of information about his real nursemaid (Roudinesco 2016, p. 15).
55 10/3/97; FF, p. 268.
56 SE, 7:145n.
57 SE, 22:133.
58 Ibid., p. 123; translation modified.
59 Ibid., p. 122.
60 Ibid., p. 123.
61 10/3/97; FF, p. 268.
62 See, e.g., SE, 22:123.
63 SE, 11:57–137.
64 See SE, 11:177–190.
65 Ibid., p. 186.

第三十章　愿望使然

1　　　3/23/00; FF. pp. 405–406.
2　　　Ibid., p. 345.
3　　　Ibid., p. 355.
4　　　Ibid., p. 357.
5　　　Ibid., p. 359.
6　　　Ibid., pp. 243–244; translation modified.
7　　　Ibid., p. 243.
8　　　Ibid.
9　　　Ibid., p. 299.
10　　Ibid., p. 354. "The Silence of the Forest" was the title of a contemporary painting.
11　　Ibid., p. 338; translation modified.
12　　8/7/01; FF, p. 447.
13　　9/11/99; FF, p. 371; translation modified.
14　　5/128/99; FF, p. 353.
15　　See, e.g., Welsh 1994.
16　　See Schorske 1980; McGrath 1986.
17　　FF, p. 365.
18　　Hyman 1962, p. 312.
19　　5/28/99; FF, p. 353.
20　　9/6/99; FF, p. 369; translation modified.
21　　FF, p. 368.
22　　SE, 5:469.
23　　SE, 4:146.
24　　SE, 5:470; emphasis as found.
25　　See Hobson 2002; Domhoff 2003.
26　　See Vande Kemp 1981; Schwartz 2000.
27　　SE, 4:163.
28　　SE, 4:151–152.
29　　See, especially, Sulloway 1992; Macmillan 1997; Appignanesi and Forrester 2005.
30　　Macmillan 1997, p. 281.
31　　SE, 4:277.
32　　See States 1988; Lakoff 1993, 1997.
33　　Freud/Abraham 2002, p. 21.
34　　Ibid. For discussion, see Appignanesi and Forrester 2005, pp. 117–133.
35　　See Langs 1984.
36　　See Mayer 2001–2.
37　　SE, 4:121; emphasis as found.
38　　Wilcocks 1994, pp. 246–253.
39　　Glymour 1983, pp. 70–71. Glymour was not strictly correct. Well before launching the dream book, Freud had already made a definitive break with the ethics of scientific reporting. Now, however, he was posing as the absolute master both of his presented dreamworld and of psychological explanation in general. Accordingly, the scope of his assertions was about to become much broader.

第三十一章　性治疗

1　　　　J, 2:6.
2　　　　Ibid., p. 387. Jones's informant was Freud's daughter-in-law Lucie Freud.
3　　　　Anzieu 1986, p. 527.
4　　　　5/25/99; FF, p. 351.
5　　　　FF, pp. 358–359.
6　　　　Gay 1990, p. 165.
7　　　　J, 1:104; emphasis as found.
8　　　　12/23/85; L, pp. 187–188.
9　　　　Hugo 2002, p. 243. For the unexpurgated *Notre-Dame*, see p. 563. above.
10　　　8/22/82; Freud/Minna Bernays 2005, p. 37.
11　　　J, 1:164–165. The letter is from 12/27/83; FMB, 2:541.
12　　　SE, 5:397.
13　　　2/7/86; L, pp. 204–205; translation modified.
14　　　Gay 1989, p. 76.
15　　　5/7/86; Freud/Minna Bernays 2005, p. 151.
16　　　4/27/93; ibid., p. 237.
17　　　Behling 2005, p. 77.
18　　　3/7/96; FF, p. 177.
19　　　Freud 2002, passim.
20　　　Gay 1989, p. 382.
21　　　J, 2:5, 421; 1:153.
22　　　Gay 1989, p. 163.
23　　　Roudinesco 2016, pp. 128, 149, 237, 475.
24　　　SE, 9:177–204.
25　　　Ibid., pp. 194, 195.
26　　　Ibid., p. 191; translation modified.
27　　　See Boyer 1978.
28　　　7/8/15; L, p. 308.
29　　　Ibid.; translation modified.
30　　　Quoted by Edmunds 1999, p. 264.
31　　　Maciejewski 2006a, 2006b, 2008.
32　　　See, e.g., Hirschmüller 2007; Lothane 2007.
33　　　Freud 2002, p. 131.
34　　　Quoted by Tögel 2002, p. 107.
35　　　Swales 1982a; 1982b; 1986b; 2003. Swales 2003 is focused on the events of 1898.
36　　　SE, 4:207.
37　　　Swales 1989b.
38　　　FF, p. 423.
39　　　Ibid.
40　　　Ibid.
41　　　J, 1:336.
42　　　Tögel 2002, p. 126.
43　　　9/14/00; FF, p. 423.
44　　　FF, p. 427.

45   SE, 5:671.
46   Ibid., p. 640.
47   Ibid., pp. 656–657, 672; emphasis as found.
48   Ibid., p. 672; emphasis as found.
49   Ibid., p. 656.
50   Ibid., p. 672.
51   SE, 6:120.
52   SE, 18:167.

第三十二章　未出生的复仇者

1   9/14/00; FF, p. 424.
2   SE, 6: 8–9; emphasis as found.
3   Ibid., p. 11.
4   Ibid.
5   Ibid., p. 14.
6   Timpanaro 1976.
7   Quoted by Falk 1977, p. 7.
8   SE, 7:116–118.
9   Swales 1982, p. 12.
10   Skues 2001, p. 1197.
11   3/23/1900; FF, pp. 406–407.
12   9/24/1900; FF, p. 425. Masson's translation is inaccurate; see Skues
        2001, pp. 1195–1196, n. 12.
13   Timpanaro 1976, p. 42.
14   SE, 6:12n.
15   See Gay 1990, p. 165.
16   Quoted by Kerr 1993, p. 136.
17   Ibid.
18   Ibid.
19   Ibid.
20   See Rudnytsky 2011, p. 16.
21   Kerr 1993, p. 137.
22   12/26/12; Freud/Ferenczi 1993, p. 453.
23   Quoted by Gale 2015, p. 62.
24   J, 1:124; 2:408.
25   Jung 1973, p. 158.

第三十三章　女孩之祸

1   3/15/98; FF, p. 303.
2   1/25/01; FF, p. 433.
3   See Rogow 1978. Further context can be found in Decker 1991.
4   SE, 7:105.
5   Ibid., p. 23.
6   Ibid.
7   Ibid., p. 75.
8   Ibid., p. 59.

9　　　Ibid., p. 38.
10　　Ibid., pp. 101–103.
11　　Ibid., p. 22.
12　　Ibid., p. 105.
13　　Ibid., p. 69 and n.
14　　Ibid., p. 29n.
15　　Ibid., p. 38n; translation modified.
16　　Ibid.
17　　Ibid.; translation modified.
18　　Ibid., p. 61.
19　　Ibid., p. 109.
20　　Ibid., p. 119.
21　　Ibid., p. 42.
22　　See SE, 6:241.
23　　SE, 7:107.
24　　Ibid., p. 109.
25　　10/14/00; FF, p. 427.
26　　SE, 7:7.
27　　Ibid., pp. 22, 27. Freud wrote "in her eighth year," but another reference (p. 21) shows that he meant age eight, not seven.
28　　Ibid., p. 39.
29　　Ibid., pp. 46–47.
30　　Ibid., p. 47.
31　　Ibid., p. 48.
32　　SE, 7:47.
33　　Ibid.
34　　Ibid., pp. 70, 83.
35　　Ibid., pp. 104n, 120n.
36　　Deutsch 1990, p. 38.
37　　SE, 7:80.
38　　Ibid., p. 75.
39　　Makari 1997, p. 1074.
40　　SE, 7:77.
41　　Ibid., p. 38.
42　　Ibid., p. 78.
43　　The two dreams are sensitively discussed in McCaffrey 1984.
44　　SE, 7:64.
45　　Ibid., p. 67n.
46　　Ibid., p. 74.
47　　Ibid., p. 94.
48　　Ibid., pp. 98, 110; emphasis as found.
49　　Ibid., p. 99; translation modified.
50　　Ibid., pp. 99–100; emphasis as found.
51　　Ibid., p. 113.
52　　Ibid., p. 120.
53　　Ibid., p. 121.
54　　Ibid., pp. 120–121.
55　　Ibid., p. 122.

56   Ibid.
57   J, 2:256.
58   Mahony 1996, pp. 139–142. See also SE, 7:4–5.
59   Deutsch 1990, p. 37.
60   Ibid., p. 43.
61   Quoted by Mahony 1996, p. 16.
62   SE, 7:24.
63   Ibid., pp. 12, 49.
64   Ibid., p. 18.
65   Ibid., p. 41.
66   Ibid., p. 115.
67   Ibid., p. 85.
68   Ibid., pp. 77–78.
69   J, 1:364.
70   Erikson 1962.
71   Sand 1983.
72   Mahony 2005, pp. 37–38.

第三十四章　之于他的法则

1   J, 2:3.
2   Ibid., p. 4.
3   Ibid., p. 3.
4   Roazen 1969, p. 88.
5   Merton 1976.
6   See Trosman 1969.
7   SE, 7:220 and n; translation modified.
8   Ibid., p. 143n.
9   For discussion of these complex doings, see Sulloway 1992, pp. 223–229.
10   J, 1:315.
11   10/6/10; Freud/Ferenczi 1993, p. 221; emphasis as found.
12   2/17/08; Freud/Jung 1974, p. 121; translation modified.
13   See Farrell 1996.
14   10/6/10; Freud/Ferenczi 1993, p. 221.
15   See, e.g., Breger 2000, pp. 240–244; Geller 2007, pp. 157–158.
16   7/8/15; L, pp. 308–309.
17   See J, 1:339–341; Gay 1989, pp. 136–139.
18   Gay 1989, p. 139.
19   See Gicklhorn and Gicklhorn 1960.
20   Graf 1942, p. 470.
21   Wittels 1924, p. 134.
22   Binswanger 1956, p. 4.
23   Sachs 1944, pp. 3–4.
24   Graf 1942, p. 471.
25   Karl Furtmüller, quoted in Handlbauer 1998, p. 24.
26   Quoted by Decker 1977, p. 185n.
27   Stekel 1950, p. 106.

28   Nunberg and Federn 1962–1975, 1:140–142.
29   Binswanger 1957, p. 3.
30   Jung 1965, pp. 149–150.
31   Ibid., p. 150.
32   Binswanger 1956, p. 12.
33   SE, 7:109.
34   SE, 17:140–141.
35   12/2/30; Freud/Zweig 1970, p. 23.
36   Wollheim 1981, p. 252.
37   Lear 2010, p. 34.
38   Bollas 2007, p. 2.
39   1/9/08; Freud/Abraham 2002, p. 21.
40   FF, p. 252; translation modified; emphasis added.
41   SE, 5:469, 470.
42   FF, p. 398.
43   For Freud's profound debt to Nietzsche and his coy attempts to deny it,
      see Rudnytsky 1987, pp. 198–223, and Lehrer 1995.
44   Nietzsche 1999, pp. 47–48.
45   12/3/97; FF, p. 285.
46   10/23/98; FF, p. 332.
47   3/2/99; FF, p. 347.
48   9/19/01; FF, p. 449.
49   SE, 4:196–197.
50   See, e.g., Vitz 1988; E. M. Jones 1993.
51   See Swan 1974.
52   10/3/97; FF, p. 268.
53   See J, 3:375–407; Moreau 1976; Roustang 1983; Bénesteau 2002; Onfray
      2010.
54   10/9/96; FF, p. 200.
55   J, 3:386.
56   Ibid., p. 381.
57   SE, 18:173–194, 195–220; 22:31–56.
58   SE, 18:219; 22:37.
59   SE, 22:38; emphasis as found.
60   4/16/09; Freud/Jung 1974, pp. 218–220.
61   J, 3:375.
62   2/19/99; FF, p. 346.
63   Ibid.
64   Onfray 2010, p. 373.
65   SE, 7:113.
66   Wortis 1954, p. 84.
67   SE, 22:55.
68   SE, 18:250.
69   SE, 16:458.
70   SE, 19:202.
71   SE, 3:302.
72   Ibid., p. 309.
73   SE, 6:12.

74　　　SE, 10:251–318; J, 1:327.
75　　　Mahony 1986. Mahony's findings are concisely summarized in Esterson
　　　　　1993, pp. 62–67.
76　　　Moll 1913, p. 190.
77　　　Poe 1978, p. 521.

第三十五章　强加他的意志

1　　　Roazen 1995, p. 185.
2　　　Sulloway 1992, p. 185.
3　　　Roazen 1975, p. 15.
4　　　Stengers and van Neck 2001, pp. 138–141; Onfray 2010, pp. 497–504.
5　　　Lynn 1997, p. 74.
6　　　Roazen 1993, p. 181.
7　　　4/9/10; 4/21/10; Freud/Binswanger 2003, pp. 32, 34.
8　　　SE, 10:120.
9　　　Quoted by J, 2:125.
10　　Kardiner 1977, pp. 68–69.
11　　SE, 22:151.
12　　See Roazen 1995; Lohser and Newton 1996; Swales 1997; Falzeder
　　　　2007; Borch-Jacobsen 2011. Falzeder's article cites the sources for remi-
　　　　niscences by many patients.
13　　J, 2:79–80.
14　　SE, 18:145–172.
15　　Ibid., p. 147.
16　　Borch-Jacobsen 2011, pp. 180–186.
17　　See Wolpe and Rachman 1999.
18　　Kardiner 1977, p. 76.
19　　Ibid.
20　　SE, 18:171.
21　　Kardiner 1977, p. 59.
22　　Ibid., p. 61.
23　　Ibid., p. 84.
24　　Alexander et al. 1966, p. 255.
25　　Ferenczi 1988, p. 93.
26　　Malcolm 1982, p. 37.
27　　Roazen 1995, p. 76.
28　　Ferenczi 1988, p. 93.
29　　Wortis 1954, p. 18.
30　　Binswanger 1956, p. 56.
31　　The main exception to the rule, as might be anticipated, is Peter Swales
　　　　(1997).
32　　3/14/11; Freud/Jung 1974, p. 402.
33　　Roazen 1995, p. 13; Wortis 1954, p. 22.
34　　7/21/11; Freud/Jung 1974, p. 436.
35　　Obholzer 1982, p. 34.
36　　Onfray 2010, p. 434.
37　　Obholzer 1982, p. 42.

38　　　See 3/11/02; FF, pp. 456–457.
39　　　Swales 1988, pp. 148–149.
40　　　Ferenczi 1988, p. 93. See also pp. 118, 186.
41　　　See generally Swales 1997.
42　　　12/17/11; Freud/Jung 1974, pp. 473–474. See also Falzeder 1994.
43　　　Obholzer 1982, pp. 171–172.
44　　　See Lynn 1993.
45　　　SE, 19:253.
46　　　12/18/12; Freud/Jung 1974, p. 535.
47　　　Breger 2000, p. 209.
48　　　See Roustang 1982; Grosskurth 1991; Bénesteau 2002.
49　　　J, 3:176.
50　　　Roazen 1969; Roustang 1983.
51　　　SE, 17:175–204.
52　　　Ibid., p. 191.
53　　　Ibid., p. 189.
54　　　Young-Bruehl 1988, p. 108.
55　　　Edmonds 1988; reprinted in Crews 1989, pp. 260–276.
56　　　Edmunds 1999, p. 264.
57　　　Ibid., p. 265.
58　　　Ibid., p. 268.
59　　　Ibid.
60　　　Ibid., p. 272.
61　　　Ibid., p. 270.
62　　　Ibid., p. 270.
63　　　Ibid., p. 261.

附　录　我们还信奉弗洛伊德学说吗？

1　　　See pp. 387, 485–486 above.
2　　　SE, 9:187.
3　　　A. Freud 1946.
4　　　SE, 7:247–254.
5　　　A famous admission of this fact is Marmor 1962.
6　　　See SE, 7:116.
7　　　See SE, 11:144–145.
8　　　SE, 11:47; emphasis as found.
9　　　See 4/2/96; FF, p. 180.
10　　　See SE, 19:12–59.

参考文献

Abraham, Ruth. 1982–83. "Freud's Mother Conflict and the Formulation of the Oedipal Father." *Psac. Rev.*, 69:441–453.

Aeschlimann, Jürg. 1980. *Rudolf Brun (1885–1969): Leben und Werk des Zürcher Neurologen, Psychoanalytikers und Entomologen.* [Medical dissertation.] Zürich: Juris.

Alexander, Franz, Samuel Eisenstein, and Martin Grotjahn. 1966. (Eds.) *Psychoanalytic Pioneers.* New York: Basic.

Altman, Adam J., Daniel M. Albert, and George A. Fournier. 1985. "Cocaine's Use in Ophthalmology: Our 100-Year Heritage." *Survey of Ophthalmology*, 29:300–306.

Alvarado, Carlos S. 2010. "Nineteenth-Century Suggestion and Magnetism: Hypnosis at the International Congress of Physiological Psychology (1889)." *Contemporary Hypnosis*, 27:48–60.

Amacher, Peter. 1965. "Freud's Neurological Education and Its Influence on Psychoanalytic Theory." *Psychological Issues*, 4:1–87.

Andersson, Ola. 1979. "A Supplement to Freud's Case History of 'Frau Emmy v. N' in *Studies on Hysteria* 1895." *Scandinavian Psac. Rev.*, 2:5–16.

[Anon.] 1884. [From Our Special Correspondent. Vienna.] "Cocaine." (Philadelphia) *Medical News*, 45:502.

Ansbacher, Heinz L. 1959. "The Significance of the Socio-economic Status of the Patients of Freud and of Adler." *Am. J. Psychotherapy*, 13:376–382.

Anzieu, Didier. 1986. *Freud's Self-Analysis.* [1975.] London: Hogarth and Institute Psa.

Appignanesi, Lisa, and John Forrester. 2005. *Freud's Women.* [1992.] London: Orion.

Armstrong, Richard H. 2005. *A Compulsion for Antiquity: Freud and the Ancient World.* Ithaca, NY, and London: Cornell U.

Bartal, Yisra'el. 2005. *The Jews of Eastern Europe, 1772–1881.* Philadelphia: U. Pennsylvania.

Beard, George Miller. 1881. *American Nervousness: Its Causes and Consequences; A Supplement to Nervous Exhaustion (Neurasthenia).* New York: Putnam's.

_____. 1884. *Sexual Neurasthenia (Nervous Exhaustion), Its Hygiene, Causes, Symptoms and Treatment*. New York: Treat.

Becker, Hortense Koller. 1974. "'Coca Koller': Carl Koller's Discovery of Local Anesthesia." [1963.] In CP, pp. 263–290.

Behling, Katja. 2005. *Martha Freud: A Biography*. Trans. R. D. V. Glascow. [2003.] Malden, MA: Polity.

Bénesteau, Jacques. 2002. *Mensonges freudiens: Histoire d'une désinformation séculaire*. Liège: Mardaga.

Berillon, Edgar. 1890. (Ed.) *Premier Congrès International de l'Hypnotisme Expérimental et Thérapeutique: Comptes Rendus*. Paris: Doin.

Bernays, Jacob. 1970. *Grundzüge der verlorenen Abhandlung des Aristoteles über Wirkung der Tragödie*. [1857, 1880.] New York: Olms.

Bernfeld, Siegfried. 1946. "An Unknown Autobiographical Fragment by Freud." *Am. Imago*, 4:3–19.

_____. 1949. "Freud's Scientific Beginnings." *Am. Imago*, 6:163–196.

_____. 1951. "Sigmund Freud, M.D., 1882–1885." *Int. J. Psa.*, 32:204–217.

_____. 1952. "Freud's First Year in Practice, 1886–1887." *Bull. Meninger Clinic*, 16:37–48.

_____. 1953. "Freud's Studies on Cocaine, 1884–1887." *J. Am. Psac. Assn.*, 1:581–613.

Bernheim, Hippolyte. 1884. *De la suggestion dans l'état hypnotique et dans l'état de veille*. Paris: Doin.

_____. 1886. *De la suggestion et de ses applications à la thérapeutique*. Paris: Doin.

_____. 1889. *Die Suggestion und ihre Heilwirkung*. 2 vols. Trans. Sigmund Freud. Leipzig and Vienna: Deuticke.

_____. 1892. *Neue Studien über Hypnotismus, Suggestion und Psychotherapie*. Trans. Sigmund Freud. Leipzig and Vienna: Deuticke.

_____. 1896. *Die Suggestion und ihre Heilwirkung*. 2 vols. 2d. ed. Trans. Sigmund Freud and Max Kahane. Leipzig and Vienna: Deuticke.

_____. 1965. *Hypnosis and Suggestion in Psychotherapy: A Treatise on the Nature and Uses of Hypnotism*. [1888.] New York: University Books.

Berthelsen, Detlef. 1987. *Alltag bei Familie Freud: Die Erinnerungen der Paula Fichtl*. Hamburg: Hoffman und Campe.

Binet, Alfred, and Charles, Féré. 1905. *Animal Magnetism*. [1887.] London: Kegan Paul, Trench, Trübner.

Binswanger, Ludwig. 1956. *Erinnerungen an Sigmund Freud*. Bern: Francke.

_____. 1957. *Sigmund Freud: Reminiscences of a Friendship*. New York: Grune and Stratton.

Blanton, Smiley. 1971. *Diary of My Analysis with Sigmund Freud*. New York: Hawthorn.

Bodde, N. M., and J. L. Brooks, G. A. Baker, P. A. Boon, J. G. Hendriksen, and A. P. Aldenkamp. 2009. "Psychogenic Non-epileptic Seizures—Diagnostic Issues: A Critical Review." *Clinical Neurology and Neurosurgery*, 111:1–9.

Bollas, Christopher. 2007. *The Freudian Moment*. London: Karnac.

Bonomi, Carlo. 1997. "Freud and the Discovery of Infantile Sexuality: A Reassessment." In Dufresne 1997, pp. 35–57.

_____. 2015. *The Cut and the Building of Psychoanalysis*. Vol. 1. London: Routledge.

Borch-Jacobsen, Mikkel. 1996. *Remembering Anna O.: A Century of Mystification*. [1995.] New York and London: Routledge.

_____. 2009. *Making Minds and Madness: From Hysteria to Depression*. Cambridge: Cambridge U.

_____. 2011. *Les patients de Freud: Destins*. Auxerre: Sciences Humaines.

_____, and Sonu Shamdasani 2012. *The Freud Files: An Unquiry into the History of Psychoanalysis*. Cambridge and New York: Cambridge U.

Bourneville, Désiré-Magloire, and Paul Regnard. 1876–1880. *Iconographie photographique de la Salpêtrière, service de M. Charcot*. 3 vols. Paris: Progrès Médical/ Delahaye.

Boyer, John W. 1978. "Freud, Marriage, and Late Viennese Liberalism: A Commentary from 1905." *J. Modern Hist.*, 50:72–102.

Breger, Louis. 2000. *Freud: Darkness in the Midst of Vision*. New York: Wiley.

Brentano, Franz. 1973. *Psychology from an Empirical Standpoint*. [1874.] Trans. Antos C. Rancurello, D. B. Terrell, and Linda L. McAlister. London: Routledge.

Brentzel, Marianne. 2002. *Anna O.-Bertha Pappenheim: Biographie*. Göttingen: Wallstein.

Breuer, Josef. 1974. [Letter to Franziska von Wertheimstein, 1893.] In *Theodor Gomperz: Ein Gelehrtenleben im Bürgertum d. Franz-Josefs-Zeit: Ausw. seiner Briefe u. Aufzeichnungen 1869–1912* (Vienna: Österr. Akad. d. Wiss.), p. 89.

Britton, Ronald. 1999. "Getting In on the Act: The Hysterical Solution." *Int. J. Psa.*, 80:1–14.

Buekens, Filip. 2006. *Freuds Vergissing: De illusies van de psychoanalyse*. Leuven: Van Halewyck; Baarn: United Media.

Burke, Janine. 2006. *The Sphinx on the Table: Sigmund Freud's Art Collection and the Development of Psychoanalysis*. New York: Walker.

Carter, K. Codell. 1980. "Germ Theory, Hysteria, and Freud's Early Work in Psychopathology." *Medical History*, 24:259–274.

Castelnuovo-Tedesco, Pietro. 1994. "On Rereading the Case of Anna O.: More about Questions That Are Unanswerable." *J. Am. Acad. Psa.*, 22:57–71.

Cesbron, Henri. 1909. *Histoire critique de l'hystérie*. Paris: Asselin et Houzeau.

Charcot, Jean-Martin. 1875–87. *Leçons sur les maladies du système nerveux faites à la Salpêtrière*. 3 vols. Paris: Progrès Médical.

_____. 1886. *Neue Vorlesungen über die Krankheiten des Nervensystems insbesondere über Hysterie*. Trans. Sigmund Freud. Leipzig and Vienna: Toeplitz and Deuticke.

_____. 1886–1893. *Oeuvres completes: Leçons recueillies et publiées par Bourneville, Bernard, Féré, Guinon, Gilles de la Tourette, Brissaud, Sevestre*. 9 vols. Paris: Progrès Médical/Lecrosnier et Babé.

_____. 1887/88. *Leçons du mardi à la Salpêtrière: Policlinique 1887–1888: Notes de cours de MM. Blin, Charcot, Colin*. Paris: Progrès Médical/Delahaye et Lecrosnier.

_____. 1888/89. *Leçons du mardi à la Salpêtrière: Policlinique 1888–1889: Notes de cours de MM. Blin, Charcot, Colin.* Paris: Progrès Médical/Delahaye et Lecrosnier.

_____. 1892–94. *Poliklinische Vorträge. I Band. Schuljahr 1887–1888. Mit 99 Holzschnitten.* Trans. Dr. Sigm. Freud. Leipzig and Vienna: Deuticke.

_____. 1984. *Leçons sur l'hystérie virile.* Ed. Michèle Ouerd. Paris: Sycomore.

——, and Pierre Marie. 1892. "Hysteria[,] Mainly Hystero-Epilepsy." In *A Dictionary of Psychological Medicine Giving the Definition, Etymology and Synonyms of the Terms Used in Medical Psychology, with the Symptoms, Treatment, and Pathology of Insanity and the Law of Lunacy in Great Britain and Ireland,* ed. D. Hack Tuke, 2 vols. (London: Churchill), Vol. 1, pp. 627–641.

Cioffi, Frank. 1998. *Freud and the Question of Pseudoscience.* Chicago and La Salle, IL: Open Court.

Cohen, David. 2011. *Freud on Coke.* London: Cutting Edge.

Crabtree, Adam. 1993. *From Mesmer to Freud: Magnetic Sleep and the Roots of Psychological Healing.* New Haven, CT: Yale U.

Cranefield, Paul F. 1958. "Josef Breuer's Evaluation of His Contribution to Psycho-Analysis." *Int. J. Psa.,* 39:319–322.

Crews, Frederick. 1999. (Ed.) *Unauthorized Freud: Doubters Confront a Legend.* [1998.] New York: Penguin.

_____. 2011. "Physician, Heal Thyself." *New York Rev. Books,* Sept. 29, pp. 92–93, 97–99; Oct. 13, pp. 17–19.

——, et al. 1995. *The Memory Wars: Freud's Legacy in Dispute.* New York: New York Review.

Davidson, Arnold I. 2001. *The Emergence of Sexuality: Historical Epistemology and the Formation of Concepts.* Cambridge, MA: Harvard U.

Davis, Douglas A. 1990. "Freud's Unwritten Case." *Psac Psychology,* 7:185–209.

Decker, Hannah S. 1977. *Freud in Germany: Revolution and Reaction in Science, 1893–1907. Psychological Issues,* 11:1. New York: International Universities.

_____. 1991. *Freud, Dora, and Vienna, 1900.* New York: Free.

Delboeuf, Joseph. 1886. "Une visite à la Salpêtrière." *Revue de Belgique,* 54:142–147, 258–275.

_____. 1889. *Le magnétisme animal: À propos d'une visite à l'école de Nancy.* Paris: Alcan.

_____. 1891. "Comme quoi il n'y a pas d'hypnotisme." *Revue de l'hypnotisme,* 6:129–135.

Deutsch, Felix. 1990. "A Footnote to Freud's 'Fragment of an Analysis of a Case of Hysteria.'" [1957] In *In Dora's Case: Freud—Hysteria—Feminism,* 2d ed. [1985] (New York: Columbia U.), pp. 35–43.

Didi-Huberman, Georges. 2003. *Invention of Hysteria: Charcot and the Photographic Iconography of the Salpêtrière.* [1982.] Trans. Alisa Hartz. Cambridge, MA: MIT.

Domhoff, G. William. 2003. *The Scientific Study of Dreams: Neural Networks, Cognitive Development, and Content Analysis.* Washington, DC: Am. Psychological Assn.

Drucker, Peter F. 1978. *Adventures of a Bystander.* New York: Harper.

Dufresne, Todd. 1997. (Ed.) *Freud Under Analysis: History, Theory, Practice: Essays in Honor of Paul Roazen.* Northvale, NJ: Aronson.

_____. 2000. *Tales from the Freudian Crypt: The Death Drive in Text and Context*. Stanford, CA: Stanford U.

_____. 2003. *Killing Freud: Twentieth-Century Culture and the Death of Psycho-analysis*. London and New York: Continuum.

Duyckaerts, François. 1992. *Joseph Delboeuf, philosophe et hypnotiseur*. Paris: Empêcheurs de Penser en Rond.

Eames, Peter. 1992. "Hysteria Following Brain Injury." *J. Neurology, Neurosurgery and Psychiatry*, 55:1046–1053.

Ebner-Eschenbach, Marie von, and Josef Breuer. 1969. *Ein Briefwechsel, 1889–1916*. Ed. Robert A. Kann. Vienna: Bergland.

Eckstein, Emma. 1899–1900. "Das Dienstmädchen als Mutter." *Dokumente der Frauen*, 2:594–598.

_____. 1904. *Die Sexualfrage in der Erziehung des Kindes*. Leipzig: Modernes Verlagsbureau.

Edinger, Dora. 1968. (Ed.) *Bertha Pappenheim: Freud's Anna O*. Highland Park, IL: Congregation Solel.

Edmunds, Lavinia. 1999. "The Marriage Counselor." [1988.] In Crews 1999, pp. 260–276.

Eissler, K. R. 1971. *Talent and Genius: The Fictitious Case of Tausk contra Freud*. New York: Quadrangle.

_____. 2001. *Freud and the Seduction Theory: A Brief Love Affair*. Madison, CT: International Universities.

Ellenberger, Henri F. 1970. *The Discovery of the Unconscious: The History and Evolution of Dynamic Psychiatry*. New York: Basic.

_____. 1972. "The Story of Anna O.: A Critical Review with New Data." *J. Hist. Behavioral Sciences*, 8:267–279.

_____. 1993. *Beyond the Unconscious: Essays of Henri F. Ellenberger in the History of Psychiatry*. Ed. Mark S. Micale. Trans. Françoise Dubor and Mark S. Micale. Princeton, NJ: Princeton U.

Erb, Wilhelm. 1883. *Handbook of Electro-Therapeutics*. [1882.] Trans. L. Putzel. New York: Wood.

Erikson, Erik H. 1962. "Reality and Actuality—An Address." *J. Am. Psac. Assn.*, 10:451–474.

Erlenmeyer, Albrecht. 1885. "Ueber die Wirkung des Cocaïn bei der Morphium-entziehung." *Centralblatt für Nervenheilkunde, Psychiatrie und gerichtliche Psychopathologie*, 8:289–299.

_____. 1886. "Ueber Cocainsucht: Vorläufige Mitteilung." *Deutsche Medizinal-Zeitung*, 7:483–484.

_____. 1887. *Die Morphiumsucht und ihre Behandlung*. Berlin: Heuser.

_____. 2006. *Die Morphiumsucht und ihre Behandlung*. (Abridged reprint.) Elibron Classic Series. Boston: Adamant Media.

Erwin, Edward. 1996. *A Final Accounting: Philosophical and Empirical Issues in Freudian Psychology*. Cambridge, MA: MIT.

Esterson, Allen. 1993. *Seductive Mirage: An Exploration of the Work of Sigmund Freud*. Chicago: Open Court.

_____. 1998. "Jeffrey Masson and Freud's Seduction Theory: A New Fable Based on Old Myths." *Hist. Human Sciences*, 11:1–21.

_____. 1999. "'Getting in on the Act: The Hysterical Solution.'" [Letter.] *Int. J. Psa.*, 80:1237–1239.

_____. 2001. "The Mythologizing of Psychoanalytic History: Deception and Self-Deception in Freud's Accounts of the Seduction Theory Episode." *Hist. Psychiatry*, 12:329–352.

Evans, Martha Noel. 1991. *Fits and Starts: A Genealogy of Hysteria in Modern France*. Ithaca, NY, and London: Cornell U.

Exner, Sigmund. 1893. "Biographische Skizze." In Fleischl von Marxow 1893, pp. v–xii.

_____. 1894. *Entwurf zu einer physiologischen Erklärung der psychischen Erscheinungen*. Leipzig and Vienna: Deuticke.

Eysenck, Hans J., and Glenn D. Wilson. 1973. *The Experimental Study of Freudian Theories*. London: Methuen.

Falk, Avner. 1977. "Freud and Herzl." *Midstream*, 23:3–24.

Falzeder, Ernst. 1994. "My Grand-Patient, My Chief Tormentor: A Hitherto Unnoticed Case of Freud's and the Consequences." *Psac. Q.*, 63:297–331.

_____. 2007. "Is There Still an Unknown Freud? A Note on the Publications of Freud's Texts and on Unpublished Documents." *Psa. and Hist.*, 9:201–232.

_____. 2012. "'A Fat Wad of Dirty Pieces of Paper': Freud on America, Freud in America, Freud and America." In *After Freud Left: A Century of Psychoanalysis in America*, ed. John Burnham (Chicago and London: U of Chicago.), pp. 85–109.

Farrell, John. 1996. *Freud's Paranoed Quest: Psychoanalysis and Modern Suspicion*. New York and London: New York U.

Feiner, Shmuel. 2002. *Haskalah and History: The Emergence of a Modern Jewish Historical Consciousness*. Portland, OR: Littman.

_____. 2004. *The Jewish Enlightenment*. Philadelphia: U. Pennsylvania.

Ferenczi, Sándor. 1988. *The Clinical Diary of Sándor Ferenczi*. Ed. Judith Dupont. Trans. Michael Balint and Nicola Zarday Jackson. Cambridge, MA: Harvard U.

Fichtner, Gerhard, and Albrecht Hirschmüller. 1988. "Sigmund Freud, Heinrich Obersteiner und die Diskussionen über Hypnose und Kokain." *Jahrbuch der Psychoanalyse*, 23:105–137.

Fish, Stanley. 1986. "Withholding the Missing Portion: Power, Meaning, and Persuasion in Freud's 'The Wolf-Man.'" [London] *Times Literary Supplement*, Aug. 29:935–938.

Fleischl von Marxow, Ernst. 1893. *Gesammelte Abhandlungen*. Ed. Otto Fleischl von Marxow. Leipzig: Barth.

Fliess, Wilhelm. 1893. *Neue Beiträge zur Klinik und Therapie der nasalen Reflexneurose*. Leipzig and Vienna: Deuticke.

_____. 1897. *Die Beziehungen zwischen Nase und weiblichen Geschlechtsorganen: In ihrer biologischen Bedeutung dargestellt*. Leipzig and Vienna: Deuticke.

_____. 1906. *Der Ablauf des Lebens: Grundlegung zur exacten Biologie*. Leipzig and Vienna: Deuticke.

Forel, Auguste. 1889. *Der Hypnotismus: Seine Bedeutung und seine Handhabung: In kurzgefasster Darstellung*. Stuttgart: Enke.

Forrester, John. 1980. *Language and the Origins of Psychoanalysis.* New York: Columbia U.

―――. 1990. *The Seductions of Psychoanalysis: Freud, Lacan, and Derrida.* Cambridge: Cambridge U.

―――, and Laura Cameron. 1999. "'A Cure with a Defect': A Previously Unpublished Letter by Freud Concerning Anna O." *Int. J. Psa.*, 80:929–942.

Frank, Jerome D., and Julia B. Frank. 1991. *Persuasion and Healing: A Comparative Study of Psychotherapy.* Baltimore: Johns Hopkins U.

Freeman, Lucy. 1972. *The Story of Anna O.* New York: Walker.

Freud, Anna. 1946. *The Ego and the Mechanisms of Defence.* [1937.] New York: International Universities.

Freud, Martin. 1957. *Glory Reflected: Sigmund Freud—Man and Father.* London, Sydney, Melbourne, Wellington: Angus and Robertson.

Freud, Sigmund. 1877. "Beobachtungen über Gestaltung und feineren Bau der als Hoden beschriebenen Lappenorgane des Aals." *Akademie der Wissenschaften, Wien, Mathematisch-Naturwissenschaftlichen Classe*, 75:419–431.

―――. 1879. "Notiz über eine Methode zur anatomischen Präparation des Nervensystems." *Centralblatt für die Medicinischen Wissenschaften*, 17:468–469.

―――. 1884a. [See Anon. 1884.]

―――. 1884b. "Die Struktur der Elemente des Nervensystems." *Jahrbucher für Psychiatrie*, 5:221–229.

―――. 1884c. "Ueber Coca." *Centralblatt für die gesammte Therapie*, 2 (July): 289–314.

―――. 1884d. "Coca." *St. Louis Medical and Surgical J.*, 47:502–505.

―――. 1884e. "Eine neue Methode zum Studium des Faserverlaufs im Centralnervensystem." *Archiv für Anatomie und Physiologie, Anatomische Abteilung*, 5–6:453–460.

―――. 1884f. "Eine neue Methode zum Studium des Faserverlaufs im Centralnervensystem." *Centralblatt für Deutsche Medicinischen Wissenschaften*, 22, No. 11:161–163.

―――. 1884g. "A New Histological Method for the Study of Nerve-Tracts in the Brain and Spinal Chord." *Brain*, 7:86–88.

―――. 1884h. "Ein Fall von Hirnblutung mit indirekten baselen Herdsymptomen bei Scorbut." *Wiener Medizinishe Wochenschrift*, 34:244–246, 276–279.

―――. 1885a. "Beitrag zur Kenntnis der Cocawirkungs." *Wiener Medizinische Wochenschrift*, 35:129–133.

―――. 1885b. *Über Coca. Neu durchgesehener und vermehrter Separat-Abdruck aus dem 'Centralblatt für die gesammte Therapie.'* Vienna: Perles.

―――. 1885c. "Ueber die Allgemeinwirkung des Cocains." *Zeitschrift für Therapie*, 3(7) (Apr.):49–51.

―――. 1885d. "Ueber die Allgemeinwirkung des Cocains." *Medicinisch-Chirurgisches Central-Blatt*, 20:374–375.

―――. 1887. "Bemerkungen über Cocaïnsucht und Cocaïnfurcht." *Wiener Medizinische Wochenschrift*, 37:929–932.

―――. 1891. [Report on the Treatment and Death of Mathilde Schleicher.] In Jolles 1891, pp. 1913–1914.

_____. 1895. Review of *Die Migräne*, by P. J. Möbius. *Wiener Klinische Rundschau*, 9 (March 3):140–142.

_____. 1927. "Concluding Remarks on the Question of Lay Analysis." *Int. J. Psa.*, 8:392–398.

_____. 1950. *Aus den Anfängen der Psychoanalyse: Briefe an Wilhelm Fliess, Abhandlungen und Notizen aus den Jahren 1887–1902*. Ed. Marie Bonaparte, Anna Freud, and Ernst Kris. London: Imago.

_____. 1953. *On Aphasia: A Critical Study*. [1891.] Trans. E. Stengel. New York: International Universities.

_____. 1954. *The Origins of Psycho-Analysis: Letters to Wilhelm Fliess, Drafts and Notes: 1887–1902*. Ed. Marie Bonaparte, Anna Freud, and Ernst Kris. New York: Basic.

_____. 1969. "Some Early Unpublished Letters of Freud." Ed. Ernst L. Freud. Trans. Ilse Schrier. *Int. J. Psa.*, 50:419–427.

_____. 1986. *Briefe an Wilhelm Fliess: Ungekürtzte Ausgabe*. Ed. Jeffrey Moussaieff Masson. "Deutsche Fassung" by Michael Schröter. Frankfurt am Main: Fischer.

_____. 1987a. *Gesammelte Werke: Nachtragsband: Texte aus den Jahren 1885 bis 1938*. Ed. Angela Richards, in collaboration with Ilse Grübrich-Simitis. Frankfurt am Main: Fischer.

_____. 1987b. *A Phylogenetic Fantasy: Overview of the Transference Neuroses*. Ed. Ilse Grübrich-Simitis. Trans. Axel Hoffer and Peter T. Hoffer. Cambridge, MA: Harvard U.

_____. 2002. *Unser Herz zeigt nach dem Süden: Reisebriefe 1895–1923*. Ed. Christfried Tögel. Berlin: Aufbau.

_____. 2015. *L'hypnose: Textes, 1886–1893*. Ed. Mikkel Borch-Jacobsen. Paris: L'Iconoclaste.

———, and Karl Abraham. 2002. *The Complete Correspondence of Sigmund Freud and Karl Abraham, 1907–1925; Completed Edition*. Ed. Ernst Falzeder. Trans. Caroline Schwarzacher. London and New York: Karnac.

———, and Lou Andreas-Salomé. 1966. *Sigmund Freud and Lou Andreas-Salomé: Letters*. Ed. Ernst Pfeiffer. Trans. Willam and Elaine Robinson-Scott. New York: Norton.

———, and Minna Bernays. 2005. *Briefwechsel 1882–1938*. Ed. Albrecht Hirschmüller. Tübingen: Diskord.

———, and Ludwig Binswanger. 2003. *The Sigmund Freud-Ludwig Binswanger Correspondence, 1908–1938*. Ed. Gerhard Fichtner. Trans. Arnold J. Pomerans. New York and London: Other.

———, and Sándor Ferenczi. 1993. *The Correspondence of Sigmund Freud and Sándor Ferenczi*. Vol. 1. Ed. Eva Brabant, Ernst Falzeder, and Patrizia Giampieri-Deutsch. Trans. Ingeborg Meyer-Palmedo. Cambridge, MA: Harvard U.

———, and C. G. Jung. 1974. *the Freud/Jung Letters: The Correspondence between Sigmund Freud and C. G. Jung*. Ed. William Mcguire. Trans. Royal Mannheism and R. F. C. Hull. Princeton, NJ: Princton U.

———, and Oskar Pfister. 1963. *Psychoanalysis and Faith: The Letters of Sigmund Freud and Oskar Pfister*. Ed. Heinrich Meng and Ernst L. Freud. New York: Basic.

———, and Arnold Zweig. 1970. *The Letters of Sigmund Freud and Arnold Zweig*. Ed. Ernst L. Freud. Trans. Elaine and William Robson-Scott. New York: Harcourt.

Furse, Anna. 1997. *Augustine (Big Hysteria)*. Amsterdam: Harwood Academic.

Furst, Lilian R. 2008. *Before Freud: Hysteria and Hypnosis in Later Nineteenth-Century Psychiatric Cases*. Lewisburg, PA: Bucknell U.

Gale, Barry G. 2015. *Love in Vienna: The Sigmund Freud–Martha Bernays Affair*. Santa Barbara and Denver: Praeger.

Garner, Shirley Nelson. 1989. "Freud and Fliess: Homophobia and Seduction." In Hunter 1989, pp. 86–109.

Gastaut, Henri. 1954. *The Epilepsies: Electro-Clinical Correlations*. Trans. Mary A. B. Brazier. Springfield, IL: Thomas.

Gauld, Alan. 1992. *A History of Hypnotism*. Cambridge: Cambridge U.

Gay, Peter. 1989. *Freud: A Life for Our Time*. [1988.] New York: Anchor Doubleday.

———. 1990. *Reading Freud: Explorations and Entertainments*. [1989.] New Haven, CT: Yale U.

Gelfand, Toby. 1988. "'Mon Cher Docteur Freud': Charcot's Unpublished Correspondence to Freud, 1888–1893." *Bull. Hist. Medicine*, 62:563–588.

———. 1989. "Charcot's Response to Freud's Rebellion." *J. Hist. Ideas*, 50:293–307.

Geller, Jay. 2007. *On Freud's Jewish Body: Mitigating Circumcisions*. New York: Fordham U.

Gellner, Ernest. 1996. *The Psychoanalytic Movement: The Cunning of Unreason*. [1985.] Evanston, IL: Northwestern U.

Gicklhorn, Josef, and Renée Gicklhorn. 1960. *Sigmund Freuds akademische Laufbahn: Im Lichte der Dokumente*. Vienna and Innsbruck: Urban und Schwarzenberg.

Gicklhorn, Renée. 1969. "The Freiberg Period of the Freud Family." *J. Hist. Medicine*, 24:37–43.

Gilhooley, Dan. 2002. "Misrepresentation and Misreading in the Case of Anna O." *Modern Psa.*, 27:75–100.

Gilles de la Tourette, Georges. 1885. "Étude sur une affection nerveuse caracterisée par l'incoordination motrice accompagnée d'écholalie et de coprolalie." *Archives de Neurologie*, 9:19–42, 158–200.

Gilman, Sander L. 1985. *Difference and Pathology: Stereotypes of Sexuality, Race, and Madness*. Ithaca, NY: Cornell U.

———. 1986. *Jewish Self-Hatred: Anti-Semitism and the Hidden Language of the Jews*. Baltimore: Johns Hopkins U.

———. 1993a. *Freud, Race, and Gender*. Princeton: Princeton U.

———, Helen King, Roy Porter, G. S. Rousseau, and Elaine Showalter. 1993. *Hysteria Beyond Freud*. Berkeley, Los Angeles, London: U. California.

Glymour, Clark. 1983. "The Theory of Your Dreams." In *Physics, Philosophy, and Psychoanalysis: Essays in Honor of Adolf Grünbaum*. Ed. R. S. Cohen and L. Laudan (Boston: Reidel).

Goetz, Christopher G. 2007. "J.–M. Charcot and Simulated Neurological Disease: Attitudes and Diagnostic Strategies." *Historical Neurology*, 69: 103–9.

_____, Michel Bonduelle, and Toby Gelfand. 1995. (Eds.) *Charcot: Constructing Neurology*. New York: Oxford U.

Goldstein, Jan. 1987. *Console and Classify: The French Psychiatric Profession in the Nineteenth Century*. Cambridge: Cambridge U.

Gootenberg, Paul. 2001. *Between Coca and Cocaine: A Century or More of U.S.-Peruvian Drug Paradoxes, 1860–1980*. Washington, D.C.: Woodrow Wilson Center.

Goshen, Charles E. 1952. "The Original Case Material of Psychoanalysis." *Am. J. Psychiatry*, 108:829–834.

Graf, Max. 1942. "Reminiscences of Professor Sigmund Freud." *Psac. Q.*, 11: 465–476.

Greenberg, Valerie D. 1997. *Freud and His Aphasia Book*. Ithaca, NY, and London: Cornell U.

Gresser, Moshe. 1994. *Dual Allegiance: Freud as a Modern Jew*. Albany: SUNY.

Grinspoon, Lester, and James B. Bakalar. 1985. *Cocaine: A Drug and Its Social Evolution*. [1976]. New York: Basic.

Grinstein, Alexander. 1971. "Freud's First Publications in America." *J. Am. Psac. Assn.*, 19:241–264.

Grosskurth, Phyllis. 1991. *The Secret Ring: Freud's Inner Circle and the Politics of Psychoanalysis*. Reading, MA: Addison-Wesley.

Grübrich-Simitis, Ilse. 1997. *Early Freud and Late Freud: Reading Anew* Studies on Hysteria *and* Moses and Monotheism. Trans. Philip Slotkin. London and New York: Routledge.

Grünbaum, Adolf. 1984. *The Foundations of Psychoanalysis: A Philosophical Critique*. Berkeley and Los Angeles: U California.

_____. 1993. *Validation in the Clinical Theory of Psychoanalysis: A Study in the Philosophy of Psychoanalysis*. Madison, CT: International Universities.

"Gutt." [unknown.] 1885. "Neue Artzneimittel und Heilmethoden: Über die verschiedenen Cocain-Präparate und deren Wirkung." *Wiener Medizinische Presse*, 26:1035–1038.

Guttmann, Melinda Given. 2001. *The Enigma of Anna O.: A Biography of Bertha Pappenheim*. Wickford, RI, and London: Moyer Bell.

Haas, Eberhard. 1983. "Freuds Kokainepisode und das Problem der Sucht." *Jahrbuch der Psychoanalyse*, 15:171–228.

Hacking, Ian. 1995. *Rewriting the Soul: Multiple Personality and the Sciences of Memory*. Princeton, NJ: Princeton U.

_____. 1998. *Mad Travelers: Reflections on the Reality of Transient Mental Illness*. Charlottesville and London: U Virginia.

Hadlich, [unknown]. 1885. "Richter, Pankow: Ueber Cannabinon." *Neurologisches Centralblatt*, 4 (1885):20–23.

Hamilton, James W. 2002. "Freud and the Suicide of Pauline Silberstein." *Psac. Rev.*, 89:889–909.

Hammond, W. A. 1886. "Cocaine and the So-Called Cocaine Habit." Reported in *New York Medical Journal*, 44:637–639.

Handlbauer, Bernhard. 1998. *The Freud-Adler Controversy*. [1990.] Oxford: Rockport, MA: Oneworld.

Harrington, Anne. 1987. *Medicine, Mind, and the Double Brain: A Study in Nineteenth-Century Thought*. Princeton, NJ: Princeton U.

_____. 1988. "Metals and Magnets in Medicine: Hysteria, Hypnosis and Medical Culture in Fin-de-Siècle Paris." *Psychological Medicine*, 18:21–38.

Hartman, Frank R. 1983. "A Reappraisal of the Emma Episode and the Specimen Dream." *J. Am. Psac. Assn.*, 31:555–585.

Heer, Friedrich. 1972. "Freud, the Viennese Jew." In *Freud, the Man, His World, His Influence*, ed. Jonathan Miller, trans. W. A Littlewood (Boston: Little, Brown), pp. 2–20.

Hilgard, Ernest R. 1977. *Divided Consciousness: Multiple Controls in Human Thought and Action*. New York: Wiley-Interscience.

Hirschmüller, Albrecht. 1978. "Eine bisher unbekannte Krankengeschichte Sigmund Freuds aus der Entstehungszeit der 'Studien über Hysterie.'" *Jahrbuch der Psychoanalyse*, 10:136–168.

_____. 1989a. *The Life and Work of Josef Breuer: Physiology and Psychoanalysis*. [1978.] New York and London: New York U.

_____. 1989b. "Freuds 'Mathilde': Ein weiterer Tagesrest zum Irma-Traum." *Jahrbuch für Psychoanalyse*, 24:128–159.

_____. 1991. *Freuds Begegnung mit der Psychiatrie: Von der Hirnmythologie zur Neurosenlehre*. Tübingen: Diskord.

_____. 1992. "Freud at Meynert's Clinic: The Paradoxical Influence of Psychiatry on the Development of Psychoanalysis." In *Understanding Freud: The Man and His Ideas*, ed. Emanuel E. Garcia (New York and London: New York U.), pp. 39–54.

_____. 1995. "E. Merck und das Kokain: Zu Sigmund Freuds Kokainstudien und ihren Beziehungen zu der Darmstädter Firma." *Gesnerus*, 52:116–132.

_____. 2002a. "Freud's Studies on Cocaine." In Van de Vijver and Geerardyn 2002, pp. 70–77.

_____. 2002b. "Wer war 'Herr Aliquis'? Zu den Thesen von Peter J. Swales." *Psyche*, 56:396–402.

_____. 2005. "Mathilde Schleicher." In *International Dictionary of Psychoanalysis*, Vol. 2, ed. Alain de Mijolla (Detroit: Macmillan Reference USA, 2005), p. 1033.

_____. 2007. "Evidence for a Sexual Relationship between Sigmund Freud and Minna Bernays?" *Am. Imago*, 64:125–129.

Hobson, J. Allan. 2002. *Dreaming: An Introduction to the Science of Sleep*. Oxford and New York: Oxford U.

Holmes, David S. 1990. "The Evidence for Repression: An Examination of Sixty Years of Research." In *Repression and Dissociation: Implications for Personality, Theory, Psychopathology, and Health*, ed. Jerome L. Singer (Chicago: U. Chicago), pp. 85–102.

Holt, Robert R. 1992. "Freud's Parental Identifications." In *Freud and the History of Psychoanalysis*, eds. Toby Gelfand and John Kerr (Hillsdale, NJ: Analytic), pp. 1–28.

Hückel, Armand. 1888. *Die Rolle der Suggestion bei gewissen Erscheinungen der Hysterie und des Hypnotismus: Kritisches und experimentelles*. Jena: Fischer.

Hugo, Victor. 2002. *The Hunchback of Notre Dame*. [1831.] Trans. Catherine Liu. New York: Modern Library.

Hurst, Arthur F. 1920. *The Croonian Lectures on the Psychology of the Special Senses and Their Functional Disorders*. London: Frowde/Hodder & Stoughton.

Hustvedt, Asti. 2011. *Medical Muses: Hysteria in Nineteenth-Century Paris*. New York and London: Norton.

Hyman, Stanley Edgar. 1962. *The Tangled Bank: Darwin, Marx, Frazer, and Freud as Imaginative Writers*. New York: Atheneum.

Imber, Gerald. 2010. *Genius on the Edge: The Bizarre Double Life of Dr. William Stewart Halsted*. New York: Kaplan.

Israëls, Han. 1993. *Het geval Freud. 1. Scheppingsverhalen*. Amsterdam: Bakker.

_____. 1999. *Der Fall Freud: Die Geburt der Psychoanalyse aus der Lüge*. Trans. Gerd Busse. Hamburg: Europäische.

_____. 2002. *El caso Freud: Histeria y cocaína*. Trans. Julio Grande. Madrid: Turner.

———, and Morton Schatzman. 1993. "The Seduction Theory." *History of Psychiatry*, 4:23–59.

_____. 2006. *Der Wiener Quacksalber: Kritische Betrachtungen über Sigmund Freud und die Psychoanalyse*. Jena: Bussert and Stadeler.

Janet, Pierre. 1889. *L'automatisme psychologique: Essai de psychologie expérimentale*. Paris: Alcan.

_____. 1892. "L'anesthésie hystérique." *Archives de Neurologie*, 23:323–352.

_____. 1895. "J. M. Charcot, son oeuvre psychologique." *Revue Philosophique de la France et de l'Étranger*, 39:569–604.

_____. 1901. *The Mental State of Hystericals: A Study of Mental Stigmata and Mental Accidents*. [1892.] Trans. Caroline Rollin Corson. New York and London: Putnam's.

_____. 1907. *The Major Symptoms of Hysteria: Fifteen Lectures Given in the Medical School of Harvard University*. New York: Macmillan.

_____. 1925. *Psychological Healing: A Historical and Clinical Study*. 2 vols. [1919.] Trans. Eden and Cedar Paul. New York: Macmillan.

Jensen, Ellen M. 1970. "Anna O—A Study of Her Later Life." *Psac. Q.*, 39:269–293.

_____. 1984. *Streifzüge durch das Leben von Anna O./Bertha Pappenheim: Ein Fall für die Psychiatrie: Ein Leben für die Philanthropie*. Frankfurt am Main: ZTV.

Jolles, Adolf F. 1891. "Ueber das chemische Verhalten der Harne nach Sulfonal-Intoxikation." *Internationale Klinische Rundschau*, 5:1913–1916, 1953–1959.

Jones, E. Michael. 1993. *Degenerate Moderns: Modernity as Rationalized Sexual Misbehavior*. San Francisco: Ignatius.

Jones, Ernest. 1953. *Sigmund Freud: Life and Work*. Vol. 1: *The Young Freud, 1856–1900*. London: Hogarth.

Jung, C. G. 1973. *Memories, Dreams, Reflections*. [1963.] Ed. Aniela Jaffé. Trans. Richard and Clara Winston. New York: Pantheon.

Karch, Steven B. 1998. *A Brief History of Cocaine*. Boca Raton, FL: CRC.

Kardiner, Abram. 1977. *My Analysis with Freud: Reminiscences.* New York: Norton.

Karpe, Richard. 1961. "The Rescue Complex in Anna O.'s Final Identity." *Psac. Q.,* 30:1–27.

Kavaler-Adler, Susan. 1991. "Some More Speculations on Anna O." *Am. J. Psa.,* 51:161–171.

Kern, Stephen. 1973. "Freud and the Discovery of Child Sexuality." *Hist. Childhood Q.,* 1:117–141.

Kerr, John. 1993. *A Most Dangerous Method: The Story of Freud, Jung, and Sabina Spielrein.* New York: Knopf.

Kihlstrom, John F. 2001. "Dissociative Disorders." In *Comprehensive Handbook of Psychopathology,* 3d ed., ed. Henry E. Adams and Patricia B. Sutker (New York: Plenum), pp. 259–276.

Klein, Dennis B. 1981. *Jewish Origins of the Psychoanalytic Movement.* New York: Praeger.

Knoepfmacher, Hugo. 1979a. "Sigmund Freud in High School." *Am. Imago,* 36:287–300.

_____. 1979b. "Sigmund Freud and the B'nai B'rith." *J. Am. Psac. Assn.,* 27:441–449.

Konz, Britta. 2005. *Bertha Pappenheim (1859–1936): Ein Leben für jüdische Tradition und weibliche Emanzipation.* Frankfurt: Campus.

Køppe, Simo. 1983. "The Psychology of the Neuron: Freud, Cajal and Golgi." *Scandinavian J. Psychology,* 24:1–12.

Kraepelin, Emil. 1896. *Psychiatrie: Ein Lehrbuch für Studirende und Aertze.* 5th ed. Leipzig: Barth.

Krafft-Ebing, Richard von. 1886. *Psychopathia sexualis: Eine klinisch-forensiche Studie.* Stuttgart: Enke.

Krüll, Marianne. 1986. *Freud and His Father.* [1979.] Trans. Arnold J. Pomerans. New York: Norton.

Lakoff, George. 1993. "How Metaphor Structures Dreams: The Theory of Conceptual Metaphor Applied to Dream Analysis." *Dreaming,* 3:77–98.

_____. 1997. "How Unconscious Metaphorical Thought Shapes Dreams." In *Cognitive Science and the Unconscious,* ed. Dan J. Stein (Washington, DC: Am. Psychiatric), pp. 89–120.

Langs, Robert. 1984. "Freud's Irma Dream and the Origins of Psychoanalysis." *Psac. Rev.,* 71:591–617.

Laqueur, Thomas. 1987. "Orgasm, Generation, and the Politics of Reproductive Biology." In *The Making of the Modern Body,* ed. Catherine Gallagher and Thomas Laqueur (Berkeley: U. California), pp. 1–41.

LeBlanc, André Robert. 2000. *On Hypnosis, Simulation, and Faith: The Problem of Post-Hypnotic Suggestion in France, 1884–1896.* Ph.D. thesis, U. of Toronto.

Lehrer, Ronald. 1995 *Nietzscda's presence in Freud's Life and Thought: On the Origins of a Psychology of Dynamic Unconscious Mental Fuctioning.* Albany: SUNY.

Levin, Kenneth. 1978. *Freud's Early Psychology of the Neuroses: A Historical Perspective.* Pittsburgh: U. Pittsburgh.

Loftus, Elizabeth, and Katherine Ketcham. 1996. *The Myth of Repressed*

Memory: False Memories and Allegations of Sexual Abuse. [1994.] New York: St. Martin's Griffin.

Lohser, Beate, and Peter M. Newton. 1996. *Unorthodox Freud: The View from the Couch.* New York: Guilford.

López Piñero, José Maria. 1983. *Historical Origins of the Concept of Neurosis.* [1963.] Trans. D. Berrios. Cambridge and New York: Cambridge U.

Lothane, Zvi. 1998. "Freud's 1895 *Project*: From Mind to Brain and Back Again." *Annals of the New York Acad. Sciences,* 843:43–65.

_____. 2007. "The Sigmund Freud/Minna Bernays Romance: Fact or Fiction?" *Am. Imago,* 64:129–133.

Löwenfeld, Leopold. 1895. "Ueber die Verknüpfung neurasthenischer und hysterischer Symptome in Anfallsform nebst Bemerkungen über die Freud'sche 'Angstneurose.'" *Münchener Medicinische Wochenschrift,* No. 13:282–285.

Ludwig, Emil. 1947. *Doctor Freud: An Analysis and a Warning.* New York: Hellman, Williams.

Lynn, David J. 1997. "Sigmund Freud's Psychoanalysis of Albert Hirst." *Bull. Hist. Medicine,* 71:69–93.

Macmillan, Malcolm. 1979. "Delboeuf and Janet as Influences in Freud's Treatment of Emmy von N." *J. Hist. Behavioral Sciences,* 15:299–309.

_____. 1997. *Freud Evaluated: The Completed Arc.* [1991.] Cambridge, MA: MIT.

Maciejewski, Franz. 2006a. "Späte Sensation im Freud-Jahr: Archivfund bestätigt Affäre zwischen Sigmund Freud und Minna Bernays." *Frankfurter Rundschau,* Thema Kultur, 28 Sept., p. 28.

_____. 2006b. "Freud, His Wife, and His 'Wife.'" *Am. Imago,* 63:497–506.

_____. 2008. "Minna Bernays as 'Mrs. Freud': What Sort of Relationship Did Sigmund Freud Have with His Sister-in-Law?" *Am. Imago,* 65:5–21.

Magaziner, Alfred. 1975. *Die Wegbereiter: Aus der Geschichte der Arbeiterbewegung.* Vienna: Volksbuch.

Mahony, Patrick. 1979. "Friendship and Its Discontents." *Contemporary Psa.,* 15:55–109.

_____. 1984. *Cries of the Wolf Man.* New York: International Universities.

_____. 1986. *Freud and the Rat Man.* New Haven, CT: Yale U.

_____. 1996. *Freud's Dora: A Psychoanalytic, Historical, and Textual Study.* New Haven, CT: Yale U.

Makari, George. 2008. *Revolution in Mind: The Creation of Psychoanalysis.* New York: HarperCollins.

Malcolm, Janet. 1982. *Psychoanalysis: The Impossible Profession.* New York: Vintage.

Mancia, Mauro. 1983. "Archaeology of Freudian Thought and the History of Neurophysiology." *Int. Rev. Psa.,* 10:185–192.

Mantegazza, Paolo. 1975. "Coca Experiences." In *The Coca Leaf and Cocaine Papers,* ed. George Andrews and David Solomon (New York and London: Harcourt), pp. 38–42.

Margolis, Deborah P. 1996. *Freud and His Mother: Preoedipal Aspects of Freud's Personality.* Northvale, NJ: Aronson.

Marie, Pierre. 1925. "Éloge de Charcot." *Bulletin de l'Académie de Médicine,* 93:576–593.

Markel, Howard. 2011. *An Anatomy of Addiction: Sigmund Freud, William Halsted, and the Miracle Drug Cocaine.* New York: Pantheon.

Marmor, Judd. 1962. "Psychoanalytic Therapy as an Educational Process." In *Science and Psychoanalysis*, Vol. 5: *Psychoanalytic Education*, ed. J. H. Masserman (New York: Grune and Stratton), pp. 286–299.

Marret, Emmanuel, Marc Gentili, and Francis Bonnet. 2004. "Moreno y Maíz: A Missed Rendezvous with Local Anesthesia." *Anesthesiology*, 100:1321–1322.

Marshall, Jonathan. 2007. "Dynamic Medicine and Theatrical Form at the *Fin de Siècle*: A Formal Analysis of Dr. Jean-Martin Charcot's Pedagogy, 1862–1893." *Modernism/modernity*, 15:131–153.

Martin-Duce, A. 2002. "A Developmental History of Local Anaesthesia." *Ambulatory Surgery*, 9:187–189.

Masson, Jeffrey Moussaieff. 1984. *The Assault on Truth: Freud's Suppression of the Seduction Theory.* New York: Farrar.

Mayer, Andreas. 2001–2. "Introspective Hypnotism and Freud's Self-Analysis: Procedures of Self-Observation in Clinical Practice." *Revue d'Histoire des Sciences Humaines*, 5:179–196.

McCaffrey, Phillip. 1984. *Freud and Dora: The Artful Dream.* New Brunswick, NJ: Rutgers U.

McCarley, Robert W., and J. Allan Hobson. 1977. "The Neurobiological Origins of Psychoanalytic Dream Theory." *Am. J. Psychiatry*, 134:1211–1221.

McGrath, William J. 1974. *Dionysian Art and Populist Politics in Austria.* New Haven, CT: Yale U.

_____. 1986. *Freud's Discovery of Psychoanalysis: The Politics of Hysteria.* Ithaca, NY, and London: Cornell U.

McHugh, Paul R. 2008. *Try to Remember: Psychiatry's Clash over Meaning, Memory, and Mind.* New York: Dana.

McNally, Richard J. 2003. *Remembering Trauma.* Cambridge, MA: Harvard U.

Meige, Henry. 1993. *Le Juif-Errant à la Salpêtrière.* [1893.] Paris: Nouvel Objet.

Meller, J. 1934. *Gedenk worte zum 50. Jahrestage des Vortrages von Dr. Karl Koller über das Kokain vor der Gesellschaft der Ärtze in Wien.* Vienna: Springer.

Merck, E. 1884. "Cocain und seine Salze." *Klinische Monatsblätter für Augenheilkunde*, 22:428–434.

_____. 1885a. "Cocaine and Its Salts." *Chicago Medical J. and Examiner*, 50:157–163.

_____. 1885b. "Zur Kentniß des Cocain." [Open letter.] *Wiener Medizinische Presse*, 26:1373.

Merskey, Harold. 1992. "Anna O. Had a Severe Depressive Illness." *British J. Psychiatry*, 161:185–194.

Merton, Robert K. 1976. "The Ambivalence of Scientists." In *Sociological Ambivalence and Other Essays* (New York: Free), pp. 32–55.

Meyer, Catherine, Mikkel Borch-Jacobsen, Jean Cottraux, Didier Pleux, and Jacques Van Rillaer. (Eds.) 2005. *Le livre noir de la psychanalyse: Vivre, penser et aller mieux sans Freud.* Paris: Arènes.

Micale, Mark S. 1985. "The Salpêtrière in the Age of Charcot: An Institutional Perspective on Medical History in the Late Nineteenth Century." *J. Contemporary Hist.*, 20:703–731.

_____. 1989. "Hysteria and Its Historiography: A Review of Present and Past Writings." *History of Science*, 27: 223–261, 319–351.

_____. 1993. "On the 'Disappearance' of Hysteria: A Study in the Clinical Deconstruction of a Diagnosis." *Isis*, 84:496–526.

_____. 2008. *Hysterical Men: The Hidden History of Male Nervous Illness*. Cambridge, MA, and London: Harvard U.

Mill, John Stuart. 1880. *Ueber Frauenemancipation. Plato; Arbeiterfrage; Socialismus*. Trans. Siegmund [*sic*] Freud. Leipzig: Fues.

Moll, Albert. 1913. *The Sexual Life of the Child*. [1909.] Trans. Eden Paul. New York: Macmillan.

Moreau, Christian. 1976. *Freud et l'occultisme: L'approche freudienne du spiritisme, de la divination, de la magie et de la télépathie*. Toulouse: Privat.

Munthe, Axel. 1936. *The Story of San Michele*. London: Murray.

Newton, Peter M. 1995. *Freud: From Youthful Dream to Mid-Life Crisis*. New York and London: Guilford.

Nicolas, Serge. 2004. *L'hypnose: Charcot face à Bernheim*. Paris: L'Harmattan.

Nietzsche, Friedrich. 1997. *Human, All Too Human I*. [1878.] Trans. Gary Handwerk. Stanford, CA: Stanford U.

_____. 1999. *The Birth of Tragedy and Other Writings*. Ed. Raymond Geuss and Ronald Speirs. Trans. Ronald Speirs. Cambridge, England: Cambridge U.

Nunberg, Herman, and Ernst Federn. 1962–1975. (Eds.) *Minutes of the Vienna Psychoanalytic Society*. 4 vols. Trans. M. Nunberg. New York: International Universities.

Obersteiner, Heinrich. 1884. "Die Morphiumsucht und ihre Behandlung." Reported in *Congrès périodique international des sciences médicales*, 8me session (Copenhagen: C. Lange, 1886), Vol. 3, pp. 10–14.

_____. 1885. "Zur interner Anwendung des Cocains bei Neurosen und Psychosen." *Wiener Medizinische Presse*, 26:1253–1257.

_____. 1886a. "Über Intoxikations-Psychosen." Reported in *Wiener Medizinische Presse*, 27:116–117.

_____. 1886b. "Die Intoxikationspsychosen." *Wiener Klinik*, 12:33–52.

Obholzer, Karin. 1982. *The Wolf-Man Sixty Years Later: Conversations with Freud's Controversial Patient*. [1980.] Trans. Michael Shaw. New York: Continuum.

Ofshe, Richard, and Ethan Watters. 1996. *Making Monsters: False Memories, Psychotherapy, and Sexual Hysteria*. [1994.] Berkeley: U California.

Onfray, Michel. 2010. *Le crépuscule d'une idole: L'affabulation freudienne*. Paris: Grasset.

Orne, Martin T., and David F. Dinges. 1989. "Hypnosis." In *Comprehensive Textbook of Psychiatry*, 5th ed., ed. Harold I. Kaplan and Benjamin J. Sadock (Baltimore: Williams and Wilkins), pp. 1501–1516.

Orr-Andrawes, Alison. 1987. "The Case of Anna O.: A Neuropsychiatric Perspective." *J. Am. Psac. Assn.*, 35:387–419.

Orrells, Daniel. 2011. "Rocks, Ghosts, and Footprints: Freudian Archaeology." In *Pompeii in the Public Imagination from Its Rediscovery to Today*. Ed. Shelley Hales and Joanna Paul (Oxford: Oxford U.), pp. 185–198.

Owen, A. R. G. 1971. *Hysteria, Hypnosis and Healing: The Work of J.-M. Charcot*. New York: Garrett.

Pappenheim, Else. 1980. "Freud and Gilles de la Tourette: Diagnostic Speculations on 'Frau Emmy von N.'" *Int. Rev. Psa.*, 7:265–277.

Paul, Gordon L. 1963. "The Production of Blisters by Hypnotic Suggestion: Another Look." *Psychosomatic Medicine*, 25:233–244.

Pendergrast, Mark. 1996. *Victims of Memory: Sex Abuse Accusations and Shattered Lives*. [1995.] Hinesburg, VT: Upper Access.

Perry, Campbell P., and Jean-Roche Laurence. 1984. "Mental Processing Outside of Awareness: The Contributions of Freud and Janet." In *The Unconscious Reconsidered*, ed. Kenneth S. Bowers and Donald Meichenbaum (New York: Wiley), pp. 9–48.

Phillips, Adam. 2014. *Becoming Freud: The Making of a Psychoanalyst*. New Haven, CT, and London: Yale U.

Poe, Edgar Allan. 1978. *The Collected Works of Edgar Allan Poe*. Vol. II: *Tales and Sketches*. Ed. Thomas Ollive Mabbott. Cambridge, MA: Harvard U.

Pollock, George H. 1968. "The Possible Significance of Childhood Object Loss in the Josef Breuer-Bertha Pappenheim (Anna O.)-Sigmund Freud Relationship: 1. Josef Breuer." *J. Am. Psac. Assn.*, 16:711–739.

Pommier, René. 2008. *Sigmund Freud est fou et Freud a tout faux: Essai sur la théorie freudienne du rêve*. Paris: Fallois.

Pope, Harrison G., Jr. 1997. *Psychology Astray: Fallacies in Studies of "Repressed Memory" and Childhood Trauma*. Boca Raton, FL: Upton.

———, and James I. Hudson. 1995. "Can Memories of Childhood Sexual Abuse Be Repressed?" *Psychological Medicine*, 25:121–126.

———, Michael B. Poliakoff, Michael P. Parker, Matthew Boynes, and James I. Hudson. 2007. "Is Dissociative Amnesia a Culture-Bound Syndrome? Findings from a Survey of Historical Literature." *Psychological Medicine*, 37: 225–233.

Porter, Roy. 1993. "The Body and the Mind, the Doctor and the Patient: Negotiating Hysteria." In Gilman et al. 1993, pp. 225–285.

Pribram, Karl H., and Merton M. Gill. 1976. *Freud's "Project" Re-assessed: Preface to Contemporary Cognitive Theory and Neuropsychology*. New York: Basic.

Puner, Helen Walker. 1992. *Sigmund Freud: His Life and Mind*. [1947.] New Brunswick, NJ, and London: Transaction.

Quinn, Bruce. 1992. "Sigmund Freud and the History of Neurotechnique: The 'Lost' Year." *Society for Neuroscience Abstracts*, 18:181.

———. 1993. "Freud's Gold Chloride Myelin Stain: A Vignette in the History of Neurologic Science in Vienna." *Neurology*, 43(S2):A377.

———. 1994. "Myelin Stains and Myeloarchitectonics: A Neuropathology Historical Vignette from Freud's Laboratory, and Modern Applications in Basal Ganglia Research." [Manuscript.]

Ramos, Sérgio de Paula. 2003. "Revisiting Anna O.: A Case of Chemical Dependence." *Hist. Psychology*, 6:239–250.

Raymond, Fulgence. 1896. *Leçons sur les maladies du système nerveux, Hospice de la Salpêtrière*. Paris: Doin.

Reve, Karel van het. 1994. *Dr. Freud und Sherlock Holmes*. Trans. Gerd Busse. Frankfurt am Main: Fischer.

Ribot, Théodule. 1881. *Les maladies de la mémoire*. Paris: Baillière.

Richer, Paul. 1885. *Études cliniques sur la grande hystérie ou hystéro-épilepsie*. Paris: Delahaye et Lecrosnier.

Roazen, Paul. 1969. *Brother Animal: The Story of Freud and Tausk*. New York: Knopf.

_____. 1975. *Freud and His Followers*. New York: Knopf.

_____. 1993. *Meeting Freud's Family*. Amherst: U Massachusetts.

_____. 1995. *How Freud Worked: First-Hand Accounts of Patients*. Northvale, NJ, and London: Aronson.

Robins, Richard W., Samuel D. Gosling, and Kenneth H. Craik. 1999. "An Empirical Analysis of Trends in Psychology." *Am. Psychologist*, 54:117–128.

Robinson, Joseph D. 2001. *Mechanisms of Synaptic Transmission: Bridging the Gaps, 1890–1900*. Oxford and New York: Oxford U.

Robinson, Paul. 1993. *Freud and His Critics*. Berkeley: U. California.

Rofé, Yacov. 2008. "Does Repression Exist? Memory, Pathogenic, Unconscious and Clinical Evidence." *Rev. General Psychology*, 12:63–85.

Rogow, Arnold A. 1978. "A Further Footnote to Freud's 'Fragment of an Analysis of a Case of Hysteria.'" *J. Am. Psac. Assn.*, 26:331–356.

Rohrwasser, Michael. 2005. *Freuds Lektüren: Von Arthur Conan Doyle bis zu Arthur Schnitzler*. Giessen: Psychosozial.

Rosenbaum, Max, and Melvin Muroff. 1984. (Eds.) *Anna O.: Fourteen Contemporary Reinterpretations*. New York: Free.

Roudinesco, Élisabeth. 2016. *Freud: In His Time and Ours*. [2014.] Cambridge, MA, and London: Harvard U.

Roustang, François. 1982. *Dire Mastery: Discipleship from Freud to Lacan*. [1976.] Trans. Ned Lukacher. Baltimore: Johns Hopkins U.

_____. 1983. *Psychoanalysis Never Lets Go*. [1980.] Trans. Ned Lukacher. Baltimore and London: Johns Hopkins U.

Rudnytsky, Peter L. 1987. *Freud and Oedipus*. New York: Columbia U.

_____. 2011. *Rescuing Psychoanalysis from Freud: And Other Essays in Re-Vision*. London: Karnac.

Ruitenbeek, Hendrik M. 1973. *Freud as We Knew Him*. Detroit: Wayne State U.

Sachs, Hanns. 1946. *Freud, Master and Friend*. Cambridge, MA: Harvard U.

Sand, Rosemarie. 1983. "Confirmation in the Dora Case." *Int. Rev. Psa.*, 10:333–357.

_____. 2014. *The Unconscious without Freud*. Lanham, MD: Rowman & Littlefield.

Savill, Thomas Dixon. 1908. *Clinical Lectures on Neurasthenia*. 4th ed. London: Glaisher.

Scammell, Michael. 2009. *Koestler: The Literary and Political Odyssey of a Twentieth-Century Skeptic*. New York: Random.

Scharnberg, Max. 1993. *The Non-authentic Nature of Freud's Observations*. 2 vols. Uppsala: Uppsala U.

Scheidt, Jürgen vom. 1973. "Sigmund Freud und das Cocain." *Psyche*, 27: 385–430.

Scheuer, Oscar Franz. 1927. *Burschenschaft und Judenfrage: Der Rassen-anti-Semitismus in der deutschen Studentenschaft*. Berlin: Berlin-Wien.

Schiller, Francis. 1982. *A Möbius Strip: Fin-de-Siècle Neuropsychiatry and Paul Möbius.* Berkeley, Los Angeles, London: U California.

Schimek, Jean G. 1987. "Fact and Fantasy in the Seduction Theory: A Historical Review." *J. Am. Psac. Assn.,* 35:937–965.

Schorske, Carl E. 1980. *Fin-de Siècle Vienna: Politics and Culture.* New York: Knopf.

Schröter, Michael. 1989. "Un dialogue scientifique entre Freud et Fliess: Le projet d'étude sur la neurasthénie." *Revue Internationale d'Histoire de la Psychanalyse,* 2:109–146.

Schur, Max. 1966. "Some Additional 'Day Residues' of 'The Specimen Dream of Psychoanalysis.'" In *Psychoanalysis—A General Psychology: Essays in Honor of Heinz Hartmann,* ed. Rudolph M. Loewenstein, Lottie M. Newman, Max Schur, and Albert J. Solnit (New York: International Universities), pp. 45–85.

———. 1972. *Freud: Living and Dying.* New York: International Universities.

Schwartz, Sophie. 2000. "A Historical Loop of One Hundred Years: Similarities between 19th Century and Contemporary Dream Research." *Dreaming,* 10:55–66.

Schweighofer, Fritz. 1987. *Das Privattheater der Anna O.* Munich and Basel: Reinhardt.

Sebeok, Thomas A., and Robert Rosenthal. 1981. (Eds.) *The Clever Hans Phenomenon: Communication with Horses, Whales, Apes, and People.* New York: New York Acad. Sciences.

Shepherd, Gordon M. 1991. *Foundations of the Neuron Doctrine.* New York: Oxford U.

Shorter, Edward. 1992. *From Paralysis to Fatigue: A History of Psychosomatic Illness in the Modern Era.* New York and Toronto: Free.

———. 1997. "What was the Matter with 'Anne Dr.': A Definitive Diagnosis." In Dufresna 1997, pp. 23–34.

Showalter, Elaine. 1985. *The Female Malady: Women, Madness, and English Culture, 1830–1980.* New York: Pantheon.

———. 1993. "Hysteria, Feminism, and Gender." in Gilman et al. 1993, pp. 286–344.

Skues, Richard A. 2001. "On the Dating of Freud's *Aliquis* Slip." *Int. J. Psa.,* 86:1185–1204.

———. *Sigmund Freud and the History of Anna O.: Reopening a Closed Case.* Basingstoke and New York: Palgrave Macmillan.

Smidt, H., and C. Rank. 1885. "Ueber die Bedeutung des Cocain bei der Morphiumentziehung." *Berliner Klinische Wochenschrift,* 22:592–596.

Société de Psychologie Physiologique de Paris. 1890. *Congrès International de Psychologie Physiologique, Première Session, Paris, 1890.* Paris: Bureau des Revues.

Solms, Mark. 1997. *The Neuropsychology of Dreams: A Clinico-anatomical Study.* Mahwah, NJ: Erlbaum.

———. 2002. "An Introduction to the Neuroscientific Works of Sigmund Freud." In Van de Vijver and Geerardyn 2002, pp. 17–35.

———, and Michael Saling. 1986. "On Psychoanalysis and Neuroscience: Freud's Attitude to the Localizationist Tradition." *Int. J. Psa.,* 67:397–416.

Solnit, Rebecca. 2014. "Cassandra Among the Creeps." *Harper's,* Oct.: 4–9.

Springer, Alfred. 2002. "Kokain, Freud und die Psychoanalyse." *Suchttherapie*, 3:18–23.

Spurling, Laurence. 1989. (Ed.) *Sigmund Freud: Critical Assessments*. 4 vols. London and New York: Routledge.

Stadlen, Anthony. 1989. "Was Dora 'Ill'"? [1985.] In Spurling 1989, Vol. 2, pp. 196–203.

Starr, Karen E., and Lewis Aron. 2011. "Women on the Couch: Genital Stimulation and the Birth of Psychoanalysis." *Psac. Dialogues*, 21:373–392.

States, Bert O. 1988. *The Rhetoric of Dreams*. Ithaca, NY: Cornell U.

Steiner, Riccardo. 2000. "Die Zukunft als Nostalgie: Biographien von Mythen und Helden . . . ?: Bemerkungen über Jones' Freud-Biographie." *Psyche*, 54, Nos. 2–3:99–142, 242–282.

_____. 2013. "*Die Brautbriefe*: The Freud and Martha Correspondence." *Int. J. Psa.*, 94:863–935.

Steinmann, Anne. 1984. "Anna O.: Female, 1880–1882; Bertha Pappenheim: Female, 1980–1982." In Rosenbaum and Muroff 1984, pp. 118–131.

Stekel, Wilhelm. 1950. *The Autobiography of Wilhelm Stekel: The Life Story of a Pioneer Psychoanalyst*. Ed. Emil A. Gutheil. New York: Liveight.

Stengers, Jean, and Anne van Neck. 2001. *Masturbation: The History of a Great Terror*. Trans. Kathryn A. Hoffmann. New York: Palgrave.

Stengle, Jamie. 2008. "Cocaine May Cause Heart Attack Symptoms." *AP Online*, March 17.

Stepansky, Paul E. 1986. (Ed.) *Freud: Appraisals and Reappraisals: Contributions to Freud Studies*. 3 vols. Hillsdale, NJ, and London: Analytic.

_____. 1999. *Freud, Surgery, and the Surgeons*. Hillsdale, NJ, and London: Analytic.

Streatfeild, Dominic. 2001. *Cocaine: An Unauthorized Biography*. New York: Picador.

Sulloway, Frank. J. 1992. *Freud, Biologist of the Mind: Beyond the Psychoanalytic Legend*. [1979.] Cambridge, MA: Harvard U.

Swales, Peter J. 1982a. "Freud, Minna Bernays, and the Conquest of Rome." *New Am. Rev.*, 1(1):1–23.

_____. 1982b. "Freud, Minna Bernays, and the Imitation of Christ." Privately printed.

_____. 1983. "Freud, Martha Bernays, and the Language of Flowers." Privately printed paper.

_____. 1986a. "Freud, His Teacher, and the Birth of Psychoanalysis." In Stepansky 1986, Vol. 1, pp. 3–82.

_____. 1986b. "Freud, Breuer, and the Blessed Virgin." Lecture text, privately circulated.

_____. 1988. "Freud, Katharina, and the First 'Wild Analysis.'" In Stepansky 1986, Vol. 3, pp. 80–164.

_____. 1989a. "Freud, Cocaine, and Sexual Chemistry: The Role of Cocaine in Freud's Conception of the Libido." [1983.] In Spurling 1989, Vol 1, pp. 273–301.

_____. 1989b. "Freud, Fliess, and Fratricide: The Role of Fliess in Freud's Conception of Paranoia." In Spurling 1989, Vol 1, pp. 302–330.

参考文献

_____. 1989c. "Freud, Johann Weier, and the Status of Seduction: The Role of the Witch in the Conception of Fantasy." In Spurling 1989, Vol 1, pp. 331–365.

_____. 1996. "Freud, His Ur-patient, and Their Romance of Oedipus: The Role of 'Herr E.' in the Conception of Psychoanalysis." Unpublished lecture. The Richardson History of Psychology Seminar, New York Hospital–Cornell Medical Center, New York, Dec. 4.

_____. 1997. "Freud, Filthy Lucre, and Undue Influence." *Rev. Existential Psychology and Psychiatry*, 23:115–141.

_____. 2003. "Freud, Death, and Sexual Pleasures: On the Psychical Mechanism of Dr. Sigm. Freud." *Arc de Cercle*, 1:4–74.

Swan, Jim. 1974. "*Mater* and Nannie: Freud's Two Mothers and the Discovery of the Oedipus Complex." *Am. Imago*, 31:1–64.

Swanson, Don R. 1977. "A Critique of Psychic Energy as an Explanatory Concept." *J. Am. Psac. Assn.*, 25:603–633.

Szasz, Thomas S. 1990. *Anti-Freud: Karl Kraus's Criticism of Psychoanalysis and Psychiatry.* [1976.] Syracuse, NY: Syracuse U.

Tauber, Alfred I. 2010. *Freud, the Reluctant Philosopher.* Princeton, NJ: Princeton U.

Thornton, E. M. 1984. *The Freudian Fallacy: An Alternative View of Freudian Theory.* First published as *Freud and Cocaine* (London: Blond and Briggs, 1983). Garden City, NY: Dial.

Timpanaro, Sebastiano. 1976: *The Freudian Slip: Psychoanalysis and Textual Criticism.* [1974.] Trans. Kate Soper. London: NLB.

Tögel, Christfried. 1994. "... *Und gedenke die Wissenschaft auszubeuten*": *Sigmund Freuds Weg zur Psychoanalyse.* Tübingen: Diskord.

Tolpin, Marian. 1993. "The Unmirrored Self, Compensatory Structure, and Cure: The Exemplary Case of Anna O." *Annual of Psa.*, 21:157–177.

Torrey, E. Fuller. 1992. *Freudian Fraud: The Malignant Effect of Freud's Theory on American Thought and Culture.* New York: HarperPerennial.

Triplett, Hall. 2005. "The Misnomer of Freud's 'Seduction Theory.'" *J. Hist. Ideas*, 65:647–665.

Trosman, Harry. 1969. "The Cryptomnesic Fragment in the Discovery of Free Association." *J. Am. Psac. Assn.*, 17:489–510.

——, and Ernest S. Wolf. 1973. "The Bernfeld Collaboration in the Jones Biography of Freud." *Int. J. Psa.*, 54:227–233.

Tuncel, Meryem, and Zhongyun Wang, Debbie Arbique, Paul J. Fadel, Ronald G. Victor, and Wanpen Vongpatanasin. 2002. "Mechanism of the Blood-Pressure Raising Effect of Cocaine in Humans." *Circulation*, 105:1054–1059.

Upson, Henry S. 1888. "On Gold as a Staining Agent for Nerve Tissues." *J. Nervous and Mental Disease*, 13:685–689.

Van de Vijver, Gertrudis, and Filip Geerardyn. 2002. (Eds.) *The Pre-Psychoanalytic Writings of Sigmund Freud.* London: Karnac.

Vande Kemp, Hendrika. 1981. "The Dream in Periodical Literature: 1860–1910." *J. Hist. Behavioral Sciences*, 17:88–113.

Van Rillaer, Jacques. 1980. *Les illusions de la psychanalyse.* Brussels: Mardaga.

Vitz, Paul C. 1988. *Sigmund Freud's Christian Unconscious.* New York and London: Guilford.

Von Oettingen, W. F. 1933. "The Earliest Suggestion of the Use of Cocaine for Local Anesthesia." *Annals of Medical Hist.*, N.S. 5:275–280.

Vongpatanasin, Wanpen, Yasser Mansour, Bahman Chavoshan, Debbie Arbique, and Ronald G. Victor. 1999. "Cocaine Stimulates the Human Cardiovascular System via a Central Mechanism of Action." *Circulation*, 100:497–502.

Voswinckel, Peter. 1988. "Der Fall Mathilde S. . . . : Bisher unbekannter klinischer Bericht von Sigmund Freud." *Artzt und Krankenhaus*, 61:177–184.

Webster, Richard. 1995. *Why Freud Was Wrong: Sin, Science, and Psychoanalysis*. New York: Basic.

Welsh, Alexander. 1994. *Freud's Wishful Dream Book*. Princeton, NJ: Princeton U.

Wilcocks, Robert. 1994. *Maelzel's Chess Player: Sigmund Freud and the Rhetoric of Deceit*. Lanham, MD: Rowman and Littlefield.

_____. 2000. *Mousetraps and the Moon: The Strange Ride of Sigmund Freud and the Early Years of Psychoanalysis*. Lanham, MD: Lexington.

Williams, J. Mark G., 1997. *Cognitive Psychology and Emotional Disorders*. [1988.] Chichester, UK: Wiley.

Wittels, Fritz. 1924. *Sigmund Freud: His Personality, His Teaching, and His School*. New York: Dodd, Mead.

Wollheim, Richard. 1981. *Sigmund Freud*. [1971.] Cambridge: Cambridge U.

Wolpe, Joseph, and Stanley Rachman. 1963. "Psychoanalytic Evidence: A Critique Based on Freud's Case of Little Hans." In *Critical Essays on Psychoanalysis*, ed. Stanley Rachman (New York: Macmillan), pp. 198–220.

Wortis Joseph. 1940. "Fragments of a Freud's Analysis." *Am. J. Orthopsychiotry*, 10:843–849.

_____. 1999. "A Little Child shall Mésleod Them." [1963.] In Crews 1999, pp. 164–173.

_____. 1954. *Fragments of an Analysis with Freud*. New York: Simon and Schuster.

Yerushalmi, Yosef Hayim. 1991. *Freud's Moses: Judaism Terminable and Interminable*. New Haven, CT, and London: Yale U.

Young-Bruehl, Elisabeth. 1988. *Anna Freud: A Biography*. New York: Summit.

Zwang, Gérard. 1985. *La statue de Freud*. Paris: Laffont.

致　谢

我最感激不尽的是哈恩·伊斯拉埃尔斯，他不但为我提供了极其重要的文献，而且就弗洛伊德的早年生涯提出了无畏而又击中要害的若干问题。他在 1993 年出版的具有开创性的著作《创世神话：以弗洛伊德为例》先后于 1999 年和 2002 年有了德语译本和西班牙语译本，可惜未有英语译本，他的这部巨著促成了拙作。

多年以来，我也从与其他学者的交流中得到了鼓舞和启发，他们向我们展现了一个比起传说中的那个人物更加有血有肉的弗洛伊德，这些学者包括：雅克·贝内斯托、米克尔·博克-雅各布森、马尔腾·布德里、路易斯·布雷格、菲利普·布埃肯斯、已故的弗朗克·乔菲，G. 威廉·多姆霍夫、托德·杜弗雷斯、艾伦·埃斯特森、约翰·法雷尔、阿道夫·格林鲍姆、J. 艾伦·霍布森、马尔科姆·麦克米伦、彼得·鲁德尼茨基、马克斯·沙恩伯格、莫顿·沙茨曼、弗兰克·J. 萨洛韦、彼得·斯韦尔斯、克里斯托弗·特格尔、霍尔·特里普利特、亚历山大·威尔士和罗伯特·威尔科克斯。

对于熟悉文献的读者而言，我的感激之情，尤其是要致以麦克米伦和斯韦尔斯的诚挚谢意，显然任何数量的引文都不足以表达。如果这本书能激发人们的兴趣，去阅读麦克米伦的扛鼎之作《弗洛伊德评价》以及斯韦尔斯无可比拟的弗洛伊德生平研究，我将心满意足。尽管弗兰克·萨洛韦理所当然地重新考虑了许久以前在《弗洛伊德，心灵的生物学家》一书中对于弗洛伊德成就所作的评价，但事实证明，这部著作是一只装满重要事实和推论的百宝箱。我还仰仗了一些作者细致入微的研究——最重要的是阿尔布雷希特·希尔施米勒，虽说他对于弗洛伊德和精神分析的看法与我的看法几乎没有相似之处。

特别感谢斯图尔特·贾斯特曼，他耐心阅读了我的初稿，并给出了精准老道的建议以及鼓励。假如没有他加油打气表达对于成果的充分信心，我很怀疑自己这十一年能否坚持下来。杰克·休梅克出版了我最新的一本书，向我展现了他众所周知的慷慨大度。很高兴再次与安德鲁·富兰克林合作，他将把这本书介绍给英国读者。一如既往，孜孜不倦为我逐字逐句加以评论的也是最亲近、最亲爱的伊丽莎白·克鲁斯。

我写了文稿，但经过我的代理人迈克尔·卡莱尔的专业引导，稿子才最终成书。若没有他，这部作品不可能引起大都会出版社的出版人萨拉·贝希特尔的注意，她又别具慧眼，看到了别人看不到的潜在价值。萨拉也是一位传奇的编辑——据说是纽约当今在世的最出色的编辑。与弗洛伊德不同的是，她身上的传奇已经被证明是千真万确的。多亏了她，我被交给了一位才华横溢的文字编辑普鲁登斯·克劳瑟。我也感谢康纳·盖伊，感谢他宝贵的编辑建议和帮过的许多忙。

感谢卡特拉·拜拉姆、艾米莉·班韦尔、哈恩·伊斯拉埃尔斯和格尔德·布塞对于我在德语方面的帮助（但译文责任在我而不在他们）。我十分感激朋友们的支持，包括琼·阿科塞拉、威廉·蔡司和琼·蔡司、卡雷尔·德·波夫、已故的丹尼斯·达顿、帕梅拉·弗雷德、艾伦·弗里德曼、雅各布·富克斯、E. D. 赫希、小苏珊·雅各比、史蒂芬·肯纳默、艾米莉·莱德和威廉·莱德、杰弗里·迈耶斯、盖瑞·索尔·莫森、保罗·尼克松、理查德·波拉克、汤姆·奎克、詹姆斯·萨缪尔斯、已故的罗伯特·西尔弗斯、詹姆斯·华伦斯坦，以及我的女儿格雷琴·德特雷和英格丽·克鲁斯。

图书在版编目(CIP)数据

弗洛伊德:幻象的制造/(美)弗雷德里克·克鲁
斯(Frederick Crews)著;赖小婵译. —上海:上海
人民出版社,2021
书名原文:Freud:The Making of an Illusion
ISBN 978-7-208-16975-3

Ⅰ.①弗…　Ⅱ.①弗…②赖…　Ⅲ.①弗洛伊德(
Freud,Sigmmund 1856-1939)-传记　Ⅳ.①K835.215.1

中国版本图书馆 CIP 数据核字(2021)第 070590 号

责任编辑　赵　伟
特约编辑　范　晶
封扉设计　胡斌工作室

弗洛伊德
——幻象的制造

[美]弗雷德里克·克鲁斯　著　赖小婵　译

出　　版　上海人民出版社
　　　　　(200001　上海福建中路 193 号)
发　　行　上海人民出版社发行中心
印　　刷　江阴市机关印刷服务有限公司
开　　本　720×1000　1/16
印　　张　45
插　　页　5
字　　数　636,000
版　　次　2021 年 5 月第 1 版
印　　次　2021 年 5 月第 1 次印刷
ISBN 978-7-208-16975-3/K·3054
定　　价　168.00 元